중국 고대 도성제도사 【하】

中國古代都城制度史(下)

양관楊寬 저

최재영 역

세창출판사

중국 고대 도성제도사 【하】 中國古代都城制度史(下)

—

1판 1쇄 인쇄   2021년 1월 30일
1판 1쇄 발행   2021년 2월 15일

—

저   자 ㅣ 양관楊寬
역   자 ㅣ 최재영
발행인 ㅣ 이방원
발행처 ㅣ 세창출판사

신고번호 · 제300-1990-63호 ㅣ 주소 · 서울 서대문구 경기대로 88 냉천빌딩 4층
전화 · 02-723-8660 팩스 · 02-720-4579
http://www.sechangpub.co.kr ㅣ e-mail: edit@sechangpub.co.kr

—

ISBN 978-89-8411-904-8 93910
        978-89-8411-902-4 (세트)

—

이 번역서는 2009년 정부(교육부)의 재원으로 한국연구재단의 지원을 받아 수행된 연구임(NRF-2009-421-A00008).

—

· 이 책은 한국연구재단의 지원으로 세창출판사가 출판, 유통합니다.(세트)
· 잘못 만들어진 책은 구입하신 서점에서 바꾸어 드립니다.

역자의 말

거의 모든 중국사 개설서에 등장하는 지명이 있다. 바로 장안(長安), 북경(北京), 낙양(洛陽), 남경(南京), 개봉(開封) 등이다. 이를 '5대 고도(古都)'라고 한다. 여기서 '고도'란 단순히 '옛 도시'보다는 '옛 도성'이라고 이해할 수 있다. 이 다섯 도시가 중국 도시 가운데 오랜 기간 동안 도성이었기 때문이다. 즉, 장안은 1077년 동안, 북경은 903년 동안, 낙양은 885년 동안, 남경은 450년 동안, 개봉은 366년 동안 도성이었다. 이러한 중국의 대표적 도성 이외에도 항주(杭州), 업(鄴), 평성(平城) 등 한때 도성이었던 곳도 중국사 개설서에서 쉽게 찾을 수 있다. 그만큼 도성은 중국사를 기술하거나 이해할 때 필수불가결한 소재인 셈이다.

역사적으로 중국 도시는 서아시아와 유럽 도시와 비교하여 정치와 관리 기능을 수행하기 위해 탄생한 점이 특징이라고 한다. 서아시아와 유럽의 도시가 생활과 경제의 중심인 '시장'을 중핵으로 성립된 것과는 다르다는 것이다. 물론 중국 도시 가운데 경제적 원인에서 탄생한 도시가 없는 것은 아니지만 특히 당대(唐代)까지 조성된 도시들 가운데 통치와 행정 기능을 수행하는 도시가 차지하는 비중이 높다. 그 통치·행정 도시의 정점에 바로 도성이 위치하고 있다.

그런데 도성에 대한 정의는 중국 역대 문헌마다 조금씩 달라 그것을 분명하게 제시하기란 쉽지 않다. 이런 상황에서 장안(長安)의 연혁을 완정한 형태로 전하는 가장 오래된 자료로서 송나라의 송민구(宋敏求)가 희녕(熙寧) 9년(1076)에 편찬한 『장안지(長安志)』는 도성의 개념과 그 변화를 파악하는 데 도움을 준다. 특히 권2 경도(京都) 항목에서는 『석명(釋名)』, 『상서대전(尙書大傳)』, 『춘추좌씨전(春秋左氏傳)』, 『춘추공양전

(春秋公羊傳)』,『백호통의(白虎通義)』,『제왕세기(帝王世紀)』,『풍속통의(風俗通義)』,『삼보결록주(三輔決錄注)』,『오경요의(五經要義)』, 왕영(王嬰)의 「고금통론(古今通論)」, 초주(譙周)의 「법훈(法訓)」,『사기(史記)』,『한서(漢書)』, 두독(杜篤)의 「논도부(論都賦)」 등에 나오는 도성의 개념과 관련된 기록을 제시하고 있다. 이 기록들을 총괄하여 도성을 정의한다면 도성은 '군주가 천하를 통치하기 위해 천하의 중심에 세운 공간'이라고 할 수 있다. 이를 위해 도성에서는 군주의 거처이자 정사를 처리하는 곳인 궁뿐만 아니라 군주의 통치권 계승을 정당화하는 의례를 거행하는 곳인 종묘, 공간적으로 군주의 천하 통치를 정당화하는 의례를 하는 곳인 사직 등을 포함하는 각종 의례 시설이 세워져야 했다. 도성은 곧 군주의 천하 통치를 구현하는 공간이었다.

이러한 도성의 개념이 실제 중국 역대 도성에 반영되는 방식은 중국 왕조가 모두 같지도 않았을 뿐만 아니라 같은 왕조에서도 시대에 따라 달랐다. 하지만 일반적으로 후자에는 크게 주목하지 않는 듯하다. 수나라와 당나라의 도성이었던 장안의 경우 위장(韋莊)의 '장안의 봄[長安之春]'으로 대변되는 8세기 중엽 ~ 9세기 초의 장안의 모습이 당대 전 시기의 장안의 모습인 것처럼 비춰지는 경향이 강하다. 그러나 장안은 수 문제 때 건설되기 시작한 뒤 당 고종 때 기본적인 구조가 완성되었고 그 이후에도 의례 시설의 변화 등이 일어났다. 이것은 당나라의 변화와 밀접한 관련을 맺고 있다는 점에서 도성의 변화는 왕조의 역사적 전개를 이해하는 데 탐구할 만한 주제이다. 그리고 한 왕조 내에서 일어난 도성의 변화만이 아니라 왕조별 일어난 도성의 변화를 시대적으로 파악한다면 곧 중국사 전개 과정을 폭넓고 새롭게 이해하는 것도 가능할 듯하다.

현재 국내에서는 장안, 북경, 낙양, 남경 등과 관련된 교양서나 개설서가 꽤 출간되어 중국의 역사 도시에 대한 관심과 이해가 높아졌다. 그러나 중국 역대 도성 전체를 다룬 책을 찾기가 쉽지 않다. 이런 점에서

『중국고대도성제도사(中國古代都城制度史)』는 선사시대부터 청대까지 중국사에 등장한 도성의 구조와 성격 등을 기술하고 있어 일독할 만하다.

이 책의 저자인 양관(楊寬, 1914~2005)은 20세기 이후 대표적인 중국 고대사 연구자 중의 한 명이다. 1914년에 상해(上海)에서 태어난 그는 상해 광화대학[光華大學, 현재 화동사범대학(華東師範大學)] 중문학과를 졸업하였다. 25세이던 1939년에 『중국상고사도론(中國上古史導論)』을 발표하여 주목을 받았고 1946년 상해시박물관 관장 겸 광화대학 역사과 교수가 되었다. 1953년에는 복단대학(復旦大學) 역사과 교수에 부임했으며 1960년 상해사회과학원(上海社會科學院) 역사연구소 부소장을 맡기도 했다. 1970년부터 복단대학 교수직을 전담했지만 1986년 미국으로 이주하여 학문 활동을 계속하였다. 그는 『중국고대도성제도사』를 비롯하여 『중국역대척도고(中國歷代尺度考)』, 『전국사(戰國史)』, 『고사신탐(古史新探)』, 『중국고대야철기술발전사(中國古代冶鐵技術發展史)』, 『중국고대능침제도사연구(中國古代陵寢制度史研究)』 등 19종의 저서와 225편의 논문을 발표하였다. 그의 저서 가운데 『중국고대야철기술발전사』는 같은 제목으로 1992년 한국어로 번역 출간되었으며 『중국고대능침제도사연구』는 『중국 역대 능침제도』라는 제목으로 2005년 한국에서 출간되기도 했다.

『중국고대도성제도사』는 『중국고대능침제도사연구』의 자매편으로서 1993년에 처음으로 상해고적출판사(上海古籍出版社)에서 출판되었으나 2003년에 상해인민출판사(上海人民出版社)에서 다시 출판되었다. 두 판본 사이에 내용상 변화는 없고 단지 주석 형식이 바뀌었을 뿐이다. 기존 판본에서는 주석이 각 장 끝에 후주로 붙어 있으나 새로운 판본에서는 각주로 되어 있다. 2016년 상해인민출판사에서 모두 10권으로 출간된 『양관저작집(楊寬著作集)』에도 수록되어 있다.

이 책은 크게 상편과 하편 두 부분으로 구성되어 선사시대부터 청대까지 중국 도성의 구조와 변화를 서술하고 있다. 상편은 선사시대부터 당대까지의 도성 제도를, 하편은 송대부터 청대까지의 도성 제도를 서술하였다. 상편 부분은 이 책이 출간되기 전인 1987년 일본에서『중국 도성의 기원과 발전(中國都城の起源と發展)』이라는 제목으로 출간되기도 했다. 저자는 상하편 전체를 통해 중국 도성사에서 송대를 기점으로 도성제도의 성격이 바뀌었음을 주장하였다. 즉 선사시대부터 당대까지 도성제도는 폐쇄식 도성구조가 완성되었지만 북송 이후 청대까지 도성제도는 폐쇄식 도성구조가 붕괴되고 점차 개방식 도성구조로 변하였다는 것이다. 이러한 주장은 중국 도성에 대한 통시적인 이해를 가능하게 한다. 또한 저자는 정사(正史)를 포함하여 경전류(經典類), 제자백가서(諸子百家書), 필기소설(筆記小說), 유서(類書), 지방지(地方志) 등 다양한 문헌 자료만이 아니라 갑골문(甲骨文), 금문(金文) 등 출토 자료와 고고 발굴 성과를 활용하며 자신의 주장을 논증하고 있어 도성 연구의 모범을 보여 주고 있다.

게다가 이 책은 한국 도성사 연구에 참고 자료가 될 만하다. 한국 도성사 연구에서 중국의 도성 제도와 변화 및 그 운영 방식 등을 제시하며 한국 도성의 성격을 탐구하는 것이 종종 보인다. 신라 왕경 연구에서는 수당 장안을, 고려 개성 연구에서는 북송 개봉을, 조선 한성 연구에서는 명청 북경을 참고하고 있기 때문이다.

저자의 박학한 지식과 역사적 통찰이 담긴 이 책을 역자의 능력으로 번역하기에는 벅찼다. 되도록 오역을 줄이고 보다 정확하게 번역하기 위해 저자가 인용한 자료의 구절은 가능한 한 모두 원서를 확인하고 대조하였다. 그 결과 오탈자를 발견하기도 하여 오역을 피하기도 하였다. 또한 이 책에서 자주 제시하고 있는 경전류나 제자백가서 가운데 우리말로 번역된 책뿐만 아니라 한국연구재단의 명저번역지원을 받아 출간된『문선(文選)』과『동경몽화록(東京夢華錄)』등을 참고하고 인용하여 번역의 정확도를 높이고자 하였다. 그 과정에서 여러 선생님과 동학으로부터 많은 도움을 받았다. 원서 확인을 위해 부탁한 자료를 흔쾌히 제공해 주고 초벌 번역 원고를 읽고 잘못을 지적해 주셨다. 특히 전남대 사학과의 설배환 선생님은 원대 이후의 번역 부분에서는 공역자라고 할 수 있을 정도로 초벌 원고의 잘못된 부분을 바로잡아 주셨다. 도움을 주신 모든 분들께 감사드린다. 하지만 어디인가 있을지도 모르는 번역상 잘못은 오롯이 역자의 책임이다.

이 책의 번역은 수당장안성에 대한 관심에서 비롯되었다. 번역을 진행하는 과정에서 새로운 것을 배우는 즐거움도 있었지만 처음 접하여 충분히 그 내용을 소화하지 못할 때는 번역에 달려든 역자의 무모함도 반성하였다. 그러다 보니 번역 기간도 길어졌다. 그럼에도 번역을 지원해 준 한국연구재단과 출판을 맡아 준 세창출판사에 감사드린다.

2019년 7월
최재영

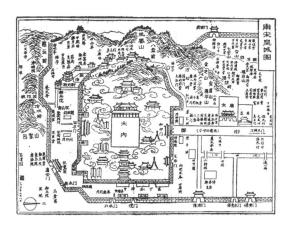

송대 이후 도성제도의
변혁 및 주요 시설

1. 당대 이전 폐쇄식 도성 구조

상편에서는 당대 이전 도성 구조에서 일어난 세 차례의 중대한 변화를 서술하였고 중축선을 중심으로 한 바둑판 모양의 대칭적인 구조가 점차 형성되는 과정을 설명하였다. 이러한 세 차례 변화와 중축선 구조의 형성 등이 발생할 수 있었던 까닭은 당시 조정이 이용한 예제에서 일어난 변혁 때문이었다. 특히 만 명 이상이 참여하는 대조회를 거행하는 예제와 관련 있었다. 통일왕조가 매년 거행하는 원단(元旦)의 대조회는 황제를 알현토록 하여 조정의 위엄을 높이는 것일 뿐만 아니라 전국 지방관의 근무 업적을 검사하고 총평가하는 것이었다. 또한 대조회는 전국의 상층 지배층을 단결시켜 전국 통일을 공고히 함으로써 중앙집권을 더욱 강화하는 중요한 수단이었다.

동시에 반드시 주목해야 할 점은 당대 이전의 정치가와 도성 건축 설계자는 도성 내의 안전을 확보하고 치안을 강화하기 위해 모두 폐쇄식 구조를 채용할 것을 주장했다는 것이다. 중앙집권적 통일왕조가 수립되어 왕조의 통치 권력이 점점 고도로 집중됨에 따라 도성 설계자가 주장한 폐쇄식 구조는 갈수록 엄밀해졌다. 세 차례에 걸친 도성 구조의 중대한 변화와 중축선을 바탕으로 한 바둑판 구조의 형성으로 도성 전체를 봉쇄하는 구조가 최고로 정연하고 엄밀한 수준까지 도달했다.

당대 이전의 도성은 도로와 이중 성벽으로 기초적 구조 틀을 이루었다. 사방 둘레에 '성'과 '곽'을 건설하여 도성 전부를 봉쇄하고 방어와 경계를 강화하는 기능을 갖추었을 뿐만 아니라 동시에 성곽 내에 있는 모든 궁전, 관청, 창고, 귀족과 관료의 저택에도 모두 담장을 쌓았고 주민이 모여 사는 곳인 '리(里)'나 '방(坊)', 그리고 상업구역인 '시(市)'도 방어와 경계의 기능을 하는 담장으로 둘러쌓았다. 모든 성문, 곽문, 궁문, 관청의 문, 방리(坊里)의 문 및 시장문에는 담당 관리가 모두 배치되었고 경호를 담당하는 인원도 주둔하였다. 아침과 저녁으로 일정한 시간에 맞춰 문은 열고 닫혔으며 야간에는 엄격한 경계가 실시되어 길거리를 통행하는 것은 금지되었다. 통행금지를 위반했을 때는 바로 처벌을 받아야 했다. 일반 주민의 주택은 반드시 방리 안에 지어야 했고 일반적인 상업 활동을 하는 상점은 시장 내에 조성되어야 했다. 출입은 꼭 방리의 문이나 시장의 문을 통해야 했으며 문 입구를 지키는 관리의 감독과 검사를 받아야 했다. 고관과 특권자가 만든 저택 혹은 황제가 상으로 하사한 저택만은 길을 향해 문을 낼 수 있었다. 이 때문에 당시 도성의 큰길에는 관청과 대저택의 문 이외에 단지 방리 혹은 시장의 담장에 난 문만 있었고 일반 주민의 주택과 상점이 낸 문은 보이지 않았다. 방리의 문으로 들어가야만 비로소 일반 주민의 주택을 찾을 수 있었고 시장문으로 들어가야만 수많이 개설된 상점을 볼 수 있었다.

그러나 당송교체기에 이르면 도성의 폐쇄 구조에 큰 변화가 일어난다. 북송 말에 도성인 동경(東京, 지금의 하남성 개봉)에 큰길을 따라 술집, 찻집 및 음식점을 포함한 각종 상점이 대거 등장했다. 상업이 번성한 도로는 동경의 많은 교통 요지에 적잖이 분포하였다. 이는 도성제도에서 한 차례의 중대한 변혁이었고 그에 따라 주민의 생활방식에도 커다란 변화가 발생했다. 이것은 당시 도시의 경제 발전과 도시민 계층의 대두 및 활약과 밀접한 관계가 있었고 수공업과 상인의 지위의 향상과 항회(行會) 조직의 출현 및 발전과도 긴밀한 관계가 있었다.

이런 도성제도의 대변혁을 더욱 명백히 밝히기 위해 당대 이전 도성의 폐쇄식 구조를 계통적으로 탐색할 필요가 있다.

1) 폐쇄식의 이제(里制)와 방제(坊制)

(1) 선진 도성의 이제

서주에서 진한까지 도시 내에 주민이 모여 거주하는 기본단위를 '리(里)'라고 불렀다. 이름을 보고 뜻을 생각하면 '리'는 응당 1평방리라는 면적이다. 북위의 도성인 낙양에 이르면 "사방 300보를 1리로 한다"[1]고 하여 '사방 300보'가 곧 1평방리가 되었다. 서주시대에 도성 가운데 귀족이 모여 거주한 '리'에는 장관이 설치되었는데 '이군(里君)'이라고 불렀다. 이것은 서주 왕기(王畿) 이내 지역에 설치된 관리조직 가운데 가장 말단 관원이다. 『서경』주고편(酒誥篇)에는 '내복(內服), 백료(百僚), 서윤(庶尹), 유아(惟亞), 유복(惟服), 종공(宗工)과 백성의 이거(里居)'[2]라는 구절이 있다. '이거(里居)'는 '이군(里君)'의 잘못이다[왕국유(王國維)의 주장을 따른 것이다.]. '내복'이란 왕조 내부의 관원을 말하는 것이고, '백료'는 백관을, '서윤'은 뭇 장관을, '유아'는 그 아래의 부관을, '유복'은 일반 관리를, '종공'은 종족의 관원을 가리키는 것이다. '백성리군(百姓里君)'은 귀족이 사는 '리'의 장관을 가리킨다. 「영이(令彝)」[3]라는 명문에서는 "세 가지 일에 관한 명령을 반포하였다. 경사료(卿事僚), 제윤(諸尹), 이군(里君), 백공(百工)에게 이르렀다."고 하였다. 이것은 세 가지 중요한 정치에 관한 명령을 반포하였는데 경사료(관청), 제윤, 이군(里君)과 백관

1_ 『洛陽伽藍記校注』(楊衒之 撰, 范祥雍 校注, 上海: 上海古籍出版社, 1999) 卷5 城北, p.349. 「方三百步為一里.」

2_ 『尚書今古文注疏 下』([淸] 孫星衍 撰, 北京: 中華書局, 1987) 卷16 酒誥, p.380. 「越在內服, 百僚·庶尹·惟亞·惟服·宗工, 越百姓里居.」 역자 주 저자는 왕국유(王國維)의 주장을 쫓아서 이거(里居)를 이군(里君)으로 해석하였지만 손성연(孫星衍)은 백성리거(百姓里居)를 백관(百官)으로서 관직에서 물러나 집에 머무는 자라고 달리 해석하였다.

3_ 역자 주 정식 명칭은 '작책령방이(作冊令方彝)'이며 일명 '시령이(矢令彝)'이라고도 한다. 1929년에 하남성 낙양의 마파(馬坡)에서 출토된 주대(周代)의 명문(銘文)으로 모두 14행 185자로 이루어져 있다(王輝, 『商周金文』, 文物出版社, 2006, p.78).

에게 도달하였다는 것이다. '백공'은 곧 백관을 가리킨다. 『일주서』상 서편(商誓篇)에는 주 무왕이 "알리노라, 너희들…백관, 이거(里居), 헌민 (獻民)에게 이르기까지"[4]라는 구절이 기록되어 있다. 또한 "너희 백성, 이거(里居)와 군자에게 명하노라."[5]는 기록도 있는데 여기서 '이거(里居)' 도 '이군(里君)'이 잘못 쓰여진 것이다. '헌민'과 '군자' 모두 일반 귀족을 가리키는 것이고 '이군(里君)'도 귀족이 사는 리의 장관을 지칭하는 것이 다. 그들은 국도(國都) 안에 있는 귀족이 사는 리의 장관이기 때문에 지 위가 비교적 높았고 왕조 내부의 말단 관원이 되었다. 춘추시대에도 어 전히 리의 장관은 이군(里君)이라고 불렀다. 예컨대 『관자』소광편(小匡 篇)에 관자가 제 환공에게 "고자(高子)가 관할하는 리를 만들고 국자(國 子)가 관할하는 리를 만들며 공(公)께서 관할하는 리를 만들어서 제나라 의 국도를 셋으로 나누고 삼군(三軍)을 만듭니다. 현명한 백성을 선발하 여 이군(里君)으로 삼도록 하십시오."[6]라고 대답한 것이 실려 있다.

춘추시대 제나라의 도성인 임치의 이제(里制)에 대해 『관자』에서 여 러 차례 이야기하고 있다. 『관자』관정편(立政篇)에서는 '국(國)'을 나눠 5개의 '향(鄕)'으로 하고 '향'을 나눠 5개의 '주(州)'로 하며 '주'를 나눠 10 개의 '리'로 한다[7]고 하였다. 국도 전체는 250개의 '리'를 합친 것이 된 다. 그런데 『국어』제어편(齊語篇)과 『관자』소광편에서는 국도를 21개 의 '향'으로 나누고 그 가운데 사농(土農)의 향[8]은 15개, 상공(商工)의 향 은 6개로 하고 향은 10개의 '련(連)'으로 나누고 '련'은 4개의 '리'로 나눈

4_ 『逸周書校補注譯』(黃懷信 撰, 西安, 三秦出版社, 2006) 商誓解 第43, p.207. 「王若
   曰:告爾…及百官・里居・獻民.」

5_ 『逸周書校補注譯』商誓解 第43, p.208. 「命爾百姓・里居・君子.」

6_ 『管子校注 上』(黎翔鳳 撰, 梁運華 整理, 北京: 中華書局, 2004) 卷8 小匡, p.413. 「為
   高子之里, 為國子之里, 為公里, 三分齊國, 以為三軍, 擇其賢民, 使為里君.」

7_ 『管子校注 上』卷1 入政, p.65. 「分國以為五鄕, 鄕為之師, 分鄕以為五州, 州為之長,
   分州以為十里, 里為之尉.」

8_ 역자 주 원문에는 사향(土鄕)이라고 되어 있으나 여러 『관자』판본에는 사농향(土
   農鄕)이라고 되어 있어 번역에서는 후자를 따랐다.

다[9]고 하였다. 이에 따르면 향에는 40개의 '리'가 있고 15개의 사농의 향에는 모두 600개의 '리'가 있게 된다. '리'는 다시 10개의 '궤(軌)'로 나누고 5가(家)를 '궤'로 삼는다[10]고 했으므로 리는 50호로 이루어졌다. 이처럼 제나라 도성의 리의 수를 제시하는 두 숫자가 똑같지 않은 것은 아마 그것을 기술한 시대가 달랐기 때문이다. 고대의 '리' 혹은 '려(閭)'의 호수는 일치하지 않는데 많은 것은 80호였고 적은 것은 단 25호뿐이었다. 예를 들어『춘추공양전』선공(宣公) 15년조에서 하휴(何休)가 정전제(井田制)의 '리'에 주석을 달며 "1리는 80호이다."[11]라고 하였다. 또한『주례』지관(地官) 대사도편(大司徒篇)에서 국도의 '6향' 조직을 말하며 5가를 비(比)로 하고 5비를 려로 했다[12]고 하였고『주례』지관 수인편(遂人篇)에서 교외의 '6수(遂)' 조직을 말하며 5가를 린(隣)으로 했고 5린을 리로 했다[13]고 하였다. 여기서 '리'와 '려'의 호수는 모두 25호이다.

『관자』팔관편(八觀篇)에서는 도성을 건설할 때 반드시 폐쇄식 구조를 채용해야 하는 원인을 언급하고 있다.

　　큰 성은 완전하지 않으며 안 되고 곽성 주위는 외부와 통해서는 안 된다. 리의 구역은 가로질러 통과해서는 안 되고 마을의 문은 문짝이 없으면 안 되며 궁의 담장과 마을의 빗장은 수리하지 않으면 안 된다. 그러므로

9_ 『國語集解』(徐元誥 撰, 王樹民・沈長雲 點校, 北京: 中華書局, 2002) 卷6 齊語, p.224. 「五家爲軌,軌爲之長, 十軌爲里, 里有司. 四里爲連, 連爲之長. 十連爲鄕, 鄕有良人馬, 以爲軍令.」;『管子校注 上』卷8 小匡, p.400. 「管子對曰; "制國以爲二十一鄕, 商工之鄕六, 士農之鄕十五, 公帥十一鄕, 高子帥五鄕, 國子帥五鄕, 參國故爲三軍. 公立三官之臣, 市立三鄕, 工立三族, 澤立三虞, 山立三衡. 制五家爲軌, 軌有長. 十軌爲里, 里有司. 四里爲連, 連有長. 十連爲鄕, 鄕有良人. 五鄕一帥."」

10_ 『管子校注 上』卷8 小匡, p.400. 「制五家爲軌, 軌有長. 十軌爲里, 里有司.」

11_ 『春秋公羊傳注疏』([漢] 何休 注, [唐]徐彦 疏, 上海: 上海古籍出版社, 1990) 卷16 宣公十年至十八年, p.207. 「在邑曰里, 一里八十戶.」

12_ 『周禮正義 第3冊』([淸] 孫詒讓 撰, 王文錦・陳玉霞 點校, 北京: 中華書局, 1987) 卷19 地官 大司徒, p.751. 「令五家爲比, 使之相保, 五比爲閭, 使之相受.」

13_ 『『周禮正義 第4冊』』卷29 地官 遂人, p.1121. 「五家爲鄰, 五鄰爲里, 四里爲酇, 五酇爲鄙, 五鄙爲縣, 五縣爲遂, 皆有地域.」

큰 성이 완전하지 않으면 난을 일으키는 사람이 모략을 꾸민다. 곽성 주위가 외부로 통하면 간사하게 도망치며 넘나드는 사람이 생겨난다. 리의 구역이 가로질러 통과하게 되면 강탈하고 도둑질하는 자가 그치지 않게 된다. 마을의 문에 문짝이 없어 안팎이 서로 통하게 되면 남녀 사이에 분별이 없어진다. 궁(宮)의 담장이 갖추어지지 않고 빗장도 튼튼하지 않으면 비록 귀중한 재화가 있어도 지킬 수 없게 된다.…현명한 군주란 그 문을 닫아 버리고 그 길을 봉쇄하며, 그 흔적을 차단하니 백성이 난행과 비행을 저지르는 환경을 접하지 못하게 한다. 이로써 백성이 바른 길을 걷고 좋은 일을 행하는 것이 마치 본성처럼 된다. 그러므로 죄와 처벌이 적어져 백성이 다스려진다.[14]

이것은 폐쇄식 구조를 반드시 채용해야 한다는 주장으로 우리가 찾아볼 수 있는 가장 빠른 기록이다. '난을 일으키는 사람', '간사하게 도망치며 넘나드는 사람'과 '강탈하고 도둑질하는 사람' 및 남녀 사이의 분별없는 일의 발생 등을 방지하기 위해서 반드시 '큰 성이 완전하지 않은 것', '곽성 주위가 외부와 통하는 것', '리의 구역을 가로질러 통과하는 것' 등을 반드시 막아야 하고 '문을 닫아 버리고 그 길을 봉쇄하며 그 흔적을 차단하여야(통행할 수 있는 곳을 가로막음)'만 비로소 주민이 범죄를 저지를 기회를 감소시키고 치안을 유지할 수 있다고 하였다.

위의 주장에 따르면 '리의 구역에서는 가로질러 통과할 수 없도록 한다'는 것은 곧 '리'에는 곧게 뻗은 도로가 하나 있을 수 있다는 것이다. 리의 한편 혹은 양편에 이문(里門)이 설치되었고 중간에 그것을 잇는 곧

14_ 역자 주 『管子集注 上』卷5 八觀, p.256. 「大城不可以不完, 郭周不可以外通, 里域不可以橫通, 閭閈不可以毋闔, 宮垣關閉不可以不修. 故大城不完, 則亂賊之人謀; 郭周外通, 則姦遁踰越者作; 里域橫通, 則撰奪竊盜者不止; 閭閈無閤, 外內交通, 則男女無別; 宮垣不備, 關閉不固, 雖有良貨, 不能守也.…是以民之道正行善也, 若性然, 故罪罰寡而民以治矣.」 인용문 번역에서 괄호 부분은 『관자』 원전에는 있으나 원문에는 누락되어 있고 앞뒤 문맥상 생략할 수 없는 것이기에 보충하였다.

은 도로가 있다. 이렇게 되면 비로소 리 전체를 편리하게 관리할 수 있고 이문(里門)에서 출입하는 사람들을 감시하고 조사하는 것도 편리했다. 『관자』 입정편에서 이 점을 매우 명확하게 설명하고 있다.

> 담을 쌓고 틈새 길을 막으며 도로 하나만 두어 출입만 하도록 한다. 마을의 문을 살피고 자물쇠와 열쇠를 신중하며 자물쇠는 이위(里尉)에게 보관토록 한다. 여유사(閭有司)를 두어 때에 따라 문을 여닫게 한다. 여유사는 출입하는 사람을 관찰하여 이위에게 보고토록 한다. 무릇 때에 맞춰 출입하지 않거나 의복이 격식에 맞지 않거나 친속이나 그 무리가 규정을 따르지 않으면 여유사는 그것을 살펴보고 그때그때 보고한다.[15]

'이위(里尉)'는 리의 우두머리이고 '여유사(閭有司)'란 이문을 지키는 소리(小吏)이며 '여한(閭閈)'은 이문(里門)을 가리킨다. '관(筦)'은 자물쇠와 열쇠이고 '건(鍵)'은 문을 닫을 때 사용하는 빗장이다. 이것은 곧 주위 담장을 쌓고 갈라진 틈을 메꾸면서도 출입 전용 도로 하나만이 있었다는 것을 전해 준다. 이문(里門)을 면밀히 감찰하고 관리하여 열쇠와 빗장을 주의 깊게 관리해야 했는데 열쇠는 '이위(里尉)'가 담당해야 했다. '여유사(閭有司)'라는 관직을 두어 시간에 따라 이문(里門)을 열고 닫도록 하였고 '여유사(閭有司)'는 출입하는 사람을 살펴서 그 정황을 이위(里尉)에 보고해야 했다. 시간을 준수하지 않고 출입하는 사람, 격식에 맞지 않는 옷을 입은 사람, 가족, 친척 및 수하 무리 가운데 규정에 부합하지 않는 행동을 하는 사람 등을 '여유사(閭有司)'가 보면 수시로 모두 보고해야 했다. 당시 주민이 거주하는 '리'에는 '려'라는 이문(里門)이 설치되어 있었으며 '려' 옆에는 숙(塾)이라는 경비실이 세워졌다. 담당자는 항

15_『管子校注 上』 卷1 立政, p.65. 「築障塞匿, 一道路, 專出入, 審閭閈, 慎筦鍵, 筦藏于里尉, 置閭有司, 以時開閉. 閭有司觀出入者, 以復于里尉. 凡出入不時, 衣服不中, 圈屬輩徒不順於常者, 閭有司見之, 復無時.」

상 숙에 있으면서 려를 출입하는 사람을 감시하였다. 『관자』 팔관편에서도 "주리(州里) 사이가 떨어져 있지 않고 마을 문도 설치되어 있지 않으며 출입에 시간 제약이 없이 밤과 새벽 사이에 통행을 금지하지 않으면 강탈하고 도둑질하고 폭행하거나 상해를 입히는 백성을 감당할 수 없게 된다."[16]고 하였다. 즉 주리가 격리되어 있지 않고 이문(里門)이 설치되어 있지 않으며 드나드는 데 일정한 시간을 두지 않은 채 새벽과 밤에 통행을 금지하지 않으면 강탈, 절도, 폭행, 상해 등을 저지른 사람들을 관리하고 통제할 방법이 없게 된다는 것이다.

전국시대 중원에 있는 나라들은 대체적으로 이러한 이제(里制)를 계속 사용하여 모든 행정계통에서 리는 여전히 최하급 단위였다. 『묵자』상동(尙同) 상편(上篇)과 상동 중편(中篇)에 기술되어 있는 행정계통을 보면 모두 '국'-'향'-'리' 3급이며 향에는 향장(鄕長)이 있고 리에는 이장(里長)이 있었다.[17] 『여씨춘추』 회총편(懷寵篇)에서 언급하고 있는 행정계통은 '국'-'읍'-'향'-'리' 4급이었다.[18] 『한비자』 팔경편(八經篇)에서는 "오(伍)·려[원래 '관(官)'이라고 쓰어 있었으나 진기유(陳奇猷)의 『한비자집석(韓非子集釋)』을 따라 고쳤다.]·련·현이 연대하여 이웃의 잘못을 고발하면 상을 주고 잘못을 놓치면 벌을 내렸다."[19]고 하였다. "오·려·련·현이 연

16_『管子校注 上』卷5 八觀, p.266. 「州里不鬲,閭閈不設, 出入毋時, 早晏不禁, 則攘奪竊盜攻擊殘賊之民, 毋自勝矣.」

17_『墨子校注 上』(吳疏江 撰, 孫啓治 點校, 北京: 中華書局) 卷3 尙同上, p.110. 「是故里長者, 里之仁人也. 里長發政里之百姓, 言曰: "聞善而不善, 必以告其鄕長, 鄕長之所是必皆是之, 鄕長之所非必皆非之, 去若不善言, 學鄕長之善言. 去若不善行, 學鄕長之善行." 則鄕何說以亂哉.」; 『墨子校注 上』卷3 尙同中, p.117. 「是故里長順天子政, 而一同其里之義. 里長旣同其里之義, 率其里之萬民以尙同乎鄕長. …鄕長治其鄕, 而鄕旣已治矣. 又率其鄕萬民以尙同乎國君.」

18_『呂氏春秋集釋 上』(陳奇猷 撰, 上海: 學林出版社, 1990) 卷7 懷寵, p.412. 「有能以家聽者, 祿之以家, 以里聽者, 祿之以里, 以鄕聽者, 祿之以鄕, 以邑聽者, 祿之以邑, 以國聽者, 祿之以國.」

19_『韓非子集釋 下』(陳奇猷 撰, 臺北, 世界書局, 1981) 卷18 八經, pp.1026…1027. 「伍·閭·連·縣而鄰, 謁過賞, 失過誅. …奇猷案: 官, 當爲閭之誤, 閭易誤爲官, 詳難三篇『東匠之閭』條.」

대하였다."는 것은 층차적인 오·려·련·현의 조직에 속한 사람들이 마치 이웃하며 살고 있다는 것이며 당시 현 이하에는 련·려·오 등 세 단계 조직이 있었으며 '오'는 5호가 서로 보증하는 편제이고 '려' 즉 '리'는 '오'보다 한 단계 높은 조직 단위라는 것을 전해준다. 『갈관자(鶡冠子)』왕부편(王鈇篇)에서 "읍(邑)을 통치하는데…5가를 오로 하고 오에는 오장(伍長)을 두며 10오를 리로 하고 리에는 유사(有司)를 둔다."[20]고 하였다. 일반적으로 리에는 50호가 있었다. 그러나 『관자』탁지편(度地篇)에는 "100가를 리로 한다."[21]는 기록이 있다.

전국시대 진(秦)나라의 '리'의 장관은 '이정(里正)'이라고 불렸다. 진 소왕(昭王)이 병을 앓았으나 건강을 회복한 뒤 백성들이 소를 잡아 신에게 감사의 제사를 드렸는데 진 소왕은 이 때문에 "그 이정(里正)과 오로(伍老) 및 마을에 벌금으로 갑옷 두 벌을 물리었다."[22][『한비자』외저설우하편(外儲設右下篇)]라고 한다. 운몽(雲夢)에서 출토된 진율(秦律)에 따르면 '리'의 장관을 '이전(里典)'이라고 칭했고 이전(里典)의 직무 범위는 매우 넓었다. 주민의 호구 등록을 감독하고, 주민이 언제 어떤 요역에 나가야 하는지를 알려 주거나 주민 재산을 관부에서 몰수하여 보관할 때 그 자리에서 증명서를 작성하거나, 주민 가운데 '려(癘, 한센병)'를 앓는 사람이 있다면 병자를 데리고 상부에 보고함과 동시에 관부의 의원에게 진단받을 수 있도록 요청하였다. 진율의 규정에 따라서 한센병 환자는 관에서 설치한 '여천소(癘遷所)'로 반드시 이송하여 격리해야 했기 때문이다.[23]

20_ 『鶡冠子』(臺北, 臺灣商務印書館, 1968) 王鈇第9, p.52. 「其制邑, …五家爲伍, 伍爲之長, 十伍爲里, 里置有司.」

21_ 『管子校注 下』卷18 度地, p.1051. 「百家爲里.」

22_ 『韓非子集釋 下』卷14 外儲設右下, pp.768~769. 「一曰: 秦襄王病, 百姓爲之禱, 病愈, 殺牛塞禱.…王因使人問之, 何里爲之, 訾其里正與伍老屯二甲.」 역자 주 『한비자』에는 진 양왕(襄王)과도 관련하여 이와 비슷한 일화가 기록되어 있다.

23_ 『睡虎地秦墓竹簡』(睡虎地秦墓竹簡整理小組 編, 北京: 文物出版社, 2001)「封診式」癘, p.156. 「爰書: 某里典甲詣裏人士五(伍)丙, 告曰: "疑 (癘), 來詣. ●訊丙, 辭曰: "以三歲時病疕, 麋(眉)突, 不可智(知)其可(何)病, 毋(無)它坐." 令醫丁診之, 丁言曰: "丙毋(無)麋(眉), 艮本絶, 鼻腔壞. 刺其鼻不嚏(嚏). 肘都(膝)□□□到□兩足下奇

전국시대 각국의 '현'과 '향'에 소속된 '리'에는 도성의 리도 포함해서 이문(里門)을 관리하는 관리가 모두 설치되었다. 그를 '감문(監門)'이라 불렀다. 예를 들면, 진(秦) 무왕(武王)의 승상인 감무(甘茂)는 원래 하채(下蔡)의 사거(史擧)를 스승으로 모셨는데[24] 사거는 원래 하채의 감문이었다.[25] 또한 진(秦)나라가 위(魏)나라를 공격하여 멸망시킨 이후 위나라의 국도인 대량(大梁, 지금의 하남 개봉) 출신인 장이(張耳)와 진여(陳餘)는 "이내 이름을 바꾸고 함께 진(陳)나라로 가서 리의 감문이 되어 스스로 먹고 살았다."[26][『사기』 장이진여열전(張耳陳餘列傳), 『사기집해(史記集解)』에서는 장안(張晏)이 "감문은 리의 정위(正衛)이다"라고 한 말을 인용하였다.[27]]고 한다. 또한 진한 교체기에 진류(陳留) 고양향(高陽鄕) 출신인 역이기(酈食其)는 "집안이 가난하여 뜻을 이루지 못하고 입고 먹고 살 일이 없어 리의 감문이라는 리(吏)가 되었다."[28][『사기』 역생열전(酈生列傳)]고 한다. 이려(里閭)의 감문은 가장 낮은 소리(小吏)이어서 낮고 비천한 직무라고 간주되었다. 『전국책』 제책(齊策) 4에는 제 선왕(宣王)의 좌우 신하들이 "여리(閭里)의 감문을 하고 있으니 사(士)의 비천함이란 참으로 이같이 심한 것이오."[29]라는 기록이 있다. 이처럼 감문라는 관직이 매우 낮고 비천한 것일지라도 그 담당자는 이문(里門)의 개폐를 관리할 뿐만 아니라 리 출입을 감시하였기에 치안을 유지하는 데 매우 중요한 역할을 하였다.

　　(蹄), 潰一所. 其手毋肱. 令 (號), 其音氣敗. (癘)殿(也)."」

24_『史記』卷71 甘茂傳, p.2310.「甘茂者, 下蔡人也. 事下蔡史擧先生, 學百家之術.」

25_『史記』卷71 甘茂傳, p.2317.「楚王曰: "寡人欲相甘茂, 可乎?" 對曰: "不可. 夫史擧, 下蔡之監門也, 大不為事君, 小不為家室, 以苟賤不廉聞於世, 甘茂事之順焉. …"」

26_『史記』卷89 張耳陳餘傳, p.2572.「張耳・陳餘乃變名姓, 俱之陳, 為里監門以自食.」

27_『史記』卷89 張耳陳餘傳, p.2572.「集解張晏曰: "監門, 里正衛也."」

28_『史記』卷97 酈生陸賈列傳, p.2691.「酈生食其者, 陳留高陽人也. 好讀書, 家貧落魄, 無以為衣食業, 為里監門吏.」

29_『戰國策注釋上』(劉向 撰, 何建章 注釋, 北京: 中華書局, 1996) 卷11 齊策4, p.396.「監門閭里, 士之賤也亦甚矣.」

(2) 진한 도성의 이제(里制)

진대의 이제(里制)에서 주의해야 할 점은 리의 주민에게 '여좌(閭左)'와 '여우(閭右)'의 구분이 있다는 것이다. 당시 리도 선진시대의 제나라의 리와 똑같았을 것이지만 큰길 하나와 정문 하나만 있는 것은 '려'라고 불렀다. 설령 큰길 양 끝에 문이 있을지라도 한편을 정문으로 삼아 려라고 불렀을 것이다. 그렇지 않다면 '여좌(閭左)'와 '여우(閭右)'로 구획할 수 없다. 『사기』 진섭세가(陳涉世家)에서는 "원세(二世)원년(기원전 206) 7월 여좌(閭左)를 징발하였다."[30]고 한다. 『한서』 식화지(食貨志)에서도 "여좌(閭左)의 사람들을 징발하여 변경을 지켰다."고 했는데 안사고(顏師古)는 "려는 리의 문인데 여문(閭門)의 왼쪽에 사는 사람들을 모두 징발하였다는 것을 말한다."[31]고 주를 달았다. 전한초 조조(鼂錯)가 진대에 죄를 지은 사람에게 벌로 징발하여 변경을 수비토록 한 상황을 이야기한 적이 있는데 "먼저 리(吏) 가운데 죄가 있어 폄직당한 자 및 췌서(贅壻), 상인을 징발하고 그다음으로 일찍이 시적(市籍)에 들었던 사람, 또한 그다음으로 조부모와 부모 가운데 시적에 들었던 사람을 징발하고 다시 려에 들어가 그 왼쪽에 사는 사람을 취했다."[32](『한서』 조조전)고 하였다. 진대에 폄적한 뒤 징발한 것은 전한초의 '칠과적(七科讁)'과 같다는 것을 알 수 있다. 전한초 칠과적이란 "리(吏) 가운데 죄를 지은 자가 첫 번째이고, 망명자가 두 번째이고, 췌서가 세 번째이고 상인이 네 번째이며, 예전에 시적에 들었던 자가 다섯 번째이며, 부모가 시적에 들었던 자가 여섯 번째이며, 조부모가 시적에 들었던 자가 일곱 번째이

30_ 『史記』 卷48 陳涉世家, p.1950. 「二世元年七月, 發閭左適戍漁陽, 九百人屯大澤鄉.」

31_ 『漢書』 卷24上 食貨志, pp.1126~1127. 「至於始皇, 遂并天下, 內興功作, 外攘夷狄, 收泰半之賦, 發閭左之戍. …師古曰: "閭, 里門也. 言居在[里]門之左者, 一切發之. 此閭左之釋, 應最得之, 諸家之義煩穢舛錯, 故無所取也."」

32_ 『漢書』 卷49 鼂錯傳, p.2284. 「秦民見行, 如往棄市, 因以讁發之, 名曰'讁戍'. 先發吏有讁及贅壻·賈人, 後以嘗有市籍者, 又後以大父母·父母嘗有市籍者, 後入閭, 取其左.」

다".[33] 『한서』무제기(武帝紀)의 주에서 장안(張晏)의 설명을 인용한 부분라고 하였다. 『한서』식화지에서는 주석에 응소(應召)의 해석을 인용하였다. 그는 조조의 주장을 근거로 하여 진대에 실시된 적발(謫發)에서는 조부모가 시적에 들었던 사람까지 이내 징발하여 변경을 지키도록 했지만 "변방을 지키는 자들의 무리가 다하자 다시 려에 들어가 그 왼쪽에 거주하는 사람들을 취했다."[34]고 설명하였다. 이는 정확한 해석이다. 진이 적발한 대상은 모두 이려(里閭)에 사는 신분이 빈천한 사람들이었다. 고대에는 오른쪽을 중시하고 왼쪽을 경시하였다. 오른쪽은 존귀함을 나타내고 왼쪽은 비천함을 표현하여 부유한 집안을 '호우(豪右)'라고 일컬었다. '여좌(閭左)'의 '좌(左)'는 바로 '호우'의 '우(右)'에 서로 대응하는 것으로 당연히 이려(里閭) 속에 사는 비천한 사람을 가리킨다. 진대 이려(里閭)에 신분이 비천한 사람들이 '여좌(閭左)'에 살았기 때문에 이른바 "여좌(閭左)의 사람들을 징발하여 변경을 지켰다."고 했는데 바로 '칠과적'을 실시한 뒤에는 '여좌(閭左)'에 사는 신분이 비천한 자들까지도 모두 적발하였다.

『삼보황도(三輔黃圖)』권2에서는 장안의 여리(閭里)에 대해 "장안의 여리(閭里)는 160개이고 가옥은 즐비하게 늘어서 있으며 문앞 도로는 길고 곧게 뻗어 있다."[35]고 하였다. 장형(張衡)의 「서경부(西京賦)」에도 "사방으로 큰 길은 서로 통하고 주민의 저택은 똑바르게 서 있다."[36]고 하였다. 장안에는 모두 160개의 리가 있고 배치가 똑바르며 주택이 밀집

33_ 『漢書』卷6 武帝紀, p.205. 「張晏曰: "吏有罪一, 亡命二, 贅壻三, 賈人四, 故有市籍五, 父母有市籍六, 大父母有市籍七, 凡七科也."」

34_ 『漢書』卷24上 食貨志, pp.1126~1127. 「應劭曰: "秦時以謫發之, 名謫戍. 先發吏有過及贅壻·賈人, 後以嘗有市籍者發, 又後以大父母·父母嘗有市籍者. 戍者曹輩盡, 復入閭, 取其左發之, 未及取右而秦亡."」

35_ 『三輔黃圖校釋』(何淸谷 撰, 北京: 中華書局, 2005) 卷2 長安城中閭里, p.106. 「長安閭里一百六十, 室居櫛比, 閭巷修直.」

36_ 『文選』([梁]蕭統 編, [唐] 李善 注, 上海: 上海古籍出版社, 1992) 卷2 京都上 西京賦, p.61. 「街衢相經, 廛里端直.」

해 있었다는 것을 전해 준다. 그러나 여기서 반드시 지적해야 할 점은 장안이란 도성은 진나라가 남긴 이궁(離宮)을 기초로 하여 한 고조부터 혜제(惠帝)를 거쳐 무제 때까지 차츰차츰 건설되었다는 것이다. 장안에는 동서에 두 시장이 있었는데 아마 동시(東市)가 먼저 건설되었고 서시(西市)는 혜제 6년(기원전 189)에야 건설되기 시작하였다. 160개의 리 전부도 단번에 완성되지 않았으며 서한말에도 장안에는 여전히 리가 새롭게 건설되었다. 원시(元始) 2년(2) "장안성에 5개의 리를 만들고 200구역에 거처를 마련하여 빈민이 살도록 하였다."[37][『한서』평제기(平帝紀)]고 한다. 한 구역에 마련된 거처에 한 호가 살았다면 리마다 40호가 살았을 것이다. 한 구역에는 여러 호가 살았을 가능성도 있다.

한대의 리는 크기가 동일하지 않았다. 큰 리의 면적은 1평방리가 되었고 작은 리는 0.5평방리에도 미치지 못했다. 장안의 동서 두 시장은 9개의 시장으로 구성된 것으로 각 시장은 '사방 266보'[38]였고 "리 4개가 시장 하나였다."[39][『삼보황도』권2 장안구시조(長安九市條)에서「묘기(廟記)」를 인용]고 한다. "리 4개가 시장 하나였다."는 것은 두 가지 해석이 가능하다. 하나는 시장 하나가 4개의 리 면적을 차지한다는 것이고 다른 하나는 시장 하나가 네 개의 리로 구성되었다는 것이다. 앞뒤 문장을 통해 보면 후자의 해석이 옳다. 시장 하나가 266평방보인데 만약 네 개의 리로 구성되었다면 각 리의 면적은 단지 133평방보가 되어 0.5평방리에도 미치지 못하기 때문이다. 리에 거주하는 호수의 수도 일정하지 않았다. 일반적으로 한 리의 호수는 50호 정도였고 많은 것은 100호에 이르렀다. 서한 장안의 160개의 리 가운데 몇 개만 성안에 있었을 뿐이다. 장안의 성곽은 내성(內城)이라는 성격을 지니고 있기 때문에 남부와 중

37_ 『漢書』卷12 平帝紀, p.353.「又起五里於長安城中, 宅二百區, 以居貧民.」
38_ 역자 주 한대의 1보는 1.38m이다.
39_ 『三輔黃圖校釋』卷2 長安九市, p.93.「廟記云: "長安市有九, 各方二百六十六步. 六市在道西, 三市在道東. 凡四里爲一市.」

부는 모두 궁전구역이었고 북부와 동북부에만 몇몇 시장과 리, 그리고 관청 및 그 부속기구가 섞여 있었다. 따라서 대부분의 리와 아홉 개의 시장은 당연히 성 밖의 북쪽 외곽 지역과 동북쪽 외곽 지역에 분포했을 것이다.

한대 리의 형태에 대해 의거할 만한 자료가 없어 근래 사람들은 여러 가지의 다른 추측을 하고 있다. 혹자는 리와 시장에는 똑같이 사면에 담장과 출입문이 있었다고 하고 혹자는 리는 남북방향으로 좁다란 형태이고 '려'라고 불리는 남문과 북문이 있으며 중간에 관통하는 도로 위에 있는 '염(閻)'라는 '리의 중문(中門)'이 있었다고 한다. 아홉 개의 시장이 "각각 사방 266보이고" "네 리가 시장 하나였다."는 것을 근거로 추정하기도 했는데 리는 동서방향으로 좁다란 형태이며 동서 폭은 226보이고 남북 길이는 66.5보라고도 한다. 이 세 주장을 비교하면 좁다란 형태라는 점은 비교적 믿을 만하다. 『춘추번로(春秋繁露)』 구우편(求雨篇)」에서 리의 북문과 남문을 언급하였고[40] 장형의 「서경부」 및 적지 않은 한대 문헌에서 '여염(閭閻)'을 기록하였는데 려는 이문(里門)이고 염은 리의 중문이다. 『한서』 석분전(石奮傳)을 살펴보면 "만석군(萬石君)이 능리(陵里)로 옮겨와 살았다. 내사(內史) 석경(石慶)이 술에 취해 집으로 돌아가다가 외문(外門)에 들어선 뒤 수레에서 내리지 않았다."[41]고 한다. 이는 당시 이문(里門)은 확실히 안팎 이중으로 되어 있었다는 것을 말해 준다. 또한 『한서』 장창전(張敞傳)에서는 "좀도둑의 우두머리가 붉은 흙으로 (좀도둑의) 옷깃을 더럽혔는데 리(吏)는 이려(里閭)에서 자리를 잡고 있으면서 지나가는 사람을 검열하여 붉은 흙이 묻었다면 바로 그를 포박하니 하루 아침에 수백 명을 체포할 수 있었다."[42]고 하였다. 당

40_『春秋繁露義證』(蘇與 撰, 鐘哲 點校, 北京: 中華書局, 1992) 求雨第74, p.429. 「令民閻邑里南門, 置水其外. 開其北門, 其老鍛豬一, 置之于里北門之外.」

41_『漢書』卷46 石奮傳, p.2196. 「萬石君徙居陵里. 內史慶醉歸, 入外門不下車.」

42_『漢書』卷76 張敞傳, p.3221. 「敞皆以為吏, 遣歸休. 置酒, 小偸悉來賀, 且飲醉, 偸長以赭汙其衣裾. 吏坐里閭閱出者, 汙赭輒收縛之, 一日捕得數百人. 窮治所犯, 或一人

시 장안 일반주민의 주택은 모두 리 안에 있었고 출입할 때는 반드시 이려(里閭)를 지나야 했다는 것을 전해준다. 당시 리는 선진시대의 리처럼 려 하나만 설치되어 출입하는 통행인을 조사할 수 있었다. 이러한 리의 구조는 선진시대의 리와 똑같이 좁다란 형태였고 정문 하나와 출입 전용 도로 하나가 있었을 뿐이었다.

당시 장안의 고관 저택만은 이문(里門)을 통해 출입하지 않았고 도로 쪽으로 문을 내었다. 이런 주택을 '제(第)'라고 불렀다. '제'는 갑을(甲乙)이라고 할 때의 순서 혹은 첫 번째[第一], 두 번째[第二]의 '제'를 가리킨다. 이런 저택은 종종 황제가 특별히 하사한 것으로 '갑제(甲第)', '대제(大第)' 혹은 '제제일(第第一)'이라고 칭했다. 예컨대 혜제가 태복(太仆) 하후영(夏侯嬰)에게 '제제일(第第一)'을 하사했다[43](『한서』하후영전). 동현(董賢)이 애제(哀帝)의 총애를 받았는데 "장작대장(將作大匠)에게 동현을 위해 북궐(北闕) 주변에 큰 저택을 지어 주라는 조칙을 내렸다."[44](『한서』동현전)고 한다. 왕망(王莽)이 태부(太傅)가 되고 안한공(安漢公)이라고 불렸는데 "옛 소상국[蕭相國, 소하(蕭何)]의 갑제를 안한공 저택으로 삼았다."[45](『한서』왕망전)고 한다. 북궐은 미앙궁의 정문 중 하나이기 때문에 신하가 상서를 올려 일을 아뢰거나 황제를 알현할 때 반드시 북궐을 통해 들어가야 한다. 따라서 북궐 주변의 저택에 거주하는 사람은 최고위의 대신과 최측근 대신이었다. 이런 저택은 모두 큰길을 향해 문이 나 있었기에 장형이 「서경부」에서 "북궐 주변에 있는 큰 저택은 길을 향해 바로 열려 있다."[46]고 한 것이다.

百餘發, 盡行法罰. 由是枹鼓稀鳴, 市無偷盜, 天子嘉之.」

43_『漢書』卷41 夏侯嬰, p.2079. 「嬰自上初起沛, 常爲太僕從, 竟高祖崩. 以太僕事惠帝. 惠帝及高后德嬰之脫孝惠·魯元於下邑間也, 乃賜嬰北第第一.」

44_『漢書』卷93 董賢傳, pp.3733~3734. 「詔將作大匠爲賢起大第北闕下.」

45_『漢書』卷99上 王莽傳, p.4047. 「以莽爲太傅, 幹四輔之事, 號曰安漢公. 以故蕭相國甲第爲安漢公第, 定著於令, 傳之無窮.」

46_『文選』卷2 京都上 西京賦, p.61. 「北闕甲第, 當道直啓.」

(3) 북위 도성의 방제

동한 이후 궁중의 귀족이 거주하는 곳을 방(坊)이라고 칭하였다. '방(坊)'과 '방(防)'은 통용되었는데 『예기』 방기(坊記)에서는 '방(坊)'을 '방(防)'으로 읽고 썼다.[47] '방(防)'은 원래 네 주위에 담장으로 둘러싸인 구역을 가리킨다. 북위 때에 이르러 도성의 주민이 거주하는 '리'를 '방(坊)'이라고 부르기 시작하여 어떤 때에는 '리'와 '방'을 서로 혼용하였다.

북위가 평성(平城)에 수도를 두었을 때 외곽성을 건설하였는데 방의 크기가 서로 달랐다. "그 외곽성은 궁성 남쪽을 두르며 모두 방을 만들었다. 방에는 도로를 내었고, 방으로 큰 것은 사오백가(家)를 수용했지만 작은 것은 육칠십가를 수용하였다."[48][『남제서(南齊書)』 위로전(魏虜傳)]고 한다. 이는 평성을 건설할 때 방에는 큰 것도 작은 것도 있었으며 중간에는 모두 길을 내었다는 것을 전해 주지만 각 방마다 문이 2개인지 아니면 4개인지는 확실하지 않다. 북위가 나중에 낙양으로 천도해서 낙양을 건설할 때에는 더욱 통일적인 규획을 갖추었다. 경명(景明)원년 (502) 5만 명을 징발하여 먼저 320개의 방을 쌓았다. 『낙양가람기』에 따르면 "사방 300보를 1리로 하였다."[49]고 하였으니 각 방은 1평방리가 되는 셈이다. 낙양 전체에는 궁성 지역과 동쪽, 남쪽, 서쪽의 외곽성 구역을 포함하여 동서 방향으로 20개의 리가 있고, 남북 방향으로 15개의 리가 있어 모두 300개의 리가 있었다. 게다가 남쪽 외곽성 중앙부분에 돌출된 부분에는 20개의 리가 있었기 때문에 모두 합치면 꼭 320개의 리가 된다. 이것은 중국 고대 도성 건설사에서 처음으로 주민의 리 전

47_ 『禮記集解 下』([淸] 孫希旦 撰, 沈嘯寰·王星賢 點校, 北京: 中華書局, 1989) 卷50 坊記, p.1280. 「子言之; "君子之道, 辟則坊與? 坊民之所不足者也. 大爲之坊, 民猶踰之, 故君子禮以坊德, 刑以坊淫, 命以坊欲.」 坊記篇에 나오는 '坊'字는 모두 '막다, 방지하다'는 '防'의 의미로 쓰였다.

48_ 『南齊書』 卷57 魏虜傳, p.985. 「其郭城繞宮城南, 悉築爲坊, 坊開巷, 坊大者容四五百家, 小者六七十家.」

49_ 『洛陽伽藍記校注』 卷5 城北, p.349. 「京師東西二十里, 南北十五里, 戶十萬九千餘. 廟社宮室府曹以外, 方三百步爲一里.」

체를 계획적으로 수립하여 정연한 배치를 이루고 통일적 규격을 규정한 것이었다.

그러나 반드시 지적할 것은 북위 낙양의 방이 완전히 통일적 형태를 갖춘 것은 아니라는 점이다. 특수한 원인 때문에 큰 방과 아주 큰 방이 있으며 동한과 서진의 옛 리와 옛 저택을 계속 사용한 것도 적지 않다. 북위 선무제(宣武帝)때 건침(甄琛)이 상주하여 왕공이나 고관과 권세 있는 집안의 인척 등이 거주하는 도성 내의 여러 방에 대해 "큰 것은 혹 1000호나 500호가 되었다."[50](『위서』 건침전)고 하였다. 이러한 낙양의 1000호나 500호가 찬 방은 평성의 400-500호를 수용할 수 있는 큰 방을 뛰어 넘는 것이다. 동쪽 외곽성 구역에 있는 건춘문(建春門) 밖 어도(御道)의 북쪽에 위치한 건양리(建陽里)는 서진시대의 백사리(白社里)였고 리 안에 10개의 사찰이 있었는데 "리 안에 사는 2,000여 호의 사인(士人)과 서인(庶人)들이 불교를 믿고 따르며 승려 공양을 백성 모두가 제공하였다."[51](『낙양가람기』 권2)고 하였다. 이것은 매우 큰 방이다. 서쪽 외곽성 구역에서 서쪽 경계선 안쪽 지역이자 장방교(張坊橋)의 동쪽 지역은 '남쪽으로 낙수(洛水)에 접하고 북쪽으로 망산(芒山)까지 이르는데 그 사이의 거리는 동서로 2리, 남북으로 15리인데 수구리(壽丘里)라고도 부른다.'[52]고 하였다. 이곳은 황족의 거주지역으로 민간에서는 왕자방(王子坊)이라고 칭했다[53](『낙양가람기』 권4). 수구리의 남북 양끝 사이의 거리와 낙양의 모든 외곽성 지역의 양끝 사이의 거리는 서로 같다. 수구리는 폭 2리, 길이 15리의 좁고 긴 귀족주택지구로서 일반 방 크기의

50_ 『魏書』 卷68 甄琛傳, p.1514. 「京邑諸坊, 大者或千戶・五百戶, 其中皆王公卿尹, 貴勢姻戚, 豪猾僕隸, 蔭養姦徒, 高門邃宇, 不可干問.」

51_ 『洛陽伽藍記校注』 卷2 城東, p.78. 「瓔珞寺, 在建春門外御道北, 所謂建陽里也, 卽中朝時白社, 池, 董威輦所居處. 里內有瓔珞・慈善・暉和・通覺・暉元・宗聖・魏昌・熙平・崇眞・因果等十寺. 里內士庶二千餘戶, 信崇三寶, 衆僧利養, 百姓所供也.」

52_ 『洛陽伽藍記校注』 卷4 城東, p.206. 「自退酤以西, 張方溝以東, 南臨洛水, 北達芒山, 其間東西二里, 南北十五里, 並名為壽丘里.」

53_ 『洛陽伽藍記校注』 卷4 城東, p.206. 「皇宗所居也, 民間號為王子坊.」

30배나 되는 아주 큰 방이었다.

당시 일반 주민의 리는 모두 정방형으로 사면에 각각 문 하나씩 나 있었는데 이정(里正) 2명과 이리(里吏) 4명이 두어져 그들은 리의 정무를 담당하였다. 아울러 문사(門士) 8명이 배치되어 네 문으로 출입하는 사람을 감독하고 감시하였다.[54]

(4) 당대 도성의 방제

당의 도성인 장안은 원래 수나라때 건설하기 시작한 새로운 도성인 대흥성(大興城)이었다. 먼저 계획을 수립한 뒤 성의 담장을 쌓고 도로를 닦았으며 차츰차츰 방리를 조성할 때에는 엄격하고 정제된 방제를 채용하였다. 방은 정방형과 장방형 두 종류로 구분되고 크기는 세 등급으로 나뉜다.

① 황성 이남의 주작대가 양쪽에 있는 네 열의 방(각각 2열)이 가장 작다. 남북 길이는 500-590m이고 동서 폭은 558-700m이다.

② ①에서 서술한 네 열의 방 양쪽의 여섯 열의 방(각각 3열)은 중간 등급에 속한다. 남북 길이는 500-590m, 동서 폭은 1020-1125m이다.

③ 궁성과 황성 양측의 여섯 열의 방(각각 3열)이 가장 크다. 남북 길이는 600-838m이고 동서 폭은 1020-1125m이다.[55]

각 방은 사방 주위에 담장을 판축으로 쌓았으며 방장의 기단 넓이는 2.5-3m였다. 황성 이남의 주작대가 양쪽에 있는 네 열의 작은 방에는 동서 두 문과 그것을 잇는 동서방향의 도로가 설치되었다. 그 나머지

54_『洛陽伽藍記校注』卷5 城北, p.349.「里開四門, 門置里正二人, 吏四人, 門士八人.」

55_ 역자 주 수당장안성에 대한 기본적인 발굴보고서는 다음 두 가지이다. 陝西省文物管理委員會, 「唐長安城地基初步探測」, 『考古學報』 1958年 3期; 中國社會科學院考古研究所 西安唐城發掘隊, 「唐代長安城考古紀略」, 『考古』1963年 3期.

방에는 모두 동서남북 네 문이 있었고 십자(十字) 형태로 도로가 쭉 뻗어 있었다. 방 안은 네 구역으로 구분되었고 각 구역마다 십자 형태의 작은 길이 있었는데 작은 길을 당시에는 '곡(曲)'이라고 불렀다.

당의 규정에는 도성과 지방도시에서는 모두 방문은 아침과 저녁에 정해진 시간에 따라 열고 닫도록 하였다. 장안과 낙양 등 도성에 방문의 개폐는 북 600번을 치는 것을 신호로 삼았다. 원래는 먼저 궁성의 남문(승천문)에서 북을 치면 기졸(騎卒)이 큰 도로에서 소리를 쳐서 전달한 뒤에야 방문이 열고 닫혔다. 정관(貞觀) 10년(636) 마주(馬周)의 건의를 근거로 하여 소리쳐 전달하는 것을 없애고 도로마다 모두 북을 설치하여 북을 치도록 하였다. '동동고(鼕鼕鼓)'라고 하였으나 일반적으로 '가고(街鼓)'라고 칭했다. 날이 밝아 승천문에서 북을 치면 성문은 바로 열리고 가고도 따라서 600번을 치는데 방문도 그에 맞춰 열려 길을 통행할 수 있도록 하였다. 날이 저물어 승천문에서 북을 치면 성문은 바로 닫히고 가고도 그에 따라 600번을 치면 방문이 이어서 닫쳐 길거리를 다니는 사람의 모습은 끊어진다.[56] 그렇지 않으면 통행금지를 어기게 되는데 이를 '범야(犯夜)'라고 하였다. 통행금지를 어기면 그를 붙잡아 두어야 하며 어떤 때는 밤새 내내 붙잡아 두어야 했다. 당률에서는 태형 20대로 처벌토록 했다.[57] 단 현의 공문서를 지닌 혼례자, 방의 공문서를 지닌 환자, 상갓집의 사람 및 약을 구하는 사람은 통행 금지 위반에 해당되지 않았다.[58] 이 제도는 엄격히 집행되었는데 당말까지도

56_ 『唐令拾遺』(仁井田陞 著, 東京, 東京大學出版會, 1964) 宮衛令第十五, p.363 「五更三籌, 順天門擊鼓, 聽人行. 晝漏順天門擊鼓四百槌, 訖閉門. 後更擊六百槌, 坊門皆閉禁人行.」

57_ 『唐律疏議箋解』(北京: 中華書局, 1996) 卷26 雜律 犯夜, p.1825. 「諸犯夜者笞二十, 有故者不坐. 閉門鼓後開門鼓前行者, 皆爲犯夜.」

58_ 『唐律疏議箋解』 卷8 衛禁 越州鎭戍城垣, p.634. 「依監門式 「京城每夕分街立鋪, 持更行夜. 鼓聲絶, 則禁人行, 曉鼓聲動, 卽聽行. 若公使齎文牒者, 聽. 其有婚嫁, 亦聽.」 注云「須得縣牒, 喪・病須相告赴, 求訪醫藥, 齎本坊文牒者, 亦聽.」 其應聽行者, 並得爲開坊・市門.」

여전히 이어졌다. 당후기 소설인 심기제(沈旣濟)의 임씨전(任氏傳),[59] 백행간(白行簡)의 이와전(李娃傳),[60] 황보매(皇甫枚)의 비인전(非烟傳)[61]과 온경조(溫京兆)[62] 등에서 모두 이 모습을 전하고 있다.

당률에 따르면 방과 시장의 담장을 넘거나 관부의 담장을 넘었을 때는 똑같은 처벌을 하도록 했는데 장형 70대였다. 담장을 훼손한 자도 똑같은 처벌을 받았다[63][『당률소의(唐律疏義)』 권8 위금(衛禁)]. 시간에 따라 문을 열고 닫지 않은 것도 담장을 넘은 죄와 똑같은 처벌을 받았다. 방과 시장은 조정에서 특별히 허가했을 경우에만 야간에 문을 여는 것이 허용되었다. 예를 들어 상원절(上元節)을 축하하고자 현종(玄宗)은 조칙을 내려 정월 17일 · 18일 · 19일 3일동안 밤에 방과 시장의 문을 열도록 하였고 이후 영원히 고정적 제도로 하라고 하였다[64](『전당문(全唐文)』 권32 현종「령정월야개방시문조(令正月夜開坊市門詔)」).

규정에 따르면 3품 이상의 고관 및 '방내삼절(坊內三絶)'이라는 특권자가 아니면 길쪽으로 문을 낼 수가 없으며[65] 반드시 방문을 통해 출입해야 했다. 이 제도도 비교적 엄격히 집행되었다. 당후기에 이르러도 몇몇 고관이 재상이 되어서도 여전히 방문을 통해 출입하였다. 헌종(憲宗) 원화(元和) 10년(815) 도성에서 번진이 파견한 자객이 재상을 찔러 죽인

59_『太平廣記』(北京: 中華書局, 1995) 卷452 任氏, p.3692. 「及里門, 門扃未發, 門旁有胡人鬻餅之舍. …坐以候鼓'」

60_『太平廣記』卷484 李娃, p.3986. 「日暮鼓聲四動, 姥訪其居遠近 生紿之曰: 在延平門外數里, 冀其遠而見留也. 姥曰: 鼓已發矣, 當速歸, 無犯禁.」

61_『太平廣記』卷491 非烟, p.4036. 「迨夕, 如常入直, 遂潛於里門, 街鼓既作, 匍伏而歸.」 **역자 주** 저자는 비인전(飛烟傳)이라고 했으나 이는 비인전(非烟傳)을 잘못 쓴 것이다.

62_『太平廣記』卷49 溫京兆, p.307. 「街鼓既絶, 溫微服, 與吏同詣黃冠所居.」

63_『唐律疏議箋解』卷8 衛禁 越州鎮戍等垣城 p.633. 「越官府廨垣及坊市垣籬者, 杖七十. 侵壞者, 亦如之.」

64_『全唐文新編』(長春, 吉林出版社, 2000) 卷32 玄宗「令正月夜開坊市門詔」, p.394. 「自今已後, 每至正月, 改取十七十八十九日夜開坊市門, 仍永爲常式.」

65_『唐會要』(上海: 上海古籍出版社, 1991) 卷86 街巷, p.1867. 「太和五年七月, 左右巡使奏: "伏準令式及至德長慶年中前後勅文, 非三品已上, 及坊內三絶, 不合輒向街開門, 各逐便宜, 無所拘限, 因循既久, 約勒甚難. …"」

사건이 발생하였다. 6월 계묘일(癸卯日)에 아직 날이 밝지 않을 무렵 재상 무원형(武元衡)은 살고 있는 정안방(靖安坊)의 동문을 나와 입조하려고 하였다. 한 자객이 활을 쏘아 그를 맞추었는데 그의 시종은 놀라 달아나자 바로 그를 잡아 죽인 뒤 머리를 잘라서 가지고 사라졌다.[66] 자객은 그가 이른 아침에 입조하는 시간을 틈타 방문에 매복한 뒤 그를 찔러 죽였던 것이다. 문종(文宗) 개성(開成) 3年(838) 장안에서 환관이 자객을 이용해 재상을 죽이려는 사건이 발생했다. 이해 정월 갑자일(甲子日)에 재상 이석(李石)이 입조하는 길에 어떤 사람이 그에게 활을 쏘았다. 상처는 미미했지만 주변 시종들은 놀라 흩어졌다. 이석은 말이 놀랐으나 말을 몰아 집으로 돌아오다가 방문에서 갑자기 다른 한 사람의 공격을 받았지만 "말꼬리만 잘라 겨우 (살해공격을) 모면할 수 있었다."[67](『자치통감』에 근거)고 한다. 이것은 자객이 그가 집으로 돌아가는 시간을 틈타 방문에서 매복하여 살해하려고 한 것을 전해 준다.

서한의 장안에는 고관의 저택은 모두 리 안에 조성되어 있지 않았고 길을 따라 문을 내었으며 종묘과 관서도 모두 길을 따라 있었지만 리 안에 있지 않았다. 북위 낙양까지도 이 제도는 계속 이어졌다. 그와 동시에 궁전 지역 내에 관서와 고관의 저택이 뒤섞여 있을 수밖에 없었으며 내성 안에서도 평민이 사는 리와 관서 및 관리의 저택이 서로 뒤섞여 있었다. 수당의 장안에 이르러서야 궁성과 중앙관서가 있는 황성이 구분되어 조영되었을 뿐만 아니라 주민이 사는 '방'이 있는 외곽성과도 분리되었다. 관리의 개인 저택과 평민의 저택이 모두 외곽성의 방 안에 조성되었다. 당대 장안의 외곽성에는 주작대가를 중축선으로 삼아 외곽

66_ 『新校資治通鑑注』(臺北, 世界書局, 1987) 卷239 唐紀 憲宗元和十年(815)六月條, p.7713. 「六月癸卯, 天未明, 元衡入朝, 出所居靖安坊東門, 有賊自暗中突出射之, 從者皆散走, 賊執元衡馬行十餘步而殺之, 取其顱骨而去.」

67_ 『新校資治通鑑注』卷246 唐紀 文宗開成三年(838)正月條, p.7931. 「春正月, 甲子, 李石入朝, 中塗有盜射之, 微傷, 左右奔散, 石馬驚, 馳歸第, 又有盜邀擊于坊門, 斷其馬尾, 僅而得免.」

성내의 방이 주작대가의 좌우 양편으로 나눠 배치되었다. 각각을 '좌가(左街)'와 '우가(右街)'로 통칭하였다. 이 좌우대칭의 바둑판 모양의 중축선 배치에서 중축선인 주작대가를 궁성 앞 외조(外朝)의 광장인 횡가(橫街)까지 관통하게 함으로써 매년 3차례 거행하는 대조회에 모이는 인원을 수용할 수 있었고 동시에 성곽의 폐쇄식 구조는 더욱 정연하고 엄밀해져서 치안 유지와 경호 강화가 용이해졌다. 당대 장안의 구조는 고대 도성이 지닌 폐쇄식 구조의 최정점에 도달한 것이라고 할 수 있다.

외곽성 내의 방의 경우 행정제도상 주작대가의 동쪽지역(즉 우가)은 만년현(萬年縣) 관할에 속했고 주작대가의 서쪽지역(즉 좌가)은 장안현(長安縣) 관할에 속했다. 여러 해 동안 출토된 당인묘지명를 통해 살펴보면 관료가 거주하는 방은 만년현 소속인 방으로 황성 동남쪽의 영흥방(永興坊), 숭인방(崇仁坊), 대명궁(大明宮) 남쪽의 익선방(翊善坊), 영창방(永昌坊) 및 흥경궁(興慶宮) 서쪽의 승업방(勝業坊) 등이었다. 장안현 소속인 방은 황성의 서쪽 담장쪽에 있는 보흥방(輔興坊), 반정방(頒政坊), 금성방(金城坊) 등이었다. 환관의 저택은 만년현의 영흥방, 영창방, 내정방(來庭坊), 대녕방(大寧坊)과 장안현의 수덕방(修德坊) 등에 많이 있었는데 모두 궁성 주위에 있었다. 외국 국적을 지닌 관리 대부분은 서쪽 장안현에 속한 방에 거주했다. 무덕(武德)연간(618~626)에서 정관연간(627~649)까지는 태극궁(太極宮)을 중추로 해서 궁성과 황성 주위의 각 방에 귀족과 고관이 비교적 많이 거주하였지만 고종(高宗)의 용삭(龍朔)연간(661~663)에서 예종(睿宗)의 경운(景雲)연간(710~711)에 이르면 대명궁이 중추가 되어 단봉문(丹鳳門) 이남의 각 방에 고관귀족이 비교적 많이 거주하였다. 개원(開元)연간(713~741)과 천보(天寶)연간(742~756)이 되면 흥경궁이 중심이 되어 흥경궁 주위와 그에 가까운 방에 귀족과 고관이 많이 거주하였다. 즉 고관과 귀족은 도성 동쪽의 북부지역에 있는 방에 많이 거주하였던 것이다. 그러나 인구밀도면에서는 서쪽 장안현이 동쪽 만현현보다 높았다. 또한 북부의 인구가 남부의 인구보다 훨씬 많았다. 대체적으로 연평문(延平門)과 연흥문(延興門)을 잇는 대로의 이북에 속한 방에는 인구가 비교적 많았지만 그 이남으로 가면 갈수록 점점 줄어들었다. 또한 남부의 각 방에는 귀족의 가묘(家廟)와 별장이 많이 있었다. 장안의 동남쪽 지역에 있는 유락원(游樂園), 곡강지(曲江池), 자은사(慈恩寺), 청룡사(靑龍寺) 일대는 도성 주민이 일상적으로 유람하는 명승지가 되었다.

　당대 행정계통은 규정에 따르면 100호를 1리로 삼아 이정(里正) 한 사람을 두었고 5리를 1향으로 삼아 기로(耆老) 한 사람을 두었는데 부로(父老)라고도 하였다. 도시에서는 방을 설치하고 방정(坊正) 한 사람을 두었다. 이정(里正)은 호구·생산·치안과 부역을 담당하였고 방정은 방문의 열쇠와 자물쇠의 관리, 치안과 부역을 맡았다.[68] 당시 도성인 장안의 방에는 추정상 일반적으로 1,000호-2,000호가 있었으며 많은 것은 5,000호 이상이었을 것이다. 이에 따라 장안의 방에는 방 전체를 총괄하는 방정 한 사람 외에도 방정 아래에 십수명 혹은 수십명의 이정(里正)이 있었다. 몇몇 방에는 대규모의 묘우(廟宇), 관청, 원림 및 고관의 저택이 있었기 때문에 인구가 100호가 되지 않아도 리 하나를 설치하였으며 심지어 다른 방에 속하는 리의 관할을 받기도 하였다. 당대에는 방문과 시장문의 관리를 매우 중시하여 시간에 따라 여닫지 않으면 방과 시장의 담장을 뛰어넘는 것과 똑같은 처벌을 하였다. 방정과 시령(市令)도 시간이 아닌데도 방문과 시장문을 여닫으면 처벌을 받았다.[69] 방문에는 '수졸(守卒)'을 두어 지키도록 했다. 수졸은 도성의 경비와 치안을 담당하는 금오위(金吾衛)에서 파견하였는데 금오위 소속으로 도로와 성문에 주둔하며 방비하는 군대와 서로 협력하였다. 당시 외곽성은

68_『通典』(北京: 中華書局, 1988) 卷3 食貨 3, p.63. "每里置正一人, 掌按比戶口, 課植農桑, 檢察非違, 催驅賦役. 在邑居者, 爲坊. 別治正一人. 掌坊門管鑰, 督察姦非, 並免其課役.…在田野者爲村, 別置村正一人, 其村滿百家, 增置一人."

69_『唐律疏議箋解』卷8 衛禁　越州鎮戍城垣, p.634. 「其坊正市令非時開閉坊市門者, 亦同城主之法.」

만년현과 장안현 두 현으로 나눠져 있는데 모두 '현위(縣尉)'와 '지포적도(知捕賊盜)'라는 관리가[70] 현에 속한 각 방의 치안을 담당하였다. 치안과 관련된 일이 발생하여 주민이 그 일을 고발하려면 리의 관리를 거치고 방의 관리를 거친 뒤에 현의 '지포적도' 등의 관리에게 보고해야 하며 다시 경조윤(京兆尹)에게 아뢰야 했다.

경조윤은 장안에서 지방행정과 치안을 주관하는 가장 높은 관리이다. 장안에서 중대한 치안문제가 발생하면 항상 경조윤 자신이 처리하였다. 당중기 이후 장안과 낙양 모두에 '악소년(惡少年)' 혹은 '한자(閑子)', '협소년(俠少年)', '시사악소(市肆惡少)' 등으로 불리는 자들이 적잖이 출현하였다. 그들은 종종 이상한 옷을 입고 파란색 혹은 검은색의 다양한 무늬를 몸에 새기고 방과 시장에서 사람들을 위협하며 물건을 빼앗았다. 새로운 경조윤이 부임하면 항상 몇몇 '악소년'을 체포하거나 처형하여 위신을 세움으로써 치안을 유지하였다. 당후기가 되면 방과 시장의 악소년은 정국이 혼란한 틈을 타 도성에서 마음대로 빼앗았다. 문종(文宗) 대화(大和) 9년(835) 12월 감로지변(甘露之變)이 발생했을 때 "방과 시장의 악소년들이 이 틈을 이용해 개인적인 원한을 갚고 사람을 죽이며 재물을 협박하여 빼앗았고 서로 공격하니 그 먼지가 하늘을 가릴 정도였는데 우신책군(右神策軍)의 두 장군이 각각 500명을 이끌고 길목에 주둔하며 북을 치며 그들에게 경고를 하고 10여 명을 참형에 처혔다, 그런 뒤에야 안정되었다."[71](『자치통감』 권245)고 한다. 희종(僖宗) 중화(中和) 원년(881) 황소(黃巢)가 무리를 이끌고 장안에서 동쪽으로 도망

70_ 『唐會要』 卷75 雜處置, p.1619. 「開成元年十月中書門下奏, "…其兩府司錄及尉, 知捕賊, 皆藉幹能, 用差專任.…"」

71_ 『新校資治通鑑注』 卷245 唐紀 文宗太和九年(835) 十一月條, pp.7914~7915. 「坊市惡少年因之報私仇, 殺人, 剽掠百貨, 互相攻刼, 塵埃蔽天.…坊市剽掠者, 猶未止命左右神策將楊鎭・靳遂良等各將五百人分屯通衢, 擊鼓以警之, 斬十餘人, 然後定.」 역자 주 저자는 이 사건이 대화 9년 12월에 일어났다고 했으나 『자치통감』에는 11월의 기사로 나와 있다.

처 물러나자 관군의 왕처존(王處存)은 소속 군대를 통솔하며 장안으로 진주할 때 "왕처존은 군사들에게 흰색으로 머리카락을 묶는 것을 표지로 삼도록 했는데 방과 시장의 악소년이 혹 그 표지를 훔쳐서 사람들을 노략질했다."[72]고 한다[『자치통감』권254 호삼성(胡三省) 주(注): 수(潕), 순(詢)과 추(趨)의 반절음이고 머리카락을 묶는다는 것이다. 머리카락을 묶는 것을 두수(頭潕)라고 한다.[73]]. 당시 동도 낙양에도 똑같이 악소년이 많았는데 일찍이 번진(藩鎭)에 모집된 수백 명이 치안이 불안한 것을 틈타 관부를 불태우거나 파괴한 뒤 돈, 비단과 식량을 탈취하였다.

2) 폐쇄식의 집중적 시제(市制)

(1) 춘추전국시대 도성의 시제

춘추시대에 중원에 있던 각 제후국의 도성에는 이미 특별히 설치한 시장 구역이 있었고 매우 떠들썩하였다. 예컨대 제(齊) 경공(景公)은 안영(晏嬰)의 주택을 바꾸어 주려 하였는데 그 이유에 대해 "(그대의) 집이 시장에 가까우며 터가 낮아 습하고 좁으며 시끄럽고 먼지가 많아 거주할 만하지 않다."[74][『좌전』소공(昭公) 3년]고 하였다. 안영의 주택이 시장 구역에 가까웠으며 지반이 낮아 습하고 협소했으며 떠들썩하고 먼지가 드날렸던 것이다. 이는 당시 제나라의 도성인 임치의 시장 구역이 이미 비교적 번성하였다는 것을 전해 준다. 당시 정(鄭)나라는 중원의 교통 중심에 위치하여 상업이 비교적 발달하였다. 도성인 신정(新鄭)에 특별히 설치한 시장 구역에는 이미 모종의 상품을 전문적으로 판매하는 상

72_『新校資治通鑑注』卷254 唐紀 僖宗中和元年(881)四月條, p.8250. 「處存令軍士繫白 為號, 坊市少年或竊其號以掠人.」

73_『新校資治通鑑注』卷254 唐紀 僖宗中和元年(881)四月條, p.8250. 「胡注: 詢趨翻繒 頭也以約髮謂之頭」

74_『春秋左傳正義 上』(李學勤 主編, 北京: 北京大學出版社, 1999) 卷42 昭公 3年, p.1185. 「宅近市, 湫隘囂塵, 不可以居.」

점이 있었다. 전하는 바에 따르면 정나라 대부 백유(伯有)가 내란 중에 "양사(羊肆)에서 죽자" 자산(子産)이 그의 "시신을 염(斂)한 뒤 시장 곁에 사는 백유의 신하의 집에 안치하였다."[75]『좌전』양공(襄公) 30년고 하였다. '양사'란 시장에서 양고기를 전문적으로 파는 가게이다.

『국어』제어(齊語)와 『관자』 소광편에 따르면 제 환공이 관중을 등용하여 개혁을 진행할 때 도성을 21개의 향으로 나누었는데 그 가운데 사(士)·농(農)의 향이 15개, 공(工)·상(商)의 향이 6개였다. "장인들은 반드시 관부에 거처하게 하고 상인은 반드시 시장에 거처하게 하며",[76] "시장에 3향(鄕)을 세우고, 공인(工人) 지역에는 3족(族)을 세운다."[77]고 하였다. 이른바 '시장에 3향을 세운다[시립삼향(市立三鄕)]'는 것은 상인이 모여 거주하는 시는 나눠서 3개의 향을 설치한다는 것이다. 당시 향리의 조직 체계에서는 5가(家)를 1궤(軌)로 하고 10궤를 1리(里)로 하며, 4리를 1련(連)으로 하고, 10련을 1향(鄕)으로 하였다. 향마다 40개의 리가 있었고 리마다 50호가 있었다. 당시 임치의 시장 구역에는 3개의 향이 설치되었고 모두 120개의 리와 6,000호가 있었으며, 그 가운데에는 좌고(坐賈)와 행상(行商) 두 종류의 상인이 포함되어 있었다는 것을 알 수 있다.[78] 당시 임치의 시장 구조는 사·농의 향 구조와 그다지 차이 없이 향과 리를 기본 단위로 했던 것이다.

현존하는 문헌 자료와 고고 자료에 따르면 전국시대부터 폐쇄식 구조의 시장 구역이 출현하기 시작하였다. 시장 구역은 방형이나 장방형으로 조성되었고 사면은 담으로 둘러싸여 있었다. 각 면의 중간에 문이

75_『春秋左傳正義 上』卷 40 襄公 30年, p.1119.「斂而殯諸伯有之臣在市側者.」
76_『國語』(上海師範大學古籍整理組 校點, 上海: 上海古籍出版社, 1978) 卷6 齊語, p.226,「處工必就官府, 處商必就市井.」
77_『管子校注 上』卷8 小匡, p.400,「市立三鄕, 工立三族.」
78_『國語』齊語;『管子』小匡,「令夫商群萃而州處, 觀凶飢, 審國變, 察其四時而監其鄕之貨, 以知其市之貨, 負任擔荷, 服牛輅馬, 以周四方, 料多少, 計貴賤, 以其所有, 易其所無, 買賤鬻貴.」 당시 시에 거주하는 상인으로 이미 좌고와 행상 두 종류가 있었다.

설치되어 있었고 '시문(市門)'이라고 불렸다. 중앙의 '십(十)'자 거리가 사면의 '시문'과 이어져 있었다. 네 개의 시문 가운데 남문이 비교적 중요하였다. 전하는 바에 따르면 송(宋)나라 태재(太宰)가 소서자(小庶子, 가신)를 파견하여 시장에 가보도록 했는데 그가 돌아온 뒤 태재가 그에게 "시장에서 무엇을 보았는가?"라고 물으니 그는 "시장 남문 밖은 우거(牛車)가 대단히 많아 간신히 지나갈 수 있을 뿐입니다."[79]라고 대답하였다[『한비자』 내저설상편(內儲說上篇)]. 따라서 태재는 시의 관리를 불러서 "시장 문 밖에 왜 소똥이 많은가?"[80]라고 꾸짖었다. 이 고사를 통해 당시 송나라 도성인 휴양[睢陽, 지금의 하남 상구(商丘) 서남쪽]의 시장에는 이미 적잖은 사람들이 우거를 몰고 와 남문 밖에는 수많은 소가 항상 머물고 있었다는 것을 알 수 있다. 당시 '시'의 남문 바깥에는 광장이 있었을 것인데 조정의 외조(外朝)처럼 이른바 '시조(市朝)'는 뭇사람들이 모이거나 수레가 멈춰 서는 곳이 되었다. 『고공기(考工記)』 장인(匠人)조에서 '시조일부(市朝一夫)'라고 하였는데, 일부(一夫)는 땅 100무(畝)를 차지한다는 것이다. 맹상군의 식객 풍환(馮驩)은 "날이 밝으면 어깨를 비비고 다투며 문으로 들어가는데, 날이 저문 뒤에는 시조(市朝)를 지나는 사람들이 어깨를 늘어뜨리며 돌아보지 않습니다."[81][『사기』 맹상군열전(孟嘗君列傳)]라고 하였다. 날이 저물면 시문이 닫혀 시조는 곧 용도가 없게 된다. 시조는 또한 사형을 당한 사람의 시신을 늘어놓는 장소로도 항상 사용되었다.

당시 진(秦)나라의 도성인 옹(雍)에는 이미 활기 찬 '시'가 설치되었는데 시문은 뭇사람들이 항상 드나드는 곳이었기에 상으로 내건 포상조건을 포고하는 장소가 되었다. 진 효공(孝公)이 상앙(商鞅)을 등용하여

79_ 『韓非子集釋 上』 卷9 內儲說上, p.563. 「市南門之外, 甚衆牛車, 僅可行耳.」
80_ 『韓非子集釋 上』 卷9 內儲說上, p.563. 「市南門之外何多牛屎.」
81_ 『史記』 卷75 孟嘗君列傳, p.2362. 「明旦側肩爭門而入, 日暮之後過市朝者掉臂而不顧.」

변법을 시행하려는 초기에 변법의 명령이 아직 하달되기 전에 상앙은 사람들이 믿지 않는 것을 걱정하며 "이내 3장이 되는 나무를 도성의 시 남문에 세우고 모인 백성 중에서 '이것을 북문으로 옮겨 놓을 수 있는 자에게 10금을 준다'고 하였다."[82](『사기』 상앙열전)고 하였다. 진나라의 도성인 함양(咸陽)의 시는 더더욱 활기찬 곳이었다. 여불위(呂不韋)가 빈객들에게 『여씨춘추』를 저술토록 하여 정치 강령을 마련하려고 했을 때도 일찍이 도성 함양의 시문을 상으로 내건 포상조건을 포고하는 장소로 삼았다. 그는 이 책을 "함양의 시문에 진열하고, 그 위에 천금을 걸어 놓고서 제후국의 유사(遊士)나 빈객 가운데 한 자라도 더하고 뺄 수 있는 사람에게 천금을 주겠다."[83](『사기』 여불위전)고 하였다

고고 자료에 따르면 진나라 도성인 옹의 유지 동북부에서 '시'의 유지가 발견되었다. 평면상 장방형으로 동서 폭이 180m이고 남북 길이가 160m이며 사면을 둘러싼 담의 기저 두께는 1.5m~2m였다. 사면의 담에는 모두 시문이 개설되었는데 이미 발굴된 서문의 경우 남북 길이가 21m이고, 동서 폭이 14m이며 입구에는 커다란 '공심전(空心磚)'으로 만든 보도가 있었다. 남아 있는 건축 유물을 통해서 문 위에는 사방으로 경사진 지붕이 있었다는 것을 알 수 있다. 시대는 전국시대에 속한다. 문헌 기록과 종합해서 볼 때 옹성(雍城)의 시 건축은 아마 진 헌공(獻公) 시기에 처음 만들어졌을 것이다. 「진기(秦紀)」(『사기』 진시황본기 끝부분)에 진 헌공이 "7년에 처음으로 시를 만들었다."[84]고 하였는데, 당시 진의 도성은 바로 옹(雍)에 있었다.[85]

82_ 『史記』 卷68 商君列傳, p.2231. 「已乃立三丈之木於國都市南門, 募民有能徙置北門者予十金.」

83_ 『史記』 卷85 呂不韋列傳, p.2510. 「布咸陽市門, 懸千金其上, 延諸侯游士賓客有能增損一字者予千金.」

84_ 『史記』 卷6 秦本紀, p.289, 「獻公立七年, 初行爲市.」 역자 주 본문의 '칠년초위시(七年初爲市)'는 원문의 '초행위시(初行爲市)'를 잘못 쓴 것이다.

85_ 『史記』秦本紀, 「(秦獻公)二年, 城櫟陽.」 『사기집해(史記集解)』에서는 서광(徐廣)을 인용하여 「徙都之.」라고 했으나 이 이야기는 정확하지 않다. 『史記』商君列傳,

진나라의 수도인 함양의 시는 규모가 옹성의 시보다 훨씬 컸을 것으로 보인다. 「진율(秦律)」 봉진식(封診式)의 '도마(盜馬)'조에 "시의 남쪽 거리에 있는 정(亭)에서 도둑을 잡았다."고 한 것은 말을 훔친 자를 정(亭) 옆에서 잡았다는 것이다. 이는 당시 함양의 시의 남쪽 거리에는 이미 정을 설치하고 정에는 도둑을 잡는 등의 관리를 배치하여 도적을 감시하고 체포하였다는 것을 전해 준다. 남쪽 거리가 있었듯이 북쪽 거리도 있었을 것이고 또한 동쪽 거리와 서쪽 거리도 있었을 것이므로 시 안에는 '정(井)'자로 교차하는 네 거리가 있었을 것이다. 「진율」 금포률(金布律)에 따르면 시의 상점들은 리의 호구와 똑같이 '오(伍)'로 편성되고 '열오장(列伍長)'이 두어져 관리를 도와 상인의 상업 활동을 감독해야 했다. 모든 상품을 규정에 따라 가격을 표시하여 판매해야 했는데 다만 가격이 1전(錢)도 안 되는 작은 상품은 가격을 표시하지 않아도 되었다. 시에서 유통되는 화폐는 주로 관에서 주조한 동전으로 민간에서 사사로이 주조하는 것을 금지하였으며 또한 황금과 포(布)를 유통 수단으로 동전과 함께 사용하였다. 포 1필은 길이 8척, 너비 2척 5촌으로 규정하고 동전 11매에 상당하는 가치로 사용되었다. 시장에서는 동전과 포목을 골라서 사용하는 것을 허가하지 않았는데 만약 상점이 골라서 사용하였는데 열오장이 보고하지 않거나 관리가 추궁하지 않으면 모두 죄가 되었다. 시에는 일반 상인과 수공업자 이외에도 '관부시(官府市, 관영 상점)'이 있었다.

　전국시대의 시에는 이미 아침저녁으로 정해진 시간에 시문을 열고 닫는 규정이 있었다. 당시 사람들은 이미 새벽에 시문이 열리기를 기다렸다가 어깨를 모로 돌린 채 다퉈 문을 들어가 원하는 상품을 사려고 하였다.[86]

　「作爲築冀闕宮庭於咸陽, 秦自雍徙都之.」진효공 12년 상앙은 진나라에서 변법을 더욱 진전시켜 옹에서 도성을 함양으로 옮겼다.

86_『史記』, 孟嘗君列傳, p.2362. 「君獨不見夫趣市者乎? 明旦, 側肩爭門而入, 日暮之

(2) 서한 장안의 대칭적인 동시(東市)와 서시(西市) 양시(兩市) 제도

서한 장안의 북쪽 곽(郭) 지역에 대칭적인 동서 양시 제도가 출현하였다. 이것은 시제가 한층 더 발전한 것으로, 이후에도 줄곧 이어져 당대 장안에도 그대로 채용되었다. 『한서』 혜제기(惠帝紀)에서 6년(기원전 189) 6월 "장안에 서시를 세웠다."[87]고 하였다. 이때 서시를 세웠으니 동시도 세워졌을 것이다. 『삼보황도』에서 인용한 「묘기(廟記)」와 『태평어람(太平御覽)』 권191에서 인용한 「궁궐기(宮闕記)」에 따르면, 장안에는 9개의 주요한 시가 있으며 "6개의 시는 도로의 서쪽에 있고, 3개의 시는 도로의 동쪽에 있다."[88]고 한 것은 동과 서가 대칭이며 큰길의 양쪽에 있었다는 것이다. 전하는 바에 따르면 "횡교대도(橫橋大道)를 사이에 두고 남쪽에 당시관(當市觀)이 있었고", "기정루(旗亭樓)가 두문대도(杜門大道) 남쪽에 있었고 또한 당시관이 있었으며", "당시관에는 영서(令署)가 있었다."[89]고 하여 횡교대도 남쪽과 두문대도 남쪽에 모두 고층 건축물과 기를 내건 시의 영서가 있었다는 것을 알 수 있다. 횡교대도는 북쪽 성벽의 서쪽에 있는 횡문에서부터 위수에 놓인 횡교까지 이르는 큰길이다. 이것은 북쪽 곽 지역에서 북쪽으로 상업이 번영한 5개의 능읍(陵邑)에 통하는 대도였기에 도로를 사이에 두고 상업이 발달한 구역이 되어 서시가 들어서게 되었다. 횡교대도 남쪽의 시령서(市令署)는 서시의 영서이다. 두문대도는 바로 북쪽 성벽의 동쪽에 있는 낙성문(洛城門, 본래 명칭은 두문이다.)에서 위수 옆에 있는 외곽정[外郭亭, 왕망 때에는 임수정(臨水亭)으로 불렀다.]에 통하는 대도로, 이 일대와 동북쪽 곽 지역은 서로 연결되어 있었다. 낙성문으로 진입한 뒤 길이 또 있어 선평문(宣平門)과

後, 過市朝者掉臂而不顧. 非好朝而惡暮, 所期物亡其中.」 역자 주 풍환(馮驩)이 맹상군에게 한 말이다.

87_『漢書』 卷2 惠帝紀, p.91. 「起長安西市.」
88_『三輔黃圖校釋』 卷2 長安九市, p.93. 「六市在道東, 三市在道西.」
89_『三輔黃圖校釋』 卷2 長安九市, p.93. 「夾橫橋大道南有當市觀…旗亭樓在杜門大道南, 又有當市觀, …當市觀有令署.」

동쪽 곽 지역까지 통할 수 있었다. 이곳은 장안에서 주민이 비교적 밀집한 곳이고 그에 따라 상업이 발달한 구역이어서 동시가 들어서게 되었다. 두문대도 남쪽에 시령서는 동시의 영서이다.

기록에 따르면 장안의 서시는 6개의 시가, 동시는 3개의 시가 합쳐서 이루어졌다. 시마다 '사방 266보'이고, '무릇 4개의 리가 1개의 시가 되어' 시마다 4개의 리가 합쳐서 이루어졌으므로 9개의 시에는 모두 36개의 리가 있었다. 이러한 리를 기본 단위로 하는 시의 시설 역시 선진시대에 향리를 기본 단위로 한 시제를 계승한 것이었다(예로 앞에서 언급한 춘추시대 제나라 임치의 시제를 들 수 있다.). 반고(班固)의 「서도부(西都賦)」에 "9개의 시장이 문을 열었는데 재화가 종류별로 다 있고 시장 안의 가게가 늘어선 작은 도로로 나눠져 있습니다."[90]라고 한 것은 곧 9개의 시가 상품인 '물건'에 따라 구별되었고 '리'에 있는 '수(隧, 작은 길)'에 따라 나눠져 설치되었다는 것이다. 시마다 '십자가(十字街)'가 있어 시를 4개의 리로 나누었고 리 안에는 또한 많은 '수'가 있어 '수'에 따라 여러 같은 종류의 물건을 파는 가게가 나눠져 개설되어 있었다. 장형의 「서경부」에 "시장 안의 누각은 5층인데 시장의 모든 거리를 굽어 살펴볼 수 있었습니다."[91]라고 한 것은 5층의 시령서가 높은 곳에서 아래를 내려 보면 '리' 안의 '많은 수'의 양쪽에 개설된 가게의 매매 상황을 굽어 살펴볼 수 있다는 것이다. 사천(四川) 성도(成都) 등에서 출토된 화상전(畵像磚)에서 묘사하고 있는 동한의 '시'는 일반 성읍에 있는 작은 '시'의 상황이지만, 그로부터 당시 일반 '시'의 구조 모습을 알 수 있다.

이렇게 시에 고층 건물의 관서를 설치하는 방식은 후대에도 그대로 채용되었다. 『낙양가람기』에 따르면 낙양의 동쪽 성벽성에 있는 건춘문[建春門. 곧 동한의 상동문(上東門)] 밖에는 동쪽으로 가면 양거(陽渠) 북쪽에 위치한 건양리(建陽里)에 토대(土臺)가 있는데, 원래 서진의 기정, 즉

90_ 『後漢書』卷40上 班彪列傳, p.1336. 「九市開場, 貨別隧分.」
91_ 『三輔黃圖校釋』卷2 長安九市, p.95. 「旗亭五重, 俯察百隧.」

서진의 시령서가 있던 곳이다. "대 위에는 2층 누각이 있어서 북을 매달아 놓았는데 그것을 쳐서 시를 닫았으며, 종도 하나 있는데 그것을 치면 50리까지 들렸다."[92]고 한다. 다시 동쪽으로 가면 동석교(東石橋) 남쪽에 이르는데, 이곳이 바로 위진시대에 마시(馬市)가 있던 곳이었다. 이렇게 시를 관리하는 관서에 종과 북을 설치하여 시를 열고 닫는 신호로 삼는 것은 적어도 서진 때 이미 시작되어 당대까지도 줄곧 이어져 실시되었다. 시에서 북과 징을 쳐서 문을 열고 닫는 신호를 내는 누각을 기정이라고 불렀다.

(3) 북위 낙양의 '시'와 '리'가 결합한 '대시(大市)'제도

북위의 낙양에는 3개의 시가 있었다. 서곽에는 대시(大市)가 있었고, 동곽에는 소시(小市)가 있었으며, 남곽에는 사통시(四通市)가 있었다. 소시는 규모가 크지 않았고 사통시는 주로 낙수(洛水)에서 잡은 생선을 파는 어시였다. 서곽의 대시는 낙양의 중요한 시장이었다. 『낙양가람기』에 따르면 대시는 1개의 시와 주위 10개의 리가 서로 결합하여 이루어졌다고 한다. 시의 주위는 8리이고 각 면마다 2리이지만 실제로는 4개의 리 면적을 포괄하였다. 기본적으로는 서한 장안에서 '무릇 4개의 리를 1개의 시로 삼은 것'과 마찬가지였다. 시를 둘러싸고 각 면마다 2개의 리가 있었다. 동쪽에 접한 통상(通商)과 달화(達貨) 2개의 리에는 수공업자, 도살업자와 판매자가 거주하였는데 수공업자의 생산품, 도살업자가 잡은 가축, 판매자의 물품은 시 안에 있는 가게의 수요에 맞춘 것이었다. 남쪽에는 조음(調音)과 악률(樂律) 2개의 리가 있는데 젊은 기녀들이 사는 곳이다. 그들은 관악기와 현악기 연주와 노래 부르기를 직업으로 하며 기예를 파는 예인(藝人)이다. 그들의 행위가 상업적 성격에 속해 시의 범위 안으로 구획되었던 것이다. 서쪽에는 퇴고(退酤)와 야상

92_『洛陽伽藍記校注』卷2 城東, p.75. 「上有二層樓, 懸鼓擊之以罷市, 有鐘一口, 撞之聞五十里.」

(冶觴) 2개의 리가 있는데 대부분의 주민이 술을 빚는 일을 직업으로 하였다. 이때에 술을 빚는 일을 직업으로 하는 수공업자들이 거주하는 지역이 2개의 리를 차지하였다는 것은 당시 음주의 기풍이 성행하여 매우 많은 양의 술을 필요로 하였다는 것을 전해 준다. 북쪽에는 자효(慈孝)와 봉종(奉終) 2개의 리가 있는데 관곽을 팔거나 장례에 사용되는 수레를 빌려주는 것을 직업으로 삼는 사람이나 만가(挽歌)를 부르는 사람들이 거주하고 있었다. 이것은 도성에서 거행되는 규모가 비교적 큰 장례의식의 수요에 부응하는 것이었고 일종의 특수한 서비스업이 되어 시의 범위 안으로 구획되었다. 이외에도 준재(准財)와 금사(金肆) 2개의 리가 있었는데, 부유한 사람들이 거주하였다. 이렇게 '시'와 주위의 '리'가 서로 결합한 '대시'제도는 북위가 처음으로 만든 것이다. 시에 각종 상품을 판매하는 가게가 있는 것 외에 수공업자, 판매자, 도살업자, 예인, 양조업자 및 장례와 관련 있는 서비스업을 경영하는 사람들이 모두 시의 주위에 나눠 배치되어 시의 일부분이 되었다. 이러한 수공업자와 행상 및 특수한 경영자들은 예전에는 모두 상인과 일률적으로 시 안에 살았으나 이 때에는 그들을 시 구역에서 분리하여 따로 시의 주위에 10개의 리를 배치함으로써 시의 조직이 더욱 가지런하고 엄밀해졌다.

북위 낙양 동곽에 있는 소시는 청양문(靑陽門) 밖의 효의리(孝義里) 동쪽에 있었다. 소시의 동북쪽에는 식화리(殖貨里)가 있었는데, '도살하여 고기를 파는 것을 직업으로 하는' 사람들이 살고 있어서 대시 동쪽의 통상과 달화 두 개의 리와 그다지 다르지 않았다. 이렇게 시의 주위에 시와 밀접한 관계가 있는 '리'를 나누어 설치한 것과 아울러 리의 명칭을 특정하는 제도는 후에 등장하는 당대 도성의 시제에 대해 매우 큰 영향을 끼쳤다.

(4) 당대 장안의 동시와 서시 양시 제도

당대 장안과 낙양의 시는 모두 수대에 이미 건립된 기초 위에서 발전한 것이다. 장안의 동시와 서시 두 시는 수대의 도회시(都會市)와 이인시(利人市)의 기초 위에서 발전한 것이고, 낙양의 남시(南市)는 수대 풍도시(豊都市)의 기초 위에서 발전한 것이다. 수대의 이 시들은 본래 매우 번영하였다. 『양경신기(兩京新記)』에서는 "동도의 풍도시는 동서남북으로 2개 방의 땅을 차지하였고, 사면에는 각 3개의 문을 개설했으며, 저(邸)는 무릇 312구(區)가 있었다."[93]고 기록하였다. 『대업잡기(大業雜記)』[당 두보(杜寶)가 저술하였다.] 대업(大業) 원년(605)조에 풍도시에 대하여 "둘레가 8리이고 통하는 문이 12개이다. 그 안에는 120항(行), 3천여 사(肆), 4백여 점(店)이 있었다. 몇 층이나 되는 높고 큰 누각이 이빨처럼 맞붙어 그림자를 드리우며 객상들을 불러들이니 진기한 물품이 산처럼 쌓여 있었다."[94]고 하였다. 『원하남지(元河南志)』권1「경성문방가고적(京城門坊街古迹)」당지남시(唐之南市)조에도 비슷한 기록이 있다. "수대에는 풍도시라고 하였는데 동서남북으로 2개 방의 면적을 차지하였고 그 안에는 120항과 3천여 사가 있었고 네 벽에는 4백여 개 상점이 있었다. 물품이 산처럼 쌓여 있었다. 당 정관 4년(630)에는 방의 절반 가까이가 줄어들었다."[95]고 하였다. 즉 정관 4년에 방의 절반이 줄어 한 방과 그 절반 면적만 점유하게 되었다. 수대 풍도시의 주위가 8리라는 것은 북위 낙양의 대시와 같다. 시에는 각 면마다 3개의 문이 있어 모두 12개의 문이 있었다. 12개의 문 안으로 동서방향과 남북방향의 3개의 대가가 교차하고 있었다. 시 안은 이미 120항으로 나뉘어져 있었고 모두 3천여 상점이 있었다. 시의 주위에는 벽에 기대어 400여 구의 저

93_ 『兩京新記輯校』(韋述 撰, 辛德勇 點校, 西安, 三秦出版社, 2006) 卷5 南市, p.86. 「豊都市, 東西南北居二坊之地, 四面各開三門, 邸凡三百一十二區.」

94_ 『大業雜記輯校』(杜寶 撰, 辛德勇 點校, 西安, 三秦出版社, 2006) 大業元年(608)條, p.15. 「周八里, 通門十二, 其內一百二十行, 三千餘肆, 四百餘店, 重樓延閣, 牙相臨映, 招致商旅, 珍奇山積.」

95_ 『元河南志』([淸] 徐松 輯, 高敏 點校, 北京: 中華書局, 1994) 卷1 京城門坊街古迹, p.15. 「隋曰豊都市, 東西南北居二坊之地, 其內一百二十行, 三千餘肆, 四壁有四百餘店, 貨賄山積, 貞觀四年促半坊.」

(邸)나 점(店)이 있었는데 이들은 객상에게 물품 보관, 숙소 그리고 교역 진행을 제공하는 항잔(行棧)[96]이었다. 이렇게 시 안에 '항'을 나누어 상점을 설치하고, 주위에 저점(邸店)을 개설하는 제도는 당대 도성의 시도 그대로 이어받았다.

장안의 동시와 서시 제도는 기본적으로 수대의 풍도시와 같다. 시의 면적은 2개의 방의 넓이를 차지하였고, 사면은 각각 6백 보, 즉 한 변의 길이가 2리로, 풍도시의 둘레 8리와 같았다. 시 안쪽도 똑같이 120항이 나뉘어 설치되어 있고 사방에는 벽에 기대어 항잔의 기능을 하는 수많은 저점들이 건립되어 있었다. 다만 네 면에 각 2개의 문만 개설하여 풍도시에는 각 면마다 각 3개의 문이 설치되어 있는 것에 비해 문 하나씩 적었다. 『장안지』 권8 '동시' 조에는 "남북으로 2개의 방 면적을 모두 차지하고 있다."[97]고 하였고 원래 달린 주석에는 "동서남북으로 각각 600보이고, 네 면에 각 2개의 문이 개설되어 있었다.(원래는 '문 하나 [一門]'으로 잘못 기록되어 있었으나 서송(徐松)의 『양경성방고(兩京城坊考)』 기록을 따라 바르게 고쳤다.)…시 안에는 각종 물품을 거래하는 220항이 있었고('220항'은 당연히 '120항'을 잘못 기록한 것이다.) 네 면에는 저점(邸店)이 세워져 있어 사방의 진기한 물건들이 모두 모여서 쌓여 있었다."[98]고 하였다. 『장안지』 권10 서시조에는 "남북으로 2개의 방을 모두 차지하고 있는데 시 안에는 서시국(西市局)이 있었다."[99]고 하였고 원래 달린 주석에는 "태부시(太府寺)에 예속되었다. 시 안의 상점은 동시의 제도와 같다."[100]고 하였다. 동시와 서시 상점의 총 수는 풍도시의 3,000개를 훨

96_ [역자 주] 항잔(行棧)이란 물품을 대신 보관해 주거나 상품 매매를 알선해 주는 상업 기구이다.

97_ 『長安志』 卷8 唐京城二, p.198. 「南北居二坊之地.」

98_ 『長安志』 卷8 唐京城二, p.198. 「東西南北各六百步, 四面各開二門, …市內貨財二百二十行, 四面立邸, 四方珍奇皆所積集.」

99_ 『長安志』 卷10 唐京城四, p.240. 「南北盡兩坊之地, 市內有西市局.」

100_ 『長安志』 卷10 唐京城四, p.240. 「隷太府寺. 市內店肆如東市之制.」

씬 넘었을 것이다. 일본의 고승 엔닌(圓仁)은 『입당구법순례행기(入唐求法巡禮行記)』 권4에서 회창(會昌) 3년(843) 6월 27일에 "동시에 불이 나서 동시 조문(曹門) 서쪽의 12항 4천여 가구를 불태웠다."[101]고 기록하였다['십이(十二)' 두 자에는 아마도 오자나 탈자가 있는 것 같다.]. 4천여 가구는 단지 동시의 상점 가운데 일부였을 뿐이었다.

1959년부터 1962년까지 여러 차례 반복적으로 동시와 서시 두 시를 조사하였고 여러 번 서시 유지를 발굴하였다. 두 시의 면적은 서로 비슷하고, 문헌에서 각 면의 길이가 6백 보라고 한 것보다 약간 길다. 서시는 남북 길이가 1,031m이고 동서 폭이 927m이며, 동시는 남북 길이가 약 1,000m이고 동서 폭이 924m이다. 두 시는 주위에 벽을 세우고 벽을 따라 거리가 있었다. 중간에는 '정(井)'자형의 거리가 있고 사면에 있는 8개의 문이 통하여 시 전체를 9개의 장방형 구역으로 구획하였다. '정(井)'자형 거리의 중심부는 동서 폭이 295m이고 남북 길이가 330m이며 시서(市署)와 평준서(平準署)가 있는 곳이었다. 동시의 동북쪽 모퉁이에서는 동서로 병렬된 타원형의 연못 유지 2곳이 발굴되었는데 방생지(放生池)가 있었던 곳일 것이다. 서시는 발굴을 거치면서 '정(井)'자형 거리 외에도 작은 골목[소항(小巷)]이 있었다는 것을 알게 되었다. '정(井)'자형 거리 양측에는 지면에 노출된 배수로가 있었고 골목 안의 도로 양측에는 벽돌을 쌓아 만든 지하 배수로가 있었다. '정(井)'자형 거리의 양측에는 집터가 조밀하게 배열되어 있었지만 크기는 다르다. 큰 것은 가로 한 칸 폭이 10여m이고 작은 것은 가로 한 칸의 폭이 3m 남짓이며, 세로 한 칸의 폭은 모두 3m 남짓으로 각종 상점의 터였다. 이 밖에도 남쪽 대가(大街)의 동쪽 끝 길 남쪽에서 원형의 건축 유지 2곳이 발견되었다. 대부분 지하에 있고 밑바닥은 작고 입구는 컸다. 하나는

101_ 『入唐求法巡禮行記』([日] 圓仁 撰, 顧承甫·何泉達 交點, 上海: 上海古籍出版社, 1986) 卷4 會昌三年(843)六月條, p.173. 「東市失火, 燒東市曹門以西十二行四千餘家.」

입구 지름이 5.5m이고 바닥 지름은 5.1m이며, 다른 하나는 입구 지름이 4.48m이고 바닥 지름은 4.08m였다. 주위의 벽 전부는 흙을 다져 만들고 표면에는 풀을 바르고 진흙과 석회를 뒤섞었는데 당시 상품을 저장하는 창고였을 것이다.

서시의 발굴로 당시 시의 안쪽이 '항'에 따라 나눠져 배열된 구조였다는 것이 실제 밝혀졌다. 시의 남쪽 대가의 동쪽 끝 길 남쪽 유지에서는 도분(陶盆), 도관(陶罐), 삼채도기의 잔편과 대량의 옹기 조각이 출토되었는데 밑받침 다리가 흰 유약으로 칠해진 쟁반이 많다. 집터에서는 또한 돌절구와 돌절구 공이가 발견되었고, 남쪽에서는 거리에 맞닿은 곳에는 작고 둥근 구덩이가 여럿 있었고 그 안에 항아리가 묻혀 있는데, 음식업을 하는 상점이 있던 곳, 즉 이른바 송대의 식반항(食飯行)와 같은 것이 있었던 곳으로 추측된다. 서시의 남쪽 대가 중부에 있는 거리 남쪽 유지에서는 빗, 두 갈래의 비녀, 한 가닥의 비녀와 같은 대량의 골제 장식물과 꽃무늬를 새긴 뼈로 만든 장식이 출토되었다. 또한 요주(料珠)[102], 진주, 마노, 수정 등의 장식품이 있었고 황금 장식물도 적지 않게 있었다. 게다가 주사위와 골자재가 출토되었다. 보석업 상점이 있던 곳, 즉 송대의 '칠보(七寶)'를 다루는 이른바 골동항(骨董行) 같은 것이 있던 곳으로 추측된다.

문헌에 따르면, 동시에는 육항(肉行)[『극담록(劇談錄)』 권상 옥유활최상공가기(玉鮪活崔相公歌妓)조]과 철항(鐵行)[『태평광기(太平廣記)』 권261 정군옥(鄭羣玉)조, 『건손자(乾巽子)』에서 채록]이 있었다. 서시의 시서(市署) 앞에는 대의항(大衣行)[『이(里)』 장안서시(長安西市)조]이 있었고, 또한 추비항(鞦轡行)[『태평광기』 권175 이군(李君)조, 『일사(逸史)』에서 채록]과 칭항(秤行)[『태평광기』 권243 두의(竇義)조, 『건손자』에서 채록], 견항(絹行)[『태평광기』 권363 왕소(王愬)조, 『건손자』에서 채록], 부항(麩行)[『태평광기』 권436 장고(張高)조, 『속현

102_ 역자 주 요주(料珠)란 자석영 등을 원료로 만든 반투명 구슬이다.

괴록(續玄怪錄)』에서 채록], 약항(藥行)(일본 엔닌의『입당구법순례기』권4 회창 5년 정월 3일조) 등이 있었다. '항'도 혹은 '사(肆)'나 '시(市)'로 불렸다. 당대 소설에서 이야기하는 동시와 서시의 이러한 '항'은 모두 비교적 저명하고 비교적 규모가 큰 것이었다. 예컨대 심기제(沈旣濟)의 「임씨전(任氏傳)」에서는 "정자(鄭子)가 노닐다 서시의 옷가게에 들어갔다가 언뜻 그녀(임씨를 가리킨다)를 보았는데 접때 보았던 여자 하인이 그녀를 따라가고 있었다. 정자가 갑자기 그녀를 부르니 임씨는 몸을 움츠리고 사람들이 빽빽이 모인 곳에서 배회하다가 그 속으로 피하였다."[103]고 하였다. 이는 당시 서시 옷가게의 규모가 작지 않았고 손님들이 당기고 밀치듯 붐비었기 때문에 임씨가 몸을 움츠리고 사람들이 빽빽이 모인 곳에서 배회하다가 몸을 피할 수 있었다는 것을 전해 준다. 『당국사보(唐國史補)』 중권(中卷)에 "송청(宋淸)은 장안 서시에서 약을 팔았는데,…가난한 선비들이 약을 청하면 항상 약값의 채권 대부분을 파기하였고 사람들에게 응급한 일이 생기면 재산을 쏟아 그것을 구하였다. 해마다 수입을 계산하면 이익이 또한 백 배나 되었다."[104]고 하였다. 이처럼 가난한 선비와 위급한 사람들을 구제한 약장사가 서시의 약항(藥行)에서 장사를 했던 것이다. 유종원(柳宗元)은 송청전(宋淸傳)에서 "송청은 장안 서부의 약시(藥市) 사람이다."[105]라고 하였는데, 서부의 약시는 곧 서시의 약항이었다.

동시에는 또한 조판 인쇄를 하는 출판업자가 있었다. 각종 실용 서적을 출판했는데, 이미 대조가(大刁家)와 이가(李家) 등의 이름이 알려졌다. 이가(李家)가 인쇄하여 출판한『신집비급구경(新集備急灸經)』은 편집

103_『太平廣記』卷452, 任氏, p.3693. 「鄭子遊, 入西市衣肆, 瞥然見之(指任氏), 囊女奴從, 鄭子遽呼之, 任氏側身周旋于稠人中以避焉.」

104_『唐國史補』([唐] 李肇 撰, 上海: 上海古籍出版社, 1975) 中卷 p.46. 「宋淸賣藥于長安西市, …貧士請藥, 常多折券; 人有急亂, 傾財救之, 歲計所入, 利亦百倍.」

105_『柳河東集』([唐] 柳宗元 著, [唐] 柳禹錫 輯, 上海: 上海人民出版社, 1974) 卷 17, p.304. 「淸, 長安西部藥市人也.」

자가 당시에 유행하는 여러 학파의 구경(灸經)을 근거로 선택해서 편집한 책으로 의원이 없고 약이 부족한 편벽한 지역에 응급처방용으로 보급되었다. 책 속에는 인체 정면을 그린 '명당도(明堂圖)의 상반신이 있는데 혈의 위치를 표시하고 아울러 항상 진찰하는 병과 급하고 중한 병을 치료하는 것을 중시하였다. 이것은 뜸으로 병을 치료하는 것을 일부 집대성하여 전문적으로 설명한 통속 도서로 당시 동시의 이가에서 출판하고 발행함으로써 의료 지식 보급, 특히 의원이 없고 약이 부족한 지역에 대해 커다란 도움이 되었던 것이다.[106]

당시 장안의 시에는 이미 규모가 비교적 큰 서점이 있었다. 백행간(白行簡)의 이와전(李娃傳)에서는 "이와는 수레를 타고 밖으로 나갔고 생(生)은 말을 타고 따라갔다. 이와는 기정(旗亭)의 남쪽 문에 있는 전적(典籍)을 파는 상점에 이르자 생에게 책을 골라 사게 했는데 책값으로 많은 돈을 다 쓰고 책을 모두 싣고 돌아왔다.···2년이 지나자 (생은) 학업에 큰 성취가 있었으며 나라 안의 서적 중 두루 보지 않은 것이 없었다."[107]고 하였다. 여기서 말하는 기정은 시의 북과 징을 쳐서 시문을 열고 닫는 신호를 내는 누각을 말하는데 위에는 깃발을 내걸고 있었다.

106_ 돈황사본(敦煌寫本) 『신집비급구경』 잔권은 현재 프랑스 파리국립도서관에 소장되어 있는데, 문서번호는 P.2675이고 360여 자가 남아 있으며 『음양서(陰陽書)』 권자본(卷子本)의 뒷면에 베껴 쓴 것이다. 책 끝에 「咸通二年歲次辛巳十二月二十五日···二人寫記」라고 쓰여 있고 책 제목 아래에 「京中李家于東市印」이라는 기록이 있다. 이 문서가 먼저 장안 동시의 이가(李家)에서 인쇄한 판본이 있었고, 함통(咸通) 2년(861)에 다시 베껴 썼다는 것을 전해 준다. 앞에 있는 짧은 서문에서 「四大成身, 一脉不調, 百病皆起. 或居偏遠, 州縣路遙; 或隔山河, 村坊草野, 小小災疾, 藥餌難求, 性命之憂, 如何所治. 今略諸家,···神驗無比.」라고 하였다. 책에서는 안적(眼赤)과 창예(瘡翳)를 치료하려면 귀의 음회혈(陰會穴)을 이용해야 한다고 하였고 음회혈은 당시 새로 발견된 혈자리로, 명대(明代) 양계주(楊繼州)가 『침구대성(針灸大成)』에서 말한 이첨혈(耳尖穴)이다. 또 대풍병(大風病)을 치료하려면 두 눈썹 사이의 광명혈(光明穴)을 이용해야 한다고 하였는데 광명혈은 곧 『침구대성』에서 말한 인당혈(印堂穴)이다. 조건웅(趙健雄)의 「敦煌寫本新集備急灸經初探」(『中國針灸』 제6권 제1기) 참조.

107_ 『太平廣記』 卷484, 李娃, p.3990. 「娃命車出遊, 生騎而從, 至旗亭南偏鬻墳典之肆, 令生揀而市之, 計費百金, 盡載以歸.···二歲而業大成就, 海內文籍, 莫不流覽.」

전적을 파는 가게란 곧 서점을 가리킨다. 이와 같이 '많은 돈을 다 쓰고' 필요한 서적을 '모두 싣고 돌아왔다'는 것은 서점의 규모가 매우 크고, 파는 서적의 종류도 이미 비교적 가지런히 갖추어져 있었다는 것을 전해 준다.

서시에는 또한 손님을 대신하여 금은 재화와 진기한 물품들을 보관하거나 사고파는 상항(商行)이 있었는데, 궤방(櫃坊)이라고 불렀다[『태평광기』 권243 두의(竇義)조, 『건손자』에서 채록하였다.]. 당시 부호들은 대량의 동전과 재화를 궤방에 맡겨 두었다가 쓸 일이 있기를 기다려 꺼내 갔다. 서시에는 또한 기부포(寄附鋪)가 있었는데, 아마도 귀중한 재물을 위탁받아 팔거나 사는 것을 겸했던 것 같다. 장방(張防)의 곽소옥전(霍小玉傳)에서 "쓸 돈이 자주 없어 종종 몰래 여종을 시켜 상자 속의 노리개를 팔라고 했는데 대부분 서시에서 기부포(寄附鋪)를 하는 후경선(侯景先)의 집에다 팔았다. 일찍이 여종인 완사(浣沙)에게 자주색 옥비녀 하나를 주어 경선의 집에 가서 팔게 하였다."[108]고 하였다. 장안에도 금시(金市)가 있었다. 설용약(薛用弱)의 『집이기(集異記)』 왕사랑(王四郎)조에서 장안의 금시를 이야기하고 있는데 당시 소주(蘇州) 금은항(金銀行)[『태평광기』 권280 유경복(劉景復)조, 『찬이기(纂異記)』에서 채록]처럼 전문적으로 금은을 매매하는 상점이었으며, 역시 동시와 서시 모두에 개설되어 있었을 것이다.

장안의 동시와 서시를 비교하면 서시가 동시보다 번성하였다. 『장안지』의 동시조에 "만년현의 호구는 장안현보다 적었다. 또한 공경 이하의 거주지는 대부분 주작대가 동쪽에 있었으며 저택은 공신과 귀족이 점유하였다. 이로 말미암아 상인들이 이르는 곳은 대부분 주로 서시로 귀결되었다."고[109] 하였다. '서시'조에도 "장안현이 통할하는 바는 4만

108_『太平廣記』 卷487, 霍小玉, p.4009. 「資用屢空, 往往私令侍婢潛賣篋中服玩之物, 多于西市寄附鋪侯景先家貨賣. 曾令侍婢浣沙將紫玉釵一雙, 詣景先家貨之.」

109_『長安志』 卷8 唐京城二, p.198. 「萬年縣戶口減于長安, 又公卿以下居止多在朱雀街

여 호로 만년현보다 많았으며 여기저기 떠돌며 객지에 임시로 거주하는 자들은 이루 다 헤아릴 수가 없었다."[110]고 하였다. 서부는 인구가 많고 상인이 많으며 떠도는 사람이 많을 뿐만 아니라 외국 관리와 외국 상인들이 대부분 서시 주위에 거주하였기 때문에 상업이 특히 번영하였다.

동시와 서시의 상업이 발달했기 때문에 시에서 많은 돈이 유통되었다. 당 현종 천보(天寶)연간(742~755) 강회(江淮) 일대에 '악전(惡錢)'이 많았다. 도성의 황실 인척과 대상인들은 종종 그곳에서 '양전(良錢)' 1매를 '악전' 5매로 바꾼 뒤 장안의 두 시장으로 반입하여 사용함으로써 시정(市井)에 막대한 폐해를 입혔다. 이에 재상 이림보(李林甫)가 악전 사용을 금지하고 관부에서는 곡식과 비단 및 창고의 돈을 풀어 '악전'과 바꾸어 주고 1년 기한 안에 관에 제출하지 않는 경우 처벌할 것을 주청하였다. 이것은 천보 11년(752) 2월 경오(庚午)일에 있었던 일이다. 2월 경오일에 "관련 부서에 명하여 곡물과 비단 및 창고의 돈 수십만 민(緡)을 두 시장에 풀어 악전과 바꾸도록 하였다."[111](『자치통감』 권216)고 하였다. 후에 상인들이 반대하며 불편하다고 하니 "이에 다시 명을 내려 납과 주석으로 주조하거나 구멍을 뚫은 것이 아니면 예전대로 사용토록 허가하였다."[112]고 하였다. 당시 관부가 '곡물과 비단 및 창고의 돈 수십만 민'을 사용하여 두 시장에서 '악전'을 바꾸려고 한 것에서, 당시 두 시장에서 유통되는 '악전'이 이미 상당히 많았다는 것을 알 수 있다. 당연히 시장 전체에서 유통되는 '양전'이 '악전'보다 수요가 훨씬 높았

東, 第宅所占勳貴, 由是商買所湊, 多歸西市.」

110_『長安志』卷10 唐京城四, p.240.「長安縣所領四萬餘戶, 比萬年縣多, 浮寄流寓不可勝計.」

111_『新校資治通鑑注』卷216 唐紀 玄宗天寶十一年(752)二月條, p.6909.「命有司出粟帛及庫錢數十萬緡於兩市易惡錢.」

112_『新校資治通鑑注』卷216 唐紀 玄宗天寶十一年(752)二月條, p.6910.「乃更命非鉛錫所鑄及穿穴者, 皆聽用之如故.」

고 수량도 매우 많았다.

　당대 장안은 비록 북위 낙양처럼 '시'와 주위의 '리'가 결합한 '대시' 제도를 채용하지 않았지만 동시와 서시 주위의 '리'에 수공업과 상업을 경영하는 사람들이 거주하는 것을 허가하였다. 예컨대 동시 서북쪽의 숭인방(崇仁坊)에는 악기를 제조하고 수리하는 상점들이 많이 있었는데 "대략적으로 악기를 제조하는 이들이 모두 이 방(坊)에 있으며, 그 가운데 두 조씨 집이 가장 빼어났다."[113][『악부잡록(樂府雜錄)』 비파(琵琶)조]고 하였다. 동시 북쪽의 숭업방(崇業坊)에는 기녀가 많았다. 장방(蔣防)의 곽소옥전(霍小玉傳)에는 농서(隴西)의 이익(李益)이 장안에 와서 '이름난 기녀를 널리 구하니' 사람들의 소개로 숭업방의 고사곡(古寺曲)에서 곽소옥을 만날 수 있었다고 하였다. 곽소옥은 스스로 "소첩은 본디 창가(倡家) 출신의 사람으로", "음악, 시, 문장에 통달하지 않은 것이 없다."[114]고 하였다. 동시의 서북쪽에 있는 평강방(平康坊)은 더욱이 명기들이 모여 사는 곳이었다. 손계(孫棨)의 『북리지(北里志)』에서 "평강리에서 북문으로 들어가서 동쪽으로 감아 도는 세 곡(曲)은 기녀가 모여 사는 곳이다. 기녀 가운데 재주와 용모가 출중한 사람들은 대부분 남곡(南曲)과 중곡(中曲)에 있었다."[115]고 하였다. 백행간의 이와전에서 전하는 기녀 이와는 바로 평강방(平康坊) 명가곡(鳴珂曲)에 거주하고 있었다. 동시의 서북쪽에 있는 세 방에는 악기 제조자와 기녀가 모여 살았던 것이다. 이것은 북위 낙양 대시의 남쪽 조음(調音)과 악률(樂律) 두 리에 관악기·현악기 연주와 노래 부르기를 하는 사람과 기녀가 거주한 것과 기본적으로 같다. 동시에 평강방에는 또한 '작은 가게'가 있어 '생강을 쪼개 만든 조잡한 과자'를 팔았고[『북리지』 장주주(張住住)조][116] 숭업방에는 '작은

113_ 『樂府雜錄』(『教坊記外三種』, 段安節 撰, 吳企明 點校, 北京; 中華書局, 2012) 琵琶, p.132. 「大約造樂器, 悉在此坊, 其中二趙家最妙.」

114_ 『太平廣記』卷487, 霍小玉, p.4006. 「妾本唱家」,「音樂詩書, 無不通解.」

115_ 『北里志』([唐] 孫棨 著, 上海: 古典文學出版社, 1957) 海論三曲中事 p.25. 「平康里 入北門東回三曲, 卽諸妓所居之聚也. 妓中有錚錚者, 多在南曲·中曲.」

수레에 찐 떡을 실어 파는'117 사람이 있었다[『태평광기』권400 추낙타(鄒駱駝)조, 『조야첨재(朝野僉載)』에서 채록].

　동시 서남쪽의 선양방(宣陽坊)에는 채힐포(彩纈鋪)가 있었다[『북리지』왕단아(王團兒)조]. 선양방 서남쪽의 장흥방(長興坊)에는 또한 필라점(畢羅店)이 있었는데[『태평광기』권27 국자감명경(國子監明經)조, 『유양잡조(酉陽雜俎)』에서 채록] 필라(畢羅)는 필라(饆饠)로 호인(胡人)이 먹던 만두의 일종이다. 동시 남쪽으로 두 번째 방인 선평방(先平坊)에는 "기름장수가 모자를 쓰고 나귀를 몰아 기름통을 운반하였다."118고 하였다[『태평광기』권417 선평방관인(宣平坊官人), 『유양잡조(酉陽雜俎)』에서 채록]. 선평방 남쪽에 있는 승평방(昇平坊)에서는 이문(里門) 옆에 떡을 파는 호인의 집이 있었고, 선평방 동쪽에 있는 신창방(新昌坊)에는 또한 '모여서 술을 마시는' '술집'이 있었다[모두 「임씨전(任氏傳)」에 보인다.]. 이는 동시 남쪽의 몇몇 방에는 적지 않은 소매점과 음식점 및 돌아다니며 장사하는 소상인들이 있었다는 것을 전해 준다.

　서시도 같은 상황이었다. 서시 동북쪽의 연수방(延壽坊)에는 '금, 은, 진주, 옥 등을 파는 곳'119이 있었다[『당궐사(唐闕史)』권하 왕거사신단(王居士神丹)조]. 서시 동남쪽의 홍화방(興化坊, 연수방의 동쪽)에는 '비단 판매를 생업으로 하는'120 사람들이 있었다[『태평광기』권486 무쌍전(無雙傳)조]. 서시 서남쪽에 있는 회덕방(懷德坊)에는 추봉치(鄒鳳熾)라는 부유한 상인이 살고 있었는데 "사방의 물품을 모두 다 거두어 들였다."121고 하였다[『태평어람(太平御覽)』권495 서경기(西京記)에서 인용]. 서시의 서남쪽으로 두 번

116_『北里志』張住住, p.37.「草刾姜果之類.」
117_『太平廣記』卷400 鄒駱駝, p.3216.「以小車推蒸餅賣之.」
118_『太平廣記』卷417 宣平坊官人, p.3400.「有賣油者張帽馱桶.」
119_『唐闕史』([唐]高彦休 撰; 『龍威秘書』第2集 第3冊 所收) 卷下 王居士神丹, p.12a.「鬻金銀珠玉者.」
120_『太平廣記』卷486 無雙傳, p.4003.「以販繒爲業.」
121__『太平廣記』卷495 鄒鳳熾, p.4061.「四方物盡爲所收.」

째 방인 풍읍방(豊邑坊)의 경우 "이 방에는 방상(方相)[122], 상여, 장례 도구를 빌려 주는 곳이 많았다."[123](『양경신기』권3)고 하였다. 이것은 북위 낙양의 '대시' 주위에 상인, 부자, 장례 관련 서비스업에 종사하는 사람 등이 거주하는 리의 모습과 비슷하다. 북위 낙양의 자효리(慈孝里)와 봉종리(奉終里) 두 리에서는 전문적으로 관곽을 팔고 상여 수레를 빌려주거나 만가를 부르는 것을 생업으로 하는 사람들이 있었는데 당대 장안에서는 이러한 장례 관련 서비스업이 더욱 발전하였고 그것을 '흉사(凶肆)'라고 불렀다. 흉사는 전문적으로 사람들을 대신하여 장사 지내는 일을 처리했으므로 각종 '흉기(凶器)'를 갖추고 있었다. 관곽과 염하는 데 사용하는 기물 및 시신을 넣은 관을 내보내는 데 사용하는 수레와 삽(翣:공작과 야생 오리의 깃으로 만든 큰 부채) 같은 의장용 도구가 포함되어 있었다. 백행간의 이와전에서는 동시와 서시의 두 흉사를 묘사하고 있다. 두 가게의 주인이 대표가 되어 시합을 하기로 계약을 맺었다. 각자 천문가(天門街)에서 장례 용구와 시신을 넣은 관을 내보는 수레, 의장용 도구를 진열하고, 아울러 사람을 고용하여 제사, 애도, 장송의 노래를 부르게 하였다. 또한 '사인(士人)과 여자가 모이는 큰 모임'을 소집하여 관중들에게 평가하도록 함으로써 서로 승부를 다투었다.

장안의 동시와 서시는 시서(市署)와 평준서가 관리하였다. 두 관서는 모두 태부시(太府寺)에 속하였다. 시서에는 시령(市令)이 시사(市肆)를 감독하고 표지를 세우고, 도량형 기구를 교정하였다(매년 8월에 교정한다). 또한 각종 상품을 상·중·하 세 등급의 가격으로 통제하고, 수공업품의 규격을 점검하며, 노비와 소·말의 매매계약 체결 및 아침저녁의 시문 개폐 등을 관리하였다. 규정에 따라 정오에 북 300번을 쳐서 시문(市門)을 열고, 일몰 전 7각(刻)에 징 300번을 쳐서 시문을 닫았다. 평준

122_ 역자 주 방상(方相)이란 민간에서 악귀를 쫓는 자로 분장하거나 대나무와 종이로 모형을 만들어서 역귀를 몰아내고 악귀를 쫓는 것이다.
123_ 『兩京新記輯校』卷3 豊邑坊, p.66. 「此坊多假賃方相轜車送喪之具.」

서는 주로 관서에서 쓰는 필수품을 구입하는 것과 관서에서 쓰지 않는 물건 및 관서에서 몰수한 물품을 내다 파는 것을 담당하였다[『대당육전(大唐六典)』 권20에 보인다.]. 규정에 따라 "무릇 관부와 교역하거나 장물을 평가할 때는 모두 중등 가격으로 해야"[124] 했다. 시에서 파는 상품의 질량과 가격, 관서와 개인 사이의 교역, 거래의 질서는 모두 두 관서와 시장 안에 있는 치안기구에 의해서 유지되었다. 특히 중요한 것은 반드시 경조윤(京兆尹)이 이를 주관하고 살펴본다는 것이다. 예컨대 류중영(柳仲郢)은 회창(會昌)연간(841~846)에 경조윤을 맡아 "동시와 서시에 저울과 되를 두고 교역할 때 그것을 사용하게 하고 사사로이 제작하는 것을 금지하였는데 북사(北司, 금군)의 관리가 곡물을 들여오면서 약정된 규정을 위반하자 류중영은 그를 살해한 뒤 시신을 진열하여 사람들에게 보여 주었다. 이로부터 사람들 가운데 감히 어기는 사람이 없었다."[125] (『신당서』 류중영전)고 하였다.

그러나 당말에 이르자 환관이 권력을 전횡하고 황실이 부패하여 교묘하게 명목을 만들어 시장의 금전과 재물을 탈취하는 일이 늘 발생하였다. 덕종(德宗) 정원(貞元)연간(785~805)에는 이른바 '궁시(宮市)'를 설치했는데, 환관들이 그곳에 파견되어 원래보다 낮은 가격으로 상품을 구매하였다. 후에 또한 수백 명의 사람들을 '두 시장 및 번화한 방곡(坊曲)'[126]으로 파견하여 상인들이 파는 물건을 검열하고, '좌우를 둘러보며 공짜로 물품을 취하고 원래 값도 주지 않았는데'[127] 이곳을 '궁시(宮市)'라고

124_ 『大唐六典』([唐] 李林甫 等 撰, 陳仲夫 點校, 北京: 中華書局, 2008) 卷20 太府寺, p.543. 「凡與官交易及懸平贓物幷用中賈.」

125_ 『新唐書』 柳仲郢傳, p.5023. 「置權量於東西市, 使貿易用之, 禁私制者. 北司吏入粟違約, 仲郢殺而屍之, 自是人無敢犯.」 역자주 이 구절에서 '北司史'는 '北司吏'의 오기로 보인다.

126_ 『新校資治通鑑注』 卷235 唐紀 德宗十三年(797) 十二月條, p.7579. 「兩市及要鬧坊曲.」

127_ 『新校資治通鑑注』 卷235 唐紀 德宗十三年(797) 十二月條, p.7579. 「左右望, 白取其物, 不還本價.」

불렀다. 이 수백 명의 사람들을 '백망(白望)'이라고 불렀다.[128] 희종(僖宗) 광명(光明) 원년(880)에 좌습유(左拾遺) 후창업(候昌業)이 상소를 올려 간언하였는데 그의 상소문에 "페르시아 보물들을 강탈하고, 찻집의 진귀한 물품을 강제로 취하며 속여서 궤방을 차지하여 성 전체의 물건을 옮겨 놓았다."[129]는 것이 있다[『통감고이(通鑑考異)』, 『속보운록(續寶運錄)』에서 인용]. 이것은 곧 황실이 시장의 재물을 강탈한 사실을 비난한 것인데, 그 물건에는 페르시아에서 온 보물, 찻집에 진열되어 있던 진기한 물건 및 대규모 수색을 통해 찾은, 시장의 궤방(櫃坊)에 숨겨 보관 중이던 대량의 금은 재물 등이 있었다.

3) 폐쇄식 구조의 경비·치안 시설

(1) 진한 도성의 경비·치안 시설

선진시대의 도성에는 늘 큰 힘을 지닌 군대가 주둔하여 경비를 하였다. 상나라 때에는 도성 부근에 별도(別都)를 설치하여 대군을 주둔시켰다. 목(牧)은 상나라 말기의 별도였는데 그에 따라 목야(牧野)가 주 무왕이 상을 함락할 때 주요 공격 목표가 되었다. 서주는 경성에 대군을 주둔시키는 전통적인 방법을 취했다. 주의 선조인 공유(公劉)는 빈[豳, 지금의 섬서성 빈현(彬縣) 동북쪽]으로 옮겨 경사(京師)로 삼아 '군 삼단(三單)'을 주둔시켰다. 서주는 중원을 통일한 왕조를 건립한 후에 '서륙사(西六師)'를 서토인 호경(鎬京)에, '성주팔사(成周八師)'를 동도인 성주(成周)에, '은팔사(殷八師)'를 은의 옛 도읍인 목(牧)에 주둔시켰다. 진한 이후에도 항

128_ 『資治通鑑』 卷235 唐紀 德宗十三年(797)十二月條, 「比歲以宦者爲使, 謂之宮市, 抑買人物, 稍不如本估. 其後不復行文書, 置白望數百人於兩市及要闠坊曲, 閱人所賣物, 但稱宮市, 則斂手付與」 胡注: 「白望者, 言使人於市中左右望, 白取其物, 不還本價也」

129_ 『新校資治通鑑注』 卷253 唐紀 僖宗乾符五年(877)二月條, p.8220. 「强奪波斯之寶貝, 抑取茶店之珍珠, 渾取匱坊, 全城般運.」

상 경비 군대를 주둔시키는 제도가 있었다.

　전국시대의 각 나라는 모두 도성의 경비를 중시하여 성문을 이미 아침저녁으로 정해진 시간에 여닫는 규정을 두었고, 법률에도 성을 넘는 것을 엄금하는 조문을 마련하였다. 이회(李悝)가 위(魏)나라에서 제정한 『법경(法經)』을 뒤에 상앙이 진(秦)나라로 가져가서 확대하였는데 그 가운데 잡률(雜律)에는 바로 '성을 넘는 것'을 엄금하는 조목이 있었다[『진서(晉書)』 형법지(刑法志)]. 전하는 바에 따르면 양거(梁車)가 막 업(鄴)의 현령을 맡았을 때 그의 누나가 어느 곳을 방문하러 갔다가 저녁 늦게 도착했는데 곽문(郭門)이 이미 닫혀 있어 곽을 넘어서 들어왔기에 양거는 '그 발을 잘랐다.'[130][『한비자』 외저설좌하편(外儲說左下篇)]고 한다. 성을 넘는 죄를 저질렀기 때문에 양거는 법을 엄정하게 집행한다는 것을 보이기 위해 법에 따라 '발꿈치를 잘랐던' 것이다. 이를 통해 전국시대에 성곽의 경비를 매우 중시하였다는 것을 알 수 있다. 그러나 사료의 한계로 우리는 전국시대 이전의 도성 경비와 치안 설비에 대해서는 아직 제대로 알지 못한다. 현재로는 진한부터 이야기할 수밖에 없다.

　진한 때는 위위(衛尉)가 설치되었는데, 구경(九卿)의 하나로 궁문과 궁중의 경비를 책임졌고 속관으로는 공거사마령(公車司馬令), 위사령(衛士令)과 궁문사마(宮門司馬) 등이 있었다.

　진나라에는 중위(中尉)가 설치했는데, 구경(九卿)의 하나로 궁전 밖이자 경성 안의 경비를 책임졌고 한 무제 태초(太初) 원년(기원전 104) 이후에는 집금오(執金吾)로 이름이 바뀌었다. 그 직무는 기병과 보병을 데리고 경사를 순찰하며 도적을 잡고 치안을 유지하는 것이었다. 그는 범죄자를 체포하는 권한을 가지고 있기도 하였다. 황제가 출행할 때는 또한 의장대에 충임되어 황제를 따라다니며 호위하였다. 동한 이후에는 직

130_ 『韓非子』 外儲說左下, 「梁車新爲鄴令, 其姊往看之, 暮而後, 閉門, 因踰郭而入. 車遂刖其足.」

권이 확대되어 돌발적인 재해를 경계하는 일도 겸임하였다. 각종 건축물과 많은 인구로 가득 찬 도성에서 화재나 수재의 발생을 방비하는 일이 매우 중요했기 때문이었다. 소속 군대로는 '기병 6백 명과 보병 6천 2백 명'이 있었다[131][『북당서초(北堂書抄)』권54, 『한구의(漢舊儀)』에서 인용].

집금오는 주로 경성 순찰과 경계를 책임졌다. 동시에 사방 성문에는 문마다 성문교위(城門校尉)를 두어 성문의 둔병(屯兵)을 관리토록 하였다. 소속 관리로는 사마(司馬)와 문후(門候) 등이 있었다. 문후(門候)는 시간에 맞춰 성문을 여닫는 일을 주관하였다. 성 밖에 있는 곽 지역의 변경과 성 안의 큰길마다 모두 경계와 감찰을 위해 '정(亭)'이 설치되었고, 정장(亭長) 등의 관리가 두어져 출입하는 뭇사람들을 감시하고 도적을 체포하여 성 안팎의 치안을 유지하였다는 것은 주목할 만하다.

'정'은 원래 전시에 사용하는 정찰 방어용 시설로, 전국시대에 변경의 관문과 요새나 장성(長城)에 설치하였고, 전시 때에는 방어용 성의 담장 위에도 설치하였다. 『묵자』비성문편(備城門篇)에서 "백 보마다 정(亭) 하나가 있고 담장 높이가 1장 4척이고 두께는 4척이었으며 두 문짝으로 열리는 규문(閨門)을 만들어 각각 저절로 열리고 닫힐 수 있도록 하였다. 정마다 위(尉) 한 명을 두었다."[132]고 하였다. '위(尉)'는 곧 '정(亭)'의 장관이다. 동시에 성 밖 도로의 요충지에도 항상 '정'을 세웠다. 『묵자』잡수편(雜守篇)에 "성 밖 도로에는 요새를 만들어 적을 곤란하게 하거나 적에게 심한 피해를 줄 수 있는 곳에는 세 개의 정을 세워 놓는다."[133]고 하였다. '정'은 고층 건축물로, 높은 곳에 올라 멀리 바라보며 정찰할 수 있었고, 또한 보루로서 공격과 방어에 사용할 수 있었다. 이처럼 전시에 정찰과 방어용이던 '정'은 진한시대에는 이미 평상시에 도

131_ 『北堂書抄』(『續修四庫全書』1213 子部 類書類 所收, [唐] 虞世南 撰) 卷54, p.3b, 「六百騎, 走六千二百人.」

132_ 『墨子校注 上』卷14 備城門, p.782. 「百步一亭, 高垣丈四尺, 后四尺, 爲閨門兩扇, 令各可以自閉, 亭一尉.」

133_ 『墨子校注 上』卷15 雜守, p.974. 「諸外道, 可要塞以難寇, 其要害者, 爲築三亭.」

성 안팎을 경비하고 치안을 유지하는 시설이 되었다. 성 안의 큰 거리마다 정이 설치되었을 뿐만 아니라, 성 밖의 중요한 교통로의 요충지에도 정이 설치되었고 이른바 외곽정(外郭亭)이라고 불렸다.

진나라 도성 함양의 시장 거리에 '정'이 설치되었다. '정'에는 '구도(求盜)' 등 관리가 배치되었다. 「진율」 봉진식의 '도마'조에는 '시장 남쪽 거리에 있는 정'의 구도(求盜)가 정 옆에서 말을 훔친 자를 잡았다는 기록이 있다. 동시에 함양성에서 10리 떨어진 곳에 우정(郵亭)이 설치되었는데, 이것은 외곽정의 성격을 이미 갖고 있는 것이었다. 진나라의 명장 백기(白起)는 진나라가 조나라를 공격하고자 하는 책략에 동의하지 않았으므로 병을 핑계로 출전하지 않아 관작이 삭탈되고 아울러 자살하라는 압박을 받았다. 그는 "함양 서문에서 10리 밖으로 나가니 두우(杜郵)에 이르렀을 때 칼을 빼서 스스로 목숨을 끊었다."[134](『사기』백기 열전)고 한다. 『수경주』위수(渭水)조에는 두우정(杜郵亭)이라고 쓰여 있다. 이러한 정(亭)을 우정(郵亭)이라고 부른 까닭은 그것이 우전(郵傳)의 성격을 지니고 있어서 항상 관리 및 먼 길을 가는 사람이 도중에 머물며 숙박하는 곳이었기 때문이다. 『풍속통(風俗通)』에서는 "한나라는 진나라를 그대로 따라 대체로 10리마다 정 하나를 두었다. 정은 '머무른 다[류(留)]'는 뜻으로 무릇 여정을 떠난 사람이 숙박하기 위해 묵는 곳이다."[135]고 하였다[『속한서(續漢書)』백관지(百官志) 5에 기록된 유소(劉昭)의 주를 인용]. 이처럼 성문에서 10리 밖에 정 하나를 설치하던 제도는 서한 장안에도 그대로 이어져 외곽정이라고 불렸으며, 경계·방위와 더불어 우전의 성격을 갖추고 있었다.

서한 장안의 12개 성문 밖에는 모두 외곽정이 설치되어 있었다. 대

134_ 역자 주 이 인용문은 『사기』 원문을 축약한 것이다. 이와 관련된 구체적 구절은 「出咸陽西門十里, 至杜郵. …武安君引劍將自剄…遂自殺. 武安君之死也, 以秦昭王五十年十一月.」(『史記』卷73 白起王翦列傳, p.2337)이다.

135_『後漢書』卷28 百官五, p.3624. 「漢家因秦, 大率十里一亭. 亭, 留也, 蓋行旅宿會之所館.」

부분 성 밖 10리쯤 떨어진 곳에 있었고, 10리가 안 되는 곳도 있었다. 예컨대 낙성문 밖의 위수에 맞닿아 있는 정까지는 3리밖에 안 되었다. 왕망은 일찍이 12개 성문의 이름을 바꾸면서 성문 밖의 외곽정에 성문 이름과 글자 의미상 관계가 있는 이름을 붙였다. 표로 나열하면 다음과 같다.

[표] 서안 장안 12개 성문 및 외곽정

위치	성문 이름	곽문 이름	왕망(王莽)이 고친 문 이름 및 외곽정 이름
동쪽벽 북문	선평문(宣平門)	동도문(東都門)	춘왕문(春王門), 정월정(正月亭)
동쪽벽 중문	청명문(淸明門)[개문(凱門)]	·	선덕문(宣德門), 포은정(布恩亭)
동쪽벽 남문	패성문(覇城門)[청기문(靑綺門)]	·	인수문(仁壽門), 무강정(無疆亭)
남쪽벽 동문	복앙문(覆盎門)[하두문(下杜門)]	·	영청문(永淸門), 장무정(長武亭)
남쪽벽 중문	안문(安門)[정로문(鼎路門)]	·	광례문(光禮門), 현락정(顯樂亭)
남쪽벽 서문	서안문(西安門)	·	신평문(信平門), 성정정(誠正亭)
서쪽벽 남문	장성문(章城門)[광화문(光華門), 편문(便門)]	·	천추문(千秋門), 억년정(億年亭)
서쪽벽 중문	직성문(直城門)	·	직도문(直道門), 단로정(端路亭)
서쪽벽 북문	옹문(雍門)[함리문(函里門)]	·	장의문(章儀門), 저의정(著義亭)
북쪽벽 서문	횡문(橫門)[광문(光門), 무삭문(武朔門)]	도문(都門)	삭도문(朔都門), 좌유정(左幽亭)
북쪽벽 중문	주성문(廚城門)	·	건자문(建子門), 광세정(廣世亭)
북쪽벽 동문	낙성문(洛城門)[두문(杜門), 고문(高門)]	·	진화문(進和門), 임수정(臨水亭)

동한의 도성인 낙양에도 성문은 12개였다. 평성문(平城門)만 궁문으로 취급하여 위위(衛尉)의 관장을 받았고 그 외 성문 11개는 성문교위(城門校尉)가 주관하였다. 그것도 서한의 장안처럼 성문마다 밖에 일정한 거리를 두고 외곽정을 설치하였다. 『속한서』「백관지」4의 '성문교위'조에 유소(劉昭)가 채질(蔡質)의 『한의(漢儀)』를 인용하여 주를 달아 "낙양에는 24개의 거리가 있는데 거리마다 정 1개가 있고, 12개의 성문이 있는데 성문마다 정 1개가 있다."[136]고 하였다. 이른바 '성문마다 하

나의 정이 있다.'고 한 것은 성문 밖으로 일정하게 떨어진 곳에 외곽정이 설치되었다는 것을 가리킨다. 예컨대 동한 상서문(上西門) 밖의 석양정(夕陽亭)은 낙양도정(洛陽都亭)으로도 불렀는데 서쪽 곽문의 성격을 지니고 있는 외곽정으로, 북위때 장방교(張方橋)가 있었던 곳이기도 하였다. 또한 『후한서(後漢書)』 환제기(桓帝紀)에는 본초(本初) 원년(146) "양태후(梁太后)가 황제를 하문정(夏門亭)까지 오도록 불렀다."[137]고 하였고 이현(李賢)이 이에 "낙양성의 북서쪽에 있는 문으로 문 밖에 만수정(萬壽亭)이 있었다."[138]고 주를 달기도 하였다. 만수정은 바로 하문의 외곽정이었다.[139] 만수정은 항상 성 안 사람들이 상여를 떠나보내는 곳으로 정장(亭長)과 정리(亭吏)도 늘 장례에 관한 일을 관리했기 때문에 성 밖에 있었을 것이다.

『한의』에 따르면, 동한의 낙양에는 12개의 성문 밖에 정을 설치했을 뿐만 아니라, 성 안의 24개 거리에도 모두 정을 설치하였다고 한다. 이것은 진나라 도성인 함양에서 시장 거리에 정을 설치한 제도를 그대로 이은 것이다. 추측컨대, 서한 장안의 거리 및 시의 거리에도 모두 정이 설치되었을 것이다. 성문 밖의 교통 요지에 설치한 외곽정은 왕래하는 행인을 감시하고 조사하면서 외곽과 성문의 방어를 강화하여 도적을 방지하거나 체포함으로써 도성의 안전을 유지하기 위한 것이었다. 성 안쪽의 큰길에 설치된 정은 거리를 따라 왕래하는 사람들을 감시하고 도적을 방지하거나 체포함으로써 성 안의 치안을 유지하기 위한 것이었다. 이러한 정은 모두 경찰의 초소와 같은 성격을 지녔다. 정에는 정

136_ 『後漢書』 卷27 百官四, p.3611. 「洛陽二十四街, 街一亭, 十二城門, 門一亭.」

137_ 『後漢書』 卷7 孝桓帝紀, p.287. 「梁太后徵帝到夏門亭.」

138_ 『後漢書』 卷7 孝桓帝紀, p.287. 「洛陽城北面西頭門也, 門外有萬壽亭.」

139_ 마선성(馬先醒)은 「漢代洛陽之城池與城門」(저서 『漢簡與漢代城市』에 수록)에서 이에 근거하여 "『한의』에서 말한 12개의 성문에는 문마다 정이 하나 있으며 그 문 밖에 골고루 위치하고 있었다는 것을 알 수 있다."고 하였다. 이것은 틀리지 않은 것이다.

장이 있었는데 고정된 치소에서 근무하였고 주된 직무는 관할구역 안에서 간악한 도적을 감시하고 체포하는 것이었다. 동시에 정에는 유요(遊徼)라는 관리가 배치되었는데 그 직무는 순찰하며 도적을 수색하고 체포하는 것이었다. 「급취편(急就篇)」에서는 "소란을 피워 싸워서 살상을 하면 오(伍)와 린(鄰)의 사람들을 체포하고 유요와 정장이 함께 심문하였다."[140]고 하였다.

『한관의(漢官儀)』에서는 "위(尉), 유요, 정장 등은 모두 평소 다섯 무기를 익히고 갖추었다. 다섯 무기란 궁노(弓弩), 극(戟), 삽(揷), 도검(刀劍), 갑개(甲鎧) 등이다.…정장은 2척의 판(板)을 지니고 도적에게 죄를 추궁했으며 수색하고 단속하여 도적을 체포하였다."[141]고 한다[『속한서』백관지 5 정장(亭長)조, 유소의 주를 인용]. 2척의 판이란 길이 2척에 법률조문이 적힌 판독(版牘)을 가리킨다. 2척의 판을 지닌다는 것은 곧 명령을 받들고 법률에 따라 도적을 징벌하고 체포한다는 뜻이다. 「진율」봉진식의 '도마'조에서는 시의 남쪽 거리의 구도(求盜)가 정 옆에서 말을 훔친 자을 체포하고 말 한 필 및 의복 등의 장물 등을 확보하였다고 하였다. 『한서』왕망전(王莽傳)에는 "대사공(大司空)이 밤에 봉상정(奉常亭)을 지날 때 정장이 그를 꾸짖으니 대사공이 자신의 관명을 알렸으나 정장이 취해서 '어찌 부전(符傳)은 가지고 있는가?'라고 하였다. 대상공의 위사(衛士)가 말채찍으로 정장을 공격하자 정장은 위사를 베고 도망쳤다."[142]고 하였다. 이는 정장에게 야간 통행을 금지할 책임이 있고, 반드시 부전이 있어야만 통과를 허가할 수 있다는 것을 전해 준다. 『후한서』주우전(周紆傳)에도 "황후의 동생인 황문랑(黃門郞) 두독(竇篤)이 궁

140_ 『急就篇』([漢] 史游 撰, 長沙, 岳麓書社出版, 1989) 卷4 p.302.「變鬪殺傷捕伍鄰, 遊徼亭長共雜診.」

141_ 『後漢書』卷28 百官五, p.3624.「尉·遊徼·亭長, 皆習備五兵. 五兵: 弓弩·戟·揷·刀劍·甲鎧. …亭長持二尺板以劾賊, 索繩以收執賊.」

142_ 『漢書』卷99中 王莽傳, p.4135.「大司空士夜過奉常亭, 亭長苛之, 告以官名, 亭長醉曰: "寧有符傳邪?" 士以馬棰擊亭長, 亭長斬士, 亡.」

중에서 돌아갈 때 밤에 지간정(止姦亭)에 이르렀는데 정장 곽연(霍延)이 두독을 가로막으며 저지하니 두독의 하인이 다투었다. 곽연은 마침내 칼을 뽑아 두독에게 겨누고 거리낌 없이 욕을 퍼붓고 제멋대로 입을 놀리었다."[143]고 하였다. 지간정은 화연준(華延儁)의 「낙양기(洛陽紀)」에서 열거한 낙양성 안의 24개 가정(街亭) 가운데 하나이다[『원하남지(元河南志)』권2에 보인다.]. 당시 정장인 곽연도 똑같이 야간통행을 금지하려다가 외척인 두독과 충돌이 발생하였던 것이다. 『후한서』우연전(虞延傳)에는 "젊어서 호유정(戶牖亭)의 정장이 되었는데, 당시 왕망의 귀인(貴人) 위씨(魏氏)의 빈객이 방종하게 굴자 우연은 리(吏)를 거느리고 그 집에 돌입하여 그를 체포하였다."[144]는 기록이 있다. 이로부터 정장은 관할구역 안에서 법에 따라 거주 가옥에 진입하여 범인을 체포할 수 있었다는 것을 알 수 있다.

정장은 무관(武官) 계통에 속하여 항상 현으로부터 직접 임명되며, 문관(文官) 계통의 향리 장관과는 달랐다. 『속한서』백관지 5에서는 "정에는 정장이 있어 도적을 금지하였다."[145]고 하였는데 본래 주석에서는 "정장은 주로 도적을 찾아 체포하며 도위(都尉)를 승망(承望)한다."[146]고 하였다. 정장은 비록 직접적으로 현위(縣尉)에게 예속되지는 않았지만 직무상 당연히 '승망(承望)'해야 했다. '승망'은 떠받들고 우러러본다는 뜻이다.

(2) 당대 도성의 경비 · 치안 시설

당대의 도성인 장안은 궁성, 황성, 그리고 곽성 등 크게 세 부분으로

143_『後漢書』卷77 周紆傳, p.2495.「皇后弟黃門郎竇篤從官中歸, 夜至止姦亭, 亭長霍延遮止篤, 篤蒼頭與爭, 延遂拔劍擬篤, 而肆詈恣口.」

144_『後漢書』卷33 虞延傳, p.1150.「少爲戶牖亭長, 時王莽貴人魏氏賓客放縱, 延率吏卒突入其家捕之.」

145_『後漢書』志第28 百官五, p.3624.「亭有亭長, 以禁盜賊.」

146_『後漢書』志第28 百官五, p.3624.「亭長主求捕盜賊, 承望都尉.」

나뉘어져 있었다. "당대 북문의 금군(禁軍)은 모두 궁원(宮苑)에 주둔하였고, 모든 관리와 부서 및 남아(南衙)의 금군은 모두 황성 안에 나누어 거주하였다. 관리의 저택과 방시(坊市)의 주민들은 모두 주작대가의 좌우 거리에 나누어 거주하였다."[147][『자치통감』 권264 소종(昭宗) 천복(天復) 3년 2월 을미(乙未)조의 호삼성(胡三省)의 주]고 하였다 당대에는 궁원사(宮苑使)가 설치되어 궁성의 경비를 담당하였고 황성사(皇城使)가 설치되어 황성의 치안을 주관하였는데 황성의 성문을 여닫는 것과 아침저녁으로 순찰하는 것 등도 그 직무 내에 포함되어 있었다. 또한 곽성에는 좌우순사(左右巡使)와 좌우가사(左右街使)가 설치되어 경조윤과 더불어 곽성의 경비와 치안을 관장하였다. 좌우순사는 어사대에 소속되어 방 안을 순시하며 주민들과 관련 있는 치안 문제를 주관하였고, 좌우가사는 금오위에 소속되어 방 밖 거리의 경비와 치안을 책임졌다.

좌우순사는 좌우순어사(左右巡御史)라고도 불렸는데 일종의 규찰관으로 본래 어사대 감찰어사의 속관이었다. 좌우순사의 관서는 좌우순사원(左右巡使院)이라고 하며 어사대 안에 설치되어 있어 어사북대(御史北臺)의 일부분이었다.[148] 좌우순사는 주작대가를 경계로 하는 좌가(左街)와 우가(右街)에 있는 방의 주민 및 동서 양시에서 일어나는 모든 불법적인 일을 나눠서 맡아 처리하였다. '유배형을 받았거나 지방으로 좌천된 사람'이 경사에 머무른 채 숨어 지내며 떠나지 않는 것, 요망되고 헛된 말을 퍼뜨려 물의를 일으키는 것, 도박, 절도, 소송, 옥송에서 억울한 일을 당한 것, 매매와 세금 징수에서의 불법행위 등을 포함한 불법적 일은 모두 반드시 단속하고 상주해야 했다. 형부, 대리시(大理寺), 동서도방(東西徒坊), 금오위(金吾衛) 및 현의 감옥을 포함한 모든 감

147_ 『新校資治通鑑注』卷264 唐紀 昭宗天復三年(903)二月 乙未條 胡注, p.8604「唐北門禁衛之兵, 皆屯于宮苑; 百司庶府及南衙諸衛, 皆分居皇城之內; 百官私第及坊市居人, 皆分居于朱雀街之左右街.」

148_ 徐松, 『唐兩京城坊考』卷1 西京「由東入院門, 首爲中丞院, 次西雜事院, 又西左右巡使院, 皆北向, 故曰御史北帶」

옥을 순찰하는 것도 책임졌다.[149] 좌우순사가 중요했기 때문에 개원연간 초에는 전중시어사(殿中侍御史)로 소속이 바뀌었다. 대종(代宗) 광덕(廣德)연간(763~764)에 토번이 장안에 침입하여 약탈하고 불을 저질러 "장안은 쓸쓸하고 텅 비게 되었다."[150]고 하였다. 이러한 특수한 사건 때문에 어사중승(御史中丞)에게 좌우순사를 겸임하도록 임명한 적이 있었다. 대종 대력(大曆)연간(766~779)과 헌종(憲宗) 원화(元和)연간(806~820)에는 다시 전중시어사(殿中侍御史)가 좌우순사를 겸임토록 하였다.[151]

좌우순사가 구체적으로 규찰한 불법 사례를 보면, 당 중기 이후 그들은 당시 시간에 맞춰 방문(坊門)을 여닫지 않은 일, 불법으로 거리를 향해 문을 내는 일 및 고관들이 '거리를 침범하여 집을 짓는 일'을 적발하였다.[152] 이것들은 바로 도성의 폐쇄식 구조를 심각하게 파괴하는 사건이었다. 또한 어떤 좌순사(左巡使)는 장안현의 현령이 마음대로 방(坊) 안에 수로를 팠으나 적발하지 못하여 벌금으로 2개월 봉급을 낸 일도 있었고[153] 또 다른 어떤 좌순사는 "삼베로 머리에 변(弁)을 쓰고 대광주리와 갈대자리를 들고 동시(東市)에서 울며 곡을 한"[154] 사람을 보고하

149_ 『大唐六典』 卷13 御史臺, 「凡兩京城內則分知左·右巡, 各察其所巡之內有不法之事. 謂左降·流移停匿不去, 及妖訛·宿宵·蒲博·盜竊·獄訟冤濫·諸州綱典貿易隱盜·賦斂不如法式, 諸此之類, 鹹擧按而奏之.」；『通典』 卷24 職官, 「分左右巡使, 糾察違失, 以承天·朱雀街爲界, 每月一代, 將晦, 卽巡刑部·大理·東西徒坊·金吾及其縣獄.」

150_ 『新校資治通鑑注』 卷223 唐紀 廣德元年(763)條 p.7151. 「長安中蕭然一空.」

151_ 『資治通鑑』 卷239 憲宗元和十一年十一月條, 胡注：「廣德二年九月命御史中丞兼戶部侍郎王延昌充左巡使, 御史中丞源休充右巡使. 辛亥, 源休充都左右巡使」；『舊唐書』 卷118 元載傳, 「(大曆)八年七月, 晉州男子郇謨以麻辮髮, 持竹筐及葦席哭於東市.…殿中禦史楊護職居左巡, 郇謨哭市, 護不聞奏, 上以爲蔽匿, 貶連州桂陽縣丞員外置.」；『冊府元龜』 卷153 帝王部 明罰, 憲宗元和四年五月條, 「長安縣令鄭易以擅於永平坊渠, 貶汴州刺史,…左巡使·殿中侍御史李建不覺察, 罰兩月俸料.」

152_ 『당회요(唐會要)』 권86 가항(街巷) 대중삼년유월(大中三年六月)조에 우순사(右巡使)가, 위양(韋讓)이 궁원사(宮苑使)로 임명된 날에 '거리를 침범하여 아홉 칸의 집을 지었기 때문에 철거하라'는 명을 내려 주시길 주청한 일화가 기록되어 있다.

153_ 주)151에서 인용한 『책부원구』 참조.

지 않았다가 폄직되기도 하였다.[155]

좌우가사는 금오위의 속관이었다. 금오위는 궁중과 경성의 경비 업무를 관장하였는데, 좌우금오위로 나뉘어 각각 대장군 한 명과 장군 두 명을 두었다. 아래로 좌우익부(左右翊府)를 나누어 설치하고 각각 중랑장(中郎將) 한 명을 두었다. 좌우가사는 좌우익중랑장부(左右翊中郎將府)의 관할에 속하였으며, 경성 좌가(左街)와 우가(右街)의 순찰을 분담하였다. 성문과 방 모퉁이에는 모두 무후포(武候鋪)가 설치되어 있었다. 무후(武候)란 원래 금오위의 옛 이름이며, 무후포는 경비 병사가 주둔하는 곳이다. 좌가와 우가를 따라 방 모퉁이에 설치된 무후포는 '가포(街鋪)'라고 불렀고 성문에 설치된 무후포는 '조포(助鋪)'라고 불렀다. 큰 성문의 포에는 경비 병사가 100명이 있었고, 작은 성문의 포에는 20명이 있었다. 가포 가운데 큰 포에는 30명이 있었고, 작은 포에는 5명이 있었다. 이들 경비 병사는 원래 징발된 부병(府兵)에서 충임하였는데『당률소의』잡률(雜律)에는 "방가(坊街)에서 숙직한다."는 조문이 있다.[156] 현종 개원 11년(723) 이후에는 응모한 확기병(彍騎兵)이 담당하는 것으로 바뀌었다. 좌우가사의 직무 가운데 기병을 거느리고 거리를 순찰하는 것이 있었다. 매일 해가 떨어질 때 북을 800번 다 쳐서 성문이 굳게 닫히면 좌우가사는 기병을 거느리고 거리를 순찰하며 소리를 외치게 하였고, 5경(更) 2점(點)에 가고(街鼓)가 울려 방시(坊市)의 문이 열리면 비로소 순찰을 멈추었다.[157] 이처럼 큰 거리의 방 모퉁이를 따라 가포가 설치되었는데 평시에 가포는 좌우금오중랑장(左右金吾中郎將) 등의 지휘

154_『舊唐書』卷11 本紀, p.302.「以麻辮髮, 持竹筐及葦席, 哭於東市.」

155_ 주)151에서 인용한『구당서』참조.

156_『唐律疏議』卷26 雜律,「其直宿坊街」; 疏議「謂諸坊應閉之門, 諸衛守衛之所, 有當直宿.

157_『新唐書』百官志,「左右街使, 掌分察六街徼巡. 凡城門坊角, 有武候鋪, 衛士·彍騎分守, 大城門百人, 大鋪三十人, 小城門二十人, 小鋪五人, 日暮, 鼓八百聲而門閉, 乙夜, 街使以騎卒循行囂檛, 武官暗探, 五更二點, 鼓自內發, 諸街鼓承振, 坊市門皆啟, 鼓三千撾, 辨色而止.」

하에 순찰하였고,[158] 야간에는 좌우가사 등의 지휘하에 야간 순찰을 책임졌고 야간 통행을 금지하는 등 엄격한 경계와 야간 통행금지를 실행하여 치안을 확보하였다. 선종(宣宗) 대중(大中) 3년(849) 6월 우순사가 주를 올려 "의성군절도사(義成軍節度使) 위양(韋讓)이 이전에 궁원사(宮苑使)을 담임하고 있을 때 회진방(懷眞坊) 서남쪽 모퉁이에 있는 정자 서쪽에서 거리를 침범하여 집 아홉 칸을 지었습니다."[159]고 하였다[『당회요(唐會要)』권86 가항(街巷)조]. 회진방은 당연히 회정방(懷貞坊)이며, 주작대가 서쪽의 두 번째 거리에서 다섯 번째 방이다. 그 서남쪽 모서리에는 거리를 따라 당연히 가포가 설치되었고 그 안에 정자가 있었던 것이다. 이를 통해 당시 거리에 설치된 대포(大鋪)에 있는 정자를 이용해 정찰하고 멀리 조망하여 경계를 강화했었을 것이라는 것을 알 수 있다.

좌우가사의 직무가 중요했기 때문에 당말에는 항상 좌우금오위대장군이 겸임하도록 하였다.[160] 그 속관으로는 판관(判官)과 가리(街吏) 등이 있었다. 성 안 거리의 치안을 유지하는 것 외에 길가의 시설물을 보호해야 하는 책무를 가지고 있었다. 집을 짓다가 도로를 침범한 사건을 접했을 때는 철거를 주청할 책임이 있었다.[161] 길가의 다리도 보호해야 할 책임이 있었으며, 수리가 필요할 경우는 경조부(京兆府)와 함께 "그 일을 계획하였다."[162]고 하였다. 심지어 길가의 녹화를 위해 나무를 심는 것도 좌우가사가 처리해야 할 구체적인 일이었다.[163]

158_ 『唐會要』 卷71 十二衛, p.1519. 「(神龍三年八月二十六日敕) 諸街鋪幷令左右金吾中郎將自巡, 仍各加果毅兩人助巡隊.」

159_ 『唐會要』 卷86 街巷, p.1868. 「於懷眞坊西南角亭子西, 侵街造舍九間.」

160_ 『舊唐書』 卷124 郭子儀傳, 「元和初, 爲左金吾衛大將軍, 充左街使.」; 『舊唐書』 卷124 郭子儀傳, 「穆宗卽位, 郭鏦叔舅, 改右金吾大將軍兼御史大夫, 充左街使.」

161_ 『唐會要』 卷86 街巷, 「伏見諸街鋪, 近日多有被雜人及百姓・諸軍使官健起造舍屋, 侵占禁街, …幷令除拆.」

162_ 『唐會要』 卷86 橋梁, 「承前府縣, 幷差百姓修理橋梁, 不逾旬月, 卽被毀拆, …宜委左右街使勾當捉搦, 勿令違犯. 如歲月深久, 橋林爛壞, 要修理者, 左右街使與京兆府計會其事.」

163_ 『唐會要』 卷86 街巷, p.1868. 「諸街添補樹, 幷委左右街使栽種, 價折領於京兆府.」

좌우가사는 또한 고관을 보호하여 안전하게 출입하도록 해야 할 책임이 있었다. 헌종 원화 10년(815) 경성에서 번진이 자객을 파견하여 재상 무원형(武元衡)을 찔러 죽이고 배도(裵度)에게 상해를 입히는 중대한 사건이 발생하여 경성이 한때 크게 놀랐다. "이에 조칙을 내려 재상들이 외출할 때는 금오위의 기병을 붙여서 활시위를 팽팽히 하고 칼날을 드러내며 그를 호위하며 방문(坊門)을 지나는 곳마다 큰소리를 치며 수색하는 것을 매우 엄격히 하도록 하였다."[164](『자치통감』 권239 원화 10년 6월조)고 하였다. 즉 좌우가사가 활시위를 당기고 칼날을 드러낸 채 기병을 거느리고 호위를 강화하게 했던 것이다. 당시 특별히 내고(內庫)에서 좋은 활, 화살과 맥도(陌刀)[165]를 골라 "좌우가사에게 내려 주며 재상이 입조(入朝)하는 것을 기다리고 있다가 양편에서 뒤따르며 건복문(建福門)에 이르러서는 물러나도록 하였다."[166]고 하였다[『구당서』 문종기(文宗紀) 대화 9년(835) 12월조, 그 이전의 일을 서술한 것이다.]. 이런 중대한 사건이 발생했기 때문에 "이에 경사에서는 수색을 크게 벌렸고 공경의 집 가운데 이중벽과 이중 서까래가 있는 집을 모두 수색하였다."[167]고 하였다. 동시에 영(令)을 내려 "방시(坊市)의 주민이 단보(團保)하도록 하였다."[168][『책부원귀』 권64 제왕부(帝王部) 발호령(發號令) 원화 10년 6월 신축(辛丑)조]고 하였다. 이른바 '단보'란 다섯 집이 서로 연대하며 보호하는 것이다. 원화 12년(817) 2월에 다시 명을 내려 "경성의 주민은 다섯 집이 서로 보호를 하며 간사한 자를 찾아내도록 하였다."[169][『구당서』 헌종기(憲宗

164_ 『新校資治通鑑注』 卷239 唐紀元和十年(815)六月條, p.7713. 「於是詔宰相出入, 加金吾騎士張弦露刃以衛之, 所過坊門呵索甚嚴.」
165_ 역자 주 맥도(陌刀)는 당대에 제작된 자루가 긴 칼이다.
166_ 『舊唐書』 卷17下, 文宗紀, p.563. 「陌刀賜左右街使, 俟宰相入朝, 以為翼從, 及建福門退.」
167_ 『新校資治通鑑注』 卷239 唐紀, 元和十年(815)六月條, p.7713. 「於是京城大索, 公卿家有復壁・重樓者皆索之.」
168_ 『冊府元龜』 卷64 帝王部 發號令 元和十年(815)六月條, p.685. 「坊市居人團保.」
169_ 『舊唐書』 卷15 憲宗紀 下, p.458. 「京城居人, 五家相保, 以搜姦慝.」

紀) 하고 하였다. 아울러 "조정 관리 및 궁중에 명하여 가인(家人), 부곡(部曲) 및 집에서 흩어진 사람의 수를 체계 있게 분류하여 부(府)와 현(縣)에 보내고 사찰과 도관의 경우는 양가공덕사(兩街功德使)에게 맡겨서 단보하도록 하라."[170]고 하였다. 이러한 '단보(團保)' 작업은 경조부 및 속현인 만년현과 장안현 두 현이 주관하였다.

당 후기에는 환관이 권력을 전횡하였는데 대종 광덕 원년(763)에는 환관 어조은(魚朝恩)이 금군을 전체적으로 관장하였고 이에 북아(北衙)의 신책군(神策軍)이 경사의 경비와 사법 권력을 장악하였다. 당시 "북군(北軍)에 감옥을 설치하고 방시(坊市)의 흉악하고 나쁜 짓을 저지르는 무리들을 불러 모아 그들을 부렸다. 방성(坊城) 안의 부유한 사람들을 잡아서 법을 어겼다고 무고하여 옥에 가두고 잔인하게 상해를 가하고 고문하였고 그들의 재산을 검속하여 모두 몰수하였다."[171][『책부원귀』권 628 환위부(環衛部)·학해(虐害) 유희섬(劉希暹)조]고 한다. 문종(文宗) 태화(太和) 9년(835)에 감로(甘露)의 변이 발생하여 "이때부터 천하의 일은 모두 북사(北司)에서 결정되었고, 재상은 단지 문서만 전달할 뿐이었다."[172]고 하였다. 예전에 번진이 재상 무원형을 살해한 것 때문에 내고에서 좌우가사에게 내주었던 무기는 "이때에 이르러 그것을 모두 파기하고"[173] 전부 다시 내고에 귀속시켰다[174](『자치통감』권245). 이때부터 좌우가사는 정교하고 품질 좋은 무기를 잃게 되었고, 장안성의 경비와 사법

170_ 『冊府元龜』卷64 帝王部 發號令 元和十年(815)六月條, p.685. 「命朝官及宮中, 條流家人部曲及財宅參散人數, 送府縣; 其寺觀, 委兩街功德使團保.」

171_ 『冊府元龜』卷628 環衛部 虐害 劉希暹, p.7261. 「於北軍置獄, 召坊市凶惡不逞之徒, 役使之, 捕坊城內富人, 誣以違法, 掩置獄中, 忍害拷訊, 錄其家産盡沒之.」

172_ 『新校資治通鑑注』卷245 唐紀, 文宗太和九年(814)七月條, p.7919. 「自是天下事皆決於北司, 宰相行文書而已.」

173_ 『新校資治通鑑注』卷245 唐紀, 文宗太和九年(835)十二月條, p.7922. 「至是悉罷之.」

174_ 『冊府元龜』卷65 帝王部 發號令, 文宗太和九年十二月條, 「先是元和十年六月十三日敕, 以內庫弓箭陌刀賜左右街使, 充宰相入朝以爲翼羽, 及建福門而退. 至是, 因[李]訓[鄭]注之亂[指甘露之變]悉罷之, 其所賜兩街軍器, 盡歸於弓箭庫.」

권한은 전부 신책군(神策軍)이 갖게 되었다. 문종(文宗) 개성(開成) 3년(838) 경사에서 환관 구사량(仇士良)이 재상 이석(李石)을 살해하려는 사건이 발생하였는데 이석은 가벼운 상처만 입고 살해되지는 않았다. 이에 "신책군에게 병사를 보내어 경호토록 명하고 조칙을 내려 안팎으로 도적을 빨리 체포하도록 했으나 결국 어느 누구도 체포하지 못하였다."[175] (『자치통감』권246)고 하였다.

당말에 좌우가사가 권세를 잃은 상황에서 좌우군순사(左右軍巡使) 및 그 관서인 좌우군순원(左右軍巡院)가 설치되어 '강도를 체포하는' 관서로서 실질적으로 장안의 경비와 치안을 관장하였다. 오대시대의 후량(後梁)이 경사에 좌우군순사를 설치하여 경비와 치안을 주관하도록 한 것은 당말의 이 제도를 그대로 이은 것이다.

175_ 『新校資治通鑑注』卷246 唐紀, 開成三年(715)正月條 p.7931. 「命神策六軍遣兵防衛, 敕中外捕盜甚急, 竟無所獲.」

2. 당송 사이 도성제도의 중대한 변화

1) 상인의 '항'·'시' 조직의 발전과 강가 다리 근처 및 성문 입구에 형성된 새로운 '항'과 '시'

당과 송 사이에 도성제도에서 중대한 변화가 발생하였다. 한편으로는 당 이전의 폐쇄식 시제와 방제가 와해되었고, 다른 한편으로 강가의 다리 근처 및 성문 입구에 새로운 '항'과 '시'가 생겨나고 번화한 시가(市街)가 점차 형성되었으며 구란(勾欄)을 중심으로 한 와시(瓦市)가 흥기하고 활력 있는 도시 생활 방식이 갖춰졌다. 이러한 중대 변화가 일어나게 된 것은 도성의 인구가 급속히 늘어나고 많은 주민의 생활필수품 수요가 날로 증가했기 때문이다. 동시에 도시 경제가 크게 발전함에 따라 각 업종 상인의 연합조직인 '항'과 '시'가 성장하면서 강가의 다리 근처 및 성문 입구에 새로운 '항'과 '시'가 시대에 부응하여 발흥했다. 이러한 기초 위에서 시가도 또한 번화해졌다.

(1) 당대 장안의 상인 '항'·'시' 조직

각 업종 상인의 연합 조직은 당대 장안의 동시와 서시 두 시에도 이미 형성되어 있었다. 두 시에는 모두 120여 항이 있었는데, 동시에는 육항(肉行), 철항(鐵行)이 있었고, 서시에는 부항(麩行), 견항(絹行), 대의항(大衣行), 추비항(鞦轡行), 칭항(秤行), 약항(藥行) 등이 있었다는 것은 잘 알려져 있다. 이들 '항'은 '시'라고도 불렀다. 예컨대 '약항'은 '약시(藥市)'라고도 하였다(유종원의 「송청전」에 보인다.). 이들 항시는 동업 상점 구역의 명칭(당대 규정에 따르면 각 항의 출입구에는 항명을 표시해야 한다고 한다.)일 뿐만 아니라 같은 항 소속의 상인 연합조직을 가리키는 호칭이기도 하였다. 이때 몇몇 항은 이미 상당한 규모를 갖추고 있었으며 주루(酒樓)도 설치하였다. 예컨대 당나라 사람이 지은 소설인 「이군(李君)」에서는 "서시 추비항의 항두(行頭)가 있는 곳에 앉을 수 있어서 이군이 다시 가서 그곳에 이르자 누각에 올라가 술을 마셨다."[1]고 이야기하였다[『태평광기』 권157, 『일사(逸史)』에서 채록]. 이는 서시의 추비항에는 주루가 설치되어 있었고 이곳은 항두가 있는 곳으로 도착하면 바로 누각에 올라가 술을 마실 수 있었다는 것을 전해 준다. 당나라 소설인 규염객전(虬髯客傳)[두광정(杜光庭) 지음]에도 "규염객이 이정(李靖)과 경성에 있는 마항(馬行) 동쪽의 주루에서 만나기로 약속하였다. 이정이 기일이 되어 먼저 갔는데 옷자락을 잡고 누각에 오르니 과연 규염객이 한 도사와 마주하며 술을 마시고 있는 것을 보았다."고 하였다. 추비항의 주루는 다른 것이 아니라 바로 마항의 주루였다는 것을 알 수 있다. '추(鞦)'는 말의 뒤쪽 가죽끈이고 '비(轡)'는 고삐이므로 '추비'는 말을 타고 모는 중요한 도구이다. 당시 추비를 전문적으로 만드는 항시에서 주루가 설치될 수는 없기에 추비항은 당연히 마항의 다른 이름이었다. 당시 '곡두(斛㪷)'로 대량의 쌀과 보리를 지칭하며 사용했기 때문에 미맥항(米麥行)이 곡두항(斛㪷行)이나 곡두항(斛斗行)으로 불린[2] 것과 같다. 말은 당시 북방의 주요한 교통수단으로 속어로 '남쪽은 배, 북쪽은 말[남선북마(南船北馬)]'

1_『太平廣記』卷157 李君, p.1130. 「可西市鞦轡行頭坐, 見訖復往, 至卽登樓飮酒.」

2_『蘇東坡奏議集』卷10 天祐六年十二月奏淮南閉糴狀, 「見今在市絶少斛㪷, 米價翔貴.」 이는 영주(潁州)의 곡두항인(斛㪷行人)을 언급하고 있다. 『東京夢華錄』卷3 般載雜貨, 「'斛㪷卽用布袋馳之.」 곡두(斛㪷)는 쌀과 보리를 가리키며 곡두항(斛斗行) 혹은 곡두항(斛㪷行)은 미맥항(米麥行)을 가리킨다. 『續資治通鑑長編』卷246 熙寧六年八月己丑條, 「據米麥等行狀, 歲供稌禾·蕎麥等薦新, 皆有賠費.」

이라는 말이 있을 정도로 말이 왕성하게 교역되었다. 동한의 낙양에는 이미 마시(馬市)가 있었고, 서진 때 낙양 동쪽 교외에 있던 마시[우마시(牛馬市)라고도 불렀다.]는 세 시장 가운데 하나였다(오로지 말만 매매하는 시장은 아니었다). 당대에 이르면 서시의 마항은 매우 발전하였다. 당대의 법률 규정에 따르면, 노비, 소와 말, 낙타를 매매할 때 교역이 성립된 뒤에는 '시권(市券)'을 작성해야 하였고 만약 3일 내에 질병이 발견되면 계약 해지를 요구할 수 있었다(『당률소의』 권26 잡률). 마항에서 설치한 주루는 항두가 머무르는 곳이고 가축의 품질을 살펴보는 것, 가격을 흥정하는 것과 계약을 체결하는 것 등을 편하게 하기 위해 설치된 것이다. 당연히 약속이나 연회에도 이용할 수 있었다. 이러한 시설은 북송 동경의 마항과 우항(牛行)에 그대로 계승되었다.

당대에는 항시마다 그것을 대표하는 우두머리가 있었는데 '항두(行頭)' 혹은 '항수(行首)'라고 불렀고, 관부에서는 그들을 '항인(行人)'이라고 부르거나 '사장(肆長)'이라고도 불렀다.[3] 항두는 같은 업종의 상인 조직의 수뇌로 소속 항의 일을 총괄하였다. 당대 가공언(賈公彦)이 작성한 『주례주소(周禮注疏)』 지관(地官)·사장(肆長) 하(下)에서 "이것은 사장으로 사(肆) 하나에 우두머리 한 명을 세워 사의 일을 단속하고 조사하도록 한 것을 말하며 지금의 항두와 같은 것이다."[4]라고 해석하였다. 구체적으로 말하면 항두는 항의 상품 가격을 통일하고 항 소속 상인의 매매를 관리하는 권한을 가지고 있었고 또한 관부에게 항의 물자를 제공

3_ 항두(行頭)는 가공언(賈公彦)의 『주례주소(周禮注疏)』 권15 지관(地官) 사장(肆長)조와 『태평광기』 권157 이군[李君, 『일사(逸史)』에서 채록]에서 확인된다. 항수(行首)는 『태평광기』 권280 류경복[劉景復, 『찬이기(纂異記)』에서 채록]에 기록되어 있다. 항인(行人)은 『구당서』 식화지 하 , 당 덕종 건중 원년 칠월칙(建中元年七月敕)에 실려 있고 사장(肆長)은 『태평광기』 권484 이와전(李娃傳, 『이문집(異聞集)』에서 채록]에 보인다.

4_ 『周禮註疏』([漢] 鄭玄 注, [唐] 賈公彦 疏, 趙伯雄 整理, 王文錦 審定, 北京: 北京大學出版社, 2000) 卷15 地官 肆長, p.449. 「釋曰: 此肆長, 謂一肆立一長, 使之檢校一肆之事, 若今行頭者也.」

하는 것, 관부를 대신하여 관련 있는 물자를 파는 것 및 관부를 대신하여 관련 물자를 검열하는 것과 가격을 결정하는 것 등을 책임지고 있었다. 당대에는 동시와 서시 두 시에 시서(市署)를 설립하여 시 안에서 벌어지는 교역을 관장하도록 하였다. 예컨대 각 항의 상인들이 사용하는 도량형을 관리하였고 10일마다 각종 상품에 맞은 상·중·하 세 등급의⁵ 가격을 결정해야 했으며 시장의 물가를 통일하고 노비, 소와 말을 매매할 때는 관부의 문서로 계약서를 작성하는 일을 관리하는 것 등은 모두 반드시 각 항의 항두를 통하여 제어하고 결정하였다. 이러한 제도는 북송에서도 그대로 이어졌다. 송 진종(眞宗) 대중상부(大中祥符) 9년(1016)의 조례로 "시가는 순가일(旬假日)⁶에 항인을 모아 결정한다."⁷[『송회요집고(宋會要輯稿)』 식화 55 잡매무(雜買務), 천희(天禧) 2년 12월조]고 하였다. 이것은 10일마다 물품 가격을, 10일마다 있는 휴가일에 항두를 소집하여 결정한다는 말이다. 이렇게 10일마다 각 항의 항두를 소집하여 시가를 결정하는 방법은 당대 제도를 그대로 이어받아 채택한 것이다. 당 덕종 건중(建中) 원년(780)에 동시와 서시에 상평창을 설치하여 흉년과 같은 재해를 만나면 관에서 보유한 미맥(米麥) 10만 석을 두 항의 '항인'(즉 미맥항의 항두)에게 교부하여 낮은 가격에 팔도록 하였다(『구당서』식화지 하). 당 덕종 정원 9년(793)에는 이전의 흠맥전(欠陌錢)으로 교역한 사람은(교역할 때 100문마다 액수에 결손이 있는 경우) 항의 항두 및 여관 주인, 아인(牙人) 등에게 단속하고 조사한 뒤 관서로 보내도록 하라고 규정하였다⁸(『구당서』 식화지 상). 이는 당 중기 두 시에 있는 각 항의 항두

5_ 『당육전』 권20에서는 시서(市署)의 담당 업무를 '세 가격으로 시에서 교역되는 물품의 가격을 공평하게 하는 것'라고 하였다. 『신당서』 백관지에는 10일마다 가격 장부를 만든다는 것이 기록되어 있다.

6_ 역자 주 순가(旬假)란 당송시대에 관리에게 10일마다 하루씩 주는 휴가이다.

7_ 『宋會要輯稿』(北京:中華書局, 1957) 第147冊 食貨 55-17 雜買務, p.5756-下. 「時估於旬假日, 集行人定奪.」

8_ 『舊唐書』 권48 食貨 上, p.2102. 「自今已後, 有因交關用欠陌錢者, 宜但令本行頭及居停主人牙人等檢察送官.」

는 모두 이미 항을 관리하는 역할을 수행하고 있었다는 것을 전하고 있다. 이러한 상인의 연합 조직인 '항'의 탄생은 도시의 사회 경제 발전, 상업 자본의 축적, 상인의 사회적 지위 상승, 각 항 상인의 공동 이익 도모의 요구 등에서 비롯된 것이며 또한 도시 인구의 증가와 일용 필수품 및 사치품 소비 시장의 확대라는 수요에 적응하기 위한 것이었다.

(2) 저점(邸店)에 대한 객상의 수요 증가

당대 이전 도성 안에 있는 폐쇄식의 집중적 '시'에서 거래하는 재화는 '시'에 함께 거주하고 있거나 '시' 부근의 '리'에 살고 있는 '행상'들에게 주로 의존하였다. 앞장에서 이미 언급했듯이 춘추시대 제나라 도성인 임치의 '시'에는 상점을 개설한 좌고가 있었고 '짐을 안고 들고 짊어지거나 소에 싣거나 말을 끌거나 해서 사방을 돌아다니는'[9] 행상이 있었다. 서한 장안에서 행상들은 성 안 서북 모퉁이의 '구시(九市)' 가까이 있는 옹문 일대에 집중적으로 거주하였다. 「묘기」에서는 장안의 구시를 언급하면서 "구주의 사람들이 돌문(突門)에 거주하였다."[10]고 하였다(『삼보황도』 권2에서 인용). '구주의 사람들'이란 전국 각지를 분주히 다니는 행상을 가리키며, 돌문이란 옹문이다(『수경주』 위수(渭水)조). 북위 낙양의 행상들은 주로 서쪽 곽 지역의 '대시(大市)' 동쪽에 있는 통상리(通商里)와 달화리(達貨里) 두 리에 거주하였다. 그 가운데 '가장 부자'인 듯한 유보(劉寶)는 '주군(州郡)의 도회지에 모두 집 한 채씩을 지어놓고 각각 말 열 필을 길렀으며', '배와 수레가 지나가는 곳과 발길이 닿는 곳마다 장사를 하지 않은 곳이 없으니 천하의 재화가 모두 그의 뜰에 모였다.'[11](『낙양가람기』 권4)고 하였다. 이 두 리에 통상과 달화라는 명칭을

9_ 역자 주 『管子』 小匡篇, 「負任擔荷, 服牛輅馬, 以周四方.」
10_ 『三輔黃圖校註』 卷2 長安九市, p.85. 「九州之人在突門.」
11_ 『洛陽伽藍記校注』 卷4 城西 法雲寺, p.202. 「州郡都會之處皆立一宅, 各養馬十匹,…舟車所通, 足迹所履, 莫不商販焉. 是以海內之貨, 咸萃其庭.」 역자 주 본문에서 '一'과 '處'는 원문의 '十'과 '庭'을 잘못 쓴 것이다.

붙인 것은 행상들이 많이 살았기 때문이다. 낙양 동쪽 곽 지역의 '소시(小市)' 동북쪽에도 같은 성격을 지닌 리가 있었는데 식화리(殖貨里)라고 불렀다. 당대 장안의 상황은 발전하여 당나라 지역 내의 행상 외에도 외국에서 많은 객상들이 장안에 올 때마다 대부분 동시와 서시 및 그 부근의 방에 거주하였다. 예컨대 서시 동남쪽의 홍화방에는 '비단 판매를 생업으로 하는'[12] '객호(客戶)'가 살았다[『태평광기』 권486 무쌍전(無雙傳)]. 서시 서남쪽의 회덕방에는 또한 부유한 상인인 추봉치가 살고 있었는데, "저점과 원택(園宅)이 천하에 두루 펴져 있었고 사방의 재화를 모두 다 거두어들였다."[13]고 하였다[『태평광기』 권495, 서경기(西京記)를 인용]. '저점'은 객상에게 물품 보관, 숙소 그리고 교역 진행을 제공하는 항잔(行棧)이었다.[14] 당대 동시와 서시 안과 그 주위에도 이러한 항잔의 성격을 가진 저점이 개설되어 있었다.

당대 이전 도성의 폐쇄식 '시'에서는 각 항의 상점의 재화는 주로 '시' 안과 그 부근 방리에 거주하는 행상과 객상이 제공하는 것에 의존하였다. 그러나 오대와 북송의 도성인 동경(지금의 하남 개봉)에 이르면 주둔하는 군대가 많아지고 인구가 급격히 증가하여 양식과 일상 필수품을 공급하려면 조운에 기대는 것 외에도 생산지의 대상인이 평소 수로를 이용하여 물자를 운반해 와야만 하였다. 당 후기와 오대에는 강회(江淮) 일대 및 강남지역의 경제가 크게 발전하여 강회지역에 의존하며 조운을 통해 물품을 공급했을 뿐만 아니라 많은 일상 필수품도 남방 상인이 운반해 왔다. 따라서 객상이 필요로 하는 저점은 날로 증가하였다.

12_ 『太平廣記』 卷486 無雙傳, p.4003. 「以販繪爲業.」

13_ 『太平廣記』 卷495 鄒鳳熾, p.4061. 「邸店園宅, 遍滿海內, 四方物盡爲所收.」

14_ 저점(邸店)은 저사(邸舍)·저각(邸閣)이라고 부른다. 동진남조(東晉南朝) 때에 이미 있었고 수당대에 점차 발전하였다. 상품을 공급하거나 객상을 접대하여 숙박할 수 있도록 했으며 매매를 중개하여 항잔의 성격을 지니고 있었다. 일본의 가토 시게시(加藤繁)은 「당송시대의 창고」[『중국경제사고증(中國經濟史考證) 수록]에서 이 점을 지적하였다(吳傑 譯本, 商務印書館, 1959년 9월 출판).

(3) 후주(後周) 세종(世宗)의 동경 외성 증축과 저점의 증설을 장려하는 새로운 정책

동경(東京)은 원래 대량(大梁)이라 불렀다. 오대 때는 후당(後唐) 외에 네 왕조가 이곳에 도성을 세우고 동경 개봉부(開封府)라고 불렀다. 후주(後周) 세종(世宗, 재위 기간 954년~959년)은 일을 벌인 군주였다. 일찍이 정치를 개혁하고 생산을 장려하였으며 수도를 건설하고 강의 물길을 뚫었다. 후촉(後蜀)의 계주(階州)·성주(成州)·진주(秦州)·봉주(鳳州) 등 네 주와 남당(南唐)에 속한 강회지역의 14개 주를 차례차례 얻고, 또 북으로 거란을 공격하여 막주(莫州)·영주(瀛州)·역주(易州) 등 세 주를 수복하여 북송이 통일을 이루고 동경에 도성을 세우는 데 안정된 기초를 다졌다.

동경에는 세 겹의 성곽이 있었다. 중심에 있는 황성은 원래 당나라 선무군절도사(宣武軍節度使)의 치소였다. 두 번째 성곽은 이성(裏城)으로 구성(舊城)이라고도 불렀는데, 원래 당대 변주(汴州)의 주성(州城)으로 둘레가 20리 50보였다. 이것은 주성이었기 때문에 규모가 도성보다 훨씬 작고 거리도 매우 좁았다. 게다가 당 후기와 오대에 주민들이 끊임없이 '거리를 침범하여 집을 지어서' 거리는 더욱 좁아졌다. 인구가 급격히 늘어남에 따라 일용필수품의 수요량이 날로 증가하였으나 이 주성은 도성다운 규모를 제대로 갖추지 못하였다. 이에 후주의 세종은 현덕(顯德) 2년(955) 4월에 조서를 내려 원래 주성이 있던 곳 바깥에 따로 외성을 짓도록 하였다. 신성(新城) 혹은 나성(羅城)이라고 불렀는데, 둘레가 48리 233보로 원래 주성보다 4배나 넓었다. 외성은 이듬해 정월에 짓기 시작하여 '해를 넘기고서 완성되었다.'고 한다[『송동경고(宋東京考)』 권1에서 송민구(宋敏求)의 「동경기(東京記)」를 인용]. 북송은 단지 이러한 기초 위에서 여러 차례 수리와 확장을 진행했을 뿐이었다(그림 52 참조).

후주 세종은 외성을 확장할 때 새로운 형세의 수요에 부응하고자 새

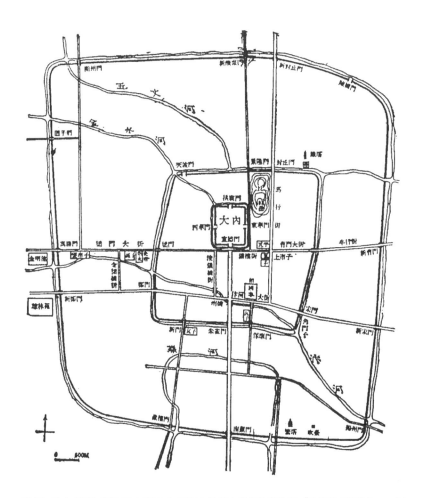

그림 52 북송 동경(개봉) 구조도(출전: 同齊大學 城市規劃敎硏室 編, 『中國城市建設史』 p.43)

로운 개혁 조치를 반포하였다. 세종은 현덕 2년(955) 4월에 내린 조서에서 구체적으로 설명하였다.[15]

15_ 양사성(梁思成)은 『중국건축사(中國建築史)』(고등학교 교류강의)에서 "현덕(顯德) 2년에 반포한, 변성(汴城)을 증수하라는 두 조칙은 도시 설계 관념이 풍부하여 매우 주의를 기울일 만하다."고 하였다(71쪽, 1955년 2월 인쇄본). 또 "도시 설계를 보면 후주 세종이 대량을 건설할 때 사실 제왕을 위한 도읍 건설을 위한

무릇 군주가 국(國)을 세운다는 것은 실제는 경사를 말하는 것이다. 땅을 재고 백성을 거주하는 데는 이전부터 따라야 할 준칙이 있었다. 동경에는 화(華)와 이(夷)가 몰려들고[‘폭주(輻輳)’는 『책부원구』에는 ‘진주(臻湊)’라고 쓰여 있다.] 수로와 육로가 이곳으로 모이고 통하니 시시각각 융성하고 날로 번성하고 있다. 그러나 도성이 낡은데도 아직 제도가 갖추어지지 않았고 여러 위(衛)의 군영(軍營)은 대부분 비좁고 관서도 지을 만한 곳이 없다. 게다가 방시(坊市) 가운데 저점(邸店)이 한계가 있는데도 수공업자와 상인들이 밖으로부터 이르러 끊임없이 이어졌다[낙역(絡繹)은 『책부원구』에는 ‘억조(億兆)’라고 쓰여 있다.]. 임차하는 비용이 증가하고 일정하지 않아 궁핍한[‘핍(乏)’은 『책부원구』에는 ‘궐(闕)’이라고 쓰여 있다.] 집은 그 비용을 대기가 실로 어렵다. 또한 집이 섞여 딱 붙어 있고 거리는 낮고 협소하여 여름에 들어서면 더위와 습기로 고생하며 거주하는 데 항상 화재 걱정이 많다. 공사(公私)를 편안하게 하기 위해서는 반드시 도읍을 넓혀야 한다. 마땅히 관련 관서에 명하여 도성의 사면에 따로 나성을 건설하도록 하며 먼저 표지를 세우고 다가올 겨울 끝과 봄에 농사 일이 한가할 때 경사 주변의 인부를 동원하여 차츰차츰 수축하도록 하며 봄이 시작되어 농사일을 해야 할 때는 바로 해산토록 하라. 혹 토목 일이 아직 끝나지 않았으면 이듬해[『책부원구』에는 ‘차년(次年)’ 앞에 ‘이리(迤邐)’ 두 글자가 있다.] 수축하도록 한다. 이후 장례를 치르거나 요조(窯竈, 연기를 이용하여 적을 막는 군사 시설)와 초시(草市)를 두는 것은 [『책부원구』에는 이 구절 앞에 ‘소기관용판집(所冀寬容辦集)’이라는 구절이 있다.] 반드시 표지로부터 7리 밖으로 떨어져 있어야 한다. 표지의 안에는 관에서 세운 배치를 살펴서 군영, 가항(街巷)[『책부원구』에는 ‘가항’

원대한 안목을 갖추고 있었다는 것을 알 수 있다. 여기서 주의할 점은 질퍽한 땅 걱정, 화재 우려, 역병의 잦은 발생, 춥고 더운 어려움 같은 것은 모두 근대 도시 설계의 주요 문제였는데 거리의 양옆 5보 안에 나무를 심고 우물을 파고 차양을 쳐서 덮은 것은 모두 근대적 방법이었다는 것이다.”라고 하였다(앞 인쇄본의 122쪽.).

이 '군영' 앞에 있다.], 창고, 여러 관서의 건물을 정한 후에 백성들이 집을 지을 수 있도록 한다[16]『오대회요(五代會要)』권26 성곽(城郭)과 『책부원구』권14 제왕부(帝王部) · 도읍(都邑)의 기록은 대체로 비슷하다.].

이 조서는 매우 중요한 것이다. 외성을 확장한 목적은 군영과 관서의 용지 부족을 해결하기 위한 것만이 아니라, 원래의 '방시'에 '저점이 제한을 받고 있는' 문제를 해결하고자 한 것이었다. 즉 지방에서 온 수공업자와 상인이 필요로 하는 저점이 부족한 것과 그에 따라 세를 낼 경우 비용이 증가하는 문제를 해결하고자 하였다. 동시에 가옥들이 섞여서 이어져 있고 거리는 좁으며 여름에는 더 무더워지고 평소 화재가 많이 발생하는 문제를 해결하고자 하였다. 구체적인 조치는 관부가 계획에 따라 가항(街巷), 군영, 창고, 관서로 사용되는 구역을 구획한 뒤에 '백성들에게 맡겨 건물을 짓도록 하는' 것이었다. 『자치통감』권292에서는 이 조서를 서술할 때에 "그 표지 안에서 현관(縣官, 관부를 가리킨다.)이 거리, 창고, 군영과 관서를 구획한 것 이외 지역을 살펴서 일반민이 편리한 대로 건물을 짓는 것을 허가한다."[17]고 하였다. 여기에는 수당의 장안처럼 먼저 '방'과 '시'의 담장을 쌓고 나서 '방' 안에 주택을 짓고 '시' 안에 상점을 짓도록 규정한 것은 없다. 단지 가항의 범위를 구획하고 나서 편의에 따라 건물을 짓는 것을 허가하여 당시 주민의 생활상 필요한 새로운 수요에 부응하고자 하였다.

16_ 『五代會要』(上海; 上海古籍出版社, 1978) 卷26 城郭, pp.417~418. 「惟王建國, 實曰京師, 度地居民, 固有前則. 東京華夷輻輳, 水陸會通, 時向隆平, 日增繁盛, 而都城因舊, 制度未恢, 諸衛軍營, 或多窄狹, 百司公署, 無處興修. 加以坊市之中, 邸店有限, 工商外至, 絡繹無窮, 僦賃之資, 增添不定, 貧乏之戶, 供辦實難. 而又屋宇交連, 街衢湫隘, 入夏有暑濕之苦, 居常多煙火之憂. 將便公私, 須廣都邑, 宜令所司於京城四面, 別築羅城, 先立標識, 候將來冬末春初, 農務開時, 即量差近旬人夫, 漸次修築, 春作纔動, 便令放散. 或土功未畢, 即次年修築, 今後凡有營葬及興窑竈并草市, 並須立標識七里外. 其標識內, 候官中擘畫, 定軍營街巷倉場諸司公廨院, 務了, 即任百姓營造.」

17_ 『新校資治通鑑注』卷292 後周紀 世宗顯德二年(955)三月條, p.9522. 「其標內俟縣官分畫街衢 · 倉場 · 營解之外, 聽民隨便築室.」

또한 주목되는 점은 후주 세종이 외성을 확장한 뒤에 즉시 동경에서 밖으로 통하는 수로 교통을 뚫었다는 것이다. 현덕 4년(957) 4월 을유 (乙酉)일에 "조서를 내려 변수(汴水)를 뚫어 북쪽으로 오장하(五丈河)로 들어가도록 했는데, 이로 말미암아 제(齊)·노(魯) 지역의 배가 대량까 지 이를 수 있었다."[18](『자치통감』권293)고 하였다. 이듬해 3월 "변수의 입구를 깊게 파내어서 황하의 물길을 끌어 회수(淮水)에 닿게 하니 이에 강회(江淮)의 배가 비로소 통하게 되었다."[19](『자치통감』권294)고 한다. 동경의 양식과 일상필수품은 주로 변수가 강회와 연결되어 운반해 온 것에 의존하였다. 이것은 원래 당대의 조운 노선으로, 오대에는 여러 세력이 강회에 할거하여 조운이 통하지 않고 물길이 진흙으로 막혔다. 이때에 이르러서야 비로소 다시 새롭게 소통이 이루어졌고 동시에 변 수와 오장하가 서로 통하게 되어 동쪽 지방의 물품 운반도 막힘없이 잘 통하게 되었다. 이렇게 동남쪽과 동쪽과 소통되는 수상교통으로 도성 에서는 객상 접대가 편해졌고 객상은 대량으로 상품을 운반하여 새로 증축한 외성으로 쉽사리 들어올 수 있어 경성에 거주하는 많은 주민들 의 새로운 수요에 부응할 수 있었다. 후주 세종이 외성을 확장하고 수 로를 소통하도록 취한 새로운 조치로 객상이 대량으로 일용품을 운반 하는 것 및 객상을 접대하는 '저점'을 건설하는 것이 편해졌다.

후주 세종은 또한 주민에게 변수를 따라 저점을 세우라고 장려하는 정책을 채택하였다. 문형(文瑩)의 『옥호청화(玉壺淸話)』[혹은 『옥호야사(玉 壺野史)』라고도 한다.] 권3에서는

후주 세종은 현덕연간에 주경(周景)에게 변수의 하구(河口)를 크게 파내 도록 하였고 또한 정주(鄭州)에서 곽의 서쪽 해자로 끌어들여 중모(中牟)

18_ 『新校資治通鑑注』卷293 後周紀 世宗顯德四年(957)四月條, p.9569. 「詔疏汴水北 入五丈河, 由是齊·魯舟楫達於大梁.」
19_ 『新校資治通鑑注』卷294 後周紀 世宗顯德五年(958)三月條, p.9582. 「浚汴口, 導河 流達于淮, 於是江、淮舟楫始通.」

에 닿도록 하였다. 주경은 마음속으로 변수의 하구는 이미 파내었으므로 배가 막히지 않을 것이나 앞으로 회절(淮浙)의 거상, 곡식을 파는 사람과 온갖 물자를 파는 사람들이 변경에 올 때에 배가 정박할 만한 곳이 없다는 것을 알았다. 완곡하게 세종에게 간언하여 경성의 백성들이 변하를 두르듯 느릅나무와 버드나무를 심고 누대와 정자를 세울 것을 허가하여 도성을 웅장하게 할 것을 청하였다. 세종이 이를 허락하였다. 주경은 솔선하여 조칙에 부응하여 변수 가운데 중요한 곳에 자리 잡고 열두 칸의 큰 누각을 지으니 바야흐로 그 기술이 매우 뛰어났다. 세종이 수레를 타고 지나다가 그것을 물으니 주경이 짓는 것이라는 것을 알고 자못 기뻐하며 술을 내리고 그 노고를 위로하였으나 그가 이익을 꾀한다는 것은 깨닫지 못하였다. 주경은 뒤에 거대한 물자를 누각에서 맞이하였는데 산처럼 쌓이고 물결처럼 밀려들어와 해마다 수입이 수만을 헤아렸다. 지금도 그 누각은 여전히 존재한다.[20]

라고 하였다. 이 '변수의 중요한 곳에 자리 잡은' '열두 칸의 큰 누각'은 외성의 구송문(舊宋門) 안에서 변수에 맞닿아 있는 유명한 십삼간루(十三間樓)로 북송말까지도 여전히 남아 있었다[『동경몽화록(東京夢華錄)』권2 선덕루전성부궁우(宣德樓前省府宮宇)에 보인다.]. 변수 입구의 준설을 주관한 주경은 바로 대장군 주경위(周景威)로 당시 군대를 동원하여 물길을 내었던 것이다. 왕벽지(王辟之)의 『승수연담록(澠水燕談錄)』권9에서도 "후주 현덕연간(954~960) 경성의 주민들에게 누각을 세우는 것을 허가하였다. 대장군 주경위가 먼저 송문 안쪽으로 변수 맞닿는 곳에 누각 열셋 칸을 세웠다. 세종이 그것을 칭찬하며 친필 조서를 내려 표창하였다.

20_『玉壺淸話』(四庫全書, 守山閣叢書本) 卷3「周世宗顯德中, 遣周景大浚汴口, 又自鄭州導郭西濠達中牟. 景心知汴口旣浚, 舟楫無壅, 將有淮浙巨商、貿糧斛賈輩萬貨臨汴, 無委泊之地. 諷世宗乞令許京城民還汴栽楡柳, 起臺榭, 以爲都會之壯. 世宗許之. 景率先應詔, 踞汴流中要, 起巨樓十二間, 方遭斤. 世宗輦過, 因問之, 知景所造, 頗喜, 賜酒犒其工, 不悟其規利也. 京後邀鉅貨於樓, 山積波委 歲入數萬計. 今樓尙存.」

주경위는 비록 조서를 받든 것이지만 실은 이익을 꾀한 것이었다. 지금 이른바 십삼간루란 바로 이것이다."[21]라고 하였다. 주경위가 변수에 맞닿는 곳에 세운 십삼간루는 온갖 물건들을 실어오는 회절(淮浙)의 거상들을 접대하여 객상에게 물품 보관, 숙소 그리고 교역 진행을 제공하는 저점이었다. 따라서 "해마다 수입이 수만을 헤아렸다."고 한 것이다. 그는 먼저 세종에게 경성 주민들이 변수 가에 집을 짓는 것을 허락해 줄 것을 청하고는, 자신이 먼저 십삼간루를 지었다. 십삼간루는 본보기가 되어 당시 변수에 맞닿는 곳에 타지에서 온 객상을 접대하기 위한 '저점'이 많이 세워졌을 것이다. 이것이 바로 세종이 외성을 증축한 중요 목적 가운데 하나로 '수공업자와 상인들이 밖으로부터 이르러 끊임없이 이어지면서' 구하고자 하는 '저점'이 부족하다는 곤란을 해결하고자 한 것이다. 세종은 주경위의 요청을 승인하였을 뿐만 아니라 그가 먼저 거대한 누각을 지은 행위를 칭찬하며 장려한 것은 세종이 속임을 당한 것이 아니라 "그가 이익을 꾀한다는 것은 깨닫지 못하였다."고 할 수 있다.[22]

21_ 『澠水燕談錄』(王闢之 撰, 呂友仁 點校, 『澠水燕談錄/歸田錄』, 北京: 中華書局, 1981) 卷9 雜錄, p.110. 「周顯德中, 許京城民居起樓閣, 大將軍周景威先於宋門內臨汴水建樓十三閒, 世宗嘉之, 以手詔獎諭. 景威雖奉詔, 實所以規利也, 今所謂十三閒樓子者是也.」

22_ 양사성은 『중국건축사』에서 이미 이 점을 파악하여 제시하였다. 그는 "현덕(顯德) 3년 봄에 조를 내려 일반민을 대거 동원하여 변경(汴京)의 외성을 짓게 하였다. 이후 각지의 사원도 현덕연간에 중수하여 점차 건설 시기로 들어갔다. 동경의 번영은 변하를 준설하여 다시 회남(淮南)과 통하게 하여 경제적으로 발전한 것에서 비롯되었다. 관서에서 건물을 짓는 것 외에도 시(市)와 방(坊)에 상업 건축물이 등장하였다. 저점에서는 낭옥(廊屋)이나 큰 누각을 지어 화물을 쌓아 두었다.…당시 사람들은 이를 십삼간루라고 불렀는데 그 웅대한 모습은 일상적인 시장 건물이 미칠 바가 아니었을 것이다. 선화(宣和)연간에 이르러서야 이 누각은 『동경몽화록』에 보인다. 주경(周景)은 조서에 따라 실행한 사람 가운데 한 명이다. 변하의 양쪽 기슭을 따라 상인 건물이 등장하였다. 송나라가 기틀을 다질 때에 동경이란 도시의 규모는 이미 웅장하고 성대하였으며 교통상 조운도 더욱 편리하여 송나라가 낙양으로 다시 천도하지 않은 까닭은 여기에 있을 것이다." 라고 하였다.

북송초 관부에서는 계속 이러한 '이익을 꾀하는' 정책을 추진하여 변하제안사(汴河堤岸司)와 수완경성소(修完京城所)는 변하 일대 및 성 안에 '방랑(房廊)'을 지어 객상을 포함하여 고향을 떠나 타지에 머무는 사람들에게 빌려주었다. 송 신종(神宗) 원풍(元豊) 8년(1085) 9월에 각 항의 상인들에게 징수하던 '면행전(免行錢:역을 면제해 주는 대신 징수하는 세금)'을 폐지하였고, 변하제안사와 수완경성소의 '방랑' 및 '그에 대한 연간 세금'[23]을 호부좌조(戶部左曹)가 주관하여 징수하도록 하였다. 중서성에서 이를 위해 제안을 내어 결국 '연간 세금'으로 "대신 면행전을 환급한 것 외에 그 나머지는 해당 관서의 연간경비로 충당하도록 하였다."[24] [『속자치통감장편(續資治通鑑長編)』 권259 원풍 8년 9월 을미(乙未)조]고 하였다.[25] 이해에 '면행전' 납부를 면제받은 각 항의 상인은 6,400여 항이나 되었고, 면제받은 총액은 43,300여 민(緡)이나 되었다. 이때 앞서 언급한 두 관청의 '방랑'에 대한 연간 세금은 "대신 면행전을 환급한 것 외에 그 나머지는 해당 관서의 경비로 충당하도록 하였다."고 한 것에서 '방랑'에서 얻는 연간 세금이 매우 많았고 방랑의 수도 매우 많았다는 것을 알 수 있다. 이와 동시에 관료와 상인들이 '이익을 꾀하여' 저점과 방

23_ 역자 주 과리(課利)란 액수가 정해진 세금이라는 뜻으로 여기에서는 방랑(房廊)을 빌려주고 받는 세금을 뜻한다.

24_『續資治通鑑長編』(北京: 中華書局, 1995) 卷359 神宗元豊八年九月乙未條, p.8595 「除代還免行錢外, 餘充本曹年計.」 역자 주 본문의 卷259는 卷359를 잘못 쓴 것이다.

25_ 일본의 가토 시게시는 「당송시대의 시(市)」의 일부인 '송대의 시장(상)'에서 일찍이 이 사료를 인용하였다. 그는 "여기 변하제안사 및 경성소(京城所, 수완경성소의 약칭)의 방랑은 앞에서 인용한 면시(麵市)의 건물과 『속자치통감장편』 권358 원풍(元豊) 8년 7월 경술(庚戌)조에 실려 있는, 변하를 따라 있는 관사(官司)의 우마항(牛馬行), 과자항(果子行) 등 여러 항시(行市)의 건축물이다."라고 하였다. 송대의 '방랑'은 고향을 떠나 타지에 머무는 사람에게 빌려주는 가옥을 가리킨다. 이에는 객상에게 빌려주는 가옥이 포함된다. 당시의 관료, 상인 역시 방랑을 지어 빌려주었던 것이다. 『宋會輯稿』 刑法 2 禁約上 大觀 元年八月十二日條, 「詔在京有房廊業之家, 近來多以翻修爲名, 往往過倍, 日來尤盛, 使編戶細民難以出辦.」 송의 제외사(外諸司)에게는 누점(樓店)에 관한 직무가 있어 주현의 방랑에 대한 과세를 담당하였다. 방랑에는 행상에게 빌려주는 집도 포함되어 있다.

랑을 지어서 객상들에게 빌려준 것은 마치 후주의 주경위가 십삼간루를 세운 것과 같다. 또한 토착 상인들은 교통이 편리한 지점을 따라 매매교역을 위한 누점(樓店)[26]을 세웠다. 전하는 바에 따르면 "세상 사람들은 허튼 짓과 속임수를 쓰는 것을 '하루(何樓)'한다고 말하는데 널리 유행하고 확산된 이름인 것 같지만 사실은 그렇지 않다. 국초에 경사에는 하가루(何家樓)가 있었는데 그 근처에서 물건을 판 것이 모두 질이 떨어지고 견고하지 못하여 사람들은 이것으로 그렇게 간주했던 것이다. 누각은 이미 없어졌으나 그 말은 여전히 있는 것이다."[27][완열(阮閱),『시화총구(詩話總龜)』권29]고 하였다. 당시 '파는 물건이 모두 질이 떨어지고 견고하지 않았던' 하가루가 있었다면, 동시에 파는 물건이 질이 떨어지지 않은 누점도 반드시 적지 않았을 것이다.

(4) 북송 동경의 강가 다리 근처의 새로운 '항'·'시'의 형성

후주 세종이 동경의 외성을 확장하는 계획과 저점 건설을 장려한 정책은 경제가 발전하는 새로운 추세와 많은 주민들이 생활상 필요로 하는 물품 수요에 부응한 것이었다. 따라서 북송 초에 이르면 동경의 건설은 한층 더 많이 이루어졌고, 인구는 급격하게 증가하였다. 여기에 상응하여 상업은 매우 빠르게 발전하였고 변하 주변 일대에는 저점이 대량으로 증설되었을 뿐만 아니라, 일용 필수품을 취급하는 새로운 항시도 많이 생겨났다. 저점의 증설은 새로운 항시의 흥기를 촉진한 주요한 원인 중 하나였다.

송 태종은 말년에 "동경에서는 군사 수십만 명을 양성하고 있고 주민

26_ 역자 주 누점(樓店)이란 여러 층으로 지어진 상점이다.

27_ 『詩話總龜』(阮閱 撰, 周本淳 點校, 北京: 人民文學出版社, 1987) 卷31 正訛門, p.317.「世人語虛僞者爲何樓, 似汎濫之名, 其實不然. 國初京師有何家樓, 其下小賣物皆行濫者, 故人以此目之. 樓已廢, 語尙在也.」 역자 주 이 구절에서 본문의 '하루(河樓)'는 '하루(何樓)'를 잘못 쓴 것이다. 또한 이 구절은 『시화총구(詩話總龜)』권29에 있는 것이 아니라 권31에 기록되어 있다.

백만 명이 살고 있는데, 양식 운송은 이 하나의 수로(변수를 가리킨다.)에 의존하고 있다."[28](『속자치통감장편』권32 순화(淳化) 2년 6월 을유(乙酉)조 및 『송사』하거지(河渠志)]고 하였다. 이렇게 많은 인구의 일용 필수품의 공급은 반드시 많은 객상들이 변하를 통해 계속해서 끊임없이 운반해 오는 것에 의존하여 이루어져 원래의 교통이 불편한 폐쇄식의 '시' 안에 있는 '항시'가 조정할 수 있는 것이 아니었다. 상인 조직인 '항'이 성장하고 변하 일대에 저점이 많이 증설됨에 따라 변하 주변 일대의 빈터에는 일용 필수품을 취급하는 새로운 '항시'도 생겨났다. 이러한 새로운 '항시'는 처음에는 임시적 혹은 정기적인 집시(集市)의 성격을 띠고 있어서 시가 들어설 때 모여들고 시가 끝나면 흩어졌고 또한 장기적으로 토지를 점유하지 않았다. 어떤 것은 심지어 다리 위에서 임시로 교역을 하다가 정기적인 집시가 되기도 하였다. 이것을 '시교(市橋)'라고 불렀다. 이런 새로운 '항시'가 점차적으로 형성되고 고정되면서 북송 중기에 이르면 관부는 그들에게 지세를 징수하였고 "반드시 관의 토지에 가서 시를 조성하고 교역해야 한다."라고 규정하였으며 아울러 관의 토지를 빌려주어 집을 짓고 영구적인 새로운 '항시'를 설립하는 것을 허가하였다. 예를 들어 송나라 신종 원풍 2년(1079) 9월에 수완경성소가 신청한 바를 비준하여 관의 토지를 일반민에게 빌려주어 '집을 짓고' '면시(麵市)'를 조성하였다.'[29](『속자치통감장편』권300 원풍 2년 병자(丙子)조고 하였다. 이때 변하 주변에 신설된 항시 가운데 관부가 세금을 징수한 것에는 면시 외에도 곡두항, 채항(菜行), 과자항, 우항, 마항, 지항(紙行) 등이 있었다. 모두 주요한 일용 필수품을 취급하는 새로운 항시로 변하를 통해 일용품을 대량으로 운반해 오는 객상들을 접대하며 날로 증가하는 도성 주

28_『續資治通鑑長編』卷32 太宗淳化二年六月乙酉條, p.716. 「東京養甲兵數十萬, 轉漕仰給在此一渠水.」;『宋史』卷93 河渠志, p.2317. 「帝曰: "東京養甲兵數十萬, 居人百萬家, 天下轉漕, 仰給在此一渠水, 朕安得不顧.」

29_『續資治通鑑長編』卷300 神宗元豐二年九月丙子條, p.7301. 「而修完京城所有言, 令磨戶及熟食人於城東房廊作麵市, 收秉磨戶錢人官, 即無行遣公案, 執禮奏逢寢.」

민의 수요에 대응하여 물품을 공급하였다. 원풍 8년(1085) 7월 전중시어사(殿中侍御史) 황강(黃降)은, 관부가 많은 신흥 항시에 대해 지세를 징수하여 일으키는 피해가 엄중하다는 것을 보고 그것을 없애 주기를 상주하였다. 그 가운데 "변하 연안의 빈터에 대해서는 먼저 조지(朝旨)를 내려 사람들이 세금을 내지 않도록 주십시오."[30]라고 한 것에서 많은 새로운 항시들이 원래 변하 연안의 빈터에 생겨났다는 것을 알 수 있다. 상주문에서는 또한 "변하 주변의 관사가 우항, 마항, 과자항을 제약하며 반드시 관의 토지에 가서 시를 조성하고 교역하도록 하였고 아울러 그 나머지 항시가 땅을 차지하고 있지 않더라도 과전을 납부했으며 시교조차도 지세가 있으니 백성을 해치고 나라에 손해를 끼치는 것이 이보다 심한 것은 없습니다."[31]라고 지적하였다. 이를 위해 조정에 주청하니 조를 내려 "변하 주변의 관사는 우항, 마항, 과자항과 더불어 마단호(磨團戶), 곡두항, 채항, 지항 등 여러 항을 제약하는 것 및 시교의 지세를 모두 없애라."[32][『속자치통감장편』 권358 원풍 8년 7월 경술조]라고 하였다. 이른바 '우항, 마항, 과자항을 제약한다'는 것은 우항, 마항, 과자항은 원래 관사의 제재가 없는 빈터에 설치되었는데 관부가 그들을 강제하고 제제를 가할 뿐만 아니라 점유지의 크기에 따라 세금을 징수한다는 것이다. '마단호'는 면시의 다른 이름인데, 면시에는 '곡물을 가루로 만드는 작방'이 설치되어 있어 '단'은 '항'의 다른 이름일 것이다. 곡두항 또한 미맥항의 다른 이름이다. 이로부터 많은 일용품을 취급하는 새로운 항시가 모두 객상이 편리하게 운반해 올 수 있도록 변하 주변의

30_ 『續資治通鑑長編』 卷358 神宗元豐八年七月庚戌條, p.8568. 「伏見沿汴狹河堤岸空地, 先有朝旨, 許人斷賃.」 역자 주 이 상주를 올린 사람이 본문에는 황홍(黃滢)으로 표기되어 있으나 원문에서는 황강(黃降)으로 되어 있다.

31_ 『續資治通鑑長編』 卷358 神宗元豐八年七月庚戌條, p.8568. 「…沿汴官司, 拘攔牛馬·果子行, 須就官地為市交易. 并其餘諸色行市, 不曾占地, 亦納課錢, 以至市橋亦有地稅, 殘民損國, 無甚于此.」

32_ 『續資治通鑑長編』 卷358 神宗元豐八年七月庚戌條, p.8568. 「詔: "沿汴官司拘攔牛馬·果子行并磨團戶斛斗, 蔡紙等諸色行市及市橋地課, 並罷."」

빈터에 조성되었던 것이며 관부로부터 제재가 없을 때나 '반드시 관의 토지에 가서 시를 조성하고 교역해야 한다.'라는 강제가 있기 전부터 이미 오랜 기간 동안 경영되어 왔다는 것을 알 수 있다.

이와 동시에 관부는 상인과 이익을 다투기 위하여 일찍이 강가의 다리 근처에 관영의 과자항, 면항, 경사 등을 설치하기도 하였다. 원풍 8년(1085) 5월 을미(乙未)일에 내린 조서에서는 수완경성소가 관할하는 "만목장(萬木場), 천한교(天漢橋) 및 사벽과시(四壁果市), 경성저양권(京城猪羊圈), 동서면시(東西麵市) 우권(牛圈), 타마장(垛馬場), 육항, 서탑장(西塌場) 등을 모두 없애라."[33](『속자치통감장편』 권356)라고 하였다. 『동경몽화록』에 따르면 상인의 과자항은 주교(州橋)의 서쪽에 있었는데 관에서 운영하는 과자항도 똑같이 주교에 설치되어 있었다. 천한교(天漢橋)가 주교의 정식 명칭이었다. 관영의 과시(果市)는 여러 곳에 설치되었고, 관영 면시(麵市)도 동서 두 곳에 설치되었다. 관영의 육시(肉市)를 설치한 곳에 관영의 저양권(猪羊圈)과 우권도 설치되었다. 그 외에 관영의 서탑장은 창고 성격을 가지고 있었다. 북송의 관부는 일용품 항시를 경영하였을 뿐만 아니라, 객상들이 경사로 반입하는 상품의 운송과 보관 장소를 엄격하게 통제하였다. 원래 변하의 망선(網船, 세금 운반선)에 상품을 더불어 싣고 경사로 들여왔으나 원풍 2년(1079)부터는 경사로 들여오는 상품은 먼저 사주(泗州)로 운반한 뒤 '관에서 설치한 장소에 쌓아 두었다가' 다시 관선(官船)을 통해 경사로 수도로 운반해야 한다[34][『속자치통감장편』 권300 원풍 2년 10월 을해(乙亥)조]고 규정하였다. 경사로 운반한 이후에도 규정에 따라 관선을 이용해야 했으며, 사적인 배로는 변경(汴京)으로 들어올 수 없었다. 관영의 면시와 육시는 원풍 8년(1085)

33_ 『續資治通鑑長編』 卷358 神宗元豐八年五月乙未條, p.8511. 「萬木場·天漢橋·四壁果市·京城猪羊圈·東西麵市·牛圈·垛馬場·肉行·西塌場俱罷.」 역자 주 본문의 卷368은 卷358을 잘못 쓴 것이다.

34_ 『續資治通鑑長編』 卷300 神宗元豐二年十月乙亥條, p.7307. 「自泗州至京, 民間載穀船, 官悉籍記, 自今毋得增置. 收力勝錢視舊增三之一. 導洛司船增至千五百艘.」

에 폐지된 이후 송 철종(哲宗) 소성(紹聖)연간(1094~1098)에 다시 회복하였던 것으로 보인다. 소성 4년(1097) 8월 대신 증포(曾布)가 철종에게 관영의 육시와 면시를 아뢴 적이 있었다.

증포가 "육시와 면시는 모두 평민들과 이익을 다투는 것입니다.…그런데 상인의 물품은 모두 관선으로만 실어 옮기고 사적인 배로는 변경으로 들어올 수 없어 실로 사람들이 그것을 불만스러워 하고 있습니다."라고 하였다. 주상께서 "조정 대신 역시 많이 불편하다고 하고 면시가 질퍽거리고 비가 내릴지라도 반드시 배에 실어 관부가 마련한 장소로 들여와야 한다고 한다."고 하였다. 증포가 "날마다 그 날의 정해진 세금이 있어 오지 않을 수 없는데 그들은 비바람을 피할 수가 없습니다."고 하였다[35] [『속자치통감장편』 권490 소성 4년 8월 경자(庚子)조].

이로부터 면시와 육시가 모두 강가에 설치되었고, 상품은 모두 반드시 배로 실어 왔다는 것을 알 수 있다. 이른바 육시란 많은 도살작방에 설치된 돼지고기와 양고기 시장이다.

『동경몽화록』을 통하여 북송 말에는 관영의 항시는 이미 없어졌고 상인의 항시는 대부분 여전히 강가의 다리 근처에 설치되어 있었다는 것을 알 수 있다. 과자항은 주작문 바깥 및 주교 서쪽의 큰 거리에 설치되어 있었다. 『동경몽화록』에서는 "과자 역시 주작문 바깥 및 주교 서쪽에 모여 있었는데 이곳을 과자항이라고 하였다."[36][권3 천효제인입시(天曉諸人入市)]고 하였다. 또한 "주교에 이르러 서쪽 대가로 꺾으면 바로

35_ 『續資治通鑑長編』 卷490 哲宗紹聖四年八月庚子條, p.11640. 「布曰:"肉市・麵市, 皆與細民爭利.…然商賈之物以官舟, 私船不得入汴, 人實患之." 上曰:"內臣亦多云不便, 云麵市雖泥雨, 亦須船載來官場中." 布曰:"一日有一日課利, 不可不來, 宜其不能避風雨也."」

36_ 『東京夢華錄注』(孟元老 撰, 鄧之誠 注, 北京:中華書局, 1982) 卷3 天曉諸人入市, p.117. 「如菓子亦集於朱雀門外及州橋之西, 謂之菓子行.」

과자항이다. 거리의 북쪽은 도정역(都亭驛)인데 이를 마주 보고 있던 것
이 양가주자포(梁家珠子鋪)이며 그 나머지는 모두 당시 유행하는 그림
및 꽃과 과일을 팔던 가게들이었다."[37](권2 선덕루전성부궁우)고 하였다.
이는 시의 '항'이, 객상이 상품을 운반하여 모아 놓고 팔기에 편리한
'시'에 설치되었을 뿐만 아니라, 동시에 같은 항 소속의 가게가 설치되
어 있었다는 것을 전해 준다. 과자항에 꽃·과일 가게 이외에 주자포
(珠子鋪)와 지화포(紙畵鋪) 등이 끼어 섞여 있는 것은 시가가 한층 더 발
전한 결과였다. 이때 우항과 마항은 모두 이미 번화한 시가로 발전하여
마항가와 우항가라는 명칭이 있을 정도였다. 우항과 마항은 여전히 당
대 마항에 주루를 설치하던 풍습을 그대로 이어받았다. 구조문(舊曹門)
의 주가교(朱家橋) 동쪽에 있는 우항가에는 간우루주점(看牛樓酒店)이 설
치되었는데 원래는 소를 점검한 뒤 매매를 흥정하고 계약을 체결하던
장소였다. 토시자[土市子, 반루(潘樓) 동쪽의 십자 거리] 북쪽에 있는 마항가
에는 "동쪽에 있는 것을 장루(莊樓)라고 하였는데 지금은 화락루(和樂樓)
로 이름이 바뀌고 그 아래에는 말을 파는 시장이 있었다."[38](권2 반루동가
항(潘樓東街巷)]고 하였다. 장루의 아래가 곧 말을 파는 시장이라는 것에
서 장루가 원래는 말을 점검한 뒤 매매를 흥정하고 계약을 체결하던 장
소였다는 것을 알 수 있다. 송대에도 여전히 당대의 방식을 그대로 이
어받아 소나 말을 매매할 때 계약을 체결했으며 만약 3일 안에 질병을
발견하면 해약할 수 있는 법률규정이 있었다.[39] 시가가 발전함에 따라

37_ 『東京夢華錄注』卷2 宣德樓前省府宮宇, p.52. 「至州橋投西大街, 乃果子行. 街北都
　亭驛, 大遼人使驛也 相對梁家珠子鋪, 餘皆賣時行紙畵·花果鋪席.」
38_ 『東京夢華錄注』卷2 潘樓東街巷, p.70. 「街東曰莊樓, 今改作和樂樓, 樓下乃賣馬市
　也.」
39_ 李元弼, 『作邑自箴』卷3 處事, 「賣買牛馬之類, 所在鄉儀, 過却定錢, 便付買主牛畜
　口, 約試水草三兩日, 方立契卷. 若有疾病, 已過所約日限, 賣主不服, 卻煩官方與奪. 人
　有已交價錢, 未立契卷, 已立契卷, 未還價錢, 蓋不知律有正條條在雜律內, 須錄全條, 曉
　示牛馬牙人幷諸鄉村, 知委免興詞訟.」 송대의 잡률(雜律) 규정은 당률(唐律)의 잡
　률을 그대로 답습한 것이다.

주루도 손님을 초대하여 연회를 여는 곳으로 주로 이용되었고, 어떤 것은 명칭도 바뀌었다. 장루와 거리를 사이에 두고 마주하고 있던 것으로 양루(楊樓)가 있었다. 양루 북쪽에는 남북방향으로 뻗어 있는 마항가의 동항(東巷)과 서항(西巷) 두 항이 있는데 대화항(大貨巷)과 소화항(小貨巷)이라고 불렀다. "모두 수공업에 능한 기술을 가진 사람들이 살고 있는 곳이었다."[40][권2 주루(酒樓)]고 한다. 이것은 수공업 작방들이 얽혀서 형성된 대화항(大貨巷)과 소화항(小貨巷)이 있던 곳이다. "마항가에서 북쪽으로 가면 소화항의 시루(時樓)에 이른다."[41][권3 마항가북제의포(馬行街北諸醫鋪)]고 하였다. 시루는 소화항에서 개설한 주루이다. 우항과 마항 이외에 당시 다른 항도 주루를 설치하여 매매 흥정이나 계약 체결을 편리하게 하였다는 것을 알 수 있다.

『동경몽화록』권4 육항(肉行)에서 "방항(坊巷)과 교시(橋市)에는 모두 고기를 파는 탁자가 있다."고 한 것은 단지 소매만 하는 고기 가게의 모습을 가리킨다. 게다가 큰 규모의 작업장을 가진 육시(肉市)는 외성의 정문인 남훈문(南薰門) 안에 있어서 매일 저녁마다 돼지를 잡았는데 '매번 수만 마리를 헤아렸고' '반드시 이곳을 통해 경사로 들어갔는데' '겨우 십여 명의 사람이 몰고 갔으나 돼지 가운데 함부로 날뛰며 가는 것이 없었다.'[42]고 하였다. 이른바 '매번 수만 마리를 헤아렸다.'는 것은 수량이 매우 많았다는 것을 형용하는 것으로 정확한 수는 아니지만 남훈문 안의 '육시'에 있는 도살 작방의 규모가 매우 거대하였다는 것을

40_『東京夢華錄注』卷2 酒樓, p.71. 「皆工作伎巧所居.」

41_『東京夢華錄注』卷3 馬行街北諸醫鋪, p.82. 「馬行北去, 及小貨行時樓.」

42_『동경몽화록(東京夢華錄)』권2 주작문외가항(朱雀門外街巷)에서는 남훈문(南薰門)에 대해 다음과 같이 언급하였다. 「其門尋常士庶殯葬車輿, 皆不得經由此門而出, 謂正與大內相對. 唯民間所宰猪, 須從此入京, 每日至晚, 每輩萬數, 止十數人驅逐, 無有亂行者.」 이에 따르면 대규모 돼지를 도살하는 육시가 남훈문 안에 있었다는 것을 알 수 있다. 같은 조문에서 또 다음과 같이 언급하였다. 「其御街東, 朱雀門外, 西通新門瓦子, 以南殺猪, 亦妓館.」 이 살저항(殺猪巷)은 원래 육시가 있었던 곳이며 후에 옮겨 가고 기관(妓館)이 모인 곳이 되었다.

알 수 있다. 사람들이 생활에 필요한 바를 맞추기 위해 매일 저녁이 되면 성문을 출입하는 사람이 적을 때를 기다려 도살할 큰 무리의 돼지들을 몰아 남훈문을 통해 성안으로 들어가는 것을 허가하였다. 매일 대량으로 필요한 도살할 돼지는 성 남쪽 밖의 수로[채하(蔡河)]를 통해 운반된 뒤 저녁이 되면 다시 몰아 남훈문을 통해 성 안으로 들여와 작방에 보내져 도살된 뒤 여러 부위로 나눠졌다. "날이 밝으면 돼지와 양을 도살하는 곳에서 사람들이 돼지와 양을 짊어지거나 수레에 싣고 시장에 왔는데 한 번 움직였다 하면 백 단위로 헤아렸다."[43](권3 천효제인입시)고 하였다. 이것이 바로 이른바 육시이다. 동시에 "밀가루 국수를 파는데 15근을 포대 하나에 담아 주면서 일완(一宛)이라고 하고 혹은 45근~75근을 일완이라 하기도 하였다. 태평거(太平車)나 나귀로 실어서 성 밖에서 문이 열리기를 기다렸다가 성 안으로 들어와 팔았으며 날이 밝을 때까지 끊이지 않았다."[44](권3 천효제인입시)고 하였다. 성 밖에도 면시가 있었다는 것을 알 수 있다.

　같은 책 권4 어항(魚行)에는 "매일 아침 신정문(新鄭門)·서수문(西水門)·만승문(萬勝門)을 통해서만 이 같은 활어가 담긴 수천 통을 짊어지고 문 안으로 들어왔다. 겨울에는 황하 등 먼 곳에서 잡은 생선들이 들어왔는데 이를 거어(車魚)라고 하였다."[45]는 것이 기술되어 있다. 동경에서 매일 필요한 생선은 당연히 성 서쪽 밖의 수로[변하(汴河)]를 통해 운반해 와서 어항은 외성 서쪽 3개의 성문 입구에 개설되어 생선 장수를 맞이하였고, 다시 여러 주루, 음식점 및 소매상과 노점 등에 나누어 공급하였다. 같은 책 권2 선덕루전성부궁우에서는 또한 "주교에서 구부

43_『東京夢華錄注』卷3 天曉諸人入市, p.117. 「直至天明, 其殺猪羊作坊, 人擔猪羊及車子上市, 動以數百.」
44_『東京夢華錄注』卷3 天曉諸人入市, p.117. 「其賣麥麵, 稱作一布袋, 謂之一宛; 或三五秤作一宛, 用太平車或驢馬馱之, 從城外守門入城貨賣, 至天明不絕.」
45_『東京夢華錄注』卷4 魚行, p.130. 「每日早惟新鄭門·西水門·萬勝門, 如此生魚有數千擔入門. 冬月即黃河諸遠處客魚來, 謂之車魚.」

러져 대가로 들어와 남쪽으로 향하고 있는 것이 좌장고[左藏庫, 즉 국고 (國庫)]라 하였고 동쪽 가까이에 정태재(鄭太宰)의 집과 청어시내항(青魚 市內行)이 있다."⁴⁶고 하였다. 청어시내항이란 성 안에 개설된 청어항시 (青漁市市)가 있던 곳일 것이다. 당시 외성의 사방 성문 입구 안팎에 개 설된 일용 필수품을 취급하는 새로운 '항시'에는 육시, 면시, 어항 이외 에도 많은 종류의 항시가 있었다. 양간(楊侃)의 「황기부(皇畿賦)」에서는 "12개의 시가 성을 둘러싸고 있는데 아침저녁으로 떠들썩하였다."⁴⁷[여 조염(呂祖謙), 『송문감(宋文鑑)』 권2]고 하였다. 외성의 사방을 둘러싸고 있 던 12개의 새로운 '항시'는 육시나 어시처럼 모두 아침시장이나 저녁시 장이 벌어져 아침저녁으로 쉴 틈이 없을 정도로 분주하였다. 그 가운데 는 채항(菜行)도 있었을 것이다. 당시에는 어항, 육항, 채항 세 종류의 항시를 똑같이 중시하였는데 모두 일상생활에서 필수적인 물품을 취 급하였기 때문이다.

같은 책 권3 도시전맥(都市錢陌)에서는 "도성에서 통용되는 동전의 경 우 액면가 100문(文)에 대해 실제로는 관아에서는 77문으로 하였고, 시 가에서는 통용되기로는 75문으로, 생선·고기·채소를 파는 곳에서는 72문으로, 금은방에서는 74문으로, 보석류·하녀 고용·곤충 구입 등 에서는 68문으로, 문자(文字) 교역에서는 56문으로 쳐 주었다. 항시마 다 각각 다른 비율로 사용하였다."⁴⁸고 하였다. '전맥'이란 사용할 때 100문(文)씩 꿰미로 묶어 둔 돈을 가리킨다. 당시 관부에서는 단지 77문 을 '맥(陌)'으로 하였고 시가에서는 일반적으로 그저 75문으로 통용되었

46_『東京夢華錄注』卷2 宣德樓前省府宮宇, p.52. 「州橋曲轉大街, 面南曰左藏庫, 近東 鄭太宰宅·青魚市內行.」

47_『宋文鑑』(呂祖謙 撰, 齊治平 點校, 北京:中華書局, 1992) 卷2 皇畿賦, p.21. 「十二 市之環城, 囂然朝夕.」

48_『東京夢華錄注』卷3 都市錢陌, p.115. 「都市錢陌, 官用七十七, 街市通用七十五. 魚 肉菜七十二陌, 金銀七十四, 珠珍·雇婢妮·買蟲蟻六十八, 文子五十六陌, 行市各有 長短使用.」

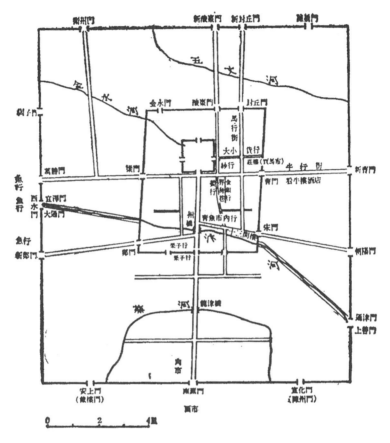

그림 53 북송말 동경(개봉) 주요 항시 분포도

으며 각종 '항시'에서 사용될 때는 그 가치가 더욱 적었다. 이로부터 당시 중요한 '항시'에는 어항, 육항, 채항 이외에 금은항, 주진항(珠珍行), 고비니항(雇婢妮行), 매충의항(買蟲蟻行)과 문자항(文字行) 등이 있었다는 것을 알 수 있다. 같은 책 권2 동각루가항(東角樓街巷)에서는 황성 동남 모퉁이에 있는 동각루 부근의 "십자 거리에서 남쪽으로 가면 강항(薑行)이 있었고, 고두가(高頭街)에서 북쪽으로 가면 사항(紗行)이 있었다. 동각루 동쪽의 반루가(潘樓街) 남쪽으로 한 골목과 통하는데 이를 계신(界

身)이라 불렀고 금은과 비단을 교역하는 장소였다."[49]고 하였다. 이 계신항(界身巷)이 곧 금은항이 있던 곳이다. 문자항이 서적항이며 송대에는 서적포(書籍鋪)를 문자포(文字鋪)로도 불렀다.[50] 동경에는 국자감에서 새긴 관각서(官刻書) 이외에 상인이 경영하는 조판 인쇄업도 매우 발달하였다. 서적포에서는 종종 서적을 간행하여 판매하였기에 특별히 '문자항'이라는 항시가 있었다. 이것도 동경에 등장한 신흥 항시 가운데 하나이다. 이러한 항시는 남송(南宋) 임안(臨安)에 이르러서는 더욱 발달하였고 '서방(書房)' 혹은 '문적서방(文籍書房)'이라고 불렀다(그림 53 참조).

2) 새로운 '가시(街市)'의 형성과 옛 폐쇄식 '시'의 도태

새로운 '가시'가 형성되고 옛 폐쇄식 '시'가 도태하였다. 이런 가운데 신진대사의 변화과정이 일어났다.

(1) 새로운 '항시(行市)'를 중심으로 한 가시(街市)의 형성

북송 중기는 바로 이러한 신진대사의 변화과정에 처한 시기이다. 앞

49_ 『東京夢華錄注』卷2 東角樓街巷, p.82. 「十字街南去, 薑行, 高頭街北去, 紗行.…南通一行, 謂之界身. 並是金銀綵帛交易之所.」 역자 주 본문에서 '동각루 동쪽의 반루가(潘樓街)'라는 부분은 원문에는 기록되어 있지 않다.

50_ 『夢粱錄』卷13 鋪席, 「太廟前尹家文字鋪.」 여기서 언급한 윤가문자포(尹家文字鋪)는 윤가서적포(尹家書籍鋪) 혹은 경적포윤가(經籍鋪尹家)이다. 이 서포(書鋪)는 일찍이 『북호록(北戶錄)』(3권), 『조기입담(釣磯立談)』(1권), 『민수연담록(澠水燕談錄)』(10권), 『곡유구문(曲洧舊聞)』(10권), 『속유괴록(續幽怪錄)』(4권), 『모정객화(茅亭客話)』(10권)를 간행하였는데 제기(題記)는 모두 '임안부태묘전윤가서적간행(臨安府太廟前尹家書籍刊行)'이라고 썼다. 『각소편(卻掃編)』(3권)은 제기에 '임안부윤가서적포간행(臨安府尹家書籍鋪刊行)'이라 하였고 『술이기(述異記)』(3권)은 제기에 '임안부태묘전경적포윤가간행(臨安府太廟前經籍鋪尹家刊行)'이라 썼다. 왕국유(王國維)의 『양절고간본고(兩浙古刊本考)』 권상(上)에 보인다. 동경에 '문자항'이 있는 이유는 이곳이 송대 사대조판(四大雕版) 인쇄업의 중심지였기 때문이다. 남송 임안에도 이런 항시가 있었는데 서방(書房) 또는 문적서방(文籍書房)이라 불렸다. 항주(杭州)의 인쇄업도 역시 발달하였기 때문이다.

서 서술했듯이 많은 새로운 항시가 흥기하고 발전함에 따라 새로운 항시를 중심으로 하는 가시가 점차 형성되었다. 어떤 가시는 새로운 항시의 기초 위에서 발전하고 형성되었다. 예로 우항가(牛行街)를 들 수 있다. 또 어떤 시가는 몇 개의 중요한 새로운 항시를 쭉 따라붙어서 형성된 것도 있었다. 예컨대 마항가(馬行街)가 바로 그러하였다. 처음에 마항은 주루인 장루가 있어 '항두'가 머무르는 곳이자 교역 장소였고 '마항시(馬行市)'라고 불렀다. 또한 사람들이 '손님을 초대하여 술을 먹거나' 약속하여 만나는 장소가 되기도 하였다[51][홍매(洪邁) 『이견지(夷堅志)』 갑지(甲志) 권18 이서장복(李舒長僕)조]. 나중에 적지 않은 항시가 한 거리에 연결되어 '인가가 활기 있고 떠들썩한' 마항가(馬行街)로 발전하였다. 앞 절에서 이미 언급했듯이 마항가는 매우 길며, 북쪽으로 마항가를 지나면 대화항(大貨行)과 소화항(小貨行)이 모여 있는 동항(東巷)과 서항(西巷)이 나온다. 많은 수공업 작방들이 있던 곳이었다. 다시 북쪽으로 가면 또 소화항의 시루(時樓), 약포(藥鋪), 향약포(香藥鋪)가 있고 "거리 양쪽에는 자의(紫衣)를 입고 금어대(金魚袋)를 찬 어의(御醫) 출신들이 운영하는 약국들이 있었다,"[52](『동경몽화록』 卷3 마항가북제의포)고 하였는데 약항(藥行)과 의항(醫行)이 있는 곳이었다. 마항가에는 주루, 다방(茶坊), 음식점이 매우 많아서 동경의 네 어가(御街) 가운데 가장 번화한 거리가 되었다. 전하는 바에 따르면 동경성 전체에서 마항가에만 모기가 없었다고 하는데, 이곳은 '밤 시장의 주루가 매우 번성한 곳이었고' '등불이 하늘까지 환히 비추어' '모기나 파리들이 기름을 싫어했기'[53] 때문이었다[채

51_ 「夷堅志」(洪邁 撰, 何卓 點校, 北京:中華書局, 1981) 甲志 卷18 李舒長僕, p.161.
「越數日, 又遇於馬行市中, 邀飮于莊樓.」

52_ 『東京夢華錄注』 卷3 馬行街北諸醫鋪, p.82. 「馬行北去,乃小貨行時樓, 大骨傳藥鋪, 直抵正係舊封丘門. 兩行金紫醫官藥鋪.」

53_ 『鐵圍山叢談』(蔡絛 撰, 馮惠民・沈錫麟 點校, 北京: 中華書局, 1997) 卷4, p.70. 「馬行街者, 都城之夜市酒樓極繁盛處也. 蚊蚋惡油, 而馬行人物嘈雜, 燈火照天, 每至 四鼓罷, 故永絶蚊蚋.」

102 송대 이후 도성제도의 변혁 및 주요 시설

조(蔡條)『철위산총담(鐵圍山叢談)』권4]. 신흥 항시는 '가시'를 촉진한 주요 원인 가운데 하나였다.

(2) 주루·다방을 중심으로 한 항시의 형성

새로운 '가시'의 형성과 발전에는 여러 가지 원인이 있다. 새로운 항시의 흥기 이외에도 새로운 주루와 다방이, 많은 주민들이 사교와 오락을 하고자 하는 수요에 맞추어 여기저기에 세워졌다. 당말 장안성 안에는 '시'든 '방'이든 모두 주루와 다사(茶肆)가 설치되어 있었다. 앞에서 이미 언급했듯이 마항에 주루가 있었을 뿐만 아니라 오가는 사람이 많은 방항(坊巷)에도 모여서 술을 마실 수 있는 주루가 이미 있었다. 예컨대 당나라 사람이 지은 소설인 「임씨전(任氏傳)」[심기제(沈旣濟)가 찬술하였다.]에서는 "위음(韋崟)이 친척인 매부 정육(鄭六)과 놀러 나갔다가 신창리(新昌里)에서 모여 술을 마시기로 했는데 정육이 선평방(宣平坊) 남쪽에 이르자 잠깐 헤어지기를 요청하였다. 기다리다가 만난 뒤 이어서 음소(飮所)에 도착하였다."[54]고 하였다. 여기서 모여서 술을 마시는 '음소'란 당연히 주루일 것이다. 신창리 즉 신창방은 동시(東市)에서 동남쪽으로 두 번째 방이었다. 당말 주루는 약속하여 만나는 곳이자 모여서 연회를 하는 장소였다. 뿐만 아니라 '즐거움을 함께하는' 오락장소였다. 예컨대 당나라 사람이 지은 소설인 「유씨전(柳氏傳)」[허요좌(許堯佐)가 찬술하였다.]에서는 "치청(淄靑)의 여러 장수들을 만나 주루에서 즐거움을 함께하면서 사람을 시켜 익[翊, 즉 한익(韓翊)이다.]에게 오라고 하였다. 한익은 억지로 그것에 응했으나 안색이 슬프고 노래 가락도 처량하였다."[55]고 하였다. 주루는 기정(旗亭)으로도 불렸는데 채색 깃발을 내걸었기 때문

54_ 『太平廣記』卷452 任氏傳, p.3692. 「將會飮於新昌里. 至宣平之南, 鄭子辭有故, 請間去, 繼至飮所.」

55_ 『太平廣記』卷485 柳氏傳, p.3996. 「會淄靑諸將合樂酒樓, 使人請翊, 翊強應之, 然意色皆喪, 音韻淒咽.」

에 얻은 이름이다. 당나라 사람이 지은 소설인 「왕환지(王渙之)」[설용약
(薛用弱)이 찬술하였다.]에서 "하루는 날씨가 춥고 눈이 흩날렸는데 세 시
인이 함께 기정에 이르러 술을 사서 조금 마셨다. 돌연 이원(梨園)의 악
관 10여 명이 누각에 올라 연회를 벌였다.…갑자기 젊은 기녀 네 사람
이 서로 이어서 등장하고,…원을 그리듯 돌며 음악을 연주했는데 모두
당시의 명곡이었다."[56]고 하였다. 동시에 다사의 설치 또한 이미 확장
되어 있었다. 예컨대 당 문종(文宗) 대화(大和) 9년(835) 11월에 일어난
감로(甘露)의 변 때 환관이 금군에게 대신들을 체포하라고 명령하니 왕
애(王涯)는 걸어서 영창리(永昌里)의 다사로 피했으나 금군이 잡아서 좌
군에 집어넣었다[57][『구당서』 왕애전(王涯傳), 『자치통감』 권245]고 한다. 영창
리는 궁성에서 동쪽으로 두 번째 방으로 동시에서 매우 멀리 떨어져 있
었지만 여기에도 이미 다사가 설치되어 있었던 것이다. 북송 동경에 이
르면 주루와 다방은 크게 발전하여 모두 시가에 설치되었다. 큰 주루는
정점(正店)이라고 불렀는데, "경성에는 정점이 72곳 있었고 이 외에는
이루 다 셀 수 없을 정도로 많았다. 그 나머지는 모두 각점(脚店)이라 불
렀다."[58](『동경몽화록』 권2 주루)고 하였다. 몇몇 큰 주루는 중요 시가의
주요한 가게가 되었고, 몇몇 거리는 주루로 거리의 이름으로 삼았다.
예로 반루가(潘樓街)를 들 수 있다. 이러한 큰 주루는 모두 거리를 따라
설치된 것이었다. 몇몇 시가에는 거리를 끼고 서로 마주하고 있는 주루
도 있었다. "구교문(九橋門) 시가의 주점은 채루(彩樓)가 서로 마주 보고

56_ 『集異記』(薛用弱 撰, 北京: 中華書局, 1980) 卷2 王渙之 p.11. 「一日天寒微雪, 三詩
人詣旗亭, 貰酒小飮. 忽有梨園伶官十數人, 登樓會讌.…俄有妙妓四輩,…旋則奏樂, 皆
當時之名部也.」 역자 주 본문에는 '王之渙'로 되어 있으나 원문의 '王渙之'를 잘못
쓴 것으로 보인다.

57_ 『舊唐書』 王涯傳, p.4404. 「至永昌里茶肆, 爲禁兵所擒, 幷其家屬奴婢, 皆繫於獄.」
『新校資治通鑑注』 卷245, 唐紀 文宗大和九年(835)十一月條, p.7913. 「王涯徒步至
永昌里茶肆, 禁兵擒入佐軍.」

58_ 『東京夢華錄注』 卷2 酒樓, p.72. 「在京正店七十二戶, 此外不能遍數, 其餘皆謂之脚
店.」

있으면서 제비꼬리 모양을 자수로 넣은 깃발이 서로 나부끼어 하늘의 해를 가릴 정도였다."[59](『동경몽화록』권2 주루)고 하였다. 가장 번화했던 마항가에서 북쪽으로 가면 신봉구문대가(新封丘門大街)가 있었는데 "저마다 다방, 주점, 구란(勾欄)과 와사(瓦肆), 음식점이 있었다."[60](『동경몽화록』권3 마항가포석(馬行街鋪席))고 하였다.

(3) 많은 주민들의 일상생활 수요에 따라 형성된 가시(街市)

일반적인 '가방교시(街坊橋市)'의 형성은 가방(街坊)에 거주하는 많은 주민들이 일상생활에 필요한 수요에서 비롯된 것이다. 당말 장안의 경우 인구 증가와 주민의 일상생활을 위한 수요로 말미암아 많은 방에 이미 작은 떡집, 술집과 음식점이 설치되어 있었다. 예컨대 「임씨전」에서는 날이 밝을 무렵 정육(鄭六)이 승평방(昇平坊, 동시 남쪽의 세 번째 방)의 이문(里門)에 도착했으나 문이 아직 열리지 않았는데 "문 옆에 있는 호인(胡人)들이 떡을 파는 집에서 바야흐로 숯을 피워 화로를 달구고 있었다."[61]고 하였다. 이것은 방리(坊里)에 살고 있는 주민들에게 아침식사를 제공하려고 준비하는 것이었다. 또 예컨대 당 순종(順宗) 영정(永貞) 원년(805)에 왕비(王伾)와 왕숙문(王淑文) 등이 황제의 총애를 받아 권력을 장악하였고 "이에 왕숙문과 그 무리 10여 명의 집의 문에는 밤낮으로 수레와 말이 시장처럼 붐볐다. 손님 가운데 왕숙문과 왕비를 만나는 것을 기다리는 사람은 방 안에 있는 병사(餅肆)나 주로(酒壚)에서 숙박까지도 하였는데 한 사람이 1,000전을 주어야만 그 사람을 받아들였다."[62](『자치통감』권236 순종 영정 원년 정월조)고 하였다. 병사는 떡을 파는

59_ 『東京夢華錄注』卷2 酒樓, p.72. 「九橋門街市酒店, 彩樓相對, 繡旆相招, 掩翳天日.」

60_ 『東京夢華錄注』卷3 馬行街鋪席, pp.111~112. 「各有茶房酒店, 勾肆飲食.」

61_ 『太平廣記』卷452 任氏傳, p.3693. 「門旁有胡人鬻餅之舍, 方張炭熾爐.」

62_ 『新校資治通鑑注』卷236 唐紀 順宗永貞元年(805)正月辛酉條, p.7610. 「於是叔文及其黨十餘家之門, 晝夜車馬如市. 客候見叔文·伾者, 至宿其坊中餅肆·酒壚下, 一人得千錢, 乃容之.」

작은 가게이고, 주로는 술을 데우는 화로가 설치되어 있는, 술을 파는 작은 가게이다. 이로부터 당시 장안의 많은 방리에는 모두 이미 작은 떡 가게나 주점이 개설되어 있어 주민들에게 일상생활에 필요한 물품을 공급하였다는 것을 알 수 있다. 당시 황실에서는 오락을 위하여 오방[五坊: 조방(鵰坊), 골방(鶻坊), 요방(鷂坊), 응방(鷹坊), 구방(狗坊)]을 설치했는데, 오방에서 일하는 사람을 '소아(小兒)'라고 불렀다. "오방의 소아들 가운데 여리(閭里)에서 작은 새를 잡는 사람들은 모두 횡포를 부려 사람들의 재물을 차지하였고…혹은 술과 음식을 파는 가게에서 서로 만나 먹고 마시면서 포식하고 취한 채 가 버렸다. 파는 사람 가운데 혹 알지 못해 그 값을 요구하다가 대부분이 욕을 먹고 매를 맞았다."[63](『자치통감』 권236 순종 영정 원년 정월조에 보인다.)고 하였다. 이 일화에서 당시 여리에는 이미 술과 음식을 파는 가게가 많이 있었다는 것을 알 수 있다. 또한 당 덕종 정원(貞元) 2년(786) 관중에 양식이 부족하여 금군에서는 원망하는 말이 자자하니 "당시 궁궐에서는 술을 빚을 수 없어 방시에서 술을 가져와 즐기도록 하였다."[64](『자치통감』 권232 덕종 정원 이년 삼월조)고 하였다. 이것도 당시 장안의 방시에는 마찬가지로 술을 빚고 술을 파는 가게가 있었다는 것을 전해 준다. 북송 동경에 이르면, 방리의 주민이 필요로 하는 떡 가게나 작은 술집이 도처에 개설되었다. 떡 가게에서는 '오경(五更, 새벽 3시~5시)부터 떡 무늬를 찍는 소리가 멀리까지 퍼져 나갔는데'[65] 주민들이 필요로 하는 아침식사를 제공하였고 '방항(坊巷)과 교시(橋市)에는 모두 고기를 파는 탁자가 있어'[66][『동경몽화록』 권4 육항 및 권4

63_ 『新校資治通鑑注』 卷232 唐紀 順宗永貞元年(805)正月條, pp.7610~7611. 「五坊小兒張捕鳥雀於閭里者, 皆為暴橫; 以取人錢物,…或相娶飲食於酒食之肆, 醉飽而去, 賣者或不知, 就索其直, 多被毆詈.」

64_ 『新校資治通鑑注』 卷232 唐紀 德宗貞元二年(786)三月條, p.7469. 「時禁中不釀, 命於坊市取酒為樂.」

65_ 『東京夢華錄注』 卷4 餅店, p.129. 「自五更卓案之聲, 遠近相聞.」

66_ 『東京夢華錄注』 卷4 肉行, p.129. 「坊巷橋市, 皆有肉案.」

병점(餅店)] 날고기와 익힌 고기를 공급하였다. 이 외에도 특수한 수요 때문에 시가로 발전한 곳이 있었다. 그 예로, 변하를 따라 성 안팎의 교통 요지에 쌀과 보리 등의 물자를 저장하는 많은 창고들이 설치되어 "창고 앞은 시장을 이루었다."[67][『동경몽화록』 권1 외제사(外諸司)]는 것을 들 수 있다.

(4) 새로운 항시와 새로운 가시(街市)가 옛 폐쇄식 '시'를 대체하는 과정

원래 있던 옛 폐쇄식의 '시'가 도태된 것은 북송 중기였을 것이다. 동경의 내성에는 원래 동시와 서시 두 시가 있었는데, 새롭게 건설된 외성에는 폐쇄식 '시'가 설치되었는지는 아직까지 확인되지 않는다. 동경의 동시와 서시 두 시는 태조 건륭(建隆)연간(960~963)과 개보(開寶)연간(968~976) 그리고 진종의 경덕(景德)연간(1004~1007)에 형벌을 집행하는 장소로 쓰였다는 것을 문헌 기록을 통해 확인할 수 있다.[68] 정치적 사건과 정치사를 지나치게 중시한 고대의 역사서에는 '시'에서 교역하는 상황을 기록한 것은 적고 '시'가 종종 형장으로 사용되었다는 것을 기술하고 있다. 이것은 송대만이 아니었다. 송대 이전에 정치사를 전하는 역사서도 대부분 이와 같아서 우리는 이러한 기록에 근거해서 폐쇄식 '시'가 소멸한 시기를 판단할 수 없다. 『동경몽화록』에서는 내성의 양문(梁門)을 통해 뻗어 있는 양문대가(梁門大街) 서쪽의 서대가(西大街)를 지나 "서쪽으로 가면 옹시자(瓮市子)가 있는데 개봉부에서 사람을 처형하는 곳이다."[69][『동경몽화록』 권3 대내서우액문외가항(大內西右掖門外街巷)]라고 하였다. '사람을 처형하는 곳'이 언제 외성 서대가의 옹시자로 옮겨 왔는

67_ 『東京夢華錄注』 卷1 外諸司, p.47. 「日有支納下卸, 即有下卸, 指軍兵士支遣, 即有袋家, 每人肩兩石布袋. 遇有支遣, 倉前成市.」

68_ 『續資治通鑑長編』 卷2 建隆二年四月壬寅條, 卷3 建隆三年秋七月乙亥條, 卷14 開寶六年二月丙戌條, 卷59 景德二年四月丙戌條, 卷60 景德二年六月己丑條에 보인다.

69_ 『東京夢華錄注』 卷3 大內西右掖門外街巷, p.83. 「西去瓮市子, 乃開封府刑人之所也.」

지 알 수 없다. 동경 내성의 동시와 서시 두 시는, 북송 중기 강가의 다리 근처 및 성문 입구에 새로운 '항시'가 흥기하여 어느 정도 발전한 이후, 즉 도성 안의 많은 주민들에게 일용 물품을 어느 정도 만족스럽게 공급할 수 있게 된 이후에 소멸되었을 것이다. 이처럼 원래 옛 폐쇄식의 '시' 안에 있던 '항시'는 근본적으로 기능을 하지 못하게 되어 자연스럽게 도태하지 않을 수 없었다. 그 사이에 당연히 점차적으로 신진대사 과정이 일어났을 것이다.[70]

이처럼 북송 동경에서 발생한 중대한 변화는 남송 임안(臨安)에 이르러서도 한층 더 발전하였다. 임안은 원래 북송의 항주(杭州)로 항주에서 북송 때에 이미 변화가 발생하여 사하당(沙河塘) 일대는 비교적 번화하였다. 그러나 인구 밀도는 높지 않았고, '네 모퉁이는 모두 비어 있었고 인적이 닿지 않았으며' 서남쪽에 산이 많이 있는 구릉 지대도 '숲이 무성하고 울창하여 어디에도 사람들이 산 적이 없었다.'[71][주휘(周煇), 『청파잡지(淸波雜誌)』 권3]고 하였다. 남송이 임안을 도성으로 정하면서, 인구는 급격히 증가하였고 강가의 다리 근처와 성문 밖에 새로 일어난 '항'과 '시'가 더욱 확장되었다. 임안의 많은 신흥 '항'과 '시'는 여전히 강가

70_ 일본의 가토 시게시는 「송대 도시의 발전」, 「당송시대의 시장」, 「당송시대 상업조직 '항' 및 청대(淸代)의 회관(會館)을 논하다」 등의 논문(「중국경제사고증」에 수록)을 통해 폐쇄식 '시제(市制)'의 붕괴와 동일한 업종의 조직인 '항'·'시'의 흥기에 대하여 상세한 고증과 고찰을 하였다. 이 방면의 연구에 문을 연 공이 있고 성취한 업적도 매우 크다. 그러나 그의 결론은 아직까지 토의할 만하다. 그는 '가시(街市)'가 출현한 것과 교통이 편리한 곳에 '항시(行市)'가 흥기한 것 모두 폐쇄식의 방제(坊制)와 시제가 붕괴된 이후에 벌어졌다고 보았다. 나는 정반대로 이 사이에는 반드시 점진적인 신진대사의 과정이 있을 것이라고 생각한다. 동일 업종의 상인 조직인 '항'이 당대 동시와 서시 두 시장에 이미 존재하였고 교통이 편리한 지점에 일용품을 취급하는 새로운 '항시'가 흥기한 것은 많은 주민의 생활필수품 수요에 부응한 것이었으며 '가시(街市)'와 '방항교시(坊巷橋市)'도 이런 기초 위에서 발전하였던 것이다. 만약 교통이 편리한 곳에서 새로운 항시가 흥기하지 않고 '가시(街市)'가 형성되지 않았다면 폐쇄식의 '시'를 대체하고 그것을 도태시킬 수 없었을 것이다.

71_ 『淸波雜志校注』(周煇 撰, 劉永翔 校注, 北京:中華書局, 1997) 卷3 錢塘舊景, p.117. 「林木茂密, 何嘗有人居.」

의 다리 근처에 있는 빈터에 세워졌는데 마치 동경에서 변하 주변의 빈
터에 일어난 상황과 똑같았다. 『도성기승(都城紀勝)』 시정(市井)조에서
는 '노기인(路妓人:거리의 예인)'이 거리에서 '무대를 만들어 공연하는'[72]
모습을 전하면서 마지막에는 다른 가시에도 이처럼 빈터 대부분에 무
대를 만들어 공연하는 사람들이 있었다고 하였다. 예컨대 대와육시(大
瓦肉市), 탄교약시(炭橋藥市), 귤원정서방(橘園亭書房), 성동채시(城東菜市),
성북미시(城北米市) 등이다. 이는 이들 '시'가 있었던 곳이 바로 가시의
빈터였으며, 뿐만 아니라 모두 강가의 다리 근처나 교통이 편리한 곳이
었다는 것을 전해 준다. 육시는 대와자(大瓦子)에 있었는데 서하[西河, 청
호하(淸湖河)]의 삼교(三橋) 가까이에 있었다. 약시는 바로 탄교, 즉 소하
(小河)의 방윤교(芳潤橋)에 있었다. 서방은 귤원정에 있었는데 대하[大河,
염교운하(鹽橋運河)]의 유랍교(油臘橋) 가까이에 있었다. 채시는 성 동쪽의
동청문(東靑門) 밖에 있는 채시교(菜市橋)와 패자교(壩子橋) 및 숭신문(崇
新門) 밖의 남토문시(南土門市)에 있었다. 미시는 서북쪽의 여항문(餘杭
門) 밖에 있는 흑교두(黑橋頭) 및 시진(市鎭)인 호주시(湖州市) 등에 있었다.

　　남송 임안의 신흥 항시는 운송량이 비교적 많아 대체적으로 성문 밖
강가의 다리 근처에 설치되었다. 미시와 채시 외에도 시시(柴市)는 동남
쪽 후조문(候潮門) 밖 시시교(柴市橋)에 설치되었고 포시(布市)는 동남쪽
편문(便門) 밖 횡하두(橫河頭)에 설치되었다. 선어항(鮮魚行)은 동남쪽 후
조문 밖과 성의 동쪽 동청문 밖 패자교에 설치되었고, 어항(魚行)은 여
항문 밖 수빙교(水冰橋)에 설치되었다 상단(鯗團)은 편문 밖 혼수갑두(渾
水閘頭)에 설치되었고 해항(蟹行)은 숭신문 밖 채호교(蔡湖橋)에 설치되었
다. 운송량이 비교적 적거나 물품을 가공을 해야 하는 시는 대체적으로
성 안의 강가나 다리 근처에 설치되었다. 육시, 약시, 서방 외에 화시(花
市) 및 방소항(方梳行), 쇄금항(鎖金行), 관자항(冠子行)은 어가(御街)의 중간

72_ 『都城紀勝』(『東京夢華錄外四種』, 上海:古典文學出版社, 1957) 市井, p.91. 「諸色
　　路妓人, 在此作場.」

부분에 있는 관항(官巷)에 있었고, 주자항(珠子行)은 어가의 중간 부분에 있는 융화방(融和坊)에서 시서방(市西坊)에 이르는 곳에 있었다. 생백시(生帛市)는 대하 북쪽 염교(鹽橋)에 있었고 감자단(柑子團)은 어가의 중간 부분에 있는 후시가(後市街)에 있었다. 청과단(靑果團)은 후조문 안에 있는 큰 거리에 있었다. 어떤 항시에는 물건을 파는 상점들이 많이 있었고 또한 가공하여 제작하는 작방도 있었다. 예로, 육시의 두 거리에는 모두 '도살업자의 집'이 있었고 화시에도 다양한 장식용 꽃송이를 제작하는 '화작(花作)'이 있었다는 것을 들 수 있다. 약시에도 약을 달여 환약과 가루약을 만들거나 생약을 물과 함께 먹을 수 있도록 조각으로 만드는 작방이 있었다. 서방에는 조판하여 인쇄하는 작방이 있었다. 임안성에 원래 있던 폐쇄식의 시 구역은 이미 소멸되어 어가의 중간 부분에는 시남방(市南坊)과 시서방(市西坊)이 있었다. 시서방은 "지금 시조(市曹)로 되었다."[『함순임안지(咸淳臨安志)』권19]라는 기록을 통해 이 지역은 원래 폐쇄식의 '시 구역'이 있던 곳이었으나 비록 '방'으로 변하였더라도 여전히 '시조(市曹)'는 남아 있었던 것으로 보인다.

이러한 중대한 변화, 즉 강가나 다리 근처 및 성문 밖의 새로운 항시와 새로운 가시가 원래 있던 폐쇄식의 '시'를 대체한 것은 도성 안에서 발생했을 뿐 아니라, 비교적 큰 성시에서도 발생하여 보편적인 현상이었다. 평강부[平江府, 지금의 소주(蘇州)]를 예로 들어 보자. 범성대(范成大)의 『오군지(吳郡志)』와 「평강도비(平江圖碑)」에 따르면 자성(子城)의 서북쪽이자 시가의 중심에 약교(藥橋)가 위치하고 있는데 그 동남쪽에는 수금방[繡錦坊, 대시(大市)]이 있었고, 동북쪽에는 간장방[干將坊, 동시문(東市門)]과 부인방[富仁坊, 어항교(魚行橋) 동쪽]이 있었다. 서북쪽에는 서시방[西市坊, 철병항(鐵瓶巷)], 곡시교(穀市橋), 사항교(絲行橋)가 있었고, 서남쪽에는 관와방[館娃坊, 과장항(果子行)]과 화풍방[和豊坊, 미항(米行)]이 있었다. 곡시교와 사항교가 『오군지』권17 교량(橋梁)조에 보이는 것 외에 나머지는 모두 권6 '방시(坊市)'조에 보인다. 이를 통해 남송시대 평강부성에 원래 있던 폐쇄식의 동시와 서시 및 대시는 이미 방으로 바뀌었고, 강가나 다리 근처에는 이미 새로운 '항'과 '시'가 흥기하면서 미항은 화풍방에 있었고, 과자항은 관와방에 있었으며 아울러 어행교, 곡시교, 사항교, 과자항교 등의 명칭이 있었다는 것을 알 수 있다. 이것은 강가나 다리 근처에 새로 생긴 '항'과 '시'가 원래 있던 폐쇄식의 '시'를 대체한 결과였다. 이러한 변화의 흔적이 남송의 저작과 도비에 남아 있지만 그 실제적인 변화는 북송 때에 이미 완성되었을 것이다. 평강에 원래 있던 동시와 서시 및 대시는 그 기능을 상실하여 방으로 변하였는데 이것도 당시의 변화 과정에서 일어나는 일반적인 현상이었다. 북송 낙양의 상황도 기본적으로 동일하여 방 전체가 거의 당대(唐代)의 방명(坊名)을 이어받았지만 남시가 악성방(樂成坊)과 통리방(通利坊)으로, 북시가 인덕방(鄰德坊)과 북시방(北市坊)으로, 서시가 통제방(通濟坊)으로 바뀌었다[『원하남지(元河南志)에 보인다.]. 북시의 명칭이 바뀌어 북시방으로 된 것은 평강의 서시방 및 임안의 시서방·시남방과 같다. 남시의 명칭을 통리방으로 바꾸고, 서시를 통제방으로 바꾼 것은 여전히 상업을 통해 이익을 얻겠다는 뜻이 그 안에 남아 있는 것이다.

3) 민간 문화오락 활동의 전개와 '구란'을 중심으로 한 '와자'의 형성

(1) 진한이전 도성 주민의 문화오락 활동

고대 민간의 대중적 오락 활동은 단지 봄철의 사제(社祭)와 겨울철의 납제(臘祭) 때만 실행되었다. 사제는 사신(社神, 토지신)에게 제사를 드려 풍년을 기원하는 것이고, 납제는 귀신에게 감사를 드리며 풍년을 축하하는 것이었다. 사제와 납제를 거행할 때 남녀가 다 같이 모여 술을 마시고 각종 오락 활동을 벌였는데 늘 "온 나라의 사람들이 모두 미친 것 같았다."고 하였다. 공자가 납제는 백일 동안 부지런히 일했기 때문에 '하루의 은택'을 주는 것이며 "어느 때는 긴장케 하고, 어느 때는 완화시키는 것이 문(주 문왕)무(주 무왕)의 정도(政道)이다."[73] 『예기』잡기(雜記) 하라고 해석하였다. 전국시대에는 상업이 발달하여 번화한 도성에서는 주민도 다양하게 문화오락 활동을 전개하였다. 가장 저명한 것이 제나라 도성 임치에서 "백성들 가운데 피리를 부는 것, 비파를 타는 것, 축을 뜯는 것, 거문고를 타는 것, 투계(鬪鷄)・주견(走犬)・육박(六博)・답국(蹹鞠) 등을 하지 않는 자가 없었다."[74] 『전국책(戰國策)』제책(齊策)1고 한다. '투계'는 두 마리의 억세고 강한 닭이 서로 싸우도록 하는 놀이이고, '주견'은 사냥개가 도망가는 토끼를 추격하여 잡게 하는 놀이이다. '육박'은 패를 던지거나 바둑을 두어 서로 승부를 겨루는 경기이고, '답국'은 '축국(蹴鞠)' 또는 '답국(蹋鞠)'이라고도 쓰는데, 공을 차는 경기이다. 이 밖에도 바둑・투호・노래 부르기 등의 오락 및 익사(弋射)・격검(擊劍)・각력(角力)・거정(擧鼎) 등의 단련과 시합이 있었다. 익사는 가는 실을 화살에 묶어 화살에 맞은 날아가는 기러기가 화살에 묶인 긴 실을 단 채 높은 곳에서 떨어지도록 하는 것이다. 격검은 칼춤을 추면서 검술의 기법을 추구하는 것이다. 각력은 각저(角抵) 또는 각저(各觝)라고도 쓰는데 훗날의 씨름 혹은 레슬링이다. 거정은 청동 솥을 들어 올리는 중량 시합이다. 이러한 문화 오락 활동 및 기예시합은 진한(秦漢) 이후 오랫동안 민간에서 유행하였다. 사제도 민간 오락 활동을 하는 명절로서 장기간 유행하였다.[75]

'각력'은 일찍부터 '희(戲)'라고 불렸는데, '각력'이 종종 '각기(角技)'를 추구했기 때문이다. '각력'은 '각기'에서 기예를 겨루는 공연으로 발전하였고 확장되어 '각저기희(角抵技戲)'가 되었다. 후에는 '백희(百戲)'[76]라

73_ 『禮記集解』卷42 雜記下第二十一之二, p.1115.「子貢觀於蜡, 孔子曰: "賜也 樂乎?" 對曰: "一國人人, 皆若狂, 賜, 未知其樂也." "子曰:"百日之蜡, 一日之澤, 非爾所知也. 張而不弛, 文武弗能, 弛而不張, 文武弗為也, 一張一弛, 文武之道也."」

74_ 『戰國策』齊策 1,「其民無不吹竽・鼓瑟・擊筑・彈琴・鬪雞・走犬・六博・蹋踘者.」

75_ 拙作, 『戰國史』第12章 第4節 娛樂活動和武藝・體育鍛煉的發展 참고

고 불렸다. 서한 황실에서는 '각저기희'를 좋아하여 상림원(上林苑)에 평락관[平樂觀, 평락관(平樂館)이라고도 한다]을 세워 공연토록 하였다. 한 무제 원봉(元封) 6년(기원전 105) 여름에는 "경사의 백성들이 상림원의 평락관에서 각저를 관람하였다."[77](『한서』 무제기)고 하였다. 장형의 「서경부」에서는 '황제께서 평락관에 행차하시어' '멀리까지 보이는 넓은 곳에 다가가 기예를 다투는 기묘한 유희를 살핍니다.'는 상황을 묘사하였다. 또한 강정(扛鼎, 솥 들기)·심동(尋橦, 깃대 오르기)·충협(衝狹: 창을 꽂아 둔 대자리를 통과하기)·도환검(跳丸劍)·주삭상(走索上, 줄타기)을 다투는 공연 등이 있었다. 또한 수인(水人)[78]이 뱀을 가지고 연기하는 것, 기이한 용모로 변신하고 한 몸을 여러 사람으로 보이는 분신술을 쓰는 것, 칼을 삼키고 불을 토해 내는 것 등 마술 연기가 있었다. 게다가 화장, 음악, 가무와 짐승을 다루는 공연 등이 있었다.[79] 그중에서 마술 연기는 대진

76_ 춘추시대 말에 이미 '각력(角力)'을 '희(戲)'라고 불렀다. 『國語』晉語 9 「少室周爲趙簡子右, 聞牛談有力, 請與之戲, 不勝, 致右焉.」 韋昭注:「戲, 角力也.」『莊子』「人間世篇」「且以巧鬥力者, 始於陽, 常卒於陰, 泰至則多奇巧.」'각력'은 나아가 '각기(角技)'가 되었고 더 나아가 기예를 겨루는 공연이 되었다. 또한 '각저기희(角抵技戲)'로 확장되어 후에 '백희(百戲)'라 불렸다. 王國維, 『宋元戲曲考』, 「按角抵者, 應劭曰: "角者, 角技也. 抵者, 相抵觸也." 文穎曰: "名此樂爲角抵者, 兩兩相當, 角力·角伎藝射御, 故曰角抵也, 蓋雜技樂也." 是角抵以角技爲義, 故所包頗廣, 後世所謂百戲者也.」

77_ 『漢書』卷6 武帝紀, 「京師民觀角抵于上林平樂館.」

78_ [역자 주] 수인(水人)이란 오늘날 광동(廣東)과 광서(廣西) 지역에 있었던 물에 능한 종족인 이인(俚人)을 가리킨다.

79_ 張衡, 「西京賦」「烏獲扛鼎, 都盧尋橦, 衝狹燕濯, 胸突銛鋒, 跳丸劍之揮霍, 走索上而相逢.」'심동(尋橦)'에 대해서 이선(李善)이 『한서음의(漢書音義)』를 인용하여 주를 달며 '체경선연(體輕善緣)'으로 '파유도려(巴兪都盧)'를 해석하여 '심동'이 대나무 장대를 올라가는 것이라는 것을 알 수 있다. '충협연탁(衝狹燕濯)'의 李善注:「卷簟席, 以矛挿其中, 伎兒以身投, 從中過. 燕濯, 以盤水置前, 坐其後, 身張手跳前, 以足偶節踰水, 復卻坐, 如鷰之浴也.」'흉돌섬봉(胸突銛鋒)'은 가슴으로 날카로운 칼날을 충돌하는 것을 말한다. '주삭상이상봉(走索上而相逢)'의 李善注:「索上, 長繩繫兩頭於梁, 擧其中央, 兩人各從一頭上交相度, 所謂儛絙者也.」오획(烏獲)은 전국시대에 진(秦)의 큰 힘을 지닌 역사(力士)인데, 여기에서는 큰 힘을 지닌 역사(力士)를 통칭하는 것이다. 도려(都盧)는 남양(南洋)의 지명이며 『한서』 지리지에서는 부감도려국(夫甘都盧國)은 '신경선연(身輕善緣)'으로 널리 지칭된다고 하

(大秦, 로마)에서 서아시아의 안식국(安息國)과 동남아시아의 탄국(撣國, 오늘날 미얀마)을 거쳐 전래된 것으로 『사기』 대완전(大宛傳)과 『후한서』 서남이전(西南夷傳) 등에 보인다.[80] 이러한 '각저기희'는 오랜 시간 유행하였고, 궁중의 경축 의례나 명절 행사에 활용되었다.

(2) 북위 낙양 주민의 문화오락 활동

불교가 점차 확산됨에서 따라 많은 사원에서는 부처님 맞이 축제 때 항상 '각저기희'를 활용하여 군중을 끌어모아 참관토록 하였다. 예컨대 북위 낙양의 사원에서는 서역의 분위기를 그대로 이어받아[81] 매년 4월

였다. 이상은 모두 기예를 겨루는 공연이며 오랫동안 유행하여 후세까지 이르렀다. 「西京賦」: 「海鱗變而成龍, 狀蜿蜿以蝹蝹; 含利颬颬, 化為仙車; 驪駕四鹿, 芝蓋九葩; 蟾蜍與龜, 水人弄蛇; 奇幻儵忽, 易貌分形; 呑刀吐火, 雲霧杳冥.」 李善注: 「海鱗, 大魚也.」, 「含利, 獸名.」, 「驪, 猶羅列駢駕之也. 以芝爲蓋, 蓋有九葩之采.」, 「作千歲蟾蜍及千歲龜, 行舞於前也.」 이른바 '역모분형(易貌分形)'은 『후한서』 서남이전(西南夷傳)에서 말한 '자지해(自支解) · 역우마두(易牛馬頭)' 같은 것이다. 이상은 마술 공연프로그램이다. 「西京賦」: 「'總會仙唱, 戱豹舞羆, 白虎鼓瑟, 蒼龍吹篪, 女娥坐而長歌, 聲淸暢而蝼蛇; 洪涯立而指麾, 被毛羽之襳襹.」 李善注: 「仙倡, 僞作假形, 謂如神也. 羆豹熊虎, 皆為假頭也. 洪涯, 三皇時伎人.」 이상은 짐승머리로 분장하여 공연하는 음악 가무이다. 「西京賦」: 「巨獸百尋, 是爲蔓延; 神山崔巍, 欻從背見; 熊虎升而拏攫, 猨狖超而高援, 怪獸陸梁, 大雀踆踆; 白象行孕, 垂鼻轔囷.」 李善注: 「作大獸, 長八十丈, 所謂蛇龍曼延也.」 이상은 동물을 길들여 다루는 공연이다. 『한서』 서역전(西域傳) 찬(贊)에서는 한 무제 때 파(巴) · 유(兪) · 도려(都盧) · 해중(海中) · 탕극(碭極) · 만연(漫衍) · 어룡(魚龍) · 각저(魚抵) 등의 놀이가 만들어졌다고 한다.

80_ 『史記』 大宛列傳, 「(武帝時安息)以大鳥卵及黎軒善眩人獻于漢.…於是大觳抵, 出奇戲諸怪物,…及加其眩者之工, 而觳抵奇戲歲增變, 甚盛益興, 自此始.」 또 『한서』 서역전과 장건전(張騫傳)에서도 보인다. 여헌(黎軒)은 혹 소근(犁靳)으로 쓰기도 하였다.. 『史記索隱』 「韋昭云: "變化惑人也." 按: 魏略云'靳多奇幻, 口中吹火, 自縛自解.' 小顏亦以為植瓜等也.」; 『史記正義』 「加其眩者之工, 言漢人幻人工妙, 更加於犁軒.」; 『漢書』 張騫傳, 「(師古曰)" : 眩讀與幻同. 即今呑刀吐火, 植瓜種樹, 屠人截馬之術皆是也. 本從西域來.」; 『後漢書』 西域傳, 「(安帝)永寧元年, 撣國王雍由調復遣使者詣闕朝賀, 獻樂及幻人, 能變化吐火, 自支解, 易牛馬頭. 又善跳丸, 數乃至千. 自言我海西人, 海西即大秦也.」

81_ 예컨대 우전국(于闐國)은 4월 1일에 시작하여 사륜상거(四輪像車)로 '행상(行像)'을 하여 14일이 되어서야 완전히 끝이 났다. '행상' 때 국왕은 그것을 영접해야 하며 꽃을 뿌리고 향을 태워 경의를 나타내어야 하였다. 법현전(法顯傳)에 보

8일 석가탄신일 전에 '행상(行像, 수레에 불상을 싣고 사원을 나가 순행하는 것)'이라는 축제를 거행했는데 그들은 모두 '각저기희'로 관중을 끌어 모았다. 장추사(長秋寺)에서는 매년 4월 4일 '행상'을 나갈 때 "악귀를 물리치는 사자가 그 앞을 인도하였다. 칼을 삼키거나 불을 토하는 묘기나 말을 모는 묘기가 한쪽에서 행해지고, 장대를 오르거나 줄을 타는 등 평소에 볼 수 없는 기이한 묘기들이 행해졌다. 신기한 재주를 펼치며 이상한 옷을 입은 사람들이 도시에 가득 찼다. 불상이 멈춘 곳에서는 사람들이 담으로 에워싸듯 구경하였다. 서로를 밟거나 뛰어넘어 죽는 사람이 항상 생겨났다."[82](『낙양가람기』권1)고 하였다. 앞을 인도하는 '악귀를 물리치는 사자'는 선두에 선 화장한 무용대이고, '칼을 삼키거나 불을 토하는 것'은 마술 연기이다. '장대를 오르거나 줄을 타는 것'은 「서경부」에서 말하는 '심동'과 '주삭상(走索上)'이다. 또한 예컨대 낙양의 종성사(宗聖寺)에서는 "일단 행상을 나가게 되면 시정이 모두 텅 비었다.…기묘한 묘기와 각종 음악은 유등(劉騰, 유등이 창건한 장추사를 가리킨다.)에 버금갔으며, 성 동쪽의 사인(士人)과 아낙네들이 모두 이 절에 와서 구경하였다."[83](『낙양가람기』권2)고 하였다. 4월 7일 경사에 있는 사원의 불상은 모두 경명사(景明寺)에 모이도록 하였는데 많게는 천여 개에 이르렀다. 4월 8일에는 순서에 따라 선양문(宣陽門)으로 들어가 창합궁(閶闔宮) 앞을 향하면 황제가 꽃잎을 날려 예를 표하는 의례를 받았다. 꽃잎을 날린다는 것은 부처에게 경의를 나타내는 것으로 이때 "범패와 설법 소리가 천지에 울렸고 여러 가지 기예들이 펼쳐져 사람들이 늘어섰다."[84](『낙양가람기』권3)고 하였다. 불교의 '육재(六齋)' 절일(즉 매

인다.

82_ 『洛陽伽藍記校注』卷1 城內 長秋寺, p.43. 「辟邪獅子, 導引其前; 吞刀吐火, 騰驤一面; 彩幢上索, 詭譎不常; 奇伎異服, 冠於都市; 像停之處, 觀者如堵; 迭相踐躍, 常有死人.」

83_ 『洛陽伽藍記校注』卷2 城東 宗聖寺, p.79. 「此像一出, 市井皆空.…妙伎雜樂, 亞於劉騰, 城東士女多來此寺觀看也.」

달 8일·14일·15일·23일·26일·30일)을 맞이할 때마다 사원에서는 늘 음악과 가무의 공연이 있었다. 낙양의 경락사(景樂寺)에서는 "항상 춤추고 노래하는 여자를 두어서 노랫소리가 끊이지 않았고 소매를 나부끼며 천천히 춤을 추었다. 관악기와 현악기의 쓸쓸하고 맑은 연주는 조화롭고 절묘하여 신기로운 경기에 이르렀다."[85]고 하였다. 경락사는 비구니 절로 처음에는 남자가 들어와 구경하는 것을 금지하였으나 뒤에 개방하자 화장한 채 춤을 추는 것과 마술 공연이 더욱 늘어났다.[86] 이처럼 음악과 가무 연출 및 '백희'의 공연을 성대하게 거행하는 불교 절일은 점차 도성 안에서 대중적으로 오락을 즐기는 명절이 되었다.

원래 도성에는 단지 황실과 귀족들에게만 행락을 제공하는 원림이 있었지만 불교 사원이 대규모로 건립된 이후부터 많은 사원에도 원림이 세워져 항상 도성 주민들이 행락을 즐기는 곳이 되었다. 북위 낙양의 보광사(寶光寺)에는 "원림에는 '함지(咸池)'라고 부르는, 바다로 여기는 연못이 있었다. 갈대와 억새가 그 기슭을 덮고 마름과 연꽃이 물 위에 가득하였으며 푸른 소나무와 대나무가 그 옆에 생명력을 띤 채 늘어서 있었다. 도성의 사인(士人)들은 날씨가 좋은 날이나 길일에는 목욕하고 돌아가기도 하고 친구를 불러서 이 절에 놀러 오기도 하였다. 우레와 같은 소리를 낼 정도로 수레가 많이 와서 그 덮개가 그늘을 드리웠다. 혹은 물이 흐르는 숲에서 술을 마시고 꽃밭에서 시를 지으며 연근

84_『洛陽伽藍記校注』卷3 城南 景明寺, p.133. 「向閶闔宮前受皇帝散花.」

85_『洛陽伽藍記校注』卷1 城內 景樂寺, p.52. 「常設女樂, 歌聲繞梁, 舞袖徐轉, 絲管寥亮, 諧妙入神.」

86_『洛陽伽藍記』卷1 景樂寺「後汝南王悅復修之, 悅是文獻王之弟, 召諸音樂, 逞伎寺內. 奇禽怪獸, 舞抃殿庭; 飛空幻惑, 世所未覩; 總萃其中, 剝驢投井, 植棗種瓜, 須臾之間皆得食. 士女觀者, 回亂睛迷.」;『太平御覽』第737 孔偉 七引,「弄幻之時, 因時而作, 殖瓜種菜, 立起尋尺, 投芳送臭, 賣黃售白.」언급한 것은 모두 마술공연이다. 북위 때까지 줄곧 이런 '백희(百戲)'는 여전히 한(漢)·진(晉)의 옛것을 그대로 답습하였다.『魏書』樂志,「(天興)六年冬, 詔太樂·總章·鼓吹增修雜伎, 造五兵·角紙·麒麟·鳳皇·仙人·長蛇·白象·白虎及諸畏獸·魚龍·辟邪·鹿馬仙車·高絚百尺·長蹻·緣橦·跳丸·五案以備百戲. 大饗設之於殿庭, 如漢晉之舊也.」

을 자르고 오이를 띄우면서 흥취를 자아냈다."[87](『낙양가람기』권4)고 하였다.

(3) 당대 장안 주민의 문화오락 활동

수당시대에 이르면 궁중의 '백희'는 물론, 민간의 오락은 모두 한층 더 발전하였다. 수 양제(煬帝)는 대업(大業) 2년(606)에는 돌궐에서 조공하러 오는 것 때문에 사방의 '산악(散樂)'들을 소집하여 동도인 낙양에 오도록 하였다. 이때부터 매년 정월에 알현하러 온 국빈을 위해 대규모의 가무 공연을 하였다. 음력 15일에 이르면 단문(端門) 밖이자 건국문(建國門) 안에는 "8리나 쭉 이어져서 공연장이 마련되어 백관들은 길을 사이에 두고 천막을 쳤다. 해질 때부터 아침까지 자유롭게 관람했으며, 그믐이 되어야 끝났는데"[88] 가무 공연에 참가하는 사람들은 3만 명에 가까웠다[『수서(隋書)』음악지(音樂志)]. 공연은 "사람들이 짐승 가면을 쓰고, 남자가 여자 복장을 입었다. 남자 광대와 여자 광대들이 여러 재주를 펼치고, 괴이한 형상을 취하였다."[89](『수서』유욱전(柳彧傳)]고 하였다. 이렇게 큰 거리를 '공연장'으로 삼아 백관들이 길을 사이에 두고 천막을 쳐서 관람하였고 가무를 공연하는 사람들이 3만여 명에 가까운 성대한 모임을 열었는데 그 규모는 이전에는 없을 정도로 매우 큰 것이었다. 이러한 큰 거리를 '공연장'으로 삼는 분위기는 당대 내내 큰 영향을 끼쳤다.

당대 장안에는 늘 천문가(天門街, 즉 주작대가)에는 '널리 승부를 겨루는' 음악·곡예 시합이 벌어졌다. 단안절(段安節)의 『악부잡록』 비파조에는

87_ 『洛陽伽藍記校注』卷4 城西 寶光寺, pp.199~200. 「園中有一海, 號咸之, 菱荍被岸, 菱荷蔚水, 青松翠竹, 羅生其旁, 京邑士子, 至於良辰美日, 休沐告歸, 微友命朋, 來遊此寺, 雷車接軫, 羽蓋成陰, 或置酒林泉, 題詩花圃, 折藕浮瓜, 以為興適.」

88_ 『隋書』卷15 音樂志, p.381. 「於端門外, 建國門內, 綿亘八里, 列為戲場. 百官起棚夾路, 從昏達旦, 以縱觀之. 至晦而罷.」

89_ 『隋書』卷62 柳彧傳, p.1483. 「人戴獸面, 男為女服, 倡優雜技, 詭狀異形.」

정원(貞元)연간(785~805) 강곤륜(康崑崙)이라는 일인자가 있었다. 처음 장안에 큰 가뭄이 닥쳤을 때 조서를 내려 두 시장으로 가서 비를 내려 달라고 빌도록 하였다. 천문가에 이르자 시의 사람들이 널리 승부를 겨루고 음악을 다투었다. 즉 가동에는 강곤륜의 비파가 최고로 반드시 가서에는 대적할 자가 없다고들 하였다. 마침내 강곤륜에게 채루(彩樓)에 올라 신번우조록요(新飜羽調錄要)라는 곡을 연주하기를 청하였다. 가서에서도 누각 하나를 세웠는데, 동시에서 그것을 크게 힐난하였다. 강곤륜이 악보에 맞추어 노래하자 서시의 누각에서 한 여인이 나타났는데 악기를 품고 있었다. 먼저 "나 또한 이 곡을 타겠는데 풍음조(楓音調)로 바꾸겠소."라고 하며 손가락을 움직여 비파를 뜯으니 소리가 우레와 같고 그 절묘함이 신의 경지에 들어가는 듯하였다. 강곤륜이 너무도 놀라서 인사를 올리며 스승으로 모실 것을 청하니 여인이 드디어 옷을 갈아입고 등장하니 곧 승려였다. 서시의 호족들이 장엄사(莊嚴寺) 승려인 선본(善本)에게 예물을 많이 드리고 모셔서 동쪽 상점에 대해 승리를 확정하였다.[90]

라는 일화가 기재되어 있다.

이것은 동시와 서시가 천문가에서 벌였던 비파 연주 시합이다. 시합을 할 때 양편은 모두 채루를 세우고 연주자가 누각에 올라 곡을 뜯도록 하여 거리의 관중이 평가하고 비교하여 승부를 결정하도록 하였다. 이에 따라 당대의 소설인 「이와전」[백행간(白行簡)이 찬술하였다.]에서 묘사한 동서의 두 흉사(凶肆, 분명히 동시와 서시의 흉사일 것이다)가 각각 사장(肆長)의 주도 아래 천문가에 장례를 치를 때 사용하는 물건을 진열해

90_ 『樂府雜錄』琵琶, pp.130~131. 「貞元中, 有康崑崙弟一手. 始遇長安大旱, 詔移兩市祈雨. 及至天門街, 市人廣較勝負. 及鬥聲樂. 即街東有康崑崙, 琵琶最上, 必謂街西無以爲敵也, 遂請崑崙登綵樓, 彈一曲新翻羽調錄要; 其街西亦建一樓, 東市大誚之. 及昆崙度曲, 西市樓上出一女郎, 抱樂器, 先云: "'我亦彈此曲, 兼移在楓香調中.' 及下撥, 聲如雷, 其妙入神. 昆崙即驚駭, 乃拜請爲師, 女郎遂更衣出見. 乃僧也. 蓋西市豪族, 厚賂莊嚴寺僧善本, 以定東鄽之勝.」

놓고 '사녀대화회(士女大和會)'를 소집한 뒤 각각 가수들에게 애가(哀歌)를 부르게 하여 승부를 겨루는 것도 근거가 있다는 것을 알 수 있다.

　도성에서 기예를 파는 활동은 북위 낙양 때에 이미 출현하였다. 당시 이미 많은 '묘기(妙妓, 아름다운 기녀)'는 '시인(市人)'의 일부로서 '대시'의 동남쪽에 있는 조음리(調音里)과 악률리(樂律里) 두 리에 살았다. 예컨대 '피리를 잘 부는' 전승초(田僧超)[91]는 정서장군(征西將軍) 최연백(崔延伯)의 총애를 받은 적이 있었다(『낙양가람기』 권4). 당대에 이르러서도 이러한 민간 음악가들은 여전히 '시인'의 일부였다. 앞서 서술한 비파의 일인자 강곤륜도 장안 동시에 소속되었다. 장안의 동시와 서시에는 모두 '잡희' 공연이 벌어졌고 그들은 이쪽으로 불려서 공연을 하거나 아니면 저쪽 공연장으로 가서 관람할 수도 있었다. 악사(樂史)의 『양태진외전(楊太眞外傳)』 권상에 "두 시장에서 잡기를 공연하는 사람들을 불러서 귀비를 즐겁게 하였다."[92]고 이야기하였다. 단성식(段成式)의 『유양잡조(酉陽雜俎)』 속집 권4에는

　　나는 태화(太和, 827~835) 말년에 동생의 생일 때문에 잡희(雜戲)를 구경하였다. 시인(市人)이 소설을 공연하면서 편작(扁鵲)을 '편작(褊鵲)'이라 하면서 상성(上聲)을 사용하였다. 나는 좌객인 임도승(任道升)을 시켜 이를 바로잡도록 하였다. 시인은 "20년 전에 장안의 재회(齋會)에서 공연하였는데, 한 수재가 아무개를 추켜세우며 편(扁)자와 편(褊)자를 같은 소리로 발음하면서 '세상 사람들이 모두 잘못 알고 있다'고 하였다."고 하였다.[93]

는 것이 기록되어 있다.

91_『洛陽伽藍記校注』卷4 城西 法雲寺, p.203. 「有田僧超者, 善吹笳, 能為壯士歌項羽吟.」

92_『楊太眞外傳』卷上, 「因召兩市雜戲, 以娛貴妃.」

93_『酉陽雜俎 續集』(段成式 撰, 方南生 點校, 北京:中華書局, 1981) 卷4 貶誤, p.240. 「予太和末, 因弟生日觀雜戲. 有市人小说呼扁鵲作褊鵲, 字上声, 予令座客任道升字正之. 市人言二十年前尝于上都斋会设此, 有一秀才甚赏某呼扁字與褊同聲, 云世人皆誤.」

이는 이 '소설'을 이야기하는 '시인'이 일찍이 장안에 이르러 편작에 관한 고사를 이야기했으며, '소설' 역시 '잡기'의 하나로 간주되었다고 전해 준다. '잡희를 구경하는데' '좌객'이 있었다는 것에서 이러한 '잡기'를 공연하는 공연장에는 좌석이 이미 설치되어 있었고, 간단한 공연용 건축물도 있었을 것이라는 것을 알 수 있다. 『유빈객가화록(劉賓客嘉話錄)』에도 대사도(大司徒) 두공(杜公)이 손님을 불러 한담하면서 '관직에서 물러난' 이후 네 마리 말이 끄는 작은 수레 한 대를 사서 그것에 걸터앉아 "시에 들어가 반령괴뢰(盤鈴傀儡)라는 잡기를 볼 수 있으면 충분하다."[94]고 한 것이 기록되어 있다. 당시의 '시'에서 공연된 '잡기' 가운데 '반령괴뢰'라는 것이 있었다는 것을 알 수 있다.

당대 장안의 주민은 여전히 사원이나 도관을 유람 장소로 삼았다. 많은 사원과 도관에는 유명한 사람의 글씨나 그림이 있었고 또한 많은 원림의 경승지에 이름난 꽃을 더욱 심어 놓았다. 따라서 이곳은 항상 유람객이 모여드는 곳이자 시인들이 시를 읊조리는 장소였다. 봄에 항상 노닐며 모란꽃을 감상하는 것은 즐거운 흥취였다. "경성에서는 유람을 귀히 여기고 모란꽃을 숭상한 지 30여 년이 되었는데, 봄이 저물어 갈 때마다 수레나 말을 미친 듯이 몰았고 가서 보지 않은 것을 부끄럽게 여겼다."[95][『당국사보(唐國史補)』]고 하였다. 장안의 동남쪽 모퉁이에 있는 자은사(慈恩寺), 청룡사(靑龍寺), 낙유원(樂遊園), 곡강지(曲江池) 일대는 주민이 항상 유람하는 풍경구였다. 낙유원은 낙유원(樂遊苑) 혹은 낙유원(樂遊原)이라고도 하였는데, 한나라 때부터 이미 널리 알려져 있었다. 그곳은 경성에서 가장 높은 지역이어서 높은 곳에 올라 경성을 내려다

94_ 『劉賓客嘉話錄』「大司徒杜公在維揚也, 嘗召賓幕閒語: "我致政之後, 必買一小駟八九千者, 飽食訖而跨之, 著一粗布襴衫, 入市看盤鈴傀儡, 足矣.」 역자 주 본문에서는 이 구절의 출전을 '유빈객(劉賓客)의 『가화록(嘉話錄)』'으로 표기하고 있으나 이 구절은 대중(大中) 10년(856) 위현(韋絢)이 찬술한 『유빈객가화록(劉賓客嘉話錄)』에 기록되어 있다.

95_ 『唐國史補』卷中, p.45. 「京城貴游尙牧丹三十餘年矣. 每春暮, 車馬若狂, 以不就觀為恥.」

볼 수 있었다. 상사일(上巳日, 3월 3일)이나 중양절(重陽節, 9월 9일)을 맞이할 때마다 유람객이 매우 많았다. 이곳에서 높이 올라 관람하고 연회를 열어 시를 지으며 '상서롭지 않은 것을 없애는' 예절 풍속을 거행하였다. 곡강지는 더욱 저명한 명승지였고, 서남쪽의 부용원은 황실의 금원이라는 성격을 띠고 있었다. 중화절(中和節, 2월 1일)나 상사절이 찾아올 때마다 유람객이 이곳에 구름처럼 모였다. 당 현종은 상사일에 이곳에서 군신들에게 연회를 베풀었다. 과거에 새로 합격한 진사도 같은 해에 과거에 합격한 동년(同年)들과 이곳에 모여 연회를 벌였다. '곡강연(曲江宴)'이라 불렀다. 자은사는 진창방(晉昌坊) 동쪽에 위치하였는데 그 안에 있는 대안탑(大雁塔)은 유람객이 올라가 부(賦)나 시(詩)를 짓는 장소가 되었고 해마다 새로 합격한 진사들이 '안탑제명(雁塔題名)'이라는 활동을 하였다. 신창방(新昌坊) 남문의 동쪽에 위치한 청룡사는 십자 거리의 동남쪽 모퉁이를 차지하고 있었다. 그 북문루는 높아서 멀리 바라볼 수 있는 곳이었다. 이 사원은 불교의 밀종유파에 속했는데, 승려 혜과(惠果)는 일찍이 이 종파를 일본 승려 공해(空海)에게 전수하였다. 자은사와 청룡사 두 사원에는 유람객이 가장 많고 집시(集市)의 성격을 띠고 있었기 때문에 '공연장'이 모여 있는 곳이 되었다.

북위 낙양의 사원은 '행상'이 있는 절일에만 음악과 온갖 잡기를 공연하거나 혹은 '육재' 절일에 음악과 가무를 공연하여 관중들을 끌어들였다. 당대 장안의 유명한 사원은 한층 더 나아가 평상시에도 가무와 온갖 잡기를 공연하는 '공연장'을 설치하였다. 송나라 초에 전역(錢易)이 쓴 『남부신서(南部新書)』 권 무(戊)에서는

장안의 공연장은 자은사에 많이 모여 있다. 그보다 적은 곳이 청룡사이며, 그 다음이 천복사(天福寺)와 영수사(永壽寺)이다.[96]

96_ 『南部新書』(錢易 撰, 黃壽成 點校, 北京:中華書局, 2002) 卷戊, p.67. 「長安戲場多集于慈恩, 小者在靑龍, 其次薦福‧永壽.」

라고 하였다.

당시 자은사의 공연장은 관객에 대해 흡인력이 있었다. 당 선종(宣宗) 대중(大中) 2년(848) 11월 만수(萬壽)공주가 기거랑(起居郞) 정호(鄭顥)에게 시집을 갔다. 정호의 동생 정의(鄭顗)가 위급한 병을 얻자 선종이 사람을 보내 병을 살펴보도록 하고는 "공주는 어디에 있는가?"라고 물으니 "자은사에서 공연을 보고 있습니다."라고 대답하였다. 선종이 이 때문에 공주를 꾸짖으며 "시동생이 병이 났는데 어찌 가서 돌보지 않고 공연을 보러 가느냐!"고 하였다. 그리고서 "정씨에게 돌려보냈다."[97][장고(張固), 『유한고취(幽閒鼓吹)』;『자치통감』 권248]고 하였다. 이에 따르면 자은사 공연장의 공연이 관중을 많이 끌어모았고 공주까지도 끌어들여 아픈 사람을 찾아가 살펴보지 않게 할 정도였다는 것을 알 수 있다.

『남부신서』에서 '장안의 공연장은 자은사에 많이 모여 있다.'고 한 것에서 당시 많은 '공연장'은 유동성을 띠고 있었고, 자은사의 유람객이 많았기 때문에 '공연장'이 모두 그곳으로 모여 들었으며 이들 '공연장'은 사원의 빈터에 설치되었을 것이라는 것을 알 수 있다. 앞에서 이미 서술했듯이 수 양제는 대업연간(605~618)에 국빈을 초대하기 위하여 궁성 앞 대가에 공연장을 8리나 펼쳐서 백관들이 길을 사이에 두고 천막을 치고 관람토록 하였다. 당나라에서도 장안의 주작대가에 채루를 세우고 누각에 올라 음악과 기예를 공연하여 '널리 승부를 겨루는 것'이 허가되었다. '공연장'은 '시' 안의 광장에만 한정되지 않고 사원의 빈터나 심지어 거리의 빈터에도 설치할 수 있었다. 북송의 '구란'을 중심으

97_ 『幽閒鼓吹』「宣宗屬念萬壽公主, 蓋武皇世有保護之功也. 駙馬鄭尚書之弟顗嘗危疾, 上使訊之. 使回, 上問: "公主視疾否?" 曰: "無." "何在?" 曰: "在慈恩寺看戲場." 上大怒, 且嘆曰: "我怪士大夫不欲與我為親, 良有以也." 命召公主, 公主走輦至, 則立於階下, 不視. 久之, 主大懼, 涕泣辭謝. 上責曰: "豈有小郎病, 乃親看他戲乎?"立遣歸宅. 畢宣宗之世婦禮以修.」;『新校資治通鑑注』 卷248 唐紀 宣宗大中二年(848)十一月庚午條, p.8036.「顥弟顗, 嘗得危疾, 上遣使視之, 還, 問"公主何在?" 曰: "慈恩寺觀戲場." 上怒, 歎曰: "我怪士大夫家不欲與我家為婚, 良有以也!" 亟命召公主入宮, 立之階下, 不之視. 公主懼, 涕泣謝罪. 上責之曰: "豈有小郎病, 不往省視, 乃觀戲乎!" 遣歸鄭氏.」

로 한 '와자'는 바로 거리의 빈터에 설치된 '공연장'에서 유래하며 형성
된 것이었다.

(4) 송대의 '구란'을 중심으로 한 '와자'의 형성

와자(瓦子)는 와사(瓦舍), 와사(瓦肆), 와시(瓦市)라고도 부른다. 왜 '와
(瓦)'라고 일컫는 것일까?『도성기승』와사중기(瓦舍衆妓)조에서는 "와
(瓦)는 마음대로 모였다가 쉽게 흩어진다는 뜻이다."[98]라고 하였다.『몽
량록(夢粱錄)』권19 와사(瓦舍)에도 "와사란 올 때는 부서진 기와를 모으
듯이 하고 갈 때는 기와를 분해하듯이 한다는 뜻으로, 쉽게 모이고 쉽
게 흩어지는 것을 말한다."[99]라고 하였다. 와자 혹은 와시는 원래 임시
로 모인 집시(集市)라는 뜻이다. 이러한 집시는 항상 연극을 공연하는
'구란'을 중심으로 하였기 때문에 관습적으로 '구란'을 중심으로 하는
집시를 와자 혹은 와시라고 불렀다. 북송의 동경에서 가장 큰 상가와자
(桑家瓦子)가 이와 같아서 '와 안에는 약 판매, 점 치기, 내기, 헌옷 팔기,
음식 팔기, 이발, 지화(紙畵) 팔기, 악보와 노래가사 팔기 등을 하는 것이
많이 있었을'[100] 것이다. 남송의 임안에 있는 와자도 모두 이와 같았다.
어떤 곳에는 음식점 등 외에도 주루와 다방이 설치되어 있었다. 그러나
어떤 집시는 '와시'라고 불렀지만 연극을 공연하는 '구란'은 없기도 하
였다. 예컨대 "동경의 상국사(相國寺)는 이내 와시가 되었다."[101][왕영(王
林)『연익이모록(燕翼詒謨錄)』권2 동경상국사(東京相國寺)]고 하였으나 상국사
의 집시 안에는 '구란'이 없었다. 또한 누약(樓鑰)의『북행일록(北行日錄)』
권상(上)에는 금나라 남경(南京, 북송 동경의 옛터)에 원래 도정역(都亭驛)이

98_『都城紀勝』市井, p.95.「瓦者, 野合易算之意也.」

99_『夢粱錄』(吳自牧 著, 符均·張社國 校注, 三秦出版社, 2004) 卷19 瓦舍, p.294.「瓦
舍者, 謂其來時瓦合, 去時瓦解之義, 易娶易散也.」

100_『東京夢華錄注』卷2 東角樓街巷, p.66.「瓦中多有貨藥賣卦·喝故衣·探搏·飲
食·剃剪·紙畵·令曲之類.」

101_『燕翼詒謨錄』卷2 東京相國寺, p.20.「東京相國寺乃瓦市也.」

던 곳의 '서쪽편이 이미 폐기가 되어 와시가 되었다.'[102][건도(乾道) 5년
(1169) 12월 9일조]고 하였다. 이렇게 폐기되어 버려 와시가 되었다는 것
은 임시로 형성된 집시라는 성격을 나타내는 것이며 반드시 연극을 공
연하는 '구란'이 없었을 것이다. 이처럼 임시로 형성된 집시를 일반적
으로 가리켰던 것이 '와시'의 본래 의미이다.

'구란'은 원래 울타리 혹은 난간이라는 뜻이다. 와자에서 연극을 공
연하기 위해 사용하는 '구란'은 원래 임시 집시에 있는 울타리와 밧줄로
둘러친 공연장을 가리키는 말이었다. 앞에서 언급했듯이 우항, 마항과
과자항은 원래 구란이 없는 빈터에 설치되었지만 관부가 그들을 강제
하여 구란을 설치하고 차지한 땅의 크기에 따라 세금을 징수하였으니
이를 '우항, 마항 그리고 과자항에 울타리를 친다.'고 하였다. 마찬가지
로 거리의 예인은 원래 거리의 구란이 없는 빈터에서 공연을 하였지만
나중에 비교적 고정된 공연장소를 마련하면서 울타리와 밧줄로 둘러쳐
야만 했다. 따라서 '구란'이라 불렀다. 심지어 공연용 건축물도 간편한
재료로 재빠르게 만들어 완성했으므로 그것을 천막을 뜻하는 '붕(棚)'이
라고 불렀다.

당대에 대중을 대상으로 하는 공연장은 '시' 안의 빈터에 설치하거나,
거리의 빈터나 사원의 빈터에도 설치하였다. 모두 임시적인 것이었고,
전문적으로 공연에 사용하는 건축물은 없었다. 북송 때 구란 혹은 붕을
중심으로 하는 와시가 출현한 이래 고정적으로 대중을 위한 전문적인
공연장이 처음으로 등장하여 도시 주민의 오락 활동이 크게 활발하고
향상되었다. 또한 민간의 문예 창작이 크게 번영하여 희곡과 각종 기예
공연의 발전을 크게 촉진하였다. 이럴지라도 남송의 임안에 이르러서
도 '노기인(路岐人)'으로 불리는 거리의 예인들이 여전히 많이 존재하였
다. 그들의 공연장소는 '노기(路岐)' 즉 가시(街市)의 빈터에 있었다.

102_『北行日錄』卷上.「都亭驛, 五代上元驛, 基本朝以待遼使猶是故屋, 但西偏已廢為瓦
　　子矣.」

3. 북송 동경의 새로운 구조와 새로운 가시(街市)

1) 후주의 동경 외성 확장계획과 북송에서의 지속적인 발전

북송은 동경(지금의 하남 개봉)을 도성으로 정하고 오대말 후주가 거듭 새롭게 확장한 이 도성을 이어받아 줄곧 사용하였다. 이것은 새로운 정치와 경제가 발전한 형세에서 비롯된 것이다. 수당은 도성을 장안에 세워 정치군사의 중심이 관중(關中)지역에 있었으나 생활에 필요한 자원은 오히려 남쪽 강회(江淮)지역에서 공급하는 것에 의존하였다. 대운하를 수리하여 개통하였으나 조운은 삼문협(三門峽)을 통과해야 했기 때문에 곤란한 점이 매우 많았다. 이를 위해 종종 변수(汴水)와 낙수(洛水) 사이에 창고를 설치하여 식량을 저장하였으며 게다가 낙양을 동도로 삼아 황제도 자주 이곳에 가서 머물곤 하였다. 당 고종과 무측천이 낙양에 머무는 기간은 매우 길었다. 당 중기 이후 중원은 여러 해에 걸친 전란으로 크게 황폐해졌으나 강남의 경제는 오히려 지속적으로 성장하여 중원의 생활 물품은 남방의 공급을 더욱더 바라볼 수밖에 없었다. 또한 북송은 중앙집권체제를 강화하여 경사에 주둔하는 중요 군사가 수십만 명에 이르렀으며 매년 조운으로 옮겨 와야 할 강회지역의 쌀이 300만 석에서 700만 석으로 증가하였다.[1] 게다가 경성의 인구가 날로

1_『東都事略』卷28 李懷忠傳「太祖行西京, 有遷都意, 懷忠乘間言: "汴都歲漕江淮米四五百萬斛, 贍軍數十萬計, 帑藏重兵在焉, 陛下遽欲都洛, 臣竊果見其利."」秦觀,『淮海

증가하여 많게는 100만 명에 이르러 생활 물품도 모두 반드시 남방에서 변하를 거쳐 운반해야 했다. 이 때문에 오직 중원의 수로 운송의 중심에 있는 동경만이 비로소 이러한 새로운 형세에 적합한 도성이 될 수 있었다.

앞서 새로운 항시가 형성되는 과정을 언급할 때 말한 것처럼 후주 세종은 동경에서 외성을 확장하였다. 원래의 내성보다 네 배나 크게 확장하였고 아울러 새로운 형세의 수요에 부응하기 위해서 새로운 설계와 계획을 마련하였다. 이것은 이후 동경의 발전에 커다란 공헌을 하였다.

(1) 후주가 동경에 개창한 새로운 거리제도

후주 세종은 외성을 확장하는 것과 동시에 원래 내성에 있던 거리를 확장하고 곧게 하였다. "먼저 대량성(大梁城, 내성을 가리킨다.)에 백성들이 거리를 침범하여 집을 지어 큰 수레가 통과할 수 있는 거리가 자못 적어 황제가 그것을 곧게 하고 넓히라고 명하였다. 넓은 곳은 30보에 이르렀고 또한 무덤들도 표지 밖으로 옮겼다. 황제가 '근래 도성을 넓히면서 산 사람과 죽은 사람에게 교란하는 것이 진실로 많다. 원망하고 비방하는 말에 대해서는 나 스스로 그것을 감당하여 훗날 마침내 사람들의 이익이 되도록 할 것이다.'라고 하였다."[2][『자치통감』권292 후주 현덕(顯德) 2년(955) 11월조]고 하였다. 이는 당시 내성의 주민들이 거리를 침범하여 집을 짓는 것이 이미 매우 심각하여 거리가 좁아서 큰 수레가 연이어 통과할 수 없을 정도여서 정부가 강제로 확장하고 이전토록 한

集』卷13 安都,「今梁居天下之中, 歲漕東南六百萬斛, 以給軍食, 有恐不瞻, 矧欲襲漢唐之迹, 而都周雍之墟, 何異大賈之術而欲托大農之也.」태평흥국(太平興國) 6년(981) 변하(汴河)를 통해 쌀 300만 석을 운반하였고 10년 후인 지도(至道, 957~959) 초에 580만 석까지 늘어났고 또 10여 년 후인 대중상부(大中祥符, 1008~1016) 초에는 700만 석까지 늘어났다. 『문헌통고(文獻通考)』권25에 보인다.

2_ 『新校資治通鑑注』卷292 後周紀 世宗顯德二年(955)十一月條, p.9532.「先是, 大梁城中民侵街衢爲舍, 通大車者蓋寡, 上悉命直而廣之, 廣者至三十步, 又遷墳墓於標外. 上曰:"近廣京城, 於存歿擾動誠多. 怨謗之語, 朕自當之, 他日終爲人利."」

뒤에야 비로소 거리를 곧게 하고 확장할 수 있었다는 것을 전해 준다. 이른바 '넓은 곳은 30보에 이르렀다.'는 것은 30보까지 넓혀진 도로가 있다는 뜻으로 여전히 많은 거리의 폭이 30보 이하였다는 말해 준다. 이곳은 오래된 성이기 때문에 주민들이 거리를 침범하여 집을 지은 기간이 비교적 길었다. 거리 양편 모두에 주민들이 거리를 침범하여 지은 주택에 대해 그 전부를 부술 수 없어 일부를 없애거나 옮김으로써 대략적으로 거리를 곧게 하고 확장할 수밖에 없었다. 거리 양편에 주민의 집이 많이 있다는 것은 폐쇄식 방제가 이미 파괴되었고 원래 있던 폐쇄식의 '방' 외에도 거리 양편을 따라서 주민들이 가득 거주하고 있었다는 것을 말해 준다.

후주 세종이 확장한, 내성보다 4배나 큰 외성은 완전히 새로운 성이었고, 새로운 계획에 따라서 설계되고 조성된 것이었다. 새로운 계획은 "이후 장례를 치르거나 및 요조와 초시를 두는 것은 반드시 표지로부터 7리 밖으로 떨어져 있어야 한다. 표지의 안에는 관에서 세운 배치를 살펴서 군영, 가항, 창고, 여러 관서의 건물을 정한 후에 백성들이 집을 지을 수 있도록 한다."[3]고 규정하였다[『책부원구』 권13 제왕부 도읍, 『오대회요(五代會要)』 6권 성곽(城廓)의 기록과 대체로 같다.]. 즉 표지 밖이나 7리 안에서는 시신을 묻고 장례를 치르거나 요조를 설치하는 것을 허가하지 않았고, 또 '초시'를 설치하는 것도 금지하였다. 이는 새로 건설한 도시의 주위 지역을 정결하게 유지하고 발전의 여지를 남겨 두기 위해서였다. 표지의 안쪽 즉 외성의 안쪽에 대해서는 관부에서 작성한 계획에 따라서 가항, 군영, 창고와 관서가 차지하는 지역을 구획한 뒤 '백성들이 집을 짓도록 하였던' 것이다. 주목할 만한 점은 당대 장안에서 외곽

3_『冊府元龜』 卷14 帝王部 都邑, 「今後凡有營葬及興置宅灶井草市, 並須去標幟七里外. 其標幟內, 候官中擘畫, 定街巷・軍營・倉場・諸司公廨院, 務了・即任百姓營造.」;『五代會要』 卷26 城廓, pp.417-418. 「今後凡有營葬及興窑竈并草市, 並須立標識七里外. 其標識內, 候官中擘畫, 定軍營・街巷・倉場・諸司公廨院, 務了・即任百姓營造.」

성을 세울 때 가지런히 배열된 '방'을 조성한 것과는 달리 단지 가항을 구획한 뒤에 바로 '백성들이 집을 짓도록 하였다.'는 것이다. 현덕(顯德) 3년(956) 6월 계해(癸亥)일에 조칙을 내려 "근래 도읍을 확장하고 거리와 방을 넓혔는데 비록 잠시 수고롭기는 하지만 마침내 큰 이익을 얻을 것이다.…경성에서 거리 폭이 50보인 곳에는 그 양편에 주민이 각각 5보 이내에 나무를 심고 우물을 파며 지붕에 시원한 차양을 칠 수 있도록 허락한다. 그 폭이 30보에서 25보에 이르는 곳에는 각각 3보를 내주며 그 다음도 차이를 두어라."[4](『책부원구』권14 제왕부 도읍,『오대회요』권26 가항)고 하였다. 이것은 바람직한 거리 설계 계획이었다.

여기에서는 거리 양편에 각각 주민이 거주할 수 있고 게다가 거리 양편에 주민은 각각 거리 폭의 1/10인 면적을 점유하여 나무를 심고, 우물을 파고, 지붕에 시원한 차양을 칠 수 있다는 것을 허가한다는 것을 명확히 규정하였다. 이러한 길을 따라 있는 주택은 당연히 거리를 향해 문을 냈고, 문 앞에 나무를 심고, 우물을 파고, 지붕에 시원한 차양을 쳤다. 이것은 눈에 띄게 새롭게 만들어진 거리제도였다. 원래 당 이전의 폐쇄식 방제와 시제에서는 방 안의 주민과 시 안의 상점은 모두 거리를 향해 문을 내는 것은 허용되지 않았고 고관의 저택 혹은 특별히 하사받은 저택만이 거리 쪽으로 문을 낼 수 있었다. 이 때문에 거리의 양편은 전부 방의 담장 혹은 시의 담장이었으며 단지 방문과 시문만이 거리와 바로 통하였다. 이때는 거리 양편에 집을 짓는 것을 허가했을 뿐만 아니라, 모두 거리 쪽으로 문을 내고는 문 앞에 거리 폭의 1/10을 차지하여 나무를 심고 우물을 파고 지붕에 시원한 차양을 칠 수 있었다. 이러한 새로운 거리제도는 내성 거리에 이미 등장한 구체적인 상황

4_ 『冊府元龜』卷14 帝王部 都邑,「近者開廣都邑, 展引街坊, 雖然暫勞, 久成大利.…其京城內街道闊五十步者, 許兩邊人戶, 各於五步內取便種樹掘井, 修蓋涼棚. 其三十步以下至二十五步者, 各與三步其次有差.」;『五代會要』卷26 街巷, p.414.「近者開廣都邑, 展引街坊, 雖然暫勞, 終成大利.…其京城內街道闊五十步者, 許兩邊人戶, 各於五步內取便種樹掘井, 修蓋涼棚. 其三十步已下至二十五步者, 各與三步, 其次有差.」

에 부응하는 것이었다. 주민이 앞으로 '거리를 침범하는' 행위를 다시 일으키는 것을 방지하고 동시에 거리 양편 주민들의 적극성을 활용하여 나무를 심고 우물을 파게 하니 거리를 녹화하고 물 사용을 편리하게 하고, 아울러 도로 양편의 표지로 삼을 수 있었다. 이 새로운 거리제도를 추진한 것과 동시에 새로운 '가방(街坊)'체제가 이미 출현하였을 것이다. 많은 주민들이 거주하는 '방'이 이러한 양편에 집을 둔 거리의 안쪽에 설치되고 거리 양편에 있는 '항(巷)'이 방의 통로로서 방 안의 주민이 거리로 나가는 것을 편하게 하였을 것이다. 이 때문에 계획적으로 확장된 이 완전히 새로운 외성의 '가항(街巷)'을 획정하였다고 할 수 있고 '거리와 방을 넓혔다.'고도 할 수 있다. 당시 이미 유행한 '가항'이란 명사는 일찍이 후주에서 우복야(右僕射)를 맡았던 왕부(王溥)가 북송초에 쓴 『오대회요』 권26에 '가항'이라는 조목이 있을 정도였다. 이러한 '가항'의 배치는 이후 도시제도의 발생에 커다란 영향을 끼쳤다.[5]

(2) 후주와 북송이 특별 허가한 연도에 저점과 누각을 짓도록 한 규정

앞서 이미 언급했듯이 후주 세종이 외성을 증축한 목적 가운데 하나가 바로 '방시(坊市)내에서 저점을 세우는 데 한계가 있는' 어려움을 해결하여 '수공업자들이 밖에서 들어오는데 끊임없이 이어지는' 수요에 부응하고자 한 것이었다. 따라서 그는 변하 입구를 대대적으로 준설한 뒤 '경성의 주민들이 변하 주위에 느릅나무와 버드나무를 심고 누대와 정자를 세우는 것을 허가하여 도성에서 볼만한 경관으로 하도록' 하거

5_ 일본의 가토 시게시는 「송대 도시의 발전」에서 『동경몽화록』에 근거하여 "방제 (坊制)—즉 특정한 높은 관인 외에 담으로 방을 두르며 길을 향해 문을 여는 것을 허가하지 않는 제도— 는 북송 말에는 이미 완전히 붕괴하여 서인도 마음대로 거리에 접해 집을 짓고 문을 열었다."(吳傑 中譯本 「中國經濟史考證」 제1권 254쪽) 고 하였다. 오대말 후주는 동경의 외성을 확장하는 새로운 계획하에 길을 따라 집이 있는 주민이 마음대로 길을 향해 문을 내는 것을 이미 허가하였다. 이는 같은 방에서 항을 따라 있는 주민이 마음대로 항을 향해 문을 내는 것과 같았다.

나 '경성 주민들에게 누각을 세우도록 허가하기도' 하였다. 대장군 주경위는 앞장서서 변하 가에 십삼간루를 세워 객상을 접대하는 저점으로 삼아 세종의 칭찬을 받았다. 이렇게 주민이 변하 가에 누각, 누대와 정자를 짓는 것을 허가한 방책은 바로 그가 현덕 2년(955) 외성을 증축하라는 조서에서 '관에서 세운 배치를 살펴서 가항…등을 정한' 후에 '백성들이 집을 짓도록' 한 것을 더욱 발전시킨 조치였다. 그가 이렇게 변하 가에 누각, 누대와 정자를 세우도록 장려한 것은 한편으로 객상을 접대하는 '저점'을 늘려서 객상이 대량으로 일용품을 운반해 오는 데 편리하도록 하여 많은 주민이 일상생활에 필요한 물품 수요에 부응하려고 한 것이었고 다른 한편으로는 도성의 볼거리를 늘리고자 한 것이었다. 변하 가를 따라 이처럼 할 수 있었기 때문에 도로 가를 따라서도 이런 조치를 시행할 수 있었다. 북송의 동경도 이런 제도를 그대로 이어받아 주민이 변하 가와 도로 가에 저점과 누각을 짓는 것을 허가한 것으로 보인다. 당시 법으로 정한 예제에 따르면 집을 지을 때 사서(士庶)라는 신분에 따라 적용하는 구조와 규격에는 일정한 등급 제한이 있어 편의대로 누각, 누대와 정자를 세울 수 없었다. 그러나 도성의 볼거리를 위해서 특별히 허가를 하는 상황에서는 예제의 규정을 넘을 수 있었다. 송 인종(仁宗)은 경우(景祐) 3년(1036) 8월 3일에 조칙을 내려 "천하의 사서(士庶) 집안의 경우 집이 저점과 누각이 아닌데도 도로에 맞닿는 곳에 있으면 사포작(四鋪作), 요투팔(鬧鬪八) 등을 갖출 수 없도록 한다. 관품을 지닌 사람의 집이 아니라면 문옥(門屋)[6]을 세울 수 없다. 궁실, 사원이나 도관이 아니면 마룻대와 네 처마에 무늬를 넣어 그리거나 대들보, 기둥과 창문을 검붉게 칠하거나 주춧돌에 조각을 새겨 넣을 수 없도록 하라."[7][『송회요집고』 여복(輿服), 신서복(臣庶服)]고 하였다. 이는 사서

6_ 역자 주 문옥(門屋)이란 관청·사당 등의 출입문 좌우에 설치한 긴 회랑이다.

7_ 『宋會要輯稿』 第44冊 與服4-5 臣庶服, p.1796-上.「天下士庶之家, 凡屋宇非邸店樓閣臨街市之處, 毋得爲四鋪作·鬧鬪八; 非官品, 毋得起門屋; 非宮室寺觀, 毋得綵繪棟宇

의 집안이 집을 지을 때 저점과 누각이 아니지만 만약 도로에 맞닿는다면 사포작과 요두팔의 구조와 장식을 사용할 수 없다는 것을 규정한 것이다. '포작(鋪作)'은 지붕을 떠받치는 나무 구조인 두공(斗栱)을 가리킨다. '투팔(鬪八)'은 '조정(藻井)'이라고도 하는데 격자로 된 천화판(天花板)[8]을 가리킨다.[9] 바꾸어 말하자면, 도로에 맞닿은 저점과 누각에는 이러한 제한이 없었던 것이다. 이는 도성의 볼거리를 위해 도로에 맞닿은 저점과 누각을 짓는 것을 고취하려는 관용 정책이었다.

북송의 동경에는 도로 가에 주루가 많이 설립되어 있었고, 주루의 문어귀에는 모두 '채색비단으로 장식한 환문(歡門)'이 있었다. 동시에 치자등(梔子燈)이 걸려 있었고, 홍록차자(紅綠杈子)[10]가 줄지어 놓여 있었다. 남송의 임안에 이르기까지 줄곧 이런 풍속은 그대로 이어졌다. 원래 차자(杈子)는 관아 앞에서 오가는 행인을 통제할 때 사용한 시설이며 홍록차자는 궁성의 정문 앞에서 오가는 행인을 통제하려고 설치한 것이다. 어떻게 주루의 문어귀에서 사용할 수 있었을까? 전하는 바로는 오대 후주의 풍습을 그대로 이어받은 것이라고 한다. 『도성기승』주사(酒肆)조에 "술집의 물건으로 문에 설치된 붉은 차자, 홍록색의 주렴깃, 금가루를 바른 붉은 비단에 싸인 치자등과 같은 것들이 있다. 오대 곽고조(郭高祖)[11]가 변경(汴京)의 반루(潘樓)에 놀러 다녔기 때문이라는 이

及間朱黑七梁柱窗牖, 彫鏤柱礎.」

8_ 역자 주 천화판(天花板)은 건물의 천정을 장식하는 재료를 총칭하는 말이다.

9_ 李誠의 『營造法式』 卷4 大木作制度 總鋪作조와 卷8 小木作制度3 門八藻井조 참조. 『夢溪筆談』 권19 器用, 「屋上覆橑, 古人爲之綺井, 亦曰藻井, 又爲之覆海, 今令文中謂之鬪八, 吳人謂之罳頂, 唯宮室祠觀爲之.」 두공이 약간의 枓와 栱을 겹쳐서 쌓아 올려 이루진 것을 따라 鋪作이라 총칭하였다. '四鋪作' 구조는 비교적 규모가 큰 건축에서 사용한다.

10_ 역자 주 차자(杈子)란 말과 사람의 통행을 막기 위해 설치해 놓은 목책이다. 가로 지른 나무 하나가 서로 교차되어 있는 수직의 나무와 연결된 형태이다.

11_ 역자 주 오대 왕조 가운데 곽씨(郭氏)가 세운 왕조는 후주뿐이다. 그런데 후주의 첫 황제 곽위(郭威)의 시호는 태조(太祖)이며 곽위 이후 황제가 된 이는 시영(柴榮)으로 시호는 세종(世宗)이다. 그 뒤의 황제는 시종훈(柴宗訓)이다. 따라서 여기서 말한 곽고조(郭高祖)가 누구인지는 명확하지 않지만 그 의미상 태조인 곽위

야기가 예전부터 전해졌는데 오늘날에 이르러 풍속이 되었다."[12]고 하였다. 『몽량록』권16 주사(酒肆)에도 "주사의 문어귀에는 차자 및 치자 등 같은 것을 줄지어 놓았다. 무릇 오대때 곽고조(郭高祖)가 변경에 놀러 다닐 때 다루(茶樓)와 주사가 모두 이렇게 장식하였기 때문이다. 그러므로 지금에 이르러 상점들이 모방하여 습속을 이루었다."[13]고 하였다. 이로부터 동경의 궁성 동남쪽 모퉁이의 반루가(潘樓街)에 있는 반루주점은 후주 때에 이미 존재하였고, 곽고조가 가서 놀았는데 문어귀에 차자가 줄지어 놓여 있었기 때문에 이후에도 이어져 모든 주점의 풍습이 되었으며, 남송의 임안까지 쭉 이어졌다는 것을 알 수 있다. 남송 사람들이 전하는 이야기 방식은 당연히 사실에 근거한 것이다. 그렇지 않다면 이처럼 독특한 풍속은 이해하기 어렵다.

후주 세종이 새롭게 발전하는 형세에 적응하기 위해 동경의 외성을 확장하고자 제정한 새로운 계획이 혁신적인 도성제도에 커다란 공헌을 했다는 것을 긍정적으로 인정하지 않을 수 없다. 이 새로운 계획은 원래의 폐쇄식 시제의 한계를 돌파하고, 폐쇄식 방제의 속박을 털어 버렸으며 도로 양편의 주민이 거리 쪽으로 문을 내고 나무를 심고 우물을 파도록 하는 새로운 거리제도를 처음으로 세웠기 때문이다. 동시에 변하를 뚫어서 남방에서 운반해 오는 일용 물품을 막힘없이 전달하게 하고 아울러 주민이 변하 가에 저점과 누각을 지어 객상들을 접대하도록 장려하는 조치를 실행했기 때문이다. 게다가 도성의 볼거리를 위해 전통적인 예제의 규정을 뛰어넘어 주민들이 누각, 누대와 정자를 세울 수 있도록 허가했기 때문이다. 이처럼 새롭게 계획된 동경의 외성은 도성제도에 중대한 변혁을 일으켜 이후 동경이 발전하는 데 커다란 이로움

라고 추측된다.

12_『都城紀勝』酒肆, p.93. 「酒家事物, 門設紅杈子・緋緣簾・貼金紅紗梔子燈之類. 舊傳因五代郭高祖游幸汴京潘樓, 至今成俗.」
13_『夢粱錄』卷16 酒肆, p.234. 「排設杈子及梔子燈等, 蓋因五代時郭高祖游行汴京, 茶樓酒肆俱如此裝飾, 故至今店家仿效成俗也.」

을 주었다. 세종 스스로가 "비록 잠시 수고롭기는 하지만 오래 지나면 크게 이로울 것이다."[14]라고 말한 대로이다. 다만 애석하게도 외성을 새로 지은 지 얼마 지나지 않아 세종이 병으로 세상을 떠났다. 그러나 새로운 형세의 수요로 말미암아 북송 초에도 여전히 이러한 새로운 정책은 그대로 이어져 변하제안사와 수완경성소가 '방랑(房廊)'을 지어 객상에게 빌려주었다. 이 '방랑'도 '저점'과 같은 성격을 갖고 있어 객상이 물품을 보관하거나 임시로 머물면서 교역을 진행하는 항잔(行棧)으로 이용되었다. 각종 일용 물품을 취급하는 상인이 조직한 '항'이 발전하고 성장함에 따라 변하 가의 빈터에 각종 일용 물품을 거래하는 새로운 '항'과 '시'가 출현하였다. 북송 중기에 이르면 이들 새로운 '항'과 '시'는 임시적인 혹은 정기적인 집시라는 성격을 띠면서 객상이 운반해 오는 상품을 항상 인수하고 아울러 성 안팎의 소매점에 나누어 공급하는 '항시'로 발전하였다. 예컨대 각두항(즉 미맥항), 면항, 육항, 채항, 어항, 과자항, 대화항, 소화항, 마항, 우항, 금은항, 약항, 의항 및 문자항(즉 서적항) 등이 있었다. 일용 물품을 취급하는 새로운 항시가 여기저기 섞여 흥기함에 따라, 그리고 많은 주민들이 사교와 오락을 필요로 함에 따라 거리에는 주루와 다방이 여기저기 문을 열었다. 게다가 가방(街坊)에 거주하는 많은 주민들이 일상생활 물품을 필요로 함에 따라 가방과 다리 어귀에 음식점과 일용품상점이 여기저기 개설되어 점차 한 종류 혹은 여러 종류로 이루어진 새로운 항시를 중심으로 하는 시가가 형성되었다. 또는 점차 주루·다방·음식점을 중심으로 하는 시가가 형성되었거나 작은 소규모의 '가방교시(街坊橋市)'가 형성되기도 하였다. 심지어 다리를 터로 하는 '시교(市橋)'가 출현하기도 하였다. 이에 대해서는 앞에서 이미 상세하게 논하였다.

14_ 역자 주 본문에서는 '雖然暫勞, 久成大利.'라고 기술되어 있다. 이것은 앞절 「후주가 개창한 새로운 거리제도」의 후주 세종이 내린 조서에 등장한 구절 '雖然暫勞, 終獲大利.'와는 다르다. 아마 후자를 잘못 쓴 듯하다.

(3) 북송 동경에서 한때 회복된 가고(街鼓)제도와 '침가(侵街)' 처리

후주가 동경에서 새로운 거리제도를 시행한 이후로 거리와 '방(坊)'에는 모두 변화가 일어났다. 거리 양편에는 거리를 향해 주민이 문을 내었고 길가에 있는 집의 안쪽에는 또한 '방'이 있어서 많은 주민이 거주하였다. 거리 양편에는 '항(巷)'이 있는데 '방'의 통로였기 때문에 '방'은 종종 '항'이라고 통칭되기도 하였다. 송 태종 지도(至道) 원년(995) 11월에 성 안팎에 있는 121개의 방명(坊名)이 '대부분 상스러운 통속적인 말과 관련되어 있기' 때문에 장계(張洎)에게 아름다운 이름으로 바꾸라고 명하였다[15][『송회요집고』 방역(方域) 1 동경잡록(東京雜錄)]. 즉 "장계에게 방명을 제정토록 하고 패(牌)를 누각 위에 늘어놓도록 하였다."고 한다. 이른바 '패를 누각 위에 늘어놓도록 하였다.'는 것은 방명을 적은 패를 방문(坊門)의 누각 위에 걸어 놓도록 했다는 것이다. 동시에 "당나라의 마주(馬周)가 처음으로 건의한 것에 의거하여 동동고(冬冬鼓)를 설치하였다."[16][송민구(宋敏求), 『춘명퇴조록(春明退朝錄)』 권상]고 하였다. 당대 장안의 가고(街鼓)제도에 근거하여 아침저녁으로 북을 쳐서 시간에 맞춰 방문을 여닫도록 한 것이다. 이러한 가고제도는 후에 한 번도 시행되지 않다가 송 진종 함평(咸平) 5년(1002)에 이르러 다시 시행되었다. 그해 2월 가항이 비좁았기 때문에 우시금각문지후(右侍禁閤門之候) 사덕권(謝德權)에게 확장하도록 명하였다. 사덕권은 명을 받은 후 먼저 존귀하고 관품이 높은 사람의 저점을 철거하였는데 의론이 어지러이 일어나 진종이 그만두도록 조칙을 내렸다. 이에 사덕권이 황제를 직접 뵙고 "지금 일을 가로막는 사람은 모두 권세 있고 부유한 사람뿐입니다. 가옥을 빌려 주고 받는 세를 아까워할 뿐이지 다른 것은 없습니다. 저는 죽어

15_ 『宋會要輯稿』 第187冊 方域 1-11 東京雜錄, p.7324-下. 「太宗以舊坊名多涉俚俗之言, 至是命美名易之.」

16_ 『春明退朝錄』(『東齋筆記/春明退朝錄』, 北京:中華書局, 1987) 卷上, p.11. 「太宗時命張公泊製坊名, 列牌於樓上. 按唐馬周始建議置擊鼕鼓」

도 감히 조칙을 받들지 못하겠습니다."라고 하였다. 이는 당시 거리를 침범하여 건물을 지은 사람들은 주로 권세 있고 부유한 사람들이며 그들은 저점을 지어 세를 받고자 했다는 것을 전해 준다. 진종은 어쩔 수 없이 그의 요청을 허락하였고 "사덕권은 길거리를 넓히는 것 및 아침저녁에 북을 쳐 통행을 금지하는 제도가 모두 장안의 옛 제도를 모두 회복하는 것이라고 조목조목 올리니 이에 조칙을 개봉부가사(開封府街司)에게 내려 거리를 고려하여 명부를 두고 표지를 세워서 백성이 오늘부터 거리를 침범할 수 없도록 하라."[17][『속자치통감장편(續資治通鑑長編)』권51 함평 5년 2월 무진(戊辰)조;『송사(宋史)』사덕권전(謝德權傳)]고 하였다. 이번에는 사덕권은 진종으로부터 명을 직접 받았고 아울러 진종의 윤허를 얻어 먼저 권세 있고 부유한 사람부터 손을 써서 진지하고 주도면밀하게 진행하였다. 그는 거리[街]와 골목[巷]의 폭을 규정하였으며 장부에 기록하고 표지 기둥을 세웠고 일정한 제도로 만들어 거리를 침범하는 것을 금지하였다. 아울러 장안의 가고제도를 되살렸다. 여기서 거리와 골목의 폭을 규정한 이유는 길가의 주민이 거리를 침범하는 것과 방 안의 주민이 골목을 침범하는 것을 허가하지 않기 위해서였다. 그러나 반드시 지적해야 할 것은 거리제도에 변화가 이미 일어났기 때문에 이때의 가고제도는 큰 작용을 일으키지 못했다는 점이다. 원래 장안의 가고제도에서는 해가 지면 거리의 북을 친 이후에 방문이 닫히고 거리에 행인이 오가는 것을 단속하며 엄격하게 실시하였다. 그러나 당시 거리의 양편에는 많은 주민이 거주하고 있어 북을 친 이후에 방문이 닫혔을 때는 단지 방 안에 거주하는 주민의 행동을 통제할 수 있었을 뿐, 거리를 향해 문을 낸 많은 주민들이 자유롭게 행동하는 것을 금지할 수는 없었

17_『續資治通鑑長編』(北京: 中華書局, 1995) 卷51 咸平五年(1002)二月戊辰條, p.1114. 「德權面請曰: "今沮事者皆權豪輩, 各屋室僦資耳, 非有它也. 臣死不敢奉詔." 帝不得已從之. 德權因條上衢巷廣袤及禁鼓昏曉, 皆復長安舊制. 乃詔開封街司, 約遠近, 置籍立表, 令民自今無得侵佔.」;『宋史』卷309 謝德權傳, p.10165. 「因條上衢巷廣袤及禁鼓昏曉之制.」

다. 이 때문에 이름은 가고(街鼓)이나 실제로는 이미 거리를 관할할 수 없어 형식으로 흐르는 것을 벗어나지 못하였다. 정부의 법령으로 제도를 정했을지라도 오래도록 유지할 수도 없었다. 그래서 송민구는 희녕(熙寧) 3년(1070)부터 7년(1074) 동안에 저술한 『춘명퇴조록』에서 "2기(紀, 즉 24년)가 지난 이래로 거리에 내건 북의 소리가 들리지 않고, 금오(金吾)의 직책도 폐지되었다."[18]고 하였다. 이로부터 송 인종 중기 이후인 경력(慶曆)연간(1041~1048)과 황우(皇祐)연간(1049~1054)에는 이미 거리의 북소리를 들을 수 없었다는 것을 알 수 있다. 뿐만 아니라 단지 방안에 거주하는 주민의 행동만 관리하고 제한하기만 하였고 거리 양편에 거주하는 주민들의 행동은 방임하였다. 이는 합리적이지 않았고 그효과도 크지 않았다. 폐쇄식의 방제도 폐기하지 않을 수 없었다. 후주의 세종이 새로운 거리제도를 시행할 때에 가고제도를 채용하지 못한듯하다. 북송 초에 동경의 야시(夜市)가 매우 번성했는데, 송 태조는 건덕(乾德) 3년(965)에 개봉부에 영(令)을 내려 "경성의 야시는 삼고(三鼓)이후가 돼서도 금지해서는 안 된다."[19](『송회요집고』 식화 67-1)고 하였다. 이미 야시를 금지하지 않았기 때문에 가고는 어떠한 쓸모도 없게 되었다. 송 태종이 다시 장안의 옛 제도를 채용하고, 송 진종이 재차 장안의옛 제도를 회복한 것은 모두 이러한 제도가 빛을 다시 받아 빛난 것에지나지 않았을 따름이다.[20]

18_ 『春明退朝錄』 卷上, p.11. 「二紀以來不聞街鼓之聲, 金吾之職廢矣.」

19_ 『宋會要輯稿』 第158冊 食貨 67-1, p.6253-上. 「京城夜市之三鼓以來, 不得禁止.」

20_ 일본의 가토 시게시는 「송대 도시의 발전」에서 "가고제도(街鼓制度)도 바로 가고(街鼓)를 따라 방문(坊門)을 여닫는 제도이다. 방제(坊制)는 이미 파괴되었지만 방 주위에 있는 집은 이미 누구라도 모두 아침에 문을 열 수 있게 되어 방문을 여닫는 것은 이미 이전 같은 중요한 의의가 없어졌다. 이에 따라 개폐도 일정한 규칙이 없어져 가고제도도 자연스럽게 이완되어 갔다. 이처럼 방제의 붕괴와 가고의 이완이 동시에 발생했다는 것을 알 수 있다. 그래서 인종(仁宗) 중기 이후 가고의 소리가 들리지 않는 시기는 동시에 방제가 붕괴한 시기라고 할 수 있다."(吳傑 中譯本 『중국경제사고증』 제1권 258쪽)고 하였다. 오대 말 후주가 동경의 외성을 확장하는 새로운 계획 때문에 이미 '가방(街坊)'체제에 중대한 변화

후주에서 북송까지 동경에서는 이런 새로운 거리제도를 추진하여 거리의 양편에 거주하는 주민이 거리를 향해 문을 낼 수 있도록 하였고 또한 문 앞에 있는 일정한 면적의 거리를 이용하여 나무를 심고 우물을 파고 지붕에 시원한 차양을 칠 수 있도록 규정하였다. 나무와 우물은 거리의 표지로 이용되었을 뿐만 아니라 주택이 거리를 침범하는 것도 방지할 수 있었다. 그러나 시가가 흥기하고 상인은 길가에 상점을 개설하였으며 권세 있고 부유한 사람이 길가에 '저점'을 지어 빌려줌에 따라 거리를 침범하는 불법행위는 끊임없이 늘어났다. 하지만 이때의 거리 침범은 오대 이전이나 당대 중기 이후의 거리 침범과는 달랐다. 당대 중기 이후의 거리 침범은 '방' 안의 주민이 담장을 부수고 뚫고서 거리를 침범하여 집을 짓는 것이었다. 이때의 거리 침범은 길가에 거주하는 주민 혹은 가게 주인이 거리를 침범하여 건축할 수 있는 면적을 확대하는 것이었다. 당대의 관부는 거리를 침범하여 집을 다시 지은 것을 쉽게 판별하고 철거할 수 있었다. 담장이 명확하여 경계선을 이루었기 때문이다. 송대의 관부는 거리를 침범하는 사건에 대해 판단하기가 어려웠다. 그래서 반드시 거리의 폭을 규정하고 표지 기둥을 세워야 했고 만약 표지 기둥을 넘은 자를 발견하면 거리 침범으로 보고 철거해야 했다. 앞서 서술한 송 진종 함평 5년에 사덕권이 제출한 방책이 바로 이러한 것이었다. 송 인종 천성(天聖) 2년(1024) 6월에는 "1년 내에 원래 세워 놓은 표지 나무에 의거하여 철거하도록 하였다."[21][『속자치통감장편』 권102 천성 2년 6월 기미(己未)조]고 하였다. 송 인종 경우 원년(1034)에는 개

가 발생하여 길을 따라 모두 주민이 길을 향해 문을 내었고 '가항(坊巷)'은 길을 따라 있는 주택 안쪽에 설치하였으며 가도(街道) 주민은 이미 방항(坊巷) 주민과 나눠져 있었을 것이다. 가고에 따라 방항의 문을 여닫는 제도는 단지 방항 주민의 행동을 제한만 할 수 있었을 뿐 거리 양편의 주민은 제한할 수 없어 이런 가고 제도도 원래 지닌 기능을 잃어버렸다. 이 때문에 송 문종(太宗)때와 송 진종 때, 두 차례 가고제도가 회복되었으나 모두 오래 유지될 수 없었다.

21_『續資治通鑑長編』卷102 天聖二年(1024)六月己未條, p.2358. 「京師民居侵占街衢者, 令開封府牓示, 限一歲, 依原立表木毀拆.」

봉지부(開封知府) 왕박문(王博文)이 "장부에 따라 표지 나무를 만들고 좌우판관에게 나누어 철거하도록 명하였는데 한 달여 만에 끝났다."[22] [『송사』 왕문박전(王博文傳)]고 하였다. 이것들 모두 같은 방책을 채용한 것이다. 이때 거리를 침범한 가옥들을 철거한 목적은 폐쇄식 방제를 유지하는 것과는 이제는 관련이 없고 단지 거리의 폭을 일정하게 유지하기 위해서였다.[23]

2) 북송 동경의 새로운 구조와 새로운 배치

북송이 도성을 세운 동경은 원래 당대의 주성(州城)이었지만 후주가 외성을 확장하기 위해 제정한 새로운 계획을 거치면서 도성 전체의 구

22_ 『宋史』 卷291 王博文傳, p.9745. 「博文製表木按籍, 命左右判官分徹之, 月餘畢.」

23_ 일본의 우메하라 가오루(梅原郁)는 「송대의 개봉과 성시제도」(「鷹陵史學」 3·4호 합간, 1977년 7월 출판)에서 일찍이 "침가(侵街)와 방제 붕괴의 관계가 당대처럼 그렇게 밀접하였는지는 의문이다."라고 지적하였다. 일본의 기다 도모루(木田知生)는 「송대 도시 연구에 관한 여러 문제―국도(國都) 개봉(開封)을 중심으로」(「東洋史研究」 37-2. 馮佐哲 中譯, 「河南師大學報」 1980-2)에서 개봉의 표면상 변모와 변화의 가장 큰 특징으로 '침가' 현상이라고 보았다. 그는 함평 5년(1002)에 "사덕권이 올린 길을 폭넓게 하는 계획과 저녁과 새벽을 북을 쳐서 알리는 제도는 전부 대체적으로 당대 장안의 옛 제도(방제)를 회복하는 것이었다."고 하였다. 또한 천성 2년(1023)과 경우 2년(1035)에 관부에서 거리를 침범한 가옥을 철거하라는 명령은 모두 "표지 나무를 세워 규정한 경계선 밖에서 거리를 침범한 주택을 철거할 뿐이고 규정한 경계선 안에 있는 주택은 철거 대상에서 벗어났다."고 하였고 "후주 현덕 3년(956)의 조서에서 길 양쪽에 나무를 심는 것 등을 승인하고 심지어 그 위치에 가게, 저점 혹은 주점을 세우는 것까지도 묵인하였는데 이것은 아마 필연적인 추이였을 것이다."라고 하였다. 현덕 3년의 조서에서는 길 양쪽에 나무를 심고 우물을 파고 차양을 세우는 것 등을 허가하였을 뿐만 아니라 실제적으로 이미 새로운 거리제도를 규정하여 거리 양편에 집을 짓고 아울러 거리를 향해 문을 내는 것을 허가하였다. 이를 통해 거리는 이미 폐쇄식의 방제와는 관련이 없다는 것을 알 수 있다. 이때 거리를 침범하는 가옥을 철거하는 목적은 단지 거리에 일정한 폭을 유지하기 위해서였다. 이때 도시의 면모는 주로 많은 주민의 생활상 필요, 교통이 편리한 지점에서 새로운 항시의 흥기와 발전에 부응하면서 바뀌었고 그와 동시에 이런 기초 위에서 '가시(街市)'의 형성과 발전이 촉진되었다.

조와 배치에 새로운 변화가 발생하여 새로운 도성 체제를 이루었다. 이는 이후 도성 건설에 중대한 영향을 끼쳤다.

(1) 삼중방성(三重方城)의 새로운 구조

후주가 원래 있던 주성의 주위에 4배나 큰 외성을 확장한 이래 동경은 성을 세 겹으로 두르는 구조, 즉 궁성, 내성과 외성을 갖추었다. 내성은 외성의 중앙에 있었고, 궁성은 내성의 중앙에 있으나 약간 서북쪽으로 치우쳐 있었다. 이것은 당대 장안의 궁성이 외곽성의 북쪽 정중앙에 설치된 것과는 다르다.

궁성은 황성이라고도 불렸다. 곧 대내(大內)이다. 둘레가 5리이며 원래 당대 절도사의 치소였다. 오대 후량(後梁)은 이곳에 도성을 세우고 건창궁(建昌宮)이라고 불렀다. 후당(後唐)은 낙양에 도성을 세우니 이곳은 절도사의 치소로 다시 돌아갔다. 후진(後晉)은 또 도성으로 삼고 대녕궁(大寧宮)이라고 고쳐 불렀다. 송 태조는 일찍이 황성의 동북쪽 모퉁이를 넓혔고 담당 관리에게 낙양 궁성도에 따라 증수하도록 하였다. 남쪽 정중앙의 선덕문(宣德門)을 정문으로 삼았는데, 선덕루(宣德樓)라고도 했으며 모두 합쳐 다섯 문도(門道)가 있었다. 문에는 모두 금못을 박고 붉게 칠하였으며 벽에 붙인 벽돌에는 모두 용과 봉황이 구름 위를 나는 형상을 새겼다. 문 꼭대기의 용마루에는 조각을 새겨 넣었고 마룻대에는 그림을 그렸으며 지붕은 유리기와로 덮었다. 문 앞에는 서로 마주보는 궐정(闕亭)이 있었다. 궁성이 성 전체의 중심에 있었기 때문에 사면에는 성문이 있었다. 남쪽의 선덕문 외에 동쪽에는 동화문(東華門)이 있었고 서쪽에는 서화문(西華門)이 있었으며 북쪽에는 공신문(拱宸門)이 있었다. 궁성의 네 모퉁이에는 모두 높이가 수십 장이나 되는 각루(角樓)가 있었다. 궁성에 각루를 세운 것은 북송 동경에서 처음 등장한 것이다.

내성은 궐성(闕城) 또는 구성(舊城)이라고도 불렸다. 당대의 변주성(汴

州城)이다. 둘레가 20리 155보이며 남면과 북면 모두에 성문 3개가 있었다. 남면 정중앙에 있는 주작문(朱雀門)이 정문으로 황성문(皇城門)과 똑바로 마주하고 있었다. 그 동쪽이 보강문(保康門)이며 서쪽이 숭명문[崇明門, 즉 신문(新門)]이다. 북면 정중앙이 경룡문[景龍門, 구산조문(舊酸棗門)]이고 그 동쪽이 안원문[安遠門, 구봉구문(舊封丘門)]이며 서쪽이 천파문[天波門, 금수문(金水門)]이다. 동면에는 문 2개가 있었다. 북쪽이 망춘문[望春門, 구조문(舊曹門)]이고 남쪽이 여경문[麗景門, 구송문(舊宋門)]이다. 서면에도 문 2개가 있었다. 북쪽이 창합문[閶闔門, 양문(梁門)]이고, 남쪽이 의추문[宜秋門, 구정문(舊鄭門)]이다. 이 외에도 각문(角門) 2개가 있었는데 동각자문(東角子門)은 동면 여경문(麗景門) 남쪽의 변하 남쪽 기슭에 있었고 서각자문(西角子門)은 서면 의추문(宜秋門) 남쪽의 변하 북쪽 기슭에 있었다.

외성은 나성(羅城) 또는 신성(新城)이라고도 불렀는데 후주 세종이 확장한 것이다. 둘레가 48리 230보(혹 223보라고도 한다.)였는데 송 신종(神宗)때 50리 165보로 확장되었고 게다가 외성의 담장 위에 적루(敵樓)가 건설되었으며 성문에 위는 둥글고 아래는 깎은 벽루(壁樓), 이른바 옹성이 증축되었다. 외성에는 성문 16개가 있었다. 남면에 문 3개가 있었는데 정중앙에 있는 남훈문(南薰門)이 정문으로 내성의 주작문과 똑바로 마주하고 있었다. 그 동쪽이 선화문[宣化門, 즉 진주문(陳州門)]이고, 서쪽이 안상문[安上門, 즉 대루문(戴樓門)]이다. 동면에 문 4개가 있었다. 북쪽이 함휘문[含輝門, 즉 신조문(新曹門)]이고, 가운데가 조양문[朝陽門, 즉 신송문(新宋門)]이며 남쪽이 통진문[通津門, 동수문(東水門)의 북쪽 기슭에 있었다.]과 상선문(上善門, 동수문 남쪽 기슭에 있었다.)이다. 서면에는 문 5개가 있었다. 북쪽이 금요문[金耀門, 즉 고자문(固子門)]이고, 가운데가 개원문[開遠門, 즉 만승문(萬勝門)]이다. 그 다음이 선택문[宣澤門, 서수문(西水門)의 북쪽 기슭에 있었다]과 대통문(大通門, 서수문의 남쪽 기슭에 있었다.)이며 남쪽이 순천문[順天門, 즉 신정문(新鄭門)]이다. 북면에는 문 4개가 있었다. 동쪽이

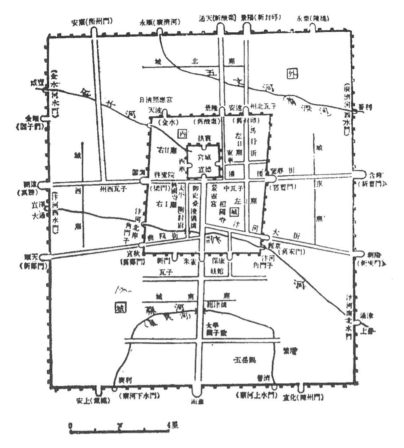

그림 54 북송 동경(개봉) 복원도(출전: 梅原郁, 「宋代開封と都市制度」, 『鷹陵史學』3·4기 합간, 1997년 7월)

경양문[景陽門, 즉 진교문(陳橋門)]이고, 그 다음 동쪽이 영태문[永泰門, 즉 신봉구문(新封丘門)]이다. 가운데가 통천문[通天門, 즉 신산조문(新酸棗門)]이고,[24] 서쪽이 안숙문[安肅門, 즉 위주문(衛州門)]이다. 이들 외성의 성문은

24_ 주성(周城)은 『송동경고(宋東京考)』 권1에서 신성(新城)의 '북사문(北四門)'을 언급했는데 "중앙을 통천(通天), 즉 봉구(封邱)라 하였고…동쪽을 장경(長景), 즉 진교(陳橋)라 하였다. 그 다음 동쪽을 영태(永泰), 즉 신산조(新酸棗)라 하였고 서쪽을 안숙(安肅), 즉 위주문(衛州門)이라 하였다."고 하였다. 『송회요집고』방역(方

정식 명칭 외에 대부분 속칭이 있었는데, 모두 교통이 연계되는 가까운 지점을 이름으로 삼은 것이다. 예컨대 진주문, 조문, 송문, 정문, 봉구문, 산조문, 위주문 등은 진주[陳州, 지금의 하남 회양(淮陽)], 조주[曹州, 지금의 산동 하택(荷澤) 남쪽], 송주[宋州, 지금의 하남 상구(商丘)], 정주(鄭州, 지금의 하남 정주), 봉구(封丘, 지금의 하남 봉구), 산조[酸棗, 지금의 하남 연진(延津)], 위주[衛州, 지금의 하남 급현(汲縣)]로 통한다는 것을 가리킨다. 만승문은 만승진[萬勝鎭, 지금의 하남 중모(中牟) 동북쪽]으로 통한다는 것을 가리키며, 진교문은 진교진[陳橋鎭, 지금의 하남 봉구현(封丘縣) 진교(陳橋)]으로 통한다는 것을 가리킨다(그림 54 참조).

(2) 네 줄기 하류의 대외 소통

동경에는 네 줄기의 하류가 성 안을 흘러 지나가고 있었다. 성 남쪽에는 채하(蔡河)가 있었고 동북쪽에는 오장하(五丈河)가 있었다. 서북쪽에는 금수하(金水河)가 있었고, 변하(汴河)는 동쪽에서 서쪽으로 성 안을 가로질러 관통하였다. 이 하류들은 모두 동경에서 필요한 일용 물품을 공급하는 생명선이었고, 그 가운데 변하는 더욱 중요하였다.

변하는 외성의 동남 모퉁이에 있는 동수문에서 성 안으로 들어와 서북쪽으로 흘러가다가 상국사교(相國寺橋)와 주교를 거쳐 곧바로 서쪽으로 흘러가서 외성 서쪽의 서수문을 지나 성 밖으로 나갔다. 이것은 동남지역의 조운과 일용 물품을 동경으로 운반하는 주요 교통선이었다. 채하와 오장하의 연간 조운량은 둘 다 변하의 1/10에 지나지 않았다.

域) 1-1에 따르면 "동쪽을 경양(景陽)이라고 하였고 후주에서는 장경(長景)이라 하였다."고 하였다. 북송때 이 문은 경양이라 불렸고 장경은 후주시대에 사용한 옛 명칭으로 속칭은 진교문(陳橋門)이었다. 그 다음 동쪽에 있는 영태는 옛 성의 안원문(安遠門)을 바로 마주하고 있었으며 속칭은 구봉구문(舊封丘門)이다. 따라서 영태의 속칭은 신봉구문(新封丘門)이었을 것이다. 중앙에 통천은 옛 성의 구룡문(景龍門)을 바로 마주하고 있으며 통천의 속칭은 신산조문(新酸棗門)이었다. 『송동경고』에서 통천은 봉구이고 영태가 신산조라 한 것은 정확한 것이 아니다.

북송 초에는 해마다 변하의 막힌 곳을 트고 강 입구에서 수위의 높낮이를 조절했는데 "깊이 6척까지가 무거운 짐을 싣고 통행하는 것의 기준이 되었다."[25][『변경유적지(汴京遺跡志)』 권6]고 하였다. 변하 위에는 다리 13개가 놓여 있었는데 동수문 7리 밖에 있는 홍교(虹橋)와 내성 남부 중앙에 있는 주교가 가장 유명하였다.

채하는 또한 혜민하(惠民河)라고도 불렸다. 진주(陳州)와 채주(蔡州)에서 위씨(尉氏)를 지나 북으로 흘러 변경에 이르렀다. 남면 대루문 동쪽에 있는 광리수문(廣利水門)에서 성 안으로 들어와 동북쪽으로 흐르다가 외성 남부 중앙을 휘돌고는 용진교(龍津橋)를 거쳐 동남쪽으로 가다가 진주문 서쪽에 있는 보제수문(普濟水門)에서 성 밖으로 나갔다. 진주, 채주, 여주(汝州), 영주(潁州) 등의 여러 조운과 통할 수 있었다. 채하 위에는 다리 13개가 놓여 있었다.

변하와 채하는 모두 황하 하류의 지류이며 그 수원은 황하이다. 황하의 수량은 항상 계절에 따라 바뀌었지만 수원은 늘 부족한 듯하였다. 북송 초에 채하에 대해 여러 차례 치수작업을 하였다. 송 태조 건륭(乾隆) 2년(961)에 진수(溱水)와 유수(洧水) 상류인 민수(潤水)를 끌어들여 위씨(尉氏)와 중모(中牟)를 거쳐 채하와 연이어 통하게 하였다. 송 태종 순화(淳化) 2년(991)에는 다시 도수(潧水)를 끌어들여 유수로 유입한 뒤 채하와 통하게 하였다. 아울러 경사 서남쪽에 있는 못을 채하로 끌어들였다. 송 진종 대중상부 9년(1016)에 다시 채하를 소통시켜 장갈(長葛)을 지나 유수와 도수에서 사하(沙河)까지 이르게 하였다. 이렇게 수도 서남쪽의 수원을 소통시켰을 뿐만 아니라 채하의 수원 문제를 해결하였다. 이로써 변하와 채하 두 강의 수원을 분리할 수 있었고 조운을 통한 운송이 막힘없게 되었다.

건륭 2년에 다시 금수하를 개착하여 소통하도록 하여 정주 서북쪽의

25_ 『汴京遺跡志』(北京:中華書局, 1999) 卷6 汴河, p.82. 「止深六尺, 以通行重載爲準.」

경하(京河)와 색하(索河) 등을 끌어들이고 둑을 쌓아 중모를 거쳐 경사에 이르도록 하였다. 아울러 경사 서쪽의 변하에 강을 가로지르는 도조(渡槽)를 가설하였고 서북수문(西北水門)에서 경성 안으로 들어가도록 하였다. 대내에 그 강물을 주입하여 후원의 연못에 물을 대고 대내의 용수를 제공하였다. 동시에 금수하를 끌어들여 오장하로 흘려보내 두 강을 소통시켜 오장하의 수원을 보충하였다. 금수하에는 다리 3개가 놓여 있었다.

북송초 수도 서남쪽의 채하와 서북쪽의 금수하에 대한 소통은 부근의 많은 하류를 연결한 것이기 때문에 원래 단순히 황하에 의존하여 수원을 보충하던 상황을 바꾸어 수원 부족의 어려움을 일정 정도 해결하였다. 게다가 그 소통은 경사와 서남지역의 수운을 개통함으로써 수도와 전국 각지를 연결하는 수로교통을 확대한 것이었다.

오장하는 또한 광제하(廣濟河)라고도 하였다. 외성 동면의 신조문 북쪽에 있는 동북수문(東北水門)을 통해 성 안으로 들어왔다. 후주 세종은 일찍이 변하를 터서 오장하로 흘러들게 하여 경사 동북쪽의 조주(曹州)와 연주(兗州) 일대의 조운과 경사 동쪽의 여러 주의 물품을 오장하를 통해 경사로 수송할 수 있도록 하였다. 오장하는 폭이 5장이기 때문에 붙여진 이름이다. 오장하 위에는 다리 5개가 놓여 있었다.

내성 주위를 두르면서도 성을 보호하는 물길을 보존하면서 오장하, 금수하와 변하 모두 물길이 통하게 되었다.

(3) 궁전과 중앙 관서의 배치

궁성 정남문인 선덕문 안에 외조의 대전을 지었다. 대경전(大慶殿)이라 하였다. 원래 후량의 숭원전(崇元殿)으로 송초에 수리하였다가 나중에 화재 때문에 다시 세운 것이다. 이곳은 대조회 및 중요한 의례를 거행하는 곳이었다. 후에 금나라의 변경(汴京)은 '대체적으로 송의 옛것을 따랐으며' '대경전은 11칸이며 궁전의 섬돌은 3단이고 곁에 붙어 있는

전각은 각각 3칸이었다.'26[『대금국지(大金國志)』 권33 변경제도(汴京制度)]고
하였다. 대경전의 서북쪽에는 문덕전(文德殿), 수공전(垂拱殿), 자신전(紫
宸殿), 집영전(集英殿) 등 4개의 전각이 있었다. 문덕전은 '일상적인 조회
를 하는' 곳으로 사용되었고 자신전은 '정월 초하루에 황제가 조공을 받
는' 곳으로 사용되었으며, 집영전은 '황제가 연회를 벌이거나 거인(擧人)
에게 시험을 실시하는'27[『동경몽화록』 권1 대내(大內)] 곳으로 사용되었다.
북송의 주요 전각 가운데 '공(工)'자형 구조를 띠고 있는 것이 있었다.
북쪽으로 가면 또한 숭정전(崇政殿)과 연화전(延和殿) 등의 전각이 있었
다. 숭정전은 '정사를 살펴보는 곳'28[『풍창소독(楓窗小牘)』 권상] 으로 사용
되었고 연회, 음악 연주 그리고 진사의 시험장으로도 사용되었다.

북송 말에 송 휘종(徽宗)은 토목공사를 크게 일으켰다. 정화(政和) 3년
(1113) 궁성 북문인 공신문 밖에 연복궁(延福宮)을 지었는데, 모두 합쳐 7
개의 전(殿) 및 동서 양편에 각각 15개의 누각을 세웠다. 또한 인공산과
큰 연못을 만들고 학을 풀어 놓은 곳, 사슴 울타리, 공작과 물총새 등을
가둔 목책 등을 만들어 짐승을 길렀으니 수천 마리를 헤아렸다. 또한
휘종은 도사의 풍수(風水) 주장, 즉 북쪽 모퉁이에 산을 높이 쌓으면 아
들이 많을 것이라는 상서로운 징조가 있을 것이라는 말을 믿고서는 정
화 7년(1117) 내성의 경룡문 안에 항주의 봉황산(鳳凰山) 형세를 모방하
여 이른바 만수산(萬壽山)을 조성하였다. 후에 간악(艮岳)이라고 이름을
바꾸었는데 '동북을 나타내는 괘'가 '간(艮)'이기 때문이었다. 간악은 둘
레가 10여 리이며 가장 높은 봉우리는 90보에 이르렀다. 두 봉우리가
나란히 솟아 있고 폭포가 황제 원림에 있는 연못인 안지(雁池)29로 떨어

26_『大金國志』 卷33 汴京制度 p.249.「大槪依宋之舊…大慶殿屋十一間, 龍墀三級, 傍
　　垛殿各三間, 峻廊後與兩廡相接.」
27_『東京夢華錄注』 卷1 大內 p.31.「宣祐門外, 西去紫宸殿 (正朔受朝於此). 次曰文德
　　殿 (常朝所御), 次曰垂拱殿, 次曰皇儀殿, 次曰集英殿(御宴及試擧人於此).」
28_『楓窗小牘』(袁褧 撰,『枫窗小牍·黄氏日抄古今纪要逸编』(叢書集成初編), 上海: 商
　　務印書館, 1937) 卷上, p.11.「宮後有崇政殿, 閱事之所也.」

졌다. 산 위는 정자, 누대, 누각과 사방에서 수집해 온 기이한 돌, 꽃, 대나무 및 진기하고 이색적인 동물로 가득 차 있었다. 아울러 사람들을 소주와 항주 일대로 파견하여 진귀한 꽃, 나무, 대나무, 돌을 찾아 구해 오도록 하여 '화석망(花石網)'이라 불렀다. 상세한 것은 선화(宣和) 임인년 (1122)[30]에 황제가 직접 작성한 기록에 나와 있다[[왕명청(王明淸) 『휘진후록 (揮塵後錄)』 권2 및 『풍창소독』 권상, 『용재삼필(容齋三筆)』 권13 등에 보인다.].

추밀원(樞密院), 중서성, 도당(都堂, 재상이 조회에서 물러난 뒤 정무를 처리하는 곳), 문하성 같은 중앙의 핵심적인 부문은 모두 궁성 안의 우액문 (右掖門) 안쪽에 있었고 문 안에서 '동쪽으로 가면 주랑의 북쪽'에 있었다.[31] 학사원(學士院), 황성사(皇城司), 사방관(四方館), 내시성(內侍省), 봉신고(奉宸庫), 의관국(醫官局) 등의 '내제사(內諸司)'도 모두 궁성 안에 설치되어 있었는데 황실에 관한 업무를 원활하게 수행하기 위해서였다

궁성의 남문인 선덕문에서 주교를 지나고 또 내성 남면의 정문인 주작문을 거쳐 곧장 외성남면의 정문인 남훈문까지 이어지는 어가(御街)가 축조되었다. 폭이 약 200여 보이다. 사면으로 뻗어 있는 어가 중에서 정중앙에 있는 길이며 성 전체의 중추선이기도 하였다. 선덕문 남쪽에서 주교 북쪽까지 이르는 어가는 궁정의 광장과 같은 성격을 띠고 있어 원단과 동지의 대조회 및 황제의 생신 축하 때에 관리들이 모두 여기서 관품에 따라 배열한 채 기다렸다. 이 남북으로 뻗은 어가에서 양편은 북쪽으로 선덕문의 좌액문(左掖門)과 우액문(右掖門)과 마주하면서 2열의 천보랑(千步廊)이 세워져 있었다. 어랑(御廊)이라고 불렀다. 흑칠차자(黑漆杈子)와 주칠차자(朱漆杈子) 2열이 나뉘어 설치되어 있었고 사

29_ 역자 주 안지(雁池)란 원래 한(漢) 양효왕(梁孝王) 유무(劉武)가 만든 연못이지만 이후 황제의 원림에 있는 연못을 지칭하는 말로 사용되었다.

30_ 역자 주 선화(宣和)도 송 휘종의 연호 중 하나이며 선화 임인년은 선화 4년(1122)이다.

31_ 『東京夢華錄注』卷1 大內, p.31. 「右掖門裏西去乃天章·寶文等閣, … 入門東去街北廊乃樞密院, 次中書省, 次都堂, 宰相朝退治事於此, 次門下省.」

람과 말이 중심 어가에서 통행하는 것을 금지하여 행인은 주칠차자 바깥으로만 다닐 수 있었다. 이 어가의 양쪽에는 중앙의 주요 행정관서가 있는 곳이었다. 좌랑(左廊)에는 명당(明堂)과 비서성(秘書省)이 있었고, 우랑(右廊)의 동쪽에는 동부(東府)와 서부(西府)가 있었는데, 송 신종(神宗) 원풍(元豊) 원년(1078)에 세운 것으로 재상들이 정무를 집행하는 사무실로 사용되었다. 경령궁(景靈宮)의 남쪽에는 음악을 주관하는 대성부(大晟府)와 의례를 주관하는 태상시(太常寺)가 있었다. 우랑의 서쪽에는 상서성이 있었고 상서성 앞의 횡가(橫街) 남쪽에는 어사대가 있었으며 상서성 남문과 바로 마주하는 곳에 개봉부가 있었다. 주교에서 서쪽으로 뻗은 대가의 북쪽에는 외국에서 온 사신을 접대하는 도정역이 있었다. 주교에서 굽어 휘어진 대가에는 국고인 좌장고(左藏庫)가 있었다[32](『동경몽화록』 권2 선덕루전성부궁우, 권3 대내서우액문외가항).

이 외에도 중앙 관서가 내성과 외성의 방항(坊巷)에 나누어 설치되어 있었다. 예컨대 심계원(審計院)은 경령궁 동문대가의 제이조첨수항(第二條甛水巷) 동쪽에 있었다[33](『동경몽화록』 권3 사동문가항(寺東門街巷)]. 태학과 국자감은 용진교(龍津橋) 동남쪽에 있었고, 군기소(軍器所)는 용진교 서남쪽의 노아항(老鴉巷) 어귀에 있었다[34][(『동경몽화록』 권2 주작문외가항(朱雀

32_ 『東京夢華錄注』 卷2 宣德樓前省府宮宇, p.52. 「宣德樓前. 左南廊對左掖門, 爲明堂頒朔布政府. 秘書省右廊南對右掖門. 近東則兩所八位, 西則尙書省. 御街大內前南去, 左則景靈東宮, 右則西宮. 近南大晟府, 次曰太常寺. 州橋曲轉, 大街面南曰左藏庫. 近東鄭太宰宅・靑魚市內行・景靈東宮. 南門大街以東, 南則唐家金銀鋪・溫州漆器什物鋪・大相國寺, 直至十三間樓・舊宋門. 自大內西廊南去, 卽景靈西宮, 南曲對卽報慈寺街・都進奏院・百種圓藥鋪, 至濬儀橋大街. 西宮南卽御廊杈子, 至州橋投西大街, 乃果子行. 街北都亭驛大遼人使驛也, 相對梁家珠子鋪. 餘皆賣時行紙畫花果鋪席. 至濬儀橋之西, 卽開封府.」

33_ 『東京夢華錄注』 卷3 寺東門街巷, p.102. 「自景靈宮東門大街向東, 街北舊乾明寺, 沿火改作五寺三監. 以東向南曰第三條甛水巷, 以東熙熙樓客店, 都下著數. 以東街南高陽正店, 向北入馬行. 向東, 街北曰車輅院, 南曰第二甛水巷. 以東審計院.」

34_ 『東京夢華錄注』 卷2 朱雀門外街巷, p.59. 「過龍津橋南去, 路心又設朱漆杈子, 如內前. 東劉廉訪宅, 以南太學・國子監…龍津橋南西壁鄧樞密宅, 以南武學巷內曲子張宅・武成王廟. 以南張家油餠・明節皇后宅. 西去大街, 曰大巷口. 又西曰淸風樓酒店,

門外街巷)]. 전전사(殿前司)는 서각루(西角樓)에서 서쪽으로 가면 나오는 용로가(踊路街) 서쪽에 있었고 도정서역(都亭西驛)과 경성수구소(京城守具所)는 서대가(西大街)의 서쪽 끝에 있었다[35『동경몽화록』권3 대내서우액문 외가항). 동문관은 양문(梁門) 밖 서북쪽의 안주항(安州巷)에 있었다[『동경몽화록』권6 원단조회(元旦朝會); 주성(周城), 『송동경고(宋東京考)』권11]. 각화무(榷貨務)와 도상세원(都商稅院)은 좌일상(左一廂)의 태평방(太平坊)과 희화방(義和坊)에 있었다. 그 밖에 제점식장소(提點食場所)는 변양방(汴陽坊)에 있었고 추세박장(抽稅箔場)은 숭선방(崇善坊)에 있었다. 제거수조소(提舉修造所)는 현인방(顯仁坊)에 있었고, 팔작사(八作司)는 안인방(安仁坊)에 있었다(이상 네 방은 성의 동쪽에 있었다.). 자기고(磁器庫)는 건륭방(建隆坊)에 있었고 도차장(都茶場)은 순성방(順成坊)에 있었으며 우양사(牛羊司)는 보녕방(普寧坊)에 있었다[이상의 세 방은 성의 서쪽에 있었다. 『송회요집고』직관(職官) 부분에 보인다.].

(4) 사(社)·교단(郊壇)·태묘(太廟)와 원묘(原廟)의 건립

조위(曹魏)가 업성(鄴城)을 조성하여 도성으로 삼으면서 궁전 좌우에 종묘와 사직을 세우기 시작하였다. 즉 좌사(左思)의 「위도부(魏都賦)」에서 '사직을 세우고 청묘(淸廟)를 지었다.'[36]고 하였다. 북위는 이 제도를 그대로 계승하여 낙양의 동타가(銅駝街) 동서 양쪽에 늘어선 중앙관서 앞에 왼쪽에는 태묘(太廟)를 세웠고 오른쪽에는 태사(太社)를 설치하였다. 당대에 중앙관서가 설치된 황성도 똑같은 배치 구조를 채용하였

都人夏月多乘涼於此. 以西老鴉巷口軍器所, 直接第一座橋.」

35_『東京夢華錄注』卷3 大內西右掖門外街巷, p.83. 「出巷乃大內西角樓大街, 西去踊路街, 南太平興國寺後門, 北對故聖院街, 以西殿前司相對淸風樓,…近西去金梁橋街·西大街·荊筐兒藥鋪·棗王家金銀鋪. 近北巷口熟藥惠民西局. 西去甕市子, 乃開封府刑人之所也. 西去蓋防禦藥鋪, 大佛寺. 都亭西驛, 相對京城守其所.」

36_『文選』(梁 蕭統 撰, 李善 注, 上海: 上海古籍出版社, 1986) 卷6 賦丙 京都下 左太沖 魏都賦, p.269. 「建社稷, 作淸廟.」

다. 이는 모두 고공기(考工記) 장인(匠人)조의 '왼쪽은 종묘, 오른쪽에는 사직'이라는 것과 『주례(周禮)』 소종백(小宗伯)의 '왼쪽은 종묘, 오른쪽은 사직'이라는 예제에 의거하여 설계된 것이었다. 북송 동경의 체제는 약간 달라 '교사(郊社)'는 상서성 남쪽 횡가의 서쪽 끝에 설치하였고 '태묘'는 경령동궁(景靈東宮) 동문대가의 동쪽 끝에 설치하였다. 『동경몽화록』 권3 대내서우액문외가항에서는 "대내에서 서쪽으로 가면 우액문과 천묘(祆廟)가 나오고 곧바로 남쪽으로 가면 준의교(浚儀橋)가 나오는데 그 거리 서쪽은 상서성 동문이다. 상서성 앞의 횡가에 이르면 그 남쪽에는 어사대가 있었고 그 서쪽에는 교사가 있었다."[37]고 하였다. 이는 '교사'가 준의교대가 서쪽이자 상서성 남쪽 횡가의 서쪽에 있었다는 것을 전해 준다. 『동경문화록』 권3 사동문가항에서는 경령동궁 동문대가에서 곧장 동쪽으로 간 뒤 거리 남쪽으로 제삼조첨수항(第三條甜水巷)과 제이조첨수항(第二條甜水巷)을 지나서 "동쪽으로 가면 심계원(審計院)이 있고 더 동쪽으로 가면 동수자(桐樹子) 한가(韓家)가 나오는데 곧바로 태묘의 전문(前門)에 이르렀다."[38]고 하였다. 이로부터 태묘의 전문은 이 대가의 동쪽 끝에 있고, 교사로부터 멀리 떨어져 있었다는 것을 알 수 있다. 이 대가는 이 때문에 태묘가(太廟街)라고도 불렀다. 태묘가와 '교사'가 있는 횡가는 모두 선덕문 앞 대가와 나란히 나 있었고 아울러 모두 선덕문 앞 대가에서 떨어진 거리가 같았던 것처럼 보인다. 태묘는 태묘가의 동쪽 끝에 있었고 교사는 횡가의 가로길 끝에 있어 멀리 떨어져 있지만 여전히 대칭을 이루고 있었다. 양환(楊奐)의 「변고궁기(汴古宮記)」에서는 "어로를 따라 북으로 가면 횡가가 나오는데 동쪽에는 태묘가 있었고, 서쪽에는 교사가 있었다."[39][『원문류(元文類)』 권27]고 하였다. 태묘

37_ 『東京夢華錄注』 卷3 大內西右掖門外街巷, p.82. 「大內西去, 右掖門祆廟, 直南浚儀橋, 街西尙書省東門. 至省前橫街, 南卽御史臺. 西卽郊社.」

38_ 『東京夢華錄注』 卷3 寺東門街巷, p.102. 「以東審計院, 以桐樹子韓家, 直抵太廟前門.」

39_ 『元文類』(蘇天爵 編, 上海: 商務印書館, 1936) 卷27, p.340. 「丹鳳北曰州橋, 橋少

는 규모가 매우 커서 그 남문은 구송문 뒤의 관음원(觀音院)과 가까웠다. 같은 책40 권3 상청궁(上淸宮)에는 "관음원은 구송문(舊宋門) 뒤에 있었으니 곧 태묘의 남문 쪽에 있었다."41고 하였다.

북송은 예로부터 전해 오는 예제를 따라서 남훈문 밖의 남교(南郊)에 하늘에 제사 지내는 교단을 설치하였다. 교단에서 동북쪽으로 1리쯤 떨어진 곳에 청성(靑城)과 재궁(齋宮)을 지어 황제가 의례를 거행할 때 사용하는 행궁으로 삼았다.

북송에는 그 밖에도 원묘(原廟)에서 조상에게 제사를 올리는 예제가 있었다. 송 진종 대중상부 5년(1012)에 "선조이신 성조(聖祖)께서 강림하시도록 땅을 선정하여 궁을 지으라는 조칙을 내리니 드디어 석경원(錫慶院)을 세웠고 당나라의 태청궁(太淸宮)제도를 고려하여 이내 새 궁전의 이름을 올려 경령궁이라고 하였다. 신종 원풍(元豊)연간(1078~1085)에 또한 그 제도를 넓혀서 여러 황제와 황후의 화상(畵像)을 모두 봉안하였다."42[고승(高承), 『사물기원(事物紀原)』 권7]고 하였다. 소백온(邵伯溫)의 『문견전록(聞見前錄)』 권243에서도 "원풍연간(1078~1085)에 신종이 한나라의 원묘제도를 본받아 경령궁을 증축하고 먼저 사원과 도관에서 여러 황제와 황후의 화상을 모시고 와 궁중에 봉안하였으며 길일을 가려서 순서에 따라 법가(法駕)를 갖춘 뒤 금위군이 인도하는 것을 따라 경령궁(景靈宮)으로 나아갔다."44고 하였다. 이른바 한나라의 원묘제도

北, 曰文武樓, 遵御路而北, 橫街也. 東曰太廟, 西曰郊社, 正北曰承天門, 而其門五, 雙闕前引, 東曰登聞檢院, 西曰登聞鼓院.」

40_ 역자주 여기서 같은 책이란 『원문류』가 아니라 『동경몽화록』을 가리킨다.

41_ 『東京夢華錄注』卷3 上淸宮, pp.105~106. 「觀音院在舊宋門後, 太廟南門.」

42_ 『事物紀原』卷7 景靈宮, p.364. 「宋朝會要曰…大中祥符五年十一月, 詔以聖祖臨降, 令擇地建宮. 遂以錫慶院建, 約唐太淸宮制度, 仍上新宮名曰景靈. 神宗元豊中, 又廣其制, 盡奉諸帝后御容也.」

43_ 역자주 본문의 『문견전록(聞見前錄)』은 『소씨견문록(邵氏聞見錄)』을 가리킨다. 이 구절은 권3이 아니라 권2에 기술되어 있다.

44_ 『邵氏聞見錄』(邵伯溫 撰, 李劍雄・劉德權 點校, 北京:中華書局, 1983) 卷2, p.17. 「元豊中, 神宗倣漢原廟之制, 增築景靈宮. 先於寺觀迎諸帝后御容奉安禁中, 涓日以次

란 한나라 혜제(惠帝)가 위수 북쪽에 '원묘'를 중건하여 고조에게 제사를 올린 제도이다. 여기서 '원(原)'은 '중(重)'이란 뜻이다. 이때부터 서한 내내 각 황제의 능원(陵園) 옆에 묘(廟)를 짓고 제사를 올렸다. 실제 '한나라의 원묘제도를 본받았다.'는 것은 단지 이 전고(典故)를 빌린 것일 뿐이다. 송대에는 고인이 된 황제와 황후의 소상을 사원과 도관에 봉안하고 제사를 올리는 예속(禮俗)이 성행하였다. 경성에서 그런 것만이 아니라 능원 주변에서도 이와 같았다. 예컨대 진종의 영정릉(永定陵) 동남쪽에는 나한사(羅漢寺)가 있었고 인종의 영소릉(永昭陵)과 영종의 영후릉(永厚陵) 서북쪽에는 소효사(昭孝寺)가 있었으며 신종의 영유릉(永裕陵)과 철종의 영태릉(永泰陵) 동북쪽에는 영신사(寧神寺)가 있었다. 송 신종은 경령궁을 확장하여 원래 각 사원과 도관에 봉안되어 있던 황제와 황후의 소상들을 이곳으로 옮겨 모아 두고 받들었다. 아울러 사맹(四孟, 맹춘·맹하·맹추·맹동)이 될 때마다 황제가 몸소 친속과 대신들을 거느리고 제사를 올릴 것을 규정하였다. 이는 사원과 도관에서 황제와 황후를 받들던 예속이 더욱 확대된 것이다. 당시 태묘에는 나무로 만든 신주패를 받들어 모시면서 해마다 5차례 제사를 드렸고 종실 제왕이 제례를 거행하였다. 그런데 경령궁에서는 선조의 소상을 받들어 모시면서 해마다 차례 제사를 드렸고 황제가 몸소 제사를 드리니 그 의식이 태묘에서 거행하는 의식보다 훨씬 성대하였다. 경령궁은 동궁과 서궁으로 나뉘어졌는데 선덕문 앞 어가 양편의 교통 요지에 따로 건물이 세워져 있었다. 이러한 예제는 남송의 임안에 그대로 이어져 조상에게 성대하게 제사를 올리는 송대 특유의 예제가 되었을 뿐만 아니라 후에 금나라와 원나라 등 왕조가 본받는 바가 되어 그 영향력이 심대하였다.

좀 더 설명을 보충해야 하는 점은 북송은 경령궁을 지어서 종묘로 삼은 것과 동시에 만수관에도 조상의 소상을 모셔서 받들었다는 것이다.

備法駕, 羽衛前導赴宮.」

북송은 예전부터 도관 건설을 중시하였다. 태조는 후주의 태청관(太清觀)을 건륭관(建隆觀)으로 개축하였다. 건륭관은 내성 북쪽 담장의 중간 문인 구산조문(즉 경룡문) 밖 서북쪽에 있었다. 진종은 도교를 숭상하여 대중상부 원년(1008)에 건륭관을 확장하여 옥청소응궁(玉清昭應宮)을 조성하였다. 그 규모가 거대하여 조영한 지 7년 만에야 비로서 완성되었다. 그곳에는 도교의 신상을 모신 것 외에 이미 고인이 된 황제의 소상도 모셨다. 인물의 형상화가 모두 매우 정밀하고 아름다웠다. 인종 천성(天聖) 7년(1029)에 궁중에 큰 화재가 일어나 대부분이 불탔는데 동쪽의 한 곳에 치우쳐져 있던 장생전(長生殿)과 숭수전(崇壽殿) 및 장헌태후본명전(章獻太后本命殿)만 보존되었다. 그 안에 모셔졌던 성조상(聖祖像)과 진종상(眞宗像)은 '각각 금 오천여 량(兩)의 비용을' 들인 것이고 호천옥황상제상(昊天玉皇上帝像)은 '은 오천여 량의 비용'을 들인 것이었다[45][왕영, 『연익이모록』 권2]. 후에 숭수전(崇壽殿)을 태소전(太宵殿)으로 고치고는 옥황의 동상을 옮겨서 모셨다. 또한 보경전(寶慶殿)과 연성전(延聖殿) 및 장의태후어용전(章懿太后御用殿)을 중수한 뒤 전체를 만수관(萬壽觀)이라고 이름을 고쳤다[46][이렴(李濂), 『변경유적지(汴京遺跡志)』 권10]. 남송의 임안은 이러한 예제를 그대로 이어받아 항주성 서북쪽의 신장교(新莊橋)에 경령궁을 건설한 것과 동시에 만수관을 세웠다. 만수관에는 태소전·보경전·장생전 등 세 전(殿)이 포함되어 있어 각각 호천제(昊天帝), 성조제(聖祖帝), 장생제(長生帝) 등을 따로 나눠 모셨다. 아울러 후전에는 태조 이하의 소상들을 모시고 받들어서 '동도의 유제(遺制)를 보존하기

45_ 『燕翼詒謀錄』(『燕翼詒謀錄/黙記』, 北京:中華書局, 1981) 卷2 pp.20~21. 「萬壽觀本玉清昭應宮也, 宮爲火所焚, 惟長生崇壽殿存, 殿有三像, 聖祖·眞宗各用金五千兩餘, 昊天玉皇上帝用銀五天餘兩, 仁宗天聖七年, 詔玉清昭應宮更不復修, 以殿爲萬壽觀.」

46_ 『汴京遺跡志』 卷10 寺觀, p.166. 「後稍脩葺, 改崇壽殿太宵殿, 徙奉玉皇銅像, 增繕寶慶, 延聖二殿及,薦福齊殿·崑玉池亭. 又葺章懿太后御容殿, 改名萬壽觀, 後皆燬于金兵.」

도' 하였다. 황제는 '사맹(四孟)'때 경령궁에서 제사를 드릴 적마다 이곳에도 들려 향을 태우는 의례를 거행하였다[47][『몽량록』권8 만수관(萬壽觀)].

(5) '상(廂)'과 '방(坊)'의 행정조직 체계

북송 동경에는 행정체계상 두 개의 적현(赤縣, 경사에 속하는 현을 적현이라고 부른다.)이 설치되었는데, 당대 변주(汴州)의 옛 제도를 그대로 이어받은 것이다. 대내 남면의 정중앙에 있는 어가[속칭 천가(天街)] 동쪽과 대내 동쪽은 개봉현(開封縣)의 관할에 속하였고 현의 관서는 인화문(仁和門) 안에 있었다. 어가 서쪽과 대내의 서쪽은 준의현[浚儀縣, 후에 상부현(祥符縣)으로 고쳤다.]의 관할에 속하였고 현의 관서는 안원문(安遠門) 밖의 정효방(旌孝坊) 서쪽에 있었다. 외성의 동부와 남부 및 부곽(附郭)은 개봉현에 속하였고 성의 서부와 북부 및 부곽은 준의현에 속하였다. 두 현 모두 개봉부에 예속되었고 개봉부의 관서는 주교의 서쪽에 있는 준의교의 서쪽에 있었다. 두 현에 모두 현위(縣尉)가 있어 관할지역의 치안을 관장하였다. 송 진종 대중상부 원년(1008)에서 경성 안팎에 처음으로 '상(廂)'을 개설했는데, '상'은 '방(坊)'의 상급 행정조직이었다. 성 안에 있는 상의 장관은 품질(品秩)이 현령보다 높거나 같았다. 이에 현령의 직권이 점차 축소되었다.

동경 내성에는 좌일(左一)·좌이(左二)(개봉현 소속), 우일(右一)·우이(右二)(준의현 소속) 등 상 4개가 있었고 방 46개가 속해 있었다. 외성에는 성동좌(城東左)·성남좌(城南左)·성남우(城南右)[이상 개봉현 소속], 성서우(城西右)·성북좌(城北左)·성북우(城北右)[이상 준의현 소속] 등 상 6개가 있었고 방 75개가 속해 있었다. 부곽에는 경동(京東) 제일·제이·제삼, 경

47_ 『夢梁錄』(『東京夢華錄外四種』, 上海:古典文學出版社, 1957) 卷8 萬壽觀, p.196.
「萬壽觀, 在新莊橋西. 紹興閒建殿觀宇, 以太霄殿奉昊天, 寶慶殿奉聖祖, 長生殿奉長生帝, 西則純福殿奉元命. 後殿十二楹, 爲二十二室, 奉太祖以下. 會聖宮·章武殿應天璇運, 皆塐像, 以存東都遺制. 前殿東有圓廟, 室扁曰延聖, 章惠后室扁曰廣惠, 溫成后室扁曰寧華. 四孟廟獻畢, 上由御圃詣本觀諸殿行燒香禮.」

남(京南)[이상 개봉현 소속], 경서(京西) 제일·제이·제삼, 경북(京北) 제일·제이[이상 준의현 소속] 등 상 9개가 있었고 방 15개가 속해 있었다. 합쳐서 모두 19상 136방이다. 내성에 있는 네 상의 장관을 도지휘사(都指揮使)라 불렀는데, 화재나 도적 및 여러 공적인 일을 주관하였다[48][『사물기원』 권6 도상(都廂)조]. 상에 설치된 관리로는 상전(廂典), 서수(書手), 도소유(都所由), 소유(所由), 가자(街子), 행관(行官) 등이 있었다.

현재 천희(天禧) 5년(1021) 내성과 외성의 10상에 속하는 방의 수와 호수를 표로 나타내면 다음과 같다.

특정 부분 위치	상 이름	방수	호수	방 평균 호수
내성 동남부	좌제일상	20	8,950	447.5
내성 동북부	좌제이상	16	15,900	993.7
내성 서남부	우제일상	8	7,000	875
내성 서북부	우제이상	2	700	350
외성 동남부	성남좌상	7	8,200	1,171.4
외성 서남부	성남우상	13	9,800	753.8
외성 동북부	성북좌상	9	4,000	444.4
외성 서북부	성북우상	11	7,900	718.1
외성 동부	성동좌상	9	26,800	2,977.7
외성 서부	성동우상	26	8,500	326.9
전성 합계	·	121	97,750	807

※ 『송회요집고』병(兵)3 상순(廂巡) 천희 5년 정월조에 의거하였다. 열거한 방의 평균 호수는 소수점 첫째자리까지만 계산하였다.

위의 표에서는 부곽에 속한 15방의 호수는 통계가 없기 때문에 포함하지 못했으나 총호수는 15만 호 이상이었을 것이며, 호당 5명으로 계산하면 당시 주민은 50만여 명이었을 것이다. 그것에 주둔군과 그 가속을 합치면 70만 명이었을 것이다. 위에 열거한 표에서 외성동부에

48_ 『事物紀原』 卷6 都廂, p.325. 「國初以來, 以四廂都指揮使巡轄提擧京城裏諸巡警, 時謂之廂主.」

있는 성동좌상에 속하는 9개 방의 인구밀도가 가장 높다. 방 평균 호수가 2,977호로 3천 호에 가까웠다. 외성동남부의 성남좌상이 그 다음으로 방 평균 호수가 1,171호였다. 내성동북부는 그 다음으로 방 평균 호수가 993호였다. 성 전체 가운데 동부가 활기차고 번화한 지역이었다. 내성의 동북부에 있는 좌제이상에는 모두 16개의 방이 있었고 방 평균 호수가 993호로 모두 15,900호였다. 이곳이 내성에서 가장 번화한 곳으로 '인가가 활기 있고 떠들썩한' 마행가가 그 안에 있었다. 외성동부에 있는 성동좌상에는 모두 9개 방으로 26,800호가 있었다. 이 일대가 바로 대외무역의 중추지역으로 동북쪽에는 오장하가 동북수문으로 들어갔고 동남쪽에는 변하가 동수문으로 들어갔으며 육로로는 어가가 주교에서 동쪽으로 나가 내성의 구송문을 거쳐 외성의 신송문까지 통하고 있었다. 또한 대가가 궁성 동남쪽에 있는 반루가에서 나가 토시자를 거쳐 동쪽으로 나가면 구성의 구조문을 지나 외성의 신조문까지 통하였는데 우행가가 그 안에 있었다. 그러나 외성의 면적이 내성보다 4배나 크고 외성에 있는 몇몇 방의 면적이 비교적 컸기 때문에 실제 인구밀도가 가장 높은 곳은 동북부의 좌제이상이었다.

위에 나열한 표에서 주민이 가장 적은 곳은 내성 서북부의 우제이상으로 단지 2개 방뿐이며 모두 700호라는 것을 알 수 있다. 그 까닭은 이 일대에 군영이 자리 잡고 있었기 때문이다.

(6) 가항(街巷)의 새로운 배치

동경의 가항 배열은 후주 세종이 외성을 확장할 때 작성한 계획에서 처음 비롯되었을 것이다. 즉 세종은 조서에서 "군영, 가항, 창고, 여러 관서의 건물을 정한 후에 백성들이 집을 지을 수 있도록 한다."[49]라고

49_『五代會要』卷26 城郭, pp.417~418. 「定軍營街巷倉場諸司公廨院, 務了, 即任百姓營造.」

하였다. 후주가 외성을 확장하였을 때 이미 길거리를 주요한 경계로 삼아 가항의 위치 즉 가방(街坊)의 위치를 획정하였고, 북송은 이런 기초 위에서 규획을 한층 더 진행하였다.

북송은 일찍이 4개의 대가를 어가로 지정하였다. 어가는 궁성을 중심으로 내성 사면의 성문을 통과하여 외성 사면의 성문 즉 남쪽의 남훈문, 서쪽의 신정문(순천문), 동쪽의 신송문(조양문), 북쪽의 신봉구문(영태문)으로 통하였다. "외성의 경우…성문은 모두 3층으로 된 문루를 지닌 옹성으로 되어 있는데 정면이 아닌 측면에 문을 내었다. 다만 남훈문, 신정문, 봉구문만 모두 정면을 향해 이중으로 되어 있었다. 아마 이 네 개의 문은 어로(御路)로 남겨 두었기 때문일 것이다."[50][『동경몽화록』권1 동도외성(東都外城)]라고 하였다. 이른바 '문이 정면을 향해 이중으로 되어 있다.'는 것은 문 밖에 세운 옹성의 문과 원래의 성문이 일직선을 이루었다는 것으로 3층의 문루를 지닌 옹성의 각 문이 서로 어긋나서 '정면이 아닌 측면에 문을 낸 것'과는 달랐다. 이렇게 동서남북 사면에 어가를 설치한 것은 동경에서 새롭게 창건된 구조로서 이전에는 본 적도 없는 것이었다.

남면의 어가는 앞서 이미 언급했듯이 중추선의 성격을 띠고 있었다. 궁성의 남문인 선덕문에서 남쪽으로 뻗어나가 주교를 거쳐 내성의 주작문으로 나갔다가 다시 용진교를 지나 외성의 남훈문까지 곧장 이르렀다(그림 55 참조).

동면의 어가는 주교에서 동쪽으로 뻗어 나가 변하 가에 맞닿아 있는 대가를 거쳐 내성의 구송문으로 나갔다가 외성의 신송문까지 곧장 이르렀다. "주교의 동쪽에 변하와 맞닿아 있는 대가를 상국사가(相國寺街)라고 한다. 주교처럼 반듯하고 평평한 다리가 있었다."[51][『동경몽화록』권3

50_『東京夢華錄注』卷1 東都外城, p.1. 「東都外城,…城門皆甕城三層, 屈曲開門, 唯南
　薰門・新鄭門・新宋門・封丘門皆直門兩重, 蓋此係四正門, 皆留御路故也.」
51_『東京夢華錄注』卷3 大內前州橋東街巷, p.87. 「大內前, 州橋之東, 臨汴河大街, 曰相

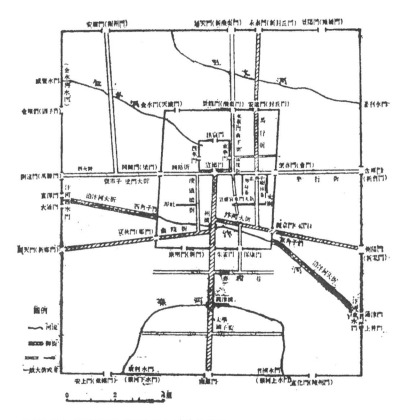

그림 55 북송 동경(개봉) 하류와 주요 가항 분포도

대내전주교동가항(大內前州橋東街巷)]고 하였다. 변하 위에 놓인 다리 가운
데 오직 주교와 상국사교만이 "모두 낮게 놓여 있어 배들이 지나갈 수
없고 오직 서쪽 물길로만 납작한 배가 지나갈 수 있을 뿐이었다."[52]고
하였다. 뿐만 아니라 기둥도 모두 청석(青石)으로 만들었고, 다리 근처
의 양쪽 기슭은 모두 석벽(石壁)으로 되어 있는데 해마나 물짐승, 구름

國寺, 有橋平正如州橋, 與保康門相對.」

52_『東京夢華錄注』卷1 河道, p.8.「其橋與相國寺橋, 皆低平不通舟船, 唯西河平船可
過.」

형상이 조각되어 있었다. 다리 밑은 돌기둥이 빽빽하게 들어서 있는데 "아마 황제의 어가가 지나다니던 어로였기 때문이다."[53]『동경몽화록』 권1 하도(河道)]라고 하였다.

서면의 어가는 주교에서 서쪽으로 뻗어 나가 내성의 구정문을 거쳐 외성의 신정문까지 곧장 이르렀다.『동경몽화록』권2 선덕루전성부궁우에서 "주교에 이르러 서쪽 대가로 꺾으면 바로 과자항이다."[54]라고 했으며, 또한 "주작문가 서쪽에 이르러 다리를 지나면 바로 서쪽으로 향하는 대가가 나왔는데 이를 국원가(麴院街)라고 불렀다."[55]고 하였다. '다리를 지나'는 것은 주교를 건넌다는 것을 가리킨다. 속칭 국원가라는 서쪽으로 향하는 대가가 바로 서면의 어가이다. 남·동·서 세 어가가 엇갈려 만나는 지점이 바로 주교이며 정식 이름은 천한교(天漢橋)이다. 주교는 경성의 중심을 가로질러 흐르는 변하 위에 놓인 다리로 성 전체의 수륙교통 중심점이 되었다.

북면의 어가는 궁성의 중심을 관통하는 것을 피하기 위해 궁성의 동쪽에 설치했는데 외성 북면에서 동쪽으로 두 번째 문인 신봉구문을 출구로 하였다.『동경몽화록』권1 동도외성에는 북성에 있는 4개의 문에 대하여 "동쪽으로부터 진교문이라 하고, 그 다음을 봉구문이라 한다. 봉구문은 황제가 북교대제(北郊大祭)를 지내기 위해 사용하던 어로에 있다."[56]라고 하였다. 이 어로는 궁성의 남문인 선덕문에서 나와 문 앞의 대가를 따라 동쪽으로 뻗어 나가 동각루를 지나면서 동서로 뻗은 반루가이다. 이를 따라 가다가 토시자라고 불리는 십자 거리 입구에 이르러

53_『東京夢華錄注』卷1 河道, p.8.「其柱皆青石為之, 石樑石筍蟠欄, 近橋兩岸, 皆石壁雕鑴海馬水獸飛雲之狀, 橋下密排石柱, 蓋車駕御路也.」

54_『東京夢華錄注』卷2 宣德樓前省府宮宇, p.52.「至州橋投西大街, 乃果子行.」

55_『東京夢華錄注』卷2 宣德樓前省府宮宇, p.52.「至朱雀門街西, 過橋卽投西大街, 謂之麴院街.」

56_『東京夢華錄注』卷1 東都外城, p.1.「從東曰陳橋門, 乃大遼人使驛路, 次曰封丘門, 北郊御路.」 역자 주 본문에서는 세주(細注) '乃大遼人使驛路'를 생략하였고 세주인 '北郊御路'의 정문인 것처럼 제시하였다.

서 북으로 꺾어서 나가면 남북으로 뻗은 마항가이다. 이를 따라 북쪽으로 나가면 내성의 구봉구문을 거쳐 외성의 신봉구문까지 곧장 이르렀다. 『동경몽화록』에서 "토시자에서 북쪽으로 가면 바로 마항가가 나온다."[57](『동경몽화록』권2 반루동가항)고 하였다. 또 "마항가에서 북쪽으로 가면 소화항의 시루(時樓), 대골전약포(大骨傳藥鋪)[58]에 이르고 곧바로 가면 구봉구문에 다다른다. 거리 양쪽으로 자의(紫衣)를 입고 금어대(金魚袋)를 찬 어의(御醫) 출신들이 운영하는 약국들이 있었다."[59](『동경몽화록』권3 마항가북제의포]고 하였다. 게다가 "마항가에서 북쪽으로 가면 구봉구문 밖 천묘사가(祆廟斜街)와 주북와자(州北瓦子)에 다다른다. 신봉구문대가 양쪽에는 백성들의 가게가 있다."[60](『동경몽화록』권3 마항가포석)고 하였다. 이로부터 마항가에서 북쪽으로 가면 구봉구문을 지나 신봉구문까지 이르는 길이 남북으로 곧게 뻗은 번화한 대로, 즉 북쪽의 어가라는 것을 알 수 있다.

앞에서 서술한 4개의 어가 외에 동서로 뻗은 횡가 가운데 궁성 선덕문 앞의 대가가 중요하다. 이 대가는 동쪽으로 반루가로 연결되고 구조문가를 거쳐 내성의 구조문으로 나와 우행가로 이어져 외성의 신조문까지 곧장 다다랐다. 서쪽으로는 용로가를 거쳐 구양문에 이르고 양문대가를 따라 서쪽으로 가면 외성의 구승문에 곧장 다다랐다. 이렇게 궁성의 선덕문 앞을 지나며 동쪽에서 서쪽까지 성 전체의 중심을 관통하는 큰길이 되었다. 『동경몽화록』에는 반루가에서 동쪽으로 나가 토시자를 지나서 또 동쪽으로 십자 거리를 지나고, 또 동쪽으로 가면 구조문가의 북산자다방(北山子茶坊)이며 구조문을 나가면 주가교와자(朱家橋

57_『東京夢華錄注』卷2 潘樓東街巷, p.70.「土市北去, 乃馬行街也.」
58_ 역자 주 대골전약포(大骨傳藥鋪)란 큰 뼈로 만든 고약을 파는 가게이다.
59_『東京夢華錄注』卷3 馬行街北諸醫鋪, p.82.「馬行北去, 乃小貨行時樓, 大骨傳藥鋪, 直抵正係舊封丘門, 兩行金紫醫官藥.」
60_『東京夢華錄注』卷3 馬行街鋪席, p.111.「馬行北去, 舊封丘門外祆廟斜街, 州北瓦子, 新封丘門大街, 兩邊民戶鋪席.」

瓦子)이고, 그 동쪽이 우항가로 '쭉 가면 신성(新城)까지 이어졌다."[61](『동경몽화록』 권2 반루동가항)고 하였다. 여기서 말하는 신성은 곧 외성의 신조문이다. 같은 책에서 또한 궁성 서남쪽 모퉁이에 있는 서각루에서 대가를 따라가면 용로가(踴路街)가 나오며 곧장 양문에 이른다고 하였다. 양문을 나와 서쪽으로 가면 곧 양문대가가 나온다. 거리 남쪽의 주서와자(州西瓦子)와 거리 북쪽의 구의성루(舊宜城樓)를 지나면 서대가(西大街)가 나온다. 서쪽으로 가면 개봉부에서 사람을 처형하는 곳인 옹시자(甕市子)가 나오고, 다시 가면 도정서역(都亭西驛)과 경성수구소(京城守具所)가 나왔다[62](『동경몽화록』 권3 대내서우액문외가항). 비록 서대가의 종점을 명확히 언급하고 있지 않지만 그 종점은 반드시 외성의 만승문이었을 것이며 외래 빈객을 접대하는 도정서역은 반드시 서쪽에 있는 외성의 성문 안에 있었을 것이다.

이 외에 남북으로 곧게 뻗은 거리로는 궁성의 동문인 동화문 앞의 대가, 궁성 서남쪽에 있으면서 남쪽 어가와 나란하게 뻗은 준의교가(浚儀橋街), 그리고 상국사동문대가(相國寺東門大街) 등이 있었다.

대체로 동서로 뻗은 대가에는 남북으로 뻗은 골목[항(巷)]이 몇몇 있었고, 남북으로 뻗은 대가에는 동서로 뻗은 골목이 몇몇 있었다. 예컨대 반루가는 동서로 뻗어 있었는데 "남쪽으로 골목이 하나 있었는데 이를 계신항(界身巷)이라고 불렀다. 여기도 금, 은, 채색 비단을 사고 파는 곳이었다."[63](『동경몽화록』 권2 동각루가항)고 하였다. 계신항은 남북으로 뻗은 길이었다. 반루가에서 동쪽으로 가면 나오는 구조문가도 동서

61_『東京夢華錄注』卷2 潘樓東街巷, p.70.「一直抵新城.」
62_『東京夢華錄注』卷3 大內西右掖門外街巷, p.83.「…出巷乃大內西角樓大街, 西去踴路街,…直至梁門, 正名闔闠. 出梁門西去,…街南蔡太師宅, 西去州西瓦子, 南自汴河岸, 北抵梁門大街,…過街北即舊宜城樓. 近西去金梁橋街·西大街…西去甕市子, 乃開封府刑人之所也.…都亭西驛, 相對京城守具所.」
63_『東京夢華錄注』卷2 東角樓街巷, p.66.「南通一巷, 謂之界身, 並是金銀綵帛交易之所.」

로 뻗어 있었다. 거리 남쪽에는 동유림항(東楡林巷)과 서유림항(西楡林巷)
이 있었는데 모두 남북으로 뻗어 있었다. 반루가와 구조문가와 나란히
뻗어 있는 경령궁동문대가도 동서로 뻗어 있었고 남북으로 뻗은 유림
항은 바로 이 길과 바로 통하였다. 따라서 대가의 동쪽 끝에 있는 태묘
에서 "북쪽으로 가면 유림항에 들어서는데 조문대가로 통하였다."[64]고
하였다. 이 대가 남쪽에는 남북으로 뻗은 세 골목이 배열되어 있었는데
제일조첨수항, 제이조첨수항, 제삼조첨수항이라고 불렀다[65][『동경몽화
록』권3 사동문가항(寺東門街巷)]. 가항의 배열은 비교적 규칙적이었다.

내성의 주작문을 나와 외성의 남훈문으로 통하는 어가는 남북으로
곧게 뻗은 거리이다. 어가의 양편에는 동서로 뻗은 횡가(橫街)가 있었는
데 항(巷)이라고도 불렀다. 예컨대 "주작문을 나와 동쪽 성벽에 있는 지
역도 일반민이 사는 곳이다. 동쪽으로 진입하는 대가에는 맥원항[麥稍
巷, 등지성(鄧之誠)은 원(稍)을 개(稭)로 써야 한다고 교감하였다.]과 장원루(壯元
樓)가 있고 그 나머지 모두 기관(妓館)인데 계속 가다 보면 보강문가에
이르렀다."[66][『동경몽화록』권2 주작문외가항(朱雀門外街巷)]고 하였다. 보강
문은 내성의 주작문 동쪽에 있는 성문이며, 보강문가는 당연히 주작문
의 어가와 나란히 뻗어 있고 모두 남북방향이다. 주작문 밖에서 동쪽으
로 나가면 보강문가의 대가인 맥개항(麥稭巷)과 통하게 되는데 이 길은
필연적으로 동서로 뻗어 있는 횡가이다. 과연 『동경몽화록』에서도 "보
강문 밖으로 나오면…남쪽으로 가면 횡가에 이르고, 거기서 다시 서쪽
으로 가면 어가로 통하는데, 맥초항[麥稍巷, 등지성(鄧之誠)은 초(稍)를 개
(稭)로 써야 한다고 교감하였다.]이라고 한다."[67](『동경몽화록』권3 대내전주교동

64_ 『東京夢華錄注』卷3 寺東門街巷, p.102. 「太廟北入楡林巷, 通曹門大街.」

65_ 『東京夢華錄注』 卷3 寺東門街巷, p.102. 「以東向南曰第三條甜水巷,…南曰第二甜
水巷.…南往觀音院, 乃第一條甜水巷也.」

66_ 『東京夢華錄注』 卷2 朱雀門外街巷, p.59. 「東去大街·麥稭巷·狀元樓, 餘皆妓館,
至保康門街.」

67_ 『東京夢華錄注』 卷3 大內前州橋東街巷, p.87. 「出保康門外, 新建三屍廟·德安公

가항)고 하였다.

'인가가 활기 있고 떠들썩한' 마항가는 남북으로 곧게 뻗은 거리였기에 여기에 연결된 골목은 모두 동서로 뻗은 횡항(橫巷)이었다. "먼저 요아시[鷂兒市,『설부(說郛)』에는 '요(鷂)'가 '암(鵪)'이라고 써 있다.]라 불리는 십자거리에 이르러 동쪽은 동계아항(東鷄兒巷)이라고 하였고 서쪽은 서계아항(西鷄兒巷)이라고 하였다."[68](『동경몽화록』권2 반루동가항)고 하였다. 동서 양쪽의 계아항은 모두 동서로 뻗은 횡항이었다. "북쪽으로 가면 양루(楊樓)가 나오는데 그 북쪽으로 마항가의 동서 두 골목과 통하였고 대화항과 소화항이라고 불렀다."[69](『동경몽화록』권2 주루)고 하였다. 대화항과 소화항은 동서로 마항가를 관통하며 동서 양쪽으로 나누어진 골목에 있었다. 이것 또한 당연히 동서로 뻗어 있었다.

『동경몽화록』에는 시가의 분포상황이 서술되어 있다. 각종 상점이 소재한 '가(街)'와 '항(巷)'을 상세히 서술하고 있지만 '방(坊)'을 언급한 곳은 하나도 없다. 단 일반적으로 뜻으로 서술할 때 '방항(坊巷)'이라고 항상 연칭하였다. 예컨대 "방항에는 약 3백 보 남짓마다 군순포옥(軍巡鋪屋:군용초소)이 하나씩 있었다."[70](『동경몽화록』권3 방화(防火))고 하였고 "방항교시(坊巷橋市)에는 모두 고기를 파는 책상이 있었다."[71](『동경몽화록』권4 육항)고 하였으며 "그 나머지 방항과 거주지는 가로와 세로로 만 단위로 수를 세어야 할 정도로 많았다."[72](『동경몽화록』권3 마항가점포(馬行街店鋪))고 한 것 등이 있다. 북송 말에 민간에서는 습관적으로 이미 방명

廟. 南至橫街, 西去通御街, 曰麥稍巷口.」

68_『東京夢華錄注』卷2 潘樓東街巷, p.70.「先至十字街, 曰鷂兒市, 向東曰東雞兒巷, 西向曰西雞兒巷, 皆妓館所居.」 역자 주 저자는 이 구절의 출전이 『동경몽화록』권3 대내전주교동가항이라고 했으나 이 구절은 권2 반루동가항에 나온다.

69_『東京夢華錄注』卷2 酒樓, p.71.「北去楊樓以北穿馬行街, 東西兩巷謂之大小貨行, 皆工作伎巧所居.」

70_『東京夢華錄注』卷3 防火, p.116.「每坊巷三百步許, 有軍巡鋪屋一所.」

71_『東京夢華錄注』卷4 肉行, p.129.「坊巷橋市, 皆有肉案.」

72_『東京夢華錄注』卷3 馬行街店鋪, p.111.「至門約十里餘, 其餘坊巷院落, 縱橫萬數.」

을 사용하지 않고 대부분 항이라는 속칭을 사용하였다. 이른바 '항'은 원래 '방'의 통로이다. 예로, 유림항은 원래 선평방의 항이었다[금나라 유기(劉祁)의 『구잠지(舊潛志)』 권1에는 왕비백(王飛伯)의 「밀국공완안도(贈密國公完顔璹)」에 나오는 '선평방리유림항(宣平坊裏楡林巷)'이란 구절을 기재하고 있다.]는 것을 들 수 있다. 따라서 일반적으로 서술할 때는 항상 '방항'이라고 연칭하였다.

당대 장안의 외곽성에 있는 '가(街)'는 원래 가지런하게 배열되어 있던 많은 '방' 사이의 통로였으며 '방' 안의 통로는 대부분 '곡(曲)'이라고 불렀다. 북송 동경에 이르러서는 방 안의 통로는 대부분 '항'이라 불렀으나 여전히 적지만 '곡'이라고 부르는 경우도 있었다. 예컨대 경령서궁에는 남곡(南曲)이 있었다는 것, 상서성 서문에는 서거자곡(西車子曲)이 있었다는 것 등이다. '시가'가 점차 형성되고 많은 주민들이 대량으로 일용 물품을 찾는 상황에서 사람들은 '가'와 '항'의 교통 및 그 합리적인 배치를 중시하여 후주 세종은 동경의 외성을 확장할 당시에 조서를 내려 '가항을 정하는 것'을 가장 중요한 규획으로 삼도록 하였고 아울러 '가항을 정하는' 등의 구획을 완성한 후에 '백성들이 집을 지을 수 있도록 하라.'고 하였다. '시가'가 형성되고 발전하였고 '항' 안에 일용 물품을 공급하는 상점이 설치됨에 따라 '가'는 다시는 '방' 사이의 통로가 되지 않았고 도로 양쪽에 있는 상점과 주택 사이의 통로가 되었다. '항'도 '방' 안의 통로일 뿐만 아니라, 작은 항 양쪽에 있는 상점과 주택 사이의 통로가 되었다. 이로부터 대가와 소항이 연결된 교통망이 점차 형성되었다. 동서로 뻗은 대가의 양쪽에는 남북으로 뻗은 소항이 있었고, 남북으로 뻗은 대가의 양쪽에는 동서로 뻗은 소항이 있었다. 주민이 많은 소항은 다시는 '방' 안의 통로로만 그치지 않았고 모두 대가와 직접 통하였다. 이에 원래 폐쇄식으로 만들어진 많은 '방' 사이의 '가'는 여러 소항과 통하는 대가가 되었다. 이로부터 '가항(街巷)' 구조가 원래의 '가방(街坊)' 구조를 대체하였다.

3) 북송 말 동경의 새로운 '가시(街市)'

북송 말 동경의 가항은 이미 상업지역과 주택지역을 한 단위로 합쳤다. 교통이 편리한 중요한 가항에는 모두 번화한 새로운 '가시'가 출현하였다. 그중에서도 특히 동서남북 네 어가가 가장 번화하였다. 이들 번화한 '가시'는 주로 신흥 항시, 주루, 다방, 음식점, 와자 및 기타 일용품 상점으로 조성되어 도시 경제 발전의 새로운 형세와 많은 주민의 일용 물품 수요에 부응하였다.

(1) 남면 어가

남면 어가는 궁성의 남문인 선덕문을 기점으로 하여 변하의 주교를 지나 내성의 주작문을 관통한 뒤 채하의 용진교를 지나 외성의 남훈문에 곧장 다다랐다. 선덕문의 좌액문과 우액문 남쪽에는 좌우천보랑(左右千步廊)이 세워져 있고 좌우랑(左右廊)에는 각각 주칠차자와 흑칠차자 등 두 항(行)이 있었다. 행인은 주칠차자의 밖에서만 다닐 수 있었다. 그러나 '예전에는 상인들이 그 사이에서 사고파는 것을 허가했기에' 원래 이곳에서 벌어지는 교역은 흥성하였으며 북송 말 정화연간(1111~1118)에 이르러서야 비로소 매매를 금지하였다. 좌우랑의 양쪽에는 경령동궁(景靈東宮), 경령서궁(景靈西宮)과 중앙관서가 세워져 있었지만 경령동궁의 동쪽과 동남쪽 및 상서성 서문 밖은 모두 상업 지역이었다. 경령동궁의 동쪽 담장쪽으로 장경루(長慶樓)라 불리는 큰 주루가 있었는데 정화연간 이후 더욱 번창하였다[73](『동경몽화록』권2 주루). "경령동궁 남문의 대가 동쪽 편에는 남쪽으로 당가금은포(唐家金銀鋪), 온주칠기십물포(溫州漆器什物鋪), 대상국사(大相國寺)가 있었다."고 한다. 경령서궁의 남곡(南曲)과 마주 보는 곳에 보자사가(報慈寺街), 도진주원(都進奏院)·백

73_『東京夢華錄注』卷2 酒樓, p.72. 「政和後來, 景靈宮東牆下長慶樓尤盛.」

종원(환)약포[白鐘圓(丸)藥鋪]가 있었다[74](『동경몽화록』 권2 선덕루전성부궁
우). 상서성 서문의 서거자곡(西車子曲)에는 사가호갱(史家瓠羹), 만가만
두(萬家饅頭)가 있었는데 경성에서 최고라고 칭해졌다[75](『동경몽화록』 권3
대내서우액문외가항).

대상국사는 경성에서 가장 큰 사원으로 주교의 동북쪽에 있었다. 남
쪽으로는 변하의 대가와 맞닿아 있고 동쪽에는 상국사동문대가가 있었
다. 원래 북제의 대건국사(大建國寺)였는데 나중에 황폐해져 당 중종 때
승려 혜운(惠雲)이 재건하였다. 예종은 예전에 상국(相國)으로 봉해졌다
가 즉위하였기 때문에 상국사라는 편액을 사여하였다. 사원 앞에 있는
세 문은 송 태종 때 중건한 것이다. 세 문의 좌우에는 동서 양쪽으로 탑
이 있었는데 각각 높이 3장 남짓이었다. 세 문 가운데 두 번째 문 뒤에
는 미륵전(彌勒殿)이 있었는데, 미륵전 안에는 당나라 때 동으로 주조한
미륵이 있었다. 높이는 1장 8척이었다. 그 뒤에 있는 누각은 송 진종 때
자성(資聖)이라는 이름이 붙여졌다. 아울러 영천군(穎川郡)에서 동으로
만든 나한(羅漢) 500존을 가지고 와서 세 문의 누각과 자성각에 나눠 배
치하였다. 송 신종 원풍연간(1078~1085)에 다시 동쪽과 서쪽에 행랑을
증축하고 사원의 여러 건물[원(院)]을 합쳐 8원(院)으로 하였다. 송 휘종
정화연간((1111~1118)에 한 차례 궁(宮)으로 바꾸고 황제가 직접 편액을
써서 내리기도 하였지만 후에 사(寺)로 다시 고쳤다[76][고승,『사물기원)』 권

74_『東京夢華錄注』卷2 宣德樓前省府宮宇, p.52.「景靈東宮南門大街以東, 南則唐家金
　　銀鋪・溫州漆器什物鋪・大相國寺,…自大內西廊南去, 即景靈西宮, 南曲對即報慈寺
　　街・都進奏院・百種圓藥鋪.」
75_『東京夢華錄注』卷3 大內西右掖門外街巷, pp.82~83.「省西門謂之西車子曲, 史家
　　瓠羹・萬家饅頭, 在京第一.」
76_『事物紀原』卷7 相國寺, pp.368~369.「宋敏求東京記曰本北齊大建國寺, 後廢.…
　　神龍二年, 僧惠雲建爲寺. 延和元年, 睿宗以舊封相王, 因改爲相國寺. 宋朝會要曰. 至
　　道中, 太宗御題額易曰大相國寺. 東塔曰普滿, 唐至德二載建, 開寶六年, 太祖修. 西塔
　　曰廣願, 元祐元年僧中懋立. 會要又云. 咸平五年, 名後閣曰資聖. 東京記則云景德五年
　　賜名也.」;『汴京遺蹟志』卷10 寺觀, p.151.「相國寺. 在縣治東, 本北齊建國寺, 天保
　　六年創建, 後廢. 唐爲鄭審宅園, 睿宗景雲初, 遊方僧慧雲睹審後園祉中有梵宮影, 逢募

7; 이렴,『변경유적지』권10; 오증(吳曾),『능개재만록(能改齋漫錄)』권13]. 중정(中庭)과 서랑(西廊)에는 만 명을 수용할 수 있었다. "옛날에는 60여 개의 정원이 있었는데 어떤 것은 단지 가옥 몇 채가 처마를 맞대고 있었고 각각 주방을 따로 갖고 있었다."[77][주휘(周煇),『청파별지(清波別志)』권중]고 하였다. 매월 삭망일(1일 · 15일)과, 8과 만나는 세 날짜(8일 · 18일 · 28일)에는 성대한 묘시(廟市)가 열렸다. 경성의 중심지역에서 유일하게 정기적으로 각종 물품을 사고파는 커다란 집시(集市)였다.[78]

남면 어가에는 "주교를 지나면 길 양쪽으로는 모두 백성이 거주하고 있었다. 어가 동쪽에는 차가주점(車家酒店)과 탄장가주점(炭張家酒店)이 있었으며,[79] 그 다음으로는 왕루산동매화포자(王樓山洞梅花包子), 이가향

緣易宅, 鑄彌勒佛像高一丈八尺. 值睿宗以舊封相王, 初卽位, 因賜額爲相國寺. 玄宗天寶四載, 建資聖閣東塔日普滿, 西塔日廣願. 宋眞宗咸平四年, 僧建翼廊 · 三門 · 前樓, 迎取穎川郡銅羅漢五百尊, 置于閣上. 神宗元豊中, 增建東西兩廂. 又立八院.」;『能改齋漫錄』(吳曾 撰, 上海:上海古籍出版社, 1979) 卷13, p.378.「大相國寺額: 大相國寺舊榜, 太宗御書, 寺十絶之一. 政和中, 改爲宮, 御書賜額. 舊榜遂爲高麗使乞歸. 其後復改爲寺, 御書仍賜金額.」

77_『清波別志』(『宋人軼事彙編』下, 北京: 中華書局, 1981) 卷中, p.1108.「舊有六十餘院, 或止有屋數間, 或止有屋數間, 簷廡相接, 各具庖饔.」

78_『東京夢華錄注』卷3 相國寺內萬姓交易, 「每月五次開放.」; 樓鑰,『北行日錄』卷上乾道五年十二月九日, 「相國寺如古, 每月亦以三八日開寺.」; 王得臣,『塵史』卷下, 「都城相國寺最據衝會, 每月朔 · 望 · 三八日卽開.」'三八日'은 혹자는 3일과 8일로 해석하지만 '五次開放'에는 부합하지 않는다. '三八日'은 당연히 세 번 '八'과 만나는 날, 즉 8일 · 18일 · 28일로 삭(朔)과 망(望)을 더하면 딱 다섯 차례가 된다. 王林,『燕翼詒謨錄』卷3, 「北俗遇月三七日, 不食酒肉, 蓋重道敎之故.」'三七日' 역시 세 번 七과 만나는 날이다. 불교가 八을 만나는 날을 중시한 것은 사월 팔일이 석가탄신일이기 때문이다.

79_ 등지성(鄧之誠)의『동경몽화록주(東京夢華錄注)』에서는「街東車家炭 · 張家酒店」이라고 구두하였으나 정확하지 않은 것 같다. 같은 책 2권 음식과자(飮食果子)에서는「唯州橋炭張家 · 乳酪張家, 不放前項人入店, 亦不賣下酒, 唯以好淹藏菜蔬, 賣一色好酒.」라고 하였다. 탄장가(炭張家)가 주점 이름이고 차가(車家) 역시 주점 이름이었을 것이라는 것을 알 수 있다. 북송에는 적지 않은 상점명이 있는데 성씨(姓氏)에 다른 형용하는 글자를 붙인 것은 성이 같은 사람이 많아서 구별해야 했기 때문이다. 예로, 같은 책 2권 주루(酒樓)에 '曹門 蠻王家 · 乳酪張家' 등을 들 수 있다.

포(李家香鋪), 조파파육병(曹婆婆肉餅), 이사분다(李四分茶) 등이 있었다."[80] (『동경몽화록』권2 선덕루전성부궁우)고 하였다. '분다(分茶)'는 큰 음식점이라는 뜻을 지닌 호칭이다. 그 가운데 향포(香鋪)를 제외하면 나머지는 모두 이름난 음식점이었다. 주교의 탄장가주점과 조문(曹門)의 유락장가(乳酪張家)는 모두 '좋은 일류의 술을 팔고' '절여 놓은 좋은 채소를' 파는 것으로[81] 유명하였다. "주교에서 남쪽으로 가면 길거리에서 수반(水飯), 삶은 고기인 녹육(爊肉, 록(爊)은 지금의 오(熬)자이다.)과 건포(乾脯)를 팔았다. 왕루(王樓, 원래 '옥루(玉樓)'라고 잘못 썼으나『설부(說郛)』의 기록을 쫓아 바르게 고쳤다.) 앞에서는 오소리고기, 들여우고기, 닭고기 포를 팔았다. 매가(梅家)와 녹가(鹿家)의 가게에서는 거위, 오리, 닭, 토끼의 간과 폐, 장어와 만두, 닭 껍질, 콩팥과 닭 으깬 것을 팔았는데 한 개에 15문이었다. 조가(曹家)의 가게에서는 종식(從食)을 팔았다. 주작문에 이르면 즉석에서 구워 주는 양곱창, 절인 생선,…돼지 내장 같은 것을 팔았고 용진교에 이르러 즉석 골 요리인 수뇌자육(須腦子肉)으로 끝이 난다. 이 음식들을 잡작(雜嚼)이라고 하며, 야시는 삼경까지 이어졌다."[82](『동경몽화록』권2 주교야시)고 하였다. 왕루는 매화 만두로 유명한 가게였다. '종식'은 쪄서 만든 각종 떡이나 과자를 가리킨다. 주교부터 주작문까지 이르는 어가에는 이름난 주루와 음식점들이 많이 있었던 한편, 주작문부터 용진교까지 이르는 어가에는 유명한 음식점은 없지만 잡다한 씹을 거리인 '잡작'을 제공하는 가게가 각종 보잘것없는 매운 고기 요리와 채소, 엿 등을 팔았다. 『동경몽화록』에서 이름을 열거한 것만도 40여 종

80_『東京夢華錄注』권2 宣德樓前省府宮宇, p.52.「御街一直南去, 過州橋, 兩邊皆居民. 街東車家炭, 張家酒店, 次則王樓山洞梅花包子・李家香鋪・曹婆婆肉餅・李四分茶.」

81_『東京夢華錄注』권2 飮食果子, p.73.「唯州橋炭張家、乳酪張家, 不放前項人入店, 亦不賣下酒, 唯以好淹藏, 賣一色好酒.」

82_『東京夢華錄注』卷2 州橋夜市, pp.64~65. 自州橋南去, 當街水飯・爊肉・乾脯. 王樓前獾兒狐肉・脯雞. 梅家・鹿家鵝鴨・雞兔・肚肺・鱔魚包子・雞皮・腰腎・雞碎, 每個不過十五文. 曹家從食. 至朱雀門, 旋煎羊・白腸・鮓脯…野鴨肉・滴酥水晶膾・煎角子・豬髒之類, 直至龍津橋須腦子肉止, 謂之雜嚼, 直至三更.」

에 이르렀다. 이 일대는 야시장이 매우 번성하여 경사를 오가는 여객들에게 필요한 물품을 제공하였다.

어가를 따라 주작문에서 남쪽으로 내려가면 동쪽으로는 맥개항이라는 동서방향의 대가가 있는데 장원루라는 주루가 설치되어 있었다. 서쪽으로는 신문와자(新門瓦子)로 통할 수 있었고 남쪽으로는 다방이 있었다. 용진교를 지나 남쪽으로 가면 길 가운데에 붉은 칠을 한 목책을 대내 앞처럼 설치했는데 남쪽으로 태학과 국자감이 있었기 때문이다. 태학을 지나면 횡가가 있고 횡가의 남쪽에 숙약혜민남국(熟藥惠民南局)이[83] 있었다. 이곳은 정제한 약재를 판매하는 관영 가게이다. 용진교 남쪽으로는 서쪽으로 무학항(武學巷)과 무성왕묘[武成王廟, 제나라 태공 여상(呂尙)에게 제사 드리는 곳이다.]가 있고, 묘남쪽에는 장가유병점(張家油餅店)이 있었다. 다시 서쪽으로 가면 대항구(大巷口)라는 대가가 있고 청풍루주점(淸風樓酒店)이 있었는데 "도성의 많은 사람들이 여름에 이곳에서 더위를 식혔다."[84][『동경몽화록』 권2 주작루외가항(朱雀樓外街巷)]고 하였다. 이곳에 있는 장가유병점과 황건원(皇建院) 앞에 있는 정가유병점(鄭家油餅店)은 경사에서 가장 유명한 떡집이었다. 『동경몽화록』 권4 병점(餅店)에서 "무성왕묘 앞의 해주장가(海州張家)와 황건원 앞의 정가가 가장 번성하였는데 각 집마다 화로가 50여 개씩 있었다."[85]고 하였다. 이 무성왕묘 앞의 해주장가가 바로 장가유병점이다.

(2) 동면 어가

동면 어가는 주교에서 동쪽으로 뻗어 있고 변하에 맞닿아 있는 대가로 상국사가 있었다. 상국사 남쪽에는 상국사교(相國寺橋)가 있고 내성

83_ 역자주 숙약국(熟藥局)이란 관서에 쌓여 있던 약을 수합, 판매하여 민간에서 쓸 수 있도록 하는 일을 담당한 기구이다.

84_ 『東京夢華錄注』 卷2 朱雀門外街巷, p.59. 「又西曰淸風樓酒店, 都人夏月多乘凉於此.」

85_ 『東京夢華錄注』 卷4 餅店. p.129. 「每武成王廟海州張家, 皇建院前鄭家最盛, 每家有五十餘爐.」

의 보강문과 똑바로 마주하고 있었다. 다리 서쪽에는 가가호갱점(賈家瓠羹店)과 손호수만두점(孫好手饅頭店)이 있었다. 다리 남쪽에서 보강문까지에는 이경가주점(李慶家酒店)과 반가황기원(환)점[潘家黃耆圓(丸)店]이 있었고, 대가 서쪽에는 보강문와자(保康門瓦子)가 있었다. 상국사교에서 동쪽으로 가면 내성의 구송문을 통해 외성의 신송문까지 이르는데 성벽을 따라서 객점(客店)이 있었다. 이는 변하를 통해서 오는 남방의 객상과 여객의 수요에 부응하는 것이었다. 내성의 구송문 밖에 있는 주루인 인화점(仁和店)과 강점(姜店)은[86] 모두 정점(正店, 큰 주루)이었다[87](『동경몽화록』 권3 대내전주교동가항; 권2 주루).

(3) 서면 어가

서면 어가는 주교에서 서쪽으로 뻗은 길이다. 속칭으로 국원가(麴院街)라고 하였다. 주교 근처에는 과자항이 있었고, 대가 북쪽에는 도정역이 있었다. 대가 남쪽에는 양가주자포(梁家珠子鋪)가 있었고 그 외는 모두 꽃·과일 가게 및 '당시 유행하는 그림'을 파는 곳이었다.[88] 이처럼 성의 중심가에 과자항과 많은 꽃·과일 가게가 설치된 것은 많은 주민들의 신선한 꽃과 과일에 대한 수요를 부응하고자 한 것이었다. 다시 서쪽으로 가면 "그 거리 남쪽에는 우선정점(遇仙正店)[89]이 있는데, 앞에

86_ 『東京夢華錄注』卷3 大內前州橋東街巷, p.87. 「大內前, 州橋之東, 臨汴河大街, 曰相國寺, 有橋平正如州橋, 與保康門相對. 橋西賈家瓠羹, 孫好手饅頭, 近南即保康門潘家黃耆圓, 延寧宮禁女道士觀, 人罕得入. 街西保康門瓦子, 東去沿城皆客店, 南方官員商賈兵級皆於此安泊.」;『東京夢華錄注』卷2 酒樓, pp.71~72. 「州東宋門外仁和店·姜店, … 在京正店七十二戶.」

87_ 『東京夢華錄』卷8 七夕, 「潘樓街·東宋門外瓦子·州西梁門外瓦子·北門外·南朱雀門外街及馬行街內皆賣磨喝樂.」생각건대 '동송문(東宋門)' 앞과 '남주작문(南朱雀門)' 앞에 모두 '주(州)'자가 누락되어 있고 '송문(宋門)'은 '조문(曹門)'의 오기일 것이다. 『東京夢華錄』卷8 中元節, 「潘樓并州東西瓦子亦如七夕.」주동와자(州東瓦子) 역시 구조문(舊曹門) 밖의 주가교와자(朱家橋瓦子)를 가리킨다.

88_ 『東京夢華錄注』卷2 宣德樓前省府宮宇, p.52. 「至州橋投西大街, 乃果子行. 街北都亭驛, 相對梁家珠子鋪, 餘皆賣時行紙畫, 花果鋪席.」

89_ 역자 주 우선정점(遇仙正店)은 글자 그대로 신선을 만나는 큰 술집이란 뜻이다.

는 2층 이상의 건물이 있고 뒤에는 누대가 있어 도성 사람들은 이를 대상(臺上)이라고 불렀다. 이 가게는 최고급 술집으로 은병주(銀瓶酒)는 1각에 72문이고 양고주(羊羔酒)는 1각에 81문이었다. 그 거리 북쪽에는 설가분다(薛家分茶), 양반(羊飯), 숙양육포(熟羊肉鋪)가 있었다. 그 서쪽으로 가면 모두 기관(妓館)인데 도성 사람들은 이를 원가(院家)라고 불렀다."[90](『동경몽화록』 권2 선덕루전성부궁우)고 하였다. 이 '최고급 술집'인 우선정점은 회선루정점(會仙樓正店)일 것이다. 『동경몽화록』 권4 회선주루(會仙酒樓)에서 "개봉부 동쪽에 있는 인화점(仁和店)과 신문(新門) 안에 있는 회선루정점 같은 곳은 항상 백여 명을 들일 수 있는 장소와 기구들을 각각 충분히 갖추고 있어 단 하나라도 빠진 것이 없었다."[91]고 하였다. 이에 따르면 국원가 남쪽의 회선루는 내성의 신문에 가까이 있어서 신문 안의 회선루라고 불렀다는 것을 알 수 있다. 이것은 서쪽 어가에 있는 큰 주루로, 성 서쪽에 거주하는 주민의 사교에 필요한 수요에 부응하는 것이었다. 국원가에서 서쪽으로 나가면 내성의 구정문에 이르는데 또한 하왕가정점(河王家正店)과 이칠가정점(李七家正店)이 있었다[92](『동경몽화록』 권2 주루).

(4) 북면 어가

북면 어가의 시가가 가장 번화하였다. 궁성의 남문인 선덕문에서 동쪽으로 가면 동서로 뻗어 있는 반루가가 있었다. 궁성 동남쪽 모퉁이의 동각루에서 동쪽으로 가면 곧장 십자 거리에 이르는데 토시자라고 불

90_『東京夢華錄注』卷2 宣德樓前省府宮宇, p.52.「至朱雀門街西過橋, 即投西大街, 謂之曲院街, 街南遇仙正店, 前有樓子後有臺, 都人謂之臺上. 此一店最是酒店上戶, 銀餅酒七十二文一角, 羊羔酒八十一文一角. 街北薛家分茶、羊飯、熟羊肉鋪. 向西去皆妓館舍, 都人謂之院街.」

91_『東京夢華錄注』卷4 會仙酒樓, p.127.「如州東仁和店, 新門裏會仙樓正店, 常有百十分廳館動使, 各各足備, 不尙少闕一件.」

92_『東京夢華錄注』卷2 酒樓, p.72.「鄭門河王家・李七家正店.」

렀다. 대가 남쪽에는 응점(鷹店)과 매나 산비둘기를 파는 객상이 있었다. 매는 사냥꾼이 짐승을 쫓아가 잡을 때 이용하는 동물이었다. 또한 진주, 비단, 향약 등을 파는 가게가 있었다. 남쪽에는 계신항이 있었는데 금, 은, 그리고 비단을 교역하는 곳이었다. "건물이 웅장하고 상점 문이 커서 멀리서 바라보면 위엄 있어 보였다. 한번 물건을 사고팔면 보통 천만을 헤아리기에 이를 들은 사람은 모두 놀랐다."[93]고 하였다. 이곳은 상업의 새로운 발전에 부응하여 성 안에 설립된 화폐 금융 교역의 중심지였으며, 당연히 금은항이 있는 곳이었다. 동쪽으로 가면 대가 북쪽에 바로 반루가 있었다. 이것은 오대 때 이미 있었던 유명한 술집이었고 주루 근처에는 아침부터 저녁까지 여러 무리가 나누어서 모여 각종 물품을 사고파는 집시가 있었다. 다시 동쪽으로 가면 저명한 서가 호갱점(徐家瓠羹店)이 있었고, 대가 남쪽에는 가장 큰 와자인 상가와자(桑家瓦子)가 있었는데, 크고 작은 구란이 많게는 50여 개가 있어서[94](『동경몽화록』 권2 동각루가항) 성 중심에 거주하는 많은 사람이 찾는 문화오락을 제공하였다.

북면 어가는 앞에서 서술한 동서로 뻗은 번루가를 지나 토시자에 이른다. 길을 꺾어 북쪽으로 가면 남북으로 뻗은 마항가가 나온다. 마항가에서 북쪽으로 가면 십자 거리가 있는데 동서의 두 골목이 동계아항(東鷄兒巷)과 서계아항(西鷄兒巷)이다. 기관(妓館)이 많이 있었고 동계아항에는 곽주주점(郭廚酒店)도 있었다. 마항가에서 다시 북쪽으로 가면 양루주점(楊樓酒店)이 있고, 대가 동쪽에는 마항 소속의 주루인 장루(莊樓)가 있었는데, 후에 화락루(和樂樓)로 이름을 바꾸었고 그 부근에 말을 매매하는 시장이 있었다. 말은 북방에서 중요한 교통수단이었으므로

93_『東京夢華錄注』卷2 東角樓街巷, p.66. 「屋宇雄壯, 門面廣闊, 望之森然, 每一交易, 動即千萬, 駭人聞見.」

94_『東京夢華錄注』卷2 東角樓街巷, p.66. 「東去則徐家瓠羹店. 街南桑家瓦子, 近北則中瓦, 次裏瓦. 其中大小勾欄五十餘座.」

마항은 매우 번창하였다. 조금 더 북쪽으로 가면 또 임점(任店)이라는 주루가 있었는데 후에 흔락루(欣樂樓)로 이름을 바꾸었고 문을 마주하고 마당가갱점(馬鏰家羹店)이 있었다[95](『동경몽화록』 권2 반루동가항). 임점은 규모가 매우 컸는데, 문 앞에는 채색 비단으로 장식한 환문(歡門)이 있었고 "문을 들어서면 100여 보 정도 쭉 뻗은 주랑이 있고, 남쪽과 북쪽에 있는 마당에는 양쪽으로 주랑이 나 있는데 모두 쪽방들로 이루어져 있었다. 밤이 되면 등촉이 휘황찬란하게 위아래를 비추고" 아울러 기녀 수백 명이 주랑 위로 모여들었다. 양루에서 북쪽으로 가면 마항가를 따라 있는 양편에 동쪽과 서쪽으로 두 골목이 있는데 대화항과 소화항이 있는 곳이다. '모두 수공업에 능숙한 기교를 지닌 공인들이 거주하니' 크고 작은 작방이 있는 곳으로 도성 주민들이 생활에 필요한 각종 일용 물품들을 제작하였다. 대화항은 전지점(牋紙店)과 통하였다. 전지(牋紙)는 낡은 천과 엉클어진 삼베 등으로 만드는데 옥판전(玉版牋)과 같은 제품은[『촉전보(蜀牋譜)』] 촉지역의 특산품으로 문인들이 애용하던 진귀한 물품이었다[96](『동경몽화록』 권2 주루). 다시 마항가를 따라 북쪽으로 가면 소화항 소속의 시루(時樓)가 있고 여기서 곧장 내성의 구봉구문에 이르는데 "거리 양쪽으로 자의를 입고 금어대를 찬 어의 출신들이 운영하는 약국들이 있는데, 두금구가(杜金鉤家), 조가(曹家)의 독승원[獨勝元, 원(元)자에 의거하면 알약일 것이다.], 산수이가(山水李家)의 구치인후약(口齒咽喉藥), 석어아반방어(石魚兒班防禦)·은해아백랑중가(銀孩兒柏郎中家)의 소아과, 대혜임가(大鞋任家)의 산부인과 등 같은 것이 있었다."[97](『동

95_ 『東京夢華錄注』 卷2 潘樓東街巷, p.70. 「土市北去乃馬行街也, 人煙浩鬧. 先至十字街, 曰鷂兒市, 向東曰東雞兒巷, 西向曰西雞兒巷, 皆妓館所居. 近北街曰楊樓街, 東曰莊樓, 今改作和樂樓, 樓下乃賣馬市也. 近北曰任店, 今改作欣樂樓, 對門馬鏰家羹店.」

96_ 『東京夢華錄注』 卷2 酒樓, p.71. 「凡京師酒店門首, 皆縛綵樓歡門, 唯任店入其門, 一直主廊約百餘步, 南北天井兩廊皆小子, 向晚燈燭熒煌, 上下相照, 濃粧妓女數百, 聚於主廊檻面上, 以待酒客呼喚, 望之宛若神仙. 北去楊樓以北穿馬行街, 東西兩巷謂之大小貨行, 皆工作伎巧所居. 小貨行通雞兒巷妓館, 大貨行通牋紙店, 白礬樓, 後改爲豐樂樓.」

경몽화록』 권3 마항가북제의포)고 하였다. 이곳은 바로 의항(醫行)과 약항(藥行)이 있는 곳이었다. "마항가의 남북 수십 리에는 길을 끼고 약국이 있는데 무릇 대부분 어의 출신자들의 것이고 그들은 큰 부자였다."[98][채조(蔡條), 『철위산총담(鐵圍山叢談)』 권4]고 하였다. 이들 '어의[國醫]'는 의원을 개설하거나 혹은 약국에 의원을 부설했는데, 수입이 매우 많아서 모두 큰 부자가 되었다. 이곳에 이미 이름난 소아과와 산부인과 의원이 있는 것은 도성 주민들의 수요에 부응하고자 한 것이었다. 북송대에는 소아과 부문의 의학이 매우 발전하였다. 예컨대 전을[錢乙, 자(字)는 중양(仲陽)]은 운주[鄆州, 지금의 산동 운성(鄆城)] 사람으로 정화 7년(1117)에 세상을 떴는데, 소아과로 유명했다. 『소아약증직결(小兒藥證直訣)』(3권)을 저술했고 말년에는 경사에 와서 장공주(長公主)의 병을 돌보기도 하였다. 이 일대에는 또한 향료 가게가 있었고, 관원의 집도 많았다. "야시장은 주교보다 백배는 더 성행하였는데 수레와 말들이 거리를 가득 메워 발을 디딜 수도 없었다. 도성 사람들은 이를 이두(裏頭)[99]라고 불렀다."[100](『동경몽화록』 권3 마항가북제의포)고 하였다.

마항가에서 북쪽으로 가서 내성의 구봉구문을 나서면 천묘사가(祆廟斜街)가 있었다. 이곳에는 주북와자(州北瓦子)가 있었다. 북쪽으로 곧장 외성의 신봉구문까지 이르는 약 10여 리가 신봉구문대가이다. 그 양편에는 백성들의 집과 가게가 있었는데 대부분 다방과 주루 및 음식점들이었다[101](『동경몽화록』 권3 마항가저점).

97_ 『東京夢華錄注』卷3 馬行街北諸醫鋪, p.82. 「馬行北去, 乃小貨行時樓, 大骨傳藥鋪, 直抵正係舊封丘門, 兩行金紫醫官藥鋪, 如杜金鈎家・曹家獨勝元・山水李家口齒咽喉藥・石魚兒班防禦・銀孩兒柏郎中家醫小兒・大鞋任家産科.」

98_ 『鐵圍山叢談』卷4, p.70. 「馬行南北幾十里, 夾道藥肆, 蓋多國醫, 咸巨富.」

99_ 역자 주 이두(裏頭)는 '안에 갇히다'는 뜻이다.

100_ 『東京夢華錄注』卷3 馬行街北諸醫鋪, p.82. 「其餘香藥鋪席・官員宅舍, 不欲遍記. 夜市比州橋又盛百倍, 車馬闐擁, 不可駐足, 都人謂之裏頭.」

101_ 『東京夢華錄注』卷3 馬行街邸店, pp.111~112. 「馬行北去, 舊封丘門外祆廟斜街, 州北瓦子, 新封丘門大街, 兩邊民戶鋪席, 外餘諸班直軍營相對, 至門約十里餘, 其餘坊巷院落, 縱橫萬數, 莫知紀極. 處處擁門, 各有茶坊酒店, 勾肆飲食.」

마항가에서 토시자를 거쳐 남쪽으로 가면 철설루주점(鐵屑樓酒店)이 있었다. 이 거리가 황건원가(皇建院街)이다. 득승교(得勝橋)에는 정가유병점(鄭家油餅店)이 있었고 용진교 서남쪽의 무성왕묘 앞에 있는 장가유병점(張家油餅店)과 이름을 나란히 하였다. 정남쪽으로는 태묘가(즉 경령궁동문대가)에 이르는데, 주루인 고양정점(高陽正店)이 있었고 야시장은 더욱 번성하였다[102](『동경몽화록』권2 반루동가항).

(5) 궁성 선덕문 앞 대가

이것은 성 전체의 중심을 가로지르는 대가이다. 궁성 동남쪽 모퉁이에서 동쪽으로 뻗은 반루가는 대가에서 동쪽으로 뻗어 나가는 길의 일부이다. 반루가에서 토시자를 거쳐 동쪽으로 곧장 나가면 또 큰 십자거리가 나온다. 종행과각다방(從行裏角茶坊)이 있는데, 5경부터 날이 밝을 때까지 '널리 매매가 이루어져' 귀시자(鬼市子)라고 불렀다. 거리 남쪽에는 주점인 중산정점(中山正店)이 있었고, 거리 북쪽에는 정황후택(鄭皇后宅)이 있었으며[103](『동경몽화록』권2 반루동항가) 정황후택 뒤에는 송주주점(宋廚酒店)이 있었다(『동경몽화록』권2 주루. '송(宋)'은 원래 '적(宋)'이라고 썼으나 지금은 『설부』를 좇아 '송(宋)'이라고 쓴다). 다시 동쪽으로 가면 구조문가이고 북산자다방(北山子茶坊)이 있었는데 "그 안에는 선동(仙洞)과 선교(仙橋)가 있고, 관리의 부인들이 밤에 노닐다 종종 여기에서 차를 마시기도 하였다."[104]고 하였다. 또한 이생채소아약포(李生菜小兒藥鋪)와 구방어약포(仇防禦藥鋪)가 있었다. 조문에는 또한 만왕가(蠻王家)와 유락장가(乳酪張家)가 있었는데 모두 정점(큰 주점)이었고, 다음으로는 전통

102_ 『東京夢華錄注』卷2 潘樓東街行, p.70.「自土市子南去, 鐵屑樓酒店・皇建院街・得勝橋鄭家油餅店, 動二十餘爐, 直南抵太廟街・高陽正店, 夜市尤盛.」

103_ 『東京夢華錄注』卷2 潘樓東街行, p.70.「潘樓東去十字街, 謂之土市子, 又謂之竹竿市. 又東十字大街, 曰從行裏角茶坊, 每五更點燈博易買賣衣服圖畫花環領抹之類, 至曉即散, 謂之鬼市子. 以東街北趨十萬宅, 街南中山正店・東榆林巷. 北鄭皇后宅.」

104_ 『東京夢華錄注』卷2 潘樓東街巷, p.70.「內有仙洞仙橋, 仕女往夜遊吃茶於彼.」

이가(塼筒李家)[105]가 있었다[106](『동경몽화록』 권2 주루). 내성의 구조문을 나가면 주가교와자(朱家橋瓦子)가 있었는데 "다리 어귀에는 사람들이 붐비는 시장이 있었는데 개봉부 남쪽 지역에 못지 않았다."고 하였다. 동쪽으로 가면 바로 우항가가 나오는데, 이름난 유가약포(劉家藥鋪)와 간우루주점(看牛樓酒店)이 있었다[107](『동경몽화록』 권2 반루동가항). 유가약포는 규모가 매우 커서 "높은 대문이 번성을 자랑하듯 서 있고 정면의 큰 건물은 7칸이었다."[108][홍매(洪邁) 『이견지(夷堅志)』 내집(內集) 권14 기숙후(綦叔厚)조]고 하였다. 간우루는 당시 우항 소속의 주루였다. 우항가는 곧장 외성의 신조문까지 다다랐다.

궁성 서남쪽 모퉁이의 서각루에서 대가를 따라 서쪽으로 가면 바로 용로가가 나온다. 그 길에는 많은 객점과 약포들이 있었다. 예컨대 장대화세면약포(張戴花洗面藥鋪), 국태승약포(國太丞藥鋪), 장노아약포(張老兒藥鋪), 금구아약포(金龜兒藥鋪), 추파파약포(醜婆婆藥鋪)가 있었고, 또한 당가주점(唐家酒店)도 있었다. 양문(梁門) 안에는 과일가게인 이화가(李和家)가 있었는데, 볶은 밤으로 '사방에 이름을 떨쳤으며'[109][육유(陸游) 『노학암필기(老學菴筆記)』] 입추 때 대추와 가시연밥이 시장에 나오는데 '이화가가 가장 번성하였다.'[110][『동경몽화록』 권8 입추(立秋)]고 하였다. 내성의 양문을 나와 서쪽으로 가면 양문대가가 나오는데, 거리 북쪽에 있는 건륭관(建隆觀) 안의 동쪽 주랑에는 우도사매치약(于道士賣齒藥)이 있었다.

105_ 역자 주 본문에는 전통장가(塼筒張家)라고 되어 있으나 원문의 전통이가(塼筒李家)를 잘못 쓴 것으로 보인다.

106_ 『東京夢華錄注』 卷2 酒樓, p.72. 「曹門蠻王家・乳酪張家, 州北八仙樓, 戴樓門張八家園宅正店, 鄭門河王家・李七家正店, 景靈宮東牆長慶樓. 在京正店七十二戶, 此外不能遍數, 其餘皆謂之腳店. 賣貴細下酒・迎接中貴飲食, 則第一白廚, 州西安州巷張秀, 以次保康門李慶家, 東雞兒巷郭廚, 鄭皇后宅後宋廚, 曹門塼筒李家.」

107_ 『東京夢華錄注』 卷2 潘樓洞街行, p.70. 「橋頭人煙市井, 不下州南. 以東右行街, 下馬劉家藥鋪, 看牛樓酒店.」

108_ 『夷堅志』 內志 卷14 綦叔厚, p.489. 「高門赫然, 正面大屋七間.」

109_ 『老學菴筆記』 卷2, p.23. 「故都李和熻栗, 名聞四方. 他人百計效之, 終不可及.」

110_ 『東京夢華錄注』 卷8 立秋, p.214. 「鷄頭上市, 則梁門裏李和家最盛.」

다시 서쪽으로 가면 거리 남쪽에는 주서와자(州西瓦子)가 있고, 거리 북쪽에는 주루인 의성루(宜城樓)가 있었다. 조금 서쪽으로 가면 금량교가(金梁橋街)와 서로 엇갈리는데 금량교 근처에 유루주점(劉樓酒店)이 있었다. 서쪽으로 가면 나오는 서대가(西大街)에는 형광아약포(荊筐兒藥鋪)와 조왕가금은포(棗王家金銀鋪)가 있었고, 북쪽 골목 입구 가까이에 숙약혜민서국(熟藥惠民西局)이 있었다. 다시 서쪽으로 가면 옹시자가 나오는데 개봉부에서 사람을 처형하는 곳이었다. 옹시자에서 북으로 가면 남북으로 뻗은 대가가 나오는데 외성 서북면에 있는 위주문(衛州門)까지 곧장 이어졌다. 그 길에는 반루주점(班樓酒店)이 있었다[111](『동경몽화록』권3 대내서우액문외가항). 이 대가의 이름난 가게들은 개별적인 과일가게와 금은포를 제외하면 모두 약포와 주점이었다.[112]

(6) 궁성 동화문 앞 대가

궁성의 동문인 동화문(東華門) 밖에도 시장이 있었다. "동화문 밖 시장이 가장 번성한 것은 궁궐 사람들이 이곳에서 물건을 사고팔았기 때문이다. 무릇 음식류, 제철 과일과 꽃, 새우, 자라[鼈, 등지성은 오(鰲)를 교감하여 별(鼈)로 써야 한다고 하였다.], 게, 메추라기, 토끼 등의 육포, 금, 옥, 진귀한 노리개와 의류 등 천하에 진기하지 않은 것이 없었다. 그 음식은 수십 종류로 손님이 10가지에서 20가지 안주를 요구한다고 하더라도 선택한 대로 눈앞에 바로 내어 놓았다. 그해의 제철 과일이나 채소

111_『東京夢華錄注』卷3 大內西右掖門外街巷, p.83. 「出梁門西去, 街北建隆觀, 觀內東廊于道士賣齒藥, 都人用之. 街南蔡太師宅, 西去州西瓦子, 南自汴河岸, 北抵梁門大街, 亞其裏瓦, 約一里有餘. 過街北即舊宜城樓. 近西去金梁橋街、西大街荊筐兒藥鋪、棗王家金銀鋪. 近北巷口熟藥惠民西局. 西去甕市子, 乃開封府刑人之所也. 西去蓋防禦藥鋪, 大佛寺. 都亭西驛, 相對京城守其所. 自甕市子北去大街, 班樓酒店」

112_『東京夢華錄注』卷2 酒樓, pp.71~72. 「州西宜城樓・藥張四店・班樓.」이 일대에는 약장사점(藥張四店)이라 부르는 주점(酒店)이 있다는 것을 알 수 있는데 '약장(藥張)'은 바로 성씨(姓氏)를 구별하기 위해 형용하는 글자를 따로 붙인 것이다. 정확한 지점은 상세하게 기록되어 있지 않다.

류가 새로 시장에 나오고 또 가지나 박 같은 것이 새로 나오면 하나마다 값이 3만 전에서 5만 전이라도 궁중의 비빈들이 다투어 비싼 값으로 그것을 사들였다."113(『동경몽화록』 권1 대내)고 하였다. 동화문 밖 경명방(景明坊)에는 반루(攀樓)라는 주루가 있었는데 본래 이름은 백반루(白攀樓)였다. 전하는 바에 따르면 '상인들이 이곳에서 명반을 팔았기'114 때문에 얻은 이름이라고 한다(오증,『능개재만록』 권9). 원래 반항 소속의 주루였을 것이다. 궁성에 아주 가까이 있어서 특별히 개축하고 새롭게 장식하였다. "백반루는 후에 풍악루(豐樂樓)로 바뀌었는데 선화연간(1119~1125)에 개수하여 3층 높이가 되었고 누각 다섯 개가 서로 마주하고 있으며 각각 공중에 걸린 다리와 난간으로 이어져 있었고 어둡고 밝은 것이 조화를 이루었다. 주렴과 수놓은 액자가 있고 등촉도 휘황찬란하였다. 처음으로 문을 열면 며칠은 제일 먼저 온 사람들에게 금기(金旗)를 경품으로 주었다. 이틀 정도가 지나면 그쳤다. 원소절 밤에는 죽 늘어선 지붕의 기와등과 기와 고랑 하나하나에 모두 연등을 달아 놓았다. 내서루(內西樓)는 후에 사람들이 올라와 구경하는 것을 금지하였는데 제일 높은 층에서 궁중을 볼 수 있었기 때문이다."115(『동경몽화록』 권2 주루)고 하였다. 이것은 동경에서 가장 높고 큰 주루였다. 일반 주루들은 모두 단지 2층이었으나 이것은 3층이었다. 『사림광기(事林廣記)』을집(乙集) 권1 동경성도(東京城圖)에도 그것만 3층으로 그려져 있다. 전하

113_ 『東京夢華錄注』卷1 大內, pp.31~32. 「东华门外市井最盛, 盖禁中买卖在此. 凡饮食时新花果 · 鱼鰕鱉蟹 · 鹑兔脯腊 · 金玉珍玩衣着, 無非天下之奇. 其品味若数十分, 客要一二十味下酒, 随索目下便有之. 其岁时果瓜蔬茹新上, 市亚茄瓠之类新出, 每对可直三五十千, 诸閣分争以贵价價取之.」

114_ 『能改齋漫錄』卷9, p.272. 「白礬樓 : 京师东华门外景明坊, 有酒楼, 人谓之矾楼. 或者以爲樓主之姓, 非也. 本商賈鬻矾於此, 後为酒楼. 本名白矾楼.」 역자주 이 구절은 본문의 권8이 아니라 권9에 기록되어 있다.

115_ 『東京夢華錄注』卷2 酒樓, p.71. 「大貨行通箋紙店, 白礬樓, 後改為豐樂樓, 宣和間更修三層相高. 五樓相向, 各有飛橋欄檻, 明暗相通, 珠簾繡額, 燈燭晃耀. 初開數日, 每先到者, 賞金旗, 過一兩夜則已, 元夜則每一瓦隴中, 皆置蓮燈一盞. 內西樓後來禁人登眺, 以第一層下視禁中.」

는 바에 따르면 "경사의 주점 가운데 으뜸이며 술 마시는 무리가 항상 천여 명이었다."[116][주밀(周密)『齊東野語』권11]고 하였다.

궁성 동남쪽 모퉁이의 동각루 옆에 있는 십자 거리에서 남쪽으로 가면 강항(薑行)이 있었고, 북으로 가면 고두가(高頭街)라는 거리가 있는데 사항(紗行)에서 동화문까지 다다랐고 거기서 곧바로 내성의 구산조문에 이르렀다. 그 거리의 "가게들이 가장 번화하고 시끌벅적하였다. 선화 연간에 협성(夾城)을 따라 관도(官道)를 확장하였다."[117](『동경몽화록』권2 동각루가항)고 하였다.

(7) 경령궁동문대가와 상국사동문대가

경령궁동문대가(景靈宮東門大街)는 경령궁 동문 밖에 있는 동서 방향으로 뻗은 대가로 북쪽의 반루가와 조문대가와 나란히 놓여 있었다. 거리 남쪽에는 첨수항 3개가 있었는데 동쪽에서 서쪽으로 나가며 제일조 첨수항, 제이조첨수항, 제삼조첨수항으로 나뉘어져 있었다. 제삼조첨 수항 동쪽에는 희희루객점(熙熙樓客店)이 있었고, 동쪽으로 가면 거리 남쪽에는 주루인 고양정점이 있었으며, 여기에서 북쪽으로 가면 곧장 마행가와 통하였다. 제이조첨수항 동쪽에는 심계원(審計院)이 있었고, 곧장 태묘전문(太廟前門)까지 이르렀다. 태묘에서 북쪽으로 가면 유림항(楡林巷)으로 들어가며 곧장 조문대가와 통하였다.

상국사동문대가(相國寺東門大街)는 상국사 동문 밖에 있는 남북 방향으로 뻗어 있는 대가이다. 거리에는 모두 두건, 허리띠, 서적, 관타(冠朶)[118] 등을 파는 가게들이 있었다. 사원의 남쪽은 녹사항(錄事巷)으로

116_ 『齊東野語』(周密 撰, 張茂鵬 點校, 北京:中華書局, 1997) 卷11 沈君與, p.206. 「一日, 携上鑾樓, 樓乃京師酒肆之甲, 飮徒常千餘人.」

117_ 『東京夢華錄注』卷2 東角樓街巷, p.66. 「自宣德東去, 東角樓乃皇城東南角也. 十字街南去, 薑行. 高頭街北去, 從紗行至東華門街‧晨暉門‧寶籙宮, 直至舊酸棗門, 最是鋪席要鬧. 宣和間展夾城牙道矣.」

118_ [역자 주] 관타(冠朶)란 관에 꽂는 조화(造花)이다.

기관(妓館)이 많이 있었다. 수항(繡巷)은 비구니들이 '자수를 만들며' 거주하는 곳이었다. 사원 북쪽은 소첨수항(小甛水巷)으로 남방 음식점과 기관이 많이 있었다. 북쪽으로 가면 이경조강포(李慶糟糠鋪)가 있었고 곧장 북쪽으로 가면 경령궁 동문 앞을 지나갔고 다시 북쪽으로 가면 고두가(高頭街)와 강항후항(薑行後巷)과 통하는데[119](『동경몽화록』 권3 사동문가항(寺東門街巷)] 궁성의 동화문 앞 대가와 이어졌을 것이다. 남북 방향으로 뻗어 있는 상국사동문대가는 경령궁 동문 앞에 있었는데 바로 동서 방향으로 뻗어 있는 경령궁동문대가와 '정(丁)'자처럼 엇갈려 만나 북으로는 동화문 앞 대가에서부터 그리고 남으로는 변하에 맞닿아 있는 대가(즉 동면 어가)부터 태묘에 통하는 대로가 되었다.

이상에서 언급한 8개 대가에 놓인 '시가' 가운데 북면 어가 즉 반루가, 마항가와 신봉구문대가가 가장 번화하였다. 반루가에는 집시 성격을 지닌 반루주점이 있었고 금은항이 있는 계신항과 와자 가운데 가장 큰 상가와자도 있었다. 마항가에는 마시와 장루, 양루, 임점 등 주점이 있었고 대화항과 소화항이 있는 동서 두 골목도 있었으며 북쪽으로 가면 또한 의항과 약항이 나왔다. 신봉구문대가에도 주북와자와 차방, 주점 및 음식점이 있었다. 그 다음은 성 전체의 중심을 가로질러 관통하는 선덕문전대가였다. 선덕문에서 동쪽으로 가면 반루가를 지나 구조문가에 이르는데 북산자 등 큰 다방과 약포가 있었고, 구조문에는 또한 만왕가 등 주점이 있었다. 구조문을 나가면 주가교와자도 있었고, 다시 동쪽으로 가면 우항가가 나오는데 우항과 간우루주점 및 유가대약포가 있었다. 선덕문에서 서쪽으로 가면 용로가에 이르는데 약포와 주점이 많이 있었다. 내성의 양문을 나가 양문대가에 이르면 또한 주서와자 및

119_『東京夢華錄注』卷3 寺東門街巷, p.102. 「寺東門大街, 皆是襆頭腰帶·書籍冠朶鋪席, 丁家素茶. 寺南即錄事巷妓館. 繡巷皆師姑繡作居住. 北即小甛水巷, 巷內南食店甚盛, 妓館亦多. 向北李慶糟薑鋪. 直北出景靈宮東門前. 又向北曲事稅務街·高頭街, 薑行後巷, 乃脂皮畫曲妓館.」

의성루 등 주루가 있었고 서쪽으로 가면 서대가가 나오는데 금은포과
약포가 있었다. 또 그 다음으로는 주교를 중심으로 하는 남면, 동면, 서
면 등의 세 어가이다. 남면 어가에는 경령궁 가까이에 장경루주점 및
금은포, 칠기포 등이 있었고, 주교에서 남쪽으로 가면 내성의 주작문에
이르는데 가게는 모두 주점과 음식점이었다. 다시 남쪽으로 가면 용진
교에 이르는데 그 길을 따라 '잡작'을 제공하는 음식점들이 있었다. 동

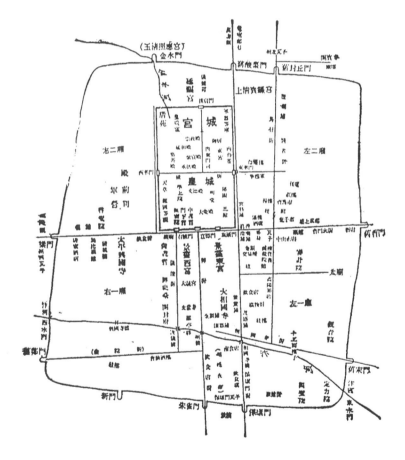

그림 56 북송 말 동경(개봉) 내성 복원도(출전: 梅原郁, 「北宋末期開封內城槪念圖」, 村田
治郎, 『中國帝都』, 綜藝舍, 1981, p.124.)

면 어가에는 주교에서 동쪽으로 가면 변하에 맞닿은 대가가 나오는데 거리 북쪽에 있는 상국사에는 정기 시장이 있었다. 내성의 구송문 밖에 이르러서는 인화점, 강점 등의 주점이 있었다. 이 일대에는 저점과 객점이 많이 있었다. 서면 어가에는 주교에서 서쪽으로 가면 국원가가 나오는데 과자항, 회선루주루, 설가분다, 양반숙양육포 등이 있었다. 상국사의 정기 집시에 서점이 있는 것 외에 서적포는 주로 이 대가에 설치되어 있었다.

『동경몽화록』권6 정월(正月)에서는 원단일에 대해 "예컨대 마행가, 반루가, 주동에 있는 송문[宋門, 당연히 조문(曹門)이라고 써야 한다.] 밖, 주서에 있는 양문 밖 용로(踊路, 즉 용로가), 주북에 있는 봉구문 밖 및 주남 일대에는 모두 단장을 한 차양을 치고 갓과 빗, 진주, 비취, 머리장식, 의복, 조화, 댓님과 버선[말(抹)은 원래 구(抹)로 잘못 쓰여 있었으나 등지성의 교감을 따라 바로 고쳤다.] 신발, 노리개 같은 것들을 펼쳐 놓았다. 사이사이 무도장과 노래 부르는 곳이 있었다."[120]고 하였다. 마항가와 반루가는 바로 북면 어가이고 '주동에 있는 조문 밖'과 '주서에 있는 양문 밖 용로'는 바로 성 전체를 가로질러 관통하는 선덕문전대가이다. '주북에 있는 봉구문 밖'은 북면 어가의 북쪽 끝이었으며 '주남'은 주교를 중심으로 하는 남쪽, 동쪽, 서쪽의 세 어가를 가리킨다. 여기서 가리키는 바는 성 전체에서 번화한 '시가' 지역이다. 『동경몽화록』권7 청명절(淸明節)에서 이르기를 이날에는 도성 사람들은 교외로 나가 새로 조성한 묘를 살피고 참배하였는데 "여러 성문 근처에 있는 지마포(紙馬鋪)에서는 모두 종이를 뭉쳐서 누각 모양을 거리에 만들어 놓았다."[121]고 하였다. 지마포는 종이로 만든 명기(冥器)를 파는 가게이다. 이 가게는 청명절에

120_ 『東京夢華錄注』卷6 正月, p.154. 「如馬行, 潘樓街, 州東曹門外, 州西梁門外踊路, 州北封丘門外, 及州南一帶, 皆結綵棚, 鋪陳冠梳・珠翠・頭面・衣著・花朵・領抹・靴鞋・玩好之類, 間列舞場歌館.」

121_ 『東京夢華錄注』卷7 淸明節, p.178. 「諸門紙馬鋪, 皆於當街用紙袞疊成樓閣之狀.」

사람들이 성을 나가 성묘하러 가는 것에 맞추어 그 거리에 여기저기 설치되었다. 북송 때 처음으로 종이로 만든 명기를 태우는 것이 유행하기 시작하여, 종이로 누각, 사람과 말 및 각종 도구를 만들어 명기로 삼았다. 따라서 많은 성문 입구에 이런 지마포가 상설되어 있었다. 남송 임안에는 지찰포(紙紮鋪)가 있었는데 예컨대 시서방(市西坊) 남쪽에는 서가지찰포(舒家紙紮鋪)가 있었고, 사자항(獅子巷) 어귀에는 서가지찰포(徐家紙紮鋪)가 있었다[122][『몽량록』권13 포석(鋪席)]. 이는 북송의 풍속을 그대로 이어받은 것이다(이상 그림 56 참조).

4)「청명상하도(清明上河圖)」가 묘사한 변하를 따라 동수문에 이르는 가시(街市)와 홍교(虹橋)의 교시(橋市)

앞 절에서 설명한 8개 대가에 있는 '가시' 외에 주교에서 변하를 따라 동수문에 이르는 수로와 육로가 병행하는 교통 및 그 '가시'가 훨씬 더 중요하였다.

(1) 변하를 따라 있는 대가와 동수문 옆의 대가

『동경몽화록』권1 동도외성에서 "동쪽 성벽에는 4개의 성문이 있다. 동남쪽에 있는 것을 동수문(東水門)이라 하는데, 변하 하류에 있는 수문이다. 그 문은 변하 위에 걸쳐 있으며 철판으로 고정시킨 격자창이 있어 밤이 되면 갑문(閘門)처럼 물속으로 내려 보냈다. 양쪽 기슭에는 문이 있는데 사람들이 통행할 수 있게 하였고, 괘자성(栬子城)[123]을 나서면

122_『夢粱錄』卷13 鋪席, p.193.「市西坊南和劑惠民藥局, 局前沈家・長家金銀交引鋪, 劉家・呂家・陳家綵帛鋪, 舒家紙紮鋪, 五間樓前周五郎蜜煎鋪・童家相燭鋪・張家生藥鋪, 獅子巷口徐家紙紮鋪.」

123_ 역자주 본문에서는 괴자성(拐子城)이라고 하고 있으나 변경성의 각 성문 밖에 성문을 둘러싸는 두 도로에 직각으로 마주 보는 담장을 쌓은 것을 가리키는 괘자성(栬子城)일 가능성도 있다. 원문에서도 괘자성이라고 기록하고 있다.

강 양쪽 기슭 사이가 100여 장이다. 그 다음에 신송문(新宋門)이 있고, 그 다음에 신조문(新曹門)이 있다."[124]고 하였다. 이것은 동수문의 남북 기슭에는 각각 사람들이 통행하는 성문이 있었는데, 이 두 성문이 바로 통진문(通津門)과 상선문(上善門)이고 신송문과 신조문을 더해 동쪽 성벽에 모두 4개의 문이 있었다는 것을 전해 준다. 『송회요집고』 방역(方域) 1-1에서 또한 "동쪽에는 5개 문이 있는데 남쪽을 상선문이라 하는데 변하동수문이고…그다음 북쪽을 통진문이라 하는데 변하동수문이고…그다음 북쪽을 조양문(朝陽門, 생각건대 신송문이다.)이라 하는데…그다음 북쪽을 함휘문(含輝門, 생각건대 신조문이다.)이라 하는데…그다음 북쪽을 선리문(善利門)이라 하는데 광제하수문(廣濟河水門)이다."[125]라고 하였다. 이처럼 광제하수문까지 그 안에 넣어 계산하면 동쪽에는 모두 5개의 문이 있었다. 상선문과 통진문은 동수문 남북 기슭의 성문이었는데, 『송회요집고』에서 혼란스럽게 합쳐 '동수문'이라고 한 것은 정확하지 않은 것이다. 실제로 수문을 끼고서 사람들이 통행할 수 있는 한문(旱門)이었다.[126] 변하 및 변하의 기슭은 경성의 수륙교통의 주요 도로로 일상생활에 필요한 물품을 사방에서 운송하여 들여오는 명맥이었기 때문에 변하에 수문을 설치하는 것 이외에 수문 양쪽 기슭에 또한 한문을 설치했던 것이다. 동수문만 이런 것이 아니라 서수문도 마찬가지 구조였다. 서수문의 북쪽 기슭에는 선택문(宣澤門)이 설치되어 있었고 남쪽 기슭에는 대통문(大通門)이 설치되어 있었다. 『송회요집고』에서 언급한

124_ 『東京夢華錄注』卷1 東都外城, p.1. 「東城一邊東城一邊, 其門有四, 東南曰東水門, 乃汴河下流水門也. 其門跨河, 有鐵裹窗門, 遇夜如闸垂卜水面. 兩岸各有門通人行路, 出梘子城, 夾岸百餘丈. 此則曰新宋門, 此則曰新曹門.」

125_ 『宋會要輯稿』第187冊 方域 1-1, p.7314-上. 「東五門, 南曰上善, 汴河東水門, 太平興國四年九月賜名; 次北曰通津, 汴河東水門, 太平興國四年九月賜名通津, 天聖初改廣津, 後複今名; 次北口朝陽,周曰延春, 太平興國四年九月改; 次北口含輝, 周曰含輝, 太平興國四年九月改寅賓, 後複今名; 次北曰善利,廣濟河水門, 太平興國四年九月賜名咸通, 天聖初改.」

126_ 역자 주 한문(旱門)에서 '한(旱)'은 육상 교통이라는 뜻이 있어 '한문'은 수문(水門)이 아니라 육상교통의 문이다.

'서육문(西六門)' 가운데 "그다음 북쪽은 대통문이라 하는데 변하남수문(汴河南水門)이고" "그다음 북쪽은 선택문이라고 하는데 변하북수문(汴河北水門)이다."라고 하였다.[127] 북송 동경의 수문 옆에만 한문이 있는 것은 아니었다. 남송 임안도 마찬가지였다. 임안성의 서북쪽에는 여항수문(餘杭水門)과 여항문(餘杭門)이 나란히 있었고 임안성의 동쪽에는 보안수문(保安水門)과 보안문(保安門)이 나란히 있었다. 여항문과 보안문은 모두 수문 옆의 한문으로, 수상교통과 육상교통이 나란히 나 있는 주요 도로를 이루었다.[128]

『동경몽화록』 권1 구경성(舊京城)에서는 "동쪽 성벽에는 문이 세 개 있는데 남쪽으로부터 변하의 남쪽 기슭에 각문자(角門子)가 있고 북쪽 기슭에 있는 것을 구송문(舊宋門)이라 하며, 그다음에 있는 것을 구조문(舊曹門)이라고 한다. 서쪽 성벽에도 문이 세 개 있는데 남쪽으로부터 구정문(舊鄭門)이라고 하고 그다음 변하의 북쪽 기슭에 각문자가 있고 그다음의 것을 양문(梁門)이라고 한다."고[129] 하였다. 여기서 말하는 각문자는 바로 동쪽과 서쪽의 각자문(角子門)이다. 내성 동쪽과 서쪽의 각자문은 사람이 통행할 수 있는 한문일 뿐만 아니라 수문이 나란히 놓여 있어 변하가 내성을 관통하는 도로가 되었다. 이곳은 당나라 정원(貞元) 14년(798)에 세운 수문일 것이다[한유(韓愈), 변하동서수문기(汴河東西水門記)].『동경몽화록』 권1 하도(河道)에서 변하에 대하여 "동수문 밖으로 7

127_ 『宋會要輯稿』 方域 第187冊 方域 1-1, p.7314-上.「次北曰大通, 汴河南水門, 太平興國四年九月賜名大通 天聖初改順濟 後複今名; 次北曰宣澤, 汴河北水門, 熙寧十年賜名.」

128_ 많은 연구자들은 이 점에 주의하지 않아 동수문 일대에 오직 수로 교통만 있다고 오해하였다. 사실 당시 사람들은 항상 수레를 타거나 말을 타고 성 안에서 이를 통해 밖으로 나갔다. 張知甫, 「張氏可書」,「道君旣遜位, 乘輕輿出東水門, 自稅舟, 得一草籠回脚糧船, 與舟人約價登岸. 見賣蒸餅者, 於篋中取金錢十文市一枚以食. 少頃, 童貫蔡攸者數人, 單騎俱至.」이 교통선상에서는 가벼운 가마를 탈 수도 있었고, 또 말을 탈 수도 있었으며 게다가 배도 탈 수 있었다는 것을 전해 준다.

129_ 『東京夢華錄注』 卷1 舊京城, p.26.「東壁其門有三: 從南汴河南岸角門子, 河北岸曰舊宋門, 次曰舊曹門. 西壁其門有三: 從南曰舊鄭門, 次汴河北岸角門子, 次曰梁門.」

리 떨어진 곳에 홍교(虹橋)라는 것이 있었고…그다음은 순성창교(順成倉橋)라고 하며, 수문 안으로 들어오던 것을 편교(便橋)라고 한다. 그다음은 하토교(下土橋)라고 하고 그다음은 상토교(上土橋)라 한다. 서각자문[西角子門, 생각건대 서(西)자는 동(東)의 잘못일 것이다.] 쪽으로 향하는 것을 상국사교(相國寺橋)라 하고 그다음은 주교(州橋)라고 한다."[130]고 하였다. 이는 변하가 동수문으로 흘러들어 외성으로 들어온 뒤 동각자문을 거쳐 내성으로 들어간다는 것과 그를 이어 서쪽으로 흘러가다 서각자문을 지나서 내성을 벗어난 뒤 서수문을 지나 외성을 빠져나간다는 것을 전해 준다.

동경 외성의 배치에서 사면의 성문이 설치된 곳에는 모두 성 안으로 통하는 대가가 있었다. 동수문 양쪽 기슭의 통진문과 상선문이나 서수문 양쪽 기슭의 선택문과 대통문도 예외는 아니었다. 모두 변하를 따라 있는 대가가 내성의 중심인 주교에 이르는데 그곳에서 만나서 교차하였다. 그 가운데 주교에서 동쪽으로 상국사교를 지난 뒤 동각자문를 관통하고 상토교, 하토교와 편교를 거쳐 통진문과 상선문이 있는, 변하에 따라 나 있는 대가에 이르는 길이 특히 중요하였다. 『동경몽화록』 권3 대내전주교동가항에서 "황궁 앞, 주교의 동쪽에 변하에 맞닿아 있는 대가가 있는데 상국사가(相國寺街)라고 한다. 주교처럼 평평한 다리가 걸려 있다.…동쪽으로 가면 성벽을 따라 있는 것이 모두 객점들인데 남쪽 지방에서 오는 관리, 상인, 군인 등이 모두 이곳에 머문다."[131]고 하였다. 주교에서 동쪽으로 변하를 따라 나 있는 대가는 상국사교까지 이른

130_『東京夢華錄注』 卷1 河道, pp.27~28. 「從東水門外七里曰虹橋, 其橋無柱, 皆以巨木虛架, 飾以丹, 宛如飛虹, 其上下土橋亦如之; 次曰順成倉橋, 入水門裏曰便橋, 次曰下土橋, 次曰上土橋, 投西角子門曰相國寺橋, 次曰州橋.」

131_『東京夢華錄注』 卷3 大內前州橋東街巷, p.87. 「大內前, 州橋之東, 臨汴河大街, 曰相國寺. 有橋平正如州橋, 與保康門相對. 橋西賈家瓠羹, 孫好手饅頭, 近南即保康門潘家黃耆圓. 延寧宮禁, 女道士觀, 人罕得入. 街西保康門瓦子, 東去沿城皆客店, 南方官員商賈兵級, 皆於此安泊.」

뒤 둘로 갈라져 한 길은 곧장 동쪽으로 가 다시는 강을 따라 가지 않고 내성의 구송문(즉 여경문)을 나가 외성의 신송문(즉 조양문)에 다다랐다. 이것이 바로 앞에서 언급한 동면 어가이다. 다른 길은 변하를 따라 동남쪽으로 가서 내성의 동각자문을 나가 상토교 등을 거쳐 통진문과 상선문에 이르렀다. 이것은 수로와 육로를 통해 중요 물품을 성안으로 운반하는 주요 교통로였다. 따라서 변하를 따라 동쪽으로 뻗은 시가는 동면 어가를 훨씬 넘어설 정도로 크게 번창하였다.

이 수로와 육로의 주요 교통로에는 관부의 많은 창고, 객상을 접대하여 물자를 보관하고 숙박 및 교역 진행을 제공하는 저점과 객점이 분포하였다. 관부의 쌀과 보리 창고가 적지 않았는데 "쌀과 보리를 저장하는 곳으로는 주동(州東)에서부터 홍교의 원풍창(元豊倉), 순성창(順成倉), 동수문(東水門) 안쪽의 광제창(廣濟倉), 이하절중창(裏河浙中倉), 외하절중창(外河浙中倉), 부국창(富國倉), 광영창(廣盈倉), 만영창(萬盈倉), 영풍창(永豊倉), 제원창(濟遠倉) 등의 창고가 있다."[132][『동경몽화록』 권1 외제사(外諸司)]고 하였다. 저점 역시 매우 많았는데, 그 가운데 유명한 것으로 오대 후주에서부터 북송 말까지 줄곧 운영된 십삼간루(十三間樓) 같은 것이 있었다. 동시에 이 일대는 또한 중요한 새로운 항시가 있던 곳이다. 앞서 새로운 항시의 형성에 대해 서술한 항목에서 이미 곡두항(미맥항), 면항, 채항, 우마항, 지항. 과자항 등이 변하 양쪽 기슭을 따라 흥기한 상황을 상세히 언급하였다. 이곳은 대량의 일용 물품이 운반되어 들어오는 중요 지역이었고 또한 화물을 대량으로 저장하고 교역하는 중심지였으며, 게다가 새로 흥기한 중요한 항시가 많이 들어선 곳이었다. 따라서 객상들이 구름처럼 몰려들었고 특히 남방에서 온 부유한 상인들이 많았다. 이 일대의 시가도 매우 번성했을 뿐만 아니라 그 나름의

132_『東京夢華錄注』卷1 外諸司, p.41.「諸米麥等：自州東虹橋元豐倉·順成倉, 東水門裏廣濟·裏河折中·外河折中·富國·廣盈·萬盈·永豐·濟遠等倉, 陳州門裡麥倉, 子州北夷門山五丈河諸倉, 約共有五十餘所.」

특징을 지니고 있었다. 아쉽게도 맹원로(孟元老)의 『동경몽화록』에는 이 방면의 기록이 빠져 있는데 아마 그가 서문에서 말한 것처럼 '아직 겪어 보지 못한 곳'이었을 것이다.[133] 그는 상업을 운영한 적도 없었고 게다가 대량의 매매에 종사하지도 않아서 이 일대에 와서 유람하지 않았기 때문이다. 다행히 「청명상하도」가 바로 통진문 안팎의 변하를 따라 있는 시가의 정경을 묘사하고 있어서 이 결함을 임시로나마 보완할 수 있다.[134]

(2) 「청명상하도」의 주제

「청명상하도」는 현재 북경의 고궁박물원에 소장되어 있다. 길이는 525cm이고, 폭은 25.5cm로 북송말에 장택단(張擇端)이 그린 것이다. 장택단은 자(字)가 정도(正道)이고 동무[東武, 지금의 산동 제성(諸城)] 사람으로 경사에 와서 공부를 했는데 "본래 계화(界畵)를[135] 교묘히 잘 그렸고 특히 배와 수레, 시와 다리, 곽경(郭徑, 성곽과 시가를 가리킨다.)그리기를 좋아하여 그 기법을 독특하게 이루었다."고 하였다[두루마리 끝에 있는 금나라 대정(大定) 병오(丙午)년(1186) 연산(燕山) 장(張)이 쓴 발문]. 두루마리 전체에 걸쳐 청명절에 변하 일대에 나가 유람하며 본 정경이 묘사되어 있는데 매우 세밀하고 생동감 있다. 이른바 '상하(上河)'란 변하에 나가 유

133_ 『東京夢華錄注』 夢華錄序, p.4. 「然以京師之造穰, 及有未嘗經從處, 得之於人, 不無遺闕.」

134_ 최근 『청명상하도』를 연구한 주요 성과로는 臧華雲의 「談淸明上河圖」(『文物參考資料』 1954-1), 徐邦達의 「淸明上河圖的初步硏究」(『古官博物院院刊』 1, 1958), 張安治의 「張擇端淸明上河圖硏究」(朝花美術出版社, 1962), 禹玉의 「淸明上河圖圖畵的是哪座橋」(『藝林叢錄』 제4편, 1964), 姜慶湘 · 蕭國亮의 「淸明上河圖和東京夢華錄看北宋汴京的城市經濟」(『中國社會科學』 1981-4), 일본 기다 모도루(木田知生)의 「宋代開封と張擇端 淸明上河圖」(「史林」 61-5)가 있다. 우옥(禹玉)의 논문은 원문을 아직 보지 못하였고 다만 기다 도모루가 인용한 것을 보았다.

135_ [역자 주] 계화(界畵)란 계획법(界劃法)에 따라 그린 그림이다. 계획(界劃)은 직선을 표현하기 위한 붓놀림과 평행자를 이용하여 선을 긋는 방법으로 궁실이나 누대를 그릴 때 사용한다.

람한다는 뜻이다. 당시 동경의 풍속에서는 청명절은 사람들이 성을 나
가 성묘하고 동시에 모여서 교외를 노니는 날이었다. 이날 "사방의 교
외가 시장처럼 시끌벅적하였으며 왕왕 아름다운 나무 밑이나 동산에서
잔과 접시들을 늘어놓고 서로 술을 권하였다. 도성의 가수들과 무녀들
은 동산과 정자로 두루 다니며 저녁이 되어서야 돌아왔다."[136](『동경몽화
록』권7 청명절)고 하였다. 이때 사방 교외의 풍경은 너무 좋아서 동쪽 교
외의 변하를 따라 있는 일대에는 유람하는 사람이 특히 많아 '상하'는
한때의 풍조가 되었다. "상하라고 하는 것은 당시 민간 풍속에서 숭상
한 것으로 오늘날 조상의 묘에 찾아가 참배하는 것과 같아서 이처럼 성
대했던 것이다."[137][이동양(李東陽), 「청명상하도후기(淸明上河圖後記)」, 이후(李
詡), 『계암노인만필(戒庵老人漫筆)』권1]라고 하였다. 작자 장택단은 화원(畵
院)에서 근무한 적이 있었고 두루마리 첫머리에 송 휘종이 수금체(瘦金
體)[138]로 쓴 다섯 글자의 서명 및 두 용을 새긴 작은 인장이 있다. 이 때
문에 명대에 이 두루마리 그림을 소장했던 이동양은 '이 그림은 당연히
선화 · 정화연간 이전의 풍요롭고 안락하여 태평스러운 시기에 작성된
것이다.'라고 단언하였다.

이 두루마리 그림은 먼저 동수문 밖 홍교 동쪽의 전원 풍경을 묘사하
고 있는데 담장이 낮은 초가집이 몇 채 있고 초가집과 기와집이 한데
어우러진 가옥들도 있다. 이어서 묘사하고 있는 것은 변하에 놓인 '시
교(市橋)' 및 그 주위의 시가이다. 다시 한 걸음 더 나아가 성문 입구의
시가 및 십자 거리의 시가 정경까지 묘사하고 있다. 그 가운데 1/3 편

136_ 『東京夢華錄注』卷7 淸明節, p.178. "四野如市, 往往就芳樹之下, 或園囿之間, 羅
列杯盤, 互相勸酬. 都城之歌兒舞女, 遍滿園亭, 抵暮而歸.」

137_ 『戒庵老人漫筆』(李詡 撰, 魏連科 點校, 北京:中華書局, 1982) 卷1 淸明上河圖,
p.32. 「李閣老東陽淸明上河圖後記云: "右淸明上河圖一卷, 宋翰林畵史東武張擇端所
作. 上河云者, 蓋其時俗所尚, 若今之上冢然, 故其盛如此也.」

138_ 역자 주 수금(瘦金)은 송 휘종의 호이며 수금체(瘦金體)란 휘종이 필획이 가늘면
서도 힘찬 자신의 글씨를 이른 말이다.

폭에 걸쳐 변하 조운의 한 모습을 묘사하고 있다. 그림에는 다양한 인물 770여 명, 각종 가축 90여 마리, 집과 누각 100여 칸, 크고 작은 선박 20여 척이 그려져 있다. '배와 수레, 시교, 곽경'은 바로 이 화가가 특히 장점을 발휘하여 묘사한 것이었다. 명대에 소장자인 이동양은 자신이 작성한 「청명상하도후기」에서 이 그림에 대하여 개괄적으로 서술하였다.

그림의 높이는 1척에 못 미치고 길이는 2장 남짓이다. 사람 모습은 1촌이 안 되고 작은 것은 겨우 한두 푼이며 다른 것들도 이와 같다. 먼 곳에서 가까운 곳으로, 개략적인 것에서 자세한 것으로, 교외에서 성과 시장까지 이르고 있다.…인물로는 관리, 사인(士人), 농민, 상인, 의원, 승려와 도사, 서리, 숙달된 사공, 닻줄꾼, 부녀자, 노복을 앞세워 가는 사람, 앉은 사람, 묻는 사람, 답하는 사람, 주는 사람, 받는 사람, 부르는 사람, 호응하는 사람, 말 타고 달리는 사람, 지고 가는 사람, 이고 가는 사람, 안고 끼고 가는 사람, 길 가며 껄껄 웃는 사람, 도끼와 톱을 든 사람, 삼태기와 가래를 다루는 사람, 잔과 병을 쥔 사람, 웃통을 벗고 바람을 즐기는 사람, 피곤하여 잠자는 사람, 나른하여 하품을 하고 기지개를 켜는 사람, 가마를 타고 주렴을 올리고 엿보는 사람이 있다. 또한 널빤지로 짐을 싣는 상자를 만들었으나 바퀴가 없어 땅에 끌고 가는 사람, 무거운 배를 끌고 급류를 거슬러 가며 온 힘을 다해 조금씩 나아가는 모습을 둥근 다리와 강기슭 주변에 발을 디디고 서서 보는데 모두 즐거움을 나누고 소리쳐 도우며 여러 사람들의 입은 많지만 한목소리인 듯하다. 나귀와 노새, 말, 소, 낙타 등의 경우 사람을 태우는 것, 짐을 싣는 것, 누운 것, 쉬는 것, 물을 마시는 것, 꼴을 먹는 것, 자루에 가서 풀을 되새김하는 것, 머리를 자루에 반쯤 넣은 것 등이 있다. 건물로는 관아, 시장 가게 건물, 교외의 별장, 사원과 도관의 임시 건물, 문·창문·칸막이·울타리·장벽의 틀이 사이사이 보이거나 두드러지게 높게 나타난다. 가게에서 파는 것으로는 술, 반찬, 향, 약, 온갖 잡화 같은 것이며 모두 이름을 편액에 써 놓았으나 상점마다 자획이 잘고 가늘어 거의 판별하여 알아볼 수 없다.[139]

(3) 「청명상하도」 속의 홍교(虹橋)와 교시(橋市)

그림 속의 '시교(市橋)'는 다리 기둥이 없이 큰 나무로 공중에 떠받쳐 있어 하늘에 걸린 무지개와 같은 모습의 다리이다. 당시 동경의 변하에는 홍교, 하토교, 상토교만이 이러한 구조로 되어 있어 많은 연구자들은 이 시교가 동수문 밖 7리에 있는 홍교라고 생각하였는데 이는 믿을 만하다. 이곳에서만 교외의 전원 풍경을 볼 수 있지만 내성 가까이에 있는 하토교와 상토교 일대는 변하를 따라 있는 중요한 교통로 위에 있고 당시 변하를 따라 놓인 교통 요지에는 전원이 있을 수는 없기 때문이다. 동시에 이것이 청명이라는 성을 나가 교외에서 유람한다는 절일에 '상하'하며 바라본 풍경을 묘사한 것이므로 이동양이 '교외에서 성과 시장까지'라고 한 것은 정서에도 맞고 이치에도 맞는 것 같다.[140] 다리

139_ 『戒庵老人漫筆』卷1 淸明上河圖, pp.32~33. 「图高不满尺, 长二丈有奇, 人行不能寸, 小者才一二分, 他物称是. 自远而近, 自略而详, 自郊野以及城市. 山则巍然而高, 隤然而卑, 洼然而空. 水则潆然而平, 渊然而深, 逶然而长引, 突然而湍激. 树则槎然枯, 郁然秀, 翘然而高耸, 翳然而莫知其所穷. 人物则官士农贾医卜僧道胥隶篙师缆夫妇女藏获之行者坐者, 授者受者, 问者答者, 呼者应者, 骑而驰者, 负者戴者, 抱而携者, 导而前呵者, 执斧锯者, 操畚锸者, 持杯罂者, 袒而风者, 困而睡者, 倦而欠伸者, 乘轿而搴帘以窥者, 又有以板为舆, 无轮箱而陆拽者, 有牵重舟泝急流, 极力寸进, 圜桥匝岸, 驻足而旁观, 皆若交欢助叫, 百口而同声者. 驴骡马牛橐驼之属, 则或驮或载, 或卧或息, 或饮或秣, 或就囊乾草首入囊牛者. 屋宇则官府之廨, 市廛之居, 村野之庄, 寺观之庐, 门窗屏障篱壁之制, 间见而层出. 店肆所鬻, 则若酒若馔, 若香若药, 若杂货百物, 皆有题扁名氏, 字画纤细, 几至不可辩识.」

140_ 장화운(臧華雲), 서방달(徐邦達), 장안치(張安治) 등은 모두 그림 속의 다리는 홍교이며 그림 속의 성문은 동수문이라고 보았다. 그러나 우옥(禹玉)은 다리가 하토교이고 성문은 동각문자라고 보았다. 기다 도모루는 두루마리 첫머리의 전원 풍경이 북송 말에는 "경사의 호구가 날로 늘고 건물이 빽빽이 붙어 있어 조금이나마 수용할 만한 틈도 없습니다."「송회요집고」방역 4제택(第宅)에 실려 있는 선화 2년 10월 28일 옹언국(翁彦國) 주의(奏議)라는 상황으로 보아 외성 내부에 존재할 수는 없다고 주장하였다. 그러나 그는 다리가 홍교인지 아니면 하토교나 상토교인지는 단정하지 않았다. 또 이 그림은 실제 있는 것을 그린 것이 아니

남쪽의 양편에는 나무로 만든 높은 화표(華表)가 세워져 있는데, 꼭대기 가까이에는 나무를 짧게 가로로 꽂아 '십(十)'자 모양으로 교차하도록 하고, 맨 꼭대기에는 나무로 만든 금계(金鷄)를 세워 두었다. 이것은 교통대로에 있는 다리 어귀에 둔 기표로서 동수문 밖 변하에 놓인 첫 번째 대교의 어귀에 세워 둠으로써 오가는 배들이 멀리서도 볼 수 있어 다리 밑으로 무사히 들어갈 수 있도록 준비하였다. 다리의 양쪽 강변에는 대형 화물선이 많이 정박해 있고 한 척은 막 돌아서 다리 밑으로 들어가고 있다. 다리 양쪽에는 모두 임시가게가 지붕을 펼치고 가설되어 있는데 지붕은 네모 모양 혹은 둥근 모양으로 일정치 않다. 이것이 이른바 '시교(市橋)'이다. 송 인종 천성 3년(1025) 정월에 순호혜민하(巡護惠民河) 전승설(田承說)의 주청 때문에 조칙을 내려 "경성의 여러 다리 위에 백성들이 지붕을 친 가게를 가설하고 난간을 차지하여 수레와 말의 왕래를 방해해서는 안 된다."[141](『송회요집고』방역 13-21)고 하였다. 사실상 이러한 금지령은 관철될 수 없었고 북송 말까지 이런 '시교'는 여전히 유행하였다. 다리 끝에는 말을 몰아 수레를 끌고 가는 사람이 있고 또한 화물을 실은 가축을 몰고 가는 사람도 있으며, 게다가 무거운 짐을

라 일종의 '가슴 속에 있는 그윽한 정취'를 그린 것이라고 보았다. 그리고 성문에 성벽이 이어져 있는 것이 보이지 않아 가고(街鼓)를 내건 누문(樓門)일 것으로 추정하였다. 우리는 이 그림을 온전히 실제 있는 것을 그린 것으로 여긴다. 두루마리 첫머리의 전원 풍경을 묘사한 것은 교외, 즉 홍교 동쪽의 정경이다. 그림 속의 다리는 확실히 홍교이다. 유명한 홍교이어야만 이런 규모일 수 있고 아울러 그 주위의 상황과도 서로 부합된다. 성문은 당연히 통진문이다. 통진문 남쪽으로 변수동수문에 가까이 붙어 있어서 그림에 성벽이 이어져 있지 않은 것이다. 그 규모와 문 위의 누각을 통해서 반드시 중요한 성문이었을 것이므로 결코 가방(街坊)에 있는 가고를 둔 작은 누각은 아닐 것이다. 송민구(宋敏求)는 「춘명퇴조록(春明退朝錄)」권상에서 "경사는 사거리 길에 있는 작은 누각 위에 북을 두고서 저녁과 새벽을 알렸다. 태종 때, 장계(張洎)에게 방명(坊名)을 제정토록 명하고 패를 누각 위에 늘어놓도록 하였다."고 하였다. 이렇게 가고를 두고 방명을 걸어 두는 작은 누각은 성문의 누각보다 많이 작았을 것이다. 그림 속에 있는 규모가 거대한 누문은 결코 가고를 둔 작은 누각일 수 없고 또 내성의 각자문일 리도 없다.

141_『宋會要輯稿』第912冊 方域 13-21, p.7540-下. 「在京諸河橋上, 不得百姓搭蓋鋪占欄, 有妨車馬過往.」

어깨에 메고 잰 걸음으로 가는 사람도 있었다. 다리를 중심으로 강을 따라 있는 양쪽 기슭에는 모두 상점이 설치되어 있는데, 이른바 '교시(橋市)'이다. 남쪽 기슭에는 '십천각점(十千脚店)'이 있었다. 이 주점이 스스로 '각점(脚店)'이라 했는데 규모는 당연히 '정점'보다 작았을 것이다. 그러나 문 앞에는 '채색 비단으로 장식한 환문'도 있으며, 주위에 있는 낮은 평평한 집 속에서 이층누각으로 세워져 있었다. 또한 거리에 맞닿아 있는 문에는 이미 술손님들이 자리를 가득 채웠고 문 앞에는 말과 나귀 등이 쉬고 있으며, 술집에 내건 주기(酒旗)에는 '천지미록(天之美祿)[142]', '신주(新酒)' 등의 글자가 쓰어 있다.

(4) 「청명상하도」에 묘사된 통진문(通津門) 안의 가시(街市)

'십자의 거리'로 그린 길거리 시장인 '가시'는 화려하고 웅장한 성문 안쪽에 있는데 상품을 가득 실은 낙타 무리가 마침 이 문에서 동쪽으로 성을 나가고 있다. 성문은 당송 이래 유행하는 '과량식(過梁式)' 목제 구조로 된 문이고, 성문 위에는 크고 높은 목제 구조의 화려한 누각이 있다. 누각 남쪽에는 아래로 계단이 있어 이것을 밟고 오르내릴 수 있다. 틀림없이 이것은 중요한 성문일 것이다. 많은 연구자들은 이것을 동수문이라고 생각하지만 실제로는 동수문 북쪽 기슭에 있는 통진문일 것이다.[143] 성문 안쪽에서 몇몇 상점을 지나서 서쪽으로 멀지 않은 곳에 화려하고 당당한 3층짜리 높고 큰 건물이 있는데, 문 입구에 '손가정점

142_ 역자 주 천지미록(天之美祿)이란 곧 술을 의미한다. 예전부터 녹봉을 곡식으로 주었고 곡식으로 술을 만들었기 때문이다.

143_ 동수문은 통진문·상선문과 나란히 있고 서수문은 선택문·대통문과 나란히 있어 송나라 사람들은 뒤섞어서 부르곤 하였다. 『續資治通鑑長篇』卷303 元豊三年三月丁亥條, 「都大提擧導洛通汴司 宋用正言, 近泗州置場, 堆垛商貨, 本司承攬船載, 將欲至京, 乞以通津門外順成倉爲堆垛場.」 이른바 통진수문(通津水門)은 곧 동수문을 가리킨다. 『通鑑長篇記事本末』卷147 靖康元年正月癸酉條, 「是夕金人攻 宣澤門, 以火船數十順流而下.」 『속자치통감장편』卷52, 『정강전신록(靖康傳信錄)』, 『정강요록(靖康要錄)』에서도 이 일을 언급하였는데 '선택문'을 모두 '서수문'이라고 적고 있다.

(孫家正店)'이라고 크게 쓴 간판이 걸려 있다. 그리고 문 앞에는 '채색 비단으로 장식한 환문'이 설치되어 있고 서쪽에는 긴 장대에 깃발이 걸려 있다. 이것이 바로 동경에 있는 72곳의 '정점' 가운데 하나이다. 동경의 큰 주점은 종종 성문 어귀에 설치되었는데 손가정점은 바로 통진문 어귀에 있었다. 문헌에서는 동화문 밖에 있는 백반루(白礬樓)는 3층 누각이라고 하지만 이 그림에 따르면 북송 말에는 3층짜리 주점이 이미 백반루 한 집만이 아니었다는 것을 알 수 있다. 문헌에서 말하는 대주루의 3층 누각 및 '채색 비단으로 장식한 누각' 및 '수놓은 깃발'은 모두 이 그림 속에서 그 모습을 찾을 수 있다. 여기에 백반루와 똑같은 3층짜리 대주점이 있다는 것은 이 일대의 가시(街市)가 홍성했다는 것을 전해 준다. 가게의 간판에서 '왕가라면필백포(王家羅綿匹帛鋪)', '유가상색침단동향(劉家上色沈檀棟香)', '유삼숙정장자화(劉三叔精裝字畵)', '손양점(孫羊店)'라고 쓰여 있는 것을 볼 수 있는데, 이것들은 비단 가게, 향료 가게, 표구점 및 음식점이다. 이와는 달리 '구주왕원외가(久住王員外家)'라고 쓰여 있는 것도 있는데 스스로 '원외(員外)'라고 하고 또한 '오래 동안 거주하였다[구주(久住)]'고 한 것에서 이 가게는 어떤 부호가 상인을 접대하기 위해 개설한 저점이었을 것이다. 십자 거리의 서남쪽 모퉁이에는 천막을 친 건물이 있는데 한 무리의 사람들이 앉아서 설창(說唱)을 듣고 있다. 또한 '신과(神課)', '간명(看命)', '결의(決疑)'라는 간판을 내건 점쟁이들도 있다.

십자 거리 가운데 동서 방향 길의 서쪽에는 '조태승가(趙太丞家)'라는 네 자를 크게 가로 써서 걸어 놓은 의약포가 있는데 간판에 '칠로오상(七勞五傷)…', '치주소상진방집향환(治酒所傷眞方集香丸)', '대리중환(大理中丸)…' 등의 글자가 쓰여 있다. 가게 안에서 동서 양쪽에는 등받이 없는 긴 의자[장등(長凳)][144가 좌석으로 있고 한가운데는 또한 등을 기댈 수 있는

144_ 역자 주 장등(長凳)에서 등(凳)은 등받이가 없는 의자를 가리킨다.

자리[좌의(座椅)][145]가 있으며 때마침 고객을 열심히 접대하고 있다. 이것은 '피로'나 '상처'를 전문적으로 치료하는 환약을 팔기 위해 호소하는 것으로 아마 이 일대에 오가는 화물선, 수레와 가마가 많아 사공, 수레꾼, 가마꾼 및 화물을 운반하는 일꾼도 적잖이 오고 가기 때문에 '칠노오상(七勞五傷)'이라는 질병이 비교적 쉽게 발생하였을 것이다. 따라서 이 의약포에서는 전문적으로 '노(勞)'나 '상(傷)'을 치료한다는 것을 광고하였던 것이다.

5) 북송 말 동경의 주루·다방과 음식점의 특징

북송 동경의 가시(街市)에는 주루, 다방과 음식점이 매우 큰 비중을 차지하였고 많은 특징을 띠고 있었다. 이것은 가시가 번화하게 형성하고 발전한 것과 밀접한 관계가 있었다.

(1) 동경 주루의 특징

주루는 정점과 각점으로 구분되었다. 큰 주루를 정점이라 불렀는데 모두 72곳이 있었다. 그 나머지 작은 주점을 각점이라 하였다. 후에 남송 임안에서도 이런 호칭을 그대로 사용하였다. 정점은 모두 떠들썩한 가시(街市) 및 중요한 성문 어귀의 가시(街市)에 세워졌다. 예컨대 반루는 반루가에 있었고 장루, 양루, 임점과 소화항의 시루(時樓)는 마항가에 있었다. 백반루는 궁성 동화문 밖에 있었고 손가정점은 외성의 통진문 안에 있었다(「청명상하도」에 보인다.). 장경루는 경령동궁의 동쪽 담장 근처에 있었고 회선루는 서면 어가 가운데 내성 남쪽에 가까운 신문 안에 있었다. 하왕가정점과 이칠가정점은 내성 서쪽의 구정문 밖에 있었고, 중산정점은 반루가 동쪽의 십자 거리 남쪽에 있었다. 고양정점은

145_ 역자 주 좌의(座椅)는 등을 기댈 수 있거나 팔을 걸쳐 놓을 수 있는 자리를 가리킨다.

토시자에서 남쪽으로 곧장 태묘가(즉 경령동궁동문대가)에 이르는 거리에 있었고, 만왕가와 유락장가는 내성 동쪽의 구조문에 있었다. 간우루주점은 우항가에 있었고, 의성루, 약장사점(藥張四店)과 반루(班樓)는 내성 서쪽에 있는 양문 서쪽의 대가에 있었다. 유루(劉樓)는 금량교(金梁橋) 앞에 있었고 장팔가원택정점(張八家園宅正店)은 외성의 대루문에 있었다. 또한 팔선루(八仙樓)는 주북에 있었지만 그 지점은 상세히 알려져 있지 않다.

정점 가운데 새로운 항시에 설치한 것들이 있다. 예컨대 마항의 장루, 우항의 간우루, 소화항의 시루 등이 있고 아마 반항의 백반루도 그러할 것이다. 이것은 당나라 때 마항에서 주점을 설치한 풍조를 그대로 이어받은 것이며 항두(行頭)가 있던 곳이었다. 아울러 상품의 수량과 품질을 검사하고 가격을 흥정하며 매매를 결정하고서 계약을 체결하는 장소가 되어 실제 항시의 회관 및 교역소라는 성격을 지니고 있었다. 대화항과 소화항은 '모두 수공업에 능숙한 기교를 지닌 공인들이 거주하는 곳'[146]이어서 수공업의 작방 같은 성격을 갖고 있었다. 당시 "무릇 인력을 고용하는 데 있어 마름, 요리사, 수공예인 등의 사람들은 항로(行老)가 있어 고용을 소개해 주었다."[147][『동경몽화록』 권3 고멱인력(雇覓人力)]고 하였다. 소화항의 시루는 소화항의 교역소이자 소화항의 항로 소재지이기도 하였다. 이 때문에 이러한 주루는 일반적인 사교 장소로 기능하는 것 외에 특수한 역할을 하여 새로운 항시 및 상품 교역의 발전을 촉진하였다.

(2) 동경의 주점 · 다방과 집시

몇몇 주점과 다방은 한 지역에 있는 집시의 중심이 되었다. 예컨대

146_『東京夢華錄注』卷2 酒樓, p.71. 「北去楊樓, 以北穿馬行街, 東西兩巷, 謂之大小貨行, 皆工作伎巧所居.」

147_『東京夢華錄注』卷3 雇覓人力, p.115. 「凡雇覓人力, 乾當人・酒食作匠之類, 各有行老供雇. 覓女使即有引至牙人.」

반루의 문 앞은 매일 아침부터 저녁까지 끊임없이 성행하는 집시였다. 또한 다방은 야간 집시에서는 실제로 도박장이 되었는데 예컨대 '귀시자(鬼市子)'라고 부른 종행리각다방(從行里角茶坊)은 오경부터 날이 밝을 때까지 열리는 집시에서 그러하였다. 또 몇몇 주루와 다방은 주민이 밤에 노는 곳이 되었는데 예컨대 구조문가의 북산자다방은 "관리의 부인들이 밤에 노닐다 종종 여기에서 차를 마시기도 하였다."[148]고 하였고 "고양정점은 야시일 때 더욱 번성하였다."[149](『동경몽화록』 권2 반루동가항)고 하였다. 적잖은 주점과 와자는 밤새 내내 영업을 하였는데 "무릇 여러 주루와 와시(瓦市)는 바람 부나 비가 오나, 춥거나 덥거나 가리지 않고 대낮부터 시작하여 밤새 내내 여니 장사를 연이어 함이 이와 같았다."[150](『동경몽화록』 권2 주루)고 하였다. 동경 야시장의 흥성은 주점, 다방과 와자의 밤샘 영업과 관계가 있었다.

　주루는 사람이 왕래하는 가장 번잡한 곳이었다. 몇몇 주점에는 기녀가 있었는데, 예컨대 임점에는 저녁이 되면 "짙은 화장을 한 기녀 수백 명이 주랑의 기둥[주랑첨(主廊檐), 원래 겸(槏)으로 잘못 기록되어 있었으나 등지성(鄧之誠)의 교감을 쫓아 바로 고쳤다.] 앞에 모여 술손님이 불러 주기를 기다리고 있었다."[151]고 하였다. 또 부녀자 가운데 가게로 들어와 '술손님에게 탕을 바꾸고 술을 따르는' 사람도 있는데 '준조(焌槽)'라고 불렀다. 또한 가게로 들어와 손님을 대신하여 '물건을 사 오고 기녀도 불러 주고 돈이나 물건을 가져오거나 보내 주는' 사람도 있는데 '한한(閑漢)'이라고 불렀다. 또한 '앞에 와서 탕을 바꾸고 술을 따르며 노래를 하거나 과자나 향료 같은 것을 바치는' 사람이 있는데 '시파(厮婆)'라고 불렀다.

148_『東京夢華錄注』 卷2 潘樓東街行, p.70. 「內有仙洞仙橋, 仕女往夜遊吃茶於彼.」

149_『東京夢華錄注』 卷2 潘樓東街巷, p.70. "高陽正店, 夜市尤盛.」

150_『東京夢華錄注』 卷2 酒樓, p.71. 「大抵諸酒肆瓦市, 不以風雨寒暑, 白晝通夜, 駢闐如此.」

151_『東京夢華錄注』 卷2 酒樓, p.71. 「濃粧妓女數百, 聚於主廊槏面上, 以待酒客呼喚, 望之宛若神仙.」

하급 기녀로서 스스로 와서 노래하는 사람을 '차객(簫客)' 혹은 '타주좌(打酒坐)'라고 불렀다. "또한 약이나 과일, 무 같은 것을 파는 사람들이 있는데 술손님이 사거나 말거나 앉은 손님에게 나눠 준 뒤 돈을 받으면 그것을 살잠(撒暫)이라고 불렀다."[152]고 하였다. 이러한 풍조는 남송 임안까지 줄곧 유행하였다. 동경에서는 주교의 탄장가, 구조문의 유락장가만이 앞에서 말한 사람들이 가게에 들어오는 것을 허가하지 않았고 일류의 좋은 술과 채소를 파는 것으로 유명하였다.

(3) 동경 음식점의 특색

동경의 음식점은 부문별로 나뉘어 가시(街市)에 개설되었고 게다가 종류도 매우 많았다. 큰 음식점은 '분다(分茶)'라고 하거나 '다반(茶飯)'이라고 불렀다. 북방음식점과 남방음식점, 사천음식점 등의 구분이 있었다.,또 양반(羊飯)이라 부르는 것도 있었으며, 게다가 종식점(從食店), 갱점(羹店), 호갱점(瓠羹店), 혼돈점(餛飩店), 병점(餠店), 소분다(素分茶) 및 채면(菜麵), 흘달(肐月達), 즉석 식사를 파는 가게도 있었다. 유명한 분다점(分茶店)으로는 주교 남쪽의 이사분다(李四分茶) 같은 것이 있었고 "북방음식점으로는 반루 앞 이사가(李四家), 단가오(오)물[段家爊(熬)物], 석봉파자(石逢巴子)가 있고, 남방음식점으로는 사교금가[寺橋金家, 사교(寺橋)는 당연히 상국사교를 가리킨다.] 구곡자주가(九曲子周家)가 손가락을 꼽을 만하였다. 야시장은 삼경이 되어서야 끝났다가 오경이 되면 다시 개장하였다."[153](『동경몽화록』권2 마항가포석)고 하였다. 양반으로는 국원가의 설가

152_『東京夢華錄注』卷2 飮食果子, p.73.「為酒客換湯斟酒, 俗謂之焌糟. 更有百姓入酒肆, 見子弟少年輩飮酒, 近前小心供過使令, 買物命妓, 取送錢物之類, 謂之閑漢. 又有向前換湯斟酒歌唱, 或獻菓子香藥之類, 客散得錢, 謂之廝波. 又有下等妓女, 不呼自來筵前歌唱, 臨時以些小錢物贈之而去, 謂之箚客, 亦謂之打酒坐. 又有賣藥或果實蘿蔔之類, 不問酒客買與不買, 散與坐客, 然後得錢, 謂之撒暫.」

153_『東京夢華錄注』卷3 馬行街鋪席, p.112.「北食則礬樓前李四家・段家爊物・石逢巴子, 南食則寺橋金家、九曲子周家, 最為屈指. 夜市直至三更盡, 纔五更又復開張.」

분다(薛家分茶), 양반(羊飯), 숙양육포(熟羊肉鋪)가 가장 유명하였다. 종식은 주교의 조가종식(曹家從食)이 가장 이름났다. 호갱점으로는 반루가의 서가호갱(徐家瓠羹)과 상서성 서문의 서동자곡(西東子曲)에 있는 사가호갱(史家瓠羹)이 가장 유명하였다. 병점은 유병점(油餠店)과 호병점(胡餠店)으로 나뉘는데, 주교 남쪽의 조파파육병(曹婆婆肉餠), 토시자 남쪽의 황건원가에 있는 정가유병(鄭家油餠)과 용진교 서남쪽의 무성묘 앞에 있는 장가유병(張家油餠)이 가장 번성하였다. 원경(袁褧)은 『풍창소독』권상에서 "옛 동경에는 능숙한 기예인이 많고 기술도 기묘했는데 삶고 굽고 하여 소반에 담아내는 음식으로 명성을 드날렸다. 예컨대 왕루매화포자(王樓梅花包子), 조파육병(曹婆肉餠), 설가양반(薛家羊飯), 매가아압(梅家鵝鴨), 조가종식, 서가호갱, 정가유병, 왕가유락(王家乳酪), 단가오물, 석봉파자남식(石逢巴子南食) 같은 것은 모두 당시에 칭송이 자자했다."[154]고 하였다. 그 가운데 왕루매화포자는 곧 왕루산동매화포자(王樓山洞梅花包子)이다. 이것과 매가아압은 모두 주교의 남쪽에 있었다.

동경의 음식점에서 파는 음식 종류는 매우 많았다. 그 가운데 유명하고 뭇사람들의 사랑을 받은 것으로는 갱(羹) 종류가 비교적 많았고, 동물의 콩팥 종류도 적지 않았다. '첨(簽)'이라는 볶는 방법으로 만든 반찬도 당시 유행하였고 각종 양고기의 질과 맛이 다양하였다. 이런 풍조는 남송 임안까지 줄곧 이어지면서 발전하였다. '파자(犯鮓)'는 동경 특유의 먹는 고기로 '진미(珍味)'라고 일컬어졌다. '파(犯)'는 양념을 넣어 만든 마른 고기이고, '자(鮓)'는 양념을 넣어 만든 물고기, 새우, 게, 참새 등의 고기이다. '파자'를 가공하여 만드는 이름난 음식점은 궁성 동화문 밖에 집중되어 있었는데, 하(何)·오(吳)·위(魏) 세 집이 가장 뛰어나게

154_『楓窓小牘』卷下, p.17. 「舊京工伎固多奇妙, 卽烹煮盤案亦復擅名. 如王樓梅花包子·曹婆肉餠·薛家羊飯·梅家鵝鴨·曹家従食·徐家瓠羹·鄭家油餠·王家乳酪·段家爊物·石逢巴子南食之類, 皆聲稱於時.」 **역자 주** 이 구절이 권상(卷上)에 있는 판본과 권하(卷下)에 있는 판본 등이 있다.

두드러졌다[하·오 두 집은 주휘의『청파별지』권하에 보이고, 위씨(魏氏)는 홍매의『이견지보(夷堅志補)』권9에 보인다.]. 태평노인(太平老人)의「수중금(袖中錦)」에서 전하는 '천하제일'의 물품 가운데 '동화문파자'가 있다. 이 '천하제일'이라 불렸던 식품 가공 기술은 남송 임안에 이르러 더욱 발전하여 전문 파자점도 개설되고 명칭도 늘어나 많게는 40가지나 되었다. 주교 남쪽의 야시장에서 파는 '잡작'이라는 식품도 종류가 매우 많았다. 그 가운데 여름에 마시는 양수(凉水)로는 사탕녹두감초빙설량수(沙糖菉豆甘草冰雪凉水)와 여지고(荔枝膏) 같은 것이 있었다. '종식'이라 부르는 것 가운데 쪄서 만든 떡으로는 사탕빙설냉원(원)자(沙糖冰雪冷元(圓)子) 등이 있었는데, 남송 임안에서도 더 크게 환영을 받았다.

6) 북송 말 동경의 각종 집시 분석

앞서 이미 언급한 대로 북송 초부터 중기까지 동경에서는 새로운 항시가 흥기하였다. 예컨대 곡두항(미맥항), 면시, 육시, 어항, 채항, 과자항, 우항, 마항, 사항, 지항, 대화항, 소화항, 금은항, 진주항, 문자항(서적항) 등이다. 이것은 예전의 폐쇄식 '시'를 대체하며 경제생활에서 중대한 기능을 발휘하였고 이 기초 위에서 번화한 가시(街市)가 발전하였다. 이런 많은 새로운 항시는 모두 교통이 편리한 중요 도로에 있던 집시가 점차 발전하여 형성된 것이다, 몇몇 성문 어귀 가까이에 있는 새로운 항시로는 예를 들어 면시, 육시, 과자항 등이 있는데 늘 아침저녁으로 열리는 집시와 같은 성격과 특징을 가지고 있었다. 북송 말에 이르러 동경에 이미 번화하고 밀집된 가시가 형성되었더라도 여전히 집시가 적잖이 남아 있었다. 집시의 소재지에 따라 정기 묘시(廟市), 주점·다방의 집시, 와자의 집시, 성문 어귀의 집시와 거리 입구의 집시가 있었다. 집시는 열리는 시간에 따라 정기적으로 열리는 집시, 아침시장, 야시장 및 낮시장처럼 정해진 시간에 열리는 집시, 그리고 절일에 열리는 집시가 있었다. 집시는 북송 말에 동경의 시장 거래에서 여전히 일정한 역할을 하였다. 이것은 동경에서 새롭게 흥성한 가시의 특징 중 하나이다.

동경에 있는 교통대로의 교차점에는 십자형 거리 혹은 '정(丁)'자형 거리가 있었다. 그 가운데 '시(市)' 혹은 '시자(市子)'라고 부르는 곳도 있었다. 예컨대 반루가 동쪽 끝에 있는 십자형 거리는 토시자라고 부르거나 죽간시(竹竿市)라고도 불렀다. 토시자에서 북쪽으로 가면 나오는 마항가의 십자 거리는 요아시[鸒兒市, 『설부』에는 '료(鷯)'가 '암(鶴)'이라고 써 있다.]155(『동경몽화록』 권2 반루동가항)라고 불렀다.

서대가에서 서쪽으로 가면 나오는 '정'자형 거리는 '옹시자(甕市子)'라고 불렀는데 개봉부에서 사람을 처형하는156 곳이었다(『동경몽화록』 권3 대내서우액문외가항). 이른바 토시자, 요아시, 옹시자는 원래 거리의 집시가 있던 곳이었으나 후에 이런 거리의 집시는 가시(街市)가 흥성함에 따라 사라지게 되었다. 그러나 당시 동경에는 거리의 집시가 여전히 존재하였고 많은 성문 어귀와 강을 따라 있는 다리 근처 및 다리 어귀에 집시가 종종 존재하고 있었다.

(1) 새벽의 아침 시장

성문 어귀 거리와 다리 어귀에 있는 집시의 특징은 종종 이른 아침에 열리는 시장이라는 것이다. 매일 오경이 되면 여러 사원에서 철패자(鐵牌子)157를 치거나 목어(木魚)를 두드려서 새벽을 알렸는데 "조회에 나가는 관리나 시장으로 들어가는 사람들은 이 소리를 듣고 일어났고 여러 성문, 다리, 거리의 상점도 이미 문을 열었다."158고 하였다. 호갱점 가

155_ 『東京夢華錄注』 卷2 潘樓東街巷, p.70. 「潘樓東去十字街, 謂之土市子, 又謂之竹竿市. … 土市北去, 乃馬行街也, 人煙浩鬧. 先至十字街, 曰鸒兒市.」
156_ 『東京夢華錄注』 卷3 大內西右掖門外街巷, p.83. 「西去甕市子, 乃開封府刑人之所也.」
157_ 역자 주 철패자(鐵牌子)는 불교 예식에서 쓰는 판으로 운판(雲版)이라고도 한다.

운데 관폐(灌肺)와 초폐(炒肺)¹⁵⁹를 파는 곳도 있는데, 관폐는 몇 가지 음식물을 돼지 폐 안에 집어넣어 삶고 끓인 것으로 송대에 매우 유행한 식품 중 하나였다. 주점 가운데 대부분은 등촉을 켜 놓고 술을 소매하기도 했는데 1분(分)에 20문(文)을 넘지 않았으며, 아울러 죽과 점심(點心)¹⁶⁰도 팔았다. 또 얼굴 씻는 물과 전점탕차약(煎點蕩茶藥)을 파는 곳도 있었다. 날이 밝으면 돼지와 양을 도살하는 작방에서는 고기를 수레에 싣거나 짊어지고 시장에 보내오기도 했다. 밀가루 국수도 포대에 잘 담아 태평거(太平車)에 싣거나 나귀에 실어서 성문 밖에서 지키고 서 있다가 문이 열리기를 기다렸다가 성 안으로 들어와 팔았다. 과일은 모은 후에 내성의 주작문 밖 및 주교 서쪽의 과자항으로 보냈으며, 동시에 "종이와 그림도 행상들이 그 지역에서 끊임없이 왔다 갔다 하며 판매하였다."¹⁶¹고 하였다. 또 "어가의 주교에서 남내전(南內前)까지 진조(趁朝)하여 약과 음식을 파는 이들도 있는데 다양하게 물건을 파는 소리가 울려 퍼졌다."¹⁶²(『동경몽화록』 권3 천효제인입시)고 하였다. '남내전'은 대내 남쪽 앞이며 이른바 '어가의 주교에서 남내전까지'는 주교의 북쪽에서 곧장 궁성의 선덕문에 이르는 어가를 가리킨다. '진조'란 관리가 아침에 조정으로 나가는 시간에 맞춰 약재와 음식물을 판다고 소리치는 것을 말한다. 송 희종 정화연간(1111~1118) 이전에 선덕문 앞 양쪽 어랑(御廊)에서는 '예전부터 상인들이 그 사이에서 매매하는 것을 허가하여' 이른 아침 관리들이 조정에 나가려고 어가를 지나칠 때 상인들은 모여서 거리를 따라 집시를 열었고 주교에서 곧장 선덕문 어귀까지 길에는 '다

158_ 『東京夢華錄注』 卷3 天曉諸人入市, p.117. 「諸趨朝入市之人, 聞此而起, 諸門橋市井已開.」

159_ 역자 주 초폐(炒肺)는 문자 그대로 허파를 볶은 것이다.

160_ 역자 주 여기서 점심(點心)은 떡이나 진빵 같은 음식을 지칭하는 것으로 보인다.

161_ 『東京夢華錄注』 卷3 天曉諸人入市, p.117. 「紙畫兒亦在彼處行販不絶.」

162_ 『東京夢華錄注』 卷3 天曉諸人入市, pp.117~118. 「更有御街州橋至南內前, 趁朝賣藥及飲食者, 吟叫百端.」

양하게 물건을 파는 소리가 울려 퍼졌던' 것이다. 정화연간부터 이 일대에서 매매 행위를 금지한 후 궁성 동쪽의 '동화문 밖 시장이 가장 번성한' 것은 궁중의 관료와 궁녀가 아침에 사람을 이곳에 보내 필요한 식품과 그 외 물품을 사도록 했기 때문이다. 이에는 제철 과일, 새우, 자라, 게, 메추라기, 토끼 등의 음식 및 금, 옥, 진귀한 노리개와 의류 등이 포함되어 있었다. 이러한 풍조는 남송 임안까지 계속 이어져서 임안의 궁성 화녕문(和寧門) 밖 홍차자(紅杈子) 안에서 열린 "아침 시장에서 벌어진 매매가 시장 가운데 가장 번성하였다."(『몽량록』권8 대내)[163]고 하였다.

(2) 주루·다방·집시의 특징

주루와 다방의 집시는 또 다른 특징을 갖고 있다. 당시 사람들은 종종 야간에 주루와 다방에서 친구와 약속하여 만나거나, 혹은 야간에 연회를 거행하고 놀이를 하며 차를 마시며 종종 심야까지 환락을 즐겼다. 따라서 많은 큰 주점와 다방이 야시장에서 번성하였고 야간의 집시도 흥기하였다. 토시자 동쪽 십자 거리에 있는 종행리각다방에서는 매일 오경이 되면 바로 등불을 켜고 박역(博易)을 하였고 의류, 서적, 화환, 영말(領抹) 같은 것을 매매하였는데 날이 밝으면 흩어졌으므로 '귀시자(鬼市子)'라고 불렀다[164](『동경몽화록』권2 반루동가항). 이 '귀시자'는 실제로 날이 밝기 전에는 도박장이었다. 날이 밝으면 그것이 흩어졌던 까닭은 이런 매매가 도박의 성격을 지니고 있었기 때문이다. 그래서 '박역'이라고 하였고 '박매(博賣)' 혹은 '관박(關撲)'이라고도 하였다. 이것은 동전을 도박 도구로 삼아 동전 뒷면 위에 있는 글자에 따라 승패를 결정하는 것이었다. 북송 관부는 평상시에는 '관박'을 금지했으나 설날, 동지,

---

163_『夢粱錄』卷8 大內, p.193.「和寧門外紅杈子, 早市買賣, 市井最盛.」

164_『東京夢華錄注』卷2 潘樓東街巷, p.70.「又東十字大街, 曰從行裹角茶坊, 每五更點燈博易買賣衣服圖畫花環領抹之類, 至曉即散, 謂之鬼市子.」

한식 등 세 절일 때만은 개봉부에서 공고문을 내걸어 각각 사흘 동안 금지를 풀었다. 날이 밝기 전까지만 '귀시자'에서 놀도록 한 까닭은 낮에는 공개적으로 위반하지 않도록 함으로써 관부의 체면을 살리기 위해서였다.

주루의 집시로는 반루의 규모가 가장 컸는데, 이것은 항상 운영되는 무역 집시였다. 매일 열리는 집시는 다섯 종류로 나눌 수 있다. 첫 번째는 오경에 시작하여 의류, 서화, 노리개, 서옥(犀玉) 등을 파는 것으로, 고급 물품을 파는 집시이다. 두 번째는 날이 밝으면 시작하여 양머리·허파·콩팥, 토끼나 비둘기 등의 야생동물, 게나 조개 등의 수산물을 파는 것으로, 소매로 식품을 파는 집시이다. 이어서 세 번째는 '여러 수공업자들이' 시장에 나와 자질구레한 '작업 재료'를 매매하는 것으로, 자질구레한 수공업 재료를 파는 집시이다. 네 번째는 식사 후에 시장에 경단, 사탕, 밀전(蜜煎)[165] 등을 내다 파는 것으로, 떡과 사탕을 파는 영세한 집시이다. 다섯 번째는 저녁 이후에 머리 장식품, 모자와 빗, 영말(領抹), 노리개, 동사(動使) 같은 것을 매매하는 것으로 동사란 일상생활에서 사용하는 각종 가구 용품을 가리킨다. 이것은 복식, 가정에서 일상적으로 사용하는 도구 및 노리개를 파는 집시이다. 이렇게 아침부터 저녁까지 여러 종류로 나뉘어 일정한 시간에 집시를 엶으로써 주민의 여러 방면에 걸친 수요에 부응할 수 있었다.

(3) 와자의 집시

와자의 집시도 다른 특징이 있었다. 상가와자의 집시에는 주로 '약을 파는 곳, 점치는 곳, 헌 옷을 소리쳐 파는 곳, 탐박(探搏)하는 곳, 음식을 파는 곳, 이발을 하는 곳, 지화를 파는 곳, 악보와 가사를 파는 곳 같은 것이'[166](『동경몽화록』권2 동각루가항) 많이 있었다. '탐박(探搏)' 두 자의 의

165_ 역자 주 밀전(蜜煎)이란 꿀 등 단 것에 절인 과일이다.
166_ 『東京夢華錄注』卷2 東角樓街巷, p.66. 「瓦中多有貨藥、賣卦、喝故衣、探搏飮

미는 분명하지 않다. '갈고의(喝故衣)'는 소리치고 박수를 치며 헌 옷을
파는 노점이고, '체전(剃剪)'은 이발을 하는 노점이었다. '지화(紙畫)'는
당시 유행하는 지화를 파는 노점이고, '영곡(令曲)'은 악보와 가사를 파
는 노점이었다. '영(令)'은 원래 당송잡곡(唐宋雜曲)의 하나로, '영곡(令曲)'
이라고 붙여서 부를 때 '일반적으로 지칭하는' 의미와 '전문적으로 지칭
하는' 의미 두 가지가 있다. 전문적으로 지칭할 때는 1편(片)마다 4박자
로 된 '소령(小令)'만을 가리킨다. 여기서는 일반적으로 지칭하는 의미
로 사용되어 악보와 가사를 가리킨다. 예컨대『도성기승』와사중기조
에서 "표창(嘌唱)이란 북을 치면서 영곡(令曲)·소조(小調)를 부르는 것을
말한다."[167]고 하였다. 표창(嘌唱)으로 영곡소조를 부르는 것은 당시에
매우 유행하였다. 와자는 기예를 공연하는 구란(勾欄)을 중심으로 하는
집시였으므로 영곡의 인쇄본을 팔아서 영곡을 좋아하는 관중이 쉽게
노래 부르기를 배울 수 있도록 해야 했다.

(4) 상국사의 묘시(廟市)

송대에는 묘시가 매우 유행하였다. 적지 않은 사원에서 종종 4월 8
일(석가탄신일)에 성대한 묘회(廟會)와 집시가 열렸다. 예를 들어 복주(福
州)의 보국사(輔國寺)는 원풍연간(1078~1085)부터 시작하여 매년 4월 8일
에 '경찬대회(慶讚大會)'를 열어 의복과 두건, 부채와 약 등을 나누어 주
었다[『순희상산지(淳熙上山志)』권40 토속(土俗)]. 동경 상국사의 묘시는 매월
1일과 15일 그리고 8과 만나는 세 날에 열렸는데, 묘회(廟會)가 한층 더
성대하게 이루어졌기 때문이다. 그 묘시는 부문별로 나누어 배치하는
방식을 채택하고 정기적인 만물 시장을 형성하여 도성의 주민이 이곳에
와서 물건을 골라 사는 데 편리하였고 또한 객상이 와서 물건을 팔기에
도 좋았다. "가운데 뜰과 양쪽 처마에 만 명을 수용할 수 있어 상인들이

　　食、剃剪紙畫令曲之類.」
　167_『都城紀勝』瓦舍衆伎, p.96.「嘌唱, 謂上鼓面, 唱令曲小調.」

교역하러 그곳에 모여들었다. 사방에서 경사에 물건을 가지고 와 팔려고 하거나 다른 물건을 되파는 것이 반드시 여기에서 이루어졌다."[168] [왕영, 『연익이모록』 권2]고 하였다. 예컨대 항주사람 양정(楊靖)은 동관(童貫)에게 화석(花石)을 바쳐 주도감(州都監)이 되었고 연임을 도모하고자 정교한 나전 상자 세 합을 만든 뒤 그 지역 사람 진육주(陳六舟)의 아들 십일랑(十一郎)에게 경성에 가지고 가서 하나는 궁중에 공납하고, 하나는 채경(蔡京)에 바치며, 하나는 동관에게 줄 것을 부탁하였다. 그러나 십일랑은 "단지 하나만 황제에게 바치고 그 둘을 상국사에서 팔아 수십만 전을 얻은 뒤 노는 데 써 버렸다."[169]고 하였다[『이견지(夷堅志)』 갑지(甲志) 권18]. 이런 정교한 자개 제품은 당시 매우 진귀한 것이었다.

상국사의 묘시는 큰 세 문에서는 날짐승, 고양이, 개 및 진귀한 동물을 팔고, 두 번째 세 문에서는 '동물과 각종 물건'을 팔았다. 넓은 뜰에 설치된 채막(彩幕), 노옥(露屋), 의포(義鋪)에는 포합(蒲盒),[170] 점석(簟席),[171] 병풍 및 씻거나 양치질하는 데 쓰는 용기 같은 가정에서 쓰는 물건이 있었고, 안장이나 고삐 같은 마구(馬具), 활이나 칼 같은 무기가 있었으며 게다가 신선한 제철 과일이나 말린 고기 같은 식품 등이 있었다. 대전(즉 미륵전) 가까운 곳에는 맹가도원(孟家道院) 왕도인(王道人)의 밀전(蜜煎), 조문수(趙文秀)의 붓, 반곡(潘谷)의 먹이 있었는데 모두 명인이 제작한 것이었다. 양쪽 주랑에는 여러 사원의 비구니들이 만든 수작(繡作), 영말(領抹), 화타(花朶), 진주와 비취로 만든 머리장식, 금으로 꽃무늬를 생생하게 새겨 넣은 두건, 상투 모자, 가닥을 땋은 끈 같은 것이 있었다. '수작'은 자수공예품을 가리키며 상국사의 남쪽에 수항(繡巷)이 있

168_ 『燕翼詒謀錄』 卷2, p.20. 「中庭兩廡可容萬人, 凡商旅交易, 皆薈萃其中, 四方趨京師以貨物求售, 轉售他物者, 必由于此.」

169_ 『夷堅志』 甲志 卷18 楊靖償寃, p.156. 「但以一進御, 而貨其二於相國寺, 得錢數百千, 爲游冶費.」

170_ 역자 주 포합(蒲盒)은 부들을 엮어 만든 자리라는 뜻이다.

171_ 역자 주 점석(簟席)은 대를 엮어 만든 자리라는 뜻이다.

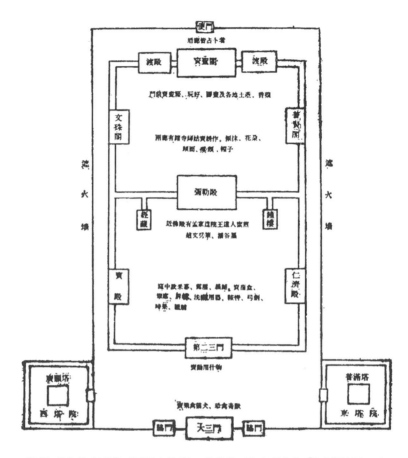

그림 57 북송 동경(개봉) 대상국사 주원 '묘시' 복원도(출전: 徐苹芳, 「北宋開封大相國寺平面復元圖說」, 『文物與考古論集』, 文物出版社, 1986. 묘시 부분은 저자 수정.)

는데 "모두 비구니들이 '자수를 만들며' 거주하는 곳이었다."[172]고 하였다. '화타'는 옷을 장식하는 데 쓰는 꽃송이를 가리키며 '소금(銷金)'은 금박 혹은 금실로 만든 꽃 무늬 도안을 가리킨다. '소금'은 당시 사치스러운 장식이었다. 송 태종 이후 민간에서 '소금' 및 다른 황금을 소비하는 장식을 금지하는 명령을 끊임없이 내었으나 실제로는 여전히 유행

172_ 『東京夢華錄注』 卷3 寺東門街巷, p.102. 「繡巷皆師姑繡作居住.」

하였다. 대전 뒤쪽과 자성각 앞쪽에는 서적, 노리개, 서화 및 각 로(路)에 흩여져 관직을 맡고 있는 관원이 보낸 토산품, 향료 같은 것을 팔았고, 뒤쪽에 있는 주랑에는 모두 점쟁이들이 있었다[173](그림 57 참조).

(5) 집시의 서화와 진귀한 노리개

이러한 '온 백성이 교역하는' 집시를 통해서 당시 도성 주민의 문화생활이 이미 매우 높아졌다는 것을 알 수 있다. 붓과 먹으로 유명한 조문수와 반곡이 제작한 것만 있는 것이 아니라 서적, 노리개와 서화도 이미 중요한 상품이었다. 상국사동문대가의 서적포 이외에 반루와 상국사의 집시에도 모두 서적이 있어 사람들은 늘 이들 집시에서 유명하고 귀한 책을 구할 수 있었다. 예컨대 "황어직(黃魚直)은 상국사에서 송자경(宋子京)의 『당사고(唐史稿)』한 책을 구해서 돌아와 그것을 상세히 살펴보았는데 이로부터 문장이 날로 나아졌다."[174][주변(朱弁), 『곡유구문(曲洧舊聞)』권4]고 하였다. 반루와 상국사 및 귀시자의 집시에도 모두 서화가 있었다. 당시 지화가 매우 유행하여 '시행지화(時行紙畫)'라는 것이 있었다. 이는 당연히 장식용이었으며 어떤 사람은 수공예의 그림 모양을 만들어 넣기도 하였다. 주교 서쪽에 있는 과자항 일대의 화과포(花果鋪)와 함께 '시행지화'를 파는 가게가 적잖이 있었을 뿐만 아니라, 아침 시장에서 과일이 내성의 주작문 밖과 주교 서쪽의 과자항에 모였을 때 "종이와 그림도 행상들이 그 지역에서 끊임없이 왔다 갔다 하며 판매하였다."[175]고 하였다. 상가와자에서도 '지화'와 '영곡(令曲)'을 나란히 진열하였다. '진귀한 노리개'와 서화는 한 부류를 이루어 고대 문물과 당시 공예품을 그 안에 포함하여서 '진완(珍玩)'[176]을 지칭할 때 때로는 반루

173_ 『東京夢華錄注』 卷3 相國寺萬姓交易, p.89. 「殿後資聖門前, 皆書籍玩好圖畫, 及諸路罷任官員土物香藥之類. 後廊皆日者貨術, 傳神之類.」

174_ 『曲洧舊聞』(『師友談記/曲洧舊聞/西塘集耆舊續聞』, 北京:中華書局, 2002) 卷4, p.142. 「黃魯直於相國寺, 得宋子京唐史稿一冊, 歸而熟觀之, 自是文章日進.」

175_ 『東京夢華錄注』 卷3 天曉諸人入市, p.117. 「紙畫兒亦在彼處行販不絶.」

3. 북송 동경의 새로운 구조와 새로운 가시(街市) 207

에서 오경에 열리는 집시에서는 '서옥(犀玉)'과 병칭하기도 하였다.[177] 또한 때로는 동화문 밖에서 열리는 집시에서는 '금옥완호(金玉玩好)'라고 병칭한 적도 있었다.

(6) 절일의 집시

절일의 집시는 주로 절일에 특별히 필요한 물품을 공급하였다. 예컨대 단오절에는 '고선백삭시(鼓扇百索市)'[178]가 있고 반루 앞, 여경문 밖, 창려문, 주작문 안팎, 상국사 동쪽 주랑, 목친광친택(睦親廣親宅) 앞에서도 모두 절일에 필요한 물품들을 팔았다. 칠석에는 '걸교시(乞巧市)'가 열려 반루 앞에서 걸교물(乞巧物)[179]을 팔았는데 칠석이 되기 3일 전부터 수레와 말이 다닐 수 없을 정도였다[180][금영지(金盈之), 『취옹담록(醉翁談錄)』 권4]. 동시에 가시(街市)와 와자에서도 모두 '마갈락(磨喝樂)'을 팔았는데, 진흙을 이겨 만든 어린이 인형이었다[181][『동경몽화록』 권8 칠석(七夕)]. 중원절(7월 15일)에는 "그 며칠 전부터 시장에서는 명기로 사용하는 신발, 복두(幞頭),[182] 모자, 금이나 무소뿔로 만든 모조 허리띠, 오색의

176_ 역자 주 '진완(珍玩)'은 감상할 만한 진귀한 귀중품이라는 뜻이다.

177_ 역자 주 『東京夢華錄注』 卷2 東角樓街巷, p.66. 「以東街北曰潘樓酒店, 其下每日自五更市合, 買賣衣物·書畫·珍玩犀玉.」 그러나 진완서옥(珍玩犀玉)을 병칭한 것이 아니라 진완(珍玩)·서옥(犀玉) 둘로 끊어 해석하기도 한다[『東京夢華錄箋注』(孟元老 撰, 伊永文 箋注, 北京:中華書局, 2007) 卷2 東角樓街巷, p.144. 「買賣衣物·書畫·珍玩·犀玉.」].

178_ 역자 주 '고선백삭시(鼓扇百索市)'에서 '백삭(百索)'은 오색 실로 짠, 끈처럼 생긴 장식물을 가리킨다. 이것은 단오날에 액막이를 하기 위해 어깨에 걸치는 것이다.

179_ 역자 주 '걸교물(乞巧物)'에서 '걸교(乞巧)'란 칠석날 밤에 부녀자가 견우·직녀 두 별에게 길쌈과 바느질 솜씨를 늘게 해 달라고 비는 것을 말한다. 따라서 걸교물은 이와 관련된 물품이다.

180_ 『醉翁談錄』(拜經樓抄足本) 卷4 京城風俗記, pp.20~21. 「鼓扇百索市, 在潘樓下·麗景門外·閶闔門·朱雀門內外·相國寺東廊·睦親廣親宅前, 皆賣此等物.···七夕潘樓前賣乞巧物, 自七月一日車馬嗔咽, 至七夕前三日, 車馬不通行.」

181_ 『東京夢華錄注』 卷8 七夕, p.208. 「七月七夕, 潘樓街東宋門外瓦子·州西梁門外瓦子·北門外·南朱雀門外街, 及馬行街內, 皆賣磨喝樂, 乃小塑土偶耳.」

182_ 역자 주 복두(幞頭)는 검은 명주천으로 머리털을 싸는 두건이다.

화려한 비단 의복들을 팔았는데 종이를 붙여서 만들어 낸 시렁 위에 올려놓고 여기저기 팔러 다녔다.”[183]고 하였다. 여기서 말하는 명기로 사용하는 신발 등은 모두 종이로 만든 것이다. 9월 “하순이 되면 명의(冥衣), 신발, 석모(席帽), 의단(衣緞) 등을 팔았는데 10월 초하루에 이것들을 태워 바쳤기 때문이다.”[184][『동경몽화록』 권8 중양(重陽)]고 하였다. 송대에 종이로 만든 명기를 태워 바치는 것이 유행하기 시작하였다. “세모에 가까워지면 시장에서는 모두 문신(門神), 귀신 잡는 종규(鐘馗), 도판(桃板), 도부(桃符) 및 재문둔려(財門鈍驢), 회두록마(回頭鹿馬), 천행첩자(天行帖子) 등을 인쇄하여 팔았다. 또한 말린 가지와 표주박, 마아채(馬牙菜), 교아당(膠牙餳) 같은 것을 팔아 섣달 그믐날 밤에 쓸 거리를 준비하도록 하였다.”[185][『동경몽화록』 권10 십이월(十二月)]고 하였다. “동경의 반루 근처에서 세밑부터 섣달 그믐날까지 이 물건(교아당을 가리킨다.)을 팔았는데 수레와 말이 거의 다니지 못하였다.”[진원청(陳元靚), 『세시광기(歲時廣記)』 권4]고 하였다. 이는 절일이 되면 반루의 집시에 물건을 사는 손님들이 더욱 많이 몰려들었다는 것을 전해 준다.

7) 북송 말 동경 와자의 구란 및 그곳의 공연

(1) 동경 와자의 구란

앞에 이미 언급했듯이 구란을 중심으로 하는 와자는 공연장을 중심으로 하는 집시로, 거리의 예인이 중요한 교통로 옆의 빈터에서 공연하

183_ 『東京夢華錄注』 卷8 中元節. p.211. 「七月十五日, 中元節. 先數日市井賣冥器, 靴鞋·幞頭·帽子·金犀假帶·五綵衣服. 以紙糊架子盤游出賣.」

184_ 『東京夢華錄注』 卷8 重陽, p.216. 「下旬即賣冥衣, 靴鞋·席帽·衣段, 以十月朔日燒獻故也.」

185_ 『東京夢華錄注』 卷10 十二月, p.249. 「近歲節市井皆印賣門神·鍾馗·桃板·桃符, 及財門鈍驢·回頭鹿馬, 天行帖子. 賣乾茄瓠·馬牙菜·膠牙餳之類, 以備除夜之用.」

는 것에서 발전하여 형성되었다. 이것은 북송 때 처음 등장한 것으로
북송 말에 이르면 동경에는 모두 6곳의 와자가 있었다. 가장 큰 상가와
자는 가장 번화한 반루가에 있었고 그 나머지 5곳의 와자는 모두 내성
주위의 성문 어귀 밖에 있는 중요한 교통로 옆에 있었다. 주서와자는
서쪽 양문 밖에 있었고 주가교와자(朱家橋瓦子, 즉 주동와자)는 동쪽 구조
문 밖에 있었다. 신문와자와 보강문와자는 남쪽 신문 밖과 보강문 밖에
있었다(그림 58 참조).

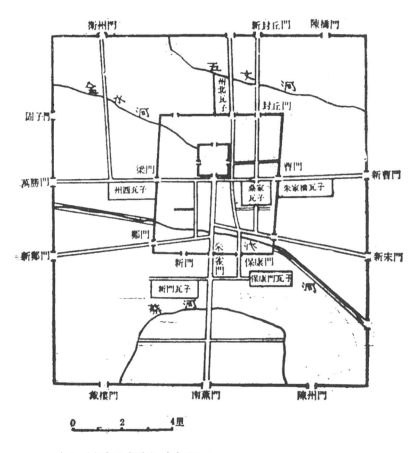

그림 58 북송말 동경(개봉) 와자 분포도

상가와자는 규모가 가장 크고 "북쪽 근처에는 중와자(中瓦子)가 있고 그다음에 이와자(裏瓦子)가 있었는데 그 안에는 크고 작은 구란이 50여 곳 있었다. 그 가운데 중와자의 연화붕(蓮花棚)과 목단붕(牧丹棚), 이와자의 야차붕(夜叉棚)과 상붕(象棚) 등이 가장 커서 수천 명을 수용할 수 있을 정도였다. 정선현(丁先現), 왕단자(王團子), 장칠성(張七聖) 등 무리들을 뒤이어 나중에 이곳에서 공연을 벌이는 사람들이 있었다."186(『동경몽화록』권2 동각루가항)고 하였다. 연기를 펼치는 공연장을 구란이라 부르거나 붕(棚)이라고도 하였다. 중와자의 붕은 꽃 이름을 따서 이름을 붙였고, 이와자의 붕은 야차(불경에서 이야기하는 사람을 잡아먹는 악귀)와 코끼리를 따서 이름을 지었다. 정선현은 곧 정선현(丁仙現)으로 송 인종과 철종 때 유명한 광대였다. 상가와자가 늦어도 송 철종 때 이미 매우 널리 알려졌다는 것을 알 수 있다. 주서와자도 규모가 작지 않았는데 "남쪽으로 변하 기슭에서 북쪽으로 양문대가에 이르기까지 걸쳐 있고 이와(裏瓦)를 깊이 감춰 둔 것[아기와자(亞其裏瓦)]이 약 1리 남짓이었다."187고 하였다. '아(亞)'는 '엄(淹)'과 통하는 말로 깊이 감춰 두다는 뜻이다. 이것은 주서와자가 자리를 차지한 것이 남쪽으로 변하의 제방에서부터 북쪽으로 양문대가까지 이르며 '이와'를 그 뒤에 깊이 감추어 두고 있는데 1리 남짓이었다는 것을 말해 준다. 또한 이 와자에도 중와자와 이와자 두 부분이 있었다는 것을 전해 준다.

(2) 구란에서 공연하는 기예

『동경몽화록』권5 경와기예(京瓦技藝)에는 '숭녕(崇寧)연간(1102~1106)과 대관(大觀)연간(1107~1110)이래 동경의 와사(瓦肆)에서 공연하는 기예'188

186_『東京夢華錄注』卷2 東角樓街巷, p.66. 「街南桑家瓦子, 近北則中瓦, 次裏瓦. 其中大小勾欄五十餘座. 內中瓦子蓮花棚・牡丹棚・裏瓦子夜叉棚・象棚最大, 可容數千人. 自丁先現・王團子・張七聖輩, 後來可有人於此作場.」

187_『東京夢華錄注』卷3 大內西右掖門外街巷, p.83. 「西去州西瓦子, 南自汴河岸, 北抵梁門大街, 亞其裏瓦, 約一里有餘.」

의 상황을 소개하고 있는데 나열한 공연 기예는 다음과 같이 많은 종류가 있다.

① 소설(小說)

당나라 때 소설 창작이 크게 성행했으며, 『태평광기』에 많이 수록되었다. 당나라 때도 이미 '소설'을 꾸며 이야기해 주는 '시인(市人)'이 있었다. 어떤 사람은 "소설은 송 인종 때부터 일어났는데 무릇 시대가 태평성대한 지 오래되고 나라가 여유로워 날로 기괴한 일을 더 진전시켜 그것을 즐기고자 하였기에 소설이 홍성하게 되었다."[189][낭영(郎瑛), 『칠수류고(七修類稿)』 권22]고 하였다. 실제 '소설은 송 인종 때부터 일어났다.'는 것은 '시인'이 '소설'을 '꾸며 이야기해 주는' 것이 인종때부터 성행하기 시작하였다는 것이다. 북송 말이 되면 '소설'을 꾸며 이야기해 주는 것은 더욱 유행하였다. 오늘날까지 전해 오는, 송나라 사람이 지은 『선화유사(宣和遺事)』는 '소설'에 해당하는 작품이다.

② 강사(講史)

강사(講史)는 소설에서 갈라져 나온 것으로 당나라 때 사찰의 '속강(俗講)'과도 관계가 있다. '속강'이 불경 속의 고사만을 이야기해 주는 것이 아니라 오자서(伍子胥), 왕소군(王昭君) 등과 같은 역사 고사도 이야기해 주기 때문이다. 삼국시대의 고사는 북송 때 강사의 주요한 소재였는데 고승(高承)의 『사물기원』 권9에 "인종 때 시인 가운데 삼국시대의 고사를 이야기할 수 있는 사람이 있었고 혹은 그 이야기를 채택하면서도 꾸며서 영인(影人, 생각건대 그림자극일 것이다.)을 만들어 처음으로 위, 오,

---

188_ 『東京夢華錄注』卷5 京瓦伎藝, p.132. 「崇觀以來, 在京瓦肆伎藝.」

189_ 『七修類稿』(上海: 上海書店出版社, 2001) 卷22 小說, p.229. 「小說起宋仁宗, 蓋時太平盛久, 國家閑暇, 日欲進一奇怪之事以誤之, 故小說得勝.」

역자주 본문의 '日欲進一奇怪之事以誤之'에서 '오(誤)'는 '오(娛)'를 잘못 쓴 것이다.

촉이 셋으로 나뉘어 싸운 모습을 그려 내었다."[190]는 것이 실려 있다. 동경의 와자에서는 '곽사(霍四)가 위, 오, 촉 세 나라의 분열을 상세히 말하였다'는 것과 '윤상(尹常)이 오대사(五代史) 이야기를 팔아서 지냈다.'는 것이[191] 이름을 나란히 하였다(『동경몽화록』권5 경와기예). 오대사는 당시 송대에서는 시대가 비교적 가까운 시대의 역사로 당시 사람들이 비교적 잘 알고 있었으므로 한 번 이야기를 해 주면 청중들을 끌어들일 수 있었다. 지금까지 전해 오는, 송나라 사람이 지은 『오대사평화(五代史平話)』는 바로 '강사'에 해당하는 화본(話本)[192]이다.

③ 표창(嘌唱)과 소창(小唱)

『도성기승』 와사중기조에서 "표창이란 북을 치면서 영곡·소조를 부르고 허음을 빠르게 진행하면서 궁조(宮調)를 마음대로 다루는 것이다."라고 하였고 "표창을 하면서 도입부로 네 구를 넣는 것도 있는데 그것을 영대(影帶)를 넣는다고 한다. 영대가 없는 것은 산규(散叫)라고 한다. 북을 치지 않고 단지 잔만 두드리는 것을 타박(打拍)이라고 한다."[193]고 하였다. 표창은 북을 치거나 술잔을 두드려 박자를 잡고 그에 맞춰 노래하는 것으로 영곡이나 소조를 부를 때 머리 부분에 4구로 된 도입부를 넣기도 하였다. 『도성기승』 와사중기조에서는 또한 "창규(唱叫)와 소창(小唱)은 판을 잡고 만곡(慢曲)이나 곡파(曲破)를 부르는 것을 말하는데, 대부분 무거운 곡조에서 시작하여 가벼운 곡조로 끝났으므로 천천히 술잔을 기울이며 나지막하게 노래한다고 하였고 사십대곡

190_ 『事物紀原』 卷9 影戲, p.495. 「仁宗時市人有能談三國事者, 或采其说, 加缘饰, 作 影人, 始为魏、吴、蜀三分战争之像.」
191_ 『東京夢華錄注』 卷5 京瓦技藝, p.133. 「霍四究說三分. 尹常賣五代史.」
192_ 역자 주 화본(話本)이란 당송대에 생긴 백화소설(白話小說)로 역사 고사와 당시 의 사회 생활을 소재로 하였다.
193_ 『都城紀勝』 瓦舍衆伎, p.96. 「嘌唱, 謂上鼓面, 唱令曲小調, 驅駕虛音, 縱弄宮調. … 若以嘌唱, 爲引子次, 用四句就入者, 謂之下影帶, 無影帶者名爲散叫. 若不上鼓面, 只 敲盞者, 謂之打拍.」

(四十大曲)이나 춤과 일체를 이루었다.”[194]고 하였다. 소창은 판을 잡고 두드리며 박자를 잡고 그에 맞춰 노래하는 것으로 만곡이나 곡파를 불렀다. ‘만곡’은 박자가 느린 곡조를 가리키며 편(片)마다 8박자였다. ‘곡파’는 대곡(大曲) 가운데 ‘파(破)’ 혹은 ‘입파(入破)’라는 단락만 부르는 것이다. 북을 치고 나무판을 두드리며 노래하는 것도 있는데, ‘고판소창(鼓板小唱)’이라고 불렀다[195][『동경몽화록』 권8 유월육일최부군생일 · 이십사일 신보관신생일(六月六日崔府君生日 · 二十四日神保觀神生日)].

④ 제궁조(諸宮調)

이것은 여러 ‘궁조’를 모아서 조성된 것이다. 장편의 전기(傳奇)나 영험하고 괴이한 고사를 설창한 것이어서 ‘소설’과 ‘악곡(樂曲)’의 결합을 통해 발전하여 형성되었다고 할 수 있다. 원래는 송 신종 희녕연간(1068~1077)과 원풍연간(1078~1085)에 택주(澤州)의 공삼전(孔三傳)이 창시한 것이다[196][왕작(王灼)『벽계만지(碧鷄漫志)』 권2]. 『도성기승』 와사중기조에서 “제궁조는 본래 경사의 공삼전이 편찬한 것으로, 전기나 영험하고 괴이한 이야기에 곡을 붙여 설창하는 것이다.”[197](『도성기승』 와사중기조)라고 하였다. 동경의 와자에서 공연된 것은 바로 “공삼전과 사수재(耍秀才)가 뛰어나게 연출한 제궁조였다.”[198](『동경몽화록』 권5 경와기예)고 하였다. 남송에 이르면 제궁조는 많은 여성 예인의 설창을 통해 더욱 발전하였다.

194_ 『都城紀勝』 瓦肆衆伎, p.96. 「唱叫 · 小唱, 謂執板唱慢曲 · 曲破, 大率重起輕殺, 故曰淺斟低唱, 與四十大曲 · 舞旋為一體.」
195_ 『東京夢華錄注』 卷8 六月六日崔府君生日 · 二十四日神保觀神生日, p.206. 「鼓板小唱.」
196_ 『碧鷄漫志』 卷2, p.9. 「澤州孔三傳者, 首創諸宮調古傳, 士大夫皆能誦之.」
197_ 『都城紀勝』 瓦肆衆伎, p.96. 「諸宮調本京師孔三傳編撰, 傳奇 · 靈怪入曲說唱.」
198_ 『東京夢華錄注』 卷5 京瓦技藝, p.133. 「孔三傳耍秀才諸宮調.」

⑤ 잡극과 잡반(雜班)

잡극은 창(唱)·념(念)·응대(應對)의 방식으로 이야기의 과정을 연출하여 사람들의 웃음을 자아내고 권계를 주는 것을 목적으로 하였다. 당나라 때 이미 참군(參軍), 창골(蒼鶻) 등의 배역이 있었고, 북송에 이르러서는 부정(副淨), 부말(副末) 등의 배역으로 발전하였다. 부정은 극중의 주인공이고, 부말은 조연이다. 북송 궁정의 교방(敎坊)에서는 황제의 생일 대연회에 항상 잡극을 공연했는데, 모두 '정잡극(正雜劇) 2단[일장양단(一場兩段)]¹⁹⁹'이었다.²⁰⁰[『동경몽화록』 권9 재집친왕종실백관입내상수(宰執親王宗室百官入內上壽)]. "매번 궁전에서 연회가 있기 한 달 전 교방에서는 제자와 어린아이를 모집하여 집단 춤을 추는 법과 악기를 다루는 법 그리고 잡극의 각 장면 등을 연습시켰다."²⁰¹(『동경몽화록』 권5 경와기예)고 하였다. 따라서 '제자잡극(弟子雜劇)'이란 명칭이 있게 되었다. 3월 1일에 황제가 보진루(寶津樓)에 올라 여러 군대가 펼치는 공연을 볼 때 "여러 군대가 대오를 지어 잡극 한 토막을 공연하였고 이어서 노대제자(露臺弟子)²⁰²가 잡극 한 토막을 공연하였다. 이 당시의 제자로 소주아(蕭住兒), 정도새(丁都賽), 설자대(薛子大), 설자소(薛子小), 양총석(楊總惜), 최상수(崔上壽) 등과 같은 무리가 있었다."²⁰³[『동경몽화록』 권7 가등보진루제군정백극(駕登寶津樓諸軍呈百劇)]고 하였다. 동경의 와자에서 공연한 것은 바로 교방에서 훈련한 '제자잡극'이었다. 『동경몽화록』 권5 경와기예에서 "제

199_ 역자 주 당시 잡극은 모두 한 번의 공연에 염단(艷段, 1단)-정잡극(正雜劇, 2단)-산단(散段, 1단) 등 모두 4단을 하는 것으로 구성되어 있었다. 이장양단(一場兩段)이란 정잡극 2단을 따로 떼어 공연하는 것을 말한다.

200_ 『東京夢華錄注』 卷9 宰執親王宗室百官入內上壽, p.222. 「勾雜戲入場, 亦一場兩段訖.」

201_ 『東京夢華錄注』 卷5 京瓦技藝, p.133. 「每遇內宴前一月, 敎坊內勾集弟子小兒, 習隊舞作樂, 雜劇節次.」

202_ 역자 주 노대우자(露臺弟子)란 송대·원대 민간 극단 소속의 기예인을 가리킨다.

203_ 『東京夢華錄注』 卷7 駕登寶津樓諸軍呈百劇, p.199. 「諸軍緞隊雜劇一段, 繼而露臺弟子雜劇一段, 是時弟子蕭住兒·丁都賽·薛子大·薛子小·楊總惜·崔上壽之輩, 後來者不足數.」

자 설자대, 설자소, 초지아(俏枝兒), 양총석, 주수노(周壽奴), 칭심(稱心) 등이 잡극을 공연하였다."[204]고 하였다. 다른 한편 "매일 오경에 첫 번째 소잡극이 공연되고"[205] "이돈(李敦) 등이 잡반(雜啞)하였다."[206]고 하였다. '잡반(雜啞)'은 잡반(雜班)이나 잡분(雜扮)이라고 쓰거나 또는 뉴원자(紐元子)라고도 불렀다. "곧 잡극 뒤에 상연되는 단편이다."[207]『몽량록』 권20 기악(妓樂)]라고 하였다. '낭자잡극(浪子雜劇)'이라는 것도[208] 있었다 (『동경몽화록』 권8 유월육일최부군생일·이십사일신보관신생일). 잡극은 원래 교방의 '정색(正色, 본연의 일)'이었는데 "교방대사(敎坊大使)가 경사에 있을 때 맹각구(孟角求)가 일찍이 잡극에 관한 책을 편찬하였고, 또 갈수성(葛守成)이 사십대곡(四十大曲)의 가사를 지었으며 또 정선현(丁先現)은 재능을 펼쳐 음률에 정통하였다."[209]『도성기승』 와사중기조)고 하였다. 『무림구사』 권10에는 남송의 『관본잡극단수(官本雜劇段數)』 280본(本)이 실려 있는데 그 가운데 하나인 『왕자고육요(王子高六幺)』 같은 책은 송 신종 때의 작품이다[왕국유(王國維), 『송원희곡고(宋元戲曲考)』 권5「송관본잡극단수(宋官本雜劇段數)」].

⑥ 괴뢰희(傀儡戲)

괴뢰희(꼭두각시놀음)는 기원이 매우 빠르며 한나라에서 당나라까지 줄곧 유행하였다. 북송 동경의 와자에는 이미 장두괴뢰(仗頭傀儡), 현사

204_ 『東京夢華錄注』 卷5 京瓦伎藝, p.132. 「弟子薛子大、薛子小、俏枝兒、楊總惜、周壽奴、稱心等般雜劇.」

205_ 『東京夢華錄注』 卷5 京瓦技藝, p.132. 「每日五更頭回小雜劇.」

206_ 『東京夢華錄注』 卷5 京瓦技藝, p.133. 「李敦等雜啞.」

207_ 『夢梁錄』 卷20 妓樂, p.309. 「卽雜劇之後散段也.」

208_ 『東京夢華錄注』 卷8 六月六日崔府君生日·二十四日神保觀神生日, p.206. 「自早呈拽百戲, 如上竿·趯弄·跳索·相撲·鼓板小唱·鬥雞·說諢話·雜扮·商謎·合笙·喬筋骨·喬相撲·浪子雜劇·叫果子·學像生·倬刀·裝鬼·砑鼓牌棒·道術之類, 色色有之.」

209_ 『都城紀勝』 瓦肆衆伎, p.96. 「敎坊大師在京師時, 有孟角求曾編撰雜劇本子, 又有葛守成撰四十大曲詞又有丁先現捷才知音.」

괴뢰(懸絲傀儡), 약발괴뢰(藥發傀儡)가 있었으며[210](『동경몽화록』 권5 경와기예) 또한 수괴뢰(水傀儡)도 있었다[211][『동경몽화록』 권7 지원내종입관박유희(池苑內縱入關撲遊戲)에서 '이외녕 수괴뢰(李外寧水傀儡)'를 언급하였다.].

⑦ 영희(影戲)와 교영희(喬影戲)[212]

송 인종 때 창시되었으며, 삼국시대의 고사를 공연하였다(『사물기원』 권9). "경성사람들은 처음에는 흰 종이에 모양을 새겼으나 후에는 다양한 색으로 가죽을 장식하여 만들었으며, 그 이야기 대본은 강사(講史)의 대본과 자못 같았다."[213](『도성기승』와사중기조)고 하였다. 동경에서 영희는 동경와자에서만 유행한 것이 아니라, 큰 절일을 만날 때마다 방항(坊巷)의 어귀에도 "공연을 위한 작은 무대를 설치하여 해당 방에 놀러온 사람이 아이를 잃어버리는 것을 방지하였고 미아가 생기면 그들을 끌어모았다."[214][『동경몽화록』 권6 십육일(十六日)]고 하였다.

⑧ 상미(商謎)와 합생(合生)

'상미(商謎)'는 시나 글자 등의 수수께끼를 풀어 맞추는 것이다. '합생(合生)'은 '합생(合笙)'이라고도 쓰는데 '사물을 가리키면 주제를 읊어 명령에 대응하여 재빨리 말을 완성하는 것이고', "해학 속에 조소와 풍자를 담고 있는 것을 교합생(喬合生)이라고 이른다."[215](홍매, 『이견지』을지

210_ 『東京夢華錄注』 卷5 京瓦技藝, p.132. 「般雜劇杖頭傀儡, 任小三, 每日五更頭回小雜劇, 差晚看不及矣. 懸絲傀儡張金線. 李外寧, 藥發傀儡張臻妙.」

211_ 『東京夢華錄注』 卷7 池苑內縱入關撲遊戲, p.199. 「隨駕藝人池上作場者, 宣政間張藝多, 渾身眼, 宋壽香, 尹士安小樂器, 李外寧水傀儡, 其余莫知其數.」

212_ 역자 주 영희(影戲)는 그림자극이다. 교영희(喬影戲)는 실제 발생한 일이 아닌 허구적인 것으로 내용이 짜인 그림자극이다.

213_ 『都城紀勝』 瓦肆衆伎, pp.97~98. 「京師人初以素紙雕鏃, 後用彩色裝皮爲之, 其話本與講史書者頗同.」

214_ 『東京夢華錄注』 卷6 十六日, p.172. 「每一坊巷口, 無樂棚去處, 多設小影戲棚子, 以防本坊遊人小兒相失, 以引聚之.」

215_ 『夷堅志』 乙志 卷6 合生詩詞, p.841. 「指物題詠, 應命輒成者,…其滑稽含玩諷者,

권6)고 하였다.

⑨ 설원화(說諢話)와 규과자(叫果子)

'설원화(說諢話)'는 해학에 흥미를 담은 이야기를 하는 것이다. '규과자(叫果子)'는 시장에서 다양한 물건 파는 소리에 곡조를 붙인 것으로 '규성(叫聲)'이나 '음규(吟叫)'라고도 불렀다.

⑩ 잡기

동경의 와자에서 공연되는 것에는 장진묘(張臻妙), 온노가(溫奴哥), 진개강(真個强), 몰발제(沒勃臍) 등이 보여 주는 소도도(小掉刀),[216] 근골(筋骨),[217] 상삭(上索)[218] 등 여러 묘기가 있다. 혼신안(渾身眼), 이종정(李宗正), 장가(張哥) 등은 말을 타고 공을 막대기로 치는 구장(毬杖)과 접시돌리기인 척롱(踢弄)을 보여 주었다. 손관(孫寬), 손십오(孫十五), 증무당(曾無黨), 고서(高恕), 이효상(李孝詳)은 강사(講史)를 잘하였다. 양망경(楊望京)은 소아상박(小兒相撲), 잡극, 도도(掉刀), 만패(蠻牌)를 잘하였고, 동십오(董十五), 조칠(趙七), 조보의(曹保義), 주파아(朱婆兒), 몰곤타(沒閑駝), 풍승가(風僧哥), 조육저(俎六姐) 등은 영희를 잘하였으며 유백금(劉百禽)은 충의(蟲蟻)[219]를 잘하였다[220][『동경몽화록』 권5 경와기에]. 원소절에 어가 양

謂之喬合生.」
216_ 역자 주 소소도(小掉刀)의 도도(掉刀)란 양쪽에 날이 있고 날의 끝은 '산(山)'자 모양으로 생긴 창이다. 소도도는 당대 농검(弄劍)처럼 몇 자루의 진검을 양손으로 던져 받는 곡예이다.
217_ 역자 주 근골(筋骨)은 요요기(拗腰伎)라고도 하는데 그 몸을 뒤집어 모두 땅에 닿게 하였다가 입으로 그릇을 물고 다시 일어나는 형태의 묘기이다. 혹은 웃통을 벗는 남자가 행하는 차력이라고 보기도 한다.
218_ 역자 주 상삭(上索)은 밧줄 타기의 일종이다.
219_ 역자 주 충의(蟲蟻)는 작은 동물에 대한 총칭으로 충의를 잘한다는 것은 벌레, 물고기, 새, 작은 짐승들을 지휘하여 하는 공연을 잘한다는 뜻이다.
220_ 『東京夢華錄注』卷5 京瓦技藝, pp.132~133. 「張臻妙·溫奴哥·真個强·沒勃臍, 小掉刀, 筋骨上索雜手伎. 渾身眼·李宗正·張哥, 球杖踢弄. 孫寬·孫十五·曾無黨·高恕·李孝詳, 講史. 李訴·楊中立·張十一·徐明·趙世亨·賈九, 小說. 王顏

쪽의 주랑에서 공연되는 것으로는 "격환(擊丸),[221] 공놀이인 축국(蹴鞠), 공중에 걸려 있는 줄을 타는 묘기인 답삭(踏索), 대나무를 타고 오르는 묘기인 상간(上竿)이 있었다. 조야인(趙野人)은 찬 국수를 물구나무서서 먹었고 장구가(張九哥)는 칼을 삼켰으며 이외녕(李外寧)은 약법괴뢰(藥法傀儡)[222]를 공연했다. 소건아(小健兒)는 오색의 물을 토해 냈고 흙으로 만든 구슬을 구워 내기도 하였다. 대특락(大特落)의 회약(灰藥), 골돌아(榾柮兒)의 잡극, 온대두(溫大頭)와 소조(小曹)의 혜금(嵇琴), 당천(党千)의 퉁소와 피리, 손사(孫四)의 연단술, 왕십이(王十二)의 작극술(作劇術), 추우(鄒遇)와 전지광(田地廣)의 잡분(雜扮), 소십(蘇十)과 맹선(孟宣)의 발로 공을 차는 축구(築球), 윤상매(尹常賣)의 오대사(五代史) 이야기, 유백금(劉百禽)의 곤충 기예, 양문수(楊文秀)의 북과 피리 연주가 있었다. 게다가 원숭이를 이용한 기예, 물고기가 도문(刀門)을 뛰어넘는 기예, 벌과 나비를 부리는 기예, 개미를 부르는 기예 등이 있었다."[223]『동경몽화록』권6 원소(元宵)]고 하였다. 이 가운데 잡기가 아닌 공연이 몇 개 끼여 있다. 격환, 축국, 답삭, 상간 등은 전통적인 잡기이다. 6월 24일 신보관신(神保觀神) 생일에 펼치는 각종 공연에는 상간, 적롱(趯弄), 도삭(跳索), 상박(相撲), 고판(鼓板), 소창, 투계, 설원화, 잡분, 상미, 합생, 교근골(喬筋骨), 교상박(喬相撲), 낭자잡극, 규과자, 학상생(學像生), 탁도(倬刀), 장귀(裝

喜・蓋中寶・劉名廣, 散樂. 張真奴, 舞旋. 楊望京, 小兒相撲・雜劇・掉刀・蠻牌. 董十五・趙七・曹保義・朱婆兒・沒困駝・風僧哥・俎六弄, 影戲. 丁儀・瘦吉等, 弄喬影戲. 劉百禽, 弄蟻. 역자 주 이 구절에 대한 저자의 표점과 일반적인 표점과는 차이가 있어 일반적인 표점을 따라 해석하였다.

221_ 역자 주 격환(擊丸)이란 땅 위에 놓은 구슬을 활로 쏘는 곡예이다.

222_ 역자 주 약법괴뢰(藥法傀儡)란 화약류의 힘을 빌려 인형을 움직이게 하는 인형극이다.

223_『東京夢華錄注』卷6 元宵, pp.164~165.「正月十五日元宵,…遊人已集御街, 兩廊下奇術異能, 歌舞百戲, 鱗鱗相切, 樂聲嘈雜十餘里, 擊丸蹴踘, 踏索上竿. 趙野人倒吃冷淘. 張九哥吞鐵劍. 李外寧藥法傀儡. 小健兒吐五色水・旋燒泥丸子. 大特落灰藥榾柮兒雜劇. 溫大頭・小曹嵇琴. 党千簫管. 孫四燒煉藥方. 王十二作劇術. 鄒遇・田地廣雜扮. 蘇十・孟宣築球. 尹常賣五代史. 劉百禽虫蟻. 楊文秀鼓笛. 更有猴呈百戲, 魚跳刀門, 使喚蜂蝶, 追呼螻蟻.」

鬼), 아고(砑鼓), 패봉(牌棒), 도술(道術) 같은 것이 있었다[224](『동경몽화록』
권8 유월육일최부군생일 · 이십사일신보관신생일).

주의해야 할 점은 와자가 발전함에 따라 민간 예인이 크게 활약하고
기예 수준도 더욱 높아졌으며 이름난 예인이 많이 출현하였다는 것이
다. 그들은 와자의 구란에서만 공연한 것이 아니라 백성의 대중적인 절
일 및 관부의 축하 절일에도 공연을 하였다. 예컨대 3월 1일 금명지(金
明池)와 경림원(瓊林苑)을 개장하였는데 "정화연간(1111~1118)과 선화연
간(1119~1125)에 황제를 수행하는 예인 가운데 공연장을 개설한 사람으
로 장예다(張藝多), 혼신안(渾身眼), 송수향(宋壽香), 윤사안(尹士安) 등은
소악기(小樂器)를 연주하였고, 이외녕(李外寧)은 수괴뢰(水傀儡)를 공연하
였다."[225](『동경몽화록』 권7 지원내종인관박유희(池苑內縱人關撲遊戲)]고 하였
다. 혼신안은 본래 와자에서 잡기를 공연하던 사람이며, 이외녕은 본래
와자에서 괴뢰극을 공연하던 사람이다.

8) 북송 말 동경 가시(街市)의 치안 시설과 서비스업

(1) 행정 계통과 치안 관리

북송의 동경은 행정상 개봉부의 관할에 속했으며, 성 안팎은 개봉현
(開封縣)과 상부현(祥符縣) 두 현에 소속되어 통치를 받았다. 진한부터 당
나라까지 현의 치안은 현위(縣尉)를 두어 주관하도록 하였으나 오대에
는 군인이 권력을 장악하여 진장(鎭將)을 두고 주관토록 하였다. 북송
초 현위를 다시 두었고 소속 궁수로 수십 명이 있었다. 이것은 행정 계

224_『東京夢華錄注』卷8 六月六日崔府君生日 · 二十四日神保觀神生日, p.206. 「自早
呈拽百戲, 如上竿 · 趯弄 · 跳索 · 相撲 · 鼓板小唱 · 鬥雞 · 說諢話 · 雜扮 · 商謎 · 合
笙 · 喬筋骨 · 喬相撲 · 浪子雜劇 · 叫果子 · 學像生 · 倬刀 · 裝鬼 · 砑鼓牌棒 · 道術之
類, 色色有之.」
225_『東京夢華錄注』卷7 池苑內縱人關撲遊戲, p.199. 「隨駕藝人, 池上作場者, 宣政間,
張藝多 · 渾身眼 · 宋壽香 · 尹士安小樂器, 李外寧水傀儡, 其餘莫知其數.」

통에 속하는 것이다. 그 밖에 군사 계통에 속하는 것으로 주현(州縣)에
는 모두 순검(巡檢)을 설치하여 사병 훈련, 순찰과 도적 체포를 담당하
였다. 순검에는 여러 사병이 소속되어 있었다. 북송의 동경에도 주현
과 같은 제도를 채용하여 현위를 설치하였다. 그러나 '방(坊)' 위에 '상
(廂)'이 설치되어 있기 때문에 경성에는 총순검(總巡檢)을 두는 외에, 상
(廂)마다 상사(廂使), 상전(廂典) 등의 관리를 두는 것과 동시에 상순검(廂
巡檢)도 두었다. 상에는 상전, 서수(書手), 도소유(都所由), 소유(所由), 가
자(街子), 항관(行官) 등이 있어 행정사무를 담당했는데 가업(家業) 평가,
다친 사람의 진술을 탐문하고 검증하는 일, 소방 등이 포함되었으며,
또한 도적을 경계하는 것도 책임 업무 중 하나였다. 상순검에는 금군이
소속되어 있었고 순찰, 소방과 도적 체포를 담당하였다.[226] 상순검은
마보군사(馬步軍司)에 소속된 군관에서 뽑아 충임하였다. 원래 경성에서
주택에 불이 나면 반드시 도순검(都巡檢)이 현장에 도착하기를 기다린
후에야 불을 끄기 시작한다고 규정하였다. 송 진종 대중상부 2년(1009)
6월에 조서를 내려 "오늘 이후 만약 불이 나면 불을 살펴보는 군인이
순검에게 달려가 보고하고 즉시 가서 불을 끈다. 도순검이 도착하지 않
았다면 해당 상의 순검이 먼저 불을 끈다. 만약 순검하는 지역이 멀리
떨어져 있다면 좌우군순사(左右軍巡使) 혹은 해당 상계순검원지휘사(廂

226_ 필중유(畢仲游)의 『서태집(西台集)』卷11에는 송 철종 때 지은 「걸치경성상순
검차자(乞置京城廂巡檢箚子)」가 있다. 「今京城外巡檢‧縣尉, 與外州軍略同, 而京
城內巡檢之職, 寓於馬步軍帥臣與四廂主者, 雖主繳巡於國中, 而尋常盜賊舊不干預. 自
來開封府舊例, 令使臣人員等密行緝捕, 獲賊有賞, 而不獲無甚譴罰, 人微責輕, 往往反
與盜賊為市. 而諸廟小使臣, 雖帶督察盜賊, 其實分管估計家業‧取問病人口詞‧幷檢
驗救火等雜務, 不預捕盜之官, 理殊未盡, 臣愚欲乞於馬步軍帥及四廂主巡檢之下, 別增
置廂巡檢六員, 其二在舊城內, 其四在新城內; 四壁使‧諸司使副或大使臣為之, 隸於開
封府,…使專治廂巡檢職事.」 남송 고종 소흥(紹興) 2년 정월 21일 관료가 한 말을 참
조할 수 있다. 「雖有左右廂巡檢二人, 法制闕略, 名存而已. 乞下樞密院, 委 馬步軍司
措置, 略倣京城內外徼巡之法, 就錢塘城內分為四廂, 每廂各置巡檢一人, 權差以次軍都
指揮使有材能者充.」(『宋會要輯考』 兵編 第3廂巡) 상순검(廂巡檢)이 항상 군보군사
(馬步軍司) 소속 군관 가운데 뽑혀 충임되었다는 것을 알 수 있다.

界巡檢員指揮使)가 도착하여 병사와 수행인(水行人) 등을 지휘하여 주인과 함께 공동으로 불을 끄고 불에서 멀리 떨어져 있는 가옥까지 함부로 부수게 해서는 안 된다."227[『송회요집고』병(兵)3-1 상순(廂巡)]고 하였다. 여기서 순검이 화재 진압을 전담하도록 하였고 책임을 분명하게 두기 위해 여러 규정을 만들었던 것이다.

(2) 군순포옥(軍巡鋪屋)과 방화(防火) 조치

가시(街市)가 흥기하고 가항(街巷)에 건물이 밀집하여 불이 나면 쉽게 번져 나갔다. 따라서 "경사에서는 화재 금지를 매우 엄격히 하여 한밤중이 되면 촛불을 끄게 하였다. 그러므로 사인이나 서민의 집에서 제사를 지낼 경우 반드시 먼저 상사(廂使)에게 알리고 나서야 한밤중 이후에 종이돈을 태울 수 있었다."228고 하였다. 송 인종 지화(至和)연간(1054~1056)과 가우(嘉祐)연간(1056~1063)에 추밀사 적무양(狄武襄)이 어느 날 저녁 제사를 지내면서 우연히 보고하는 것을 잊었다. 한밤중에 정탐하는 사람이 상주(廂主)에게 달려가 아뢰었고 또 개봉지부(開封知府)에게도 보고하였다. 상주와 판관이 그 집에 도착하기를 기다리다가 불이 이미 꺼진 지 오래되었다. 그러나 이 일 후에 관부에서는 의론이 다양하여 적무양이 스스로 경성을 떠나기를 청하도록 하였다229[위태(魏泰),『동헌필기(東軒筆記)』권10]. 이에 따르면 '화재 금지'를 위반하는지를 정탐하는 사람이 있고 상주와 지부에게 보고했으며, 상주와 판관은 바로 몸소 가서

227_『宋會要輯考』第173册 兵3-1 廂巡, p.6802-上.「今後如有遺火, 仰探火軍人走報巡檢, 畫時赴救, 都巡檢未到, 即本廂巡檢先救; 如去巡檢地分遙遠, 左右軍巡使或)本地分廂界巡檢員指揮使先到, 卽指揮兵士、水行人等 與本主同共救潑, 不得枉拆遠火屋舍.」

228_『東軒筆記』(魏泰 撰, 李裕民 點校, 北京:中華書局, 1997) 卷10 p.117.「京師火禁甚嚴, 將夜分, 卽滅燭, 故士庶家凡有醮祭者, 必先關白廂使, 以其焚楮幣在中夕之後也.」

229_『東軒筆記』卷10 p.117.「至和·嘉祐之間, 狄武襄爲樞密使, 一夕夜醮, 而勾當人偶失告報廂使, 中夕驟有火光, 探子馳曰廂主, 又報開封知府, 此廂主判府到宅, 則火滅久矣. 翌日, 都不盛傳狄樞密家夜有光怪燭天者, 時劉敞爲知制誥, 聞之, 語權開封府王素曰…此語誼於縉紳間, 狄不自安, 遽乞陳州, 遂薨於鎭, 而夜醮之事竟無人爲辨之者.」

조사하고 처리해야만 하였다는 것을 알 수 있다.

북송 경사에는 또한 망화루(望火樓)를 설치하고 방항(坊巷)에 300보마다 군순포옥(軍巡鋪屋) 한 곳을 설치하는 제도가 있었다. 『동경몽화록』 권3 방화(防火)에

> 방항에 3백 보마다 군순포옥이 하나씩 있었는데 병사가 다섯 명이 있어 밤에는 순찰을 돌고 도적을 잡는 일을 하였다. 또 높은 곳에 벽돌로 망화루를 세웠고 그 누(樓) 위에 사람이 있어 높이 서서 살펴보았다. 그 아래에는 관청의 건물이 몇 칸이 있어 백여 명의 병사가 주둔하고 있고 또 크고 작은 물통, 물뿌리개[쇄자(洒子)], 마탑(麻搭), 도끼와 톱, 사다리, 화차(火叉), 동아줄, 철묘아(鐵猫兒) 같은 종류의 소방 기구를 갖추고 있었다. 불이 난 곳을 발견할 때마다 기마병이 신속하게 군주(軍主)와 상주(廂主), 마보군전전삼아(馬步軍殿前三衙) 및 개봉부(開封府)에 보고하고, 각각 군인을 통솔하여 화재를 진압하여 백성을 수고롭게 하지 않았다.[230]

여기서 말하는 '군순포옥'에는 포병(鋪兵) 5명이 배치되어 야간에 순찰하고 아울러 공무를 수령하였다. 이것은 방항(坊巷) 사이에 설치한 경찰파출소로 진한시대 도성의 거리에 설치한 '정(亭)'과 당나라 때 장안에서 방(坊) 모퉁이에 설치한 무후포[武候鋪, 즉 가포(街鋪)]에 해당하는 것이다. 남송 소흥(紹興) 2년(1132) 정월 21일에 관료들은 "청하건대, 추밀원에 명을 내려 마보군사(馬步軍司)에게 위임하여 조치를 취하게 하고 경성 안팎을 순찰하는 제도를 대략적으로 본받아 전당성(錢塘城) 안을 4상(廂)으로 나누고…상마다 거리의 멀고 가까움을 헤아려 포(鋪) 몇 개

230_ 『東京夢華錄注』 卷3 防火, p.116. 「每坊巷三百步許, 有軍巡鋪屋一所, 鋪兵五人, 夜間巡警, 及領公事. 又於高處磚砌望火樓, 樓上有人卓望. 下有官屋數間, 屯駐軍兵百餘人, 及有救火家事, 謂如大小桶·洒子·麻搭·斧鋸·梯子·火叉·大索·鐵貓兒之類. 每遇有遺火去處, 則有馬軍奔報軍廂主馬·步軍殿前三衙·開封府·各領軍汲水撲滅, 不勞百姓.」

를 설치하고, 포마다 금군장행(禁軍長行) 6명을 파견하여 밤에는 물시계에 맞춰 북을 쳐서 소리가 서로 들리게 하며, 거듭 방화 기구를 대략적으로 갖추도록 해야 합니다. 포 2개마다 절급(節級) 1명을 파견하고 절급 10명마다 군원(軍員) 1명을 두어 모두 순검에게 총괄토록 해야 합니다. 공무를 수령한 일이 있을 때에는 임안부에 안건을 송부하고 날이 평안해지면 거듭 마보군사에게 보고하도록 해야 합니다. 해당 지역에 도적이 있다는 것이 알게 되면 순검 이하는 모두 경성에서 시행하는 법처럼 죄에 처해야 합니다."[231][『송회요집고』) 병(兵)3, 상순(廂巡)]라고 하였다. 남송의 관료들이 동경에 성 안팎을 순찰하는 제도가 있었던 것을 임안에서도 본받아 상마다 일정한 지점에 포(鋪)를 설치해 줄 것을 요청하였는데 이렇게 하여 설치된 포가 바로 군순포옥이다. 군순포옥의 책임은 방화에만 있는 것이 아니라 더욱 중요한 것은 순찰과 공무 수령 및 도적의 방지와 체포였다. 군순포옥에 주둔하는 것은 군대로 군사 계통에 소속되어 있어 당대 장안의 무후포와 성격이 같았다.

망화루의 설치는 북송의 동경에서 처음으로 시행한 것이다. 이것은 번화한 시가가 흥기한 이후 방화(防火)의 필요성에 따른 조치였다. 동시에 화재의 진압을 주둔군의 중요한 책무로 삼아 "법에 방화범을 잡지 못하면 주관 관리는 모두 죄에 처한다."고 규정하였다. 나중에 "옆집으로 불이 번지지 않은 경우 체포를 못하더라도 죄에 처하지 않는다."[232]라고 고쳤다(『설부』 권82 『도산청화(道山淸話)』에서 인용하였다.). 당시 경성에는 주둔군이 많아 군관은 매우 편리하고 신속하게 대규모 인력을 모아서 화재를 진압할 수 있었다.

231_ 『宋會要輯稿』 第173冊 兵3-8 廂巡, p.6805-下. 「乞下樞密院, 委馬步軍司措置, 略倣京城內外徼巡之法, 就錢塘城內分爲四廂, … 每廂量地步遠近置鋪若干, 每一鋪差禁軍長行六名, 夜擊鼓以應更漏, 使聲相聞, 仍略備防火器物. 每兩鋪差節級一名, 每十名差軍員一名, 皆總之於巡檢. 遇有收領公事, 解送臨安府, 仍日具平安, 申馬步軍司. 本地分有盜賊, 則巡檢而下, 皆坐罪如在京法.」

232_ 『說郛』(北京:中國書店, 1986) 卷82 道山淸話, 「非延及旁家者, 雖失捕勿坐.」

(3) 관영 약국과 서비스업

관에서 운영하는, 조제한 약을 파는 기구인 혜민국(惠民局)이 동경의 거리에 개설되었는데, 이 또한 북송 정부가 처음으로 시행한 것이었다. 인구가 밀집된 동경에서 아픈 사람을 어떻게 하면 편리하게 치료할 것인가는 반드시 해결되어야 할 사회 문제였다. 북송은 의학사업과 의료 시설을 매우 중시하여 일찍이 당나라 이전에 나온 많은 의서를 교정한 뒤 출판하였다. 『본초(本草)』는 연달아 5차에 걸쳐 수정하였고, 여러 차례 의술 총서를 모아 편찬하였는데 예컨대 『태평성혜방(太平聖惠方)』과 『성제총록(聖濟總錄)』 같은 것이 있었다. 송 신종 때에 이르러서는 조제 약을 파는 관영의 혜민국을 창설하고 아울러 처방의 표준이 되는 '방서(方書)'를 반포했으며, 대관(大觀)연간(1107~1110)에는 『교정태평혜민화제국방(校正太平惠民和濟局方)』 5권을 편찬하였다. 혜민국에서는 처방에 따라 환(丸), 산(散), 고(膏), 단(丹)[233] 등 완성된 약을 만들어 팔았다. 후에 혜민국은 점차 5국, 7국으로 증가하여 성 안에 분포하였다. 예컨대 혜민남국(惠民南局)은 용진교 남쪽에 있는 태학의 남쪽 횡가에 있었고 혜민서국(惠民西局)은 서대가의 북쪽 골목 어귀에 있었다. 관영 약국은 주민들이 병에 따라 편리하게 약을 구해 치료하도록 하였고 증상에 대응하여 효험이 있는 조제약을 판매하였다. 따라서 주민의 환영을 받아 발전하였다. 채조의 『철위산총담』 권6에 "도읍에서 혜민국이 많아져 5국으로 늘어나 약을 팔아 사방을 구제하니 매우 번성하였다. 한 해 지출과 수입을 계산해 보니 얻은 이득이 40만 민(緡)이며 호부(戶部)로 들어가 경비에 도움을 준다. 그러나 지난날 의론하였을 때에는 그렇게 너무 크지는 않았다."[234]고 하였다. 관부가 말로는 '백성에게 은혜를 베푼

233_ [역자 주] 환(丸)은 알약, 산(散)은 가루약, 고(膏)는 유지(油脂)처럼 바르는 약, 단(丹)은 정교하게 만든 약을 가리킨다.

234_『鐵圍山叢談』卷6, p.102.「都邑惠民局多增五局, 货药济四方, 甚盛举也. 岁校出入得息钱四十万缗, 入户部助经费, 然往时议者甚大不然矣.」

다'고 하면서도 실제로는 여전히 중간에서 이익을 도모하려고 해서 당연히 사람들의 불만을 불러일으켰다.

관부가 의약에 대해 중요성을 제창하고 도성의 많은 사람들이 수요가 높아져 가시(街市)에는 의약업이 매우 번성하였다. 번화한 마항가 북쪽 끝에 있는 두 항은 모두 의포와 약포였을 뿐만 아니라, 그중에는 치아와 인후(咽喉)를 다루는 전문 약포도 있었고 소아과, 산부인과 등 전문 의포도 있었다. 경령서궁 남쪽에도 환약포(丸藥鋪)가 있었고 구조문가에도 전문 소아약포(小兒藥鋪)가 있었다. 우항가에는 게다가 문 입구가 일곱 칸이나 되는 유가약포(劉家藥鋪)가 있었고 이 외에 용로가와 서대가에도 유명한 약포가 많이 있었다.

많은 주민의 수요에 서비스업도 흥기하기 시작하였다. '사람들에게 물을 길러 주는 이들에게는 각자 맡은 자신의 방항(坊巷)이 있었고' 칠을 하는 사람, 비녀와 고리를 만드는 사람, 큰 도끼로 장작을 패는 사람, 부채 손잡이를 가는 사람, 향료를 섞어 만든 석탄 덩어리를 공급하는 사람이 있었고 여름에는 모직물을 빠는 사람, 우물을 청소해 주는 사람이 있었다. 또한 뚫린 금속을 때우는 사람, 구리거울을 닦고 솥 밑바닥을 때우는 사람, 통의 테를 고치는 사람, 일상용품을 수리하는 사람, 신발을 손보는 사람, 허리띠를 광내는 사람, 복두와 모자를 수선하는 사람, 부녀자들이 쓰는 각관(角冠)을 수선하는 사람, 매일 향과 인쇄물을 공급해 주는 사람 등이 있었다[235][『동경몽화록』 권3 제색잡매(諸色雜賣)]. 또 물건을 빌려주는 업종도 있었는데 예컨대 결혼할 때 타는 첨자(檐子)[236]와 따르는 사람의 옷과 도구까지 모두 빌려주는 곳이 있었다. 일반 사람들이 이용하는 우거(牛車)는 6명을 태울 수 있었는데 이것도

235_ 『東京夢華錄注』 卷3 諸色雜賣, p.119. 「其鋼路・釘鉸・箍桶・修整動使・掌鞋・刷腰帶・修襆頭帽子・補洗角冠子. 日供打香印者, 則管定鋪席人家牌額, 時節即印施佛像等. 其供人家打水者, 各有地分坊巷, 以有使漆・打釵環・荷大斧斲柴・換扇子柄・供香餠子・炭團, 夏月則有洗氈淘井者, 舉意皆在目前.」

236_ 역자 주 첨자(檐子)란 어깨로 메는 가마를 가리킨다.

빌릴 수 있었다[237][『동경몽화록』권4 황후출승여(皇后出乘輿)]. 예컨대 '거리가 멀어 걸어가기에 피곤하다면' '안장을 갖춘 말을 빌려주는 사람이 있었고 가격은 1백 문(文)을 넘지 않았다.'고 하였다. 만일 상(喪)을 당해 운구를 하게 되면 '흉사(凶肆)'에서 '방상(方相)', '차여(車轝)', '결락(結絡)'과 '채백(綵帛)'을 모두 빌려주었고 '모두 정해진 가격이 있었다.'[238][『동경몽화록』권4 잡임(雜賃)]고 하였다. 이러한 '흉사(凶肆)'는 당나라 때 장안에서 이미 매우 번성했는데, 이때는 그 풍조를 그대로 따른 것에 지나지 않았다. 민간의 길흉사에 빈객을 모신 자리에 필요한 탁자, 의자, 각종 시설물, 기물은 모두 '다주사(茶酒司)'가 관리하고 빌려주었다. 음식을 먹고 술을 마시는 것은 '주사(廚司)'가 있어 음식을 삶고 끓이는 것을 관리하였다. 한편 백석인(白席人, 예식을 도와서 진행하는 사람)이 있어 '그릇을 나르는 것에서 초청장을 보내는 것, 좌석의 순서를 안배하는 것, 음식을 나르는 것, 노래를 부르고 술을 권하는 것'을 하였는데 이를 '사사(四司)'라고 총칭하였다. 만약 원림이나 사원으로 가서 유람하다가 손님을 초청한다면 '사사인'은 "각자 구역이 있어 일을 맡아 준비하는 것에도 정해진 규정이 있었고 감히 규정을 뛰어넘어서 돈을 받지 않았다."[239][『동경몽화록』권4 연회가임(筵會假賃)]고 하였다. 이처럼 '각자 구역이 있는' '사사'의 서비스업은 남송 임안에 이르러 더욱 발전하여 이른바 '사사육국(四司六局)'을 이루었다.

237_『東京夢華錄注』卷4 皇后出乘輿, p.124. 「士庶家與貴家婚嫁, 亦乘簷子, 只無脊上銅鳳花朵, 左右兩軍自有假賃所在. 以至從人衫帽, 衣服從物, 俱可賃, 不須借借. 餘命婦王宮士庶, 通乘坐車子, 如檐子樣制, 亦可容六人.」

238_『東京夢華錄注』卷4 雜賃, p.125. 「若凶事出殯, 自上而下, 凶肆各有體例. 如方相・車輿・結絡・綵帛, 皆有定價, 不須勞力. 尋常出街市幹事, 稍似路遠倦行, 逐坊巷橋市, 自有假賃鞍馬者, 不過百錢.」

239_『東京夢華錄注』卷4 筵會假賃, p.126. 「凡民間吉凶筵會, 椅桌陳設, 器皿合盤, 酒簷動使之類, 自有茶酒司管賃. 吃食下酒, 自有廚司. 以至托盤下請書・安排坐次・尊前執事・歌說勸酒, 謂之白席人. 總謂之四司人. 欲就園館亭榭寺院遊賞命客之類, 擧意便辦, 亦各有地分, 承攬排備, 自有則例, 亦不敢過越取錢. 雖百十分, 廳館整肅, 主人只出錢而已, 不用費力.」

동경에서 가고(街鼓)제도가 폐지된 후 사원이, 날이 밝으려 할 때 '새벽을 알리는' 일을 맡았다. 매일 정해진 시간에 종을 쳐서 '새벽을 알리는' 것 외에도 행자(行者)가 길을 따라가며 철패자나 목어를 쳐서 '새벽을 알렸다.'고 하였다. "매일 오경이 되면 여러 사원의 행자들이 철패자나 목어를 치면서 각 문을 돌며 새벽을 알렸는데 이것도 각자의 구역이 나눠져 있었고 낮에는 보시(布施)를 구하였다. 조회에 나가는 관리나 시장으로 들어가는 사람들은 이 소리를 듣고 일어났다."[240](『동경몽화록』권3 천효제인입시)고 하였다. 즉 낮에 목어를 두드리거나 철패를 치면서 거리를 따라 다니며 탁발(불교 사업을 위한 기부를 모집하는 것)을 하는 행자는 각자 구역이 있어 날이 밝으려 할 때 '새벽을 알리는' 일을 담당했으며, '조회에 나가는' 관리와 '시장으로 들어가는' 사람들은 바로 '이 소리를 듣고 일어났던' 것이다.

240_『東京夢華錄注』卷3 天曉諸人入市, p.117. 「每日交五更, 諸寺院行者打鐵牌子, 或木魚循門報曉, 亦各分地方, 日間求化. 諸趨朝入市之人, 聞此而起.」 역자 주 본문에서는 『동경몽화록』권2이라고 했으나 원문은 『동경몽화록』권3에 나와 있다.

4. 남송 임안(항주)의 구조와 가시(街市) 분석

1) '좌남조북(坐南朝北)'의 특수 배치 구조

(1) '좌남조북'의 특수 배치 구조 형성

항주는 옛날에는 전당(錢塘)이라고 불렀다. 진대에 이미 현 치소를 서호 서쪽의 무림산[武林山, 지금의 영은산(靈隱山)의 뒷산] 기슭에 두었다. 수대에는 항주를 세워 치소를 여항(餘杭)에서 전당으로 옮겼다. 동시에 대운하를 수리하여 이곳에 닿게 하였다. 아울러 성 구역을 확대하여 서호 동쪽 지역을 포함하였고 성 둘레가 36리 90보가 되었다. 당대에 이르면 성 구역이 더욱 확대되고 인구도 증가하여 전국적으로 유명한 도시가 되기 시작하였다. 오대 때에는 오월(吳越)이 이곳에 수도를 세웠고 또한 수당의 옛 성 남쪽에 있는 봉황산(鳳凰山) 아래에 '자성(子城)'을 쌓아 치소로 삼았다. 아울러 두 차례에 걸쳐 외성을 확대하니 '협성(夾城)'과 '나성(羅城)'이라고 불렀다. '협성'은 옛 성의 서북지역과 서남지역으로 확대되었고 '나성'은 옛 성의 동쪽지역으로 확대되어서 항주성의 서쪽은 서호를 둘렀고 동쪽은 염교운하(鹽橋運河)를 포용하며 성 안으로 끌어들였다. 북쪽은 대운하에 바로 붙어 있었고 동쪽은 전당강 가까이 붙어 있었다. 동시에 바다를 막는 둑을 건설하고 전단강과 통하게 하여 항해하는 배도 통과시킬 수 있었다. 이에 항주가 동남연안의 상업대도시이자 대외무역의 항구가 되었던 것이다.

북송 때 항주는 경제적으로 빠르게 성장하여 강남의 견직업의 중심이 되었고 양조업과 조판인쇄업도 발달하였다. 송 태종 단공(端拱) 2년(989)에 이곳에 시박사(市舶司)를 설립하였다. 북송 말에 금나라 군사가 끊임없이 남침하자 송나라는 조금씩 조금씩 물러나 도성를 떠났고 행도(行都)[1]를 두는 것도 계속 남쪽으로 내려갔다. 남송 고종(高宗) 건염(建炎) 3년(1129)에 항주를 임안부(臨安府)로 승격하였고 아울러 부 치소를 행궁으로 삼아 '행재소(行在所)'라고 불렀다. 소흥 8년(1138)에 임안을 도성으로 정하였고 이내 '행재(行在)'라고 칭하였다. 소흥 12년(1242)에 봉황산 기슭에 있는 행궁에 대전을 크게 세워 황궁이 처음으로 규모를 갖추었고 소흥 28년(1258)에는 내성을 증축하였다. 아울러 옛 성의 동남쪽에 있는 외성을 증축하여 동남지역으로 확장하였다. 이른바 내성을 증축하였다는 것은 오월의 '자성'의 기초 위에 대략적으로 확장하여 황성을 이루었을 뿐이라는 것이다. 황성은 봉황산 동쪽 기슭의 안산[案山, 지금의 오아산(吳衙山)]에 건설되었으며 둘레가 9리라고 한다.[2] 황성의 남문은 여정문(麗正門)이라고 하는데 '대내(大內)'의 정문으로 3개의 문도(門道)가 화려하고 웅장하게 배치되어 있는데 "그 문에는 모두 금못을 박고 문을 붉게 칠했으며 기둥에 그림을 그리고 용마루에 조각을 새겼으며 동(銅)과 기와로 지붕을 얹고 용과 봉황이 날아오르는 모습을 새겨 넣었다. 우뚝 높이 솟아 웅장하고 휘황찬란하여 눈이 부실 정도였다."고 하였고 좌우에는 관(關)과 백관대반각자(百官待班閣子)[3]가 있었다(『몽량록』권8 대내).[4] 황성의 북문은 화녕문(和寧門)이라고 하는데 '대내'

---

1. **역자 주** 행도(行都)란 유사시에 도성 역할을 할 수 있게 따로 세운 도성을 말한다.
2. 고염무(顧炎武)의 『역대택경기(歷代宅京記)』권17에서는 진수응(陳隨應)의 『남도행궁기(南渡行宮記)』를 인용하여 궁성이 '둘레가 9리'라고 하였다. 9리라고 한 것은 과장된 이야기이다.
3. **역자 주** 백관시반각자(百官待班閣子)란 관료들이 입궐하기 전에 대기하는 건물이다.
4. 『夢粱錄』卷8 大內, p.104. 「皆金釘朱戶, 畫棟雕甍, 覆以銅瓦, 鑴鏤龍鳳飛驤之狀, 巍峨壯麗, 光耀溢目. 左右列闕, 待百官侍班閣子.」

의 후문으로 대성 남쪽의 효인방(孝仁坊)과 등평방(登平坊) 사이에 끼여 있었고 역시 3개의 문도가 있었다. 여정문처럼 똑같이 건축되고 배치 되었으며 "궁성을 수비하는 병사는 삼엄하게 지키고 사람이 출입한다 면 문을 지키는 병사는 큰소리로 사람 수를 점호하였다. 문 밖에는 백 관대반각자가 늘어서 있었고 그 좌우에는 홍차자(紅杈子)가 나란히 서 있었다."5(『몽량록』 권8 대내)라고 하였다. 남문인 여정문이 정문이라는 것은 단지 황제가 남교에 가서 제사를 지내는 것과 관련된 것이다. 황 제는 오직 남교의 제단에 가서 제사를 지낼 때만 비로소 이 문을 지나 간다. 이 외에 화녕문 동남쪽에 동화문(東華門)과 동편문[東便門, 혹 편문 (便門)이라고도 한다.]이 설치되어 있지만 모두 중요하지 않다.

대내의 북문으로서 화녕문은 이름상 후문이지만 실제로는 오히려 주 요한 정문이다. 임안의 모든 도성 배치 구조가 남쪽에 자리 잡고 북쪽 을 바라보기[좌남조북(坐南朝北)] 때문이다. 이것은 북송의 도성인 동경의 배치 구조와는 정반대이다. 임안의 황성은 전체 항주성 가운데 남쪽 끝 에 자리 잡고 있으며 성 전체의 중축선인 어가도 남쪽에서 북쪽으로 향 하고 있다.

(2) 남에서 북으로 향하고 서북으로 통하는 어가

어가는 대내의 북문인 화녕문을 기점으로 하여 곧장 북쪽으로 나가 조천문(朝天門)을 지나서 서쪽으로 약간 꺾인 뒤 또다시 북쪽으로 곧장 나가 중안교(衆安橋), 관교(觀橋)를 거쳐 만세교(萬歲橋)에 이른다. 또다시 꺾여 서쪽으로 나가 곧장 신장교(新莊橋)와 중정교[中正橋, 사교(斜橋)]에 닿는다. 총길이가 13,500척이었고 도로 위에 까는 포석판(鋪石版)은 35,300여 개였다. 이 어가는 임안의 중축선이었을 뿐만 아니라 화녕문 에서 조천문까지 이르는 구간은 외조의 광장과 같은 성격을 띠고 있어

5_『夢梁錄』 卷8 大內, p.104. 「把守衛士嚴謹, 如人出入, 守闌人高唱頭帽號, 門外列百 僚待班閣子, 左右排紅杈子」

원단과 동지에 대조회를 거행할 때 관리들이 모여 품급에 따라 도열하는 곳으로 이용되었다. 화녕문 앞의 어가 서쪽에는 3성 6부가 배치되었는데 중앙관서의 핵심이었다. 이것은 북송 동경의 선덕문 앞에 있는 어가의 성격과 같다. 다른 점은 북송 동경의 중앙 관서는 궁성 안과 어가의 동서 양쪽에 나눠 배치되어 있었으나 남송 임안의 주요한 중앙 관서는 단지 어가의 서쪽에 배치되어 있는 것과 동시에 동서 양쪽에는 주민이 사는 방항(坊巷)이 뒤섞여 있다는 것이다. 북송 동경의 선덕문 앞어가 양편에는 동서 두 열로 '천보랑(千步廊)'이 세워져 있었는데 '어랑(御廊)이라고도 하였다. 천보랑 안에는 각각 흑칠차자와 홍칠차자 두 항을 설치하여 행인의 통행을 제한하였고 백관이 모여 도열하는 곳으로 이용하였다. 남송 임안의 화녕문 앞 어가 양편에는 백관대반각자가 있었으며 좌우에 홍차자를 배열하여 행인의 통행을 제한하고 마찬가지로 백관들이 모여 등급에 따라 기다리는 장소로 이용하였다(그림59 참조). 『서호노인번승록(西湖老人繁勝錄)』에서는 당시 원단대조회 때 품급에 따라 기다리는 정경을 구체적으로 서술하였다. "설날 사경(四更)에 여러 관청의 시종자들은 각각 소속 관청으로 가고, 여러 관인은 대내 앞에 모여 대반각(待班閣) 안에 들어가 앉는다. 대내의 문이 열리기를 기다리면서 문무백관은 대전의 계단 앞에 이르러 품급별로 서고 규범에 맞게 의장 도구를 나열한다. 금위(禁衛)는 품급별로 가지런히 서는 것을 기다렸다가 황제께서 보배로운 대전에 오르는 것을 맞이한다. 대신과 금나라의 사신은 옥과 금처럼 화려한 대전과 계단 앞에서 황제께 축하의 말씀을 올린다. 당시 남번(南番)의 여러 나라가 보물과 코끼리를 바치기 위해 경사에 왔다."[6]고 하였다. 이것은 원단대조회 때 관리들이 기다리

6_『西湖老人繁勝錄』(『東京夢華錄(外四種)』, 上海: 古典文學出版社, 1957), p.111.「歲節四更, 諸廳人從, 各往本廳, 請官紏內前待班閣子內坐; 待大內門開, 文武百官入至殿階列班, 法物儀仗羅列, 禁衛待班齊邀聖駕登寶殿. 大臣並金國奉使, 奏賀玉殿金階, 時有南番諸國貢寶進象到京.」

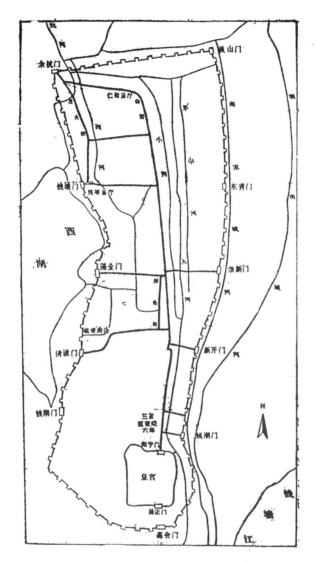

그림 59 남송 임안(항주)의 배치 구조와 주요 도로(출전: 林正秋, 『南宋都城臨安』, 西泠印社, 1986)

며 품급별로 도열한 정황을 나타낸다. 평상시의 조례도 거의 비슷했지
만 의례가 비교적 간단했을 뿐이다.

이 어가는 왜 화녕문에서 곧장 북쪽으로 나가서 만세교까지 가서 서쪽으로 꺾인 뒤 신장교와 중정교까지 닿아 있을까? 이는 황제가 사맹(四孟, 맹춘, 맹하, 맹추, 맹동)때 경령궁(景靈宮, 지금의 절강성체육장 일대)에 가서 조상을 참배하기 위해 특별히 설계한 것이다. 경령궁은 북송 진종 대중상부 5년(1012)에 처음으로 동경에 설치된 것으로 황성 이남의 어가 동서 양편에 세워져 돌아가신 황제와 황후의 초상을 받들어 모시고 있어 '사맹월 때 참배해야' 하는 곳이었다. 남송은 임안에 도성을 세우고 이 체제를 그대로 따랐다. 소흥연간((1131~1162) 신장교에 있는 유광세(劉光世)와 한세충(韓世忠)의 옛 저택을 경령궁으로 개축하고 돌아가신 황제와 황후를 위한 전각을 각각 세우고 소상을 받들어 모셨다. 황제가 사맹 전에 몸소 가서 조향례(朝饗禮)를 거행하였다. 주의해야 할 점은 이 경령궁이 황성 남쪽에 위치하고 있는 것이 아니라 도성 전체의 서북쪽에 있었으며 게다가 건축물의 위치도 '북쪽을 향하며 서쪽에 자리 잡고 있다.'는 것이다[7](『몽량록』 권8 경령궁). 동시에 경령궁의 부근에는 또한 호천상제(昊天上帝)와 성조(聖祖), 태조(太祖) 이하 황제를 받들어 모시는 도관인 만수관(萬壽觀)과 오복태을신(五福太乙神)에게 제사 올리는 동태을궁(東太乙宮)이 세워졌다. 만수관은 신장교 서쪽에 있었고 동태을궁은 신장교 남쪽에 있었다. 예제의 규정에 따라 황제는 매번 경령궁에서 제사를 올린 후에 만수관의 여러 전에 가서 소향례(燒香禮)를 거행해야 하였고[8](『몽량록』 권8 만수관) 또한 동태을궁에 가서 관알례(款謁禮)를 거행해야만 하였다[9][『몽량록』 권1 동가예경령궁맹향(東駕詣景靈宮孟饗)].

7_『夢粱錄』卷8 景靈宮, p.110. 「景靈宮在新莊橋, 投北坐西, 乃韓蘄王世忠元賜宅基, 其子獻于朝, 改爲宮. 向中興初, 高廟鑾輿幸此, 四孟朝獻, 俱于禁中行禮.」

8_『夢粱錄』卷8 萬壽觀, p.112. 「萬壽觀, 在新莊橋西. 紹興間建殿觀宇, 以太霄殿奉昊天, 寶慶殿奉聖祖, 長生殿奉長生帝, 西則純福殿, 奉元命. 後殿十二楹, 爲二十二室, 奉太祖以下. 會聖宮·章武殿應天璇運, 皆塑像, 以存東都遺制. 前殿東有圓廟, 室扁曰延聖, 章惠后室扁曰廣惠, 溫成后室扁曰寧華. 四孟廟獻畢, 上由御圃詣本觀諸殿行燒香禮.」

9_『夢粱錄』卷1 車駕詣景靈宮孟饗, p.10. 「幸太乙宮·景陽宮, 行款謁禮.」

원래 북송 동경의 동태을궁은 동경성 동남쪽의 소촌(蘇村)에 건립되어 있었다. 임안의 동태을궁은 고종이 "이곳에 어가를 멈추고는 북쪽 모퉁이에 땅을 선택하여 궁을 지은 것"[10]으로 신장교 남쪽 지점을 선정한 뒤 건립한 것이다. 원래 동경의 동남쪽에 세웠던 동태을궁을 왜 '북쪽 모퉁이에 땅을 선택하여 궁을 지은 것'일까? 게다가 동태을궁 뒤편의 작은 밭에는 작은 흙산이 있었는데 "그 위에 정자를 세우고 편액에는 무림(武林)이라고 하였고 곧 항주의 주인이 되는 산이다."[11][『몽량록』권11 제산암(諸山巖)][12]라고 하였다. 원래 무림산은 항주의 서쪽에 있는 영은산(靈隱山)의 뒷산이지만 왜 이 작은 흙 언덕을 무림이라고 부르고 '항주의 주인이 되는 산'으로 삼았을까? 이것 모두가 임안의 '좌남향북'이라는 특수한 배치 구조에 부응하기 위해 만들어 낸 특수 시설이라는 것을 알 수 있다.

(3) '좌남향북(坐南向北)'의 배치와 예제의 관계

항주는 서쪽으로는 서호에 닿아 있고 동남쪽으로는 전당강에 붙어 있다. 북쪽으로는 대운하에 닿아 있고 남부에는 산이 많다. 지세 때문에 성벽 전체가 요고(腰鼓)[13]의 형태와 비슷하였고 오대 때 이미 '요고성(腰鼓城)'이라는 호칭이 있었다.[14] 남부와 서남부는 구릉지대이고 북부와 동남부는 물이 그물처럼 얽혀 있는 지대이다. 정치적으로는 통치의 중심지는 높은 곳에 의거하면서 아래쪽을 내려 보아야 하므로 남부의 구릉 지대에 건설되었다. 그리하여 오대 때 오월(吳越)의 '자성(子城)'이

10_ 『夢梁錄』 卷8 御前宮觀・東太乙宮, p.113. 「駐蹕于此, 以北隅擇地建宮」

11_ 『夢梁錄』 卷11 諸山巖, p.154. 「建亭在其上, 扁曰武林, 即杭之主山也.」

12_ 『夢梁錄』 卷8 御前宮觀・東太乙宮, p.114. 「館有小圃, 亭扁武林, 山在宮后小坡, 山乃杭之主山也.」 같은 책 권19 원유(園囿)도 이 점을 언급하였다.

13_ 역자 주 요고(腰鼓)란 허리에 차고 양쪽을 두드리는, 원통형으로 생긴 작은 북을 말한다.

14_ 『吳越備史』 「乾寧二年, 淮帥楊行密攜一僧私來覘城, 僧曰: 此腰鼓城也, 擊之終不可得. 行密乃歸.」

봉황산 기슭에 세워졌을 뿐만 아니라, 남송 임안의 황성도 그대로 이 속에 세워져서 '좌남향북'의 특수한 배치 구조를 형성하였다. 남북 양 쪽의 성벽은 비교적 짧고 동서 양쪽의 성벽은 길면서도 불룩 나오고 구 불구불하기도 하였다. '좌남향북'의 배치 구조이지만 북쪽 성벽에는 단 지 성문 1개만 설치하였고 그것도 북쪽 성벽의 서편에 열었다. 바로 여 항문[북궐문(北闕門)이라고도 한다.]이다. 성 전체에 걸쳐 있는 13개의 성문 은, 여항문이 서북쪽에 있는 것 외에 가회문(嘉會門)이 남쪽 성벽의 동 편에 있었고 나머지 11개의 성문은 모두 동서 양쪽에 있었다. 서쪽에 는 전당문(錢塘門), 풍예문[豊豫門, 즉 용금문(涌金門)], 청파문[淸波門, 함수문 (涵水門) 혹은 암문(暗門)이라고도 한다.], 전호문(錢湖門, 청평문(靑平門)이라고도 한다.]이 있고, 동북에는 간산문[艮山門, 속칭 패자문(壩子門)]이 있고, 동쪽 에는 동청문[東靑門, 속칭 채시문(菜市門)], 숭신문[崇新門, 천교문(薦橋門)이라 고도 한다], 신개문[新開門, 신문(新門)이라고도 한다], 보안문[保安門, 속칭 소언 문(小堰門)], 후조문(候潮門), 편문(便門)이 있었다. 또한 수문은 5개가 있 었다. 북쪽에는 여항수문(餘杭水門)과 천종수문(天宗水門)이 있었고 동쪽 에는 보안수문(保安水門)이 있었으며 동남쪽에는 북수문(北水門)과 남수 문(南水門)이 있었다. 각각의 문 가운데 간산문, 동청문과 편문의 바깥 에 모두 활모양의 벽루(壁壘)가 있는데 위는 둥글고 아래는 깎여 있는 이른바 '옹성'이고, 그 나머지 한문(旱門)에는 모두 성루를 세웠고 수문 은 모두 단층의 작은 건물이었다. 그 가운데 가회문의 성루가 가장 화 려했는데, 이 문은 어도에 있어 황제가 남쪽 교외에서 제사지낼 때 반 드시 이 문을 통해 오갔기 때문이다. 가회문 밖 서남쪽 3리에는 교단(郊 壇)이 설치되었고, 교단 북쪽의 정명사(淨明寺)에는 이른바 청성행궁(靑 城行宮)을 세워 푸른 천으로 장막을 두르고 벽돌 문양을 그려 성곽과 궁 궐인 것처럼 만들었고, 안에는 단성행전(端誠行殿)을 세워 황제가 제례 를 거행하기 전에 재계(齋戒)하는 곳으로 삼았다. 이는 모두 북송의 제 도를 그대로 따른 것이다.

남송의 중대한 의례는 모두 3가지가 있었다. 첫째는 원단과 동지의 대조회이다. 이것은 당나라 이전의 예제를 그대로 이어받은 것이다. 백관은 화녕문에서 대내로 들어가 황제에게 대조하(大朝賀)를 진행하고 "법가(法駕)를 준비하고 황금 깃발의 의장대 3,350명을 배치했으나 동경에 비해 1/3으로 줄어든 것이다."[『무림구사』 권2 원정(元正)][15]고 하였다. 둘째는 '사맹' 때 황제가 화녕문을 나서 어가를 따라 경령궁까지 가서 참배하는 것이다. 이것은 원묘(原廟)에서 조상에게 참배하는 송나라만의 특유의 예제이며 그 의례 과정이 성대하였다. 먼저 황제가 나갈 기일을 알려 주민의 활동을 제약하고 높은 건물에 올라가 보는 것을 허가하지 않았다. 하루 전에 성루를 봉쇄하고 전보사(殿步司)가 둘로 나눠 파견되어 관병 6,200명을 데리고 통제하며 거리를 순찰하였다. 의례가 거행되는 당일에는 황제가 어가를 타고 나가면 적잖은 고관들이 어가를 뒤따랐다. 셋째는 남교에서 거행하는 교사례(郊祀禮)이다. 3년마다 한 번씩 거행되며 원단 때 진행되고 '대례(大禮)'라고 하였다. 3일 전에 대경전(大慶殿)에서 재계하고 다음날 화녕문을 나와 경령궁에 가서 조상에게 고한 뒤 다시 태묘로 돌아온다. 그 다음날 태묘에서 출발하여 가회문 밖의 교단(郊壇)에 이르러 의례를 거행한다. 태묘는 화녕문 밖 어가 서쪽의 서석산(瑞石山) 아래에 있었다. 반드시 어가를 지나 남쪽으로 간 뒤 후조문대가(候潮門大街)를 거쳐 동쪽으로 가서 후조문 입구에 이른다. 성 안에서 성벽을 따라 가다가 꺾어서 남쪽으로 간 뒤 편문 입구를 지나 다시 성벽을 따라 서남쪽으로 가면 비로소 가회문에 이를 수 있다. 가회문에서 나와 다시 서남쪽으로 3리를 가면 교단에 이른다. 의례가 거행되는 당일 황제가 '옥로(玉輅)'를 몰아 앞으로 나아가고 '회로(回輅)'가 뒤를 따랐고, 의장대는 매우 길어 6,889명이나 동원되었다. 아울러 상원(象院)의 코끼리가 붉은 깃발을 꽂고서 앞에서 길을 인도하였

15_『武林舊事』卷2(『東京夢華錄(外四種)』, 上海: 古典文學出版社, 1957) 元正, p.367.
「備法駕, 設黃麾仗三千三百五十人, 視東京已減三之一.」

고 '이금삼고(二金三鼓)'의 악대가 있었다. 따라서 후조문대가는 모두 축축한 모래를 다져서 깔개처럼 평평하게 만들어 특히 '니로(泥路)'라고 불렀다. 의례가 완전히 끝난 후에 다시 가회문에서 대내 남문인 여정문으로 들어온다. 이렇게 한 바퀴를 도는 노정이 모두 9리 320보였다.[16]

(4) 전조(前兆)의 전설과 방위의 선정

남교에서 교사례를 거행할 때 동남쪽의 가회문으로부터 출입하였어도 성 전체의 배치 구조는 남쪽에서 북쪽을 향하고 있어 중축선인 어가도 남에서 북으로 향해 있었다. 이러한 남에서 북으로 향하는 특수한 배치 구조와 관련하여 당시 '전조'의 전설이 있었다. 조언위(趙彦衛)의 『운록만초(雲麓漫鈔)』권3에

정화(政和) 5년(1115) 동도(東都, 동경을 가리킨다)에서는 경룡문(景龍門)

16_『武林舊事』卷1 大禮, pp.340~341. 「並差官兵修築泥路, 自太廟至泰禋門, 又自嘉會門至麗正門, 計九里三百二十步,明堂止自太廟至麗正門 皆以潮沙填築, 其平如席.」 이는 태묘에서 후조문의 진흙 도로를 거쳐 먼저 동쪽으로 가면 후조문 입구를 지나고 다시 남쪽으로 가면 가회문 밖으로 나가 교단이 있는 태인문(泰禋門)까지 이른다는 것을 전해 준다. 대례(大禮)가 모두 마치는 것을 기다린 뒤 다시 가회문으로 돌아가며 가회문부터 대내의 여정문까지 들어간다. 곧 태묘에서 교단에 가는 것과 교단에서 다시 여정문으로 돌아오는 것, 즉 한번 가고 한번 돌아오는데 모두 9리 320보라는 것이다. 종육룡(鐘毓龍)은 『설항주(說杭州)』제5장 설성읍(說城邑)의 제6절 남송성원(南宋城垣)에서 『무림구사』의 이 구절을 오해하여 '황제가 몸소 교단에 갈 때 지름길은 가회문으로 나가는 것인데 왜 여정문에서 동쪽으로 가서 후조문으로 나간 뒤 다시 서쪽으로 가서 가회문으로 나가는가? 그렇게 한 까닭은 황제가 나갈 때는 수많은 수레와 말들이 잇고 의장대도 몇 리에 뻗어 있어…그러므로 반드시 이렇게 돌아다니기에 9리 320보의 길이가 비로소 있게 된다.'고 하였다. 사실 이른바 9리 320보는 태묘에서 교단으로 가는 것과 교단에서 여정문으로 돌아오는 노정으로 예(禮)에 따라 황제가 몸소 교단에 가기 전에 경령궁과 태묘로 가서 고한 후에 다시 태묘에서 출발하여 가회문을 거쳐 교단에 이르렀기 때문이다. 태묘에서 가회문까지는 반드시 후조문대가를 거쳐 먼저 동으로 가고 다시 후조문 입구를 지난 뒤 성 안에서 꺾어 성벽을 따라가면 다시 가회문에서 나가게 된다. 아울러 여정문에서 동쪽으로 가서 후조문을 나가 다시 서쪽으로 가서 가회문에 이르는 것이 아니고 게다가 의장대가 몇 리에 뻗어 있어 일부러 이렇게 돌아다니는 것도 아니다.

옆에 토산을 쌓았는데 여항(餘杭)의 봉황산을 닮았으며,…도성의 간방(艮方) 쪽에 있다고 여겨 간악(艮嶽)이라고 하였다. 남산이 완성되자 이름을 수악(壽嶽)으로 바꾸었으나 도성 사람들은 또한 만수산이라고도 불렀다. 이른바 여항의 봉황산은 지금 임안부 여정문의 정면에 있는 안산(案山)이며 산이 끝나는 곳이 가회문이다. 산세는 서북쪽으로부터 시작되어 마치 용이 날고 봉황이 춤추는 것처럼 높이 솟구쳤다가 아래로 내려오며 봉황산 정상에 이르러는 좌우로 나눠 펼쳐진다. 대내는 산의 왼쪽 옆에 있는데 뒤에는 산이 감싸고 있다. 두 번째로 감싸고 있는 것이 상부(相府)이고, 세 번째로 감싸고 있는 것이 태묘이다. 네 번째로 감싸고 있는 것이 집정부이고, 감싸는 것이 끝나는 곳이 조천문이다. 단성전(端誠殿)은 봉황산의 오른쪽 옆 부분에 있는데 뒤에는 산이 감싸고 있다. 두 번째로 감싸고 있는 것이 교단이고, 세 번째로 감싸고 있는 것이 이안재(易安齋)이며 네 번째로 감싸는 것이 마원(馬院)이다. 동남쪽에는 큰 강이 있고 서쪽은 서호가 되며 북쪽은 평호(平湖)가 되어 지세가 험난하면서도 웅장하여 실로 하나의 도성이다. 그 전조는 동도에 산을 만들 때였다.[17]

고 기술되어 있다. 이러한 '전조'의 전설로 임안의 남에서 북으로 향한 특수한 배치를 해석하였다. 그들은 임안의 산세가 '용이 날고 봉황이 춤추는 것'을 상징하고 있으며, 대내와 중앙관서 및 태묘가 있는 곳은 바로 산의 왼쪽 날개이고, 교단 일대는 바로 오른쪽 날개이며, '산세는

17_ 『雲麓漫鈔』(趙彦衛 撰, 傅根淸 點校, 北京:中華書局, 1998), p.47. 「政和五年, 命工部侍郞孟揆鳩工, 内官梁師成董役, 築土山於景龍門之側, 以象餘杭之鳳凰山,…以在都城之艮方, 改曰艮嶽. 南山成, 易名曰壽嶽, 都人且曰萬歲山. 所謂餘杭之鳳凰山, 即今臨安府大内麗正門之正面; 按山上有天柱宮及錢王郊壇, 盡處即嘉會門. 山勢自西北來, 如龍翔鳳舞, 掀騰而下, 至鳳凰山止. 山分左右翼, 大内在山之左腋, 後有山包之, 第二包即相府, 第三包即太廟, 第四包即執政府, 包盡處爲朝天門. 端誠殿在山之右腋, 後有山包之, 第二包即郊壇, 第三包即易安齋, 第四包即馬院. 東南皆大江, 西爲西湖, 北臨平湖, 地險且壯, 實爲一都會. 其兆先見於東都爲山之時.」 역자 주 본문의 '동경(東京)'이라는 단어는 원문에는 보이지 않는다.

서북쪽으로부터 시작되어' 서북쪽 모서리가 바로 용 머리가 있는 곳이라고 생각하였다. 경령궁, 만수산, 동태을궁이 성 안쪽 서북쪽 모퉁이에 조영된 것, 경령궁의 경우 '북쪽을 향하며 서쪽에 자리 잡은' 것, 동태을궁의 경우 '북쪽 모퉁이에 땅을 선택한 것', 동태을궁 뒤의 작은 밭에 있는 흙 언덕을 무림(武林)이라 이름을 붙이고 '항주의 주산'으로 삼은 것은 모두 이 '전조'의 전설과 관련이 있다는 것을 알 수 있다. 이 '전조'의 전설은 임안이 '도성'이 된 것과 남에서 북으로 향하는 특수한 배치가 출현한 것은 모두 서북에서 시작하는 '용이 날고 봉황이 춤추는' 산세에 의해서 결정된 것이라고 풀이해 주고 있다. 당시 사람들은 산세를 통해 용의 머리가 서북쪽 모퉁이에 있고 동태을궁의 작은 밭의 작은 산이 용의 구슬이어서 경령궁과 동태을궁은 반드시 그 안에 조영되어야만 한다고 생각하였다. 남송 초기에 관직이 참지정사(參知政事)까지 오른 정치평론가이자 문학가였던 누약(樓鑰)은 일찍이 특별히 이를 위해 장편의 시 한 수를 지어 설명하였다.

> 역군(易君)이 무림산(武林山)에 대해 부(賦)를 짓고자 하나
> 몸이 세상의 번뇌에 고달파 잠시라도 한가한 틈이 없네.
> 나는 벼슬을 그만두고 돌아가고자 하나
> 생각건대 이 시의 빚은 반드시 갚아야 하네.
> 무림산에서 무림수(武林水)가 나오지만
> 영은사 뒷산에는 이조차 없다네.
> 이 산 역시 다시 이 이름을 쓰니
> 세심히 그 유래를 살펴보면 이유가 있으리.
> 천목산(天目山)의 두 젖줄기가 전당강에 이르고
> 한 산은 호수를 둘러싸고 있는데 온갖 용이 날아오르는 듯하며
> 빙빙 기세 드높이 날아오르는 듯하여 왕기를 품었고
> 황궁은 웅장하고 화려하게 궁궐담으로 둘러싸여 있네.

호수 북쪽의 봉우리가 화난 사자 같고

그 산세가 성의 북쪽에 맞닿아 더욱 아름답고 진기하네.

오월(吳越)이 사찰과 도관을 크게 짓고

많은 우물을 파서 그것을 눌렀다네.

옛부터 용이 있다면 반드시 구슬이 있듯이

이것이 작은 흙 둔덕이라도 높은 산과 같아

중흥하고자 남쪽으로 건너와 행도(行都)로 삼고

원묘와 태을려(太乙廬)를 숭고하게 나란히 안치하였도다.

일찍이 제사 때문에 올라와 바라보면

시가의 먼지 속에 원교(員嶠)[18]가 있고

훈풍이 때마침 불어 무더위를 씻어내고

푸른 나무가 그늘을 드리워 남아 있는 빛마저 가리네.

내 잠시 찾아와도 마음을 깨치니

그대가 조용히 한가롭게 행복을 해가 다 되도록 깊게 누리고 있는 것을
부러워할 뿐이라네.

장안의 진정한 아름다움이 내 땅의 것이 아니니

날다가 지치더라도 오직 옛 숲으로 돌아갈 것만을 생각하오.

[『몽량록』권19 원유(園囿)][19]

누약은 이런 장편의 시를 써서 동태을궁의 작은 산이 왜 무림이라는

18_ 역자주 원교(員嶠)란 바다 가운데 있다는 다섯 선산(仙山) 가운데 발해(渤海) 동
쪽에 있다는 신령스러운 산을 가리킨다.

19_『夢粱錄』卷19 園囿, p.291.「易君求賦武林山, 身困塵勞無暫閒. 我求挂冠欲歸去,
念此詩債須當還. 武林山出武林水, 靈隱後山無乃是. 此山亦復用此名, 細考其來具有
以. 天目兩乳到錢塘, 一山環湖萬龍翔, 扶輿磅礴擁王氣, 皇居壯麗環宮牆. 湖陰一峯如
怒猊, 勢臨城北尤瑰奇. 吳越大作緇黃廬, 爲穿百井以厭之. 從來有龍必有珠, 此雖培塿
千山餘. 中興南渡爲行都, 崇列原廟太乙廬. 曾因祠事來登眺, 闤闠塵中有員嶠, 薰風時
來洗海暑, 綠樹陰陰隱殘照. 我得暫來猶醒心, 羨君清福住年深. 長安信美非吾土, 倦翼
惟思歸故林.」

이름을 다시 사용했는지를 풀이하였다. 그는, 항주의 산세가 '용이 날아오르는 듯하고', '왕기를 품었으며' '그 산세가 성의 북쪽에 맞닿아 더욱 아름답고 진기할 정도'이며 서북쪽이 바로 용의 머리가 있는 곳으로 묘사하였다. 동태을궁의 작은 산은 '흙 둔덕'일지라도 오히려 용의 구슬이어서 '원묘와 태을려를 숭고하게 나란히 안치하였도다.'라고 하였다. '숭렬(崇列)'은 용의 구슬인 곳에 숭고하게 나란히 안치하였다는 것이다. 원묘는 바로 경령궁을 가리키는 데 한 혜제가 한 고조를 위해 '원묘'를 지은 고전을 차용한 것이다. 태을려는 동태을궁을 가리킨다.

송 황실은 음양과 감여(堪輿, 풍수를 본다는 뜻이다)를 매우 믿었다. 당시 유행하는 '택지(擇地)' 방술은 성씨를 오음(五音)으로 나누고, 다시 음에 따라 길조의 방위를 택하는 것이었다. 송나라 황제의 성은 조(趙)씨로 '각(角)'음에 속하므로 '임(壬)'의 방위 즉 북쪽에서 서쪽으로 치우친 곳이 이롭다고 보았다. 송나라 황제는 능침을 세울 때 모두 이러한 방술에 따라 '땅을 선정했던' 것이다. 건흥(乾興)원년(1022) 진종의 장례를 거행했는데 8월 6일에 사천감(司天監)이 "경서(經書, 풍수와 택지를 해석한 경서를 가리킨다)에 따르면 임(壬)과 병(丙) 두 방위가 모두 길한 땅이므로 영가(靈駕:관곽을 운반하는 수레를 가리킨다)는 먼저 상궁신장(上宮神墻) 밖 임(壬) 방위의 땅에 지하궁을 새로 세워 봉안하시기 청하옵니다."[20](『송회요집고』권29-27)라고 하였다. 고고학 조사에 따르면 지금 하남의 공현(鞏縣)에 있는 8개의 송의 능묘의 경우 침궁(寢宮, 즉 지하궁)이 모두 능묘의 북쪽에서 서쪽으로 치우친 곳 즉 임 방위에 있다고 한다. 동태을궁의 경우 '북쪽 모퉁이에 땅을 선택한 것'과 경령궁의 경우 '북쪽을 향하며 서쪽에 자리 잡게 한 것'도 임 방위를 선정한 것과 분명 관계가 있을 것이다.

20_ 『宋會要輯稿』第25冊 禮29-27, p.1077上. 「按經書, 壬·丙二方皆爲吉地, 今請靈駕 先於上宮神牆外壬地新建下宮奉安.」

2) 궁전, 관서, 학교와 관료 주택의 분포

(1) 대내의 위치와 궁전의 분포

임안의 대내는 봉황산 동쪽 기슭의 안산(案山)에 있어 위치가 매우 비좁았다. 주요 궁전은 소흥 12년(1142)에 지은 2개의 대전이다. 하나는 정아(正衙)로 중대한 의례를 거행하는 대전이고, 또 하나는 수공전(垂拱殿)으로 일상적인 조회가 거행되는 대전이었다. 진수응(陳隨應)의 『남도행궁기(南渡行宮記)』[고염무(顧炎武)의 『역대택경기(歷代宅京記)』 권17에서 인용, 『여지기승(輿地記勝)』 권1의 기술 내용과 같다.]에 따르면 수공전은 정면이 5칸 넓이이고 측면은 홍량(紅梁) 12칸으로, 남북 길이가 6장이고, 동서 폭이 8장 4척이라고 한다.[21] 왕응린(王應麟)의 『옥해(玉海)』에도 기록이 같으며 아울러 "수리해서 넓혀도 겨우 큰 군의 정방(正房)과 같았다."[22] 고 하였다. 원래 북송 동경의 대내에는 대경(大慶), 문덕(文德), 자신(紫宸), 집영(集英) 등의 대전이 있어서 예제에 따라 각종 예(禮)를 나누어서 각각의 전에서 거행하였다. 이때 임안의 대내에는 단지 하나의 정아만이 있어 각종 예(禮)는 오로지 동일한 전에서 거행할 수밖에 없어 거행하는 예(禮)가 달라지면 전문(殿門)에 현판을 바꾸었다. 원단의 대조회를 거행하거나 황제가 궁을 나가기 전에 재계를 할 때에는 대경전(大慶殿)이라 하였고 백관이 황제를 알현하고 황제가 정사를 들을 때는 문덕전(文德殿)이라고 현판을 바꾸었다. 황제의 생일 때는 자신전(紫宸殿)이라고 이름을 바꾸었다. 진사의 이름을 호명하고 연회를 베풀 때는 집영전(集英殿)이라고 현판을 바꾸었다. 종묘 제사를 거행할 때는 명당전(明堂殿)이라고 바꿔 불렀다. 그 뒤편의 소전(小殿)은 모두 황실의 침소 같

21_ 『歷代帝王宅京記』 卷17([淸]顧炎武 著, 朱記榮 校刊, 槐廬叢書三編, 1888) 臨安, p.16b. 「垂拱殿, 五間十二架, 修六丈廣八丈四尺.」

22_ 『玉海』 卷160([宋]王應麟, 欽定四庫全書·子部·類書類, 江蘇古籍出版社·上海書店, 1987) 紹興崇政垂拱殿, p.2952上, 「二十八年九月甲子, … 崇政·垂拱二殿, 其修廣僅如大郡之設廳.」

은 곳이나 놀며 즐기거나 휴식을 취하는 장소에 속하였다(그림 60 참조).

　대내가 협소했기 때문에 고종은 따로 성 동쪽의 신개문 안쪽이자 망선교(望仙橋) 동쪽에 염교운하의 동쪽 기슭을 따라 덕수궁(德壽宮)을 지었는데 별장 같았다. 원래 진회(秦檜)에게 하사했던 저택이었으나 소흥 32년(1162) 고종이 황제 자리를 효종에게 물려주고 이곳으로 옮겨서 퇴위 이후에 지낼 유흥장소로 삼아 대전인 덕수전(德壽殿) 및 10여 채의 전각을 지었다. 후원에는 연못을 파고 물길을 끌어들였으며, 돌을 쌓아 산을 만드니 비래봉(飛來峰) 같았다. 또한 정원 전체를 네 구역으로 나누어 사계절의 풍경을 배치하였다. 당시 도성 사람들은 '북대내(北大內)'라고 불렀다. 고종 이후 중화궁(重和宮), 자복궁(慈福宮), 수자궁(壽慈宮)으로 고쳐 가면서 비교적 오랫동안 지속적으로 상황(上皇)이나 황태후의 침궁 및 유흥 장소가 되었다.

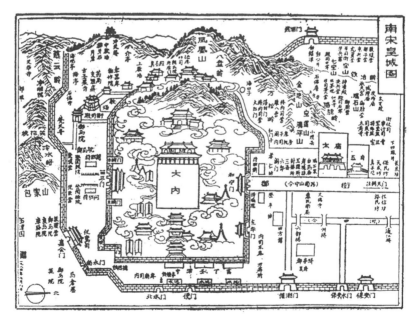

그림 60　남송 임안 황성도(출전:『咸淳臨安志』皇城圖 摹本,『南宋京城杭州』채록)

(2) 중앙 관서의 분포

황성이 협소했기 때문에 주요 중앙 관서는 황궁 북쪽 화녕문 밖의 어가 서쪽 지역에 집중되어 있었다. 3성 6부, 추밀원과 간원(諫院)은 화녕문 서북쪽의 현녕사(顯寧寺) 옛터이자 효인방(孝仁坊)의 북쪽 지역에 있었다. 다염소(茶鹽所), 회자소(會子所), 공전소(公田所), 봉춘안변소(封椿安邊所)는 3성의 대문 안에 있었다. 종정시(宗正寺)의 옥첩소(玉牒所)는 태묘 남쪽에 있었고 대종정사(大宗正司)는 천경방(天慶坊) 안에 있었다. 사농시(司農寺), 태부시(太府寺), 장작감(將作監), 군기감(軍器監)은 보민방(保民坊) 안에 있었고, 교인고(交引庫)와 혜민리제국(惠民利濟局)은 태부시문(太府寺門) 안에 있었다. 도진주원(都進奏院), 양료원(糧料院)과 심계원(審計院)은 오산(吳山) 북단이자 조천문 서쪽 지역에 나누어 설치되었다. 다시 북쪽으로 가면 어사대는 청하방(清河坊) 서쪽에 있었고, 도주무(都酒務)는 청하방의 남쪽에 붙어 있는 대은방(大恩坊)에 있었다. 서쪽으로 가면 비서성은 천정방(天井坊) 동쪽에 있었고, 태상시(太常寺)는 나한동(羅漢洞)에 있었으며, 칙령소(勅令所)는 시랑교(侍郎橋) 서남쪽에 있었다. 서쪽으로 더 나가면 서쪽 성벽에 가까운 풍예문 동남쪽에는 임안부의 관청과 양절전운사(兩浙轉運司)의 관아가 있었다.

성 안 서북쪽의 서하[西河, 청호하(清湖河)]가 흘러가는 지역에는 관서와 국고(國庫)가 주민 주택지역에 섞여 있었다. 서하의 중심점인 청호교(清湖橋) 부근에는 국고인 좌장고(左藏庫)에 속하는 동고(東庫)와 서고(西庫) 두 창고가 있었다. 전당현의 관서는 전당문 안의 동남지역에 있었고, 인화현(仁和縣)의 관서는 어가 북단의 만세교 서남쪽에 있었다. 대리시(大理寺)는 인화현 관서의 서쪽에 있었다. 제조어전군기소(諸曹御前軍器所)는 어가 북단 서쪽에 있는 공원교(貢院橋) 북쪽의 예부공원(禮部貢院) 서쪽에 있었다.

성 안 동남쪽의 대하(大河, 염교운하)가 흘러가는 지역에는 많은 관부 소속의 경제 활동에 관련 부서 및 시설이 있었다. 남단의 통강교(通江橋) 동쪽에는 각화무(榷貨務), 도다장(都茶場), 잡매장(雜買場), 잡매무(雜賣

務), 회자고(會子庫)가 있었고, 북단의 천교(薦橋) 서남쪽에는 도세무(都稅
務)가 있었다. 서북쪽에는 회역고(回易庫)가 있었고, 선림사교(仙林寺橋)
동쪽에는 평조창(平糶倉)이 있었다. 매가교(梅家橋) 북쪽에는 시박무(市舶
務)의 신무(新務)와 법물고(法物庫)가 있었다.

(3) 학부(學府)의 위치

임안의 고등 학부는 모두 서하가 흘러가는 서북지역에 있었다. 태학
은 기가교[紀家橋, 지금의 풍파교(風波橋)] 동쪽의 전양가(前洋街) 북쪽에 있
었고, 무학(武學)은 태학의 동쪽에 있었다. 학교를 주관하는 국자감은
태학의 서쪽에 설치되어 있었다. 종학(宗學)은 어가 북단 중안교 서남쪽
의 목친방[睦親坊, 지금의 필교방(弼敎坊)]에 있었다. '의학'의 성격을 띤 태
의국(太醫局)은 대하의 통강교 북쪽에 설치되어 있었는데 맥과(脈科), 침
과(針科), 양과(瘍科)로 나뉘어져 "의관(醫官)을 교수 4명으로 충임하고
재생(齋生) 250명을 통솔하도록 하였다."[23][『몽량록』 권15 학교(學校)]고 하
였다. 그 밖에 항주부의 부학(府學)은 임안부 관서 동북쪽의 능가교(凌家
橋) 서쪽에 있었고, 전당현의 현학과 인화현의 현학은 모두 현의 관서
동쪽에 있었다. 예부공원은 어가 북단 관교(觀橋) 서쪽의 공원교 북쪽에
있었는데 중문 안쪽에 있는 천여 칸의 낭옥(廊屋)은 사인들이 시험을 치
르는 곳이었다.

(4) 관료의 주택과 가묘(家廟)의 분포

관료의 주택과 가묘는 모두 거주 조건이 비교적 좋은 지역을 선택하
여 입지하였다. 성안 서남쪽의 구릉지대에는 관료의 주택이 비교적 적
었다. 철야령(鐵冶嶺) 북쪽의 곽파정(郭婆井)에는 칠관택(七官宅)이 있었
고, 서북쪽의 양사갱(漾沙坑)에는 양태후택(楊太后宅)이 있었으며, 청파
문 안의 인미방(仁美坊)에는 오관택(五官宅)이 있었다. 성 안 서북쪽의 서

23_『夢粱錄』卷15 學校, p.222.「本學以醫官充敎授四員, 領齋生二百五十人.」

하가 흘러가는 지역에는 왕부와 관료주택이 비교적 많았다. 중안교 서쪽 순례방[純禮坊, 원래 명칭은 후양가항(後洋街巷)이다.]에는 오왕부(吳王府), 수안희왕부(秀安僖王府)가 있었고, 석탄교(石炭橋) 동쪽 옛 목친방(睦親坊)에는 십관택(十官宅)이 있었다. 청호교 북쪽에는 기정혜왕부(沂靖惠王府)가 있었고, 청호교 북쪽 좌장고 서쪽에는 주한국서효장공주부(周漢國瑞孝長公主府)가 있었으며 좌장공 북쪽 전양가에는 한기왕부(韓薪王府)가 있었다. 부근의 반랑항(潘閬巷)에는 삼관택(三官宅)이 있었고, 상부교(祥符橋) 서남쪽 명경사(明慶寺) 남쪽에는 유부왕부(劉鄜王府)가 있었다. 서하 지류의 홍복교(洪福橋) 서쪽 청화방(淸和坊)에는 양화왕부(楊和王府)가 있었고, 양화왕부 서쪽에는 오방원(五房院), 즉 추밀원의 여러 승지(承旨)가 거처하는 곳이 있었다. 정정교(井亭橋) 서쪽에는 장문태자부(莊文太子府)가 있었고, 정정교 서쪽 감천방(甘泉坊) 서쪽에는 구관택(九官宅)이 있었으며 구관택 서북쪽의 유가원(兪家園)에는 경감랑관택(卿監郎官宅)이 있었다. 군장교(軍將橋)에는 한황후택(韓皇后宅)이 있었고, 삼교(三橋) 동쪽의 후시가(後市街) 서쪽에는 맹태후택(孟太后宅), 사태후택(謝太后宅)과 이황후택(李皇后宅)이 있었다. 청하방(淸河坊) 서쪽에는 장순왕부(張循王府)가 있었고,[24] 시가교(施家橋) 남쪽의 태화방(泰和坊) 안쪽에는 비서성이 있는데 그 뒤의 개원궁(開元宮)을 마주하는 담장을 끼고 성부(省府)의 관속들이 사는 주택이 있었다.

성 안 동부의 대하(염교운하)을 따라 있는 양쪽 강기슭에는 후척부(后戚府)와 관료 주택이 많이 있었다. 대하 남단의 동쪽 기슭에 있는 도정역(都亭驛) 동쪽에는 시종택(侍從宅)이 있었고,[25] 주교(州橋) 동쪽에는 오

24_『夢粱錄』卷10 家廟, p.144. 「忠烈張循王府在淸河坊」淸河가 張姓의 郡名이고 張俊은 淸河郡王으로 봉해진 것을 따라서 그곳을 청하방(淸河坊)이라 불렀다. 『함순임안지(咸淳臨安志)』에 실려 있는 「임안성도(臨安城圖)」는 천정방(天井坊) 서쪽에 그렸는데 확실하지 않다.

25_『함순임안지』의 「임안성도」에 따르면 도정역 동쪽에 도관택(都官宅)이 있다. 『夢粱錄』卷10 諸官舍, p.140. 「侍從宅在都亭驛東.」시종택이 곧 도관택이다.

태후택[吳太后宅, 혹은 오부(吳府)라고 부른다.]이 있었다. 대하의 중단에 있는 망선교 동쪽에는 '북대하(北大河)'라고 부르는 덕수궁이 있었고, 우성관교(佑聖觀橋) 동쪽 우성관(佑聖觀) 뒤쪽에는 곽황후택(郭皇后宅)이 있었으며 영왕부교(榮王府橋) 동쪽에는 영문공왕부(榮文恭王府)가 있었다. 천교 동쪽에는 위태후택(魏太后宅)이 있었고, 다리 남쪽에는 형황후택(邢皇后宅), 다리 동편의 풍화방(豊禾坊) 남쪽에는 사황후택(謝皇后宅)과 전황후택[全皇后宅, 혹은 전부(全府)라고 부른다.]이 있었다.

3) 주민의 상(廂)과 방(坊)의 분포 배열

『함순임안지』와 『몽량록』에 따르면 임안성의 안팎을 상(廂) 13개로 나누어, 성 안에는 9상이 있었고 성 밖에는 4상이 있었다. 성 안은 궁성상(宮城廂)을 제외하면 좌일남상(左一南廂), 좌일북상(左一北廂), 좌이상(左二廂), 좌삼상(左三廂), 우일상(右一廂), 우이상(右二廂), 우삼상(右三廂), 우

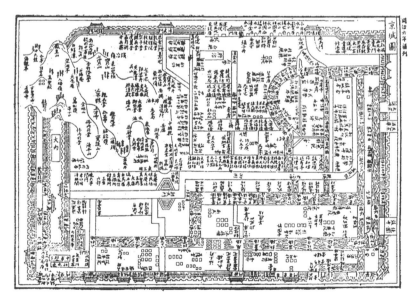

그림 61 『함순임안지』의 경성도(출전: 政協杭州市委員會辦公室 編, 『南宋京城杭州』附圖)

사상(右四廂)[26]으로 나누었다. 성 밖은 성남좌상(城南左廂), 성북우상(城北右廂), 성동상(城東廂), 성서상(城西廂)으로 나누었다. 지금 남에서 북으로 향하는 배치에 따라 성 안의 각 상이 속한 각 방의 위치와 분포 배열을 먼저 설명하는 것이 이후에 항주성 시가의 번영 상황과 와자(瓦子)의 분포 상황 등을 설명하는 데 편리할 것이다(이하 그림 62 참조).

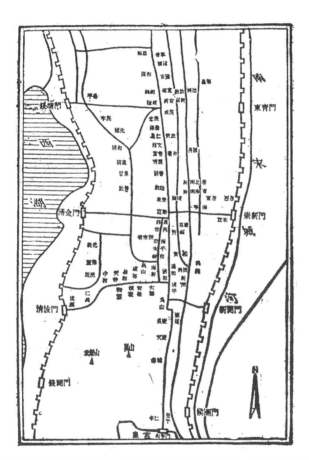

그림 62 남송임안(항주) 방항 분포도(출전: 林正秋, 『南宋都城臨安』, 嘉新, 敎欽 두 방의 위치는 『咸淳臨安志』의 京城圖를 바탕으로 수정 및 오자 수정.)

26_ 『건도임안지(乾道臨安志)』에서는 좌일남상(左一南廂)과 좌일북상(左一北廂)을 합쳐 좌일상(左一廂)이라 하였다.

(1) 우일상의 십방(十坊) 위치

우일상에 모두 10개의 방이 있었는데 그 가운데 8개는 화녕문 북쪽이자 어가 남단의 동서 양측에 있었다. 어가 남단의 서쪽에는 남에서 북으로 5개의 방이 있었다.

① 효인방(孝仁坊)은 화녕문 북쪽의 어가 서쪽이자 청평산(淸平山) 동쪽에 있었고, 또한 청평신항(淸平新巷)이라고 불렀다. 지금의 고사방항(高士坊巷), 엄관항(嚴官巷) 일대이다.

② 수역방(壽域坊)은 태묘 남쪽에 있었는데, 서쪽으로는 칠보산(七寶山)에 통하였다. 방 안에는 제군양료원(諸軍糧料院), 백마묘(白馬廟) 등이 있었고, 양료원항(糧料院巷), 백마묘항(白馬廟巷)이라고도 불렀다. 지금도 민간에서는 여전히 백마묘항이라고 부르고 있다.

③ 천경방(天慶坊)은 보녕방(保寧坊)이라고도 한다. 방 안에는 천경관(天慶觀)이 있었고, 그 뒤편에 태묘를 세우니 태묘항(太廟巷)이라고도 불렀다. 지금의 보련산(寶蓮山) 기슭에 있었다.

④ 보민방(保民坊)은 천경방 북쪽에 있었다. 방 안에는 소절묘(昭節廟)가 있었고, 오산묘항(吳山廟巷)이나 묘항(廟巷)이라고도 불렀다.

⑤ 장경방(長慶坊)은 조천문 안에 있었는데, 서쪽으로 충청묘(忠淸廟)를 통과하여 석불산(石佛山)까지 이르렀다. 죽간항(竹竿巷)이라고도 불렀다. 지금의 십오규항(十五奎巷)에 있었다.

어가 남단의 동쪽에는 남에서 북으로 3개의 방이 있었다.

⑥ 등평방(登平坊)은 화녕문 북쪽의 어가 동쪽에 있었는데, 등평교(登平橋) 때문에 그 이름을 얻었다. 남송초에 일찍이 재상부(宰相府)를 설치하였기에 상부항(相府巷)이라고도 불렀다. 지금의 대학사패루(大學士牌樓) 일대에 있었다.

⑦ 회신방(懷信坊)은 보민방과 서로 마주 보는 방으로, 속칭으로 자단항(糍團巷)이라고 하였다. 지금의 고루만(鼓樓灣) 동남쪽에 있었다.

⑧ 신개방(新開坊)은 조천문 밖 어가 동쪽에 있었는데, 남송 중기에

새로 만든 것이다. 포시항(布市巷)이라고도 불렀다. 지금의 포시항, 청원교(淸遠橋) 일대에 있었다.[27]

이상 8개의 방은 모두 조천문 남쪽 어가의 동서 양편에 있어 어가 남단의 주요한 방항(坊巷)은 3성 6부 등 중앙관서 및 태묘와 함께 뒤섞여 있었다. 그 밖에 성 안 동부에 있는 대하의 중단에는 우일상에 속하는 2개의 방이 있었다.

⑨ 상경방(常慶坊)은 대하 중부 태화교[太和橋, 속칭 양타교(梁垛橋)라고 한다.] 서남쪽에 있었고 속칭으로 자타교항(紫垛橋巷)이라고 하였다. 다리 가에는 태화주루(太和酒樓)가 있었다. 지금의 서보선항(西寶善巷)에 있었다.[28]

⑩ 부락방(富樂坊)은 태화교 서남쪽이자 천교 서북쪽에 있었고 포교(蒲橋)에 가까이 있었다. 포교항(蒲橋巷)이라고도 불렀다.

(2) 좌일북상의 십구방(十九坊)과 좌일남상의 사방(四坊) 위치

좌일북상의 19개 방이 속한 범위는 어가 서쪽 중단의 남반부[조천문에서 시서방(市西坊)까지]에서 곧장 서쪽으로 나가 서쪽 성벽 가까이에 있는 임안부의 관서 주변까지 이른다. 장방형 지역이다. 어가 서쪽을 따라 남에서 북으로 7개의 방이 있었다.

27_『夢粱錄』卷7 禁城九廂坊巷, p.102. 「新開坊, 淸平巷轉東上抱劍營路.」『함순임안지』의 「임안성도」에 의하면 조천문 동북이자 어가 동측에 신개로(新開路)가 있고 그곳은 청평방(淸平坊)의 동남쪽, 즉 신개방이 있는 곳이다.

28_『夢粱錄』卷7 禁城九廂坊巷, p.102. 「常慶坊, 都稅務南柴垛橋巷. 富樂坊, 薦橋西.」같은 책 같은 권 大河橋道, p.92. 「常慶坊東北曰太和樓橋, 俗名柴垛.」덧붙이면 태화루(太和樓)는 동서고(東西庫)의 주루이고 숭신문 안에 있다. 태화루교(太和樓橋)는 천교 이남의 대하 위의 다리이다. 도세무(都稅務)는 천교 서남의 대하 기슭에 있다. 『함순임안지』의 「경성도(京城圖)」를 보면 상경방은 천교 서남의 대하 서쪽 기슭에 있었다는 것을 알 수 있다. 『건도임안지』와 『정우임안지(淳祐臨安志)』에 의거하면 부락방은 또 포교항(蒲橋巷)으로 불렸고 우삼상(右三廂)에 있으며 포교(蒲橋)는 염교(鹽橋) 부근의 한교(旱橋)이고 부락방이 천교와 염교 사이의 서쪽 기슭에 있었다는 것을 알 수 있다.

① 오산방(吳山坊)은 오산 동쪽 기슭에 있었다. 방 안에 큰 우물이 있어 오산정항(吳山井巷)이라고도 불렀다. 지금은 대정항(大井巷)이라고 부른다.

② 청하방(淸河坊)은 지금의 하방가(河坊街) 서단 일대에 있었다. 좌삼상의 청화방(淸和坊)과는 다르다.

③ 융화방(融和坊)은 방 안에 원래 관폐령(灌肺嶺)이라는 작은 언덕이 있어서 속칭으로 관폐령항(灌肺嶺巷)이라고 하였다. 지금의 고은항(高銀巷)에 있었다.

④ 신가방(新街坊)은 남송 중기에 융화방과 태평방 사이에 새로 연 가방(街坊)이었다. 방안에 중와자가 있어 명대에는 중와항(中瓦巷)이라고 불렀다. 지금은 목과농(木瓜弄)이라고 부른다.

⑤ 태평방(太平坊)은 방 안에 태평주루가 있었고 지금도 여전히 태평방항(太平坊巷)이라고 부른다.

⑥ 시남방(市南坊)은 항주에는 예전에 '시' 하나가 대략 평진교(平津橋) 부근에 있어 방이 시의 남쪽에 있었기에 붙여진 이름이다. 방 안에는 유명한 두건점이 있어서 건자항(巾子巷)이라고 불렀다. 지금의 혜민항(惠民巷)에 있었다.

⑦ 시서방(市西坊)은 옛날 시장(舊市)의 서쪽에 있어서 붙여진 이름으로 원래는 양패두(洋壩頭) 혹은 패두(壩頭)라고 불렀다. 방 서쪽에는 서하가 흘러 지나가고 다리가 3개 있어 속칭으로 삼교가(三橋街)라고 하였다. 지금은 삼교지(三橋址)라고 부른다.

어가의 서쪽에는 위에 나열한 7개의 방 서쪽에 또한 좌일북상에 속한 2개의 가방이 있었다.

⑧ 남신가(南新街)는 신가방의 서남쪽에 있었다. 남쪽으로 바라보며 어사대와 마주하고 있었으며, 남송 후기에 새로 만든 가방(街坊)이다. 지금의 사당항(祠堂巷)에 있었다.

⑨ 후시가(後市街)는 옛날 시장의 뒤편에 있어서 붙여진 이름이다. 어

가 서쪽에 있으면서 어가와 평행하게 나가면서 남쪽으로 청하방에서 시작하여 북쪽으로 부락방까지 닿았다.

어사대의 서쪽에는 ⑩ 강유방(康裕坊)이 있었다. 방 안에 이작(泥作), 석작(石作) 등 팔작사(八作司)가 있어 속칭 팔작사항(八作司巷)이라고 하였다. 지금은 팔랍사항(虫八 蠟司巷)이라고 한다. 또한 ⑪ 오산북방(吳山北坊)은 오산 북쪽 기슭에 있었고, 후시가와 서로 마주보고 있었다.

후시가의 서쪽에는 ⑫ 태화방(泰和坊)이 있었는데, 속칭으로 나미창항(糯米倉巷)이라 했으며 남송 중기에 새로 증축한 것이다. 방 안에는 보산원(寶山院)이 있었다. 또한 화광묘(華光廟)라고도 불렀다. 지금은 화광항(華光巷)이라고 부른다.

태화방 서쪽에는 ⑬ 천정방(天井坊)이 있었는데, 원래 이름은 통절방(通浙坊)이었다. 천정(天井)이란 방 안의 보월사(寶月寺) 서쪽에 있는 흑룡담(黑龍潭)을 말한다. 지금의 청하방 부근에 있었다.

천정방 서쪽에는 ⑭ 중화방(中和坊)이 있었는데 원래 이름은 정인방(淨因坊)으로 정인사(淨因寺) 때문에 붙여진 이름이다. 남송 때 정인사를 넓혀 임안부의 관서로 삼았는데, 그 안에 중화당(中和堂)이 있었으므로 중화방으로 이름을 바꾸었다. 방 안에 누점무(樓店務)가 설치되어 있어 누점무항(樓店務巷)이라고도 불렀다. 지금의 나사산(螺螄山) 기슭의 탑아두(塔兒頭) 및 자유로(慈幼路) 일대에 있었다.

중화방 서남쪽이자 통판북청(通判北廳) 동쪽에는 ⑮ 인미방(仁美坊)이 있었는데, 석판항(石板巷)이라고도 불렀다. 북쪽을 향해 임안부의 관서와 마주하고 있었다. 지금의 수구항(水溝巷) 일대에 있었다.

임안부의 관서 동남쪽에는 또한 ⑯ 근민방(近民坊)이 있었는데, 방 안에 좌사리원(左司理院)이 설치되어 있어 좌원전항(左院前巷)이라고도 불렀다. 임안부의 관서 앞에 서편으로 ⑰ 유복방(流福坊)이 있었는데 유복구(流福溝) 때문에 붙여진 이름이며 지금은 하화지두(荷花池頭)라고 부른다. 관서의 동쪽으로 능가교 서쪽에는 ⑱풍예방(豊禮坊)이 있었는데, 풍유방(豊裕坊)이라고도 한다. 방 안에 임안부학(臨安府學)이 설치되어 있어 부학항(府學巷)이라고도 불렀다. 지금의 공묘(孔廟), 노동신촌(勞動新村) 일대에 있었다. 관서 서쪽에는 또한 ⑲ 미화방(美化坊)이 있었는데, 방 안의 성벽 가까이에 죽원산(竹園山)이라 불리는 언덕이 있어 죽원산항(竹園山巷)이라고도 불렀다.

좌일남상은 좌일북상의 남쪽에 있었는데, 청하방의 바로 남쪽의 서편에 해당하며 동쪽에서 서쪽으로 4개의 방이 있었다.

① 대은방(大隱坊)은 송 휘종 때 서석(徐奭)이 이곳에 은거했기 때문에 정해진 이름이다. 대략 지금의 환취로(環翠路) 일대에 있었다.

② 안영방(安榮坊)은 대은방 서쪽에 있었는데, 경산방(經山坊)에서 갈라져 나왔으며, 국사관(國史館)이 여기에 설치되어 있었다. 지금의 안영항(安榮巷), 관미산항(管米山巷) 일대이다.

③ 회경방(懷慶坊)은 안영방 서쪽에 있었는데, 북으로 비서성과 마주하고 있었으며, 서남쪽으로 보월산(寶月山)과 통하여 보월산항(寶月山巷)이라고도 불렀다. 지금의 아미산(峨眉山), 이룡설취(裏龍舌嘴) 일대이다.

④ 화풍방(和豊坊)은 북으로 천정항과 마주하고 있었는데, 지금의 외룡설취(外龍舌嘴), 청파문에서 성벽을 따라 전호문 유지에 이르는 지역에 있었다.

(3) 좌이상의 십팔방(十八坊) 위치

좌이상이 속한 범위는 어가 서쪽 중단의 북반부 및 어가 북단을 따라서 만세교 서남쪽의 인화현 치소 주변까지 이르는 지역이다. 남에서 북으로 어가 서쪽을 따라 18개의 방이 있었다.

① 수의방(修義坊)은 시서방 북쪽에 있었는데, 서쪽으로 군장교로 통하였고, 속칭으로 능초항(菱椒巷)이라고 하며, 영초항(靈椒巷), 또는 능초강항(菱椒薑巷)이라고도 하였다. 육시(肉市)가 있던 곳이었다. 지금의 삼원방항(三元坊巷)에 있었다.

② 부락방(富樂坊)은 수의방 북쪽에 있었는데, 우일상에 있는 한 방과 이름이 같았다. 보강항(保康巷)이라고도 했으며, 속칭으로 매마항(賣馬巷)이라고 하였다. 건도(乾道)연간(1067~1068) 이후 수의방(修義坊)에서 갈라져 나온 방이다.

③ 중락방(衆樂坊)은 부락방 북쪽에 있었는데, 남붕항(南棚巷)이라고 불렸고 남책항(南柵巷)이라고도 하였다. 속칭으로는 호포천항(虎跑泉巷)이라고 하였다. 지금의 동양혈롱[東洋血弄, 옛날 이름은 현단롱(玄壇弄)이다.]에 있었다.

④ 교목방(敎睦坊)은 방의 북쪽에 은옹중주좌(銀甕中酒座)라고 부르는 중화주루(中和酒樓)가 있어 은옹후항(銀甕後巷)이라고도 하였다. 방의 서쪽에 구아령(狗兒嶺)이라는 작은 언덕이 있어 구아산항(狗兒山巷)이라고 불렸으나 명대에 언덕이 평평해져 평지가 되었다. 지금의 동양혈롱과 적선방항(積善坊巷) 사이에 있었다.

⑤ 적선방(積善坊)은 속칭으로 상백희항(上百戲巷)이라고 불렸다. 대와자(大瓦子)의 동쪽가에 있었다. 지금도 여전히 적선방항이라 부른다.

⑥ 수의방(秀義坊)은 적선방의 북쪽이자 대와자의 동쪽가에 있었으며, 속칭으로 하백희항(下百戲巷)이라고 하였다. 지금의 동평항(東平巷)에 있었다.

⑦ 수안방(壽安坊)은 수의방의 북쪽에 있었는데, 희화방(羲和坊)과 마주하고 있었다. 속칭으로 관항(冠巷)이라고 하며 또한 관항(官巷)이라고도 불렸다. 지금의 관항구(官巷口) 일대이다.

⑧ 수문방(修文坊)은 수안방의 북쪽에 있었는데, 서쪽으로 홍복교(洪福橋)에 이른다. 방 안에는 한 차례 장작감(將作監)이 설치된 적이 있어 장작감항(將作監巷)이라고도 불렸다.

⑨ 이인방(里仁坊)은 수문방의 북쪽에 있었는데, 서쪽으로 만고교(鞔鼓橋)에 이른다. 속칭으로 도가항(陶家巷)이라고도 하였다. 지금도 여전히 이인방항(里仁坊巷)을 그대로 쓰고 있다.

⑩ 보신방(保信坊)은 이인방의 북쪽에 있었는데, 속칭으로 전도고항(剪刀股巷)이라고 하였다. 지금도 여전히 이 속칭을 그대로 쓰고 있다.

⑪ 정민방(定民坊)은 보신방의 북쪽이자 중붕교(中棚橋)의 서쪽에 있었다. 또한 중붕항(中棚巷)이라고 불렸다. 방 안에 붕심사(棚心寺)와 백복원(百福院)이 있어 백복항(百福巷)이라고도 불렸다. 후에 편복롱(蝙蝠弄)으로 잘못 사용하여 지금까지 그대로 쓰고 있다.

⑫ 목친방(睦親坊)은 정민방 북쪽에 있었다. 방 안에 목친택(睦親宅)과 종학(宗學)이 있어 종학항(宗學巷)이라고도 불렸다. 명대 이래 필교방(弼敎坊)이라고 불렸다.

⑬ 순례방(純禮坊)은 속칭으로 후양가항(後洋街巷)이라고 하였다. 또한 죽간항(竹竿巷)이라고도 불렸는데 지금까지 그대로 쓰고 있다.

⑭ 보화방(保和坊)은 속칭으로 전가항(磚街巷)이라고 하였다. 방 안에 진흙으로 만든 인형을 파는 가게인 니해아포(泥孩兒鋪)가 많아 해아항(孩兒巷)이라고 불렸으며, 지금까지 그대로 사용하고 있다.

⑮ 보은방(報恩坊)은 보화방 북쪽에 있었다. 속칭으로 관항(觀巷)이라고 불렸다. 항 안에 보은광효관(報恩光孝觀)이 있고, 그 앞에 돌다리를 세워 관교(觀橋)라고 불렸다.

⑯ 복덕방(福德坊)은 함순(咸淳)연간(1265~1274)에 보화방에서 갈라져 나온 방이다. 지금의 용흥로(龍興路) 일대이다.

⑰ 초현방(招賢坊)은 원래 매가교(梅家橋)에 있던 인화현의 관서가 소흥연간에 이곳으로 옮겨와 인화현항(仁和縣巷)이라고도 불렸다. 방 안에 상부사(祥符寺)에는 99개의 옛 우물이 있어 백정항(百井巷)이라고도 불렸다. 지금도 여전히 백정방항(百井坊巷)이라는 이름을 그대로 쓰고 있다.

⑱ 등성방(登省坊)은 함순연간에 인화현의 지현(知縣)이 민간의 땅을 사서 처음으로 만들고 그곳에 현학(縣學)을 설치했기 때문에 등성방이라고 불렸다. 지금의 연지롱(胭脂弄) 서쪽 일대에 있었다.

(4) 우이상 십팔방(十八坊)의 위치

우이상에는 18개의 방이 있었다. 그 가운데 13개의 방의 경우 서쪽 끝은 어가의 중단과 북단의 동쪽을 따라 이어져 있었고, 동쪽 끝은 소하[小河, 즉 시하(市河)]에 붙어 있었다. 소하는 대하(염교운하)의 종양관교(宗陽官橋)에서 갈라져 나와 서쪽으로 흘러 종공교(鐘公橋), 청랭교(淸冷橋), 희춘교(熙春橋)·관폐령교(灌肺嶺橋)를 지나서 방향을 꺾어 북상하여 어가 및 대하 사이에 나란히 흘렀다. 소하에는 남에서 북으로 일련의 다리가 세워져 있었고 13개의 방은 이 일련의 교량 서쪽에 있어 서로 관계가 밀접했기 때문에 13개의 방은 이미 자기의 방명이 있으면서도 종종 다리이름으로 방명을 삼기도 하였다. 이 13개의 방은 남에서 북으로 나열하면 다음과 같다.

① 청평방(淸平坊)은 예전의 사피항(沙皮巷)이며 조천문 북쪽의 어가 동쪽에 있었다.

② 통화방(通和坊)은 금파교로(金波橋路)라고도 불렀는데 금파교((金波橋)는 방의 동쪽에 있었다.

③ 보우방(寶佑坊)은 보우교(寶佑橋)와 같은 이름을 하였다.

④ 현복방(賢復坊)은 곧 패동항(壩東巷)·묘아교항(猫兒橋巷)이다. 묘아교(猫兒橋)은 평진교이며 다리는 방의 동쪽에 있었다.

⑤ 난릉방(蘭陵坊)은 수항교항(水巷橋巷)이며 간단히 수항(水巷)이라고도 하였다.

⑥ 희화방(義和坊)은 속칭으로 탄교항(炭橋巷)이라고 불렀다. 탄교가 바로 방윤교이다.

⑦ 무지방(武志坊)은 원래 이박사교항(李博士橋巷)이라고 불렀다. 다리는 방의 동쪽에 있었다.

⑧ 계민방(戒民坊)은 속칭으로 붕교항(棚橋巷)이라고 불렀다. 시조(市曹)에서 형을 집행하는 장소였다. '계민(戒民)'이란 명칭은 여기서 유래한 것이다.

⑨ 신안방(新安坊)은 다리와 같은 이름을 한 것이다. 신교루항(新橋樓巷)이나 소신교항(小新橋巷)이라고도 하였다.

⑩ 연정방(延定坊)은 아압교항(鵝鴨橋巷)이라고도 불렀다.

⑪ 안국방(安國坊)은 다리와 같은 이름을 한 것이다. 북교항(北橋巷)이나 인화창항(仁和倉巷)이라고도 불렀다.

⑫ 회원방(懷遠坊)은 예전에는 군두사영항(軍頭司營巷)이라고 불렀으며 군두사교(軍頭司橋) 부근에 있었다.

⑬ 보녕방(普寧坊)은 곧 청원교항(淸遠橋巷)이다.

이상 13개의 방은 어가의 중단, 북단과 소하 사이에 끼여 있었고, 어가의 동쪽을 따라 번화한 가시(街市)가 형성되어 있었을 뿐만 아니라, 강을 따라 다리 부근의 서쪽에도 번화한 가시(街市)가 있었다. 그 밖에도

⑭ 동덕방(同德坊)은 이전에 등심항(燈心巷)이라고 불렀으며 어가의 북쪽이자 신장교와 상부사(祥符寺)의 서쪽에 있었다.[29]

⑮ 가신방(嘉新坊)은 속칭으로 칠랑당항(七郞堂巷)이라고 했으며, 북주고(北酒庫)의 동남쪽에 있었다. 북주고는 아압교(鵝鴨橋) 동쪽의 춘풍루(春風樓)를 가리키며 대하 북단의 신교(新橋) 동북쪽에 있었다.

⑯ 교흠방(敎欽坊)은 속칭으로 죽간항(竹竿巷)이라고 하였다. 북주고의 동쪽이자, 가신방의 북쪽에 있었으며, 대하 북단의 염교 가까이에 붙어 있었다.

⑰ 신개남항(新開南巷)은 대하 북단 천교의 서쪽 기슭이자 가신방의 남쪽에 있었다.

⑱ 신개북항(新開北巷)은 일신교항(日新橋巷)이라고도 불렀으며 소하의 일신교(日新橋) 동쪽이자 신개남항의 북쪽에 있었다. 이상 4개의 방은 대하 북단에 있는 염교·신교·천교의 서쪽에 있었으며, 강을 따라

29_『함순임안지』의 「경성도」에서 동덕방을 성 안 서북 모서리의 신장교 동북에 있는 것으로 그려 우이상의 여러 방과 거리가 너무 멀리 떨어지도록 한 것은 아마 착오일 것이다.

다리 가까이에 가시가 있었다.

(5) 우삼상 육방(六坊)의 위치

우삼상에는 모두 6개의 방이 있었는데 대하 북단의 천교에서 염교에 이르는 동서 양쪽 기슭에 있었다.

① 동항방(東巷坊)은 동항(東巷) 즉 상중사항(上中沙巷)이라고 불렀고 또는 중사후항(中沙後巷)이라고도 하였다. 천교의 동남쪽에 있었다.

② 서항방(西巷坊)은 서항(西巷) 즉 하중사항(下中沙巷)이라고 불렀고 또는 중사전항(中沙前巷)이라고도 하였다. 천교의 동남쪽에 있었다.

③ 풍화방(豐禾坊)은 풍화창항(豐禾倉巷)이라고도 하였다. 천교의 동북쪽이자 전황후부(全皇后府)와 사황후택(謝皇后宅)의 북쪽에 있었다.[30]

④ 선리방(善履坊)은 풍락교항(豐樂橋巷)이라고도 불렀다. 소하의 방윤교와 대하의 풍락교·신교 사이에 끼여 있었다.[31]

⑤ 홍덕방(興德坊)은 또한 염교항(鹽橋巷)이라고도 불렀다. 염교의 서북쪽에 있었다.[32]

⑥ 창락방(昌樂坊)은 포교의 동쪽에 있었다. 포교는 염교의 동쪽에 있는 한교(旱橋)로, 원래 옛 모산하(茅山河)의 다리였다.

(6) 우사상 이방(二坊)의 위치

우사상에는 모두 2개의 방이 있었는데 즉 흥례방(興禮坊)과 영해방(寧

30_『夢粱錄』卷7 禁城九廂坊巷, p.103.「豐禾坊, 全皇后府東.」;『夢粱錄』卷10 后戚府, p.143.「成肅謝皇后宅, 在豐禾坊南.···全皇后宅, 在豐禾坊南.」풍화방은 천교 동북의 대하 동쪽 기슭에 있었다.

31_『夢粱錄』卷7 禁城九廂坊巷, p.103.「善履坊, 即芳潤橋東.」;『夢粱錄』卷7 大河橋道, p.92.「善履坊東曰油蠟局橋, 舊呼新橋.」『건도임안지』에서는 선리방이 또 낙교방(樂橋坊)이라 불렸다고 하였다. 이를 근거로 선리방은 소하의 방윤교와 대하풍락교·신교 사이에 있었다는 것을 알 수 있는데 이는『함순임안지』의「경성도」에 있는 선리방의 위치와 일치한다.

32_『夢粱錄』卷7 禁城九廂坊巷, p.103.「興化坊, 鹽橋下西北.」;『夢粱錄』卷7 大河橋道, p.92.「興福坊東曰鹽橋.」'홍복(興福)'은 '홍덕(興德)'을 잘못 쓴 것이다. 역자 주 본문의 '홍덕방(興德坊)'은 원문의 홍화방(興化坊)을 잘못 쓴 것으로 보인다.

海坊)이다. 대하 중단의 동쪽 기슭에 있었고 종양궁교(宗陽宮橋)에서 북쪽으로 곧장 천교의 동북까지 이르렀다.

(7) 좌삼상 팔방(八坊)의 위치

좌삼상에는 모두 8개의 방이 있었는데 성 안 서북부의 서하가 흐르는 지역에 있었다. 서하는 어가 북단의 중안교에서 서쪽으로 흘러 결박교(結縛橋), 석탄교, 팔자교[八字橋, 원래는 세부교(洗麩橋)라고 불렀다]를 지나서 방향을 꺾어 남하하여 마가교(馬家橋), 만고교(鞔鼓橋), 홍복교[洪福橋, 홍교(洪橋)라고도 불렀다.], 정정교(井亭橋), 시수방교(施水坊橋), 군장교, 삼교, 시랑교(侍郎橋), 시가교(施家橋)를 지나 단하두(斷河頭)에 이르렀다.

① 흠선방[欽善坊, 문선자항(聞扇子巷)이라고도 불렀다.]은 정정교의 남쪽에 있었다.

② 감천방(甘泉坊)은 상국정항(相國井巷)의 입구에 있었는데, 정정교의 서쪽에 해당한다.

③ 청풍방(淸風坊)은 감천방의 북쪽이자 장문태자부(莊文太子府)의 남쪽에 있었다.

④ 청화방[淸和坊, 활수항(活水巷)]은 홍복교의 서쪽이자 양화왕부(楊和王府)의 앞에 있었다. 또한 나한동항(羅漢東巷)은 시랑교의 서쪽에 있었는데, 나한동의 옛날 방명(坊名)은 미속(美俗)이었다. 이 일대에는 원래 적지 않은 방이 설치되었다가 나중에 없어졌다. 나한동의 원래 이름이 미속방이었던 것 외에, 세부교(즉 팔자교)의 남북 양쪽 기슭은 통보방(通寶坊)과 풍재방(豐財坊)이라 불렀고, 마가교의 서쪽에는 일찍이 효자방(孝慈坊)이 세워졌다. 홍교(즉 홍복교)의 양부(楊府, 즉 양화왕부)항은 원래 자운방(紫雲坊)이라고 했으며, 삼교의 용금로(涌金路)는 예전에는 회창방(會昌坊)이라고 불렀다[33][『몽량록』 권7 금성구상항방(禁城九廂坊巷)]. 동시에

33_『夢粱錄』卷7 禁城九廂坊巷, pp.102~103. 「左三廂所管坊巷: 欽善坊, 井亭橋南. 聞扇子巷·甘泉坊·相國井巷口, 與井亭橋對. 淸風坊, 莊文府南. 活水巷·淸河坊, 洪福

서하의 지류는 결박교, 석탄교, 청호교에서 서쪽으로 방향을 바꾸면서 반원형의 만곡부를 이루고 흑교(黑橋)·좌장고교(左藏庫橋)·안제교(安濟橋)·안복교(安福橋)·정가교(丁家橋)·기가교를 지나 곧장 북쪽으로 나가 동교(東橋)·장수교[長壽橋, 옛 명칭은 양고교(楊姑橋)이다.]·신장교 등을 거쳐 여항수문으로 나와 대운하에 통하였다. 결박교 맞은편에 있는 전양가이자 국자감·태학·한기왕부의 동쪽에는 ⑤ 흥경방(興慶坊)이 있었다. 안복교의 동북쪽에는 반랑항(潘閬巷)이 있었고, 항의 입구에는 ⑥ 덕화방[德化坊, 옛 명칭은 목자항(木子巷)이었다.]이 있었다. 장수교의 동쪽에는 또한 다탕항(茶湯巷)이 있었는데[34] 다방이 집중되어 있는 곳이었다. 기가교 서남쪽의 전당현 관서 앞에는 또한 ⑦ 자민방(字民坊)과 ⑧ 평이방(平易坊)이 있었다.

4) 활기차고 번화한 어가 풍경

임안성 안의 주요 가시(街市) 가운데 가장 번화한 곳은 어가였다. 어가는 비록 정치적 필요, 특히 설날과 동지의 대조회 및 '사맹' 때 황제가 조정을 나가 경령궁에 참배하려는 필요에 부응하기 위해 건설되었으나 상품경제의 발전에 따라 어가는 도성에서 가장 활기차고 번화한 가시이자 경제 교류의 중심이 되었다. 어가가 경제적 측면에서 한 기능은 그 정치적 기능을 훨씬 능가하는 것이었다.

어가 전체는 대내의 화녕문에서 시작하여 남에서 북으로 나가 곧장 북단의 관교 일대까지 이르렀다. 어가 양측의 도로로 문을 낸 곳에는 모두 상점이 개설되었고, 이들은 또한 각각 다른 '항(行)'과 '시(市)'를 조

橋西楊和王府前. … 蓋杭舊有坊巷, 廢之者七, 如羅漢洞舊有坊名美俗, 三橋湧金路舊名會昌坊, 洪橋楊府巷元作紫雲坊, 癸辛街巷爲從訓坊, 馬家橋西曾立孝慈坊, 洗麩橋南北二岸謂之通寶·豐財二坊, 皆後人不可不知, 姑並述之.」
34_『夢粱錄』卷7 西河橋道, p.94.「茶湯巷西曰長壽橋, 舊名楊姑橋.」

직하였다. "대가(大街)에서 여러 방항(坊巷)에 이르기까지 크고 작은 가게가 문을 연달아 잇고 있어 빈집이 없다. 매일 해가 뜰 무렵 대가의 양쪽 항의 입구에서 노점이 장사를 하여 모든 물품이 매매되고 너무 번화하여 아침 식사 전에 시장이 끝나고 매듭 된다."[35](『몽량록』권13 포석)고 하였고 "무릇 항주성은 행도(行都)가 있는 곳이기 때문에 모든 물품이 모이고 여러 항과 시장이 화녕문의 차자(杈子)부터 관교 아래까지 장사를 하지 않은 집이 없었고 항의 종목도 가장 많았다."[36](『몽량록』권13 단항(團行))고 하였다. 이러한 묘사에는 조금이라도 과장이 없었다. 어가 전체는 세 단으로 나눌 수 있다. 화녕문에서 조천문까지가 남단이고, 조천문에서 수안방[관항(官巷)]까지가 중단이며, 수안방에서 관교까지가 북단이다. 관영인 혜민약국(惠民藥局) 세 곳은 정제한 약을 파는데 세 단에 나눠 설치되었다. 혜민국의 남국(南局)은 3성의 앞, 즉 남단에 있었고, 북국(北局)은 시서방 남쪽이자 중와자의 북쪽에 있었는데 중단의 정중앙이었다. 서국(西局)은 중안교 북쪽 즉 북단에 있었다. 어가에는 상점이 적지 않게 있었는데 동경에서 이전해 온 것이다. "예컨대 상왕가 융선포(廂王家絨線鋪)는 동경에서 나와 떠돌다 지내다가 지금은 어가에 문을 활짝 열었다."[37](『도성기승』포석조)고 하였다.

(1) 어가 남단의 가시(街市)

어가 남단의 가시는 주로 궁내와 중앙관서에서 필요로 한 일상생활 물품을 공급하였다. 어가의 기점은 대내의 화녕문 입구였다. 비록 문 입구의 경비가 삼엄하고 좌우에는 홍차자(紅杈子)가 있어 행인을 통제하고 있으나, 홍차자 안팎은 바로 아침 시장이 가장 활기찬 곳이었다.

35_『夢粱錄』卷13 鋪席, p.195.「自大街及諸坊巷, 大小鋪席, 連門俱是, 即無虛空之屋. 每日淸晨, 兩街巷門, 浮鋪上行, 百市買賣, 熱鬧至飯前, 市罷而收.」

36_『夢粱錄』卷13 團行, p.192.「大抵杭城是行都之處, 萬物所聚, 諸行百市, 自和寧門杈子外至觀橋下, 無一家不買賣者, 行分最多.」

37_『都城紀勝』鋪席, p.100.「又如廂王家絨線鋪, 自東京流寓, 今於御街開張.」

이곳은 궁중의 관료와 궁녀들이 사람을 보내 반찬용 채소, 신선한 식품과 시장에 오른 새로운 과일을 앞다퉈 사들이는 장소였기 때문이었다. 『몽량록』권8 대내(大內)에서는 이를 매우 생동감 있게 묘사하였다. "화녕문 밖 홍차자가 있는 곳에서는 아침부터 매매가 벌어져 거래가 매우 번성하였다. 대개 궁성에 있는 여러 전각의 관리와 궁녀는 아침저녁으로 황원자(黃院子)에게 명하여 이곳에서 식품과 반찬을 구입토록 하였다. 무릇 맛있는 음식, 계절별 반찬, 특별한 채소 등 품목에 빠진 것이 없이 구매하라는 얘기를 접하면 즉시 궁중에 공급해 낼 수 있다. 고관이나 귀한 집의 경우 손님 몇십 명을 대접하려고 하면 품목이 일이십 개 아래로 내려가지 않았고 찾은 대로 맞추니 그들이 지시한 대로 모아서 눈 깜짝할 사이에 모두 준비하니 음식 하나라도 빠지지 않았다. 초여름에 가지와 호박이 새로 나오면 한 짝에 값이 10여관 정도이나 여러 전각의 고관들이 앞다투어 구매하려고 하니 값을 높여 지불하여 값을 비교하지도 않아야 오로지 제철 음식을 누릴 수 있을 뿐이었다."[38]고 하였다. 같은 책 권13 천효제인출시(天曉諸人出市)에서는 더욱 더 "화녕문의 홍차자 앞에서는 상등의 이채로운 채소, 여러 반찬 및 술과 식초, 제철 과일을 매매했으며 해산물 등도 납품하였다. 시가를 가득 메우고 다양하게 물건을 파는 소리가 울려 퍼져 변경(汴京)의 분위기와 같았고 사람의 기분을 좋게 하였다."[39]고 묘사하였다. '사반(嗄飯)'은 곧 '반찬'이란 뜻이다. 이것은 해당 지역의 방언으로 식사를 내올 때 밥과 함께 먹는 반찬을 가리킨다. 홍차자는 아침 시장에서 제철 음식을 앞다투어 사

38_『夢粱錄』卷8 大內, p.106.「和寧門外紅杈子, 早市買賣, 市井最盛. 蓋禁中諸閣分等位, 宮娥早晩令黃院子收買食品下飯於此. 凡飲食珍味, 時新下飯, 奇細蔬菜, 品件不缺. 遇有宣喚收買, 即時供進. 如府宅貴家, 欲會賓朋數十位, 品件不下一二十件, 隨索隨應, 指揮辦集, 片時俱備, 不缺一味. 夏初茄瓠新出, 每對可直十餘貫, 諸閣分·貴官爭進, 增價酬之, 不較其值, 惟得享時新耳.」

39_『夢粱錄』卷13 天曉諸人出市, p.196.「和寧門紅杈子前買賣細色異品菜蔬, 諸般嗄飯, 及酒醋時新果子, 進納海鮮品件等物, 填塞街市, 吟叫百端, 如汴京氣象, 殊可人意.」

는 곳일 뿐만 아니라 야시장도 매우 활기찬 곳이었다. 시장에는 이름난 식품이 적지 않았다. 예로 "효인방의 홍차자에서는 조아고(皂兒膏),[40] 징사단자(澄沙團子),[41] 유탕요(乳糖澆)[42]를 팔았으며", "대내 앞 차자에서는 오색법두(五色法豆)를 팔았는데 오색 종이 봉투에 그것을 담도록 했던" 것[43]을 들 수 있다[『몽량록』 권13 야시(夜市)].

어가 남단의 상점은 주로 음식점이었다. 대내와 3성 6부의 관료 및 관부를 왕래하는 사람들에게 공급하였다. 그래서 이곳에는 유명한 가게와 이름난 음식이 적지 않았다. 예를 들어 "효인방 입구의 수정홍백소주(水晶紅白燒酒)는 일찍이 황제가 그 술을 가져오라고 한 적도 있었고 맛과 향이 부드러워 입에 넣으면 사라진다."고 하였고 "6부 앞의 정향혼돈(丁香餛飩)은 맛이 섬세하고 뛰어났다."[44](『몽량록』 권13 천효제인출시)고 했으며 "묘항[廟巷, 즉 보민방(保民坊)] 입구에서는 양매탕(楊梅糖), 행인고(杏仁膏), 박하고(薄荷膏), 십반고자탕(十般膏子糖)을 팔았다."[45](『몽량록』 권12 야시)고 하였다. 어가에서 우일상에 속하는 방항(坊巷)의 입구에 있는 음식점과 탕과점(糖果店)도 고객이 몰려드는 이름난 집이었다. 『도성기승』 식점(食店)조에서는 "무릇 도성에서 물건을 사기 위해 지난 날 대전 앞의 변가종식(卞家從食)처럼 유명한 집으로 많이 몰려들었다."[46]고 하였다. '종식(從食)'이란 쪄서 만든 각종 고점(糕點)[47]을 말한다. 조천

40_ 역자주 조아고(皂兒膏)란 취엄나무가 들어가 있는 과자의 일종이다.

41_ 역자주 징사단자(澄沙團子)란 팥 앙금을 넣은 경단이다.

42_ 역자주 유탕요(乳糖澆)은 우유와 버터에 어떤 액체를 바른 것인지 아니면 우유와 버터를 액체로 만든 것인지 불분명하다.

43_ 『夢粱錄』 卷13 夜市, p.198. 「在孝仁坊紅杈子賣皂兒膏 · 澄沙團子 · 乳糖澆. …內前杈子裏賣五色法豆, 使五色紙袋兒盛之.」

44_ 『夢粱錄』 卷13 天曉諸人出市, p.196. 「孝仁坊口, 水晶紅白燒酒, 曾經宣喚, 其味香軟, 入口便消. 六部前丁香餛飩, 此味精細尤佳.」

45_ 『夢粱錄』 卷13 夜市, p.198. 「廟巷口賣楊梅糖 · 杏仁膏 · 薄荷膏 · 十般膏子糖.」

46_ 『都城紀勝』 食店, p.94. 「大抵都下買物, 多趨有名之家, 如昔時之內前卞家從食.」

47_ 역자주 고점(糕點)이란 밀가루, 쌀가루, 설탕, 유지류, 꿀 등을 주원료로 만든 과자이다. 월병(月餠), 수병(酥餅) 등이 이에 속한다.

문에는 대가오육포(戴家鏖肉鋪)가 있었는데 '오(鏖)'는 '오(鑣)'자 즉 지금
의 '오(熬)'자이므로 이곳에서는 전문적으로 '볶아[熬]' 익힌 고기를 팔았
다. 조천문 안쪽 대석판(大石板)에도 주가원자탕밀고포(朱家元子糖蜜糕鋪)
가 있었는데 원자(元子)란 경단을 말한다. 그 밖에도 서점, 표구점, 약국
이 있었다. 예컨대 동쪽의 대불사(大佛寺) 앞에는 감약포(疳藥鋪), 보화대
사오매약포(保和大師烏梅藥鋪)와 관영 혜민약국의 남국이 있었고, 서쪽의
태묘 앞에는 윤가문자포(尹家文字鋪), 진마마니면구풍약포(陳媽媽泥面具風
藥鋪)가 있었으며, 조천문의 대석판에는 주가표배포(朱家裱褙鋪)가 있었
다[48]『몽량록』 권13 포석). 태묘 앞의 윤가문자포는 윤가서적포(尹家書籍鋪)
혹은 경적포(經籍鋪)라고도 불렸으며 일찍이 필기소설을 적지 않이 간
행하였다. 예컨대 『북호록(北戶錄)』·『각소편(卻掃編)』·『조기입담(釣磯
立談)』·『민수연담록(澠水燕談錄)』·『곡유구문(曲洧舊聞))』·『술이기(述
異記)』·『속유괴록(續幽怪錄)』·『모정객화(茅亭客話)』·『협중집(篋中集)』
등이 있다[왕국유(王國維),『양절고간본고(兩浙古刊本考)』권상(上)].

(2) 어가 중단의 가시(街市)

어가 중단은 조천문에서 수안방[속칭으로 관항(冠巷) 또는 관항(官巷)이라
고 하였다.]까지이고 가시에서 가장 번화한 곳이었다. 특히 중와자의 앞
쪽 일대는 더욱 활기를 띠어 당시 '오화아중심(五花兒中心)'이라고 불렸
다.『도성기승』시정(市井)조에서는 다음과 같이 묘사하고 있다.

대내 화녕문 밖에서부터 시작하는 신로(新路, 어가를 가리킨다)의 남북으
로 아침에 진귀한 보석 및 꽃과 과일, 제철 음식, 해산물, 채소, 기이한 물
건 등 천하에는 없는 것이 이곳에 다 모인다. 조천문, 청하방, 중와자 앞,
파두(灞頭), 관항 입구, 붕심(棚心), 중안교까지는 음식점과 인가로 활기

48_『夢粱錄』 卷13 鋪席, p.194. 「朝天門裏大石版朱家裱褙鋪·朱家元子糖蜜糕鋪, 太
廟前尹家文字鋪·陳媽媽泥面具風藥鋪, 大佛寺疳藥鋪, 保和大師烏梅藥鋪.」

차고 번성하였다. 야시장은 대내 앞을 제외하면 어느 곳이나 그러하였다. 그 가운데서도 중와자 앞이 가장 번성하여 기묘한 그릇과 온갖 물품을 박매(撲賣)하는데 낮과 다르지 않았다. 나머지 방항(坊巷)의 시정(市井)에서도 매매도 하고 상품을 건 도박도 하였으며 주루(酒樓)가 장사를 하고 가관(歌館)이 영업을 하였는데 사고(四鼓)에 이르러서야 조용해졌다. 오고(五鼓)에 관리가 말을 타고 출근하려 할 때[49] 아침 시장에 사람들이 물려들어 다시 개장하였다. 사철 모두 이와 같았다. 원소절을 맞이할 때 더욱 성대하여 집집마다 물건을 사고 주민은 관람하고 즐기니 임시로 친 장막을 이루 다 기록할 수 없었다.[50]

위 문장에서 말하는 조천문에서 중안교까지는 어가의 중단과 북단이다. 조천문은 원래 오대 때 오월(吳越)이 세운 것으로, 남송 때는 단지 양쪽 성벽만 남아 있었으며, 명청 때는 고루(鼓樓)로 사용되었다. 조천문에서 북으로 가서 어가의 중단 서쪽에는 좌일북상에 속하는 청하방, 융화방, 신가방, 태평방, 시남방, 시서방이 있었고 좌이상에 속하는 수의방(修義坊), 부락방, 교목방, 적선방, 수의방(秀義坊), 수안방이 있었다. 그 가운데 청하방, 태평방, 적선방, 수안방 등의 방명은 지금까지 여전히 그대로 사용하고 있다. 위의 문장에서 파두라고 한 것은 시서방이고 관항이라고 한 것은 수안방이며, 붕심이라고 한 것은 정민방[중붕항(中棚巷)이라고도 부른다.]이다. 어가 북단 서쪽에는 좌이상의 수문방, 이인방, 보신방, 정민방, 목친방, 순례방, 보화방, 보은방 등이 있었다. 또한 중

49_ 역자 주 조마(朝馬)란 황제가 대신에게 하사한 말로, 대신이 조정에 들어갈 때 탄다.

50_ 『都城紀勝』市井, p.91. 「自大內和寧門外, 新路南北, 早間珠玉珍異及花果時新海鮮野味奇器天下所無者, 悉集於此; 以至朝天門·清河坊·中瓦前·灞頭·官巷口·棚心·衆安橋, 食物店鋪, 人煙浩穰. 其夜市除大內前外, 諸處亦然, 惟中瓦前最勝, 撲賣奇巧器皿百色物件, 與日間無異. 其餘坊巷市井, 買賣關撲, 酒樓歌館, 直至四鼓後方靜; 而五鼓朝馬將動, 其有趁賣早市者, 復起開張. 無論四時皆然. 如遇元宵猶盛, 排門和買, 民居作觀玩, 幕次不可勝紀.」

와자 앞에서 '기묘한 그릇과 온갖 물품을 박매한다'고 하였는데 '박매 (撲賣)'는 당시 도박성을 띤 매매행위로 동전을 도박도구로 삼아 동전 위의 글자로 승패를 결정하는 것으로 길가의 소매상들이 항상 사용하였다.

'와자(瓦子)'라고 불리는 유희와 오락의 장소가 임안성 안에 모두 5곳이 있었다. 가장 활기찬 곳은 중와자와 상와자(上瓦子)라고도 하는 대와자이며 모두 어가 중단 서쪽에 있었다. 중와자는 시남방 북쪽에 있었고, 대와자는 시서방 안쪽의 북쪽 끝에 있는 삼교항(三橋巷)에 있었다.

어가의 중단은 또한 대주루가 집중되어 있는 곳이었다. 청하방 남쪽에는 관영 남주고(南酒庫)의 화락루(和樂樓)가 있었고, 중락방 북쪽에는 관영 중주고(中酒庫)의 중화루(中和樓)가 있었다. 중와자에는 무림원[武林園, 삼원루(三元樓)의 강심가(康沈家)가 문을 열고 술을 팔았다.]이 있었는데 주루 가운데 규모가 가장 컸다. 융화방에는 가경루(嘉慶樓)와 취경루(聚景樓)가 있었고 모두 강심(康沈)의 각점(脚店)[51]이었다. 또한 신가항(新街巷) 입구에는 화월루[花月樓, 시주(施廚)가 문을 열고 술을 팔았다.]가 있었고 시서방에는 쌍봉루(雙鳳樓, 시주가 문을 열고 술을 팔았다.)가 있었다. 영초항(靈椒巷)이라고도 하는 능초항(菱椒巷) 즉 수의방(修義坊)에는 상심루[賞心樓, 상신루(賞新樓)라고도 한다. 심주(沈廚)가 문을 열고 술을 팔았다.]가 있었다[52][이

51_ [역자 주] 각점(脚店)이란 사람들에게 임시로 목을 축이고 쉬는 것을 제공하는 작은 객점이다.

52_ 『夢粱錄』卷10 點檢所酒庫, p.147. 「在崇新門裏, 有酒樓, 名之曰太和, 廢之久矣. 曰西庫, 又名金文正庫: 淸界庫, 在三橋南惠遷橋側; 煮界庫, 在湧金門外, 有酒樓, 扁之曰西樓. ⋯ 新界庫, 在淸河坊南, 酒樓扁之曰和樂. ⋯ 淸界庫, 在鵝鴨橋東, 酒樓扁之曰春風. 曰中庫, 在衆樂坊北, 造淸界, 有酒樓扁之曰中和; ⋯ 造淸界庫, 在睦親坊北, 酒樓扁之曰和豐. ⋯ 淸界庫, 在左家橋北, 酒樓扁之曰春融.」;『夢粱錄』卷16 酒肆, pp.233~234. 「中瓦子前武林園, 向是三元樓康・沈家在此開沽 ⋯ 次有南瓦子熙春樓王廚開沽, 新街巷口花月樓施廚開沽, 融和坊嘉慶樓・聚景樓, 俱康・沈脚店, 金波橋風月樓嚴廚開沽, 靈椒巷口賞新樓沈廚開沽, 壩頭西市坊雙鳳樓施廚開沽, 下瓦子前新樓鄭廚開沽, 俱有妓女, 以待風流才子買笑追歡耳.」;『武林舊事』卷6 酒樓, pp.441~442. 「和樂樓昇賜宮南庫・和豐樓武林園南上庫, 宋刻無"南"字. 中和樓銀甕子中庫・春風樓北庫・太和樓東庫・西樓金文西庫. 宋刻"金文庫". 太平樓・豐樂樓・南外庫・

상은 『몽량록』 권10 점검소주고(點檢所酒庫), 권16 주사(酒肆), 『무림구사』 권6 주루(酒樓), 『도성기승』 주사에서 확인된다.]. 태평방대가(太平坊大街) 동남쪽 모서리에는 하마안주점(蝦蟆眼酒店)이 있었다[53](『몽경록』 권13 포석). 어가 동측의 보우방 북쪽에는 오간루(五間樓)가 있었다[54](『무림구사』 권6 주루).

어가 중단은 다방이 밀집한 곳이기도 하였다. 태평방에는 곽사랑다방(郭四郎茶坊)이 있었고 태평방 북쪽가에는 장칠상간다방(張七相幹茶坊)이 있었으며, 시서방 남쪽에는 반절간다방(潘節幹茶坊)과 유칠랑다방(俞七郎茶坊)이 있었다. 이상 4개의 다방은 모두 어가의 서편에 있었다. 동편의 보우방[寶佑坊, 보우방(保佑坊)이라고도 한다.] 북쪽에는 주고루다방(朱骷髏茶坊)이 있었다. 이 5개의 차방은 "누(樓) 위층에는 오로지 기녀들을 배치했으므로 화다방(花茶坊)이라고 하였다."고 하였다. 『몽량록』 권16 다사(茶肆)에서는 대가에 있는 3개~5개의 찻집을 화다방이라고 하며 이 5개 다방을 열거하고 있다. 아울러 "무릇 이 다섯 곳은 너무 시끄러워 군자가 머물 곳이 아니다."[55]라고 하였다. 중와자의 남북쪽에는 다방이 적지 않았다. 『서호노인번승록』에서는 '원소절의 참여와 감상'을 이야기하면서 "중와자의 남북쪽에 있는 다방에서는 제반류산자등(諸般琉珊子燈), 제반교작등(諸般巧作燈), 복주등(福州燈), 평강옥붕등(平江玉棚燈), 주자등(珠子燈), 나백만안등(羅帛萬眼燈)을 내걸고 있다."[56]고 하였다. 『몽량록』 권16 다사에도 "게다가 장매면점(張賣麵店)과 벽을 사이에 두고 황첨취축구다방(黃尖嘴蹴球茶坊)이 있었고, 또한 중와자 안에는 왕마마가

　　北外庫・西溪庫. …熙春樓・三元樓・五間樓・賞心樓・嚴廚・花月樓・銀馬杓・康
　　沈店・翁廚・任廚・陳廚・周廚・巧張・日新樓・沈廚・鄭廚只賣好食, 雞海鮮頭羹
　　皆有之. 蛤蟆眼只賣好酒・張花.」;『都城紀勝』酒肆, p.93.
53_『夢粱錄』卷13 鋪席, p.194.「太平坊大街東南角蝦蟆眼酒店.」
54_『武林舊事』卷6 酒樓, p.441.「五間樓」
55_『夢粱錄』卷16 茶肆, p.233.「如市西坊南潘節幹・俞七郎茶坊, 保佑坊北朱骷髏茶
　　坊, 太平坊郭四郎茶坊, 太平坊北首張七相幹茶坊, 蓋此五處多有炒鬧, 非君子駐足之地
　　也.」
56_『西湖老人繁勝錄』, p.122.「預賞元宵, … 中瓦南北茶坊內掛諸般瑠柵子燈・諸般巧
　　作燈・福州燈・平江玉棚燈・珠子燈・羅帛萬眼燈.」

다사(王媽媽家茶肆)가 있었는데 일굴귀다방(一窟鬼茶坊)이라고도 하였다. 대가에는 차아다사(車兒茶肆), 장검열다사(蔣檢閱茶肆)가 있는데, 모두 사대부들이 친구들과 약속하여 모이는 곳이다."[57]라고 하였다. 장검열다사란 곧 장검열다탕포(蔣檢閱茶湯鋪)이며 청하방에 있었다[58](『몽량록』 권 13 포석). 장매면점은 보우방에 있었고, 황첨취다방도 보우방에 있었다.

어가의 중단은 또한 가관(歌館)이 집중되어 있는 곳이기도 하였다. 이른바 가관이란 기루(妓樓)이다. 『무림구사』 권6 가관(歌館)에서는 "기루가 있는 여러 방[평강제방(平康諸坊)][59]으로, 위아래로 포검영(抱劍營), 칠기장(漆器牆), 피사항(皮沙巷), 청하방, 융화방, 신가방, 태평방, 건자항(巾子巷), 사자항(獅子巷), 후시가, 천교 같은 것이 있는데 모두 뭇 미녀들이 모여 있는 곳이다."[60]라고 하였다. 포검영은 어가 동측의 신개방과 청평방 사이에 있었고, 피사항은 곧 청평방이고, 건자항은 곧 시남방이다. 위에서 열거한 지명 가운데 단지 칠기장, 사자항과 천교만이 대하(염교운하) 연안에 있었고, 나머지는 모두 어가 중단의 동서 양쪽에 있었다.

어가의 중단은 게다가 당시의 중요한 상업조직인 '시(市)', '항(行)', '단(團)'이 있는 곳이기도 하였다. 예컨대 오간루(五間樓)부터 관항까지 어가 양쪽에 있는 금은염초인교역포(金銀鹽鈔引交易鋪), 융화방에서 시남방 사이에 있는 주자시(珠子市), 관항의 화시, 방소항(方梳行), 소금항(銷金行)과 관자항(冠子行), 후시가의 감자단(柑子團) 등이다.

금은염초인교역포는 남송 때 신설된 가게인데 북송의 동경에는 단지

57_ 『夢粱錄』 卷16 茶肆, p.233. 「更有張賣麵店隔壁黃尖嘴蹴毬茶坊, 又中瓦內王媽媽家茶肆名一窟鬼茶坊, 大街車兒茶肆・蔣檢閱茶肆, 皆士大夫期朋約友會聚之處.」

58_ 『夢粱錄』 卷13 鋪席, p.194. 「清河坊顧家綵帛鋪・蔣檢閱茶湯鋪.」

59_ 역자 주 평강방(平康坊)이란 방(坊)은 임안성 안에는 없다. 그러나 당 장안성의 평강방은 기루가 모여 있는 곳이다. 여기서 평강제방(平康諸坊)은 기루가 모여 있는 여러 방이라고 문맥상 해석할 수 있다.

60_ 『武林舊事』 卷6 歌館, p.445. 「平康諸坊, 如上下抱劍營・漆器牆・沙皮巷・清河坊・融和坊・新街・太平坊・巾子巷・獅子巷・後市街・薦橋, 皆群花所聚之地.」

금은포(金銀鋪)와 금은채백교역소(金銀綵帛交易所)만 있었다. 염초인(鹽鈔引)은 당시 조정이 상인에게 발급한, 소금과 차 등 관리 물품을 수령하고 운반 판매하는 것을 특별히 허가하는 증권이었다. 이때 상인들은 어가 중단의 오간루와 관항 사이 양쪽에 100여 곳의 금은염초인교역포를 개설하였고 아울러 가게 입구에 금은 그릇과 현금을 진열하였는데 이를 '간타전(看垜錢)'이라고 하였다. 이를 통해 교역을 마친 후 각화무(権貨務)에 들어가 초인을 사용한 것을 편리하게 결제하였다. 그 가운데 유명한 것으로 시남방 남쪽이자 혜민약국의 북국(北局) 앞에 있는 심가금은교인포(沈家金銀交引鋪)와 장가금은교인포(張家金銀交引鋪)가 있다.

주자시는 융화방 북쪽이자 시남방 남쪽에 있었다. 전하는 바에 따르면 교역량이 매우 많아서 "매매가 이루어질 때면 금이 만 단위로 움직였다."고 한다[61](『몽량록』 권13 포석, 『도성기승』 포석조에서 기술한 바도 이와 같다.).

화시는 관항(官巷), 즉 수안방에 있었다. 관항(冠巷)이라고도 하는데, 원래는 관항(冠巷)으로 썼을 것이다. 관(冠)을 만드는 것으로 유명하기 때문이다. 이른바 '화(花)'는 각종 꽃송이, 새 등을 옷에 꾸민 장식 그리고 꽃송이와 새를 모두 이용한 장식을 가리킨다. 머리 장식, 모자 장식, 옷깃 장식, 옷 장식 및 이런 장식을 배치한 모자복장을 포함한다. 화시에는 이미 작방이 설치되어 있었는데 물품을 제작하여 '화작(花作)'이라고 불렀다. 게다가 판매를 도모하는 가게도 있었다. 전하는 바에 따르면 "최고가 관항의 화작일 것이다. 여기에 모여 있는 것은 난새와 봉황이 비상하는 진기한 장식, 보석·진주·비취의 머리 장식, 꽃송이 장식의 관과 빗, 금을 녹여 장식한 옷, 그림을 그려 넣은 목을 감싸는 천이었고 그 기교가 대단하였다. 이전에는 보기 드물었던 것이 모두 여기에다 있었다."[62](『몽량록』 권13 단항)고 하였다. 원소절에는 많은 민간 무용

61_ 『夢梁錄』 卷13 鋪席, pp.192~193. 「自融和坊北, 至市南坊, 謂之珠子市, 如遇買賣, 動以萬數.」; 『都城紀勝』 鋪席, p.100.

단이 등장한다. 그 가운데 관항 입구 소가항(蘇家巷)의 '이십사가괴뢰(二十四家傀儡)'가 가장 뛰어나다. 복장이 화려하고, 여장을 한 세단(細旦)이 꽃가지를 어깨에 꽂았고, 옥과 비취로 만든 관을 썼다. 이른바 '이십사가괴뢰'는 소가항 24집의 '화작'에서 만든 것이었다[63][『몽량록』권1 원소(元宵)]. 관항 안 화시에서 유명한 가게로는 비가아소포(飛家牙梳鋪), 제가화타포(齊家花朶鋪)·귀가화타포(歸家花朶鋪), 성가주자포(盛家珠子鋪), 유가취포(劉家翠鋪), 마가영말쇄금포(馬家領抹鎖金鋪), 송가영말쇄금포(宋家領抹鎖金鋪), 심가침관포(沈家枕冠鋪)가 있었다[64](『몽량록』권13 포석). 관항에는 또한 방소항, 소금항, 관자항이 있었다. 화시가 번성함에 따라 화작과 가게가 증가하였는데 그런 과정에서 항이 세분되어 갔다. 소금(銷金)이란 당시 유행했던 복식 미술 공예로 금박 혹은 금색실로 꽃송이와 테두리나 장식용 도안을 제작하는 것이다. 소금항은 바로 이런 소금 공예와 소금 장식을 한 두건과 복장을 전문적으로 제작하는 곳이어서 당시 도성 주민들이 화려한 복식을 매우 중시하여 주자시와 화시가 크게 흥성했다는 것을 알 수 있다.

육시(肉市)는 수의방(修義坊)에 있었는데 실제 도살하는 작방이었다. 당시 성 안팎의 가방(街坊)에는 도처에 육포(肉鋪)가 개설되어 종종 '각자 자신의 작업장에서 가축을 잡아서 판매하여' 가방(街坊) 주민의 수요에 대응하며 공급하였다. 수의방의 육시는 "항(巷) 안의 양쪽 거리에 모두 도살을 하는 집으로 매일 적어도 수백 마리를 잡아서 자투리 고기, 머리고기, 족발 등의 고기를 만들어" 도성 안팎의 면식점(麵食店), 분다점(分茶店), 주점(酒店), 파자점(犯鮓店) 및 길가에서 돌아다니며 소리치면

62_ 『夢粱錄』卷13 團行, p.192. 「最是官巷花作, 所聚奇異飛鸞走鳳, 七寶珠翠, 首飾花朵, 冠梳及錦繡羅帛, 銷金衣裙, 描畫領抹, 極其工巧, 前所罕有者悉皆有之.」

63_ 『夢粱錄』卷1 元宵, p.6. 「官巷口·蘇家巷二十四家傀儡, 衣裝鮮麗, 細旦戴花朵口肩·珠翠冠兒, 腰肢纖裊, 宛若婦人.」

64_ 『夢粱錄』卷13 鋪席, p.194~195. 「官巷內飛家牙梳鋪·齊家·歸家花朵鋪·盛家珠子鋪·劉家翠鋪, 馬家·宋家領抹銷金鋪·沈家枕冠鋪.」

서 졸인 고기를 파는 사람 등에 공급했는데, 삼경에 가게를 열어 장사를 하고 동틀 무렵이 되어야 장사를 끝냈다[65][『몽량록』 권16 육포(肉鋪)]. 반가(般街)란 길거리를 돌아다니며 소리치면서 판매하는 것이다.

또한 계절에 따라 임시로 형성되는 항시(行市)도 있었는데, 예를 들어 관항(官巷)에 가을에 열리는 실솔시(蟋蟀市, 귀뚜라미시장)가 있었다. 『서호노인번승록』에서는 귀뚜라미가 많을 때에는 "매일 이른 아침 관항 남북에 시장이 크게 섰고 항상 셋이나 다섯 혹은 열 명으로 된 무리가 모여 귀뚜라미 싸움을 붙이고 있었다. 향(鄕)의 백성이 성으로 앞다퉈 들어와 귀뚜라미를 팔아 싸움에서 두세 번 이기면 팔아서 한두 관의 돈을 기대할 수 있었다. 이삭에서 태어난 것을 잡아 키운 뒤 게다가 싸움을 할 수 있다면 은 1량에 팔 수 있었다. 매일 이와 같았다. 9월이 다 지나 날씨가 추워져서야 그만두었다."[66]고 하였다.

앞에서 서술한 집중적으로 모여 있는 '시', '항', '단(團)' 외에 어가의 중단에는 주민들의 생활 필수품을 공급하는 상점이 많았다. 음식점으로는 태평방 남쪽에 예설문면식점(倪設門麵食店)이 있었고 중와자 앞에는 경가양반(耿家羊飯)[67]이 있었다.[68] 중와자의 무림원 앞에는 전백장(煎白腸)이 있었고 금자항[金子巷, 즉 시남방이며 건자항(巾子巷)이라고도 한다.] 입구에는 진화각면식점(陳花脚麵食店)이 있었다. 시서방에는 요가해선포(姚家海鮮鋪) 및 밤새 내내 장사하는 면식점이 있었고, 후시가에는 시가비양주점(施家肥羊酒店)이 있었으며 또한 하가락면(賀家酪麵)이 있었고[69]

65_『夢梁錄』卷16 肉鋪, p.246. 「巷內兩街, 皆是屠宰之家, 每日不下宰數百口, 皆成邊及頭蹄等肉, 俱系城內外諸麵店 · 分茶店 · 酒店 · 犭巴鮓店及盤街賣肉等人, 自三更開行上市, 至曉方罷市. … 其街坊肉鋪, 各自作坊, 屠宰貨賣矣.」

66_『西湖老人繁勝錄』, p.120. 「促織盛出, … 每日早辰, 多於官巷南北作市, 常有三五十火鬪者, 鄕民爭捉入城貨賣, 鬪贏三兩個, 便望賣一兩貫錢. 若生得大, 更會鬪, 便有一兩銀賣. 每日如此. 九月盡, 天寒方休.」

67_『都城紀勝』諸行, p.92. 「耿家羊飯」

68_『몽량록』 권13 포석은 '직가양반(職家羊飯)'이라 하고 『도성기승』 제항(諸行)조에서는 '경가양반(耿家羊飯)'이라 하였다. 후자의 '직(職)'자는 '경(耿)'자의 오기이다.

(『도성기승』식점조), 보우방에는 장매식면점(張賣食麵店)이 있었다. 또한 탕과점으로는 융화방에는 경당(輕糖)이 있었고, 태평방에는 사향탕(麝香糖), 밀고(蜜糕), 금연리증아(金鋋裏蒸兒)가 있었다. 북와자(北瓦子)에는 조아수(皂兒水), 장가두아수(張家豆兒水), 십색탕(十色糖), 전가건과포(錢家乾果鋪)가 있었고 시서방에는 포루적소(蚫螻滴酥)가 있었으며 야시장에는 초산함(焦酸餡), 천층아(千層兒)가 있었다. 관항 입구에는 광가갱(光家羹), 십색사단(十色沙團)이 있었고, 오간루에는 천복탕밀(泉福糖蜜), 여지원안탕(荔枝圓眼湯), 주오랑밀전포(周五郎密栓鋪)가 있었으며 야시장에는 여감자(餘甘子), 신려지(新荔枝)가 있었다. 보우방에는 장가원자포(張家元子鋪)가 있었고, 난릉방에는 완가경과포(阮家京果鋪)가 있었다.

게다가 옷감복장점으로는 청화방에는 고가채백포(顧家彩帛鋪)가 있었고, 시서방에는 뉴가채백포(紐家彩帛鋪), 유가채백포(劉家彩帛鋪), 여가채백포(呂家彩帛鋪), 진가채백포(陳家彩帛鋪), 자가융선포(紫家絨線鋪)가 있었다. 중와자에는 팽가유혜포(彭家油鞋鋪)가 있었고, 포검영에는 이가사혜포(李家絲鞋鋪)가 있었다. 시남방에는 심가백의포(沈家白衣鋪), 서관인복두포(徐官人幞頭鋪), 뉴가요대포(紐家腰帶鋪)가 있었고, 사피항(청평방)에는 공팔랑두건포(孔八郎頭巾鋪), 진가조결포(陳家條結鋪)가 있었다. 보우방에는 공가두건포(孔家頭巾鋪)가 있었고, 수항(水巷, 난릉방)에는 서가융선포(徐家絨線鋪), 유가관자포(兪家冠子鋪)가 있었다. 이 일대에는 약포도 적지 않았는데, 중와자에는 진직옹약포(陳直翁藥鋪), 양도실약포(梁道實藥鋪)가 있었고, 시서방에는 모가생약포(毛家生藥鋪), 양삼랑생약포(楊三郎生藥鋪)가 있었다. 시서방의 남쪽에는 관영 혜민약국의 북국이 있었고, 금자항(시남방)에는 양장령약포(楊將領藥鋪)가 있었다. 수의방(修義坊)에는 삼불기약포(三不欺藥鋪)가 있었고, 상심루(賞心樓) 앞에는 또한 선고매식약(仙姑賣食藥)이 있었다. 관항에는 인애당숙약포(仁愛堂熟藥鋪), 금구루태승약

69_『都城紀勝』食店, p.94. 「如酪麵, 亦只後市街賣酥賀家一分.」

포(金曰樓太丞藥鋪)가 있었고, 외피사항(外皮沙巷, 청평방)에는 쌍호로안약포(雙葫蘆眼藥鋪)가 있었고, 오간루 앞에는 장가생약포(張家生藥鋪)가 있었으며 보우방에는 눌암사숙약포(訥庵砂熟藥鋪)가 있었다. 또한 화장품점도 있었는데 수의방(修義坊)의 장고로연지포(張古老胭脂鋪), 관항의 염홍왕가연지포(染紅王家胭脂鋪), 난릉방의 척백을랑안색포(戚百乙郎顔色鋪) 같은 것이 있었다. 장식품점으로는 보우방의 유가칠보포(兪家七寶鋪) 같은 것이 있었다. 또 일용 기물 상점도 있었는데 예컨대 시서방의 장가철기포(張家鐵器鋪), 관항의 준령경석포(准嶺傾錫鋪), 중와자 앞의 서융지가선포(徐戎之家扇鋪), 금자항(金子巷, 시남방)의 부관인쇄아포(傅官人刷牙鋪), 오간루 앞의 동가구촉포(童家枏燭鋪), 포검영가의 오가향촉리두포(吳家香燭裏頭鋪)와 하가향촉리두포(夏家香燭裏頭鋪), 허가괴간포(許家槐簡鋪)가 있었다. 또 유명한 악기점으로는 대와자의 구가필률(丘家篳篥) 같은 것이 있었다. 필률(篳篥), 즉 필률(觱篥)은 서역에서 전래된 관악기로 당시 널리 유행하였다. 『무림구사』 권4 건순교방악부(乾淳敎坊樂部)에는 '필률색(觱篥色)' 항목이 있는데 '적색(笛色)' 항목 앞에 배치되어 있다. 대와자의 구가필률은 후조문의 고가적(顧家笛)과 이름을 나란히 하였다.

이 일대에는 또한 서점이 많았다. 보우방 앞에는 장관인경사자문적포(張官人經史子文籍鋪)가 있었다. 원간본(元刊本) 『대당삼장취경시화(大唐三藏取經詩話)』의 권말(卷末)에는 '중와자장가인(中瓦子張家印)'이라는 것이 있는데 왕국유(王國維)는 "이 장가(張家)가 아마 장관인경사자문적포일 것이다."라고 하였다. 그러나 보우방은 어가의 동쪽에 있고 중와자는 어가의 서쪽에 있어 같은 곳이 될 수 없다. 아마도 중와자 안에는 전문적으로 소설을 찍는 다른 장가서포(張家書鋪)가 있었는데 와자에서 소설을 즐겨 듣는 고객의 수요에 부합하고자 했을 것이다. 중와자 남쪽 거리의 동쪽에는 영육랑(榮六郎)이 개설한 경사서적포(經史書籍鋪)가 있었는데, 동경 대상국사의 동편에 있던 것이 옮겨온 것으로 동경에서 간행했던 구본 『포박자내편(抱朴子內篇)』을 다시 간행하였다(왕국유, 『양절고간본고』권상).

(3) 어가 북단의 가시(街市)

어가의 북단은 가서의 수문방과 가동의 희화방에서 곧장 관교(觀橋)까지 닿는데 가시가 밀집되어 있으나 중단과 남단에 비하면 이름난 가게는 비교적 적었다. 중안교 서남쪽에 하와자(下瓦子)가 있었는데 속칭으로 북와자라고 하였다. 이것은 임안 최대의 와자로 그 안에 구란(勾欄) 13곳이 있었는데 유명한 민간 예인들이 모이는 장소였다. 항상 구란 2곳에서는 오로지 사서를 이야기해 주었고 구란 1곳에서는 어전 잡극을 연출하였으며 그 외에 많은 종류의 기예가 있었다. 주루로는 목친방(睦親坊) 북쪽에 있는 관영 남상주고(南上酒庫)의 화풍루(和豊樓), 하와자의 일신루[日新樓, 정주(鄭廚)가 문을 열고 술을 팔았다.]가 있었다. 어가 북단의 이름난 가게로는 이인방의 유가칠포(游家漆鋪)가 있었고[70]('몽량록』 권13 포석), 중안교에는 징사고(澄沙膏), 십색화화탕(十色花花糖)이 있었으며, 관교대가(觀橋大街)에는 두아고(豆兒糕), 경당(輕餳)이 있었다.

주목해야 할 곳은 목친방[즉 지금의 필교방(弼敎坊) 자리]이다. 이곳에는 종실자제를 육성하는 '종학(宗學)'이 있었는데, 대학(大學)과 소학(小學)으로 나뉘어져 있었다. 동시에 진기(陳起)부자가 개설한 유명한 서점이 있었다. 진기는 자(字)가 종지(宗之)로 자칭으로 진도인(陳道人)이라 하였다. 영종(寧宗) 때 향공(鄕貢)에서 일등으로 급제하였기에 진해원(陳解元)이라고 불렸으며, 저서로 『예거을고(藝居乙稿)』가 있다. 그가 개설한 서점을 진도인서적포(陳道人書籍鋪), 진택경적포(陳宅經籍鋪) 혹은 진택서적포(陳宅書籍鋪)라고 했으며, 또한 진해원택(陳解元宅)이라고도 불렀다. 간행한 서적의 제기(題記)에는 대부분 주소를 '임안부 붕북[棚北, 붕전(棚前)이나 붕북대가(棚北大街)라고도 썼다.] 목친방남[睦親坊南, 목친방구(睦親坊口)라

70_『夢粱錄』卷13 鋪席, p.194. 「里仁坊口遊家漆鋪.」

고도 썼다.'이라고 덧붙였다. 주소로 '임안부홍교자남하서안(臨安府洪橋子 南河西岸'이라거나 '임안부만고교남하서안(臨安府鞔鼓橋南河西岸)'이라고도 썼는데 홍교와 만고교는 모두 서하 위에 놓인 다리이므로 나중에 서점이 그곳으로 옮겨 왔을 것이다. 간행한 것 가운데 당나라 사람의 시집(詩集)이 많았는데 왕국유는 "명대에 간행된 10행 18자의 당대 전집(專集)과 총집(總集)은 모두 진택서적포본(陳宅書籍鋪本)에서 나온 것"이라고 추정하면서 "당나라 때의 시집이 지금까지 전해질 수 있는 데는 진씨(陳氏)의 공이 크다."고 하였다(왕국유, 『양절고간본고』 권상). 진씨는 또한 『강호집(江湖集)』을 편집하여 간행했는데, 당시 수십 종의 시집에서 선정하여 편찬한 것이었다.[71] 원래 간행한 판본은 이미 사라졌으나 『사고전서(四庫全書)』에는 『영락대전(永樂大典)』에서 집록한 95권이 있어서 남송 시기의 시(詩)를 보존하는 것에도 공헌하였다.

5) 강가 다리 부근의 가시(街市) 특색

임안성의 가시로는, 가장 번화한 어가 외에도 소하(시하), 대하(염교운하)와 서하(청호하)를 따라 놓인 다리 부근의 가시가 있다. 소하, 대하와 서하는 당시 성 안의 주요 수상 교통이었고 이 세 강 위에 놓인 많은 다리 또한 육상교통에서 중추가 되는 곳이었다. 당시 성 안의 주민이 필요한 일용품은 모두 수로와 육로를 통해 운반되었다. 수로는 배를 이용하고 육로는 인력을 이용해서 운반해야 했는데 수로를 이용하는 물품이 더 많았다. "항주성은 길에 모두 서판(石板)이 깔려 있어, 끈적끈적한 진흙이나 모래 길과는 비교할 수 없지만 수레바퀴로 다니기가 힘들어 선박과 인력을 이용해야만 하였다."[72][『몽량록』 권12 하주(河舟)]고 하였다.

71_ 청대(淸代) 고수(顧修)가 편찬한 『남송군현소집(南宋羣賢小集)』은 『사고전서』에 수록된 『강호집(江湖集)』과 잔본(殘本) 『군현소집(羣賢小集)』을 합친 것이며 모두 74가(家) 130권이다.

많은 일용품 상점들은 강가 다리 부근에 개설하는 것이 알맞아 강가 다리 부근에 가시가 형성되었다. 강변 다리 부근의 가시는 북송 때 이미 형성되어 남송에 이르러 한층 더 발전하였다. 소식(蘇軾)은 북송 희녕(熙寧) 4년(1071)에서 6년(1073)까지 항주부지사(杭州副知事)를 맡았고, 원우(元祐) 4년(1089)에서 5년(1090)까지는 항주지사(杭州知事)를 담임했는데, 소식이 지은 시를 통해서 당시 사하당(沙河塘) 일대에는 이미 주민이 적지 않았고 야간에는 등불이 많이 켜져 있었다는 것을 알 수 있다.[73]

(1) 소하를 따라 놓인 다리 부근의 가시(街市)

소하는 대하 중단의 종양궁교에서 갈라져 나와 서쪽으로 가다가 남와자(南瓦子) 앞의 희춘교를 지나서 꺾여 북상한다. 통화방 동쪽의 금파교, 보우방 동쪽의 보우교, 현복방 동쪽의 평진교(즉 묘아교), 철선항(鐵線巷)의 서쪽, 난릉방 동쪽의 수항교(水巷橋), 희화방 동쪽의 방윤교(즉 탄교), 무지방 동쪽의 이박사교(李博士橋)를 지나 연정방 동쪽의 아압교(鵝鴨橋)까지 이르는데, 그 길 위에는 모두 다리 부근에 가시가 있었다. 일상품을 공급하는 상점 외에도 다른 각종 유명한 점포가 있었다. 남와자 앞의 희춘교 주변에는 희춘루[熙春樓, 왕주(王廚)가 문을 열고 술을 팔았다.]라고 부르는 주루가 있었고, 남와자에는 선가대의(宣家臺衣), 장가원자(張家元子, 원자란 둥글둥글하게 빚은 경단이다)가 있었다. 남와자 북쪽에는 탁도왕매면점(卓道王賣麵店)이 있었고, 희춘루 아래에는 쌍조획자점(雙條劃

72_ 『夢粱錄』 卷12 河舟, p.186. 「蓋杭城皆石版街道, 非泥沙比, 車輪難行, 所以用舟隻及人力耳.」

73_ 蘇軾, 「望海樓晚景」: 「沙河燈火照山紅, 歌鼓喧呼笑語中, 爲問少年心事在, 角巾敧側鬢如蓬」 망해루(望海樓)는 봉황산(鳳凰山) 위에 있는 누각이고 사하(沙河)는 염교운하를 가리킨다. 蘇軾, 「湖上夜歸」: 「入城定何時, 賓客半在亡, 睡眠忽驚矍, 繁燈鬧河塘, 市人拍手笑, 狀如失林鸞.」 나량(羅良)은 "하당(河塘)은 사하당(沙河塘)이다." 라고 주를 붙였다. 이는 서호에서 밤에 주의 치소(봉황산)로 돌아올 때 사하당 두 기슭의 많은 등불이 매우 번화하게 켜져 있다는 것을 바라볼 수 있다는 것을 전해 준다.

子店)이 있었다. 쌍조획자는 일종의 고기 음식으로『서호노인번승록』
'육식(肉食)'조에는 '쌍조획자'가 들어 있고,『무림구사』권6 '시식(市食)'
조에도 '획자(劃子)' 종류가 있다. 금파교에는 또한 풍월루[風月樓:엄주(嚴
廚)가 문을 열고 술을 팔았다.]라고 부르는 주루가 있었고, 또한 가관[歌觀, 기
원(妓院)]이 적잖이 있었다.『무림구사』권6 가관에서 "금파교 등이 있는
두 강에 이르면 와(瓦)와 시(市)에는 각각 차등이 있었다."[74]고 하였다.
평진교가 있는 강가에는 포포(布鋪), 선포(扇鋪), 온주칠기포(溫州漆器鋪),
청백완기포(淸白碗器鋪) 등이 있고, 묘아교(즉 평진교)에는 위대도숙육(魏
大刀熟肉), 반절간숙약포(潘節幹熟藥鋪)가 있었다. 수항교 동쪽의 철선항에
는 농자포(籠子鋪), 생견일홍포(生絹一紅鋪)가 있었고, 수항교가 있는 강가
에도 침포(針鋪), 팽가온주칠기포(彭家溫州漆器鋪)가 있었다. 탄교(즉 방윤
교)가 있는 강가에는 청비선자포(青蔑扇子鋪)가 있었고 탄교는 또한 약시
(藥市)가 있는 곳이어서 약을 제조하는 작방과 약점(藥店)이 적잖이 있었
을 것이다. 이박사교에는 또한 등가금은포(鄧家金銀鋪), 왕가금지포(汪家
金紙鋪)가 있었다. 아압교 동쪽에는 게다가 관영 북주고(北酒庫)의 춘풍루
(春風樓)가 있었다[75][이상에서 주루에 관해서『몽량록』권13 점검소주고(點檢所酒
庫), 권16 주사(酒肆)를 의거한 것 외에는 나머지는 모두 권13 포석에서 찾을 수 있
다.].

(2) 대하를 따라 놓인 다리 부근의 가시(街市)

대하 남단을 따라 놓인 통강교와 망선교 일대, 대하 중단을 따라 놓인
천교와 북단에 놓인 염교 일대에는 모두 번화한 가시가 있었다.

염교 남쪽이자 유랍교(油蠟橋) 서쪽의 귤원정(橘園亭)에는 '문적서방(文
籍書房)'이라고도 하는 '서방(書房)'이 있었다. 이곳은 서시(書市)가 몰려

74_『武林舊事』卷6 歌館, p.443.「及金波橋等兩河以至瓦市, 各有等差.」
75_『夢粱錄』卷10 點檢所酒庫, pp.147~148;『夢粱錄』卷16 酒肆, p.234;『夢粱錄』
　　卷13 鋪席, pp.194~195.

있는 지역이었다. 염교는 또한 생백(生帛)을 거래하는 항시(行市)가 있는 곳이기도 하였다. 염교 아래에 있는 포교의 동쪽에는 원래 포교와자(蒲橋瓦子)라고 부르는 와자가 있었으나 후에 폐지되어 주민 거주지가 되었다. 그 일대가 번화한 시의 면모를 갖추고 있었지만 후에 점차 쇠락했기 때문일 것이다. 천교 남쪽의 태화교에는 원래 관영 동주고(東酒庫)의 태화루(太和樓)가 있었으나 후에 화재로 소실되어 폐기되었다. 천교 동쪽의 풍화방에는 왕가주점(王家酒店)이 있었고, 부근의 신개항(新開巷)에는 둥글둥글하게 빚은 경단을 파는 원자포(元子鋪)가 있었다. 천교와, 천교 서남쪽에 있는 도세무 남쪽의 칠기장(漆器牆) 및 망선교 동남의 사자항은 모두 가관(기원)이 몰려 있는 지역이었다[76](『무림구사』 권6 가관). 사자항 입구에는 서가지찰포(徐家紙札鋪), 능가쇄아포(凌家刷牙鋪), 관복단실(觀復丹室)이 있었다. 칠기장 아래에는 이관인쌍행해독환(李官人雙行解毒丸)이 있었다. 수자궁(壽慈宮, 즉 덕수궁으로 망선교 동북쪽에 있었다.) 앞에는 이름난 숙육점(熟肉店)이 있었고, 망선교에는 또한 이름난 고미점(糕麋店)이 있었다[77](『도성기승』 식점조). 야시장의 거래되는 물품으로 통강교(通江橋)에서는 설포두아수(雪泡豆兒水), 여지고(荔枝膏)가 있었고 통강교 동쪽 잡매장(雜賣場) 앞에서는 감두탕(甘豆湯)과 과가밀조아(戈家蜜棗兒)가 있었으며 사자항 입구에는 전사어(煎耎魚)와 관리오계사분(罐裏爛鷄絲粉) 등이 있었는데 모두 유명하였다.

(3) 서하를 따라 놓인 다리 부근의 가시(街市)

성 안 서북지역으로 서하을 따라 놓인 다리 부근에도 가시가 자못 있었다. 삼교 부근에는 양삼랑두건포(楊三郎頭巾鋪)가 있었고, 청호교 부근

76_ 『武林舊事』 卷6 歌館, p.443. 「平康諸坊, 如上下抱劍營・漆器牆・沙皮巷・淸河坊・融和坊・新街・太平坊・巾子巷・獅子巷・後市街・薦橋, 皆羣花所聚之地.」
77_ 『都城紀勝』 食店, p.94. 「多趂有名之家, 如昔時之內前下家從食, 街市王宣旋餅, 望仙橋糕糜是也.」

에는 척가서피포(戚家犀皮鋪)가 있었다[78](『몽량록』 권13 포석). 동시에 '삼교 등지에서는 객저(客邸)가 가장 번성하여'[79]『무림구사』 권2 원석(元夕)] 여객(旅客)이 모여 머무르는 곳이었다. 서하 지류에 놓인 장수교 동쪽에는 다탕항이 있었는데, 다방이 모여 있는 곳이었다. 동시에 거교(車橋) 남쪽의 큰 도로에는 곽택경포(郭宅經鋪)가 있었는데, 일찍이 『한산시(寒山詩)』 등의 책을 간행하기도 하였다(왕국유,『양절고간본고』 권상). 이곳은 국자감과 태학 가까이에 있었다.

(4) 일반 가시와 성문 입구의 가시(街市)

모든 방항(坊巷) 부근에는 일반 가시가 있었고 땔감, 쌀, 기름, 소금, 간장, 식초, 차 등을 파는 상점이 있었다. 부(府)나 현(縣)의 관공서 주위에도 가시가 있었다. "임안부 치소 앞에는 시장이 번성하였고 가게도 많았다. 이것은 송사하는 사람들이 빈번하게 왕래하고 장사하는 사람들로 붐비는 곳이었기 때문이다."[80]『몽량록』 권10 부치(府治)]라고 하였다.

사방 성문 입구 안팎에도 모두 가시가 있었는데, '항(行)'과 '시(市)' 외에도(다음 절을 보시오.) 이름난 가게로 예컨대 청파문(暗門) 밖의 정주분다주사(鄭廚分茶酒肆)[81]『몽량록』 권13 주사), 전당문 밖의 송오수어갱(宋五嫂魚羹), 후조문의 고사적(顧四笛), 풍예문(즉 용금문)의 관폐(灌肺)가 있었다[82]『도성기승』 제항(諸行)조,『몽량록』 권13 포석].

78_『夢粱錄』 卷13 鋪席, p.194. 「三橋河下楊三郎頭巾鋪, 清湖河下戚家犀皮鋪.」
79_『武林舊事』 卷2 元夕, p.369. 「三橋等處, 客邸最盛.」
80_『夢粱錄』 卷10 府治, p.142. 「府治前市井亦盈, 鋪席甚多. 蓋經訟之人, 往來駢集, 買賣要鬧處也.」
81_『夢粱錄』 卷16 酒肆, p.235. 「及薦橋豐禾坊王家酒店 · 閶門外鄭廚分茶酒肆.」
82_『都城紀勝』 諸行, p.92. 「都下市肆, 名家馳譽者, 如中瓦前皀兒水 · 雜賣場前甘豆湯, 如戈家蜜棗兒 · 官巷口光家羹 · 大瓦子水果子 · 壽慈宮前熟肉 · 錢塘門外宋五嫂魚羹 · 湧金門灌肺 · 中瓦前職家羊飯 · 彭家油靴 · 南瓦宣家台衣 · 張家米圓子 · 候潮門顧四笛 · 大瓦子丘家箏簟之類.」;『夢粱錄』 卷13 鋪席, p.193. 「錢塘門外宋五嫂魚羹, 湧金門灌肺.」

6) '시(市)'·'항(行)'·'단(團)'·'작(作)'의 조직과 기능

(1) '시'·'항'·'단'의 분포

남송 임안의 '항'과 '시'의 조직은 북송의 동경에 비해 종류가 더욱 많고, 성 안팎에 훨씬 넓게 분포하고 있을 뿐만 아니라. 사회경제상에서 더 큰 기능을 수행하였다. 그 가운데 '시'·'항'·'단'으로 칭하는 것으로 주요한 것은 다음과 같다(그림 63 참조).

① 미시(米市)는 서북쪽 여항문 밖의 숭과원(崇果院) 흑교두(黑橋頭) 및 시진(市鎭) 호주시(湖州市), 신개문 밖의 초교(草橋) 아래 남가(南街)와 미시교(米市橋)에 몰려 있었다.[83]

② 채시(菜市)는 성 동쪽 숭신문 밖의 남토문시(南土門市), 동청문 밖의 채시교(菜市橋)와 패자교(壩子橋)에 몰려 있었다. "무릇 동문에는 인가는 전혀 없고 주변에 두루 보이는 것은 모두 채소밭이었다."[84](『이로당잡지(二老堂雜志)』권4)고 하였다.

③ 선어항(鮮魚行)은 동남쪽 후조문 밖과 성 동쪽 동청문 밖의 패자교에 있었다.[85]

④ 어항(魚行)은 서북쪽 여항문 밖의 수빙교(水冰橋)에 있었다.

⑤ 상단(鯗團)은 남해항(南海行)이라고도 하는데 동남쪽 편문(便門) 밖의 혼수갑두(渾水閘頭)에 있었다.

⑥ 해항(蟹行)은 성 동쪽 숭신문 밖의 누사교(螻蛳橋) 북쪽에 있는 채호교(蔡湖橋)에 있었다.[86]

83_ 『夢粱錄』 卷7 倚郭城北橋道, p.99. 「餘杭門外 … 下閘西北曰米市橋, 米市裏曰黑橋.」;『夢粱錄』 卷7 倚郭城南橋道, p.96. 「景隆觀後曰通利橋, 次曰米市橋.」

84_ 『二老堂雜志』 卷4([宋]周必大 撰, 『學海類編』 第80冊, 臨安四門所出, p.3a. 「蓋東門絶無民居彌望, 皆菜圃.」 역자주 본문의 서문(西門)은 원문의 동문(東門)을 잘못 쓴 것이다.

85_ 『武林舊事』 卷6 諸市, p.440. 「鮮魚行, 候潮門外.」;『夢粱錄』 卷13 團行, p.239. 「壩子橋鮮魚行.」

86_ 『夢粱錄』 卷7 倚郭城南橋道, pp.96~97. 「崇新門外 … 螻蛳橋北蟹行曰蔡湖橋.」

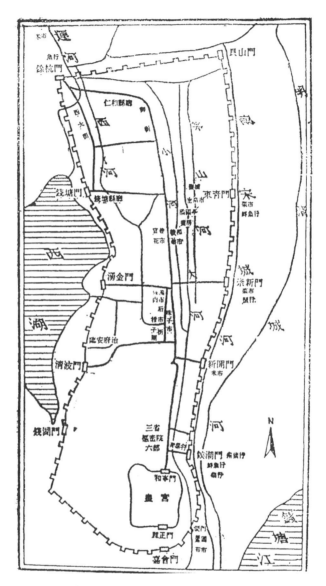

그림 63 남송임안(항주) 주요 항시 분포도

⑦ 시시(柴市)는 동남쪽 후조문 밖의 하교장문(下敎場門) 동쪽에 있는
시시교(柴市橋)에 있었다.[87]

⑧ 남저항(南猪行)은 후조문 밖에 있었다.

⑨ 북저항(北猪行)은 주북(州北)의 타저항(打猪巷)에 있었다.

⑩ 포시(布市)는 포항(布行)이라고도 하는데 동남쪽 편문 밖 횡하두(橫河頭)에 있었다.

⑪ 화단(花團)은 성 남쪽에 있었는데 후에 관항(즉 수안방) 입구와 전당문 안에도 있었다.[88]

⑫ 화시(花市)는 어가 중단(中段)의 관항 안에 있었다.

⑬ 방소항(方梳行), 소금항(銷金行) 및 관자항(冠子行)은 모두 관항에 있었다.

⑭ 육시(肉市)는 원래 대와자에 있었으나 나중에 수의방(修義坊)에 있었다『함순임안지』권19 '시(市)'조].

⑮ 주자시(珠子市)는 어가 중단의 융화방에서 시서방에 이르는 곳에 있었는데 후에 확대되어 관항까지 이르게 되었다(『함순임안지』권19 '시' 조).

⑯ 생백시(生帛市)는 대하 북단의 염교에 있었다[89](『몽량록』권13 단항).

⑰ 약시(藥市)는 소하 중단의 탄교(즉 방윤교)와 희화방 안에 있었다.

⑱ 서방(書房)은 문적서방이라고도 하며 대하 북단의 유람교[신교(新橋)] 서쪽에 있는 귤원정[길원정(桔園亭)이라고도 쓴다]에 있었다. 서쪽으로 소하의 붕교와 통하였다.

87_『二老堂雜志』卷4 臨安四門所出, p.3a. 「土人諺云: 東門菜, 西門水, 南門柴, 北門米.」 당시 임안(臨安)의 속어로 '동문은 푸성귀[菜], 서문은 물[水], 남문은 땔감[柴], 북문은 쌀[米]이라 하였다.; 『夢粱錄』卷7 倚郭城南橋道, p.96. 「下敎場門東曰柴市橋.」

88_『夢粱錄』卷13 團行, p.191. 「城西花團」; 『都城紀勝』諸行, pp.91-92. 「城南之花團」; 『武林舊事』卷6 諸市, p.440. 「花團, 官巷口錢塘門內.」; 『咸淳臨安志』卷19 市條, 「今冠巷 口與錢塘門裏亦有之.」

89_『夢粱錄』卷13 團行, p.191. 「且如橘園亭書房·鹽橋生帛·五間樓泉福糖蜜, 及荔枝圓眼湯等物」 역자 주 본문에서는 『몽량록』단항의 일부 구절을 언급하였으나, 포석에도 관련 구절이 있다. 『夢粱錄』卷13 鋪席, p.194. 「沿橋下生帛鋪·郭醫産藥鋪, 住大樹下橘園亭文籍書房.」

⑲ 감자단(柑子團)은 어가 중단의 뒤편에 있는 후시가에 있었다.

⑳ 청과단(靑果團)은 청과항(靑果行)이라고도 하는데 후조문 안 대가[즉, 니로(泥路)]에 있었다.

이외에도『몽량록』에는 면항(麵行), 강항(薑行), 능항(菱行), 계압항(鷄鴨行), 골동항(骨董行, 보석 매매) 및 주항(酒行), 식반항(食飯行), 산아항(散兒行, 구슬 구멍 뚫기), 쌍선항(雙綫行, 신발 제조), 향수항(香水行, 목욕탕) 등에 대해 기술하고 있다.『서호노인번승록』의 '제항시(諸行市)'조에서 언급하고 있는 천광생약시(川廣生藥市)는 약시(藥市)이며 약재가 주로 사천과 광동 지역에서 운반되어 온 것을 알 수 있다. 또 금은시(金銀市)도 언급하고 있는데 아마 어가 중단에 있던 금은염초인교역포(金銀鹽鈔引交易鋪) 두 곳을 가리키는 것 같다. 그밖에도 상아대모시(象牙玳瑁市), 사금시(絲錦市), 침관시(枕冠市), 고의시(故衣市), 의견시(衣絹市), 괘시(卦市), 은주채색항(銀朱彩色行), 금칠탁등항[金漆卓(桌)凳行], 청기항(靑器行), 처포항(處布行), 마포항(麻布行), 해선항(海鮮行), 지선항(紙扇行), 마선항(麻線行), 목항(木行), 죽항(竹行), 과항(果行), 순항(筍行)이 있었으나 구체적인 위치에 대해서는 자세히 설명하고 있지 않다.

『함순임안지』권19 '시'조에는 17개의 주요 '시'와 '항'을 열거한 후에 "이상의 단시(團市)는 모두 사방의 물자가 모이는 곳인데 그 대강을 기록만 할 뿐 나머지는 모두 다 서술하지 않는다."고 하였다.『도성기승』 '포석'조에도 "고저(故猪), 우모(羽毛), 선패(扇牌)까지도 모두 항포(行鋪)가 있을 정도이니 그 나머지가 어떤지는 쉽게 알 수 있다."고 하였다.『서호노인번승록』에서는 또한 "경사에는 항 414개가 있었다."[90]고 하면서 아울러 140여 개의 항을 열거했는데, 모두 영성한 일용품을 공급하거나 가정 도구를 고치거나 여러 서비스업을 하거나 하는 것이었다. 이것과『무림구사』권6 소경기(小經記)에서 열거하고 있는 다른 사람을 대

90_『西湖老人繁勝錄』, p.125.「京都有四百十四行.」

284   송대 이후 도성제도의 변혁 및 주요 시설

신하여 각종 일용품을 구입하거나, 각종 가정 도구를 수리하거나 주민에게 여러 종류의 서비스를 제공하는 것은 기본적으로 동일하였다.[91]

(2) 미시(米市), 육시(肉市), 상단(鯗團)과 기타 일용 물품 항시의 기능

'시'와 '항', '단'이 이렇게 다양하고 자세하게 나누어질 수 있는 까닭은 관부가 관리하면서 그로부터 세금을 걷는 것 및 관부에서 필요한 물품과 이들에게 부과한 요역을 공급받거나 관부에서 남은 물품을 매매하는 것을 편하게 하기 위해서였다. 『도성기승』'제항'조에 "관부가 불법적으로 재물을 요구하여 수취했기 때문에 이런 이름을 얻게 되었다."[92]고 하였다. 『몽량록』 권13 단항에서 "무릇 관부가 물품을 구매했기 때문에 이런 이름을 짓게 되었다."고 하였고 또한 "비록 의술사, 점술가, 장인의 요역도 역시 동원된다면 그가 속한 해당 항이 하는 것과 마찬가지였다."[93]고 하였다. 항마다 각각 항두(行頭)가 있으면서 관부에 대해 항을 대표하여 각종 부담을 책임졌고 아울러 소속된 항에 분배하였다.

그러나 주목해야 할 점은 이러한 '시'와 '항'은 원래 동업상점이 집중되어 있는 구역을 일컫는 말이었다는 것이다. 당나라 때부터 동일 업종 상인의 조직이 출현하기 시작했기 때문에 '시'와 '항'은 이런 조직의 명칭이 되었다. 이것은 도시의 상품 경제가 발전하는 상황에서 동일 업종의 공동이익을 도모하며 서로 간의 경쟁을 줄이면서 공동의 협력을 강화하여 항의 수공업과 상업의 발전을 촉진하고자 하였다. 항마다 항두

91_『서호노인번승록』에 140여 항의 명칭이 기재되었는데 문서 방면에 관한 것도 있다.(『西湖老人繁勝錄』諸行市, pp.125-126. 「履歷班朝…銀朱印色…讀書燈·筆硯匣…剔圖書…字牌兒…賣朝報…選官圖…寫文字·紙畫兒…賣字本…試卷·試卓·交床·試籃」). 『무림구사』권6 소경기(小經記)에도 문서 방면에 관련된 것이 있다.(『武林舊事』卷6 小經記, p.450. 「班朝錄·供朝報·選官圖·諸色科名…寫牌額…交床試籃·賣字本·掌記冊兒·諸般簿子·諸色經文…紙畫兒…印色盝」).

92_『都城紀勝』諸行, p.91. 「因官府科索而得此名.」

93_『夢粱錄』卷13 團行, p.191. 「蓋因官府回買而立此名. … 雖醫卜工役, 亦有差使, 則與當行同也.」

의 지휘 아래에서 외래 원료와 상품을 일괄하여 구매할 수 있었고 가격을 규정하여 같은 항 소속의 가게에 일괄적으로 지급할 수 있었다. 혹은 관련 가게에서 각기 가져온 물품을 정해진 가격에 따라 구매했으며 운반 기구를 일괄적으로 운영하여 판매처에 운송하기도 하였다. 여항문 밖과 신개문 밖에 있는 미시를 예로 들어 보자. 미시가 집중되어 있는 곳마다 적어도 30곳~40곳의 미점(米店)이 있었는데 "손님을 접대한 뒤 쌀을 팔려고 할 때 각 가게에 나누어 주었다."고 하였고 "가게마다 항두가 미시에서 가격을 정한 것을 전적으로 따르며 재빨리 쌀을 각 가게까지 옮겨 주고 소매하도록 하였다. 가게에서는 날짜를 약속하고 쌀값을 지불하였고 미시의 중개인은 몸소 가게까지 가서 손님에게 보내는 것을 처리하였다."고 하였다. 항두가 '미시에서 가격을 정했는데' 여기서 항두는 당연히 미시의 항두이다. 일단 '가격을 정한' 뒤에는 통일된 가격에 따라서 그리고 절차에 따라서 소매하는 쌀가게에 공급했던 것이다. 이렇게 객지의 쌀이 들어오기 편리하였고 각 가게가 소매하기 쉬웠다. 게다가 가격을 통일하여 서로 간의 경쟁을 없앴고 상호 협력을 강화하여 당연히 같은 항이 공동의 이익을 얻을 수 있었고 아울러 상품의 판매와 같은 항의 발전에도 도움을 얻을 수 있었다. 따라서 "항주성에서는 항상 쌀을 실은 배들이 많이 들어와 아침저녁으로 끊이지 않을 수 있었다. 또한 차대(叉袋)[94]도 빌려 주는 집이 있었고 어깨로 운반하는 인부에게도 역시 갑두(甲頭)가 있어 관리를 하였으며 배에도 각각 오를 수 있는 주호(舟戶)가 있었기 때문에 미시에서 운반에 혼란이 있을 지라도 모두 다툼은 없었다. 그러므로 가게에서는 여력을 수고롭게 하지 않더라도 쌀이 곧장 가게로 들어왔다."[95][『몽량록』 권16 미포(米鋪)]고 하였

94_ 역자주 차대(叉袋)란 겉면의 좌우가 귀처럼 뾰쪽한 쌀 주머니를 말한다.
95_ 『夢粱錄』 卷16 米鋪, p.245. 「杭城常願米船紛紛而來, 早夜不絶可也. 且叉袋自有賃戶, 肩駝脚夫亦有甲頭管領, 船隻各有受載舟戶, 雖米市搬運混雜, 皆無爭差, 故鋪家不勞餘力而米徑自到鋪矣.」

다. 상품마다 시가(時價)는 반드시 '항'에서 통일적으로 규정했기 때문에 물가[시가(市價)]는 '항시(行市)'라고 불렀다. 남송 때 이미 이런 관용어가 있었다. 동위(董煟)의 『구황활민서(救荒活民書)』 권3에 실려 있는, 소흥연간에 풍즙(馮檝)이 지은 「권진제시(勸賑濟詩)」에는 '가격을 낮추어 항시(즉 물가)를 안정시키네.'[96]라는 구절이 있었다. 이 관용어는 줄곧 지금까지 그대로 사용하고 있다.

수의방(修義坊)의 육시(肉市)도 마찬가지로 항주성 안팎의 각종 돼지고기를 필요로 하는 많은 음식점에 고기를 나눠서 공급하는 중심이었다. 수의방 안의 두 거리에 있는 것은 모두 도살하는 집으로 매일 적어도 돼지 수백 마리를 잡아서 자투리 고기, 머리고기, 족발 등으로 잘라 나누어 성 안팎의 각종 면점(麵店), 분다점, 주점, 파자점 및 길가에서 돌아다니며 소리치면서 졸인 고기를 파는 사람들이 매일 이른 아침에 와서 골라 사가기에 편하도록 하였다.

상단(鯗團)은 동남쪽 편문 밖의 혼수갑두에 있었는데, 외지에서 온 상상(鯗商)을 모아서 접대하여 성 안팎의 상포(鯗鋪)가 구매하기에 편하도록 하였다. 상(鯗)이란 절인 뒤 말린 물고기이다. "성의 남쪽 혼수갑(渾水閘)에는 상단이 있어 객상을 불러 모으니 말린 물고기가 여기에 모였다. 성 안팎에는 상포가 일이백 곳으로 내려가지 않았는데 모두 이곳에 있는 항에 와서 구입하였다."[97][『몽량록』 권16 상포(鯗鋪)]고 하였다. 이 외에도 성 밖에는 설치된 저항(猪行), 해항(蟹行), 시항(柴行), 포시(布市) 등도 마찬가지로 외지에서 온 객상을 맞이하고, 아울러 가격을 통일하여 성 안팎에 있는 같은 항 소속의 가게에게 편하게 공급하고자 하였다. 생백시가 대하 북단의 염교에 설치된 것, 천광생약시가 소하 중단의

96_ 『救荒活民書』(四庫全書: 史部13, 政書類3 邦計之屬) 卷上, 「…今年又少歉, 我適帥瀘水, 無户備飯食, 所濟俱用米, 聊舍三百斛, 十中活一二, 又以一千石, 減價平行市.…」

97_ 『夢梁錄』 卷16 鯗鋪, p.247. 「城南渾水閘, 有團招客旅, 鯗魚聚集於此. 城內外鯗鋪, 不下一二百餘家, 皆就此上行合撮.」

탄교에 설치된 것, 서방이 대하 북단의 신교 부근에 설치된 것, 청과단이 후조문 안의 대가에 설치된 것 등도 객상을 맞이하고 같은 항 소속의 가게에 공급하는 것을 편하게 하기 위해서였다. 따라서 『함순임안지』에서 이들 단시(團市)는 "모두 사방의 물자가 모이는 곳이다."라고 하였던 것이다.

관항[官巷, 관항(冠巷)이라고도 부른다. 즉 수안방이다.]의 화시 및 방소항, 소금항, 관자항의 상황은 앞서 서술한 시, 항, 단과는 다르다. 그것들은 작방과 더불어 항시의 성격을 갖고 있었다. 정교하게 제작한 꽃송이, 옷장식과 복장은 귀족 관료의 수요에 부응하고자 한 것이었다. 성 남쪽과 성 서쪽의 전당문 안에 설치된 화단과 관항의 화시는 밀접한 관계를 맺고 있었을 것이다. 『함순임안지』와 『무림구사』에서 '화시는 관항에 있다.'고 하였고, '화단은 관항 입구와 전당문 안에 있다.'고 하니 아마 화단은 제작에 중점을 둔 듯하고 화시는 판매에 중점을 둔 듯하다. 당시 이렇게 제작된 꽃송이는 수요량이 많았다. 의복 장식에 대량으로 사용되었을 뿐만 아니라 황제가 신하에게 꽃을 상으로 하사하는 의례에도 많이 사용하였다. 3년마다 한 차례 교사(郊祀) '대례'를 거행하는 연초에 태묘에서 교단까지 가서 대례를 거행하기 전에 먼저 경령궁에 가서 참배한 뒤 동태을궁에 가서 분향을 하는데, 분향 의례가 끝나면 "집정 이하 관리들에게 관품에 따라 꽃을 하사하였다."고 하였다. 금군의 병사는 모두 꽃을 달았으니 "조천문 도로에서 정남쪽으로 바라보면 비단이 천지에 펼쳐져 있고, 오산방(吳山坊) 입구에서 북쪽으로 바라보면 온통 꽃세상이었다."[98][『시호노인번승록』 대례년(大禮年)조]고 한다.

이러한 동항조직인 '항'과 '시'는 매일 객상들로부터 일용품을 대량으로 받아들여 성 전체의 소매상들에게 무더기로 공급하였다. 이는 도성 안에 고도로 밀집한 주민들의 일상적인 수요에 부응하는 것이었다. "속

98_『西湖老人繁勝錄』大禮年, p.122. 「自執政以下, 依官品賜花. … 乾天門道中, 直南一望, 便是鋪錦乾坤. 吳山坊口, 北望全如花世界.」

언에 '동쪽은 채소, 서쪽의 서호의 물, 남쪽은 전당강을 따라 내려온 땔 감, 북쪽은 강남지역의 쌀이라고 했는데 항주의 일용품이 이것들이었 다.'라는 말이 있다.'[99][『몽량록』 권18 물산(物産)]고 하였다. 당시 항주의 쌀 수요량에 대해서는 여러 다른 통계가 있었다. 혹자는 "평민이 먹은 양은 성 안팎으로 하루에 일이천 석으로 내려가지 않는다."[100](『몽량록』 권16 미포)고 하였고 혹자는 "삼사천 석이 아니면 하루 먹을 양을 충당할 수 없다."[101][주밀(周密), 『계신잡식속집(癸辛雜識續集)』 권상 항성식미(杭城食米)] 고 하였다. 혹자는 "경사(임안을 가리킨다.)에서는 한 달에 쌀 14만 5천 석 이 필요하다."[102][주희(朱熹), 『주문공문집(朱文公文集)』 권94 「부문각직학사이공 묘지명(敷文閣直學士李公墓志銘)]고 하였다. 총괄하자면 매일 먹는 쌀의 수 요량은 매우 많았다. 땔감 수요량도 매우 많았다. '시시(柴市)' 외에도 성 안팎에 관부에서 개설한 21곳의 시장(柴場)에서 땔감을 팔았다[103][『몽 량록』 권18 은비군민(恩需軍民)]. 매일 필요한 채소, 생선, 돼지고기의 양도 많았다. 북송 동경의 어항(魚行)에서는 매일 아침 '생선 수천 짐을 성문 으로 들여보냈는데' 임안의 어항에는 매일 아침 들여오는 수량은 당연 히 더욱 많았을 것이다. 특히 중시해야 할 점은 서적업의 동향으로 '서 방(문적서방이라고도 한다.)' 조직이 있다는 것이다. 당시 임안에는 관영과 민영의 조판 인쇄업이 크게 발달하여 전국에서 으뜸이었다. 이 '서방' 이 틀림없이 서적의 유통과 문화의 교류에서 큰 역할을 하였을 것이다.

99_ 역자 주 이 구절은『몽량록』권18 물산(物産)조가 아니라 채지품(菜之品)조에 기 록되어 있다.(『夢粱錄』卷18 物産 菜之品, p.268. 「諺云:『東菜西水南柴北米.』杭 之日用是也.」

100_ 『夢粱錄』卷16 米鋪, p.245. 「細民所食, 每日城內外不下一二千餘石.」

101_ 『癸辛雜識續集』(『癸辛雜識』, 周密 撰, 吳企明 點校, 北京: 中華書局, 1988 所收) 上, p.135. 「非三四千石不可支一日之用.」

102_ 『晦庵先生朱文公文集(六)』(上海: 上海古籍出版社·安徽教育出版社, 2001) 卷94 「敷文閣直學士李公墓志銘」, p.4326. 「京師月須米十四萬五千石.」

103_ 『夢粱錄』卷18 恩需軍民, p.284. 「官置柴場, 城內外共設二十一場, 許百司官廳及 百姓從便收買.」

(3) '작(作)'의 조직과 그 기능

당시 수공업 작방도 이미 조직이 있었고 '작(作)' 혹은 '작분(作分)'이라고 불렀다. 예컨대 연옥작(碾玉作), 찬권작(鑽卷作), 개도작(筐刀作), 요대작(腰帶作), 금은타삽작(金銀打鈒作), 과첩작(裹貼作), 포취작(鋪翠作), 표배작(裱褙作), 장란작(裝鑾作), 유작(油作), 목작(木作), 전와작(磚瓦作), 이수작(泥水作), 석작(石作), 죽작(竹作), 칠작(漆作), 정교작(釘鉸作), 고통작(箍桶作), 재봉작(裁縫作), 수향요촉작(修香澆燭作), 타지작(打紙作), 명기작(冥器作) 등이 있었다. 또 항이라고 칭한 것도 있었는데, 예컨대 구슬에 구멍을 뚫는 것을 산아항(散兒行), 신발을 만드는 것을 쌍선항(雙綫行)이라고 하였다[104]('몽량록』 권13 단항). 『무림구사』 권6 작방(作坊)에서는 "도성 사람들은 교만하고 게을러 무릇 물건을 매매할 때 대부분 작방에서 이미 만들어 놓은 물건을 판매하여 1/10의 이익을 구한다. 혹은 가난하지만 물건을 팔고 싶은 경우 무릇 쟁반과 같은 물품은 모두 작방으로부터 가져다가 처리하여 저녁이 돼서야 비로소 값에 따라 그것을 갚았다. 비록 한 푼도 저축하지 못하더라도 입에 풀칠할 수 있으니 이 또한 아름다운 풍속이다."[105]라고 하였다. 이는 당시 작방과 관련 있는 가게 사이에 협력이 잘 되었고 가게의 상품은 대부분 작방에서 '이미 만들어 놓은 물건'을 가져왔고 게다가 외상으로 작방으로부터 구입한 뒤 다시 정기적으로 가격에 맞춰 상환했다는 것을 전해 준다. 이것은 상품경제가 발전하는 가운데 한 걸음 더 나아간 경영 방식이었다.

『무림구사』에 열거된 작방에는 숙약원(환)산[熟藥圓(丸)散]과 생약음편

104_『夢梁錄』卷13 團行, pp.191~192. 「其他工役之人, 或名爲作分者, 如碾玉作・鑽捲作・筐刀作・腰帶作・金銀打鈒作・裹貼作・鋪翠作・裱褙作・裝鑾作・油作・木作・甄瓦作・泥水作・石作・竹作・漆作・釘鉸作・箍桶作・裁縫作・修香澆燭作・打紙作・冥器等作分. 又有異名行者, 如買賣七寶者謂之骨董行・鑽珠子者名曰散兒行・做靴鞋者名雙線行・開浴堂者名香水行.」

105_『武林舊事』卷6 作坊, p.444. 「都民驕惰, 凡买卖之物, 多與(宋刻'於')作坊行販已成之物, 转求什一之利. 或有貧而願者, 凡貨物盤架之類, 一切取辦於作坊, 至晚始以所直償之. 雖舞分文之儲, 亦可糊口, 此亦風俗之美也.」

(生藥飮片)이 있는데 이것은 약점(藥店)의 수요에 맞추어 약품을 공급하는 것이었다. 그 나머지는 대부분 면(麵), 점심, 식품 등의 작방으로 예컨대 부면(麩麵), 경단, 만두, 녹항아압(爐炕鵝鴨), 녹항저양(爐炕豬羊), 탕밀조아 (糖蜜棗兒), 제반탕(諸般糖), 금귤단(金橘團), 관폐(灌肺), 산자(饊子), 기두(其豆) 등이 있었다. 산자는 기름에 졸인 면과 찹쌀로 만든 식품이다. 이처럼 다양한 식품, 점심, 달달한 과자를 전문적으로 만드는 작방은 음식점, 종식점(從食店), 과자점에 필요한 물품을 공급하였다. 이들 물품의 판매량이 비교적 많았으며 그에 따라 작방은 대량 생산방식을 채용하였던 것이다. 이것은 식품을 만드는 신흥 작방이 관계 맺은 가게에서 대량으로 판매하는 것을 편리하게 하였고 또 생활에서 필요한 많은 주민들의 수요에 부응하는 것이었다.

(4) 고용 노동자의 '항(行)' 조직

북송 동경의 고용 노동자들에게는 이미 개별적인 '항' 조직이 있었고 아울러 '항로(行老)'가 고용노동자를 인도하여[106] 고용주에게 제공하였다. 남송 임안에서는 더욱 확대되어 모든 각급 관부, 관료주택, 작방, 가게 등에서 필요로 하는, 전문적인 기술을 가진 각종 수공업 공인을 포함한 각종 고용 노동자에게도 "모두 각각 항로가 있어 인도하며 통솔하였다."[107](『몽량록』 권19 고멱인력(顧覓人力))고 한다. 각 항에서 '기인(伎人)'을 팔려고 할 때는 '항로'가 항상 다방에 모였는데 이것을 '시두(市頭)'라고 하였다.[108](『도성기승』 '차방'조, 『몽량록』 권16 차사). '시두'란 고용 관련

106_ 역자 주 원문의 '幷設有行老引領提供雇主'에서 저자는 '인령(引領)'을 동사로 해석하고 있으나 '인령(引領)'을 송대 상업 항회(行會)의 우두머리로 해석하는 것도 있다. 여기서는 저자의 해석을 따른다. 『몽량록』 권19 고멱인력(顧覓人力)의 '俱各有行老引領'의 '인령(引領)' 역시 마찬가지이다.

107_ 『夢粱錄』 卷19 顧覓人力, p.301. 「俱各有行老引領」

108_ 『都城紀勝』 茶坊, p.95. 「又有一等專是諸行借工賣伎人會聚行老處, 謂之'市頭'.」; 『夢粱錄』 卷16 茶肆, p.232. 「亦有諸行借工賣伎人會聚行老, 謂之'市頭'.」

문제를 상담한다는 것이다. 그렇게 부른 까닭은 고용주가 각종 인재를 고용하려면 반드시 각 항의 '항로'가 고용노동자를 인도하여 제공하는 것을 거쳐야만 했기 때문이다.

7) 다종다양한 음식점

임안의 음식점은 종류가 적지 않고 각 음식점의 메뉴도 많았다. 대체로 북송 동경의 풍조를 그대로 이어받아 이를 더욱 발전시켰다. 그것은 이곳에 있는 적잖은 가게 주인들이 원래 동경으로부터 옮겨 왔기 때문이었다. 예컨대 유명한 송오수어갱(宋五嫂魚羹, 전당문 밖에 위치), 이칠아양육(李七兒羊肉), 왕가내방(王家奶房), 송소파혈두갱(宋小巴血肚羹) 등이 있다[109](『풍창소독』 권하). 갱(羹)과 양고기는 원래 동경에서 가장 유행했던 식품이다. 동시에 해당 지역의 가게 주인들은 북방에서 옮겨 온 귀족과 관료들을 끌어들이고자 그들이 좋아하는 것을 만들어 종종 동경의 음식 맛을 본뜨고, 심지어는 "황실 주방의 양식과 상층 가문의 음식을 본받았다."[110](『몽량록』 권16 분다주점(分茶酒店)]고 하였다. 원래 북송 동경의 음식은 모두 '북방 음식' 맛뿐이었으나, 남방으로 간 사대부를 편하게 하기 위해 '북방 음식' 외에 남식점(南食店, 혹은 남식면점(南食麵店)이라고도 한다)과 천반점[川飯店, 혹은 천반분다(川飯分茶)라고도 한다.]도 설치되었다. 다만 임안에서는 대부분 이미 남북 요리를 구분하지 않고 둘을 합쳐 하나로 하였다.

109_『枫窗小牘』 卷下, p.17. 「舊京工伎, 固多奇妙, 即烹煮槃案, 亦復擅名. 如王樓梅花包子·曹婆肉餅·薛家羊飯·梅家鵝鴨·曹家從食·徐家瓠羹·鄭家油餅·王家乳酪·段家爊物·石逢巴子南食之類, 皆聲稱于時. 若南遷湖上, 魚羹宋五嫂·羊肉李七兒·奶房王家·血肚羹宋小巴之類. 皆當行不數者, 宋五嫂余家蒼頭嫂也. 每過湖上, 時進肆慰談, 亦它鄉寒故也. 悲夫!」 역자주 본문의 권상(卷上)은 원문에는 권하(卷下)로 기록되어 있다.

110_『夢粱錄』 卷16 分茶酒店, p.236. 「杭城食店, 多是效學京師人, 開張亦效御廚體式, 貴官家品件.」

북송 동경의 음식점은 큰 것으로는 분다점이 있었고, 그다음으로는 호갱점(瓠羹店)·갱점(羹店)·혼돈점(餛飩店)·소분다점(素分茶店) 및 채면점(菜麵店)·흘달점(疙食達店) 등이 있었다. 임안은 이러한 풍조를 그대로 이어서 분다점은 분다주점(分茶酒店)이나 다반점(茶飯店)이라고도 불렀고, 그다음으로는 면식점(麵食店)·비양주점[肥羊酒店, 양반점(羊飯店)이라고도 한다]·파자점(犯鮓店)·채면점(菜麵店)·흘달점(疙食達店)·소식점(素食店)·갱점(羹店)·채갱반점(菜羹飯店) 등이 있었다. 분다점은 종종 면식점과 혼용되어 『몽량록』에 열거된 유명한 음식점 중에는 단지 면식점만 있을 뿐이다. 예컨대 장매식면점(張賣食麵店, 보우방 앞)·진화각면식점(陳花脚麵食店, 금자항 즉 시남방 앞)·예설문면식점(倪設門麵食店, 태평방 남쪽)·탁도왕매면점(卓道王賣麵店, 남와자 북쪽) 등이 있었다. 유명한 양반점과 비양주점으로는 경가(耿家, 중와자 앞)·시가(施家, 후시가 입구)·귀가(歸家, 풍예문)·막가[莫家, 전호문 밖 남쪽 성마원(省馬院) 앞] 및 쌍양점[雙羊店, 마파항(馬婆巷)]이 있었다. 유명한 파자점(犯鮓店)으로는 예가[倪家, 석류원(石榴園)]가 있었고, 유명한 갱점(羹店)으로는 광가(光家, 관항 입구)와 송오수어갱(宋五隧魚羹, 전당문 밖)이 있었다. 원래 동경에서 유행한 호갱(瓠羹)은 반루가에 있는 서가호갱점(徐家瓠羹店)이 매우 유명하였다. 그러나 임안에서는 이미 "명성은 남았으되 실물은 없어졌다."[111](『도성기승』 식점조)고 하였다.

(1) 분다점(分茶店)과 면식점(麵食店)

요리는 일종의 기예이며 생활을 개선하는 일종의 문화로서 이때 고도로 발전하였다. 임안의 분다주점과 면식점에서 파는 식사 음식 가운데 유명한 것으로 첫 번째는 국[갱(羹)] 종류로, 예를 들어 백미갱(白米羹)·두갱(頭羹)·삼취갱(三脆羹)·석수갱(石髓羹)·우두갱(右肚羹) 등은 모

---

[111]_『都城紀勝』食店, p.94.「市食有名存而實亡者, 如瓠羹是也.」

두 일찍이 동경에서 있었던 이름난 음식이며, 다만 임안에서는 음식의 형태와 종류가 늘어났다. 예를 들어 두갱이라는 음식만 하더라도 임안에는 금사두갱(錦絲頭羹)・십색두갱(十色頭羹)・간세두갱(間細頭羹)・험엽두갱(枕葉頭羹)・상안두갱(象眼頭羹)・연자두갱(蓮子頭羹)・해선두갱(海鮮頭羹)・삼연두갱(三軟頭羹)[112] 등 음식의 형태와 종류가 매우 많았다. 요자(腰子)라는 음식은 원래 동경이 자신 있게 만드는 유명한 것이며 예컨대 이색요자[二色腰子, 적백요자(赤白腰子)]・각자(자)요자[角煮(炙)腰子]・여지요자(荔枝腰子)・환원요자(還元腰子) 등이 있었다. 임안에서도 요자는 대표적 음식이었으며 차림판에 오른 이름의 순서는 갱 다음이었다. 예컨대 배요자(焙腰子)・염주요자(鹽酒腰子)・지증요자(脂烝腰子)・양요자(釀腰子)・여지배요자(荔枝焙腰子)・요자가초폐(腰子假炒肺)・대편요자(大片腰子)・송화요자(松花腰子)[113] 등이 있었다. 동경에서 '첨(簽)'이라고 부르는 음식도 매우 유명하였는데 예컨대 입로세항연화압첨(入爐細項蓮花鴨簽)・양두첨(羊頭簽)・아압첨(鵝鴨簽)・계첨(鷄簽)・세분소첨(細粉素簽) 등이 있었다. 임안에도 '첨'의 형태와 종류가 많았는데 예컨대 계사첨(鷄絲簽)・아분첨(鵝粉簽)・두사첨(肚絲簽)・쌍사첨(雙絲簽) ・훈소첨(葷素簽)・말육순첨(抹肉筍簽)・금계첨(錦鷄簽)・추모첨(蛑蝤簽)[114] 등이 있었다. 동경에서는 각종 양고기 음식을 즐겼는데 비절양두(批切羊頭)・허즙수사양두(虛汁垂絲羊頭)・입로양(入爐羊)・점양두(點羊頭)・탕골두유취양(湯骨頭乳炊羊)・돈양(炖羊)・요청양(閙廳羊)・연양(軟羊)・삽육발초도양(揷肉發刀炒羊) 등이 있었다. 임안도 이런 풍조를 이어받아 양고기의 종류가 매우 많았는데, 예컨대 증연양(蒸軟羊)・정자양(鼎煮羊)・양사연(羊

112_ 해선두갱(海鮮頭羹)과 삼연두갱(三軟頭羹)은『서호노인번승록』에 나오며, 그 나머지는 모두『몽량록』권16 분다주점에 나온다.

113_ 대편요자(大片腰子)와 송화요자(松花腰子)는『서호노인번승록』에 나오며 그 나머지는 모두『몽량록』권16 분다주점에 나온다.

114_ 금계첨(金鷄簽)과 추모첨(蛑蝤簽)은『서호노인번승록』에 나오며 그 나머지는 모두『몽량록』권16 분다주점에 나온다.

四軟)・주증양(酒蒸羊)・수취양(繡吹羊)・오미행락양(五味杏酪羊)・천리양
(千里羊)・양잡오(羊雜熬)・양두원어(羊頭元魚)・양제순(羊蹄筍)・세말양
생회(細抹羊生膾)・개즙양찬분(改汁羊攛粉)・세점양두(細點羊頭)・전양사
건[剪羊事件, 전(剪)은 전(煎)으로 써야 할 듯하다.]・잔증양(盞蒸羊)・양자초(羊
炙焦)・양혈분(羊血粉)[115] 등이 있었다. 임안에는 '회(膾)'라고 부르는 음
식도 많았는데, 예컨대 향라회(香螺膾)・해선회(海鮮膾)・군선회(群鮮
膾)・즉어회(鯽魚膾)[116](『몽량록』 권16 분차주점)・두현회(肚胘膾)・사어회
(沙魚膾)・오진회(五珍膾)・수모회(水母膾)[117][『무림구사』 권9 고종행장부절차
략(高宗幸張府節次略)] 등이 있었다. 이것은 동경에는 없었던 것으로 '남방
음식'이었을 것이다.

　면의 종류로 동경의 분다점에는 엄생연양면(罨生軟羊麵)・동피면(桐皮
麵)・냉도기자(冷淘棊子)・기로면반(寄爐麵飯)이 있고, 사천 음식점에는
삽육면(挿肉麵)・대욱면(大燠麵)이 있으며, 남방요리점에는 동피숙회면
(桐皮熟膾麵)이 있었다. 임안의 면식점(麵食店)의 면식으로 유명한 것으로
는 저양암생면(豬羊庵生面)・사계면(絲鷄麵)・삼선면(三鮮麵)・어동피면(魚
桐皮麵)・염전면(鹽煎麵)・순발육면(筍潑肉麵)・초계면(炒鷄麵)・대오면
(大熬麵)・자료요하조면(子料澆蝦蠎麵)이 있고, 또한 삼선기자(三鮮棋子)・
하조기자(蝦蠎棋子)・하어기자(蝦魚棋子)・사계기자(絲鷄棋子)・칠보기자
(七寶棋子)가 있었다. '암생(庵生)'은 '엄생(罨生)'이며 엄생연양면(罨生軟羊
麵)과 저양암생면(豬羊庵生麵)은 같은 종류에 속하는 것이고, 동피면(桐皮
麵)과 어동피면(魚桐皮麵)은 같은 종류였을 것이다. 냉도기자(冷淘棊子)와

115_ 전양사건(剪羊事件), 잔증양(盞蒸羊), 양자초(羊炙焦), 양혈분(羊血粉)은 『서호
　　노인번승록』에 나오며 그 나머지는 『몽량록』 권16 분다주점에 나온다. 『무림구
　　사』 권9 고종행장부절차략(高宗幸張府節次略)의 하주십오잔(下酒十五盞) 가운데
　　에 내방첨(媚房簽), 양설첨(羊舌簽), 순장첨(肫掌簽)이 있다.
116_ 『夢梁錄』 卷16 芬茶酒店, p.237. 「海鮮膾・鱸魚膾・鯉魚膾・鯽魚膾・羣鮮膾・
　　燥子沙魚・絲兒清供沙魚・拂兒清汁鰻鰾.」
117_ 『武林舊事』 卷9 高宗幸張府節次略 p.494. 「第五盞 肚胘膾 鴛鴦煠肚 第六盞 沙
　　魚膾 炒沙魚襯湯… 第十一盞 五珍膾 螃蟹清羹… 第十四盞 水母膾 二色蟹兒羹.」

삼선기자(三鮮棋子) 등도 같은 종류였을 것이다. 임안에는 또한 많은 종류의 소면(素麵)이 있었는데, 그 가운데도 '칠보기자(七寶棋子)'·'백화기자(百花棋子)' 등의 면이 있었다[118](『몽량록』권16 면식점). 임안의 흘달점(屹䭅店)에서는 "전문적으로 대욱(大燠)·조자흘달(燥子屹䭅)과 혼돈(餛飩)을 팔았고", 채면점(菜麵店)에서는 "전문적으로 채면(菜麵)·제도혈장면(虀淘血臟麵)·소기자(素棋子)·경대(經帶) 혹은 발도(潑淘)·냉도(冷淘)를 팔았다."[119](『도성기승』식점조)고 하였다. '대욱(大燠)'이란 동경 천반점(川飯店)의 대욱면(大燠麵)이다. 『동경몽화록』권4 식점에서 "또한 채면(菜麵)·호접(胡蝶)·제흘달(虀肐䭅)이 있었고 수반(隨飯)·하포백반(荷包白飯)…을 팔기까지 했다."[120]고 하였다. '흘달(肐䭅)'은 '흘달(屹䭅)'일 것이며 즉 흘달면(屹䭅麵)이다. 혹은 면흘달(麵屹䭅)이라고도 하였다. 『몽량록』권16 면식점(麵食店)에 "흘달면을 전문으로 하는 음식점이 있었는데 예컨대 대오흘달(大爊屹䭅)·대조자(大燥子)·요요하(料澆蝦)·조사계(蟭絲鷄)·삼선(三鮮) 등의 흘달(屹䭅)이 있있고 아울러 혼돈(餛飩)을 팔았다."[121]고 하였는데, 이것은 흘달점(屹䭅店)을 가리킨다. 같은 책에 이어서 "또한 채면(菜麵)·숙제순육도면(熟虀筍肉淘麵)을 전문으로 파는 곳도 있는데, 이곳은 존중을 표할 만한 곳이 아니어서 군자가 손님을 대접할 곳이 아니었다."[122]고 하였는데 이것은 채면점(菜麵店)을 가리킨다. 또한 일상 가정 요리를 전문으로 파는 음식점도 많았다. 예를 들어 채갱반

118_ 『夢粱錄』 卷16 麵食店, p.242. 「素麵如大片鋪羊麵·三鮮麵·炒鱔麵·捲魚麵·笋潑刀·笋辣麵·乳蕈淘·笋蕈淘·笋菜淘麵·七寶棊子·百花棊子等麵, 皆精細乳麩, 笋粉素食.」

119_ 『都城紀勝』 食店, p.94. 「菜麵店專賣. 菜麵·虀淘·血臟麵·素棊子·經帶, 或有撥刀·冷淘.」

120_ 『東京夢華錄注』 卷4 食店, p.128. 「又有菜麵·蝴蝶·齏月乞月達, 及賣隨飯·荷包白飯·旋切細料兒·瓜齏·蘿蔔之類.」

121_ 『夢粱錄』 卷16 麵食店, p.242. 「有店專賣飥食達麵, 如大爊飥食達·大燥子·料澆蝦·蟭絲鷄·三鮮等飥食達, 並賣餛飩.」

122_ 『夢粱錄』 卷16 麵食店, p.242. 「亦有專賣菜麵·熟虀筍肉淘麵, 此不堪尊重, 非君子待客之處也.」

(菜羹) 요리를 파는 가게에서는 전두부(煎豆腐)·전어(煎魚)·소채(燒菜)·전가자(煎茄子) 등도 함께 팔았는데, 이는 일반 주민들이 찾는 음식점이었다.

(2) 파자점(犯鮓店)[123]

임안에는 특유의 파자점이 있었는데, 이것도 동경 특유의 식품인 파자(犯鮓)에서 발전한 것이다. '파(犯)'는 양념을 넣어 만든 마른 고기이고, '자(鮓)'은 양념을 넣어 만든 물고기·새우·게·참새 등의 고기이다. 동경 동화문 밖에 있는 위씨(魏氏)가 만든 파자는 유명하였고[124][홍매, 『이견지』 보구(補九), 서왕이복(徐王二僕)조], 동화문 밖에 있는 하씨(何氏)와 오씨(吳氏) 두 집에서 만든 어자(魚鮓)도 천하에 널리 알려져 진기하고 귀한 음식이라고 칭해졌다. 주휘(周輝)는 "내가 다른 곳으로 가는 날에 홍현(虹縣) 및 변경(汴京)에서 잠시 머물 때 모두 파자를 제공했는데 매우 맛있었다. 길 내내 이것이 없었는데 어찌 모두 이곳에서는 나오는가?"[125](『청파별지』 권하)라고 하였다. 『동경몽화록』에서는 '옥판자(玉版鮓)'[126][권4 회선주루(會仙酒樓)]와 '옥판자파(玉版鮓犯)'[127][권2 음식과자(飮食果子)]는 이 한 종류만 있다고 언급한 적이 있다. 임안에서는 특별히 설치한 파자점이 만든 파자 가운데 이름난 것이 이미 40종에 이르렀고 옥판자(玉版鮓) 외에도 자(鮓)라고 부르는 것만도 17종이나 있었다.[128] 파자

123_ 역자 주 본문에서는 파자점의 파(犯)는 파(犯)로 표기되기도 한다.

124_ 『夷堅志』(北京: 中華書局, 1981) 補卷第九 徐王二僕, p.1633. 「徐好食東華門外魏氏所造犯鮓.」

125_ 『淸波雜志 附別志』卷下, p.155. 「輝出疆日, 虹縣及汴京頓, 皆供犯鮓甚美, 一路俱無之, 豈皆出於此耶?」

126_ 『東京夢華錄注』卷4 會仙酒樓, p.26. 「若別要下酒, 卽使人外買軟羊·龜背·大小骨·諸色包子·玉版鮓·生削巴子·瓜薑之類.」

127_ 『東京夢華錄注』卷2 飮食果子, p.17. 「更外買軟羊諸色包子, 諸色荷包, 燒肉乾脯, 玉版鮓犯, 鮓片醬之類.」

128_ 『夢粱錄』卷16 肉鋪, p.246. 「其犯鮓者, 算條[『서호노인번승록』에서는 산조파(算條犯)라고 하였다.]·影戲[『무림구사』에서는 어육영희(魚肉影戲)라고 하였

점에서는 날고기와 익힌 고기도 모두 다루었으나 제공하는 중요한 음
식은 역시 파자였다.

(3) 양수(涼水)

동경의 주교(州橋) 야시장에서는 여름에 양수를 팔았는데, 유명한 것
으로는 사탕녹두감초빙설양수(沙糖綠豆甘草氷雪凉水)와 여지고(荔枝膏)가
있었다. 이러한 양수는 임안에 이르러서도 크게 발전하였다. 『무림구
사』 권6에서 '양수'와 '파자'를 똑같이 중요한 식품으로 보았는데 일리
가 있는 것이다. 이 책에서는 파자 30종과 양수 18종을 열거하고 있다
(그 가운데 '오령(五苓)·대순산(大順散)'은 당연히 두 종류이다.). 『서호노인번승
록』의 '제반수명(諸般水名)'에서도 17종을 열거하고 있는데 중복되는 것
을 제외하면 모두 23종이 된다.[129] 저명한 것으로는 중와자 앞의 조아

다.]·鹽豉[『무림구사』에서는 건함시(乾鹹豉)라고 하였다.]·皀角·鋌松·腤界·
方條·線條·糟豬頭肉·瑪瑙肉·鵝鮓[『무림구사』에서는 하포선자(荷包旋
鮓)라고 하였다.]·寸金鮓·魚頭醬·三和鮓·切鮓·桃花鮓·骨鮓·飯鮓·槌脯·
紅羊犯[『무림구사』에서는 호양파(胡羊犯)라고 하였다.]·大魚鮓·鱘鯹魚鮓等類.」
같은 책 16권 분다주점(分茶酒店)에는 이와 달리 해칩자(海蟄鮓)·표피작자(膘皮
炸子)·장파(獐犯)·녹포(鹿脯)·삼화화도골(三和花桃骨)·근자자(筋子鮓) 등이 있
다. 『무림구사』에서는 30종을 열거하였는데 『몽량록』과 동일한 한 것을 제외하면
삭포(削脯)·면파(免犯)·납육(臘肉)·자골두(炙骨頭)·선자하포(旋炙荷包)·여
지피(荔枝皮)·춘자자(春子鮓)·운단자(運團鮓)·옥판자(玉版鮓)·황작자(黃雀
鮓)·은어자(銀魚鮓)·함자(蛤鮓)가 있다. 『서호노인번승록』에는 감포(甘脯)가
달리 있다.

129_『무림구사』 권6 양수(涼手)와 『서호노인번승록』 제반수명(諸般水名)에 서로
같은 것이 12종이 있는데 감두탕[甘豆湯, 『서호노인번승록』에서는 '탕(湯)'을 '탕
(糖)'으로 잘못 썼다.]·추자주(鄒子酒)·녹리장[鹿梨漿, 『서호노인번승록』에서
는 '록(鹿)'을 '록(漉)'이라고 썼다.]·다수(茶水, 『서호노인번승록』에서는 강다수
(江茶水)라고 썼다.]·여지고(荔枝膏)·설포축피음[雪泡縮皮飲, 송각본(宋刻本)에
서는 축비(縮脾)라고 하였고, 『서호노인번승록』에서는 축비음(縮脾飲)이라고 하
였다.]·매화주(梅花酒)·오령산(五苓散)·대순산(大順散)·자소산[紫蘇散, 『서호
노인번승록』에서는 '자(紫)'를 欒으로 잘못 썼다.]가 있다. 『서호노인번승록』에
만 있는 것이 5종이다. 즉 조아수(皀兒水)·녹두수(綠豆水)·백수(白水)·난탕진
설(亂糖眞雪)·부가산서약빙수(富家散署藥冰水)이다. 『무림구사』에만 있는 것이
6종이다. 즉 두아수(豆兒水)·강밀수(薑蜜水)·심향수(沈香水)·고수(苦水)·김

수(皂兒水)와 장가두아수(張家豆兒水), 잡화장(雜貨場) 앞의 감두탕(甘豆湯), 통강교(通江橋)의 설포두아수(雪泡豆兒水)와 여지고(荔枝膏) 같은 것이 있었다[130][『몽량록』 권13 포석, 권13 야시].

(4) 종식점(從食店)

종식점으로는 동경에서 유명한 것은 주교(州橋) 남쪽의 조가종식(曹家從食)이고, 임안에서 이름난 것은 황궁 앞의 변가종식(卞家從食)이었다[131] (『도성기승』 식점조). 종식은 쪄서 만든 각종 고점(糕點)을 가리키는데 많은 종류의 만두(饅頭) · 포자[包子, 포아(包兒)] · 고(糕) · 병(餠) · 함(餡) · 소(酥) · 협자[132][夾子, 협아(夾兒)] · 원자[元子, 즉 단자(團子)] · 종자(粽子) · 두단(豆團)[133] · 마단(麻團)[134] · 자단(米玆團) · 유작(油炸) · 천층아(天層兒)를 포함한다. 『몽량록』 권16 훈소종식점(葷素從食店)에는 증작면항(烝作麵行)에서 파는 종식 51종, 소점심종식점(素點心從食店)에서 파는 소종식(素從食) 26종, 분식점(粉食店)에서 파는 각종 원자 · 수단(水團) · 고 · 종자 등 15종을 열거하고 있다. 『무림구사』 권6 고(糕)에는 각종 고(糕) 19종을 열거하였고 증작종식(蒸作從食)에서는 종식 52종 및 여러 협자, 여러 포자,

---

귤단[金橘團, 단(團)은 수(水)를 잘못 쓴 것일 것이다.] · 향유음(香薷飮)이다.

130_ 『夢粱錄』 卷13 鋪席, p.193. 「向者杭城市肆名家有名者, 如中瓦前皂兒水, 雜貨場前甘豆湯 · 戈家蜜棗兒, 官巷口光家羹, 大瓦子水果子, 壽慈宮前熟肉, 錢塘門外朱五嫂魚羹, 湧金門灌肺, 中瓦前職家羊飯 · 彭家油靴, 南瓦子宣家台衣 · 張家元子, 候潮門顧四笛, 大瓦子邱家篳篥.」. 역자 주 본문의 '잡매장(雜買場)'은 원문에는 '잡화장(雜貨場)'이라고 되어 있다. 『夢粱錄』 卷13 夜市, p.243. 「通江橋賣雪泡豆兒水 · 荔支膏.」

131_ 『都城紀勝』 食店, p.94. 「大抵都下物價, 多趨有名之家, 如昔時之內前卞家從食, 街市王宣旋餅, 望仙橋糕糜是也.」 조가종식(曹家從食)의 경우 『도성기승』 식점조에서는 보이지 않으나, 『동경몽화록』이나 『풍창소독』에는 관련 기록이 남아 있다.

132_ 역자 주 협자(夾子)는 연근이나 가지, 죽순에 칼집을 낸 곳에 고기, 계알, 채소 등을 넣고 밀가루를 두른 다음 기름에 튀기거나 찐 음식으로 추정하고 있다.

133_ 역자 주 두단(豆團)은 팥소, 설탕, 밀가루 등을 섞어 동그랗게 만든 뒤 기름에 튀긴 경단이다.

134_ 역자 주 마단(麻團)은 참쌀가루에 단맛이 나는 소를 넣어 동그랗게 빚은 뒤 참깨에 굴려 기름에 튀긴 경단이다.

여러 각아(角兒), 여러 과식(果食), 여러 종식을 열거하고 있다. 유명한 것으로는 시서방(市西坊)의 함나적소(蛤蝲滴酥)·초산함(焦酸餡)·천층아(千層兒)와 주가만두포(朱家饅頭鋪)[135] 같은 것이 있었다. 관교대가(觀橋大街)에는 두아고(豆兒糕)가 있고[136](『몽량록』 권13 야시) 망선교에는 고미(糕糜)가 있었다[137](『도성기승』 식점조). 남와자 앞에는 장가원자(張家元子)가 있었고 조천문 안에 있는 대석판(大石板)에는 주가원자탕고포(朱家元子糖糕鋪)가 있었다.

(5) 과자점(果子店)

과자점 즉 당과점(糖果店)이 임안에도 많았다. 유명한 것으로는 대와자의 수과자(水果子), 오간루 앞의 주오랑밀전포(周五郎蜜煎鋪), 중와자 앞의 전가건과포(錢家乾果鋪), 수항(水巷, 난릉방) 어귀의 완가건과포(阮家乾果鋪), 잡매장 앞의 과가밀조아(戈家蜜棗兒) 같은 것이 있었다. 『서호노인번승록』에는 '시과(時果, 즉 제철 과일)' 15종, '다과인아(茶果仁兒)' 7종, '밀전(蜜煎)' 12종, '당전(糖煎)' 39종을 열거하고 있는데 비교적 상세하게 설명하고 있다. 『무림구사』 권6 과자(果子)에는 당전(糖煎)과 밀전(蜜煎) 및 다른 제조 방법으로 만드는 간식거리 40여 종을 열거하고 있는데, 그 가운데 적잖은 것이 『서호노인번승록』에는 기록되어 있지 않다. 예컨대 낙면(酪麵)은 북방음식으로 당시 임안에는 이름난 가게가 있었다. "낙면의 경우 다만 후시가의 하가(賀家)에서만 파는 연유의 하나에 오백관['오백(五百)' 두 글자에는 착오가 있는 것 같다.]이며, 신선한 유병(油餅) 두 장으로 껴서 그것을 먹는데 이것은 북방음식이다."[138]고 하였다. 낙면

135_ 『夢粱錄』 卷13 鋪席, p.194. 「壩橋榜亭側朱家饅頭鋪」 '교(橋)'자는 당연히 '두(頭)'자의 오기이다. 앞 문장에 '壩頭榜亭按撫司惠民熟藥局'이 있어 증명할 수 있다. 패두(壩頭)가 곧 시서방(市西坊)이다.

136_ 『夢粱錄』 卷13 夜市, p.198. 「市西坊賣蛤蝲滴酥, 觀橋大街賣豆兒糕·輕餳.」

137_ 『都城紀勝』 食店, p.94. 「大抵都下物價, 多趨有名之家, 如昔時之內前卡家從食, 街市王宣旋餅, 望仙橋糕糜是也.」

은 아마도 우유나 양젖으로 볶아 만든 면식품이었을 것이다.

8) 주루 · 다방과 기루의 분포

주루 · 다방 및 앞에서 언급한 분다주점 · 고급 면식점은 모두 도성의 주민들이 광범위한 교제를 하는 곳으로, 친구와 약속하여 만나고 손님을 초대하여 연회를 개최하는 장소였다.

(1) 주루

임안의 주루에는 관영과 민영 2종류가 있었다. 민영의 주루는 '시루(市樓)'라고도 불렀다.

임안에는 모두 13곳의 관영 주고(酒庫)가 있었는데, 7곳에 주루가 설치되어 있었다. 남고[南庫, 원래 명칭은 승양궁(升陽宮)이다.]의 화락루(和樂樓)는 청하방 남쪽에 있고, 중고(中庫)의 중화루(中和樓)는 중락방 북쪽에 있으며, 남상고[南上庫, 은옹자고(銀甕子庫)라고도 한다.]의 화풍루(和豊樓)는 목친방에 있었다. 모두 어가의 중단과 북단에 있었다. 북고(北庫)의 춘풍루(春風樓)는 아압교 동쪽에 있는데 소하(시하) 가시(街市)의 중단에 위치하고 있었다. 동고(東庫)의 태화루(太和樓)는 태화교 동쪽에 있는데 대하(염교운하) 가시의 중단에 위치하고 있었는데 화재 때문에 폐기되었다. 서고[西庫, 금문고(金文庫)라고도 한다.]의 서루(西樓)는 풍예문(즉 용금문) 밖에 있었다. 서고에서 갈라져 나온 예하 주고가 있었는데 서자고(西子庫)의 태평루(太平樓)는 이미 불타 없어졌고, 서자고에 있는 다른 풍악루(豊樂樓)도 풍예문 밖에 있었다.[139] 이곳은 단 술을 내는 것으로 유명하

138_『都城紀勝』 食店, p.94. 「亦只後市街賣酥賀家一分, 每箇五百貫, 以新樣油餅兩枚夾而食之, 此北食也.」

139_『都城紀勝』 「酒肆」, p.93. 「西子庫曰豊樂樓, 在今涌金門外, 乃舊楊和王之聳翠樓, 後張定叟兼領庫事, 取爲官庫, 正跨西湖, 對兩山之勝. 西子庫曰太平樓…其太平 · 大和, 因囬禄後其樓悉廢.」 『무림구사』 권6 주루에도 태평루(太平樓)와 풍악루(豊樂

였고 또 서호(西湖)에 접해 있어 경치가 너무도 아름답고 유람객들이 많았으므로 서고와 서자고 모두 이곳에 주루를 설치했던 것이다.[140] 북외고(北外庫)의 춘융루(春融樓)는 여항문 밖이자 좌가교(左家橋) 북쪽에 있었고 미시에 가까웠다. 또한 벽향주(碧香酒)를 취급한 주고도 있었는데 예컨대 전당문 밖의 상선정(上船亭) 남쪽에 있는 전당정고(錢塘正庫)에는 선득루(先得樓)가 있었는데 이전의 망호루(望湖樓)였다.

시루 가운데 가장 유명한 것은 중와자의 무림원(武林園)이었다. 함순 6년(1270)에 별도로 삼원루(三元樓)를 열어 강가(康家)와 심가(沈家)가 술을 팔았는데 시끄러운 어가의 중심에 위치하고 있었다. 어가에 위치하고 있는 것으로는 또한 융화방의 가경루(嘉慶樓)와 취경루[聚景樓, 강가·심가의 작은 주점], 신가(新街) 입구의 화월루[花月樓, 시주(施廚)에서 술을 팔았다.], 시서방의 쌍봉루[雙鳳樓, 시주에서 술을 팔았다.], 수의방(修義坊)의 상심루[賞心樓, 상신루(賞新樓)라고도 쓴다. 심주(沈廚)에서 술을 팔았다.], 보우방 북쪽의 오간루, 북와자 앞의 일신루[日新樓, 정주(鄭廚)에서 술을 팔았다.]가 있었다. 소하(시하)의 시가에 위치하고 있는 것으로는 남와자의 희춘루[熙春樓, 왕주(王廚)에서 술을 팔았다.], 금파교의 풍월루[風月樓, 엄주(嚴廚)에서 술을 팔았다.]가 있었다. 대하(염교운하) 가시(街市)에 있는 것으로는 천교 동쪽의 풍화방에 있는 왕가주점(王家酒店)이 있었다. 이 외에 청파문(암문) 밖에는 정주분다주사(鄭廚分茶酒肆)가 있었는데[141](『몽량록』 권16 주사) "정주(鄭廚)는 오직 좋은 식품만 팔았으니 해선두갱(海鮮頭羹)일지라도 모두 잘 만들었다."[142](『무림구사』 권6 주루)고 하였다. 어가 중단의 태평방대가

樓)를 기록하고 있다.

140_ 주팽(朱彭)의 『남성고적고(南宋古跡考)』 성곽고(城郭考) 풍예문(豊豫門)조에 「兪德隣次韻趙提學詩云: 涌金門酒甛如蜜, 知當日涌金門酒亦甚著名.」란 구절이 있다.

141_ 『夢粱錄』 卷16 酒肆, p.235. 「且杭都如康·沈·施廚等酒樓店, 及薦橋豐木坊王家酒店·闇門外鄭廚分茶酒肆, 俱用全桌銀器皿沽賣, 更有磁頭店一二處, 亦有銀臺碗沽賣, 於他郡却無之.」

142_ 『武林舊事』 卷6 酒樓, p.442. 「鄭廚 只賣好食, 雖海鮮頭羹皆有之.」

(太平坊大街) 동남쪽 모퉁이에는 하마안주점(蝦蟆眼酒店)이 있었다.『무림구사』에 "흘마안(吃蟆眼)에서는 오직 좋은 술만 판다"라고[143] 하였는데, 흘마안은 당연히 하마안주점이다.『무림구사』에 따르면 이름난 시루로 또한 은마표(銀馬杓)·옹주(翁廚)·임주(任廚)·진주(陳廚)·주주(周廚)·교장(巧張)·장화(張花)가 있는데, 모두 유명한 주방장을 내세워 손님을 불러들였다. 은마표주점은 문 입구에 은마표(銀馬杓)를 내걸어 가게 표지로 삼았다.

대주루는 동경 주루의 구조를 그대로 이어서 문 앞에는 채색비단으로 장식한 환문(歡門)이 있었고 홍록차자(紅綠杈子)가 설치되어 있었으며 문 입구에는 비록염막(緋綠簾幕)과 금홍사치자등(金紅紗梔子燈)이 걸려 있었다. 문을 들어가면 주랑이 있고 다시 두 개의 복도로 나뉘는데, 그 양쪽으로 크고 작은 각(閣)이 배열되어 있다. 이것을 청원(聽院)이라 불렀다. 들창 밖에는 대나무와 꽃이 빛을 가리고 있었고 발을 내려 장막을 쳐 놓았다. 저녁에 들어서면 불을 켜서 밝고 빛나게 하여 위아래가 서로 비추었으니 야시장은 더욱 활기찼다. 일반적으로 주루 아래에 산좌(散坐)[144]가 설치되어 있었다. 간단히 먹거나 술을 많이 마시지 않을 때는 주루 아래의 산좌를 설치하고 쉽게 주루나 각에 오를 수 없었다. 주루 위에 있는 주각(酒閣)은 또한 혹은 '산(山)'으로 이름을 삼아 '일산(一山)'·'이산(二山)'·'삼산(三山)'이라고도 불렀다. 만약 음주량이 많다면 편액에 '과산(過山)'이라고 썼다. 술그릇은 모두 은으로 만들었다. 관영주루에는 관기(官妓) 수십 명이 배치되어 있었고, 민영 주루 역시 민간 기녀 수십 명이 있었다. 손님이 자리를 잡으면 술집 주인은 음식 몇 접시를 제공하고 술은 얼마 정도 필요한지를 물어보며, 그런 후에 맛있는 음식을 나눠서 주문하였는데, 가게에서는 음식의 목록과 차림판을 주

143_『武林舊事』卷6 酒樓, p.442.「吃蟆眼 只賣好酒.」
144_ 역자 주 산좌(散坐)란 자리나 순서 따위에 구애받지 않고 편한 대로 앉는 좌석을 말한다.

문할 때 제공하였다. 술을 데운다면 먼저 10병을 선택하여 병을 차례대로 마시고 남은 것은 돌려줄 수 있었다. 안주를 곁들여 술을 마시다면 가격이 비싸지 않은 것을 '분다(分茶)'·'소분하주(小分下酒)'라고 했으며, 혹 기녀라도 부르면 고가의 뛰어난 요리를 주문하게 되어 가격이 높이 올라갔다.[145] 주점은 임안에서 가장 돈을 잘 버는 곳이었다. 당시 유행하는 속어에 '관리가 되고 싶으면 사람을 죽이고 불을 지른 뒤 자수 권고를 받아들이고, 부자가 되고 싶으면 행재(行在)로 달려가 술을 팔며 술을 권하도록 해라'[146][장계유(莊季裕) 『계륵편(鷄肋篇)』 권중(中)]라고 하였다. 혹은 "만약 부자가 되려면 행재를 지키면서 술을 팔며 술을 권하고, 관리가 되고 싶으면 사람을 죽이고 불을 지른 뒤 자수 권고를 받아들여라."고[147] 하였다[장지보(張知甫) 『장씨가서(張氏可書)』에 『송패류초(宋稗類鈔)』권8에서 옮겨 실린 것이 보인다.]. 행재는 곧 임안을 말한다.

술을 팔면 쉽게 돈을 벌 수 있었기 때문에 임안에는 술을 파는 업종이 번성하여 대주루 외에 작은 주점도 많았다. 앞서 거론했던 '비양주점(肥羊酒店)' 외에도 '포자주점(包子酒店)'이라는 것이 있었고 포자(包子)·장혈분갱(腸血粉羹) 등 술안주를 함께 팔았다. 또 이른바 '택자주점(宅子酒店)'이 있었는데 문 앞을 관리의 집처럼 장식하였다. 또 '화원주점(花園酒店)'이 있는데 화원처럼 배치하였고 성 밖에 많이 설치되어 있었다. 또 직매점도 있었는데 전문적으로 술만 팔고 술안주를 팔지 않았고 '각구점(角球店)'이라고도 불렀다. 게다가 산주점(散酒店)이 있어서 술을 여러 곳에 조금씩 팔았다. 어떤 것은 문 입구에 조롱박·은마국자·

145_ 『夢粱錄』卷16 酒肆, p.235. 「或命妓者, 被此輩索喚珍品·下細食次, 使其高擡價數, 惟經慣者不隨其計.」; 『都城紀勝』酒肆, p.93. 「若命妓, 則此輩多是虛駕驕貴, 索喚高價細食, 全要出着經慣, 不被所侮也.」

146_ 『雞肋編 附校勘記續校』(莊季裕 撰, 北京: 中華書局, 1985) 卷中, p.53. 「又云: "欲得官, 殺人放火受招安; 欲得富, 趕著行在賣酒醋."」

147_ 『宋稗類鈔』(劉卓永 點校, 北京: 書目文獻出版社) 卷8 搜遺, p.787. 「若要富, 守定行在賣酒醋, 欲得官, 殺人放火受招安.」

은대완(銀大碗)을 걸어 가게 표지로 삼았다. 대나무 울타리로 막을 쳤는데 '타완두(打碗頭)'라고 하였고 사람들에게 한 번에 두세 주발만 팔았다. 가시(街市)에는 술을 파는 곳과 음식을 파는 곳이 많았기 때문에 임안에는 '주항(酒行)'과 '식반항(食飯行)'이 설치되어 있었다. 이는 '항(行)'에 해당되지 않으면서도' '항'이라고 불렸다.

이른바 '암주점(庵酒店)'이란 곳도 또 달리 있었다. "창기가 그 안에 있어 즐길 수 있고 주각(酒閣) 안에 침상을 숨겨 놓았다는 것이다. 문에 붉은 치자등(梔子燈)을 내걸었는데 맑고 흐림에 상관없이 반드시 약갑(篛簅)으로 덮어 표지로 삼았다. 다른 큰 주점에서는 창기는 옆에 앉아 있을 뿐이었다."[148](『도성기승』 주사조)고 하였다. '약갑(篛簅)'은 대나무 잎으로 만든 비를 막는 등갓이다. 이러한 '암주점'은 실질적으로 기원(妓院)와 같은 성격을 가지고 있었다.

(2) 다방(茶坊)

다방도 당대에 처음으로 설치된 것으로 북송 동경의 시가에는 이미 적지 않았고 남송 임안에서 비교적 크게 발전하였다. 원래 동경의 숙식점(熟食店)은 명화를 내걸어 손님을 끌어들였다. 임안의 다방도 이런 배치 방식을 채용하여 사방의 벽에 명인의 그림을 내걸고 아울러 꽃의 가지 받침대를 설치하고 소나무와 노송나무 등을 배치하였으며 계절에 맞는 꽃송이를 꽂아 두었다. 일반 뜨거운 차를 파는 것 외에도 겨울에는 칠보뢰다(七寶擂茶), 산자(饊子), 총다(蔥茶) 혹은 염시탕(鹽豉湯)을 팔았고, 여름에는 설포매화주(雪泡梅花酒) 혹은 축비음(縮脾飮), 서약(暑藥) 같은 것을 팔았다. 이 세 가지는 냉수이고 서약(暑藥)은 부가산서약빙수

148_『都城紀勝』酒肆, p.92. 「菴酒店, 謂有娼妓在內, 可以就懽, 而於酒閣內暗藏卧牀也. 門首紅梔子燈上, 不以晴雨, 必用篛簅蓋之, 以爲記認. 其他大酒店, 娼妓只伴坐而已.」 원문에는 '환(歡)'이라고 되어 있지만, 『도성기승』 본문에는 '환(懽)'으로 되어 있다. 두 글자의 뜻은 같다.

(富家散暑藥冰水)라고도 하였다[149](『서호노인번승록』에 보인다.). 소흥연간에 매화주(梅花酒)를 파는 다사(茶肆)는 '매화인(梅花引)'이란 곡을 연주하여 손님의 관심을 끌었고 은사발, 은국자, 은잔 등에 음료를 담아 활기차게 팔았다. 후에는 단지 잔(盞)을 두드리면서 노래하고 사라고 외치면서 그냥 도자기 잔과 칠 받침대로 차를 제공하며 팔았다.

다방은 이름은 차를 파는 곳이나 실제로는 도시에서 사회교제가 가장 활발한 장소였으며, 혹은 사대부가 친구를 만나서 수준 높은 담론을 활발히 펼치는 장소이기도 하였다. 예로 어가 중단 청하방(清河坊)의 장검열다탕포(蔣檢閱茶湯鋪), 중와자 안의 왕마마가차사(王媽媽家茶肆), 보우방 앞의 황첨취축구차방(黃尖嘴蹴球茶坊) 등을 들 수 있다. 혹은 "부자집 자제들이나 관리 가운데 퇴근한 사람들이 이곳에 모여 악기와 윗사람의 가르침을 담은 가곡을 배우고 익혔는데 이를 일러 '간판을 건다'라고 했다."[150]고 하였으니, 다방이 악기를 익히고 노래를 가르치는 장소였던 것이다. 혹은 기예를 파는 고용노동자들을 내는 각 업종의 '항로(行老)'들이 모이는 장소가 되기도 했는데, 이를 '시두(市頭)'라고 불렀다.

또한 적잖은 다방에서는 누각에 기녀를 전문적으로 배치하기도 하였는데 '화다방(花茶坊)'이라 불렀다. 앞에서 어가 중단의 시가를 서술할 때 이미 5곳의 이름난 '화다방'을 언급하였다. 『무림구사』 권6 가관에는 적잖은 다사를 가관과 같은 부류에 넣어 많은 '미녀들이 모여 있는 곳'이라고 기술한 뒤 이어서 "이곳을 벗어나서 여러 곳에 있는 다사로는 청락다방(清樂茶坊), 팔선다방(八仙茶坊), 주자다방(珠子茶坊), 반가다방(潘家茶坊), 연삼다방(連三茶坊), 연이다방(連二茶坊)이 있었는데 금파교 등

149_ 『西湖老人繁勝錄』 諸般水名, p.119. 「瀧梨漿・椰子酒・木瓜汁・皂兒水・甘豆糖・荳豆水・襄蘇飲・縮脾飲・滷梅水・江茶水・五苓散・大順散・荔枝膏・梅花酒・白水・乳糖眞雪. 富家散暑藥冰水.」
150_ 『夢粱錄』 卷16 茶肆, p.232. 「富室子弟・諸司下直等人會聚, 習學樂器・上教賺之類 謂之'掛牌兒'.」

두 강에서 와시에 이르렀고 각각 차등이 있었으나, 곱게 단장하고 문 앞에서 손님을 맞이하며 미모를 다투고 웃음을 팔며 아침에는 노래하고 저녁에는 현을 뜯으며 사람들의 마음과 눈을 흔들어 놓지 않는 곳이 없었다."[151]고 하였다. 이러한 다사들도 '화다방'의 성격을 갖고 있었던 것이다.

(3) 가관(歌館)

가관은 기관(妓館)이다. 무릇 비교적 번화한 가시(街市)에는 모두 있었는데, 어가 중단의 가시와 대하(염교운하) 기슭의 다리 가까이에 있는 가시에 가장 많았고 그다음은 소하(시하) 기슭의 다리 가까이에 있는 가시였다. 앞서 가시를 서술했을 때 이미 언급하였다. 몇몇 이름난 기녀가 거처하는 곳은 매우 호화롭게 꾸며져 있었다. 술그릇, 큰 자기 쟁반, 화상(火箱),[152] 화장품 상자 등과 같은 것은 모두 금은으로 제작하였고 휘장과 깔개는 대부분 비단으로 만들었으며, 또한 진귀한 완구들이 진열되어 있었다. 그다음 등급의 기녀의 경우 술그릇, 각종 장신구, 이불과 요, 의복 등을 모두 여러 곳에서 빌려 왔다. 당시 임안에는 전문적으로 각종 기물을 빌려주는 것을 운영하는 업종이 있었다[이상은 『무림구사』 권6 가관에 의거하였다.].

9) 구란을 중심으로 한 와자의 큰 발전

(1) 와자의 창설과 발전

와자는 와시(瓦市), 와사(瓦肆), 그리고 와사(瓦舍)라고도 하였다. 원래

151_ 『武林舊事』 卷6 歌館, p.443. 「外此諸處茶肆, 淸樂茶坊・八仙茶坊・珠子茶坊・潘家茶坊・連三茶坊, 及金波橋兩河以至瓦市, 各有等差, 莫不靚妝迎門, 爭妍賣笑, 朝歌暮弦, 搖蕩心目.」

152_ 역자 주 화상(火箱)은 향로나 조그만 화로에 씌우는, 상자처럼 생긴 바구니이다.

는 사람들이 임시로 모인 곳에서 기예를 연출하는 구란을 중심으로 한 집시(集市)였다. 북송대에 대도시마다 유행하기 시작해 남송에 이르면 더욱 크게 발전하였다. 남송이 임안을 도성으로 정한 후 대규모의 군대가 주둔하였다. 금군을 통솔하여 전각 경호를 지휘하는 양화옥(楊和王)은 병사들이 대부분 서북지역 출신이기 때문에 성 안팎에 "와사를 세워 음악과 춤을 추는 기인을 불러 모으니, 쉬는 날 군졸들이 즐기는 곳으로 삼았다."[153](『몽량록』권19 와사)고 하였다. 이 와사는 원래 관부가 창설한 것에서 비롯되었기에 관부에 예속되어 관리를 받았다. 성안의 와사는 수내사(修內司)에, 성밖의 와사는 전전사(殿前司)에 예속되었다[『무림구사』권6 와자구란(瓦子勾欄)]. 수내사는 교악소(敎樂所)를 설치하여 관부에 소속된 악인(樂人)을 전담하여 관리하였다. 전전사는 금군을 관리하였는데 성 밖의 와사가 전전사에 예속된 것은 주둔군이 모두 성 안팎의 성벽 가까운 지역에 있어 와사 대부분이 병사의 오락 장소였기 때문이다. 당시 주둔군과 그 가속은 20만 명 이상을 헤아린다. 그런데 반드시 지적해야 할 점은 당시 성 안의 와사는 주로 거주민의 오락 장소였다는 것이다. 그래서 『몽량록』권19 와사에서는 "요즘 도성은 사서(士庶)들이 방탕하고 거리낌이 없이 노는 곳이 되었고 또한 자제들이 휩쓸려 다니며 파멸하는 입구가 되었다."[154]고 하였고 "지금 귀한 집 자제들은 이곳에서 방탕하게 놀아 파멸하는 것이 변도(汴都)보다 훨씬 심하다."[155]고 하였다. 이것은 일종의 옛것을 지키려는 관점이다.

와자에서 기예를 공연하는 건축물을 구란이라고 하거나 붕(棚)이라고도 하였다. 북송의 동경에서 가장 큰 상가와자(桑家瓦子)는 중와자와 이와자로 나뉘는데, 그 안에는 크고 작은 구란이 50여 곳이 있었다. 중

153_『夢梁錄』卷19 瓦舍, p.294. 「城內外創立瓦舍, 招集妓樂, 以爲軍卒暇日娛戲之地.」

154_『夢梁錄』卷19 瓦舍, p.294. 「頃者京師甚爲士庶放蕩不羈之所, 亦爲子弟流連破壞之門.」

155_『夢梁錄』卷19 瓦舍, p.294. 「今貴家子弟郎君, 因此蕩游, 破壞尤甚于汴都也.」

와자에는 연화붕(蓮花棚)과 목단붕(牧丹棚)이 있었고, 이와자에는 야차붕(夜叉棚)이 있었으나 상붕(象棚)이 가장 커서 수천 명을 수용할 수 있었다. 임안도 이런 시설과 명칭을 그대로 따랐다. 상가와자에는 "약을 파는 곳, 점치는 곳, 헌옷을 소리쳐 파는 곳, 탐박(探搏)하는 곳, 음식을 파는 곳, 이발을 하는 곳, 지화를 파는 곳, 악보와 가사를 파는 곳 같은 것이 많이 있어"[156] 구란을 중심으로 하는 하나의 집시를 이루었다. 임안도 이런 시설을 그대로 이어받으면서도 집시의 규모가 더욱 커지고 번화한 가시(街市)에 위치한 와자에는 일반 음식점뿐만 아니라 대주루와 다방도 설치되어 있었다.

(2) 임안성 안의 와자

임안성 안에는 5곳의 와자가 있었다(그림 64 참조).

① 남와자는 소하(시하)의 청랭교(淸冷橋) 서쪽에 있는데, 희춘교(熙春橋) 부근이었다. 『함순임안지』 권19 와자에서는 "희춘루가 있다."고 했는데 희춘루가 바로 남와자의 주루이다.

② 중와자는 어가 중간 부분에 있는 시남방 북쪽에 있었다. 『함순임안지』에서는 "함순 6년에 삼원루(三元樓)를 다시 열었다."고 한다. 중와자에는 원래 주루가 있었으나 함순 6년(1270)에 삼원루를 새롭게 창건한 것이다. 『몽량록』 권16 차사에서는 '중와자 안의 왕마마다사(王媽媽茶肆)'[157]라고 했는데 이것은 중와자 안에 있는 유명한 다방이었다. 중와자에는 또한 소설을 간행하는 장가서포(張家書鋪)가 있었다.

③ 대와자는 예전에는 상와자(上瓦子)라고도 하고 서와자(西瓦子)라고도 하였다. 어가 중단에 있는 시서방의 북쪽 어귀에 위치한 삼교항(三橋巷) 안에 있었다. 대와자 동쪽 어귀에 있는 적선방과 수의방(秀義坊)은

156_ 『東京夢華錄注』 卷2 東閣樓街巷 瓦子, p.66. 「多有貨藥 · 賣卦 · 喝故衣 · 探搏飮食 · 剃剪紙 · 畫令曲之類.」
157_ 『夢粱錄』 卷16 茶肆, p.233. 「又中瓦子內王媽媽茶肆.」

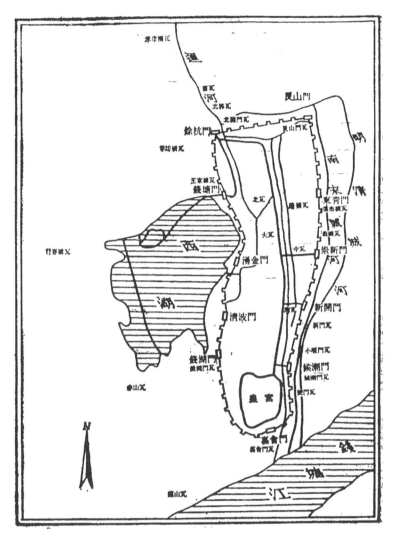

그림 64 남송 임안(항주) 와자 분포도(출전: 林正秋, 『南宋都城臨安』)

속칭 상백희항(上百戲巷)과 하백희항(下百戲巷)이라고 하였다. 온갖 기예
가 모여 들었기 때문에 그러한 명칭이 붙여진 것이지만 실제는 대와자
가 크게 확대된 것이다.

④ 북와자는 하와자(下瓦子)라고도 하며, 어가 북단에 있는 중안교 서남쪽에 있었다. 『몽량록』에서 '중안교 남쪽, 양붕루(羊棚樓) 앞'에 있다고 했으나 『함순임안지』에서는 "양붕루가 있다."고 하였다. 응당 후자의 이야기가 옳다. 양붕루는 북와자에 속하였다. 『무림구사』권6 와자구란에서는 "예를 들어 북와자의 양붕(羊棚)은 유붕[游棚, 송각본(宋刻本)에서는 요붕(邀棚)]이라고 불렀다. 그 밖에 또한 구란이 매우 많이 있어 북와자 안에 구란이 13곳이 있을 정도로 가장 번성하였다."[158]고 한다. 이 양붕루는 동경 상가와자의 상붕(象棚)과 마찬가지로 동물로 이름을 붙였지만 기예를 공연하는 건축물로 사용되었다. 원래 와자 안에 설치된 공연용의 건축물은 임시로 그다지 좋지 않은 재료를 사용하여 재빠르게 이어 만든 것이기 때문에 '붕(棚)'이라고 부르게 되었다. 이때 정교하고 꼼꼼하게 루(樓)을 세웠는데 옛 명칭을 그대로 이어 사용하여 '붕루(棚樓)'라고 불렀다. 이 붕루는 13곳의 구란 밖에 있었던 것이다. 『서호노인번승록』에는 북와자에 있는 13곳 구란의 공연 프로그램을 이야기하면서 "뒤편의 봉화붕(蓬花棚)에서 펼치는 공연은 항상 어전잡극(御前雜劇)이었다."[159]고 하였다. 이것은 13곳의 구란도 붕(棚)이라고 많이 불렀다는 것을 전해 준다. 봉화붕의 명칭도 동경 상가와자의 연화붕처럼 마찬가지로 똑같이 꽃으로 이름을 지었다. 『서호노인번승록』에는 또한 북와자 "안에는 음식점 몇 곳이 있는데 큰 가게는 매일 돼지 10마리를 쓰지만 머리, 족발, 피, 내장은 사용하지 않는다. 저녁때가 되면 밝은 등을 켜고 칼을 다루어 껍질과 뼈를 넉넉히 내놓는다. 건장한 청년도 먹는 데 38전만 들지만 껍질과 뼈를 다 먹지 못하여 연잎에 싸서 돌아갈 정도였다. 이는 음식값이 쌌기 때문이다."[160]고 하였다. 북와자는 남

158_ 『武林舊事』 卷6 勾欄瓦子, p.441. 「如北瓦羊棚樓等, 謂之遊棚. 宋刻邀棚. 外又有勾欄甚多, 北瓦內勾欄十三座最盛.」

159_ 『西湖老人繁勝錄』 瓦市, p.123. 「背做蓮花棚, 常是御前雜劇.」

160_ 『西湖老人繁勝錄』 瓦市, p.124. 「內有起店數家, 大店每日使猪十口, 只不用頭蹄血

와자나 중와자처럼 큰 주루를 세우지 않았으나 몇몇 음식점의 규모가 매우 커서 매일 돼지 10마리를 사용하였다는 것을 알 수 있다.

⑤ 포교와자(蒲橋瓦子)는 동와자(東瓦子)라고도 하며 대하 북쪽 끝의 염교 아래에 있는 포교 동쪽에 있었는데, 함순연간에 이미 없어지고 거주지가 되었다. 살펴보건대, 이 일대는 원래 번화한 지역이었으나 나중에 번화한 가시(街市)가 어가로 집중하면서 이 일대는 점차 쇠락하였고, 와자의 장사도 좋지 않게 되어 퇴락할 수밖에 없었다.

(3) 임안성 밖의 와자

성 밖의 와자에 이르면 『함순임안지』와 『몽량록』는 12곳의 와자를 기재하고 있다. [그림 64] 안에 그려 있다.

⑥ 편문와자(便門瓦子)는 성 동남쪽 편문(便門) 밖 북쪽 어귀에 있었다.

⑦ 후조문와자(候潮門瓦子)는 성 동남쪽 후조문 밖 북쪽 어귀에 있었다.

⑧ 소언문와자(小堰門瓦子)는 성 동쪽 보안문[保安門, 속칭 소언문(小堰門)] 밖 동쪽 어귀에 있었다.

⑨ 신문와자(新門瓦子)는 사통관와자(四通館瓦子)라고도 하며 성 동쪽 신개문 밖 남쪽 어귀에 있었다.

⑩ 천교문와자(薦橋門瓦子)는 성 동쪽 숭신문[崇新門, 속칭 천교문(薦橋門)] 밖 정동쪽의 장가교(章家橋) 남쪽에 있었다.

⑪ 채시와자(菜市瓦子)는 성 동쪽 동청문 밖 정동쪽의 채시교 남쪽에 있었다. 현재 채시교 아래쪽에 와자항(瓦子巷)이 있다.

⑫ 전호문와자(錢湖門瓦子)는 성 서쪽 전호문 밖 남쪽 머리의 성마원(省馬院) 앞에 있었다. 『함순임안지』에는 "겨우 구란 한 곳만 남아 있다."고 하였다.

髒, 遇晚燒晃燈撥刀, 饒皮骨, 壯漢只吃得三十八錢, 起吃不了, 皮骨饒荷葉裹歸, 緣物賤之故.」

⑬ 적산와자(赤山瓦子)는 보군사(步軍司) 뒤편의 군영 앞에 있었다. 『함순임안지』에는 "지금은 구란만 남아 있다."고 하였다.

⑭ 행춘교와자(行春橋瓦子)는 성 서쪽에 있는 영은천축로(靈隱天竺路) 동쪽의 행춘교(行春橋) 옆에 있었다.

⑮ 북곽와자(北郭瓦子)는 성 서북쪽 여항문 밖의 북곽세무(北郭稅務) 북쪽에 있었는데, 대통점(大通店)이라고도 불렀다. 『함순임안지』에는 "지금은 구란만 남아 있다."고 하였다.

⑯ 미시교와자(米市橋瓦子)는 성 서북쪽 여항문 밖의 미시교 아래에 있었다.

⑰ 구와자(舊瓦子)는 성 서북쪽 여항문 밖의 석패두(石壩頭) 북쪽에 있는 마선항(麻線巷)에 있었는데, 등가교(鄧家橋) 앞에 있는 채련교(採蓮橋) 가까이에 있었을 것이다.[161]

『무림구사』 권6 와자구란과 『서호노인번승록』 와시조에 따르면 성 밖에는 다음와 같이 6곳의 와자가 더 있었다.

⑱ 가회문와자(嘉會門瓦子)는 가회문외와자(嘉會門外瓦子)라고도 하며 가회문 밖에 있었다.

⑲ 북관문와자(北關門瓦子)는 북관문신와자(北關門新瓦子)라고도 하며 여항문 밖에 있었다.

⑳ 간산문와자(艮山門瓦子)는 간산문(艮山門) 밖에 있었다.

㉑ 양방교와자(羊坊橋瓦子)는 전당문 밖에 있었다.[162]

㉒ 왕가교와자(王家橋瓦子)는 북쪽 교외의 왕가교(王家橋)에 있었다.[163]

㉓ 용산와자(龍山瓦子)는 남쪽 교외의 용산(龍山) 기슭에 있었다.

『서호노인번승록』에서 "성 밖에 20곳의 와자가 있었다."[164]고 하였는

161_ 『夢粱錄』 卷7 倚郭城北橋道, pp.99~100. 「麻線巷曰采蓮橋. … 舊瓦子後曰鄧家橋.」

162_ 『夢粱錄』 卷7 倚郭城北橋道, p.99. 「霍山大路口曰羊坊橋.」 『西湖老人繁勝錄』에서는 「錢塘門外羊坊橋瓦.」라고 쓰여 있다.

163_ 『夢粱錄』 卷7 倚郭城北橋道, p.99. 「本州試院前曰大通橋・王家橋.」

164_ 『西湖老人繁勝錄』 瓦市, p.124. 「城外有二十座瓦子.」 『서호노인번승록』에서 열

데 이 말이 사실이라면 성 밖에 있는 와자 2곳은 아직 어느 곳에 있는 지는 알 수 없다. 『함순임안지』는 적산와자와 북곽와자에 대하여 모두 "지금은 구란만 남아 있다."고 하였는데 이는 구란 이외의 집시는 흩어 져 사라져 없어졌다는 것이다. 동시에 전호문와자에 대해서도 "겨우 구 란 한 곳만 남아 있다."고 한 것은 이 한 곳 이외에 다른 구란도 이미 없 어졌다는 것이다. 이는 당시 성문 밖마다 모두 와자가 설치되었지만 지 나치게 많아서 어떤 곳은 손님이 많지 않아 집시가 쇠락하였고, 어떤 곳은 겨우 구란 한 곳만 남았다는 것을 말해 준다.

또한 이른바 '노기(路歧)'와 '노기인(路歧人)'이라는 것이 있었는데, '노 기'는 공연장소로 사용되는 길거리의 빈터를 가리키는 것이고 '노기인' 은 길거리에서 공연하는 민간 기예인을 지칭한다. 『무림구사』 권6 와 자구란에 "혹은 노기라는 것이 있는데, 구란에 들어가지 않고 단지 시 끄럽고 넓은 터에 장을 펼치는 사람들로(송각본에는 '사(耍)'를 '요(要)'로 했 는데 송각본이 옳다고 생각한다.) 그들을 '타야가(打野呵)'라고 일컬었다. 이 들은 예인 가운데 두 번째 가는 사람들이다."[165]고 하였다. 사실 길거리 에서 공연을 하는 예인들이 모두 두 번째 가는 사람들은 아니었다.

10) 민간 '사회(社會)'의 조직과 활동

(1) 시문·무예와 기예를 강구하는 사회단체

임안에서 상업과 수공업이 번영하고, 사회 교제가 광범하게 전개되 며 민간 문예 활동이 활기를 띠게 됨에 따라 취지를 같이하는 사회단체 가 적잖이 생겨났다. 그중 시문·무예와 기예를 강구하는 단체가 특별 하였다.

거한 성 밖의 와자는 한 곳이 빠져 있으며 동시에 또한 두 곳을 사통관와(四通館 瓦)와 신문와(新門瓦)로 잘못 쓰고 있다.
[165]_『武林舊事』卷6 瓦子勾欄, p.441.「或有路歧, 不入勾欄, 只在要閙寬闊之處做場者, 謂之打野呵, 此又藝之次者.」

문사(文士)들에게는 서호시사(西湖詩社)가 있었다. 참가자는 도성의 문사 시인 및 떠돌다가 이곳에 의탁한 문사 시인들이었고 시사(詩社)의 취지는 시를 교류하며 창작하는 것이었다. 또한 시미(猜謎)[166] 조직이 있었는데 '재(齋)'라고 불렀다. "은어(隱語)[167]로는 남북의 후재(垕齋)와 서재(西齋)가 있는데 모두 강남에 근거한 것이다. 미법(謎法)[168]을 하거나 시를 습작하는 사람들도 모여 재(齋)를 만들었다."[169][『도성기승』 사회(社會)조고 한다. 무사(武士)에게는 궁궁답노사(躬弓踏弩社), 축국타구사(蹴鞠打球社)와 천노사궁사[川弩射弓社, 사수궁사(射水弩社)라고도 한다.]가 있었는데, 활 당기기, 쇠뇌 쏘기 등 무예 연습과 축국(蹴鞠)·타구(打球) 등의 놀이를 중시하였다.

기예 방면에도 부문별로 조직이 있었다. 잡극에는 비록사(緋綠社)가 있었고 소설(小說)에는 웅변사(雄辯社)가 있었으며 창잠(唱賺)[170]에는 알운사(遏雲社)가 있었다. 사사(耍詞)는 동문사(同文社)가 있었고 청악(淸樂)에는 청음사(淸音社)가 있었으며 음규(吟叫)[171]에는 율화사(律和社)가 있었다. 그림자극에는 회혁사(繪革社)가 있었고 씨름에는 각저사(角抵社)가 있었으며 자수에는 금체사(金體社)가 있었다. 활쏘기에는 금표사(錦標社)가 있었고 사봉(使棒)에는 영략사(英略社)가 있었으며 촬롱(撮弄)[172]에는 운기사(雲機社)가 있었고 축구(蹴球)는 제운사(齊雲社)가 있었다(『도성기승』 사회조). 『도성기승』 사회조에서 기술한 소녀동상생규성사(小女童像生叫聲社)와 호귀비록청악사(豪貴緋綠淸樂社), 『몽량록』 권19 사회에서 언급

166_ 역자주 시미(猜謎)란 문자나 도상을 제시하여 수수께끼를 푸는 지적 유희를 가리킨다.
167_ 역자주 은어(隱語)란 수수께끼 등 빗대어 말을 하는 놀이를 가리킨다.
168_ 역자주 미법(謎法)이란 한자의 획수와 구조를 이용한 방법을 가리킨다.
169_ 『都城紀勝』社會, p.98. 「隱語則有南北垕齋·西齋, 皆依江右. 謎法·習詩之流, 萃而爲齋.」
170_ 역자주 창잠(唱賺)은 송대 설창(說唱)예술의 하나로 여러 곡조를 섞어 연기한다.
171_ 역자주 음규(吟叫)는 속악(俗樂) 중 하나로 상인이 물건을 팔 때 외치는 소리를 음악적으로 엮은 것이다.
172_ 역자주 촬롱(撮弄)은 요술이나 마술을 부리는 유희를 가리킨다.

하고 있는 여동청음사(女童淸音社), 호부자제비록청음사(豪富子弟緋綠淸音社)[173]는 동일한 성격을 가진 조직이었을 것이다. 『도성기승』에서는 "호귀비록청악사가 이러한 사(社) 가운데 풍류가 가장 높았다."[174]고 하였다. 이를 통해 부호자제들이 조직한 것에서 비롯된 음악과 희극을 강구하는 사가 당시에 영향력이 비교적 컸다는 것을 알 수 있다.

이런 대중적인 기예 조직들은 종종 자체의 공연 규칙이 있었고, 또한 자신이 창작한 곡조와 가사가 있었으며, 아울러 각종 경사스러운 연회에 참여하여 공연하기도 하였다. 『사림광기(事林廣記)』무집(戊集) 권2에 기재된 원리원잠(圓裏圓賺)에서는 앞에 '알운요결(遏雲要訣)'과 '알운치어(遏雲致語)'가 있고 그다음에 '원사시어(圓社市語)'가 있다. '알운요결'의 첫머리에서는 "무릇 창잠 연창을 예전에는 도잠(道賺)이라고 하였다."고 하였으며, 또한 "만약 황제를 대하고 있다면 안빈낙도하며 산수에서 지낸다거나 하는 청아한 노래를 불러야 하고 화류계의 연정을 담은 속된 노래를 불러서는 안 된다. 그러면 황제를 모독하는 것이 되므로 알운사의 규율로서 하지 않는다. 연회나 혼례, 장수를 경하하는 연석에는 이러한 제한을 두지 않는다."고 하였다. 동시에 사(詞) 중에는 또한 '잠(賺)'이라는 사가 있었는데, 왕국유(王國維)가 이것을 알운사(遏雲社)에서 부르는 잠사(賺詞)라고 추정한 것은 정확한 것이다. '알운치어'에 대해 주를 달며 "연회용(筵會用)으로 자고천(鷓鴣天)이다."라고 하였다. '자고천'은 곡패(曲牌)이며 '연회용'이란 이 노랫말이 연회에서 사용된다는 것으로 알운사가 자주 연회에 참가하여 공연하였다는 것을 전해 준다.

173_ 『夢粱錄』卷19 社會, p.297. 「女童淸音社,…豪富, 子弟緋綠淸音社.」 역자 주 원문과 대조하기 위해 이용한 판본에서는 '호부(豪富)'를 앞의 구절에 붙여서 구두하여 '호부자제비록청음사(豪富子弟緋綠淸音社)'가 아니라 '자제비록청음사(子弟緋綠淸音社)'라고 하고 있다.

174_ 『都城紀勝』社會, p.98. 「豪貴, 緋綠淸音社, 此社風流最勝.」 역자 주 원문과 대조하기 위해 이용한 판본에서는 '호귀(豪貴)'를 앞의 구절에 붙여서 구두하여 '호귀비록청음사(豪貴緋綠淸音社)'가 아니라 '비록청음사(緋綠淸音社)'라고 하고 있다.

'알운치어'에서는 "술과 노래 있으니, 술잔 가득 따라라. 한 잔에 한 수 그 즐거움 천진스럽다. 서너 잔으로 성정을 도야하고 달빛 아래 바람 맞으며 스스로 즐기네. 둥글게 늘어선 자리 모두 귀한 손님이로다. 노랫소리 감돌며 울리니, 흘러가는 구름도 멈출레라. 훈훈한 봄바람처럼 이 자리엔 지음(知音)들 가득 모였네. 한 곡 올리니 귀 기울여 들으소서."라고 하였다. 이로부터 알운사의 명칭은 '노래소리 감돌며 울리니, 가는 구름도 멈출레라.[가성료량알행운(歌聲繚亮遏行雲)]에서 뜻을 취했다는 것을 알 수 있다. 부른 곡에 대해서는 '원사시어(圓社市語)'라고 제목을 달았는데 원사(圓社)는 바로 제운사(齊雲社)이다. 『사림광기』 융집(戎集) 권2 원사모장(圓社摸場) 첫머리 4구절은 "천하의 제운사, 그 자리에서 공을 차올리네, 작가들 굳이 이걸 쓰려는 건, 원사가 제일 멋지기 때문이지."라고 하였다. 이것으로부터 제운사를 원사라고도 불렀다는 것을 알 수 있다. 알운사와 제운사는 분명 서로 밀접한 관계가 있었으며, 곡 중에 이야기하고 있는 것은 모두 원사의 축구 시합에 관한 것이다. 예컨대 월임호(越恁好)라는 곡에서는 "나와 네가 경기마다 차면서도 고집이나 거스름이 없어. 둘이 맞수 되어 공을 차니 하늘도 헛되이 짝 지운 게 아니로다. 발재주가 과연 이리도 뛰어나구나."라고 하였다. 이것은 축구를 노래하여 음악을 아는 사람들에게 감상의 기쁨을 제공한 것이다[175][왕국유, 『송원희곡고(宋元戲曲考)』 4. 송의 악곡(樂曲)].

(2) 각종 항시의 '사(社)'

상인의 각종 항시에도 모두 사가 있었다. 예컨대 음식업에는 음식품 제작의 기교를 전문적으로 강구하는 기교음식사(奇巧飮食社)가 있었고 과자항(果子行)에는 화과사(花果社)가 있었으며 칠보항(七寶行)에는 칠보고고사(七寶考古社)가 있었다. 칠보사(七寶社)에는 "산호나무 수십 그루

175_ [역자 주] 이 단락은 왕국유(王國維); 오수경 역주, 『송원희곡고 역주』(서울: 소명 출판, 2014), 제4장 송의 악곡, pp.230~236을 참조하였다.

가 있었는데 그 안에는 3척이나 되는 것도 있었다. 옥대(玉帶), 옥완(玉椀), 옥화병(玉花瓶), 옥속대(玉束帶), 옥권반(玉勸盤), 옥진지(玉軫芝, 원래 교감한 부분이 있다. 두 글자는 의심스럽지만 감히 교감하여 고치지 않았다.), 옥조환(玉條環), 파리반(玻璃盤), 파리완(玻璃碗), 채옥(菜玉), 수정(水晶), 묘정(貓睛)·마가주(馬價珠) 등 기이한 보물이 매우 많았다."[176](『서호노인번승록』)고 한다. 화시(花市)의 소가항(蘇家巷)에는 괴뢰사(傀儡社)가 있었고, 주항(酒行), 어항(魚行) 등에도 모두 사가 있었다. 이외에 여러 왕의 저택에도 장생마사(長生馬社)의 조직이 있었고 각종 주둔군에도 모두 사가 있었는데 모두 100여 개였다.

(3) '사(社)'의 주요 활동과 그 기능

사의 주요 활동 가운데 하나가 특정한 영신새회(迎神賽會, 신의 형상을 묘에 가지고 가서 제사 모임을 거행하는 것)에 참여하는 것이었다. 이것도 도성 주민이 열성적으로 참여하고 유람하는 절일이다. 예컨대 정월 9일의 옥황상제 생신, 2월 8일의 곽산장진군(霍山張眞君) 생신, 3월 3일의 우성진군(佑聖眞君) 생신, 3월 28일의 동악(東嶽) 생신, 4월 6일의 성황(城隍) 생신, 4월 8일의 여러 사에서 거행하는 오현왕경불회(五顯王慶佛會), 9월 28일 오왕(五王) 생신 및 촉지역의 관리가 된 사람들이 숭배하는 2월 3일의 재동제군(梓潼帝君) 생신 등이 있다. 그 가운데 2월 8일 곽산행궁(霍山行宮)에 참배하는 집회가 가장 성대하여 각종 기예를 펼치는 사들이 모두 참여하여 공연하였다. 칠보사와 마사(馬社)도 참여하였는데 칠보사는 보물을 바쳤고 마사는 '교마(嬌馬)'나 '혹은 금안(金鞍), 은안(銀鞍), 수안(繡鞍), 양안(養鞍), 금륵(金勒), 옥륵(玉勒), 오은륵(烏銀勒), 옥작자(玉作子), 마노작자(瑪瑙作子), 상감작자(箱嵌作子), 투서작자(透犀作子),

---

176_『西湖老人繁勝錄』七寶社, p.113. 「七寶社, 珊瑚樹數十株, 內有三尺者, 玉帶, 玉椀, 玉花瓶, 玉束帶, 玉勸盤, 玉軫芝, 玉條環, 玻璃盤, 玻璃碗·菜玉·水晶·貓睛·馬價珠, 奇寶甚多.」

칠보작자(七寶作子), 옥작자(玉作子), 대모작자(玳瑁作子)'[177]('『서호노인번승록』)를 바쳤다. 여러 항의 사에서도 모두 자신의 항의 특산품을 바쳤다. 예컨대 전당문 밖 동서마승(東西馬塍)에 있는 꽃과 나무를 파는 농원에는 '이상한 소나무, 괴상한 노송나무와 기이한 꽃을 바치는 사'[178]가 있었고 어항에서는 이상한 모양의 살아 있는 거북이와 물고기를 바쳤다. 내관의 부서 가운데 정교하게 깎고 새긴 대나무 그릇에 기이한 날짐승을 길러 바치는 경우도 있었다. 심지어 통초(通草)와 비단으로 누대를 장식했다는 고사와 비슷한 사례도 있었는데 진주와 비취로 꾸며 매우 정치하였고 대야 하나의 가치가 수만 전에 이르렀다. 동악 생신에는 전번사(錢旛社)가 깃발 30개~50개를 바쳤는데 높이가 2장(丈)이나 되는 것도 있었다.

이들 기예를 갖춘 사는 자기 창작과 연습 및 각종 연회, 집회와 영신 새회에 참여하는 것 외에 관부가 거행하는 경축행사 및 관부가 조직하고 주관하는 절일 행사에도 참여하였다. 예컨대 원소절(元宵節) 앞뒤로 경축하는 많은 무대(舞隊, 송대 민간 절일에 돌아다니며 공연하는 단체)가 참여하여 길거리를 따라 공연하였다. 무대는 그 전해의 동지 때부터 시작하여 이미 거리에서 공연하여 지냈다. 원소절을 앞뒤로 해서 "밤새 내내 천가(天街)에는 북소리가 끊이지 않았다."[179]고 하였다. 원소절 밤이 되면 늘 "군인들이 거리로 나와 제압한다."[180]('『몽량록』)고 하였고 "경조윤이 손으로 드는 작은 가마를 타고 가면 여러 무대가 차례차례 모여 앞뒤를 에워싸니 10여 리에 걸쳐 있었다."[181]('『무림구사』)고 하였다. 『무림구사』에서는 경축행사에 참여하는 무대에는 대소전붕괴뢰(大小全棚傀

177_『西湖老人繁勝錄』正賽長生馬社, p.113~114. 「正賽長生馬社是諸王府第嬌馬, 或用金鞍 · 銀鞍 · 繡鞍 · 養鞍 · 金勒 · 玉勒 · 烏銀勒 · 玉作子 · 瑪瑙作子, 箱嵌作子 · 透犀作子 · 七寶作子 · 玉作子 · 玳瑁作子」
178_『夢粱錄』卷19 社會, p.297. 「東西馬塍獻異松怪檜奇花社」
179_『武林舊事』卷2 元夕, p.369. 「終夕天街鼓吹不絶」
180_『夢粱錄』卷1 元宵, p.6. 「帥臣出街彈壓」
181_『武林舊事』卷2 元夕, p.369. 「京尹乘小提轎, 諸舞隊次第簇擁前後, 連亘十餘里」

傀), 대소작도포로(大小斫刀鮑老), 교곤포로(交袞鮑老), 자제청음(子弟淸音), 여동청음(女童淸音), 알운사(遏雲社), 비록사(緋綠社) 등이 있었다[182]고 기록하였다. 『몽량록』에서도 "청음(淸音), 알운(遏雲), 도도포로(掉刀鮑老)…십재랑(十齋郞)처럼 각 사마다 수십 개 밑으로 내려가지 않았다. 더욱이…척등포로(踢燈鮑老), 치상사(馳象社), 관항(官巷口), 소가항의 이십사가괴뢰(二十四家傀儡)가 있었다."[183]고 하였다. 이는 대다수의 무대가 모두 각종 기예의 사에서 파견한 것이었다는 것을 전해 준다. 궁성의 대연회에도 마찬가지로 이렇게 많은 사에서 파견한 무대가 참가하였다. 『서호노인번승록』에서 기술한 바로는 궁성의 대연회와 원소절 경축 행사에 참여한 무대로 청악사(淸樂社)·투고사(鬪鼓社)·복건포로사(福建鮑老社)의 3백여 명, 천포로(川鮑老)의 1백여 명 등이 있었다.[184] '포로(鮑老)'는 가무극과 괴뢰극에서 사람들의 웃음을 자아내는 배역이다. 이렇게 길거리를 다니며 공연하는 무대는 실제로 가시(街市)를 따라 순회공연을 하였다.

이러한 기예를 강구하는 사회(社會)는 틀림없이 민간 기예의 창작과 공연을 크게 증진시키는 기능을 했을 것이다. 『무림구사』권6 제색기예인(諸色技藝人)에는 '어전응제(御前應制)', '어전화원(御前畵院)', '기대조(棋待詔)' 등 항목의 뒤와 '연사(演史)', '설경원경(說經諢經)', '소설(小說)' 등 항목의 앞 사이에 '서회(書會)' 항목이 있다. 이상애(李霜涯), 이대관인(李大官人), 섭경(葉庚), 주죽창(周竹窓), 평강주이랑(平江周二郞), 가입이랑(賈卄二郞) 6명을 열거하고 있다. 이상애에 대해서 '잠(賺)을 짓는 것이 무리 가운데 두드러지게 뛰어났다.'[185]고 단 주석과 이대관인에 대해서 '사

182_ 역자 주 『武林舊事』卷2 元夕에는 모두 71개의 舞隊 이름이 제시되어 있다.

183_ 『夢粱錄』卷1 元宵, p.6. 「如淸音·遏雲·掉刀·鮑老·胡女·劉袞·喬三敎·喬迎酒·喬親事·焦錘架兒·仕女·杵歌·諸國朝·竹馬兒·村田樂·神鬼·十齋郞各社, 不下數十. 更有喬宅眷·龍船·踢燈·鮑老·駝象車 °官巷口·蘇家巷二十四家傀儡.」

184_ 『西湖老人繁勝錄』福建鮑老一社, p.111. 「福建鮑老一社, 有三百餘人, 川鮑老亦有一百餘人.」

(詞)에 대해 이야기한다'고 단 주석에서 이 두 사람이 기예를 지닌 창작가라는 것을 알 수 있다. 이른바 '잠을 짓는 것이 무리 가운데 두드러지게 뛰어났다'는 것은 창작한 '창잠'이 매우 훌륭했다는 것을 말한다. 주죽창은 또한 『몽량록』권20 기악(妓樂)에서 열거한 '현재 항주성에서 능숙하게 '창잠'을 할 수 있는'[186] 10명의 명인 가운데에서 찾을 수 있어 주죽창도 창작을 하면서도 '창잠'을 공연할 수 있는 명인이었다는 것을 알 수 있다.

11) 민간 기예의 창작과 연출의 발전

북송 시기에 와자가 창설됨에 따라 동경의 민간 기예가 크게 발전하였다. 또한 임안의 와자가 눈에 띄게 발전하고 게다가 민간에서 기예를 강구하는 사회(社會)가 성립함에 따라 민간 기예의 창작과 연출이 더욱 활기를 띠고 왕성해졌다. 동경 와자의 구란에서 연출된 기예로는 소설(小說), 강사(講史), 잡극(雜劇), 잡반(雜班), 산악(散樂), 무선(舞旋), 표창(嘌唱), 제궁조(諸宮調), 설원화(說諢話), 상미(商謎), 합생(合生), 상박(相撲), 구장척롱(球杖踢弄), 괴뢰(傀儡), 영희(影戲), 교영희(喬影戲), 규과자(叫果子), 농충의(弄蟲蟻), 귀신(鬼神, 즉 귀신 분장) 등이 있었다. 임안의 와자에서는 상술한 모든 기예가 한층 더 발전하였고 그 가운데서도 소설, 강사, 잡극, 괴뢰, 영극, 잡기는 더욱 크게 발전했으며, '창잠'에도 새로운 창작활동이 일어났다.

(1) 소설

송대의 '설화(說話)'라는 기예는 '소설', '강사', '설경(說經)', '설참청(說參請)', '설원경(說諢經)' 등의 종류로 나뉜다. '설경'은 불경에 나오는 고사

185_ 『武林舊事』卷6 書會, p.454. 「李霄涯作賺絶倫.」
186_ 『夢粱錄』卷20 妓樂, p.315. 「今杭城老成能唱賺者」

를 꾸며 이야기하는 것이고 '설원경'은 불경 가운데 재미있는 고사를 꾸며 전해 주는 것이며 '설참청'은 손님과 주인이 참선하여 도를 깨닫는 고사를 풀이해 주는 것이다. 이것들은 틀림없이 당대 사원에서 실시한 '속강(俗講)'에서 발전했을 것이다. 이들 가운데 고사를 풀이해 주는 '소설'과 역사를 해석해 주는 '강사'가 비교적 중요하다.

'소설'은 '설화' 가운데 가장 잘 팔렸다. 『도성기승』 와사중기조에서 "소설인을 가장 경외하였는데 무릇 소설이란 한 왕조나 한 시대의 고사로 순식간에 진상을 지적하고 설파하는 것이기 때문이다."[187]라고 하였다. 임안의 북와자에서 유명한 '소설' 예인으로 채화(蔡和), 이공좌(李公佐), 사혜영(史惠英, 여성), 소장사랑(小張四郎) 등 4명이 있었다. "소장사랑은 평생동안 북와자에서만 있으면서 구란 한 곳을 차지하고 설화를 하였는데 다른 와자로 떠나 공연을 펼친 적이 없어서 사람들은 '소장사랑 구란'이라 불렀다."[188]『서호노인번승록』 와시(瓦市)조고 한다. 이는 소장사랑이 풀이해 주는 '소설'은 오랜 기간 동안 호소력을 지녔기 때문에 평생토록 임안에서 가장 큰 와자에 있는 한 구란을 독점하고 이야기를 펼쳤다는 것을 전해 준다. 『무림구사』 권6 제색기예인 가운데 '소설' 분야에서 저명한 예인은 52명에 이르러 각지각색의 예인 가운데 명연기자가 가장 많은 셈이다. 앞서 서술한 4명 역시 그 안에 포함되어 있는데 3명의 이름은 맨 앞에 놓여 있었으나 사혜영은 여성이었기 때문에 그 이름을 가장 뒤에 나열하였다.

남송시대 '소설'의 화본(話本)은 모두 이미 남아 있지 않으나 우리가 알고 있는 편목으로 백수십 종이 있고 그 내용을 통해 여러 부문으로 나눌 수 있다. 『도성기승』에서는 "소설의 경우 그것을 은자아(銀字兒)라

187_『都城紀勝』 瓦舍衆技, p.98. 「最畏小說人, 蓋小說者能以一朝一代故事, 頃刻間提破.」

188_『西湖老人繁勝錄』 瓦市, p.123 「小張四郎一世只在北瓦, 占一座勾欄說話, 不曾去別瓦作場, 人叫做小張四郎勾欄.」

고 하는데 연분(烟粉), 영괴(靈怪), 전기(傳奇) 같은 것이 있다. 설공안(說公案)은 모두 박도(朴刀),[189] 간봉(桿棒),[190] 발적(發跡),[191] 변태(變泰)[192]에 관한 고사이며 설철기아(說鐵騎兒)는 사마금고(士馬金鼓)에 관한 고사를 일컫는다."[193]고 하였다. 즉 '소설'을 연분, 영괴, 전기, 공안, 철기아 등 다섯 부문으로 나누고 있다. 『몽량록』에서는 또한 박도, 간봉 등을 공안에서 분리하여 각각 한 부문으로 만들었다. 송말 나엽(羅燁)도 『취옹담록(醉翁談綠)』 갑집(甲集)의 소설개벽(小說開闢)에서 "영괴, 연분, 전기, 공안과 박도, 간봉, 요술, 신선이 있다."고 하였고 아울러 각 부문의 끝에 소설의 편목을 열거했는데, 모두 합쳐 보니 백여 종이었다. '연분'은 기녀나 남녀 애정의 고사를 이야기하는 것으로 예컨대 「전당가몽(錢塘佳夢)」, 「금장춘유(錦莊春遊)」 같은 부류이다. '영괴'는 귀신과 괴이한 고사를 이야기하는 것으로 예컨대 「팔괴국(八怪國)」, 「무귀론(無鬼論)」 같은 부류이다. '전기'는 사정이 일반적인 것과는 다른 고사를 이야기하는 것으로 예컨대 「혜낭박우(惠娘拍偶)」, 「왕괴부심(王魁負心)」 같은 부류이다. '공안'은 유명한 사건을 이야기하는 것으로 예컨대 「미녀심부(美女尋夫)」, 「대조국사(大朝國寺)」 같은 부류이다. '박도'는 무공과 전투를 이야기하는 것으로 예컨대 「양령공(楊令公)」, 「청면수(靑面獸)」 같은 부류이다. 간봉은 무술을 이야기하는 것으로 예컨대 「화화상(花和尚)」, 「무행자(武行者)」 같은 부류이다. 이른바 '발적'과 '변태'는 빈한한 가문의 출신자가 어려운 상황을 벗어나 뜻을 성취하는 것과 전화위복의 옛 사례를 이야기하는 것일 것이다. 나엽은 "과장하여 입신출세하는 이야기

189_ 역자 주 박도(朴刀)란 몸체가 길고 자루가 짧은 무기용 칼이다.

190_ 역자 주 간봉(桿棒)은 무기로 사용하는 몽둥이이다.

191_ 역자 주 발적(發跡)이란 비천하다가 현달해지거나 가난하다가 부유해지는 것을 말한다.

192_ 역자 주 변태(變泰)는 나쁜 운수가 좋은 운수로 바뀌는 것, 그리고 입신출세하여 영달하는 것을 말한다.

193_ 『都城紀勝』 瓦舍衆技, p.98. 「小說, 謂之銀字兒, 如烟粉・靈怪・傳奇. 說公安, 皆是朴刀・桿棒・發跡・變泰. 說鐵騎兒, 謂士馬金鼓之事.」

를 하여 빈한한 가문의 출신자들이 발분토록 하였고, 배신을 이야기하여 간악한 사내들이 부끄러움을 느끼도록 하였다. 논리적으로 이야기하는 곳에서는 막히거나 번잡하지 않았고 풀어 설명하는 곳에서는 짜임이 있고 정돈이 되어 있었다. 이야기의 대목 가운데 냉담하게 하는 곳에서는 이야기를 연결하면서도 풍격이 있었고 기운차게 이야기하는 곳에서는 이야기를 부연하면서도 시간 가는 줄 모를 정도로 길었다."[194]고 분석하였다. 이 몇몇 '곳[처(處)]'에 대한 묘사는 당시 소설의 기예를 개괄적으로 분석한 것이다. 오늘날까지 전해 오는 고소설(古小說) 가운데 몇 개는 남송의 화본(話本)이며, 게다가 임안에 관한 고사를 이야기하기도 하는데 예컨대 「서호삼탑(西湖三塔)」, 「서산일굴귀(西山一窟鬼)」 등이 있다.

(2) 강사

'강사' 부문의 기예도 임안의 와자 가운데 인재가 많았다. 북와자의 13곳 구란 중에 2곳의 구란에서는 늘 사서(史書)만을 풀이해 주었다. '교만권(喬萬卷), 허공사(許貢士), 장해원(張解元)' 등이 있었다(『서호노인번승록』). 『몽량록』에서는 "사서를 풀이한다는 것은 『자치통감』이나 한나라와 당나라의 역대 사서에서 흥망과 전쟁을 전하는 사건을 해석해 주는 것을 말한다. 대서생(戴書生), 주진사(周進士), 장소낭자(張小娘子), 송소낭자(宋小娘子), 구기산(丘機山), 서선교(徐宣敎)가 있었다."[195]고 하였다. 『무림구사』 '강사(講史)'에서는 저명한 예인 23명을 열거하였는데 앞서 서술한 8명을 그 안에 넣었고 북와자에서 활동하는 3명의 이름을 맨 앞에 배열하였다. 이런 예인들은 역대의 흥망과 전쟁을 이야기할 때

194_『醉翁談錄』甲集 卷1 小說開闢, 「噇發迹話, 使寒門發憤, 講負心底, 令姦漢包羞. 講論處不滯搭, 不絮煩, 敷演處有規模, 有拾給, 冷淡處提綴得有家數, 熱鬧處敷衍得越長久.」

195_『夢粱錄』卷20 小說講經史, p.320. 「講史書者, 謂講說通鑑及漢唐歷代書史門戰, 興廢爭戰之事, 有戴書生·周進士·張小娘子·宋小娘子·丘機山·徐宣敎.」

모두 사서에 의거하면서 부연하고 각색하였다. 그래서 그들의 예명이 종종 공사(貢士), 진사(進士), 해원(解元), 서생(書生), 선교(宣敎) 같은 것이었으며, 여성의 예명은 모두 소낭자(小娘子)라고 하였다.

나엽은 『취옹담록』에서 '소설'을 분석하면서 '강사'의 상황까지도 언급하였다. 그는 "전쟁을 이야기하는 것으로 항우와 유방의 쟁패가 있고, 중요한 모략을 이야기하는 것으로 손빈(孫臏)과 방연(龐涓)의 지략다툼이 있다. 신화(新話)는 장준(張俊), 한세충(韓世忠), 유기(劉錡), 악비(岳飛)를 이야기하고 사서는 진(晉), 송(宋), 제(齊), 양(梁)을 이야기하며, 『삼국지(三國志)』는 제갈량의 뛰어난 재능을 이야기하고 「수서하(收西夏, 서하를 수복하다)」는 적청(狄靑)의 웅대한 지략을 이야기한다. 나라를 위태롭게 하는 사람이 간사한 마음을 품고 아첨하는 것을 이야기하면 평범한 사람들도 분개하고 충신들이 굴욕을 당하고 원통해 하는 것을 이야기하면 강심장의 사람도 모름지기 눈물을 흘린다."[196]고 하였다. 『삼국지(三國志)』와 『오대사(五代史)』를 풀이해 주는 것과 관련하여 북송의 동경 와자에도 이미 유명한 예인이 있었다. 예컨대 "곽사(霍四)는 삼국의 분열을 이모저모 풀이해 주었고 윤상(尹常)은 오대사에 담긴 이야기를 팔았다."[197]고 하였다. 적청의 웅대한 지략과 장준, 한세충, 유기, 악비에 관한 '신화'는 남송시대에 새롭게 창작한 것이다. "또한 왕육대부(王六大夫)가 있었는데 어전에서 이야기를 하고 막사(幕士)가 되어 봉록을 청하였다. 여러 역사를 강론하는데 모두 통하였고 함순연간에는 「복화편(復華篇)」과 「중흥명장전(中興名將傳)」에 살을 붙여 연출하니 이야기를 듣는 자가 많았다. 무릇 이야기는 문자대로 하여 진실을 담고 속되지 않았으며 일의 연원을 살펴보고 이야기하는 것이 매우 넓었을

196_『醉翁談綠』甲集 卷1 小說開闢,「說征戰有劉項爭雄, 論機謀有孫龐鬥智, 神話說張韓劉岳, 史書講晉宋齊梁, 三國志諸葛亮雄才, 收西夏說狄靑大略. 說國賊懷姦從佞, 遣愚夫等背生嗔, 說忠臣負屈啣寃, 鐵心腸也須下淚.」

197_『東京夢華錄注』卷5 京瓦伎藝, p.133.「郭四究說三分, 尹常賣五代史.」

따름이다."[198][『몽량록』권20 소설강경사(小說講經史)]고 하였다. 「복화편」과 「중흥명장전」은 바로 '신화로 장준, 한세충, 유기, 악비를 이야기한' 것으로 그 이야기는 남송초 금나라에 항전한 영웅들의 사적이었다. 이러한 '신화' 이야기는 남송말에 정치적으로 현실적으로 중대한 의미를 가져 '듣고자 하는 사람들이 매우 많아' 듣는 자리가 모두 팔렸다.

(3) 표창 · 제궁조와 창잠

표창과 제궁조는 북송 동경에서 이미 매우 유행했는데 임안에서 더욱 발전하였다. 표창은 소사곡(小詞曲)을 맑은 소리로 부르는 것으로 북을 쳐서 박자를 맞추거나 혹은 단지 잔만 두드리기도 하였는데 노랫소리가 매우 빨라 그러한 이름을 얻게 되었다. 북와자에는 유명한 예인 번화(樊華)가 있었다[199](『서호노인번승록』). 당시 임안에서 매우 널리 유행했는데, "본래 가시(街市)에만 있었으나 지금은 집안에서도 종종 있다."[200](『도성기승』)고 하였다. 제궁조는 장편의 전기(傳奇)와 신험하고 괴이한 고사를 설창(說唱)하는 것으로, 여러 '궁조(宮調)'의 '짧은 모음곡'을 합쳐서 이룬 것으로 비파 등의 악기로 반주를 하고 그 사이사이에 설백(說白)[201]이 있다. 북와자에서 이름난 예인으로는 고랑부(高娘婦), 황숙경(黃淑卿) 등이 있었다. 『무림구사』에는 4명을 열거하였는데 앞서 말한 2명 외에도 왕쌍연(王雙蓮)과 원태도(袁太道)가 있었다. 고랑부와 왕쌍연은 모두 여성 예인이었다. 남송시대 제궁조를 노래하는 명인은 대부분 여성 예인이었다. 『몽량록』에서는 "지금 항주성에 있는 여성 예인인 웅

198_ 『夢粱錄』卷20 小說講經史, p.313. 「又有王六大夫, 原係御前供話, 為幕士請給, 講諸史俱通, 於咸淳年間, 敷演復華篇及中興名將傳, 聽者紛紛, 皆講得字眞不俗, 記問淵博甚廣耳.」

199_ 『西湖老人繁勝錄』, p.124. 「賣嘌唱, 樊華.」

200_ 『都城紀勝』瓦舍眾伎, p.96. 「本只街市, 今宅院往往有之.」

201_ 역자 주 설백(說白)이란 희곡 가운데 대사 이외에 중간에 들어가는 대사를 가리킨다.

보보(熊保保) 및 그 후배 여동(女童)들이 모두 이것을 본받았다."202고 하였다.

'창잠(唱賺)'은 소흥연간에 새롭게 처음 만들어진 곡예(曲藝)이다. 『도성기승』에서 "임안을 도읍으로 삼은 이후 대부(大夫) 장오우(張五牛)가 고판(鼓板)을 치는 것을 듣던 중에 또 네 마디의 태평령(太平令)203이나 고판을 유인하는 것이 있어 지금 판을 쳐서 박자를 맞출 때 장단을 빨리하는 것은 바로 이것으로 해야 한다고 여겨 마침내 '잠(賺)'을 만들었다. 잠(賺)이란 '미혹하여 유인하다'는 뜻으로, 사람들이 아름다운 소리에 바야흐로 접하면 마지막 소리까지 왔는지도 깨닫지 못할 정도이니 마디의 첫머리도 만들어서는 안 되는 것이다."204라고 하였다. 『몽량록』에도 같은 서술이 있다.205 '잠(賺)'은 '유인하다'라는 의미로, 이런 곡조가 매우 흡인력이 있었다는 것이다. 북와자에서 유명한 예인으로는 복삼랑(濮三郎), 선이이랑(扇李二郎), 곽사랑(郭四郎) 등이 있었다. 『무림구사』에는 22명이 열거되어 있는데, 앞서 언급한 3명의 이름을 맨 앞에 배열하였다. 『몽량록』에 열거한 '현재 항주성에서 잠(賺)을 능숙하게 잘 부를 수 있는'206 10명은 모두 『무림구사』에 열거된 22명 중에는 보이지 않는데, 그중 주죽창(周竹窗)은 『무림구사』의 서회(書會) 부분에 보이니207 아마 이 10명은 모두 알운사(遏雲社)에 소속된 사람이었지 기

202_『夢梁錄』卷20 妓樂, p.314.「今杭城有女流熊保保及後輩女童皆效此.」

203_ 역자 주 태평령(太平令)은 멜로디 명칭으로 현대 곤곡(崑曲)으로 부르는 것은 웅장하고 리듬이 빠르다.

204_『都城紀勝』瓦舍眾伎, p.97.「中興後, 張五牛大夫因聽動鼓板中, 又有太平令或賺鼓板, 即今拍板大節抑揚處是也, 遂撰為賺. 賺者, 誤賺之義也. 令人正堪美聽, 不覺已至尾聲, 是不宜為片序也.」

205_『夢梁錄』卷20 妓樂, p.315.「紹興年間, 有張五牛大夫, 因聽動鼓板中有太平令或賺鼓板, 即今拍板大節抑揚處是也, 遂撰為賺. 賺者, 誤賺之義也. 正堪美聽中, 不覺已至尾聲, 是不宜為片序也.」

206_『夢梁錄』卷20 妓樂, p.315.「今杭城老成能唱賺者, 如竇四官人・離七官人・周竹窗・東西兩陳九郎・包都事・香沈二郎・雕花楊一郎・招六郎・沈媽媽等.」

207_『武林舊事』卷6 諸色伎藝人, p.454.「書會：李霜涯(作賺絕倫), 李大官人(譚詞, 葉庚, 周竹窗, 平江週二郎(猢猻), 賈廿二郎.」

예를 파는 사람이 아니었을 것이다. 당시 '창잠'으로 유명했던 '사'인 알운사에 대해서는 이미 앞 절에서 서술하였다. 알운사에서 창작한 '원리원잠(圓裏圓賺)'을 통해서 보면, 그 구조는 하나의 궁조로 된 약간의 곡조를 모아 한 모음곡으로 만들어 앞에는 도입이 있고 뒤에는 종결이 있으며, 그 중간에 종결에 가까운 '두 곡(二曲)' 앞에 '잠(賺)'이라는 곡조를 삽입하였다. 가사가 앞뒤에 있는 7개의 곡조에 비해 길었고, 판을 두드리며 노래를 부르는 것을 중점으로 삼았다. '알운요결(遏雲要訣)'에서 "잠(賺)으로 들어갈 때 첫머리는 한 자(字)가 한 박자이고 첫 마디는 3박자이며, 뒤도 이를 따른다. 잠(賺)에서 나올 때 3박자이다."라고 하였다. 이렇게 '잠(賺)'이라고 이름 붙인 곡조는 각종 곡조를 집대성한 것이라고 할 수 있으며, 장단이 빠르고 노랫소리가 휘돌아가며 밝다. 알운사는 바로 '노랫소리 감돌며 울리니, 흘러가는 구름도 멈출레라.'라는 구절에서 뜻을 취하였다. 『도성기승』에서 "무릇 잠(賺)이 가장 어렵다[『몽량록』에는 '범(凡)' 글자 뒤에 '창(唱)'이라는 글자가 있다.²⁰⁸]. 그것은 만곡(慢曲) · 곡파(曲破) · 대곡(大曲) · 표창(嘌唱) · 사령(耍令) · 번곡(番曲) · 규성(叫聲) 등 여러 곡조의 악보를 겸하기 때문이다."²⁰⁹라고 하였다. '대곡'은 당송 때 동일한 궁조로 된 약간의 '편(遍)'이라는 곡조를 모아서 만든 무곡(舞曲)이고, '곡파'는 대곡 중간에 '파(破)' 혹은 '입파(入破)'라고 부르는 단락을 단독으로 공연하는 것으로 박자가 매우 빠르다. '규성'은 시장에서 물건 파는 여러 소리에 곡조를 덧붙여 부르는 것이다.

당시 어가 중단의 융화방, 신가(新街) 및 하와자 등지에는 '산악가(散樂家)'가 거주하였는데 '여자아이가 역할을 맡았고 현악기로 잠곡을 연주하여' 연회나 집회에 초대받아 공연을 하였다²¹⁰(『몽량록』). 이른바 '여

208_『夢粱錄』卷20 妓樂, p.310. 「凡唱賺最難.」
209_『都城紀勝』瓦舍眾伎, p.97. 「凡賺最難, 以其兼慢曲 · 曲破 · 大曲 · 嘌唱 · 耍令 · 番曲 · 叫聲諸家腔譜也.」
210_『夢粱錄』卷20 妓樂, p.313. 「今士庶多以從省, 筵會或社會, 皆用融和坊 · 新街及下瓦子等處散樂家, 女童裝末, 加以弦索賺曲, 祇應而已.」

동장말(女童裝末)'은 여자 아이에게 역할을 맡도록 각색하여 이야기의 극적인 감정을 표현한다는 것이다. 『도성기승』에 "지금 또 복잠(覆賺)이라는 것이 있으며, 또한 변화전월하지정(變花前月下之情) 및 철기(鐵騎) 같은 종류가 있다."[211]고 하였다. 이 또한 희곡(戲曲)의 성격을 갖고 있다.

(4) 잡극

북송 동경의 와자에서는 이미 잡극을 공연하였고, 남송에 이르러 더욱 발전하였다. 남송시대 궁정 음악을 관리하는 교방(敎坊)에서는 "오로지 잡극을 정색(正色)이 하는 것으로 하였다."[212]고 하였다. 북와자의 연화붕에서는 늘 '어전잡극'을 공연하였는데 이름난 예인으로는 조태(趙泰), 왕후희(王侯喜), 송방녕(宋邦寧), 하연청(何宴淸), 서두단자귀(鋤頭段子貴) 등이 있었다. 『무림구사』에서는 앞에 서술한 5명을 그 안에 포함하여 41명에 이르는 유명한 예인을 열거하였다. 민간에는 또한 비록사(緋綠社)라는 잡극을 공연하는 사가 있었다는 것은 이미 앞 절에서 서술하였는데 착용한 복장의 색이 붉은빛을 띠는 비색(緋色)과 푸른빛을 띠는 녹색(綠色)이었기 때문에 그런 이름을 얻게 되었다.

이러한 희곡은 남송에 이르러 이미 일정한 구조를 갖추었는데 "무릇 모두 고사(故事)로 하되 해학에 힘쓰며 노래하고 읊고 응대하는 것으로 두루 통하게 하였다. 이는 본래 거울에 비추어 경계하거나 또는 간언의 뜻도 숨겨져 있다."[213](『몽량록』)고 하였다. 노래하고 읊고 응대하는 방식으로 두루 통하며 고사의 내용을 표현하고 사람들이 웃도록 힘을 쓰면서도 아울러 간언을 권고하는 것을 목적으로 삼았다. 공연할 때 한 마당[장(場)]을 두 단(段)으로 나누고 앞부분을 '염단(豔段)' 또는 '염단(燄

211_ 『都城紀勝』 瓦舍衆伎, p.97. 「今又有覆賺, 又且變花前月下之情及鐵騎之類.」
212_ 『都城紀勝』 瓦舍衆伎, p.95. 「唯以雜劇爲正色.」 **역자 주** 정색(正色)은 송대 교방(敎坊)에 소속된 부서 중 하나이다.
213_ 『夢粱錄』 卷20 妓樂, p.312~313. 「大抵全以故事, 務在滑稽唱念, 應對通遍. 此本是鑑戒, 又隱於諫諍, 故從便跣露, 謂之無過蟲耳. 若欲駕前承應, 亦無責罰.」

段)'이라 불렀고, 뒷부분을 '정잡극(正雜劇)'이라고 하였다. 『무림구사』 권1 성절(聖節)에 실린 '천기성절배당악차(天基聖節排當樂次, 황제생신 연회 음악의 차례 배열)'에 따르면 모든 '잡극'은 먼저 '공연하는' 단락과 그 뒤에 '덤으로 보여 주는' 단락으로 되어 있었다. 예컨대 "오사현(吳師賢) 이하 는 '군성신현찬(君聖臣賢讚)'을 공연하고 덤으로 '만세성(萬歲聲)'을 보여 주었다."[214]고 하였다. 각 마당마다 '말니[末泥, 혹은 희두(戲頭)라고 부른다.]' 를 수장으로 하여 모두 네 개 혹은 다섯 개의 배역이 있었다. '말니' 외 에도 '인희(引戲)', '부정[副淨, 혹은 차정(次淨)이라고도 부른다.]', '부말(副末)' 및 '장단(裝旦)' 혹은 '장고(裝孤)' 등이 있었다. 『도성기승』에서 "말니가 주장(主張)을 맡고, 인희는 분부(分付)를 맡는다. 부정이 발교(發喬)를 맡 고 부말은 타원(打諢)을 맡는다."[215]고 하였다. 말니가 '주장'을 맡는다는 것은 극의 주지(主旨)를 관장한다는 것이고, 인희가 '분부'를 맡는다는 것은 배역의 훈련 연습을 관장한다는 것이다. 부정은 극의 주연이며 발 교는 극의 줄거리에 따라 그 모습을 꾸며 연기를 한다는 것이다. 부말 은 조연이며 타원은 주연의 연기에 따라 웃긴 이야기를 하여 재미를 자 아낸다는 것이다. '장단'은 극에서 여자 역으로 분장하는 것을 말하는데, 이것은 당시 어전에서 공연하는 잡극의 연기자가 모두 남자였기 때문 이다. '장고'는 극에서 관리로 분장하는 것을 말한다. 『무림구사』 권4 건순교방악부(乾淳敎坊樂部) 잡극에서는 1갑(甲)에는 8명이 있는데 희 두·인희·부말·장단은 각 1명이었고 차정은 3명이 있었다고 하였 다. 그 나머지 3갑에는 단지 희두·인희·차정·부말이 각 1명씩 있었 다(보조하는 1갑을 포함하고 있다.). 『무림구사』 권6 제색기예인에서 열거 하고 있는 잡극의 명인 가운데 만성자(慢星子)와 왕쌍연(王雙蓮) 두 사람 에 대해서는 '여류(女流)'라고 주를 달아[216] 밝히고 있는데, 민간의 잡극

214_ 『武林舊事』 卷1 聖節, p.351. 「雜劇, 吳師賢已下, 做君聖臣賢讚. 斷送萬歲聲.」
215_ 『都城紀勝』 瓦舍衆伎, p.96. 「末泥色主張, 引戲色分付, 副淨色發喬, 副末色打諢.」
216_ 『武林舊事』 卷6 諸色伎藝人, p.458. 「慢星子女流…王雙蓮女流」

에 여성 예인들이 이미 참여하여 공연하고 있었다는 것을 알 수 있다.

　남송 잡극의 극본은 이미 모두 전해지지 않는다.『무림구사』권10에 실려 있는 관본잡극단수(官本雜劇段數)를 보면 모두 280본(本)이나 단지 목록만 남아 있다. 왕국유는 이 목록을 근거로 분석하여 그 가운데 대곡(大曲)으로 사용되는 것이 103본이고, 법곡(法曲)으로 사용되는 것이 4본이며, 제궁조(諸宮調)로 사용되는 것이 2본이고, 보통 사조(詞調)로 사용되는 것이 35본이라고 하였으며, 또한 남송 잡극은 대부분 가곡으로 연출되었고 몇몇 익살스러운 잡극을 삽입하였으며 아울러 일부 북송의 희곡을 그 안에 보존하고 있다고 보았다[217][『송원희극고』5 송관본잡극단수(宋官本雜劇段數)]. 근래 사람의 고증에 따르면 그 내용의 줄거리를 알 수 있는 것으로 50여 종이 있다.

(5) 괴뢰희

　북송 동경의 괴뢰희에는 이미 장두괴뢰(仗頭傀儡)·현사괴뢰(懸絲傀儡)·약발괴뢰(藥發傀儡)·수괴뢰(水傀儡) 등이 있었고, 임안에서는 육괴뢰(肉傀儡)가 새로 생겨났다. 수괴뢰는 수중에서 공연하는 것으로 '수백희(水百戲)'를 함께 공연하여 "물고기가 용으로 변화하는 것이 진짜보다 나을 정도였다."[218](『몽량록』)고 하였다. 북와자에는 수괴뢰의 예인 유소복야(劉小僕射)[219]가 있었는데(『서호노인번승록』)『무림구사』에도 그가 수괴뢰를 공연했다고 기록하였다.『몽량록』에는 그 외에 4명을 열거하고 "더욱이 장두괴뢰(仗頭傀儡)는 유소복야(劉小僕射) 등 몇 사람이 가장 뛰어

217_ 역자 주 왕국유; 오수경 역주,『송원희곡고 역주』5장「송관본잡극단수」, pp.243~267 참조. 이 책의 역주자는 실제 왕국유가 열거하고 있는 곡 가운데 대곡은 104본이고, 보통사조는 30본이라고 하여 왕국유 본인이 제시한 숫자와는 차이가 있다고 하였다.

218_『夢梁錄』卷20 百戲伎藝, p.317.「其水傀儡者, 有姚遇仙·賽寶哥·王吉·金時好等, 弄得百憐百悼. 兼之水百戲, 往來出入之勢, 規模舞走, 魚龍變化奪眞, 功藝如神.」

219_『西湖老人繁勝錄』, p.124.「水傀儡, 劉小僕射.」

났다."[220]고 하였다. 육괴뢰는 "어린이와 후배들이 이것을 공연했다."[221] (『도성기승』)고 하여 어린이를 인형으로 분장했을 것이다. 괴뢰희는 소설과 강사의 대본 혹은 잡극에 의거하여 공연하는데, 서로 같은 배역도 있지만, 여자 배역에는 세단(細旦)과 조단(粗旦)의 구분이[222] 있었다.

(6) 영희

남송의 영희 역시 북송에 비해 번성하였다. 북와자에는 상보의(尙保義), 가웅(賈雄) 등이 있었는데『무림구사』에서는 앞의 2명을 그 안에 포함하여 22명이나 이르는 유명한 예인을 열거하였다. 그 가운데 여성 예인도 3명이 있다. 이들은 강사(講史)의 대본을 채택하여 극을 짜서 역사 인물들 중 충신과 간신의 서로 다른 모습을 그려 내는 것을 중시하였다.

(7) 각저

각저는 상박(相撲) 또는 쟁교(爭交)라고도 불렀다. 조정의 대조회, 황제의 생신, 어전 연회 등에서 전례에 따라 좌우군(左右軍)에서 뽑은 선수가 씨름을 하였다. 호국사(護國寺)에서는 정기적으로 남고봉(南高峰)의 노천 무대에서 승부를 겨루기도 하였는데, 여러 도(道) · 주(州) · 군(郡)에서 강건한 장사를 뽑아 시합에 참여시켰다. 우승상으로 깃발, 은잔, 채색 비단, 솜옷, 말 등을 지급하였고 심지어 군좌(軍左)의 직책에 보임시키기도 하였다. 와자에서는 혹 노기인(路伎人)이 자주 씨름을 공연하였는데, 종종 먼저 여성 예인이 공연을 하여 관중을 끌어모은 후에 힘

220_『夢梁錄』卷20 百戲伎藝, p.317.「更有仗頭傀儡, 最是劉小僕射家數果奇.」

221_『都城紀勝』瓦肆衆伎, p.97.「弄懸絲傀儡 · 杖頭傀儡 · 水傀儡 · 肉傀儡,以小兒後生輩為之.」

222_ 역자 주 단(旦)은 전통 희극에서 여자 배역을 가리킨다. 단에는 정단(正旦, 여자 주역), 부단(副旦, 소녀 배역) 등이 있으며 세단(細旦)이란 정월대보름에 여장하여 공연하는 남자 배우를 말한다.

센 사람들이 승부를 다투었다.

(8) 잡기

잡기 공연은 북송의 풍조를 그대로 계승하였다. 뛰어나고 활발한 공연으로는 상간참금계(上竿搶金鷄, 장대 위 금닭 빼앗기), 타근두(打筋斗, 공중제비), 탕권(踢拳), 답교(踏蹻), 상삭(上索, 줄타기), 타교곤(打交輥), 탈삭(脫索) 등이 있었고 또한 삭상주(索上走, 줄 위에서 달리기), 삭상담수(索上擔水, 줄 위에서 물동이 들기) 및 삭상장귀신(索上裝鬼神, 줄 위에서 귀신 분장하기), 무작도(舞斫刀. 작두 타기), 무만패(舞蠻牌), 무검(舞劍, 칼춤), 과도문(過刀門), 과권자(過圈子) 등이 있었다. 이른바 상간창금계는, 금으로 만든 닭이 있는 장대의 높이가 5장 5척이며 사람이 줄을 타고 올라가 금으로 만든 닭에 닿는 것으로 먼저 도달한 사람은 경품을 얻고 만세를 부른다. 교사(郊祀)가 있는 해에는 항상 여정문 위에서 사면령을 내릴 때 공연을 승인하였고 조정의 대조회와 황제 생신 때에도 항상 공연을 승인하였다.

잡기 공연 가운데 비교적 많은 것이 발재주를 부리는 것들이다. 예컨대 탕병(踢瓶, 병돌리기), 농완(弄碗, 접시돌리기), 탕경(踢磬, 경쇠돌리기), 탕항(踢缸, 항아리돌리기), 탕종(踢鐘, 종돌리기), 농두전[弄頭錢, 농화전(弄花錢)이라고도 한다.], 농화고퇴(弄花鼓槌), 탕필묵(踢筆墨, 붓과 먹 돌리기), 농화구(弄花球) 등이 있었다. 또한 각종 놀이가 있었는데 예컨대 사봉(使棒, 봉술), 타경(打硬, 단단한 것 깨기), 거중(擧重, 무거운 것 들기), 공차기. 활쏘기, 탄환과 진흙구슬 던지기, 방풍쟁(放風箏, 연날리기), 연화(烟火, 불놀이), 찬호병(攢壺瓶, 옛날의 투호) 등이 있었다. 또한 각종 마술이 있었는데 예컨대 장인(藏人, 사람 숨기기), 장검(藏劍, 칼 숨기기), 소화(燒火, 불끄기), 농수(弄水), 벽상수(壁上睡, 벽 위에서 잠자기), 허공에 향로 걸기, 흘침(吃針, 바늘 삼키기) 등이 있었다. 또한 들짐승 길들이기, 날짐승 길들이기, 곤충 길들이기, 농웅(弄熊, 곰 재주부리기), 포사(捕蛇, 뱀 잡기) 등이 있었다. 또한 성대모사를 공연하는 것도 있었다. 『무림구사』 권1 성절(聖節)에서는 시종하며 보조하는 사람을 열거하면서 마지막에 '백희(百戲) 심경(沈慶) 등 64명, 백금명(百禽鳴) 호복(胡福) 등 2명'[223]이라고 기록하였다. '백금명'은 바로 100가지 새 소리를 흉내 내는 성대모사 묘기이다.

(9) 길거리 예인의 공연

특히 주목할 만한 것은 길거리 예인의 공연이다. 많은 시가의 빈터에서는 "노기인(路伎人)들은 안에 무대 마당을 만들어 칠성법(七聖法)[224]을 행하고 사람의 머리를 자르는 마술을 하거나 부적을 팔았고 순식간에 원래대로 꼭대기에 올라갔다. 답오자(畓食放子), 탄검(呑劍, 칼 삼키기), 취안정(取眼睛)…등이 있었다."[225](『서호노인번승록』)고 하였다. 또한 "시가에는 악인(樂人) 3명~5명이 한 무리를 이루고는 한두 명의 여자아이를 높이 들고 춤추며 돌며 소사(小詞)[226]를 노래하면서 길을 따라 다니며 오로지 기예를 팔아 생활을 하였다."[227](『몽량록』)고 하였다. 이러한 길거리 예인의 공연은 관중이 가장 많았고 영향도 아주 컸다. 이름난 예인 가운데 거리 공연에서부터 점차적으로 성장한 사람들이 적지 않다. "창표((唱嘌)와 사령(耍令)의 경우 지금은 노기인(路伎人)인 왕쌍련(王雙蓮)과 여대부(呂大夫)가 단정한 음률로 노래를 부를 수 있을 따름이다."[228]

223_ 『武林舊事』 卷1 聖節, p.357. 「百戲沈慶等六十四人. 百禽鳴胡福等二人.」
224_ 역자 주 칠성법(七聖法)은 송대 공연된 마술이다.
225_ 『西湖老人繁勝錄』, pp.119~120. 「十三軍大教場, 教突軍教場・後軍教場・南食內・前枳子裏・貢院前・佑聖觀前寬闊所在, 撲賞并路岐人在內作場, 行七聖法, 切人頭下, 賣符, 少間依元接上. 畓食放子, 呑劍, 取眼睛, 大裏捉當, 三錢教魚跳刀門, 鳥龜踢弄, 金翅覆射, 斗葉猢猻, 老鴉下棊, 蠟觜舞齋郎, 鵓郭弩, 教熊使捧, 相捧, 王宣弄鴉, 打一丈方餠.」
226_ 역자 주 소사(小詞)란 일종의 유행가로서 짧은 가사의 곡을 일반적으로 가리키지만 민간에서 부르는 속요(俗謠)를 지칭하기도 한다.
227_ 『夢粱錄』 卷20 妓樂, p.313 "街市有樂人三五爲隊, 擎一二女童舞旋, 唱小詞, 專沿街趕趁.」
228_ 『夢粱錄』 卷20 妓樂, p.315. 「若唱嘌耍令, 今者如路岐人王雙蓮・呂大夫唱得音律端正耳.」

(『몽량록』)고 하였다. 왕쌍련은 여성 예인으로 본래 '노기인'이었으나 창표와 창사령(唱耍令)으로 유명해져서 나중에 제궁조를 부르는 명인이자 동시에 잡극의 명인이 되었다. 『무림구사』에서 열거한 유명한 예인들의 이름을 살펴보면, 제궁조에도 그녀가 있고[229] 잡극에도 그녀가 있으며,[230] 아울러 '여류'라는 주가 달려 있어 그녀는 잡극의 명인 41명에 있는 2명의 여성 가운데 1명이었다.

12) 서호 및 성 안팎의 풍경 유람

"이곳은 호수와 산의 아름다움을 간직하고 있는데 동남쪽에서 제일 가는 곳이다."[231]라고 하였다. 이른바 호수와 산이 아름답다고 하는 것은 바로 서호와 주변의 호숫빛과 산의 색채가 뛰어나고 아름답다는 것을 가리킨다. 당송시대에 몇 명의 유명한 문학가가 이곳에 와서 지방관을 맡아서 서호의 관리에 주의를 기울여 호수와 산을 더욱 아름답게 하였다. 당대 장경(長慶)연간(821~824)에 백거이(白居易)가 항주자사를 맡아서 일찍이 제방을 쌓아 호숫물을 담아 농지에 물 대는 것을 편리하게 하였다. 북송 원우연간에는 소식(蘇軾)이 항주지사에 부임하였는데 호수 주변의 논이 호수를 침범하고 마름과 연을 심어 호수의 면적이 좁아지고 진흙으로 막혔기 때문에 호수를 열어 소통시켰다. 아울러 서하령(栖霞嶺) 남쪽에서 곧장 남병산(南屛山) 서쪽 기슭에 이르는 호수 제방을 쌓았는데, 이른바 소제(蘇堤)이다. 제방에는 9개의 정자와 6개의 다리가 있었는데, 이것이 바로 소식이 "6개의 다리는 은하수에 가로놓여 있고, 북산이 비로소 남병산과 통하게 되었다."[232]라고 한 것이다. 남쪽에서

229_ 『武林舊事』 卷6 諸色伎藝人 p.459. 「諸宮調…王雙蓮」
230_ 『武林舊事』 卷6 諸色伎藝人 p.458. 「雜劇…王雙蓮女流」
231_ 송 인종이 태수(太守) 매지(梅摯)에게 내린 시로 전여성(田汝成)의 『서호유람지여(西湖遊覽志餘)』 권10 재정아치(才情雅致)에 보인다.
232_ 『蘇軾詩集』([宋] 蘇軾 撰, [淸] 王文誥 輯註, 孔凡禮 點校, 北京:中華書局) 卷35 古今

부터 호수 안쪽으로 세어서 소제의 세 번째 다리, 네 번째 다리, 다섯 번째 다리의 왼쪽 맞은편에 각각 1개씩 병 모양의 작은 탑이 있는데 이른바 삼담(三潭)이 있는 곳이다. 이 외에도 북산에서 남산에 이르는 작은 새 제방은 남송 때 지부 조여판(赵與阪)이 순우(淳祐) 2년(1242)에 건설을 관장한 것으로 조공제(趙公堤)라고 부른다. 남송은 일찍이 여러 차례 서호를 준설하였고 마름과 연을 심어 호수 면적을 침범하여 차지하는 것을 금지하였다. 그 까닭은 호수의 물은 농지에 대는 물이자 성 안 주민에게 공급하는 용수로 이용되었고 또한 술을 주조하는 데도 이용되었을 뿐만 아니라 서호가 유람 명승 풍경지역이었기 때문이다.

남송 때에는 이미 서호십경(西湖十景)이 있었다. 이것은 당시 화가와 시인들이 온 힘을 다해 그림으로 묘사하고 시로 읊은 것이었다. 십경의 명칭은 유랑문앵(柳浪聞鶯), 소제춘효(蘇堤春曉), 곡원풍하(曲院風荷), 평호추월(平湖秋月), 삼담인월(三潭印月), 단교잔설(斷橋殘雪), 뇌봉석조(雷峯夕照), 남병만종(南屛晚鐘), 양봉삽운(兩峯揷雲), 화항관어(花巷觀魚) 등이다. 십경은 줄곧 이어져 오늘날까지 이르고 있으며 단지 몇몇 지점이 약간 달라졌는데 이것은 청대 강희(康熙)연간(1662~1722)에 새롭게 다시 배치한 것이다. 예컨대 유랑문앵은 송대에는 원래 청파문(淸波門) 바깥의 취경원(聚景園)에 있었으나 송이 멸망하자 정원도 폐기되었다. 또 곡원풍하의 경우 송대에는 구리송(九里松)의 행춘교(行春橋) 옆에 원래 국원(麯院, 관서의 술을 양조하는 곳)이 있었고 호수가에 연꽃을 심었으나 원명시대에 국원은 점차 폐기되었다. 화항관어의 경우 송대에는 환관 노윤승(盧允升)이 대맥령(大麥嶺)에 정원을 지어 노원(盧園)이라 불렀고 화항(花巷)의 물을 끌어들여 연못을 만들어 물고기를 길렀으나 송이 멸망하자 정원 또한 폐기되었다.

體詩五十首 '軾在穎州, 與趙德麟同治西湖, 未成, 改揚州. 三月十六日, 湖成, 德麟有詩見懷, 次其韻', p.1876. 「六橋絕截天漢上, 北山始與南屛通 역자주 본문의 '절(截)'은 원문에서는 '절(絶)'로 되어 있다.

호수에는 유람선이 매우 많았는데, 큰 것은 1백여 명을 수용할 수 있고, 그다음 것은 30명~50명 혹은 20명~30명을 수용할 수 있었다. 이 배들은 모든 난간을 조각하고 마룻대에 그림을 그렸으며 아울러 각종 배 이름을 가지고 있었다. 더욱이 가사도(賈似道)의 거선(車船)이 있었는데 수레바퀴를 발로 밟아 움직였다. "남산과 북산에는 용선(龍船)이 몇 척 있는데, 2월의 첫 8일에 물에 띄우며 4월 8일에 이르러 바야흐로 그만 둔다. 절일에는 큰 배는 대부분 왕후와 승상 집안과 조정 관리가 빌렸고 그 나머지 배들은 상인들에게 빌려주었다. 호수 기슭에는 유람객과 가게들로 차고 넘쳤고 도로변에 천막을 세워 지붕을 높게 띄우고 술과 음식을 파는 곳에는 앉을 곳이 없어 차를 감상하는 곳에서 자리를 빌려 술을 마셨다. 남북의 높은 봉우리에 있는 여러 산사의 승당과 불전도 유람객들로 가득하였다."233(『서호노인번승록』)고 하였다.

서호와 그 주위의 아름다운 경치는 『무림구사』 권5 호산승개(湖山勝槪)에 상세하게 서술되어 있는데, 많은 원림과 사원을 포함하고 있다. 사원 가운데 영은산 기슭의 영은선사(靈隱禪寺)와 남병산 기슭의 정자보은광효선사(淨慈報恩光孝禪寺)는 규모가 가장 크고 가장 유명하여 이른바 "두 사찰이 남북에서 최고라는 불려진다."고 하였다. 당시 영은사에는 백척 미륵각 · 연봉당(蓮峰堂) · 천불전 · 연빈수각(延賓水閣) · 망해각(望海閣) 등이 있었고, 산 뒤쪽 최고봉에는 북고봉탑(北高峰塔)이 있었는데 남고봉보다 더욱 높았다. 정자사(淨慈寺)는 소흥연간에 5년에 걸쳐 중건한 것으로 천불각 · 오백나한당 등이 있었고, 벽화가 아주 세밀하고 아름다웠다. 또한 옥천정공원(玉泉淨空院)이 있는데 샘물이 아주 맑았고 큰 금붕어를 길렀으며 '용왕사(龍王祠)'가 있었다. 삼천축(三天竺)의 사원 역

233_ 『西湖老人繁勝錄』, p.116. 「南山 · 北山龍船數隻. 自二月初八日下水, 至四月初八日方罷. 杳渾木 · 撥湖盆, 它郡皆無. 節日大船, 多是王候節相府第及朝士賃了, 餘船方賃市户. 岸上遊人, 店舍盈滿. 路邊搭蓋浮棚, 賣酒食也無坐處, 又於賞茶處借坐飲酒. 南北高峰諸山寺院僧堂佛殿, 遊人俱滿.」

시 꽤 규모가 컸고 하천축사가 있는 산의 경치는 특히 아름답고 빼어났다. "무릇 영축산(靈竺山)의 아름다운 경치는 둘레가 수십 리이며 계곡은 더욱 아름다워 실로 하천축사(下天竺寺)에 모여 있다. 비래봉(飛來峯)에서 돌아 하천축사 뒤쪽까지 이르면 여러 바위동굴이 영롱함을 하늘에 새겨 넣었고 옥같이 맑고 윤기가 흘러 상서로운 용과 봉황이 있는 듯하고 겹겹이 꽃봉우리가 꽃받침 위에 피어 있는 듯하며 깊고 그윽함이 길게 펼쳐져 있어 그 모습을 형언할 수 없다. 산을 가득 채운 숲은 바위를 뚫고 나와 흙을 채워 주지 않아도 자란다."[234]고 하였다. 이곳의 경치가 절묘했기 때문에 "그사이 당송 시대의 유람객들의 제명(題名)은 이루 다 기록할 수 없을 정도이며 이를 보는 사람들의 감흥을 불러일으킨다."[235][『무림구사』 권5 하천축령산교사(下天竺靈山教寺)]고 하였다. 당시 항주의 성 안에는 57곳의 사원이 있었고, 성 밖에는 385곳이나 있었다.

풍예문 바깥에 있는 풍락루(風樂樓)는 서호에 맞닿아 있고 유람객이 가장 많은 곳이었다. 이곳은 원래 중락정(衆樂亭)이었는데 한 번은 양화왕(楊和王)이 차지하여 용취루(聳聚樓)로 바뀌었다가 후에 다시 서자고(西子庫)의 주루가 되어 풍락루라고 불렀다. 순우(淳祐)연간(1241~1252)에 다시 새로운 누각을 중건했는데 '웅장하고 화려함이 호수와 산 가운데 으뜸이어서' 관료나 신사들이 동년연(同年宴)이나 향회(鄕會)를 여는 장소로 많이 이용되었다. 이곳은 "서호가 모이는 곳에 위치하여 천 개의 봉우리가 이어져 푸르름이 만경(萬頃)에 달하고 버들 심은 모래섬과 꽃피는 둑이 대대로 난간 사이로 보이며, 노니는 화선(畫船)이 노 젓고 둑으로 향하며 노래하다 종종 누각 아래에서 모이게 되니 유람에 있어 최

234_ 『武林舊事』 卷5 湖山勝槪, p.438. 「大抵靈竺之勝, 周回數十里, 巖壑尤美, 實聚於下天竺寺. 自飛來峰轉至寺後, 諸巖洞皆嵌空玲瓏, 瑩滑清潤, 如虯龍瑞鳳, 如層華吐萼, 如轍穀疊浪, 穿幽透深, 不可名貌. 林木皆自巖骨拔起, 不土而生.」
235_ 『武林舊事』 卷5 湖山勝槪, p.438. 「其間唐宋游人題名, 不可殫記, 覽者顧景興懷云.」

고로 쳤다. 다만 관에서 빚은 술로 시끄럽고 혼잡하였고 누각은 또한 물에 접하였기 때문에 빛과 더불어 칭하지는 않았다. 순우연간에 장수 조절재(趙節齋)가 다시금 폐하고 새로이 만들어 화려한 장식이 두루 특별하였고 높이는 구름에 닿을 만하여 서호와 인근 산에서 경관이 굉장하고 아름다웠다. 꽃과 나무 가득한 정원이 서로를 돋보이게 하여 들쑥날쑥하니 그 기상이 더욱 기이하다. 진신(縉紳)과 사인(士人)은 향음(鄕飮)하며 모여 인사하는데 여기에서 자주 모인다."[236]『몽량록』권12 서호(西湖)]고 하였다.

당시 황제의 어원(御園)과 관료의 원림은 성 안에 설치된 것이 적었고 대부분 성 밖에 있었는데, 서호를 둘러싸고 있는 것이 가장 많았다. 관료의 원림은 봄에 개방하여 사람들이 유람을 하거나 매매할 수 있게 하였다. 예컨대 성 안의 대하에 놓인 망선교 가까이 있는 우양사(牛羊司) 옆에는 환관 장원사(蔣苑使)의 저택이 있고 그 곁에 화원 하나를 지었는데 봄에는 사람들이 놀며 구경하도록 하였고 당청(堂廳) 안에서 임시로 '상품을 미끼로 한 도박성 매매를' 하였고 관요(官窯)에서 구운 그릇과 골동품을 진열하였다. 또한 용주(龍舟), 요간(鬧竿) 같은 것도 있었고, 더욱이 행관(杏館)과 주점도 설치되었는데 "몇 무(畝)인 땅에 관람객이 시장에서처럼 많았다."[237]『몽량록』권19 원유(園囿)]고 하였다. 가회문 밖의 포가산(包家山) 위에는 도화관(桃花關)이 있었는데 어떤 사람이 "원림을 만들고 복숭아나무를 심으니 도성 사람들이 봄철에 가장 즐겨 감상하였고 내귀(內貴) 장후(張侯)의 장관원(壯觀園)이 으뜸이었다."[238]『도성기승』

236_ 『夢粱錄』卷12 西湖, p.174. 「曰豐豫門, 外有酒樓, 名豐樂, 舊名聳翠樓, 據西湖之會, 千峯連環, 一碧萬頃, 柳汀花塢, 歷歷欄檻間, 而遊橈畫舫, 棹謳堤唱, 往往會於樓下, 為遊覽最. 顧以官酤喧雜, 樓亦臨水, 弗與景稱. 淳祐年, 帥臣趙節齋再撤新創, 瓊麗宏特, 高接雲霄, 為湖山壯麗, 花木亭榭, 映帶參錯, 氣象尤奇. 縉紳士人, 鄕飮團拜, 多集於此.」

237_ 『夢粱錄』卷19 園囿, p.288. 「數畝之地, 觀者如市.」

238_ 『都城紀勝』園苑, p.99. 「城南嘉會門外, 則有玉津御園, 又有就包山作園以植桃花, 都人春時最為勝賞, 惟內貴張侯壯觀園為最.」

원원(園苑)조고 하였다.

전당문 밖 유수교(溜水橋)의 동마승(東馬塍)과 서마승(西馬塍)에는 꽃과 나무를 심어서 파는 농장이 몇몇 있었는데, 매일 꽃을 성 안으로 보내 팔도록 하여 감상하는 사람이 감상하고 가정에서 배치하는 데 필요한 것을 공급하였다.

"서호에서는 봄에, 전당강에서는 가을에 용선이 우승을 다투니 매우 재빨라 볼만하였다. 이는 금명지(金明池)의 유풍으로 동포하(東浦河)에서도 또한 그러하였다."[239] 『도성기승』주선(舟船)조고 하였다. 서호에서 용주 경기를 벌여 우승을 다투는 곳은 풍예문 밖의 일청당(一淸堂)이었다. 『무림구사』권5 호산승개에는 "일청당은 후에 옥련당(玉蓮堂)으로 바뀌었으며, 이곳에서 강 건너기를 겨루어 우승을 다투었다."[240]고 하였다.

13) 임안의 치안 시설

(1) 임안의 인구 밀집

임안은 남송의 정치 중심이자 경제 중심이고 최대의 상업 도시였다. 그리고 인구가 가장 많이 밀집한 곳이기도 하다. 남송 말인 함순연간에 임안부에 속한 9개 현의 경우 호적에 따르면 주객호(主客戶)는 모두 39만 1천여 호이고 124만여 구(口)였다. 곽에 붙어 있는 전당현(錢塘縣)과 인화(仁和縣) 두 현의 주객호는 모두 18만 6천여 호(戶), 43만 2천여 구(口)로 임안부 전체 인구의 3분의 1을 차지하였다. 송나라에서 구(口)는 남자 정(丁)의 수이며 호마다 평균 5명으로 계산하면 약 90만여 명이 된다. 주둔하는 군과 그 가속은 20만 명 이상이었다. 총인구 약 120만 명에는 성 밖 교외지역의 10만 명과 향촌의 10만 명이 포함되어 있다.

239_ 『都城紀勝』舟船, p.99. 「西湖春中, 浙江秋中, 皆有龍舟爭標, 輕捷可觀, 有金明池之遺風, 而東浦河亦然.」

240_ 『武林舊事』卷5 湖山勝槪, p.423. 「一淸堂. 後改玉蓮堂, 競渡爭標在此.」

성 안에서 인구밀도가 가장 높은 곳은 어가에 따라 있는 양쪽 지역이
다. 특히 서편은 황성에 가깝고 서남쪽으로 산이 많은 구릉 지대를 포
괄하고 있다. 성 밖에서 인구밀도가 비교적 높은 곳은 서호의 동쪽 기
슭에 따라 가며 성문과 가까운 일대였다. 북송시대에는 성 안의 "네 모
퉁이가 모두 고요하고 인적이 닿지 않았다. 보련산(寶蓮山), 오산(吳山),
만송령(萬松嶺)에는 수목이 무성하고 빽빽하여 어디에도 사람이 산 흔
적이 없다. 성 안에는 사찰이 매우 많으며 누각이 서로 바라볼 정도이
다. 용금문(즉 풍예문)을 나서면 구리송[九里松, 영은사와 천축사로 뻗은 9리의
큰 도로와 연결된 협도(夾道)에 심은 소나무를 가리킨다.]이 매우 거대하고 더욱
이 막힘이 없다는 것을 볼 수 있다."²⁴¹[주휘(周輝), 『청파잡지(清波雜志)』 권3]
고 하였다. 이는 북송시대에는 서남쪽의 산이 많은 구릉 지대와 성 밖
의 서호 연변 일대에는 거주민이 많지 않았다는 것을 전해 준다. 그러
나 남송시대에 이르면 상황이 완전히 달라졌다. 만송령과 효인방 서쪽
산줄기에는 "지금 환관과 일반민이 거주하는 저택이 높은 곳과 낮은 곳
에 있으며 비늘처럼 차례로 나란히 늘어서 있는데 대부분 위쪽에 거주
한다."²⁴²[『몽량록』 권11 령(嶺)]고 하였다. 동시에 "호숫가에는 지붕이 서
로 붙어 있어 성 안에 못하지 않다. 이를 시로 지어 '똑같은 누대가 30
리나 이어져 있어 어디에서 고산(孤山)을 찾을 수 있을지 알 수 없구나.'
라 하였으니 그 번성함을 짐작할 수 있다."²⁴³(『청파잡지』 권3)고 하였다.

임안은 북송의 동경과 마찬가지로 인구 가운데 군대 및 그 가속이 점
유하는 비율이 매우 높았다. 금군의 전투부대의 경우 동남의 제3장군

241_ 『清波雜志校注』(周輝 撰, 劉永翔 校注, 北京: 中華書局, 1997) 卷3 錢塘舊景,
　　　p.117. 「四隅皆空回, 人迹不到. 宝连山・吳山・万松岭林木茂密. 何尝有人居. 城中
　　　僧寺甚多, 樓殿相望. 出涌金門, 望九里松極巨, 更無障礙.」

242_ 『夢粱錄』 卷11 嶺, p.156. 「今第宅内官民居, 高高下下, 鱗次櫛比, 多居於上.」 역
　　　자 주 : 이 구절은 『몽량록』 권12가 아니라 권11이기에 바로 잡았다.

243_ 『清波雜志校注』 卷3 錢塘舊景, p.117. 「湖上屋宇連接, 不減城中, 一色樓台三十里,
　　　不知何處覓孤山. 近人詩也」 역자 주 본문에서 인용한 구절과 원문의 구절은 차이가
　　　있다. 본문에서 인용한 바대로 해석하였다.

은 8지휘군을 통솔하였는데 모두 4,080명이었고 경기의 제2장군은 17 지휘군을 통솔하였는데 모두 7,660명이 있었다. 이들이 주둔하는 군영 은 모두 성 동쪽의 동청문 안에 있었다. 황제의 직속 금군으로는 전전 사(殿前司)와 시위보군사(侍衛步軍司)가 있었는데, 전전사의 관아는 황성 서남쪽의 봉황산 팔반령(八盤嶺)에 있었고, 보군사의 관아는 황성 서북 쪽의 철야령(鐵冶嶺) 서쪽에 있었다. 전전사에는 군대 7만 3천 명이 있 었고, 보군사에는 군대 3만 3천 명이 있었는데, 전호문 안쪽의 만송령 및 황성 주변에 주둔한 군대를 제외하면 대부분이 숭신문 밖이나 후조 문 밖 그리고 서호 서쪽 기슭의 훈련장과 영채(營寨)에 흩어져 있었다. 주둔하는 상군(廂軍)도 또한 1만여 명이었다. 내제사(內諸司) 소속의 사병 들도 있었는데, 예컨대 황성사(皇城司) 소속으로 3천 5백 명이 있었다.

임안의 인구 가운데 관리 및 그 가속이 차지하는 비율도 비교적 높았 고, 외지의 관리가 왕래하는 것도 많았다. 진사 시험을 치르는 해가 되 면 각 로(路)에서 시험을 보러 오는 사인(士人)이 약 10만 명이었는데 그 들 한 사람마다 평균적으로 종복 한 명을 데리고 왔으므로 합하면 모두 20만 명이 되었다. 삼교 등지에 있는 여관에 묵지 못하면 임시로 성 안 의 사원이나 도관을 빌려 머물 수밖에 없었다. 예로 선림사(仙林寺), 명 경사(明慶寺), 천경사(千頃寺), 정주사(淨住寺), 소경사(昭慶寺), 보은관(報恩 觀), 원진관(元眞觀) 등이 있다. 그들은 경사에 왔을 때 종종 각지의 토산 품을 대량으로 운반해 왔고 돌아갈 때는 또한 각종 용품을 사가야 하였 다(이상은 『서호노인번승록』 혼보년(混補年)조에 근거한 것이지만 20만 명이라고 한 것은[244] 정확하지 않을 수 있다.).

그다음으로 외지의 객상의 왕래 또한 매우 많았다. 타향에서 거처를 마련해야 하는 객상은 대부분 봉황산과 오산 일대에 머물렀다. 특히 절

244_『西湖老人繁勝錄』混補年, p.117.「每年到京, 須帶一僕, 一萬入試, 則有十萬人僕, 計二十萬人.」 역자 주 본문의 '우보년(遇補年)'은 원문에는 '혼보년(混補年)'으로 되 어 있다.

강(浙江, 전당강)은 '강을 통과하여 바다를 건널 수 있는 건널목'이어서 항상 '해상(海商)의 선박'이 드나들었다. 해상의 선박 가운데 큰 것은 오륙백 명을, 중간 것은 이삼백 명을, 작은 것은 백여 명을 태울 수 있었다. 절강은 또한 바닷가를 따라 왕래하는 객상들의 출입구이기도 하여 땔감, 석탄, 대나무, 과일을 실은 엄주(嚴州), 무주(婺州), 구주(衢州), 휘주(徽州) 등지의 선박과, 생선, 게 같은 수산물을 실은 명주(明州), 월주(越州), 온주(溫州), 태주(台州) 등지의 선박은 모두 후조문 밖의 절강 연안이나 강변 가까이에 있는 서촌(徐村)에 몰려들었다. 쌀 시장도 이곳에 집중되어 있었다. 항주성 안에는 대하(염교운하), 소하(시하) 및 서하(청호하)가 있었는데 수상교통로로서 이 세 강은 모두 성의 서북쪽 모퉁이에 모여들어 여항수문과 천종수문을 통해 성을 빠져나가 대운하와 연결된다. 여항문 밖의 북신교(北新橋) 북쪽에는 신개운하(新開運河)가 있었는데 내지의 물자를 운반하거나 쌀을 판매하는 객선은 모두 이곳에서 항주로 들어갔다. 그래서 북신교는 내지와 모두 통하는 중요한 연결고리였다. 전전사 소속의 홍좌선(紅座船)은 바로 북신교 밖의 조십사상공부(趙十四相公府) 옆에 정박하고 있었는데, '물가에서 배를 관리했던' 것이다. 이곳은 항주성의 교통에서 중요한 곳으로 '크고 작은 배가 강을 왕래하면서 식량과 땔나무를 운반하였을 뿐만 아니라 게다가 쓰레기와 분뇨를 실은 배들도 무리를 지어 운반해 가 버리곤'[245](『몽량록』 권12 하주)하였다.

(2) 방화와 치안 시설

임안의 통치를 담당하는 사람에게 중요한 두 가지 일은 수상 교통을 잘 관리하는 것과 화재를 잘 방비하는 것이었다. 당시 항주에는 인구가 밀집하였고 거주민의 주택이 붙어 있으면서 대부분 대나무나 목재로

245_ 역자 주 이 구절은 『몽량록』 권12 하주(河舟)에 기록된 것을 직접 인용한 것이 아니라 요약하여 설명한 것이다.

얽어져 있었고 또한 풀로 이어 올린 지붕이 많아서 불이 붙기 쉬웠다. 게다가 도로는 좁고 방항(坊巷)은 협소하여 한 곳에 불이 붙으면 아주 쉽게 불이 번졌다. 이 때문에 항주성에서는 종종 수백 가, 수천 가, 심지어는 수만 가를 태우는 큰 화재가 일어나기도 하였다. 화재는 당시 항주 거주민에게 가장 엄중한 재난이었다. 청대 왕사한(汪師韓)의 『항성화재고(杭城火災考)』[『한문철학(韓文綴學)』에 들어있다.]와 양문걸(楊文杰)의 『화재보고(火災補考)』[『문심재잡저(問心齋雜著)에 들어 있다.]에서 이를 상세하게 고증하였다.

남송이 도읍을 이곳에 정하기 이전부터 항주성에는 이미 화재가 많이 발생하였다. 도읍으로 정한 이후에 많은 관리와 주민이 북쪽에서 옮겨 와 새로 이주한 주민들은 종종 띠집을 지어 살았기 때문에 화재 규모는 더욱 컸다. 도읍으로 정한 지 2년 뒤인 소흥 10년(1140) 7월 큰불이 일어나 성 안팎의 수만 가를 태워 버렸다. 9월에 또 불이 나서 3성 6부의 창고가 모두 불타 버렸다. 그로부터 10년 뒤[즉 소흥 20년(1150)] 1월에는 이부의 문서가 전부 불탔다. 이후에도 끊임없이 화재가 일어났다. 가태(嘉泰) 원년(1201) 3월 4일에 큰 불이 일어났는데, 보련산에 거주하던 어사대의 한 서리가 야간 연회 중에 불을 내어 십여 리에 불이 번져 5만 8천여 가구를 불태웠다. 그 가운데 어사대, 장작감, 군기감, 진주원(進奏院), 태사국(太史局), 법물고(法物庫) 등의 관서가 포함되어 있었다. 가정(嘉定) 13년(1220) 11월에 또 큰 불이 성 안팎의 수만 가구를 불태웠다. 소정(紹定) 4년(1231) 정월 6일 밤에 망선교 동쪽의 우양사(牛羊司) 앞의 민가에서 불이 나 여러 갈래로 번져 다음날 정오에야 비로소 꺼졌다. 화재 구역은 남으로는 태묘까지, 북으로는 태평방 남쪽 거리까지, 동으로는 신문(新門) 비서성(秘書省) 앞까지, 동남으로는 소언문(小堰門) 오가부(吳家府)까지, 서남으로는 종정사(宗正司)와 오산(吳山) 위까지, 동북으로는 통화방까지, 서북으로는 십삼만(十三灣)까지 이르렀고 만여 가를 태웠다. 가희(嘉熙) 원년(1237) 6월 또 불이 일어나 3만 가구를 불

태웠다. 이 밖에도 3천 가를 불태운 것이 한 번 있었고 수백 가를 태운 것은 여러 번 있었다.[246]

임안은 북송의 제도를 그대로 따랐기에 치안 기구에는 현에 소속된 현위(縣尉) 및 현 아래에 설치된 순검(巡檢)이 있었다. 일찍이 소흥 2년 (1132) 정월 '자주 도적이 생겨나고' 게다가 객지생활을 하는 사인(士人) 과 일반민이 대부분 띠집에 거주하여 '불 관리를 더욱 엄격하게 해야 해서' 관리의 건의를 쫓아 마보군사(馬步軍司)에게 '경성 안팎을 순찰하 던 법을 대략 본받도록' 위임하였다. 성 안에 4개의 상(廂)을 나누어 설 치하고 상마다 순검 한 사람을 두었고 재능 있는 도지휘사(都指揮使)를 파견하여 임무를 담당토록 하였다. 아울러 거리의 길이를 재어 몇 개의 포(鋪)를 설치하고, 포마다 금군 6명을 파견하여 책임지고 도적을 체포 토록 하였고 방화 관리까지도 담당토록 하였다[『송회요집고』병지(兵志) 3-8]. 소흥 2년 2개의 상에서 4개의 상으로 늘렸다. 건도(乾道) 7년(1171) 또 8개의 상으로 늘렸고 포 232개를 나누어 설치하였다. 포마다 병졸 4 명과 갑포(押鋪) 1명을 두니 모두 1,155명이었다. 순희(淳熙) 10년(1183) 에 또 9개의 상으로 늘렸다.

원래 북송의 동경에서는 방항(坊巷)에 3백 보마다 군순포(軍巡鋪)를 설 치하고, 아울러 높은 곳에 망루를 세워 화재를 예방하였다. 임안은 오랜 기간 동안 이 방법을 실행하지 않아 '임안은 불을 끄고 인명과 재산을 건져 내는 것에서는 변도(汴都)에 견주어 엉성했던'[247](『풍창소독』권하) 것이다. 가정 4년(1211)에 이르러서야 비로소 동서남북과 상중하 7개의 방우(防隅)를 나누어 설치하고 아울러 망루를 세웠다[『함순임안지』권57

246_ 가태 4년(1204) 3성 6부와 태묘 부근에 있는 3,000집이 불탔다. 순희(淳熙) 14 년(1187) 6월 보련산의 700여 집이 불탔다. 소희(紹熙) 3년(1192) 11월 500집이 불탔다. 개희(開禧) 2년(1206) 4월과 가정 11년(1218) 2월 모두 수백 집이 불탔 으며 같은 해 9월 또 만송령에 있는 480집이 불탔다. 소정 원년(1228) 600여 집 이 불탔다.

247_ 『楓窗小牘』卷下, p.19. 「臨安撲救視汴都爲疎.」

방우(防虜)]. 후에 다시 16개의 방우를 증설하고 망루도 세웠다. 동시에 방항에 약 2백 보마다 군순포를 설치하고, 포마다 밤에 순찰하고 화재를 방지하는 병졸 3명~5명이 있었다. 동시에 성 안의 사방 벽과 성 밖의 사방 벽에도 방우를 설치하고 금군을 파견하여 징발에 대비하였다. 『함순임안지』에 실린 황성도(皇城圖)와 임안성도(臨安城圖)에 따르면 철야령 남쪽에 남산망루(南山望樓)가 있고 산 아래에는 보사잠화영(步司潛火營)이 있으며, 철야령 북쪽에는 동산망루(東山望樓)가 있었다.

함순연간 전당현의 현위에게 소속된 궁수가 53명 있었고, 인화현의 현위에게 소속된 궁수가 100명 있었다.[『함순임안지』 권57 궁수(弓手)] 임안성의 안팎에는 순검사(巡檢司) 14곳이 설치되었다. 성동(城東), 성서(城西), 외사(外沙), 해내(海內), 관계(管界), 다조(茶槽), 남탕(南蕩), 동재(東梓), 상관(上管), 자산(楮山), 황만(黃灣), 협석(硤石), 허촌(許村), 봉구(奉口) 등이다. 순검사마다 소속된 사병은 96명에서 120명까지 똑같지는 않았다.[『함순임안지』 권57 병제토군(兵制土軍)] 성동과 성서의 순검사는 비교적 중요하여 도순검사(都巡檢司)라고 불렀다. 모든 순검사는 대부분 성 밖의 중요한 교통로에 설치되었는데, 성동순검사는 신개문 밖에, 외사순검사는 후조문 밖에, 다조순검사는 동청문 밖에, 허촌순검사는 후조문 밖의 강변 가까이에 있는 허촌(許村)에 설치되었다. 순검사에 소속된 사병은 모두 약 1천 5백 명 정도이며, 여기에 방항(坊巷)에 설치되어 치안과 화재 경계를 겸직하는 군순포를 더하고 다시 각 방우(防隅)에 소속된 화재를 방지하고 끄는 사병을 더하면, 모두 수천 명이었다. 이들은 성 안팎의 치안을 유지하고 화재를 막고 끄는 데 기용되었던 것이다.

(3) 시가지의 치안 문제

당시 임안의 가시(街市)에는 이른바 '한인(閑人)', '교민(驕民)', '유수(游手)' 등이 이미 출현하였다. '한인' 가운데 엄지손가락을 꼽는 것은 직업이 없는 자제이다. 그들은 학식이 있고 글을 쓰고 거문고를 타며 바둑을 둘 줄 알았으나 기예는 정교하지 않은 채 오로지 부귀한 집의 자제를 모시고 연회에 참가하거나 외지 관원을 수행하여 도성에 와서 일을 처리하기도 하였다. 또한 임시적으로 각종 서비스업에 참여하기도 하였다. 게다가 이른바 '붕두(棚頭)' 혹은 '습한(習閑)'이라는 것도 있는데 오로지 유희적 놀이만 하였다. 예컨대 매 다루기, 새매 길들이기, 비둘기 조련하기, 메추라기 기르기, 닭 싸움 및 도박 등이 있었다[248][『도성기승』 한인(閑人)조]. 이른바 '교민'은 평소에 공공 가옥이나 개인 가옥에 살면서 방값도, 세금도 내지 않았다. 이른바 '유수'는 곧 유민(流民)이다. "이른바 미인국(美人局)이 있는데 기생과 배우를 첩으로 삼아 소년들을 유혹하는 것을 일삼는다. 궤방도국(櫃坊賭局)에서는 박희(博戲), 관박(關撲), 결당(結黨) 등의 수법으로 속여 돈을 빼앗는다. 수공덕국(水功德局)에서는 관직 구하기, 천거, 은택, 관직 이동, 소송, 교역 등을 명분으로 삼아서 권세를 빌려 재물을 빼앗았는데 모두 똑같지는 않았지만 그 양은 많았다. 물자를 매매할 때도 가짜를 진짜처럼 속여서 팔았는데, 심지어 종이를 옷이라고 하였고 구리와 납을 금은이라고 하였으며 흙과 나무를 향과 약이라고 할 정도로 그 변환을 귀신같이 하여 '백일적(白日賊)'이라고 하였다. 환궤(闤闠)지역(시장을 가리킨다)이라면 호주머니를 잘라 장신구를 꺼내는 사람들이 있었는데 이들을 '멱첩아(覓貼兒)'라고 하였다. 그 밖에도 작은 문을 뚫는 사람들이나 상자를 따는 사람들에게는 각각 칭수(稱首)가 있었다. 난로호(攔路虎), 구조용(九條龍) 같은 무리처럼 완력을 쓰는 무리들[완도(頑徒)]이 더욱 시장의 해가 되었다."[249][『무림구사』

248_ 『都城紀勝』 閑人, p.101. 「又有專爲棚頭, 又謂之習閑, 凡擎鷹・駕鶴・調鵓鴿・養鵪鶉・鬥雞・賭博・落生之類.」

249_ 『武林舊事』 卷6 游手, p.444. 「有所謂美人局 以倡優爲姬妾, 誘引少年爲事; 櫃坊賭局, 以博戲・關撲・結黨手法騙錢; 水功德局, 以求官・覓擧・恩澤・遷轉・訟事・交易爲名, 假借聲勢, 脫漏財物, 不一而足. 又有賣買物貨, 以僞易眞, 至以紙爲衣, 銅鉛爲金銀, 銅鉛爲金銀, 土木爲香藥, 變換如神, 謂之白日賊. 若闤闠之地, 則有翦脫衣囊環珮者, 謂之覓貼兒. 其他穿窬攪篋, 各有稱首. 以至頑徒如攔街虎・九條龍之徒, 尤爲市井之害.」

권6 유수고 하였다.

'궤방(櫃坊)'은 당대에는 원래 사람들이 맡긴 재물을 대신 보관해 주는 가게였으나, 송대에는 이미 도박장으로 변하였다. 경성에서 품성이 좋지 않은 자제와 무뢰배들이 개설하여 여러 나쁜 짓을 저질렀다. 당시 임안의 "종실 및 음서의 혜택을 받는 자제 가운데 품성이 좋지 않은 사람은 대부분 밀주를 팔고 궤방을 열었다. 밤이 되면 불량배를 거느리고 일반민을 구타하며 몸에 지닌 재물을 빼앗았다."[250][『송회요집고』형법 2하 금약(禁約), 소흥 3년 7월 22일조]고 하였다. 이른바 미인국이란 '미인'으로 함정을 파서 소년을 유인하여 걸려들게 한 뒤 톡톡 때리며 재물을 빼앗는다는 것이다. 이른바 수공덕국은 스스로 권세 있는 가문과 연결되는 길이 있다고 하면서 다른 사람을 대신하여 관직을 구하거나 승진을 도모하고 혹은 다른 사람을 대신하여 소송하거나 교역을 하여, 중간에서 재물을 편취한다는 것이다. 이른바 백일적이란 가짜 물건을 파는 사기꾼이고, 이른바 멱첩아는 소매치기를 말한다. 이른바 칭수란 유민의 우두머리이다. 이른바 완도는 불법을 마구 저지르는 악한이다.

모든 엄중한 치안 문제는 전반적으로 임안부의 장관이 주관하였고, 구체적으로는 치안을 책임지고 있는 관리가 현위와 순검과 군순포 소속의 병졸을 통솔하며 처리하였다. 『무림구사』권6 유수에서는 "도할방(都轄房)[251]에는 도할사신(都轄使臣)과 총할(總轄)이 있어 원장에게 보고하는 것을 전체적으로 담당하였고 예하에는 무릇 수천 명이 있었으며 오로지 수색하고 체포하는 것만을 일로 삼았다. 그중에 용맹하고 건장하며 명망높은 자가 종종 도적 출신이었다. 그리고 내사(內司)에서는 또한 해순팔상(海巡八廂)이 있어 그들의 행적을 조사하였다."[252]고 하였다.

250_ 『宋會要輯稿』第166冊 刑法2下 禁約3, p.6569-上. 「宗室及有蔭下不肖子弟, 多是酤私酒, 開櫃坊, 遇夜將帶不逞, 毆打平人, 奪取沿身財物.」

251_ 역자 주 도할방(都轄房)은 도총할방(都總轄房)의 약칭이다. 도총할방은 경사에서 도적을 체포하는 것을 담당하는 치안 기구이다.

252_ 『武林舊事』卷6 游手, p.444. 「都轄一房, 有都轄使臣總轄供申院長, 以至廂巡地分

이른바 '그중에 용맹하고 건장하며 명망 높은 자가 종종 도적 출신이었다.'는 것은 그 가운데 도적을 수색하고 체포하는 데 힘세고 명망 높은 관원이 종종 자수한 강도였다는 것을 전해 준다. 남송은 오랫동안 자수 권고 정책을 실행하면서 자수한 도적을 채용하여 '다른 도적이나 자수한 자의 본래 도적을 잡아 없애는' 수단으로 삼았다[고종건염원년시월칠일조(高宗建炎元年十月七日詔)에 보인다.]. 따라서 당시 유행한 속어로 "만약 관리가 되고 싶으면 사람을 죽이고 불을 지른 뒤 자수 권고를 받아들여라."는 것이 있을 정도였다.

14) 서비스 업종과 관리대책

이렇게 인구가 많고 상업이 번성한 도시에서 사람들의 생활이 정상적으로 유지할 수 있었던 것은 주로 중요한 '항(行)'과 '시(市)'가 일상 생필품을 운반하고 분배하는 기능을 발휘한 것에서 비롯되었다. 임안성 안팎에는 "곳곳에 찻집, 주점, 국수집, 과일·비단·털실·향초·기름·쌀·반찬·어류·육류·건어·건육 등을 파는 가게가 있었다. 대개 시장에서 장사를 하는 사람들 대부분 종종 가게를 둘러보며 만들어 파는 음식을 사서 먹었는데 이렇게 하는 것이 빠르고 편했을 따름이다."[253](『몽량록』권13 포석)라고 하였다. 이와 동시에 각종 서비스 업종이 매우 발달하였는데 이것 모두 수공업·상업의 발전과 많은 주민의 일상생활의 유지에 매우 커다란 역할을 하였다.

頭項火下凡數千人, 專以輯捕為職. 共間雄駔有聲者, 往往皆出群盜. 而內司又有海巡八廟以察之.」

253_『夢粱錄』卷13 鋪席, p.195. 「處處各有茶房·酒肆·麪店·果子·綵帛·絨線·香燭·油醬·食米·下飯·魚·肉·鮝·腊等鋪. 蓋經紀市井之家, 往往多於店舍, 旋買見成飲食, 此為快便耳.」 [역자 주] 본문의 채백(彩帛)과 랍(臘)은 원문에는 채백(綵帛)과 석(腊)이라고 되어 있어 이를 따랐다.

(1) 재물을 보관하는 탑방(塌房)

앞에서 언급했듯이 항주의 화재는 아주 빈번하고 무서워서 주민과 상인에게 모두 엄중한 위협이 되었다. 이에 따라 화재와 도적을 막기 위해 재산을 맡겨 둘 수 있는 창고의 건설이 시급히 해야 할 일이었다. '탑방[塌房, 탑방(塌坊)이라고도 한다.]'의 창설은 이러한 수요에 부응한 것이다. 성 안쪽의 동북부 대하(염교운하)의 통제교[通濟橋, 속칭으로 매가교(梅家橋)라고 한다.]에서 북쪽으로 백양지(白洋池)·방가교(方家橋) 및 법물고·시박신무(市舶新務)에 이르는 곳에는 자원전(慈元殿) 및 부자·내시 제사(內侍諸司) 등의 집이 있는데 물 위에 탑방 수십 곳을 지었다. 큰 것은 1천여 칸의 건물이 있고 작은 것은 수백 칸의 건물이 있었는데, 전문적으로 가게·여관 및 객상에게 빌려주고 재화를 보관할 수 있도록 하였다. 사면이 물에 둘러싸여 화재를 예방하고 도적을 막을 수 있었기 때문이었다. 탑방으로 매달 임대료를 받았고 고용한 사람은 탑방을 지켰고 아울러 밤에 순찰을 돌았다. 이러한 조치는 당연히 부잣집과 부유한 상인에게 아주 유리하였고, 항주 상공업을 지속적으로 발전시키는 데에도 큰 기능을 하였다[『몽량록』 권19 답방(塌房)·『도성기승』 방원(坊院) 조)].

(2) 우물의 건설과 급수·청결 등의 서비스 업종

임안의 거주민이 마시는 물은 주로 우물에 의존하였다. 우물은 두 가지 종류가 있었다. 하나는 서호의 물을 끌어들여 만든 우물로 모두 성 안 서북쪽 일대에 있었고, 다른 하나는 땅을 파서 만든 일반 우물이었다.

당 덕종(德宗) 때에 지방관 이필(李泌)이 판 6개의 우물은 서호의 물을 끌어온 것으로 전당문을 거친 뒤 수문을 통해 성 안으로 들어왔다. 이른바 '정(井)'은 물이 나오는 구멍이다. 6개의 정은 다음과 같다. ① 상국정(相國井)은 서하의 정정교 서쪽에 있었다. ② 서정(西井)은 화성정(化

成井)이라고도 했으며 상국정 서쪽에 있었다. ③ 금우지(金牛池)는 서정의 서북쪽에 있었다. ④ 방정(方井)은 속칭으로 사안정(四眼井)이라고 하였다. ⑤ 백구정(白龜井)은 금우지의 서북쪽에 있었다. ⑥ 소방정(小方井)은 속칭으로 육안정(六眼井)이라고 하였으며 백구정 북쪽이자 전당문 안에 있었다. 송 인종(仁宗) 때 지방관 심문통(沈文通)이 다시 6개의 정 남쪽에서 호수의 물을 미속방[美俗坊, 즉 나한동(羅漢洞) 부근]까지 끌어와 우물을 만들었는데 이를 남정(南井)이라고 불렀고, 일명 심공정(沈公井)이라 하였다. 소식(蘇軾)은 두 차례나 지방관을 맡으면서 일찍이 6개의 정을 수리하고, 아울러 이미 폐기된 심공정을 복구하여 이름을 혜천정(惠遷井)으로 고쳤다.

땅을 파서 만든 공용의 큰 우물 가운데 유명한 것으로 다음과 같은 것이 있다. ① 오산정(吳山井)은 오산 북쪽 기슭에 있었다. 처음 오대 때 만들어졌고 남송 소흥연간에 큰 석판을 덮고 6개의 구멍을 열었다. ② 천정(天井)은 보월산(寶月山) 아래 천정방에 있었다. 처음 오대 때 만들어졌으나 남송 초에 폐기되었다가 남송 가태 2년(1202)에 말끔히 복구했는데, 깊이가 50여 척이었다. ③ 곽파정(郭婆井)은 철야령[254] 북쪽에 있었다. ④ 심파정(沈婆井)은 만송령 위에 있었다. ⑤ 곽공정(郭公井)은 만송령 아래에 있었다. 남송시대 항주성에는 공용의 큰 우물 60여 곳이 있었다. 예컨대 수역방에 상사안정(上四眼井)이 있었고, 장경방에 하사안정(下四眼井)이 있었다. 또한 보월산 기슭에 상팔안정(上八眼井), 맞은편 비서성에 하팔안정((下八眼井)이 있었다(두 우물은 오늘날에도 존재하며, 이름도 그대로 이어지고 있다). 후시가에는 육안정(六眼井)이 있었고, 붕교(棚橋) 앞에는 쌍정(雙井), 천교 북쪽에는 의정(義井), 속칭 사안정(四眼井)이 있었다(지금은 우물 주위가 남아 있다). 개인이 판 우물에 이르면 숫자는 더욱 많았다.

254_ 역자 주 본문의 '야철령(冶鐵嶺)'은 '철야령(鐵冶嶺)'을 잘못 쓴 것으로 보인다.

북송 동경에서 "사람들에게 물을 길러 주는 이들에게는 각자 맡은 자신의 방항(坊巷)이 있었다."[255]고 하였다. 남송 임안에서도 식수의 공급에는 "각자 주된 고객이 있어 그에게 공급했다."고 하며 "서문을 통해 호수의 물을 끌어서 성 안으로 주입하여서 작은 배로 방시(坊市)에 나누어 공급하였다."[256][『이로당잡지(二老堂雜志)』권4]고 하였다. 그리고 "또한 매일 거리를 청소하고 쓰레기를 운반하는 사람이 있었는데, 사람들 각자가 돈을 지불하고 그들을 위로하였다."[257]고 하였다. 동시에 "가항(街巷)에 사는 일반 백성의 집에는 대부분 변소가 없고 오직 말구유를 사용하여 매일 분뇨를 내가는 사람이 있어 쏟아서 가지고 갔는데 이것을 '경각두(傾脚頭)'라고 하였다. 각자 주된 고객이 있어 감히 서로 침범하여 빼앗아 가지 않았다. 혹시 침범하여 빼앗는다면 분주(糞主)가 필시 그와 다투고 심지어 관부의 소송을 거쳐서라도 반드시 이기고야 말았다."[258]고 하였다. 분주는 각각 방항을 나누어 맡았고, 분뇨를 내가는 사람은 분주가 고용한 사람으로 농촌으로 운반하여 비료로 사용하도록 하였다. 새해가 되면, 관부에서 항상 사람들에게 구거(溝渠)를 깨끗이 치우고, 도로의 오물과 진창을 청소토록 하였다. 평상시에는 주민 스스로가 사람을 고용하여 우물이나 수로를 청소하였다. 『무림구사』권6 소경기(小經紀)에 열거된 항목에는 '도정(淘井, 우물 청소)[259]'과 '도하(淘河, 하천 청소)[260]'가 있다.

255_ 『東京夢華錄』 卷3 諸色雜賣, p.119. 「其供人家打水者, 各有地分坊巷.」

256_ 『二老堂雜志』(周必大 撰, 北京: 中華書局, 1985) 卷4 臨安四門所出, p.61. 「西門 卽引湖水注入城中, 以小船散給坊市.」

257_ 『夢粱錄』 卷13 諸色雜貨, p.200. 「亦有每日掃街盤拉圾者, 各支錢犒之.」

258_ 『夢粱錄』 卷13 諸色雜貨, p.202. 「杭城戶口繁夥, 街巷小民之家, 多無坑廁, 只用馬桶, 每日自有出糞人瀽去, 謂之傾脚頭. 各有主顧, 不敢侵奪, 或有侵奪糞主必與之爭, 甚者經府大訟, 勝而後已.」

259_ 『武林舊事』 卷6 小經紀, p.452. 「淘井」

260_ 『武林舊事』 卷6 小經紀, p.453. 「淘河」

(3) 새벽 알리기와 날씨 알리기

동경에서 가고제도(街鼓制度)가 폐지된 뒤에 많은 사원에서 종을 쳐서 새벽을 알리는 것 외에 '행자(行者)'가 지역을 나누어 길을 따라 다니며 '탁발'을 하면서 매일 날이 밝으면 '새벽을 알리는' 것을 담당하였다. 임안에서도 이러한 풍속은 그대로 이어서 '행자'는 매일 새벽을 알리면서 날씨의 맑음·흐림·비 및 관원의 입조 모습도 알렸다. "매일 사경이 되면 여러 산의 절과 도관에서는 재빨리 종을 울리고 암자의 행자나 탁발승은 철판 혹은 목어를 두들기면서 거리를 따라 다니며 새벽을 알리는데 각자 지역을 나누었다. 만약 날씨가 맑으면 '하늘이 청명하다'고 외쳤으며, 혹은 '대참(大參)'을 '알리거나 '사참(四參)'을 알렸다. '상조(常朝)'을 알리거나 '후전좌(後殿坐)'를 알렸다. 날씨가 흐리면 '하늘이 흐리고 어둡다'고 하였고 비가 오면 '비가 온다'고 하였다. 무릇 이렇게 알려서 여러 관서에 공무를 보러 가는 사람, 번(番)을 서러 가는 우후(虞候)나 관아의 병사 및 여러 관서에 순번에 맞춰 일을 하러 가는 사람들이 그것을 알고 그곳에 빨리 가서 일할 따름이었다. 비록 비바람이 불고 눈서리가 내린다 해도 감히 이를 빠뜨릴 수 없었다. 매달 초하루와 보름날 및 절기일이 되면 문을 따라 다니며 탁발하였다."[261](『몽량록』 권13 천효제인입시)고 하였다. 당시 '새벽을 알리는' 데는 2가지 방법이 있었다. 행자가 거리를 따라 다니며 철판이나 목어를 두드리고 아울러 입으로 소식을 알리는 것은 주로 조정에 오르는 사람과 번을 서러 가는 관리와 병사를 위한 서비스였고, 절이나 도관에서 종을 울리는 것은 주로 상인과 주민을 위한 서비스였다. "오경에 종이 울리면 새벽시장에서 물건을 파는 사람이 가게를 열었다."[262](『몽량록』 권13 야시)고 하였다.

261_ 『夢粱錄』 卷13 天曉諸人入市, pp.195~196. 「每日交四更, 諸山寺觀已鳴鐘, 庵舍行者頭陀, 打鐵板兒或木魚兒沿街報曉, 各分地方. 若晴則曰天色晴明, 或報'大參', 或報'四參', 或報'常朝', 或言'後殿坐'. 陰則曰天色陰晦, 雨則言雨. 蓋報令諸百官聽公上番虞候上名衙兵等人, 及諸司上番人知之, 趕趁往諸處服役耳. 雖風雨霜雪, 不敢缺此. 每月朔望及遇節序, 則沿門求乞齋糧.」

(4) 가정용 일용품을 수리하는 소규모 업종

북송 동경에서는 소규모의 서비스 업종이 비교적 발달하였다. 임안에서는 이러한 소규모 업종이 더욱 많아지고 더욱 발전하였다. "만약 땜질을 하거나 꿰뚫고 이어 붙이는 일, 솥과 주발을 수리하는 일, 통에 테를 씌우는 일, 신발 수선, 두건과 모자 수리, 관 보수, 빗 붙이기, 홍녹색으로 상아 빗 물들이기, 진주 꿰기, 녹태(鹿胎)로 만든 관을 수리하고 씻기, 칼과 가위 갈기, 거울 닦기 등을 하는 사람을 부르면 언제든지 길거리에는 그 일을 하는 사람이 다니고 있어 바로 그를 부를 수 있다. 또한 빻은 향을 공급하는 경우 각각 가게와 인가를 관리하였는데 매일 향을 빻아서 가지고 갔고 매달 정해진 때에 향의 금액을 청구하였다."263(『몽량록』 권13 제색잡화)고 하였다. 게다가 이러한 소규모 업종에도 이미 '항시(行市)'가 조직되어 있었다. 『서호노인번승록』 제항시(諸行市)조에 열거된 작은 항시 가운데 집안 일용품을 수리하는 것으로 새장 고치기, 실내 가리개 고치기, 상아 빗 붉게 물들이기, 상아 빗 붙이기, 다리미 고치기, 도마 고치기, 부서진 우산과 신발 고치기 등이 있었다. 그리고 가사 노동을 도와주는 것으로 물고기 비늘 떼기, 옷 빨기, 장작 패기, 새는 곳 방수하기 등이 있었다. 이런 소규모 업종은 주민들에게 많은 편의를 제공하였다.

(5) 연회를 위해 복무하는 '4사6국(四司六局)'

북송 동경에는 민간의 길흉사나 연회를 위해 복무하는 다주사(茶酒司)와 주사(廚司)를 포함한 4사(四司)가 있었고, 임안에도 이른바 4사6국(四司六局)이 있었다.

262_ 『夢粱錄』 卷13 夜市, p.197. 「五鼓鐘鳴, 賣早市者又開店矣.」
263_ 『夢粱錄』 卷13 諸色雜貨, pp.199~200. 「若欲喚銅路 · 釘鉸 · 修補鍋銚 · 箍桶 · 修鞋 · 修幞頭帽子 · 補修魷冠 · 接梳兒 · 染紅綠牙梳 · 穿結珠子 · 修洗鹿胎冠子 · 修磨刀剪 · 磨鏡, 時有盤街者, 便可喚之. 且如供香印盤者, 各管定鋪席人家, 每日印香而去, 遇月支請香錢而已.」

① 장설사(帳設司): 연회의 배치를 전문적으로 관리하였는데 탁자, 주렴, 병풍, 휘장, 서화, 자수한 액자 같은 것이 포함되었다.

② 다주사(茶酒司): 관부에서 사용하는 명칭은 '빈객사(賓客司)'이고, 민간에서 쓰는 명칭이 바로 '다주사'였다. 연회석을 관장하였는데 음식 그릇의 배치, 차를 내어 권하기, 술 데우기, 좌석 권하기, 영접과 전송 같은 것을 담당하였다. 길흉사의 연회석일 경우에는 의례도 관장하였다.

③ 주사(廚司): 음식 요리를 전문적으로 관장하며, 연회석에 필요한 음식을 제공하였다.

④ 대반사(臺盤司): 술안주를 쟁반에 담아 나르는 일을 담당하였다.

⑤ 과자국(果子局): 제철 과일, 남북경과(南北京果),[264] 상생화과(象生花果, 인공으로 만든 과일) 및 술안주 등을 모아서 장식하는 것을 담당하였다.

⑥ 밀전국(蜜煎局): 당밀화과(糖蜜花果) 및 짭짤하고 새큼한 술안주를 담당하였다.

⑦ 채소국(菜蔬局): 상차림 음식에 쓰일 채소 및 제철 채소를 모아 장식하는 것을 담당하였다.

⑧ 유촉국(油燭局): 각종 등불의 조명을 전문적으로 담당하였다.

⑨ 향약국(香藥局): 전문적으로 각종 향료와 향구(香球)·향병(香餠) 및 술 깨는 탕약을 담당하고, 찾고 부르는 것을 기다려 제공하거나 조정하여 바꾸어 주었다.

⑩ 배판국(排辦局): 탁자와 의자 및 그림 걸기, 꽃꽂이, 쓸기, 닦기 등을 전문적으로 담당하였다.

이른바 4사6국은 실제로 관부가 지원한 일종의 서비스 업종으로, 관부와 부귀한 집에서 연회를 여는 데 편의를 전문적으로 제공하였다. 춘연(春宴)과 향회(鄉會)를 여는 것을 도왔을 뿐만 생일 잔치, 녹명연(鹿鳴

264_ 역자 주 경과(京果)란 중국 요리에서 맨 먼저 나오는 호박씨, 땅콩, 호두 등을 말한다.

宴, 과거 급제자들을 초대하여 여는 연회), 동년연(같은 과에 급제한 사람들의 연회) 및 혼례와 장례의 연회를 벌이는 것도 도왔다. 춘연을 만약 풍경지역의 정원이나 정자 및 서호의 놀잇배에서 거행한다면 "단지 국에 나누어 지휘하면 바로 처리하여 모을 수 있어 모두 의례대로 할 수 있었다."[265][『몽량록』 권19 사사육국연회가임(四司六局筵會假賃)]고 하였다. 그들이 일하는 대상에도 나누어진 구역이 있어 청부를 받은 뒤 처리하였다.

(6) 각종 기물을 빌려주는 업종

이에 상응하는 것으로 각종 기물을 빌려주는 업종이 있었다. 꽃가마, 술 멜대, 장신구, 의복, 침구, 가마, 주머니, 술 그릇, 장막 설치, 각종 가구, 찬합, 장례 용품 등이 포함되어 있었다. 『무림구사』 권6 임물(賃物)에서는 "무릇 길사(吉事)와 흉사(凶事)가 있으면 이른바 '다주주자(茶酒廚子)'가 있어 전문적으로 음식, 빈객 초청, 연회를 담당하였다. 필요한 물건은 모두 빌려서 가져올 수 있어 남은 힘을 수고롭게 하지 않는다. 비록 자리와 시설을 넓히고 성대하게 한다고 할지라도 역시 신속하게 갖출 수 있었다."[266]고 하였다. 이른바 '다주주자'는 다주사(茶酒司)와 주사(廚司)를 중심으로 하는 4사6국이다. 물건을 빌려주는 업종은 4사6국의 수요에 맞추기 위해서만이 아니라, 모든 거주민과 상인의 수요에 부응하는 것이었다.

(7) 서비스업 성격을 띤 약재업

임안의 약재업은 번성하였다. 탄교(방윤교)에 있는 약시에서는 객상들이 운반해 오는 사천과 광동의 생약(生藥)을 사들여서 약을 제조하여 공급하는 작방과 약 가게가 있었고 또한 정제한 약[숙약(熟藥)]을 알약이

265_ 『夢粱錄』 卷19 四司六局筵會假賃」, p.303. 「但指揮局分, 立可辦集, 皆能如儀.」
266_ 『武林舊事』 卷6 賃物, p.443. 「凡吉凶之事, 自有所謂茶酒廚子, 專任飲食請客宴席之事. 凡合用之物, 一切賃至, 不勞餘力. 雖廣席盛設, 亦可咄嗟辦也.」

나 가루약으로 만들거나 생약을 조각으로 마실 수 있도록 만드는 작방도 있었다. 가시(街市)의 약 가게에는 이미 생약점(生藥店)과 숙약점(熟藥店)이 있었고 안약점(眼藥店), 감약점(疳藥店) 및 해독 알약을 파는 약점 같은 전문적인 약 가게가 있었다. 감(疳)은 한의학의 병명으로 감적(疳積)[267]이라고도 하는데, 대부분 음식이 조절되지 않거나 비위가 상하거나 혹 벌레가 쌓인 것에서 발병한다. 송왕조는 줄곧 의료, 제약, 처방 등에 관한 시설을 중시하였다. 북송 희녕연간(1068~1077)에는 태의국(太醫局)에 숙약소(熟藥所)를 설치하여 판매약의 처방을 지속적으로 편찬하고 바로잡았다. 남송 때도 계속해서 태평혜민화제국(太平惠民和劑局)을 설립하여 5국으로 나누고 정제한 약을 팔았다. 남국(南局)은 어가 남단의 3성 앞에 있었고 서국(西局)은 어가 북단의 중안교 북쪽에 있었으며 북국(北局)은 어가 중단의 시서방 남쪽에 있었다. 남외국(南外局)은 가회문 밖 절강정(浙江亭)에 있었고 북외이국(北外二局)은 여항문 밖 북쪽 성곽에 있으면서 세금을 징수하면서도 약국의 일을 총괄하였다. 이러한 관영 약국은 모두 처방대로 약을 나눠 주었고 증상에 맞게 미리 조제된 약을 팔았다. 규정에 따르면, 급병이 발생하면 때에 맞춰 약을 나눠 주어야 하고 빈곤한 사람에게 처방하거나 홍수, 가뭄, 전염병의 경우 무료로 약을 베풀어야 하며, 오랫동안 진열하여 효력이 떨어진 약은 때에 맞춰 폐기해야만 하였다. 가정원년(1208) 허홍(許洪)이 『교정태평혜민화제국방(校正太平惠民和劑局方)』을 교정하고 풀이하고 보완하였으며 이 책은 뒤에 다른 사람의 손을 거쳐 계속 증보되어 마지막에는 14문(門) 788방(方)을 갖춘 대약전(大藥典)이 되었다. 이 책은 송·원 시대에 널리 퍼져 큰 영향을 끼쳤으며 약을 만들어 병을 고치는 풍조를 조성하였다. 이렇게 약을 만들어 병을 고치는 것은 병자가 있는 집에는 편리했으나, 처

267- [역자 주] 감적(疳積)은 젖이나 음식 조절을 잘못하여 생기는 병이다. 그 증상은 얼굴이 누렇게 뜨고 몸이 여위며 배가 불러 끓고, 영양 장애가 생기고 소화가 원활하게 되지 않는 것이라고 한다.

방에 대한 악습이 일어나는 것을 막지 못했고 심지어는 처방을 잘못하기까지 하였다. 다만 그 가운데 많은 처방은 오랜 기간에 걸친 치료 경험에서 얻는 것이기 때문에 당연히 치료 효과가 뛰어났다. 오늘날에 이르러서도 적잖은 조제약의 처방이 이 책에서 기원하고 있다. 당시 사람들은 이러한 관영 약국을 매우 중시하였는데 『함순임안지』 임안성도(臨安城圖)에는 어가에 있는 3개의 관영 약국은 모두 특별히 그 위치가 명확하게 표시되어 있다.

동시에 주부(州府)에는 소서하(小西河)의 계자교(戒子橋) 서쪽에는 시약국(施藥局)과 자유국(慈幼局)이 있는데 『함순임안지』의 지도에 그 지점이 표시되어 있다. 규정에 따르면 시약국은 처방대로 알약이나 가루약 등 조제약을 만들고 "환자가 오면 진료하여 병의 근원을 상세히 살피고는 약을 주어 치료하였다."고 하였다. 자유국은 규정에 따라 유모를 고용하여 거리에 버려지거나 어린데 부모를 잃은 아이 또는 기를 능력이 없는 집의 어린 아이를 거둬들여 양육하였다. 전당현과 인화현 두 현에는 양제원(養濟院)이 설치되어 있어 노인, 환자, 고아, 과부 등 생활을 할 방법이 없는 사람들에게 돈과 쌀을 나누어 주었다. 두 현에는 또한 누택원(漏澤園) 12곳을 설치하여 유기되거나 묻을 곳이 없는 시신을 묻어 주었다[268][『몽량록』 권18 은패군민(恩霈軍民)]. 이렇게 관에서 실시한 제한된 사회 구제 사업은 모두 도시의 정상적인 생활 질서를 유지하기 위해 채택된 일련의 관리 조치였다.

268_『夢粱錄』 卷18 恩霈軍民, p.285. 「更有兩縣置漏澤園一十二所, 寺庵寄留梓櫝無主者, 或暴露遺骸, 俱瘞其中.」

5. 요·금 도성 구조의 변천

1) 요 오경(五京) 구조의 변천

요나라는 동북의 종족 집단인 거란이 건립한 왕조다. 요 태조(太祖) 야율아보기(耶律阿保機)는 신책(神冊) 3년(918)에 임황(臨潢)에 성을 쌓기 시작하고 황도(皇都)라고 불렀다. 천현(天顯) 원년(926)에 곽성을 넓히고 개황전(開皇殿)·안덕전(安德殿)·오란전(五鑾殿) 등 세 대전(大殿)을 세웠다. 천현 3년(928)에 또한 동평군(東平郡)을 남경(南京)으로 승격시켰다. 천현 13년(938) 11월에 석경당(石敬瑭)이 연운(燕雲) 16주를 거란에 바치고 사절을 보내 존호를 올린 것을 계기로 요 태종(太宗) 야율덕광(耶律德光)은 한나라의 제도에 의거하여 개황전에 올라 승천문(承天門)을 열고 의례를 받았다. 연호를 회동(會同)으로 바꾸고 황도를 고쳐 상경(上京)이라고 하였다. 동시에 유주(幽州)를 남경유도부[南京幽都府, 요 성종(聖宗) 개태(開泰) 원년, 즉 1012년에 석진부(析津府)로 개명]로 승격시켰고 남경[南京, 동평군(東平郡)]을 동경요양부(東京遼陽府)로 바꾸었다. 요 성종은 또한 통화(統和) 25년(1007)에 중경대정부(中京大定府)를 증축하였다. 요 흥종(興宗)은 중희(重熙) 13년(1044)에 운주(雲州)를 서경대동부(西京大同府)로 승격시켰다. 이를 합쳐 오경(五京)이라고 한다. 오경의 건설은 시기적으로 선후가 있었으며 당, 오대, 북송 등 중원의 도성 구조의 영향을 받았다. 따라서 그 가운데서 당송시대 도성제도의 변화도 살펴볼 수 있다.

(1) 요 상경 임황부

요 상경은 거란이 가장 이른 시기에 창건한 도성으로, 시종일관 정치의 중심으로 기능하였다. 상경은 대체로 당대 장안의 체제를 채택하는 한편, 동시에 거란의 옛 풍속을 담고 있었다. 『요사(遼史)』 지리지(地理志)에 따르면 상경성의 높이가 2장(丈)이며, 둘레가 27리(里)였으며 북성(北城)과 남성(南城) 두 성이 있었다. 북성이 황성(皇城)으로 높이가 3장이고 사면에 문이 있었다. 동쪽은 안동문(安東門)이고, 남쪽은 대순문(大順門)이었다. 서쪽은 건덕문(乾德門)이고 북쪽은 공신문(拱宸門)이었다. 중앙에는 대내(大內), 즉 궁성이 있었다. 대내의 남문은 승천문이라 하였으며 누각이 있었다. 동문은 동화문(東華門)이라 하였고 서문은 서화문(西華門)이라 하였다.[1] 승천문 앞에는 정남가(正南街)가 있었는데 중축선의 성격을 띠었다. 그 거리 양측에 각 관아, 사관(寺觀), 공묘(孔廟) 등이 자리하였고 천웅사(天雄寺)와 팔작사(八作司)가 서로 마주 보고 있었다. 천웅사는 황성 동남쪽 모서리에 있었는데 야율아보기의 선친 선간(宣簡)황제[야율살랄적(耶律撒剌的)]의 형상을 봉안하여 원묘(原廟)의 성격을 지녔다. 정남가는 황성을 동서 두 구역으로 나누며 동쪽은 임황현(臨潢縣)에 속하였고 서쪽은 장태현(長泰縣)에 속하였다. 이러한 체제는 당대 장안의 배치 구조를 그대로 따른 것이다. 승천문도 장안 궁성의 문 이름이었다. 황성은 실제 거란 성(城)으로서의 특성을 지니고 있어 중앙 관서가 있는 곳이자 거란 귀족이 모여 사는 곳이었다. 송나라 사신 설영(薛映)이 요나라에 출사(出使)하였을 때 기록에 따르면 "승천문 안에는 소덕전(昭德殿)·선정전(宣政殿) 등 두 대전과 전장(氈帳: 곧 게르)이 있는데 모두 동쪽을 향하고 있다."고 하였다[『요사』 지리지에서 인용한 것[2]은

1_『遼史』 卷37 地理志 p.441. 「城高二丈, 不設敵樓, 幅員二十七里. 門, 東曰迎春, 曰雁兒; 南曰順陽, 曰南福; 西 曰金鳳, 曰西雁兒. 其北謂之皇城, 高三丈, 有樓櫓. 門, 東曰安東, 南曰大順, 西曰乾德, 北曰拱辰. 中有大內. 內南門曰承天, 有樓閣; 東門曰東華, 西曰西華.」

2_『遼史』 卷37 地理志 p.442. 「又至承天門, 內有昭德·宣政二殿與氈廬, 皆東向.」

『거란국지(契丹國志)』권24 부정공행정록(富鄭公行程錄)의 인용문과 서로 같다.].[3]
이는 당시 요의 궁성 안에 두 대전이 세워져 있었던 한편, 또한 모전 천
막에 거주하던 거란의 옛 풍속도 유지되고 있었던 사실을 전해 준다.
궁전과 게르가 모두 동쪽을 향한 까닭은 원래 거란의 풍속에서 동향을
존중하였기 때문이었다.

『요사』지리지에 따르면 남성은 한성(漢城)으로서 "남쪽으로 횡가(橫
街)와 만나고 각기 누각이 서로 마주 보며 우뚝 서 있으며 그 아래 시장
이 늘어서 있었다."[4]고 하였다. 남문 동쪽에 있는 회골영(回鶻營)은 위구
르 상인이 거주하던 곳이었다. 서남쪽의 동문역(同文驛)은 여러 나라의
사신을 접대하였고 또한 임황역(臨潢驛)은 서하(西夏) 사절을 접대하였
다. 한성은 한족과 그 외 소수민족이 거주하도록 특별히 설치된 곳이었
다. 횡가에는 누각이 서로 마주 보며 우뚝 서 있고 그 아래로 시장이 세
워져 있었다. 이러한 시루(市樓)는 시장에서 이루어지는 거래를 관리·
감독하는 데 쓰이던 곳이었으며 중원에서 '시루'를 설치하여 '시장'을
관리하던 제도를 본뜬 것이었다. 상경의 시장에서 교역 행위는 여전히
원시적이었다. 후주(後周) 광순(廣順)연간(951~953)에 호교(胡嶠)는 "상경
의 서루(西樓)에는 민가와 시장이 있었고 교역할 때 동전은 없고 포(布)
를 사용하였다."[5]고 하였다(『요사』지리지에서 인용). 서루는 서로 마주하
며 우뚝 서 있는 '시루' 가운데 하나였다. 황성의 남쪽에 특별히 한성을
건설한 것은 요의 도성만의 독특한 체제이며 한성은 외곽성의 성격을
띠었다.

요 상경의 유지는 오늘날 내몽골 파림좌기(巴林左旗) 임동진(林東鎮)의
남쪽에 있으며 둘레가 약 14km이다. 문헌자료에서 넓이를 27리라고

3_『契丹國志』([宋]葉隆禮 撰, 李西寧 點校, 濟南: 齊魯書社, 2000), p.179.「又至承天
門, 內有昭德·宣政二殿, 皆東向, 其氈廬亦皆東向.」
4_『遼史』卷37 地理志 p.441.「南城謂之漢城, 南當橫街, 各有樓對峙, 下列井肆.」
5_『遼史』卷37 地理志 p.441.「周廣順中, 胡嶠記曰: 上京西樓, 有邑屋市肆, 交易無錢
而用布.」

말한 것과 대체로 부합한다. 그것은 남북 두 성으로 나뉘어 북쪽이 황성이고, 남쪽이 한성이었다. 한성의 북쪽 벽이 곧 황성의 남쪽 벽이었다. 황성은 대략 장방형을 이루고 있다. 남북 길이가 2,000m이고 동서 폭이 2,200m이며, 남쪽 성벽은 물에 휩쓸려 무너졌다. 동·서·북 삼면에는 각각 문 하나가 있고 문 밖에는 투박한 옹성이 있으며 성 밖에 90보 간격으로 마면(馬面)이 세워져 있다. 중앙의 작은 언덕 위가 대내(大內)가 있었던 곳이며 사면을 빙 두른 담장이 있다. 대내 중앙부에 동서로 가로지르는 작은 길이 황성의 동서 두 문으로 통하였다. 이 작은 길의 북쪽으로 정중앙에 높고 넓은 면적의 평탄한 지형, 곧 대지(臺地)가 한 곳 있다. 전방이 직사각형이고 후방이 원형인 점에서 주된 궁전이 자리한 곳이었을 것이다. 궁전 남쪽에 있으면서 가로지르는 이 작은 길은 당대 장안 궁성의 남쪽에 있던 횡가와 기능이 같지만 다만 규모가 비교적 작았다. 대내 북쪽은 금원(禁苑)이 위치한 곳이었다. 대내에서 정남쪽으로 200m 떨어진 곳에 직사각형의 대지(臺地)가 있다. 여전히 돌사자 한 쌍이 남아 있어 승천문의 유지였을 것이다. 이렇게 마주하며 쌍을 이루는 돌사자를 대문 앞 양옆에 설치한 것도 당시 중원의 예속(禮俗)을 모방한 산물일 것이다. 승천문 남쪽의 큰길은 곧장 한성으로 통하며 정남가와 만난다. 한성은 중원 도성의 외성 혹은 곽성에 해당하는데, 규모가 비교적 작고 강물에 쓸려져 유지가 많이 파괴되었다. 동서 횡가는 아직 그 흔적이 남아 있다. 그 양측에는 협소한 건축 유지가 있고 횡가의 서쪽 끝에는 사각형의 높은 누대가 있는데 아마 망을 보는 간루(看樓)터였을 것이다. 대내의 서북쪽에 아주 넓은 빈터의 경우, 서부의 언덕에 있는 불교 사찰 유지와 가마터를 제외하고, 그 나머지는 아마 거란 귀족이 게르를 적절히 배치한 곳이었을 것이다[6](그림 65 참조).

6_「內蒙古文物考古工作三十年」(『文物參考工作三十年』 p.78)과 同濟大學 城市規劃教研室 編 『中國城市建設史』(中國建築工業出版社, 1982), p.58을 참고.

그림 65 요 상경임황부 성지도(城址圖)(출전:『中國大百科全書』考古學卷, p.278)

(2) 요 동경 요양부

요의 동경 요양부는 오늘날의 요녕성 요양시 부근에 위치하며 오대 때에는 원래 발해의 땅이었다. 요 태조가 천현 원년(926) 발해를 멸망시킨 후, 일찍이 이곳에 새로 동단국(東丹國)을 세웠고 황태자 도욕[圖欲, 야율배(耶律倍)]을 동단국 인황왕(人皇王)으로 삼았다. 그해 태조가 붕어하고 차남 야율덕광(즉 요 태종)이 즉위하자, 황태자 도욕은 해로를 통해 후당(後唐)으로 달아났다. 천현 3년(928) 옛 발해의 상경 용천부 주민을 동평군으로 이주시켰고 아울러 동평군을 남경으로 승격시켰다. 천현 13년[즉 회동 원년(938)] 남경을 동경 요양부로 개편하였다.

『요사』 지리지에 따르면, 성의 명칭은 천복(天福)이고 높이는 3장이었다. 누각과 망루가 있었으며 넓이는 30리였다. 모두 8개의 문이 있었다. 동쪽에 영양(迎陽), 동남쪽에 소양(韶陽), 남쪽에 용원(龍原), 서남쪽에 현덕(顯德), 서북쪽에 대요(大遼), 서쪽에 대순(大順), 동북쪽에 안원(安遠), 북쪽에 회원(懷遠)이 있었다. 궁성은 동북쪽 모퉁이에 위치하는데, 높이가 3장이고 적루(敵樓, 적을 감시하는 망루)가 있었다. 남쪽에는 세 개의 문이 있으며 장대한 누각이 서 있었다. 네 모퉁이에는 각루(角樓)가 있는데, 서로 각각 2리씩 떨어져 있으므로 궁성의 둘레가 모두 8리였다는 것을 알 수 있다. 궁의 담장 북쪽에는 양국황제(讓國皇帝: 즉 일찍이 동단국 인황왕을 역임한 요 태자 도욕)의 어용전(御容殿)이 설치돼 있었으며[7] '원묘'의 성격을 띠었다. 대내에는 두 채의 대전이 있었다. 외성은 한성이라 불렸으며 남북에 두 개의 시장이 나뉘어 섰다. "중앙에는 간루(看樓)가 있었으며 새벽에는 남시로 모였고 저녁에는 북시로 모였다."[8]고 하였다. 길 서쪽에는 금덕사(金德寺), 대비사(大悲寺), 부마사(駙馬寺), 조두타사(趙頭陀寺) 등이 있었다. 한성의 둘레는 분명하지 않다. 종합적으로 요 동경의 구조를 살펴보면 대체로 상경과 서로 일치한다. 양경(兩京) 모두 거란성과 한성이 나란히 서 있고 한성 안에 시장이 설치되었

7_ 『遼史』 卷38 地理志, p.478. 「城名天福, 高三丈, 有樓櫓, 幅員三十里. 八門: 東曰迎陽, 東南曰韶陽, 南曰龍原, 西南曰顯德, 西曰大順, 西北曰大遼, 北曰懷遠, 東北曰安遠. 宮城在東北隅, 高三丈, 其 敵樓, 南為三門, 壯以樓觀, 四隅有角樓, 相去各二里. 宮牆北有讓國皇帝御容殿.」
8_ 『遼史』 卷38 地理志, p.478. 「大內建二殿. …外城謂之漢城, 分南北市, 中為看樓; 晨集南市, 夕集北市.」

다. 또한 '간루'가 설치되어 관리기구 역할을 수행하였다. 다만 상경의 '시장'이 언제나 개설된 시장이었던 반면, 동경의 남북 두 시장은 이른 아침과 저녁에 모이는 집시의 성격을 띠고 있었다.

(3) 요 남경 유도부(후에 석진부로 개명)

요의 남경 유도부는 요 성종 때 석진부로 고쳤다. 원래는 당대 유주(幽州)의 치소(治所)인 계성(薊城)이었다. 계성은 최초로 전국 시대 연나라가 도읍을 세운 곳이었으며 오늘날 북경 서남쪽 선무구(宣武區) 서부에 위치한다. 당대 계성은 외성(外城)과 자성(子城) 이중으로 나뉘었다. 당 태종이 일찍이 이곳에 불교 사찰을 시공하였고 무측천 때에 비로소 완공되어 민충사(憫忠寺)란 이름이 하사되었다. 당 현종 때 안록산(安祿山)과 사사명(史思明)이 한때 이곳에서 황제를 칭하였고 이후에도 오랫동안 번진이 할거하였다. 오대 초에 유주는 후당에 속하였다. 요 태종이 후당의 하동(河東) 절도사 석경당(石敬瑭)의 반란을 도와주자, 석경당은 연(燕, 즉 유주)·운[雲, 치소는 대동(大同)] 16주를 거란에 바쳤고 요는 유주를 남경 유도부로 승격시켰다.

『요사』 지리지에 따르면, 남경은 또한 연경(燕京)이라 불렸다. 성 주위가 36리이고, 높이가 3장이며, 폭이 1장 5척이었다. 적을 감시하는 망루와 전투 망루가 있었다. 모두 8개의 문이 있었다. 동쪽에 안동(安東)·영춘(迎春)이 있었고, 남쪽에는 개양(開陽)·단봉(丹鳳)이 있었다. 서쪽에 현서(顯西)·청진(淸晉)이 있었고, 북쪽에는 통천(通天)·공신(拱辰)이 있었다. 궁성은 전체 도성의 서남쪽 모퉁이에 위치하였다. 황성 안에는 경종(景宗)·성종의 초상을 안치한 두 대전이 세워져 있었다. 황성 남쪽에는 3개의 문, 곧 남단(南端), 좌액문(左掖門)과 우액문(右掖門)이 있었다. 남쪽에는 구장(毬場)이 있었고, 동쪽에는 영평관(永平館)이 설치되어 있었다. 황성의 서문은 현서(顯西)라고 했는데, 문은 설치되어 있었으나 열지 않았다. 북문은 자북(子北)이라고 하였다. 서쪽에 성벽 꼭대기에는 양전(涼殿)이 있었고 동북 모퉁이에는 연각루(燕角樓)가 있었다.[9] 『요사』지리지에서 "성은 사방 36리였다."는 기록에서 '삼(三)'자는 '이(二)'자의 오류일 것이다. 송의 사신 허항종(許亢宗)은 선화(宣化) 7년, 즉 금 천회(天會) 2년(1124) 금나라에 사신으로 갔다. 당시 금나라는 아직 이곳에 중도의 성을 확장하지 않았다. 허항종이 「봉사행정록(奉使行程錄)」에서 말한 '연산부(燕山府)의 성 둘레 27리'[10]는 여전히 요 남경의 규모였다. 요 남경성 둘레는 26~27리쯤이었으며 후에 금나라에서 성을 확장한 결과 비로소 35~36리라는 수치에 도달하였다는 것을 알 수 있다.

송의 사신 왕증(王曾)의 「행정록(行程錄)」[『거란국지(契丹國志)』권24에서 인용. 『요사』지리지는 「행정록」을 인용해 「상거란사(上契丹事)」를 서술하였다.]에 따르면, 요 남경의 황성은 확실히 외곽 성의 서남쪽 모퉁이로 치우쳐 있어서 이른바 "자성(子城)은 외성의 서남쪽에 건설되었다."[11]고 하였다. 황성의 서쪽 담장은 바로 외곽성의 서쪽 담장이었고 황성의 서문은 곧 외곽성의 서문이었다. 그래서 외곽성의 서문 가운데 하나를 현서(顯西)라고 불렀고 황성의 서문 또한 현서였다(그림 66 참조).

이것은 아마 당대 유주의 치소 구조를 따른 것이었다. 이처럼 자성을 외곽성 서남쪽 모퉁이에 설치하는 구조는 또한 전국 시대 연나라가 계(薊)에 수도를 세운 전통적 제도를 따른 것이다. 왕증의 「행정록」에 의하면, 황성의 정남문은 계하문(啓夏門)이라 불렀고 그 안쪽에 원화전(元和殿)과 홍정전(洪政殿)이 있었다.[12] 원화·홍정 두 대전은 요의 남경 초

9_ 『遼史』卷40 地理志, p.478. 「城方三十六里, 崇三丈, 衡廣一丈五尺. 敵樓·戰櫓具. 八門: 東曰安東·迎春, 南曰開陽·丹鳳, 西曰顯西·清晉, 北曰通天·拱辰. 大內在西南隅. 皇城內有景宗·聖宗御容殿二, 東曰宣和, 南曰大內. …外三門曰南端·左掖·右掖. …毬場在其南, 東為永平館. 皇城西門曰顯西, 設而不開; 北曰子北. 西城巓有涼殿, 東北隅有燕角樓.」

10_ 『大金國志』卷40([金]宇文懋昭 撰, 李西寧 點校, 濟南: 齊魯書社, 2000) 許奉使行程錄, p.291. 「[城]周圍二十七里.」

11_ 『契丹國志』卷24 王沂公行程錄, p.177. 「子城就羅郭西南為之.」; 『遼史』卷40 地理志, p.496.

12_ 『契丹國志』卷24 王沂公行程錄, p.177. 「正南曰啓夏門, 內有元和殿·洪政殿.」

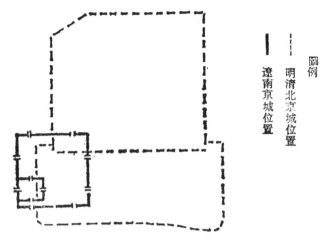

그림 66 요 남경 석진부 위치도

기의 중요한 대전이었다. 요 태종과 요 홍종은 남경에 도착한 후 모두 일찍이 "원화전으로 행차하였다."고 하였다. 왕사점(王士點)의 『금편(禁扁)』에 따르면, 요의 남경 "대전의 편액은 청량(淸涼)·원화(元和)·가녕(嘉寧)이었다."[13]고 한다. 청량전은 바로 양전으로, 요 태종이 회동 3년(904) 남경에 왔을 때 조서를 내려 황성의 서남쪽에 성벽을 세우도록 하였다. 가녕전은 요 도종(道宗)이 청녕(淸寧) 5년(1059)에 일찍이 이곳에서 홍종에게 제사를 올렸다. 또한 연수사[延壽寺: 지금의 유리창(琉璃廠) 동북쪽]는 요 경종의 석상에 공물을 올렸으며 원묘의 성격을 갖추고 있었다. 요 성종은 통화 12년(994)에 일찍이 경종의 석상이 완성되었기 때문에 "연수사에 행차해서 승려들에게 밥을 먹였다."[14]고 하였다.

요 홍종은 중희 5년(1036) 조서를 내려 남경 궁궐과 부서(府署)를 수리하도록 하였다. 일부 중요한 대전이 홍종 때 건립되었고 아주 소박하

13_ 『禁扁』卷1([元]王士防, 欽定四庫全書·史部十一) 殿, 「淸涼·元和·嘉寧【三殿並在南京】」

14_ 『遼史』卷12 聖宗紀, p.134. 「己未, 幸延壽寺飯僧.」

고 견고하였다. 그 가운데 인정전(仁政殿) 같은 것은 150년을 거쳐 금 세종 대정(大定) 28년(1188)에 완공되었다. 세종은 신하를 마주하며 "궁 전 제도는 만일 아름답게 꾸미는 데 힘쓰면 반드시 견고하지 않다. 지 금의 인정전은 요나라 때 건축된 것으로 화려한 수식이 전혀 없다. 다 만 다른 건물들이 해마다 수리를 해야 하는 것이 보이지만 오직 이 궁 전만이 옛날과 같도다. 이 때문에 겉치레만 번드르르하고 실속이 없는 것은 오래 지속될 수 없다."[15]고 하였다. 그야말로 요 시대에 건립된 중 요한 대전이 대단히 견고하고 오래도록 사용할 수 있었기 때문에 금나 라에서 중도를 확장할 때 여전히 요의 건축물을 그 기초로 삼아 전체 궁성 구조에 큰 변동이 없었다. 다만 외곽성의 확장에 중점을 두었을 뿐이다. 오늘날 북경 광안문(廣安門) 밖의 천녕사전탑(天寧寺磚塔)은 원래 요나라때 천왕사(天王寺)의 건축물로, 비록 명대에 대대적인 보수를 거 쳤지만 여전히 요나라 때의 풍격을 보유하고 있다.

요 남경의 성 안에는 26방(坊)이 나누어 설치되었고 방마다 문루(門 樓)를 세우고 방의 이름을 표시하였다. 그 대부분은 당대의 옛 명칭을 따라 쓴 것이었다. '시장'은 성 안의 북부에 위치하였다. 『요사』식화지 (食貨志)에서는 "태종은 연성(燕城)을 얻은 후 남경을 설치하였다. 성 북 쪽에 시장이 있었고 온갖 물건이 산처럼 쌓이자, 유사(有司)에게 징세를 명령하였다."[16]고 하였다. 성 안에는 '육가(六街)'가 특히 번영하였다. 『요사』성종기(聖宗紀)에는 태평 5년(1025) 연나라 백성에게 풍년이 들 자, "천자께서 친히 그들에게 행차하였고" "저녁이 되자 육가에 불을 밝 히니 대낮과 같았고 사인(士人)과 서민들이 놀이를 즐겼고 황상 역시 몰

15_『金史』卷8 世宗紀, p.202. 「有司奏重修上京御容殿, 上謂宰臣曰: "宮殿制度, 苟務 華飾, 必不 堅固. 今仁政殿遼時所建, 全無華飾, 但見它處歲歲修完, 惟此殿如舊, 以此 見虛華無實者, 不能經久也."」

16_『遼史』卷60 食貨志下, p.929. 「太宗得燕,⋯城北有市, 百物山偫, 命有司治其征.」
역자 주 본문의 '太宗以燕 北有市'은 『요사』식화지 원문에서 '太宗得燕,⋯城北有市' 이라고 되어 있다. 본문에 글자 누락과 오기가 있는 것으로 보인다.

래 다니며 그것을 관찰하였다."[17]라는 것이 실려 있다.

(4) 요 중경 대정부

요의 중경 대정부는 지금의 내몽골 소오달맹(昭烏達盟) 영성현(寧城縣) 대명성[大明城, 대명성(大名城)이라고도 한다.]에 있다. 그것은 동쪽으로 지금의 엽[엽백수(葉伯壽)]적[적봉(赤峰)] 철로의 천의역(天義驛)과 약 15km 떨어져 있고 노합하(老哈河) 상류 북안에 위치한다. 요 성종 통화 25년, 곧 송 진종 경덕(景德) 4년(1007)에 비로소 건립되었다. 『요사』 지리지에 의거하면, "성종이 일찍이 칠금산(七金山) 토하(土河)의 연변을 지나다가 남쪽을 바라보니 운기(雲氣)가 성곽과 누대의 형상을 하고 있었고 이로 인해 도성 건립을 논의하였다."[18]고 하였다. 칠금산은 곧 지금의 구두산(九頭山)으로, 중경성 유지에서 북쪽으로 약 7km 거리에 위치하며 토하는 지금의 노합하이다. 요 성종은 이른바 '성곽과 누대의 형상'을 한 '운기'를 보았기 때문에 여기에 도성을 세우려고 한 것이었다. 이 때문에 그는 연계(燕薊, 즉 연경 일대)에서 장인을 모집하여 성곽·궁액(宮掖)·누각·부고(府庫)·시사(市肆)·낭무(廊廡)를 갖춘 하나의 '신도(神都)'를 세우려고 하였다. 위에 나온 책에서 또한 이야기하는 바로는 건축된 황성 안에는 조묘(祖廟)와 경종·승천황후(承天皇后)의 어용전이 설치되어 있었고 '원묘'의 성격을 띠었다. 아울러 대동역(大同驛)을 설치하여 송나라 사신을 접대하였고 조천관(朝天館)을 설치하여 신라 사신을 접대하였으며 내빈관(來賓館)을 설치하여 서하(西夏) 사신을 접대하였다. 전체 구조는 북송 동경을 모델로 삼은 것으로 3중의 방성(方城), 즉 외성·황성·궁성이 있었다.

17_ 『遼史』 卷17 聖宗紀, p.198. 「是歲, 燕民以年穀豐熟, 車駕臨幸, 爭以土物來獻.…至夕, 六街燈火如晝, 士庶嬉遊, 上亦微行觀之.」
18_ 『遼史』 卷39 地理志, p.481. 「聖宗嘗過七金山土河之濱, 南望雲氣, 有郛郭樓闕之狀, 因議建都.」

통화 25년(1007) 송나라 사신 노진(路振)이 요 중경에 도착하였다. 그의 저서 「승초록(乘軺錄)」(『황조사실류원(皇朝事實類苑)』권77 송 조재(晁載)의 『속담조(續談助)』에서 인용하였다.)에서 이 성의 배치를 구체적으로 묘사하고 있다.

　　거란국(요 중경을 가리킨다.)의 외성은 높이가 1장 남짓이고 동서로 걷다 보면 낭하가 있으며['보동서유랑(步東西有廊)'의 다섯 글자는 아래 글과 관련되어 들어간 연문으로 보인다.] 넓이는 30리다. 남문을 주하문(朱夏門)이라고 하며 3개의 문이 있고 문 위에 누각이 있다. 주하문을 들어서면 거리의 폭이 100여 보이며 동·서쪽에 낭사(廊舍)가 약 300칸 있으며 주민이 낭무(廊廡) 아래 점포를 벌인다. 거리의 동서쪽에 각기 3개의 방(坊)이 있으며 방문(坊門)이 서로 마주 보고 있다.…3리를 가면 두 번째 성이 있으며 성의 남문은 양덕문(陽德門)이라고 하고 3개 문이며 문 위에 누각이 있다. 성의 높이는 3장이고 황제의 의장인 비예(睥睨)가 있으며 넓이는 약 7리다. 양덕문에서 1리를 가면 내문(內門)에 이르는데, 내문은 창합문(閶闔門)이라고 하며 모두 3개 문이고 거리의 동서 양쪽에는 주민이 전혀 없고 다만 낮은 담장이 공터를 가로막고 있을 뿐이다. 창합문의 누각에 다섯 마리 봉황[五鳳]이 있으며 그 형상이 경사(京師)와 같고 대략 그 제작 방식은 비루하다. 동서액문은 창합문에서 각각 300여 보 떨어져 있다. 동서 각루(角樓)는 서로 약 2리 떨어져 있다. 이날 저녁 대동역에서 머물렀는데, 대동역은 양덕문 밖에 있다.[19]

---

19. 賈慶顔, 「≪乘軺錄≫疏證稿」, 『歷史地理』第4輯, 1984, pp.200~201. 「契丹國外城 高丈餘步, 東西有廊, 幅員三十里, 南曰朱夏門, 凡三門, 門有樓閣. 自朱夏門入, 街道闊 百餘步, 東西有廊舍約三百間, 居民列廛肆廡下. 街東西各三坊, 坊門相對.…三里至第 二重門城門, 城南門曰陽德門, 凡三間, 有樓閣, 城高三丈, 有睥睨, 幅員約七里. 自陽德 門入, 一里而至內門, 內[曰]閶闔門, 凡三門, 街道東西幷無居民, 但有短牆, 以障空地 耳. 閶闔門樓有五鳳, 狀如京師, 大約制度卑陋. 東西掖門去閶闔門各三百餘步, 東西角 樓相去約二里. 是夕宿於大同驛, 驛在陽德門外.」

370　송대 이후 도성제도의 변혁 및 주요 시설

송 왕증의 「행정록」에도

남문을 주하문(朱夏門)이라고 하는데 문 안쪽에는 길을 사이에 두고 주랑
이 있으며 많은 방문(坊門)이 있다. 또한 4개의 시루(市樓)가 있는데 각기
천재(天才)·대구(大衢)·통환(通闤)·망궐(望闕)이라고 한다.[20]

라고 기록되어 있다.

이른바 주하문은 북송 동경의 남훈문(南薰門)에 해당한다. '주하문으
로부터 들어가는' 길은 동경 남쪽의 어가에 해당한다. 이른바 두번째
성은 동경의 이성(裏城)에, 양덕문은 동경의 주작문(朱雀門)에 해당한다.
이른바 내문은 대내의 문을 가리키며 창합문은 동경의 궁성 남문인 선
덕문(宣德門)에 해당한다. 당시 선덕문의 문루 위에는 다섯 마리의 봉황
이 장식되어 있었다. 그래서 노진이 "창합문 누각에 다섯 마리의 봉황
이 있으며 그 형상이 경사와 같다."고 하였던 것이다. 그가 말한 경사는
곧 동경을 가리킨다. 창합문 양옆에 동서 액문이 설치된 것은 마치 동
경 선덕문에 동서 액문이 설치된 것과 같았다. 궁정의 동서에 설치되어
있는 각루 역시 동경의 양식을 본뜬 것이다. 대동역이 양덕문 밖에 설
치된 것은 마치 동경의 도정역(都亭驛)이 선덕문 밖 중앙 관서의 바깥에
설치된 것과 같았다. 창합문 밖 "거리의 동서 양쪽에는 주민이 전혀 없
고 낮은 담장이 공터를 가로막고 있다."고 한 것은 바로 동경 궁성의 선
덕문 앞 어가 양측에 흑색과 주홍색으로 옻칠한 차자(杈子)를 배열한 구
역과 딱 부합한다. 이곳은 궁정 광장 같은 성격을 지녔고 조정의 대조
하(大朝賀) 의례가 거행될 때 신하들이 도열하는 곳이었다. 이른바 주하
문 안으로 들어가 3리를 지나서 두 번째 성의 양덕문에 다다르고, 다시
1리를 지나서 대내의 창합문에 다다르는 길은 곧 요 중경의 중축선이

20_『契丹國志』卷24 王沂公行程錄, p.231. 「南門曰朱夏, 門內夾道步廊, 多坊門. 又有
市樓四: 曰天方·大衢·通闤·望闕.」

다. 시장의 낭사와 주민의 방리는 모두 질서정연하게 이 큰길의 동서 양측에 늘어서 있었다. 요 중경에는 대동역을 설치해 송나라 사신을 접대하고 조천관을 설치해 신라 사신을 접대하고 내빈관을 설치해 서하 사신을 접대한 것 또한 북송 동경에서 도정역을 설치해 요나라 사신을 접대하고 도정서역(都亭西驛)을 설치해 서하 사신을 접대하며 동문관(同文館)을 설치해 고려 사신을 접대하고 예빈원(禮賓院)을 설치해 위구르 사신과 호탄 사신을 접대하며 첨운관(瞻雲館) 혹은 회원역(懷遠驛)을 설치해 여러 번국(番國)을 접대한 것을 모방한 것이다.

고고학자들은 시굴 조사와 중점 발굴을 통하여 노진의 기록이 대체로 믿을 만하다는 점을 실증하였다. 외성 동서의 폭은 실제로 약 4,200m이고, 남북의 길이는 약 3,500m이며, 둘레는 모두 15,400m이다. '넓이 30리'의 수치와 맞아떨어진다. 외성 남쪽 벽 정중앙(즉 주하문)에서부터 황성(두 번째 성) 남문(양덕문)에 이르기까지 쭉 뻗은 큰길이 있고 그 길이가 약 1,400m로 3리라는 수치에 가깝다. 노면은 대략 활 모양을 하고 있으며 폭은 64m로 약 40보의 수치에 맞아떨어지나 노진이 '거리의 폭이 100여 보'라고 한 것에는 미치지 못한다. '폭이 100여 보'가 될 수 있는 것은 아마 그 가운데 한 구간일 뿐이다(그림 67 참조).

길 양측에는 석판을 층층이 쌓고 목판으로 덮은 배수구가 있었는데, 이것은 북송 동경 어가 서측에 있는 '벽돌과 섬돌로 쌓은 어가의 두 배수로'[21]와 기본적으로 서로 같다. 큰길 양옆으로는 각각 남북으로 향하는 세로길 세 갈래와, 동서로 향하는 가로길 다섯 갈래가 있다. 가장 넓은 곳은 15m이고, 가장 좁은 곳은 4m이다. 중앙에 중축선이 있어 동서 양측이 서로 대칭을 이루는 구조로 되어 있다. 큰길 양옆의 배수구 옆에서는 또한 돌담 기초가 큰길과 평행을 이루고 있는 것이 발견되었는데 이는 아마 방리의 외벽일 것이다. 노진이 "거리의 동서쪽에 각기 3개

21_『東京夢華錄注』卷2 御街, p.51.「磚石甃砌御溝水兩道.」

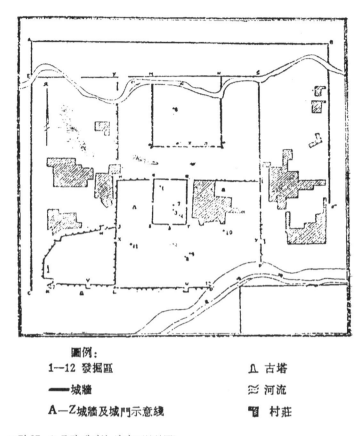

圖例：

1—12 發掘區

──城牆

A—Z城牆及城門示意綫

   古塔

   河流

   村莊

그림 67 요 중경 대정부 성지도(城址圖)

의 방(坊)이 있으며 방문(坊門)이 서로 마주 보고 있다."고 한 것은 단지 낭사가 있는 한 구간 거리의 동서 양측에 각각 3개의 방이 있다는 것을 가리킨다. 전체 큰길 양측의 세로길 세 갈래와 가로길 다섯 갈래가 서로 '정(井)'자형의 교차 상태를 만드는 것에서 큰길 동서 양측에는 각기 세 열로 곧게 늘어선 방이 있고 열마다 응당 4방(坊)이 있어 모두 12방(坊) 이 있으며 동서 양측에는 모두 24방(坊)이 있다는 것을 알 수 있다.

황성은 외성의 정중앙에서 북쪽으로 치우친 곳에 있고 동서 양쪽은 각기 외성에서 약 1,000m, 남쪽은 외성에서 약 1,400m, 북쪽은 외성에서 약 500m 떨어져 있었다. 황성은 가로로 넓은 장방형이다. 동서 폭이 약 2,000m이고, 남북 길이가 약 1,500m이며 넓이가 약 14리였다. 궁성도 황성 정중앙에서 북쪽으로 치우친 곳에 있다. 겨우 동·남·서 삼면의 담장만이 건축되어 있고 그 북쪽 담은 곧 황성의 북쪽 담이었다. 각 방면의 길이는 약 1,000m이고 네 모서리에는 각루의 터가 있었다. 이는 노진이 "서로 약 2리 떨어져 있다."고 한 것과 서로 들어맞는다. 황성 남문인 양덕문에서 북쪽으로 궁성 남문인 창합문까지 폭이 약 40m인 큰길이 있었는데, 길이가 약 500m로 약 1리에 가까운 수이므로 노진이 말한 것과 부합된다. 창합문에서 동서 양측으로 담을 따라 각 180m 떨어진 곳에서 모두 폭약 15m의 갈라진 틈을 찾아냈다. 이는 곧 동서액문이 있었던 곳으로 노진이 "동서액문은 창합문에서 각각 300여 보 떨어져 있다."고 한 것에 부합하지 않아 '삼(三)'자는 '일(一)'자를 잘못 쓴 것이다. "동서 각루가 서로 약 2리 떨어져 있다."라고 한 만큼 전체 궁성 남쪽 담은 겨우 폭 2리이며 동서 각루와 창합문 중간에 있는 동액문과 서액문은 '창합문에서 각각 300여 보 떨어져' 있는 것은 당연히 불가능하다. 노진은 「승초록」에서 또한 동액문에서 제3문, 곧 무공문(武功門)으로 이르고 문 안에는 거란 군주(성종)의 무공전(武功殿)이 있으며 서액문에서 제3문, 곧 문화문(文華門)으로 이르고 문 안에는 국모(승천황태후)의 문화전(文華殿)이 있다고 하였다. 실측에 따르면 동액문과 서액문의 터에서 북쪽으로 80m 떨어진 곳에 각기 지하 노면보다 높게 돌출한 건축 유지가 있으며 고고학자들은 그곳을 무공문과 문화문이 있었던 곳으로 추정한다. 또한 동액문과 서액문의 유지(遺址)에서 각각 북쪽으로 한 갈래의 큰길이 북부로 통하고 있는데, 약 400여 미터 지점에서 큰길 북쪽에 대형 건축물 유지가 각각 한 곳씩 있다. 고고학자들은 이들을 무공전과 문화전이 있던 곳이라 추정한다. 문화전과 무공전 사이에는 폭 약 8m의 통로가 한 갈래 나 있다. 이러한 무공전과 문화전의 건설은 여전히 거란 풍속의 특징을 지니고 있었다(그림 68 참조).

특히 주의할 만한 점은 중경성 터에서 외성의 큰길 양측에 남북으로 난 낭사의 건축물 유지가 발견되었다는 것이다. 그것은 황성 양덕문 남쪽으로 약 500m 떨어진 곳에 위치하며, 외곽성 남문인 주하문에서 양덕문 사이에 이르는 큰길의 양측 약 20m 지점에 있다. 발굴 구역 내에서 모두 동서로 향한 13열의 항토대기(夯土臺基)가 발견되었다. 열마다 4개의 쐐기 모양의 항토대가 있고 각 항토대 평면은 정방형이며 단면이 쐐기모양으로 상단의 길이와 폭은 각각 약 1m와 깊이 0.7m이고 하단의 길이와 폭은 각각 0.7m이다.

각 열에서 4개 쐐기모양 항토대의 거리를 살펴보면 정중앙의 두 개의 거리가 3.8m이고, 동서 양측의 두 개의 각각의 거리가 1.6m이다. 부근에서는 또한 위치가 이동된 석주의 주춧돌 5개가 발견되었으며 길이와 폭이 각각 약 40cm이며, 두께 약 25cm이다. 전체 건축 유지 안의 지면은 전부 땅을 다진 것이다. 발굴 구역 바깥에는 이 13열의 항토대기와 서로 연결된 여러 열의 항토대기가 있으나 아직 전부 발굴되지는 않았다. 그것이 원래 남북으로 향한 긴 복도식의 하나의 건축물이었다는 것을 알 수 있다. 고고학자들은 이것이 바로 노진이 말한, 거리 '동서쪽에 있는 약 300칸 낭사'의 일부분이라고 인정하는데 이는 정확한 것이다.[22] 왕증의 「행정록」에서 말한 주하문 안의 좁은 복도 역시 당연히 동서 양측의 300칸 낭사(廊舍)를 가리킨다. 왕증은 또한 '시루' 네 곳이 있다고 하였는데, 이는 당연히 시장에서 벌어지는 무역을 관리하던 '간루'이다(그림 69 참조).

이렇게 큰길 동서 양측에는 '낭사'를 건축하고 '주민들에게 낭무(廊廡) 아래 가게를 벌이게' 하여 '시사랑무(市肆廊廡)'를 형성한 것도 또한 당시

22_ 遼中京發掘委員會, 「遼中京城址發掘的重要收穫」, 『文物』1961-9 참조.

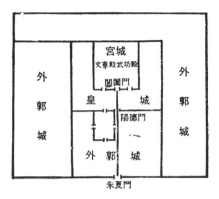

그림 68 요 중경 대정부 구조도

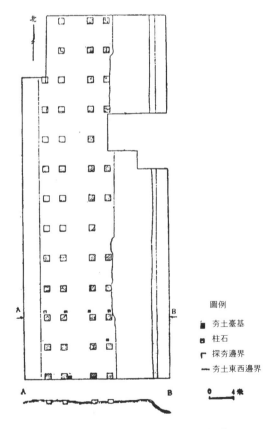

그림 69 요 중경 외곽성 낭사 유적 평면도(출전: 「遼中京城址發掘의 重要收穫」, 『文物』1961-9)

북송의 도시에서 유행한 '시랑(市廊)'의 형식을 모방한 것이다. 송 진종 대중상부원년(1008), 곧 요 성종 통화 26년에 송 진종은 단주[鄲州, 치소는 수성(須城), 지금의 산동 동평(東平)]에 이르러 "황상께서 성 안의 거리와 골목이 너무 좁은 것을 보고 그것을 물으니, 혹자가 '성을 옮긴 초기에는 도로가 넓고 탁 트여 있었으나, 그 후 수리(守吏, 관문을 지키는 관리)들이 시랑(市廊)을 늘려 부세를 징수했습니다.'라고 말하였다. 즉시 조서를 내려 그것을 헐었다."[23](『속자치통감장편(續資治通鑑長編)』권70)고 하였다. '성을 옮겼다'는 것은 단주의 치소를 수창(須昌, 지금의 산동 동평 서북쪽)에서 수성으로 옮겼다는 것을 가리킨다. 막 수성으로 천사했을 때는 도로가 넓고 탁 트였었으나 나중에 지방관이 도로 양측에 '시랑'을 증축하여 상인들에게 빌려주고 영업하게 해 세금을 받았기 때문에 도로가 협소해졌다. 당시 북송 경내의 도시 안에는 때마침 '시랑을 늘려 세를 징수하는' 방법이 유행하고 있었다. 이러한 낭무식(廊廡式)의 기다란 가옥은 여러 칸으로 분할해서 상인의 수요에 맞춰 분할한 후 그들에게 빌려주고 저점으로 사용하거나 혹은 상점을 개설할 수 있는 구조였다. 큰길가에 지은 이러한 복도형의 가옥은 당연히 상인이 가게를 열고 영업하는데 편리하게 하였으므로 '시랑'이라는 명칭을 갖게 되었다. 북송 동경의 변하제안사(汴河堤岸司)와 수완경성소(修完京城所)에서는 모두 '방랑(房廊)'을 지어 상인에게 빌려주고 '해마다 세를 거둬들였고' 또한 누점무(樓店務)를 설치하여 '주·현에 있는 방랑의 과세를 관장하였다.'고 한다. 이른바 '방랑'과 '누점(樓店)'은 같은 뜻이다. 차상(茶商)·염상(鹽商)에게 빌려주고 임시로 상품을 쌓아 두는 곳도 '기랑(寄廊)' 혹은 '낭옥(廊屋)'이라 불렀다. 이렇게 요 중경에 세워진, '주민들이 낭무(廊廡) 아래 가게를 벌이는 데' 쓰인 '낭사(廊舍)'를 통해 명칭이 중원의 것을 이어 썼

23_ 『續資治通鑑長編』卷70([宋]李燾 撰, 北京: 中華書局, 1995) 眞宗·大中祥符元年, p.1575. 「上都城中巷陌迫隘, 詢之, 云: "徙城之始, 衢路顯敞, 其後守吏增市廊以收課." 卽詔毀之.」

을 뿐만 아니라, 전체 긴 복도식 건축물 형식 또한 중원을 모방하였다는 것을 알 수 있다. 이것은 번영하는 '가시(街市)'가 출현하기 이전에 나타난 과도기적 양식이다.

(5) 요 서경 대동부

요의 서경 대동부는 오늘날의 산서성 대동시에 있었다. 요 흥종 중희 10년(1044) 운주(雲州)를 서경 대동부로 승격시켰다. 『요사』 지리지에 따르면, 성 주위가 20리였고 모두 4개의 문, 곧 동쪽의 영춘문(迎春門), 남쪽의 조양문(朝陽門), 서쪽의 정서문(定西門), 북쪽의 공극문(拱極門)이 있었다.[24] 오늘날 서문(西門) 안 화엄사에 있는 장경전(藏經殿)의 박가교장(薄伽敎藏)은 중희 7년(1041)의 건축물이고 남문 안 선화사(善化寺)의 대웅보전 또한 요 중기에 세워진 것이다. 요 도종 청녕 8년(1062) 일찍이 여러 황제의 석상·동상을 만들어 화엄사에서 봉양하였으니 이는 '원묘'의 성격을 지닌 것이었다.

2) 금 상경(上京)과 중도(中都) 구조의 변천

금은 동북의 종족 집단인 여진완안부(女眞完顔部)가 건립한 왕조로, 금 태조는 요와의 접경지를 공격하여 빼앗은 후 요의 오경 제도를 계승하였다. 금 희종(熙宗) 천권(天眷) 원년(1138) 원래 금의 수도를 상경(上京) 회녕부(會寧府)라 칭하고 요의 상경을 북경(北京)으로 고쳤다. 해릉왕(海陵王)은 금 희종을 살해하고 제위를 얻은 후 정원(貞元) 원년(1152)에 수도를 연경(燕京)으로 옮기고 중도(中都) 대흥부(大興府)라고 하였다. 아울러 변경(汴京)을 남경 개봉부(南京開封府)로, 중경 대정부를 북경 대정부(大定府)로 고쳤다. 이에 원래의 것을 그대로 따른 동경 요양부, 서경 대

24_ 『遼史』41 地理志5, p.506. 「廣袤二十里. 門, 東曰迎春, 南曰朝陽, 西曰定西, 北曰拱極.」

동부를 합쳐 오경이라 불렀다. 동시에 상경 회녕부를 폐지하였고 정륭(正隆) 2년(1157)에 명령을 내려 원래 상경의 궁전, 종묘, 여러 대족(大族)의 저택과 저경사(儲慶寺)의 터를 평평하게 깎고 농사를 짓게 하였다. 후에 금 세종이 대정(大定) 13년(1173)에 상경을 회복시켰다.

금의 오경 가운데 중요한 것은 바로 상경과 중도이다. 그 나머지는 모두 요의 옛 성을 그대로 사용하였고 어떤 것은 단지 궁정과 종묘만 증축하였을 뿐이다. 예컨대 동경 요양부는 금 희종 황통(皇統) 4년(1144) 그곳에 가혜궁(嘉惠宮)과, 침전인 보녕전(保寧殿), 종묘인 효녕궁(孝寧宮)을 지었고, 황통 7년(1147) 다시 어용전을 지었다. 또한 서경 대동부의 경우 금 태종 천회(天會) 3년(1125) 그곳에 태조의 원묘를 지었고 금 세종 대정 5년(1165) 보안전(保安殿)을 지었다. 또 남경 개봉부의 경우 해릉왕 정륭 4년(1159) 조서를 내려 이미 무너진 궁전을 조영하도록 하였는데, 비용이 무척 많이 들었으나 성 안은 여전히 황폐하고 파괴된 상태였다. 북경 대정부의 경우 발굴과 측량조사를 거쳐 금대에는 황성 내에 소성보(小城堡) 하나만을 축조했을 뿐이고 요의 궁전 부지 위에 그대로 겹쳐 지었으며 사면의 각 변의 길이는 약 180m이며 동쪽으로 문을 열었다는 것을 알게 되었다. 아마 금의 중요한 관서가 있었던 곳이었을 것이다.

(1) 금 상경 회녕부

여진완안부는 지금의 흑룡강성 아십하(阿什河)·랍림하(拉林河) 유역에서 흥기하였고 금의 전기 도성인 상경 회녕부의 옛터는 지금의 하얼빈시 동남쪽 30km에 위치한 아성현(阿城縣)의 성 남쪽으로 약 4리 되는 곳에 있으며 속칭으로 백성[白城. 또는 패성(敗城)]이라 한다. '국초에 성곽이 없었고 황제채(皇帝寨)·국상채(國相寨)·태자장(太子莊)이라고 이리저리 불렀고'[25]『대금국지(大金國志)』권33 연경제도(燕京制度)] 여전히 부락에서 장막(帳幕)을 설치하는 방식을 그대로 사용하였다. 금 태종 천회 2년

(1124) 상경에 신성(新城)을 짓고 회평주(會平州)라고 명명하였다[26](『금사(金史)』 태종기(太宗紀)). 천회 3년 건원전(乾元殿)을 짓고 10년 뒤 또다시 경원궁(慶元宮)을 지었다[27](『금사』 지리지). 북송 선화 7년(1125), 즉 금 천회 3년 송 휘종이 금 태종의 즉위를 축하하고자 사신 허항종을 상경에 보냈다. 허항종은 『선화을사봉사행정록(宣和乙巳奉使行程錄)』(『삼조북맹회편(三朝北盟會編)』 권20 수록)을 짓고 당시 관찰한 상경 궁성의 정황을 기술하였다.

> 39일째 여정, …관(館)에 이르렀다. 관에는 오직 모옥(茅舍)이 수십여 칸이 있을 뿐이며 담장은 완전히 빽빽하다. 당실(堂室)은 장막과 같고 침탑(寢榻)은 모두 흙으로 만든 침상이지만 모전깔개[氈褥]·금수(錦繡)·담비이불[貂鼠被]·대침두(大枕頭) 등을 두텁게 깔았다.…다음날 술과 과일을 하사받고 날이 저물자 합문사(閤門使)가 찾아왔다. …다음날 관반사(館伴使)와 부사(副使)와 동행하였고 말(馬)을 타고 5~7리를 가니 평원과 너른 들판이 한눈에 들어왔고 간간이 민가 수십 호가 있었다.…또 2리를 가니 일산을 거두라고 명령하며 궐(闕) 가까이 왔다고 말하였다. 다시 북쪽으로 1백여 보를 가니 3~4경(頃)을 두르는 언덕이 있었으며 북쪽의 높이가 1장 남짓 되었고 이를 황성이라고 하였다. 숙문(宿門)에 이르러 용대(龍臺)에서 말을 내려 작은 궐문으로 들어가니 서쪽에 4개의 게르가 설치되어 있었다.…곧바로 국서를 받들어 산붕(山棚)에서 동쪽으로 들어가 뜰 아래 예물을 펼쳐 놓고 의례에 맞게 들여보냈다. 산붕의 경우 왼쪽을 도원동(桃源洞)이라고 하고 오른쪽을 자극동(紫極洞)이라 하며 중간에 대패(大牌)가 세웠는데 취미궁(翠微宮)이란 이름이 붙어 있었다. 그 높이가

25_ 『大金國志』 卷33 燕京制度, p.248. 「國初無城郭…呼曰皇帝寨·國相寨·太子莊.」
26_ 『金史』 卷3 太宗紀, p.50. 「戊午, 以實古迺所築上京新城名會平州.」
27_ 『金史』 卷24 地理志, p.550. 「其宮室有乾元殿, 天會三年建, 天眷元年更名皇極殿. 慶元宮, 天會十三年建.」

5~7장이며 오색으로 채색하고 그 사이에 산석(山石) 및 신선·부처·용·코끼리의 형상을 결합시켰고 소나무와 잣나무의 가지를 섞어 놓았다. 새 울음소리를 낼 수 있는 몇 사람은 산 속에서 소리를 냈다. 나무로 만든 7칸의 전각은 매우 웅장하며 이엉으로 지붕을 이지 않고 기와를 덮고 진흙으로 보완하였다. 나무로 망새와 용마루를 만들고 묵을 칠했으며 그 아래 장막을 늘어뜨렸는데, 편액에 건원전(乾元殿)이라고 하였다. 계단의 높이는 4척 남짓이고 계단 앞에는 토단(土壇)이 있는데 사방 넓이가 수 장(丈)이었고 이름을 용지(龍墀)라고 하였다. 양쪽의 행랑에는 임시로 작은 띠집을 연결하여 설치하였고 푸른 장막을 둘렀으며 삼절(三節)을 앉혔다.…이미 짓기 시작한 가옥 수천 칸은 아직 완성되지 않았으나 규모는 역시 매우 웅장하다.[28]

당시 건원전은 막 짓기 시작하여 아직 완공되지 않았고 그 나머지 축조하는 가옥 또한 아직 완성되지 않았다. 건원전은 널찍한 7칸 건물로 용 모양의 섬이 있었다. 이는 북송 궁전 건축을 모방한 것일 것이다. 다만 양쪽의 행랑에 청색 장막으로 덮은 작은 띠집이 있으며 여전히 옛 풍속을 보존하고 있었다. '산붕(山棚)'이 설치되어 있고 또 구기(口技)[29]에 능한 예인이 소리를 내거나 읊조리는 것은 북송 동경의 원단대조회

28_ 『三朝北盟會編』 卷20([宋]徐夢莘, 上海: 上海古籍出版社, 1987) 政宣上帙二十, pp.145下~146上.「第三十九程,…至館, 館唯茅舍數十餘間, 牆壁全密, 堂室如帟幕, 寢榻皆土牀, 鋪厚氈褥及錦繡·貂鼠被·大枕頭等.…次日賜酒菓, 至晚閤門使躬來.…次日館伴使副同行, 馬可六七里, 一望平原曠野, 間有居民數十百家,…又一二里, 命撤傘, 云近闕. 復北行百餘步. 有阜宿圍繞三四頃, 北高丈餘, 云皇城也. 至宿圍門, 就龍臺下馬, 行入宿圍,〈西〉西設氈帳四座,…即捧國書, 自山棚東入, 陳禮物於庭下, 傳進如儀.…其山棚, 左曰桃源洞, 右曰紫極洞, 中作大牌, 題曰翠微宮, 高五七丈, 以五色彩間結山石及仙佛龍象之形, 雜以松柏枝, 以數人能爲禽鳴者, 吟叫山內. 木建殿七間甚壯, 未結蓋, 以瓦仰鋪及泥補之. 以木爲鴟吻及屋脊用墨, 下鋪帷幕, 榜額曰乾元殿. 階高四尺許, 階前土壇方闊數丈, 名曰龍墀. 兩廂旋結架小葦屋, 幕以靑幕, 以坐三節,…興築已架屋數千百間未就, 規模亦甚偉也.」

29_ 역자 주 '구기(口技)'란 한 사람이 여러 사람의 음성이나 짐승의 소리를 내어 관객을 웃기는 연기를 말한다.

(元旦大朝會)에서 여러 나라의 사신을 접대할 때 궁성 선덕문 앞에 '산붕을 엮고' '삼문(三門)을 가로로 배열하고' '금으로 쓴 대패(大牌)'[30]를 설치한 것을 모방한 것이다. 당시 상경 궁성의 건설이 중원을 모방하는 체제로 시작하였다는 것을 전해 준다.

금 희종은 한층 더 중원의 예제를 채용하여 일찍이 몸소 공자묘에 제사를 올리고 연성공(衍聖公) 등으로 봉하였다. 천권 원년(1138) 희종은 건원전을 황극전(皇極殿)으로 개명하고 또 건조전(建朝殿)을 부덕(敷德), 침전을 소의(宵衣), 서전(書殿)을 계고(稽古)라고 불렀다. 같은 해 춘정(春亭)을 천원전(天元殿)으로 개명하고 태조·태종·휘종 및 여러 황후의 초상을 안치하여 원묘로 삼았다. 이어 황통 2년(1141) 양전(涼殿)을 건설하고 오운루(五雲樓)·중명전(重明殿), 그리고 동서 곁채의 대전·후동전(後東殿)·후서전(後西殿) 등을 포괄하였다[31](『금사』 지리지). 그 이듬해 또 태묘·사직을 지었다. 황통 6년(1145) "구내(舊內:즉 대내)가 너무 협소하여 겨우 군(郡)의 치소와 같았으므로 마침내 5로(路)의 공장(工匠)을 부역시켜 그것을 없애고 신축하였다. 변경(汴京)을 모방했을지라도 그 규모는 겨우 10분의 2, 3이었을 뿐이었다."[32](『대금국지』 권12)고 하였다. 금의 상경은 원래 성곽을 짓는 규모와 구조에 제한받았기 때문에 비록 변경을 모방하여 개축하고자 했더라도 그럴듯하게 개축할 수 없었던 것이다[33](그림 70 참조).

30_ 『東京夢華錄注』 卷6 元宵, pp.164~165. 「正月十五日元宵, 大內前自歲前冬至後, 開封府絞縛山棚, 立不正對宣德樓. …橫列三門, 各有彩結金書大牌.」

31_ 『金史』 卷24 地理志, p.550. 「涼殿, 皇統二年構, 門曰延福, 樓曰五雲, 殿曰重明. 東廡南殿曰東華, 次曰廣仁. 西廡南殿曰西清, 次曰明義. 重明後, 東殿曰龍壽, 西殿曰奎文.」

32_ 『大金國志』 卷12 紀年·熙宗孝成皇帝四, p.174. 「舊內太狹, 纔如郡治, 遂役五路工匠, 撤而新之. 規模雖倣汴京, 然僅得十之二三而已.」

33_ 日本 村田治郎, 「金の上京會寧府城の遺跡」을 참고. 村田治郎, 『中國帝都』, 日本 綜藝舍, 1981년 출판본에 수록.

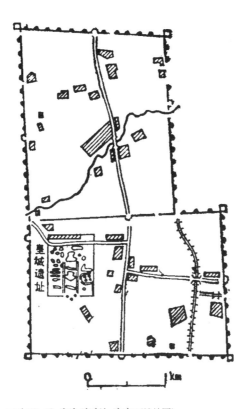

그림 70 금 상경 회녕부 성지도(城址圖)

현재 아성현(阿城縣) 성 남쪽의 백성(白城)에는 금 상경 성터가 여전히
비교적 온전하게 보존되어 있다. 성 전체는 서쪽으로 산지에 기대고 있
고 동쪽에 아습하가 있다. 남북 두 성이 서로 연결되어 이루어져 있는
데 북성은 남북이 약간 길고 남성은 동서가 약간 넓었기 때문에 서로
연결되면서 곱자 모양이 되었다. 북성의 남북 길이는 1,828m이고, 동서
폭은 1,553m이며 남성의 남북 길이는 1,528m이고, 동서 폭은 2,148m
이다. 남북 두 성이 결합한 길이는 3,356m이다. 성벽은 현재 남아 있는
데 두께는 약 3m이고, 높이는 4~5m이다. 성벽 밖에는 원형 마면이 설
치되어 있고 모퉁이에는 방형의 각루 터가 있다. 성 전체에 현재 갈라

진 틈이 9개가 있는데 아마도 문일 것이고 서로 대칭을 이루고 있지는 않다. 문 밖에는 옹성이 설치되어 있다. 남북 두 성이 서로 연결되는 가로 담에는 동쪽으로 치우쳐 문이 있다. 남성 서북쪽 모퉁이의 지세는 높고 평평하여 그 위에 궁성이 건립되어 있다. 그 남북 길이는 645m이고, 동서 폭은 500m이다. 궁성 정문은 남향이며 성 남문과 서로 마주 보고 있다. 정문 앞 좌우에는 높은 구릉이 있는데 곧 궐정(闕亭)의 터이다. 허항종이 말한 "황성(皇城)"은 바로 궁성이고 이른바 "궐 가까이에 왔다."는 것은 즉 궁성 정문 앞의 궐정을 가리킨다. 이는 북송 동경 궁성의 선덕문 앞에 있던 두 채의 궐정이 서로 마주 보는 것과 똑같다. 정문에는 세 개의 대문이 있고 정문을 들어가면 좌우로 넓고 큰 주랑의 터가 있다. 두 주랑 사이에 정중앙에는 남북으로 한 줄로 열을 지은 터가 여러 곳 있다. 그 가운데 비교적 큰 것이 세 곳 있다. 북쪽에 있는 커다란 터 한 곳은 '공(工)'자 모양을 이루고 있고 가장 주요한 궁전이 있었던 곳일 것이다(그림 71 참조). 주요 궁전이 '공(工)'자 모양을 한 것은 북송 동경의 궁전을 모방한 것이었다. '공(工)'자형 터의 북쪽으로 이어지는 정중앙의 줄에는 아직도 남북으로 열을 지은 터 세 곳이 있으며 양측에도 남북으로 열을 지은 작은 터 몇 곳이 있다. 전체 구조는 정연하며 궁전 구역에는 황록색 유리기와 파편이 도처에 널려 있다. 전체 남성은 실제로 황성의 성격을 띠고 있으면서도 여전히 기타 궁전·불교 사찰 및 공묘 등이 그 사이에 분포하고 있다.

북성은 곽성의 성격을 띠었던 것 같으며 아습하는 서남쪽에서 동북쪽을 향해 흐르고 있어 상경의 수로 운송로가 되었다. 하천 양쪽 기슭은 상업지구와 수공업지구였고 야철 유적지와 도요 등의 유적지가 있다. 아성현에서 잇따라 출토된 다섯 매의 금대 은정(銀錠)은 모두 허리를 묶은 형태이며 정(錠) 하나의 무게는 시장용 저울로 3근 8량이다. 윗면에는 항상 금은작방(金銀作坊)·공장(工匠)·검험관(檢驗官)의 도장을 찍었다. 그중 한 인장에 '적가기(翟家記)', '진화은(眞花銀)'이란 문자 서명

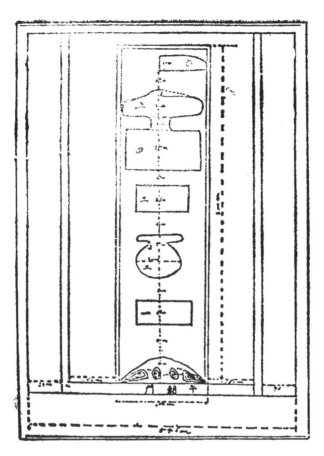

그림 71 금 상경 궁성 유지 평면도(日本 園田一龜의 略測圖, 村田治郎, 『中國帝都』, p.287 참조)

이 찍혀 있다. 아성현 양수(楊樹)에서 출토된 것 가운데 '상경적가기(上京翟家記)'란 도장이 찍힌 은팔찌와 견주어 보면, '적가기'는 상경성 내적(翟)씨 집안의 금은포(金銀鋪)로서 은정을 주조하고 금은 장식을 하였다는 것을 알 수 있다.[34] 이곳과 북송 동경 및 남송 임안에서 '금·은 식기와 동전을 진열해 놓던'[35] 금은포는 비슷하였을 것이다. 이 밖에도 일

34_ 黑龍江省文物考古工作隊, 「從出土文物看黑龍江地區的金代社會」, 『文物』 1977-4.
35_ 『夢粱錄』 卷13 鋪席, p.239. 「鋪前列金銀器皿及現錢.」

찍이 '상경경순원(上京警巡院)' 등 인증 기록이 새겨진 동경(銅鏡)이 출토되었다.

(2) 금 중도 대흥부

해릉왕 완안량(完顔亮)은 한층 더 중원으로 영역 확장을 도모하기 위해 연경으로 수도를 옮기고 요 남경의 기초 위에 북송 변경의 제도를 참조하여 개축하였다. 천덕(天德) 3년(1150) "마침내 좌·우승상 장호(張浩)·장통(張通), 좌승 채송년(蔡松年)에게 명하여 로(路)의 민부(民夫)를 동원하여 연경을 축조하였는데, 그 제도는 변경과 같았다."[36]고 하였다 [『일하구문고(日下舊聞考)』 권37에서 『원일통지(元一統志)』를 인용]. 동시에 "화공을 파견하여 경사(京師: 변경을 지칭)의 궁실 제도와 넓이와 길이를 그려 오게 한 후 그것을 모두 좌상 장호 무리에게 주어 그림대로 수축하게 하였다."[37]고 하였다[『일하구문고』 권29에서 『금도경(金圖經)』을 인용]. 천덕 4년(1151) 완공하고 정원(貞元) 원년(1153) 천도의 내용을 담은 조서를 국내외에 내리며 연호를 정원(貞元)으로 바꾸고 중도 대흥부라고 하였다.

금 중도는 원래 요 남경의 기초 위에 변경 제도를 참조하여 확장한 것이다. 중도의 황성은 대체로 요 남경의 황성을 그대로 따랐는데 그 가운데 주요 궁전은 인정전처럼 여전히 요의 옛 궁전이었다. 그러나 요 남경의 구조는 '자성은 외성의 서남쪽에 건설되어 있었고' 황성이 외곽성의 서남쪽 모퉁이에 치우쳐 있었으므로 변경과 똑같이 세 겹의 방성(方城) 같은 구조로 바꾸려면, 외곽의 서쪽 성벽을 서쪽으로 옮겨야만

36_ 『日下舊聞考』 卷37([淸]于敏中 等 編纂, 北京: 北京古籍出版社, 2000) 京城總紀, p.588. 「天德三年…迺命左右丞相張浩·張通, 左丞蔡松年, 調諸路民夫築燕京, 制度如汴.」 역자 주 본문은 天德元年이라고 하였으나 원문에는 天德三年이라고 되어 있어 원문을 따라 번역하였다.

37_ 『日下舊聞考』 卷29 宮室, p.409. 「遣畫工寫京師宮室制度, 闊狹修短, 盡以授之左相張浩輩, 按圖修之.」

하였다. 금 중도의 황성이 이미 외곽성의 중앙부와 거기서 약간 서남쪽으로 치우친 곳에 있었다. 이는 황성의 서쪽 담을 따라 곧장 외곽성의 서쪽 성벽에 이르는 곳은 모두 금나라가 확장한 것이며 동시에 외곽성의 동쪽과 남쪽도 확장 당시에 넓힌 것이라는 것을 전해 준다. 원래 법원사(法源寺)의 전신인 민충사는 정전 뒤 돈대 위에 당 경복(景福) 원년(892)에 새겨 넣은 「중장사리기(重藏舍利記)」에 따르면, '대연성(大燕城) 안 동남쪽 모퉁이'에 위치하였다. 예컨대 지금의 법원사는 남쪽으로 금 중도 남쪽 성벽에서 약 2.4km 떨어져 있고 동쪽으로는 동쪽 성벽에서 약 1.2km 떨어져 있다. 이것은 동남 양쪽 성벽 또한 1km~2km가 확장되어 있었다는 것을 전해 준다. 다만 북쪽 성벽은 여전히 요 남경의 옛것 그대로였다. 바로 이러한 확장이 있었기 때문에 요 남경성의 둘레는 26~27리에 지나지 않았으나 금 중도의 둘레는 35~36리로 확장되었다 (그림 72 참조).

고고 조사에 근거하면 금 중도는 정방형에 가깝지만 동서가 남북에

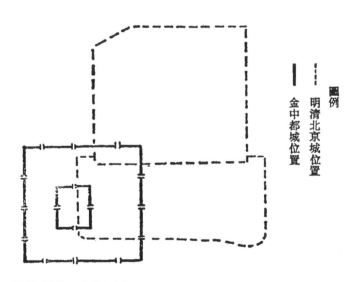

그림 72 금 중도 대흥부 위치도

비해 약간 길다. 현재 외곽성의 동·남·서 삼면의 성벽의 경우 단속적으로 유적이 여전히 존재한다. 동남쪽 성 모서리는 지금의 영정문(永定門) 기차역 서남쪽의 사거리에 있었고 동북쪽 성 모서리는 지금의 선무문(宣武門) 안 취화가(翠花街)에 있었다. 서북쪽 성 모서리는 지금의 군사박물관 남쪽 황정자(皇亭子)에 있었고 서남쪽 성 모서리는 지금의 풍대구(豊臺區) 봉황취촌(鳳凰嘴村)에 있었다. 실측 결과 서쪽 성벽의 길이는 4,530m이고, 남쪽 성벽의 길이는 4,750m이며, 동쪽 성벽의 길이는 4,510m이다. 북쪽에 있는 회성문촌(會城門村)은 아마 북쪽 서편 성문인 회성문이 있었던 곳일 것이다. 이곳을 거점으로 추산해 보면, 북쪽 성벽의 길이는 약 4,900m이다. 사면의 성벽 합계는 18,690m로, 송의 척도로 35리에 대략 부합한다.[38] 명대 홍무(洪武) 초기에도 금 중도의 옛 성은 여전히 남아 있었고 남성이라 불렀다. 홍무원년(1368) 8월 임진(壬辰)일, 대장군 서달(徐達)이 일찍이 "지휘관 엽국진(葉國珍)에게 명령하여 남성(南城)을 계측하도록 하니 둘레가 5,328장이었으며 남성은 원래 금대의 옛터였다."[39](『명태조실록(明太祖實錄)』권34)고 하였다. 5,328장은 또한 송의 척도로 35리의 수치와 딱 맞아떨어진다. 『대금국지(大金國志)』권33 연경제도(燕京制度)에서 "도성의 사방 둘레가 75리, 성문이 12개이다."[40]라고 한 것에서, '칠(七)'자는 '삼(三)'자의 오자일 것이다(그림 73 참조).

금 중도의 외곽성 동·서·남쪽으로 각각 3개의 문이 개설되었고 북쪽에는 4개의 문이 개설되었다. 동쪽 성벽 문의 경우 북쪽이 시인문(施仁門), 중앙이 선요문(宣耀門), 남쪽이 양춘문(陽春門)이다. 서쪽 성벽 문의 경우 북쪽이 창의문(彰義門), 중앙이 호화문(灝華門), 남쪽이 여택문

38_ 閣文儒,「金中都」,『文物』1959-9.

39_『明太祖實錄』卷34;『日下舊聞考』卷38 京城總紀, p.605.「大將軍徐達命指揮華雲龍經理故元都…又令指揮葉國珍計度南城, 周圍凡五千三百二十八丈, 南城故金時舊基也.【明太祖實錄. 以上二條原在世紀門, 今移改.】」

40_『大金國志』卷33 燕京制度, p.471.「都城四圍凡七十五里, 城門十二.」

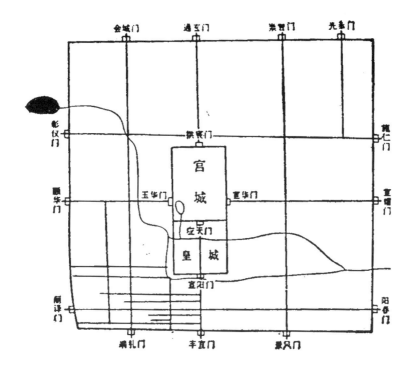

그림 73 금 중도 배치 구조도(출전:『中國大百科全書』考古學卷, p.238)

(麗澤門)이다. 남쪽 성벽 문의 경우 동쪽이 경풍문(景風門), 중앙이 풍의
문(豊宜門), 서쪽이 단례문(端禮門)이다. 북쪽 성벽 문의 경우 동쪽이 광
태문(光泰門)과 숭지문(崇智門), 중앙이 통현문(通玄門), 서쪽이 회성문(會
城門)이다. 황성은 외곽성 중앙부에서 서남쪽으로 조금 치우친 곳에 있
으며 유적지는 지금의 광안문(廣安門) 밖 빈하남로(濱河南路) 서측에 있
다. 실측에 근거하면 둘레는 약 5,000m로,『금도경』(『일하구문고』권29
인용)과『대금국지』권33 연경제도에서 "성의 주변은 도합 9리 30보이
다."[41]라고 한 수치와 서로 부합한다. 황성 정남문은 선양문(宣陽門)이라

41_『日下舊聞考』卷29 宮室, p.409. 「城之四圍九里三十步.」;『大金國志』卷33 燕京制
　　度, p.470. 「城之四圍凡九里三十步.」

고 불렀고 황성 내 두 번째 문은 곧 궁성 정남문이며 응천문[應天門, 원래는 통천문(通天門)이라고 하였다.]이라고 하였다. 궁성은 실제로 황성의 3분의 2지점에 자리 잡고 있다. 궁성 정동쪽은 선화문(宣華門)이고, 정서쪽은 옥화문(玉華門)이며, 정북쪽은 공신문(拱宸門)이다. 외곽성 정남쪽의 풍의문에서 황성 정남쪽의 선양문과 궁성 정남쪽의 응천문을 지나 궁성 정북쪽의 공신문을 나가면 곧장 외곽성 정북쪽의 통현문에 다다르며, 이 길은 전체 성을 남북으로 관통한 정중앙의 치도(馳道)이자, 금 중도의 남북 방향의 중축선이기도 하다. 전체 도성 안의 중요 건축물은 모두 이 중축선의 양측과 정중앙에 배치되어 있다. 송나라 사자 범성대(范成大)의 『남비록(攬轡錄)』과 누약(樓鑰)의 『북행일록(北行日錄)』에는 이 중축선에서 바라본 사물에 대해 구체적으로 묘사하는 내용이 들어 있다. 『사림광기(事林廣記)』권2 연경도지(燕京圖志)의 「제경궁궐도(帝京宮闕圖)」에는 이 중축선 및 그 양측에 있는 중요 건축물의 모습이 잘 그려져 있다.

「제경궁궐도」의 저층(그림 74 참조)은 바로 외곽성 정남쪽 풍의문 밖의 성호[城壕, 곧 호성하(護城河)]와 석교(石橋)이다. 이는 바로 범성대가 말한 신석교(新石橋)와 누약이 말한 대석교(大石橋)이다. 석교로부터 큰길을 따라 풍의문으로 들어간다. 풍의문에 있는 문루는 9칸 넓이에 3개의 문도(門道)로 나뉘어 있다. 좀 더 들어가면 그림에는 탈옥교(奪玉橋)가 있는데, 바로 범성대가 말한 석옥교(石玉橋)로 정식 명칭은 용진교(龍津橋)다. 이 다리의 이름은 변경 안의 어로(御路)에 놓인 첫 번째 다리의 이름을 이어 사용한 것이었다. 두 다리는 모두 돌난간을 이용하여 길을 세 길로 구획하였는데, 가운데 길이 어로이며 차자(杈子)를 이용해서 막아 놓았다. 용진교는 연석(燕石)으로 제작한 것으로, 돌빛은 옥색이고 돌난간 4열과 화표주(華表柱)는 모두 아주 정교하게 조각되어 있다. 다리 북쪽 양옆에는 작은 정자가 있는데, 동쪽의 정자에는 교명비(橋名碑)가 있다. 더 안으로 들어가면, 곧 황성 정남쪽의 선양문이며 이 문루도

9칸 넓이이며 누각 아래에서 3개의 문도로 나뉘어 있다. 중간 문이 어로이며 문 위에 용을 그렸고 언제나 굳게 닫혀 있었다. 양 옆의 문 위에는 봉황이 그려져 있고 통행할 수 있었다. 그림에서 보면 3개의 문도 앞에 모두 섬돌이 있고 중간의 섬돌은 널찍하다. 다시 앞으로 나아가면, 다시 문 앞에 있는 활 모양의, 강 위의 다리를 지나서 비로소 황성 정중앙의 치도로 진입할 수 있다. 성 밖 성호(城壕) 위 돌다리로부터 곧장 선양문에 도달한다. 지도에 그려진 것은 모두 구불구불한 도로이지만, 실제 도로는 결코 굽어 있지 않다. 이는 다만 이 구간의 노정이 비교적 멀다는 것을 나타낸다. 선양문 안에 치도는 아주 넓고 세 길로 나뉘어 있는데 가운데 길이 어로이며 주황색의 난간 2열이 있다. 큰 도랑을 건너는 것은 제한되어 있으며 난간 밖에는 버드나무를 심어 놓았다. 그림에 그려진 2열의 차자(杈子)가 바로 주황색 난간이다. 이것은 변경 대내 앞 어로에서 길 중앙

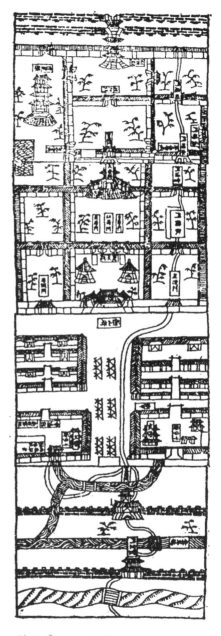

그림 74 『事林廣記』 권2 燕京圖志, 帝京宮闕圖 (모사본, 출전: 賀業鉅, 『考工記營國制度硏究』, 中國建築工業出版社, 1985년.)

에 차자 2열이 있었던 것과 동일한 것이다.

황성 정중앙의 치도 양옆에는 남북 방향의 긴 주랑이 있다. 그림에는 양옆의 긴 주랑이 두 구획으로 그려져 있으며 두 구획의 양쪽 머리와 중간에 모두 동서 방향의 횡가가 있다. 횡가는 모두 셋이다. 바로 궁성 정남쪽의 응천문과 좌액문·우액문 앞에 넓은 횡가가 있고, 두 긴 주랑의 사이에도 넓은 횡가가 있으며, 선양문 안쪽으로 성벽을 따라 좁은 횡가가 있다. 중간에 있는 횡가의 동편에는 '가시(街市)' 두 글자가 적혀 있는데, 황성 안의 가시가 있었던 곳이었을 것이다. 동서쪽의 긴 주랑 양측에는 남북으로 두 조의 관사(官舍)가 있고, 정중앙에는 모두 문 하나가 개설되었으며 그 정면으로는 궁성의 좌액문·우액문과 마주하였다. 동시에 동서의 두 긴 주랑은 응천문 앞의 횡가에 도달한 후 각각 동서 두 쪽으로 방향전환하며 곱자모양을 이룬다. 동서액문의 맞은편을 지나서 곧장 황성의 동서 양편까지 이르니 궁성 앞의 광장이 '정(丁)'자형의 새로운 구조를 이루게 되었다. 이러한 '정(丁)'자형 광장의 새로운 구조는 당대 장안의 궁성 앞에 횡가를 이용해 광장으로 만든 방식과 북송 변경에서 궁성 앞에 종가(縱街)를 이용해 광장을 만든 방식을 결합한 것이라 할 수 있다.

금 중도 황성의 치도 양 옆의 긴 주랑 구조는 변경 궁성 앞의 천보랑(千步廊)과 다르다. 백 단위로 셀 정도로 낭옥(廊屋)을 한 칸 한 칸 이어서 만든 것이었다. 이는 바로 범성대가 말한 대로다. 동쪽 어랑(御廊)은 "200여 칸을 3절(節)로 나누고 절마다 1개의 문이 있고" "장차 궁성에 다다르면 주랑은 곧 동쪽으로 방향을 틀고 또한 백여 칸으로 되어 있다."[42]고 하였다. 『금사』 지리지에서 말한 것도 이와 같으며 실제로 200여 칸의 낭옥이 두 절(節)로 나뉘고 중간과 양쪽 머리에서 모두 동서 방향의 횡가가 있었다. 누약은 또한 개괄적으로 "긴 주랑이 동서로 굽

42_『攬轡錄』([范成大 撰, 孔凡禮 點校, 北京: 中華書局, 2002), p.14. 「至東御廊首, 轉北, 循簷行, 幾二百間. 廊分三節, 每節一門.」

어 있고, 각기 250칸이다."[43]라고 말하였다. 그림에서 보면, 동서의 긴 주랑 남단의 동서 양측에는 서로 마주 보는 3층짜리 누각 두 채가 그려져 있다. 동쪽은 '무루(武樓)'이고 서쪽은 '문루(文樓)'이다. 이는 곧『대금국지』권33 연경제도에서 언급한 바이다. 즉 "문(선양문을 가리킨다.)을 지나면 문(文)·무(武) 두 채의 누각이 있었다."[44]라고 하였다. 또한 누약(樓鑰)이 언급한 바이기도 하다. 즉 "주랑의 머리부분에는 각기 3층의 누정(樓亭)이 있는데 녹색 난간으로 보호되어 있다."[45]고 하였다. 문루(文樓)는 곧 종루(鐘樓)이고 무루(武樓)는 곧 고루(鼓樓)이다. 후에 원나라의 궁성 안에 건립한 종루와 고루도 문루와 무루라고 불렀다. 이는 당대(唐代) 장안 궁성 남문에 세운 고루의 제도를 그대로 이용하면서 발전시킨 것이다. 당대 장안 궁성 남문에서 매일 해가 뜰 때와 질 때에 두드려 울린 북소리는 아침저녁으로 시각을 알리는 신호로 기능하였으며 거리에 설치된 가고(街鼓)를 두드리면 성문(城門)과 방문(坊門)은 그에 따라 열고 닫혔다. 금나라 중도에는 성 남문 좌우에 종루와 고루의 두 누각이 설치되어 아침저녁으로 때를 알리는 신호로 보냈다. 동시에 금나라는 변경(汴京)의 중심에 있는 주교(州橋)의 약간 북쪽에도 문루와 무루가 설치되었고 후에 원 대도(大都)에 세워진 종루와 고루, 두 누각의 선구가 되었다.

황성 동서의 긴 주랑 양측에 동서로 향하는 4열의 방사(房舍)는 바로 주요 중앙 관서와 태묘 등의 건축물이 있는 곳이었다. 그림 속에서 서쪽 장랑(長廊)의 서측에 있으면서 남쪽을 바라보는 방사(房舍)는 회동관(會同館)으로 곧 송의 사신을 접대한 곳이다. 그림에 '남사객위(南使客位)'라는 글자가 있고 회동관의 남쪽 작은 네모난 땅 안에도 '부위차(副位

43_『北行日錄』([樓鑰 撰, 四庫全書·集部·別集類·攻媿集卷一百十一).「長廊東西曲尺, 各二百五十間.」
44_『大金國志』卷33 燕京制度, p.470.「過門有兩樓, 曰文曰武.」
45_『北行日錄』, 四庫全書·集部·別集類·攻媿集卷一百十一.「廊頭各有三層樓亭, 護以綠欄杆.」

次)'라는 글자가 있다. 이는 『대금국지』에서 언급한 바이다. 즉 "문루에서 동쪽으로 돌면 내녕관(來寧館)이고 무루에서 서쪽으로 돌면 회동관이다."[46]라고 하였다. 또 누약이 전하는 것도 있다. 즉 "고려·서하의 두 관(館)이 동쪽에 있고 회동관과 서로 마주 보고 있다."[47]고 하였다. 『대금국지』에서 문루가 동쪽에 있고 무루가 서쪽에 있다고 한 것은 착오이며 그림에 그려진 바로는 무루는 동쪽에, 문루는 서쪽에 있다. 양환(楊奐)의 『변고궁기(汴古宮記)』에서 언급한 금의 융덕전(隆德殿)에서도 고루는 동쪽에, 종루는 서쪽에 있다. 금대 제도가 그림에 그려진 것과 같다는 것을 알 수 있다. 고려관·서하관의 두 관은 즉 동서 장랑(長廊)의 동측에 있으면서 남쪽을 바라보는 방사일 터이지만 그림에는 표시되어 있지 않다. 횡가 북쪽에 동서 긴 주랑 양측에 있으면서 북쪽을 바라보는 방사의 경우 동쪽이 태묘이고, 서쪽이 3성(三省)이다. 바로 『대금국지』에서 "낭(廊)의 반은 각기 편문(偏門)이 있고 동쪽을 향하는 것은 태묘라 하고 서쪽을 향하는 것은 상서성이라 한다."[48]고 하였다. 누약은 "주랑에는 세 길이 그 중앙을 관통한다. 남로(南路)의 양 문 밖은 모두 백성이 거주하는 곳이다. 중로(中路)에는 문이 없고 길이 대단히 넓으며 왼쪽은 태묘, 오른쪽은 3성이다. 북로(北路)의 좌문 밖에는 벽이 있으며 좁은 길에 관부가 남향하고 있고 우문(右門)은 6부(部)로 들어서고 대개 3성(省) 뒤에 있다."[49]고 하였다. 그가 "중로에는 문이 없고 길이 대단히 넓다."고 한 것은 곧 그림에서 가로지르는, 긴 주랑의 중간에 있는 횡가를 가리킨다. 그가 말한 '북로'는 곧 궁성 응천문 앞의 횡가를 지칭한

46_『大金國志』卷33 燕京制度, p.470. 「文之轉東曰來寧館, 武之轉西曰會同館.」

47_『北行日錄』, 四庫全書·集部·別集類·攻媿集卷一百十一. 「高麗人·西夏人二館在東, 與會同館相對.」

48_『大金國志』卷33 燕京制度, p.470. 「廊之半各有偏門. 向東曰太廟, 向西曰尚書省.」

49_『北行日錄』, 四庫全書·集部·別集類·攻媿集卷一百十一. 「廊有三路, 貫其中. 南路兩門外皆民居. 中路無門而路甚闊, 左爲太廟, 右爲三省. 北路左門外有屛牆, 夾道中有官府南向, 右門入六部, 蓋在三省之後也.」

다. 이로써 응천문 앞 횡가의 동쪽 끝에 문이 있고 문 밖에 벽이 있으며 좁은 길에 관부가 설치되어 있고 양 끝에도 역시 문이 있으며 문 밖에 설치된 6부는 바로 3성의 뒤쪽에 있었다는 것을 알 수 있다.[50]

「제경궁궐도」에서 궁성 정남의 응천문은 특히 넓게 그렸으며 좌우에도 모두 부속된 건축물이 있다. 이는 응천문은 높이 8장에 11칸 넓이였으며 그 아래 5개의 문도가 배열해 있고 좌우에도 행루(行樓)가 있었기 때문이었다. 그림에서 응천문 앞에 '연산부(燕山府)'라는 세 글자를 표기하고 있고 '응천문'이라는 세 글자를 뒤에 표기하고 있는데 이는 송나라 사람들이 원래 이곳을 연산부라고 불렀기 때문이었다. 응천문 뒤에 인수문(仁壽門)이 있고 좌우는 일화문(日華門)과 월화문(月華門)이며 문 안쪽은 곧 대안전(大安殿)으로 이곳은 대조회를 거행하는 정전(正殿)이다. 누약의 기술에 의하면 전문(殿門)은 9칸 넓이이고, 대전(大殿)은 11칸 넓이다. 타전(朶殿)은 각 5칸이고, 행랑(行廊)은 각 4칸이며 동서 회랑이 각 60칸이다. 중간에 솟은 2개의 누각은 각 5칸이고 왼쪽은 광우(廣祐)라 하고 뒤로 동궁(東宮)과 마주하며 오른쪽은 홍복(弘福)이라 하고 뒤로 여러 전각이 있다. 시추 조사 결과 대전(大殿)은 11칸의 넓은 면적이었다는 것이 확인되었는데 문헌과 서로 일치한다. 그림에서 대안전 뒤는 선명문(宣明門)이고 더 뒤는 정화문[政和門, 문헌에는 모두 인정문(仁政

50_ 범성대는 『남비록』에서 "동쪽으로 가면 어랑(御廊)의 앞에 도달하고 북쪽으로 방향을 틀어 처마를 돌아가면 200여 칸이 있다. 어랑은 3절(節)로 나뉘며 절(節)마다 하나의 문이 있다. 길은 동쪽으로 제1문을 나서면 거리로 통하고 제2문은 구장(毬場)으로 통하며 제3문은 태묘로 통하며 중앙에 누각이 있다."(『攬轡錄』, p.14. 「至東御廊首, 轉北, 循簷行, 幾二百間. 廊分三節, 每節一門. 路東出第一門通街, 第二門通毬場, 第三門通太廟, 廟中有樓.」)고 하였다. 이 기록은 『대금국지』에서 "회랑의 반(半)에 각기 편문(偏門)이 있다."(『大金國志』 卷33 燕京制度, p.248. 「廊之半, 各有偏門.」)고 한 것과 서로 다르다. 누약(樓鑰)이 "회랑에 3로(路)가 있고 그 중앙을 관통한다."(『北行日錄』, 四庫全書·集部·別集類·攻媿集卷一百十一. 「廊有三路貫其中」)고 한 것과도 맞지 않고 착오가 있는 듯하다. 태묘는 중로(中路)에 있는데 "제3문은 태묘이다(第三門太廟)."라고 한 것도 오류다. "중앙에 누각이 있다(中有樓)"고 한 것은 아마도 문루와 무루를 태묘의 누각으로 잘못 이해한 것이다.

門)이라고 한다.]이다. 문 안쪽은 인정전(仁政殿)으로 이곳은 일상적으로 조회가 벌어지는 전각으로 원래 요나라의 건축물이었다. 대전은 9개의 기둥이 있고 앞에 노대(露臺)를 설치하였다. 전각 양 옆에는 타전이 있고 타전 위에 두 채의 높은 누각은 동상각문(東上閣門)와 서상각문(西上閣門)이라 불렀고 중앙에 종루와 고루가 있다. 그림에 그려진 인정전은 규모가 대안전에 비해 훨씬 작다.

그림에서 응천문 동쪽은 좌액문이고, 그 뒤는 부덕문(敷德門)이며 더 뒤는 회통문(會通門)과 승명문(承明門)이다. 동쪽으로 성 밖으로 통하는 집희문(集禧門)이 있고 서쪽으로 중로(中路)로 통하는 좌가회문(左嘉會門, 선명문 안쪽)이 있으며 정북쪽에 소경문(昭慶門)이 있고 더 북쪽은 궁성의 북쪽 담장이다. 응천문 서쪽은 우액문이고 정원을 사이에 두고 동쪽으로 중로로 통하는 우가회문(右嘉會門: 선명문 안쪽)이 있으며 서쪽으로 장방형의 연못이 있다. 서북쪽에 봉래각(蓬萊閣)이 있고 더 북쪽으로 궁성의 북쪽 담장이 있다. 회통문 동쪽에는 또 태후가 거주하는 수강궁(壽康宮)과 태자가 거주하는 동궁이 있는데 그림에는 그려져 있지 않다.

특히 지적해야 하는 점은 금나라는 본래 종묘가 없고 중도(中都)를 건설할 때 비로소 천보랑 동쪽에 태묘를 지었으며 연경궁(衍慶宮)이라고 이름을 붙였다[51](『일하구문고』권29에서『금도경』을 인용)는 것이다. 이 연경궁은 실제로는 원묘(原廟)와 유사하다. 『금사』예지(禮志)에는 천덕 4년(1151) 연경에 원묘를 지었는데, 그 궁(宮)을 연경(衍慶), 전(殿)을 성무(聖武), 각(閣)을 숭성(崇聖)이라고 이름 지었다는 것이 실려 있다.[52] 대정 17년(1177) 성무전 서쪽에 세조 신어전(神御殿)을 짓고 성무전 동쪽에 태종·예종 신어전을 지었다. 대정 21년(1181) 또 많은 조상의 초상을 숭

51_『日下舊聞考』卷29 宮室, p.410.「金本無宗廟, 不修祭祀.…迨亮徙燕, 乃築巨闕於南城之南, 千步廊之東, 曰太廟. 標名曰衍慶之宮.」

52_『金史』卷33 禮志, pp.787~788.「海陵天德四年, 有司言: "燕京興建太廟, 復立原廟…"於是, 名其宮曰衍慶, 殿曰聖武, 門曰崇聖.」

성각(崇聖閣)과 연창각(燕昌閣)에 봉안하였다. 그 밖에 대성안사(大聖安寺)를 건립하였고 절 안에 금 세종·장종의 상(像)이 있어 또한 원묘의 성격을 띠었다. 명 정통(正統[53])연간(1435~1449) 이후 보제(普濟)로 개명하였고 그 지점은 지금의 우안문(右安門) 안 남횡가(南橫街) 서쪽 입구에 있다[54](『일하구문고』 권50). 금나라는 천덕연간(1149~1152) 이후에 남북의 교사(郊祀)와 해와 달을 제사하는 예제가 있어 남교단(南郊壇)을 풍의문 밖에, 북교방구(北郊方丘)를 통현문 밖에, 조일단[朝日壇, 제단의 명칭은 대명(大明)이다.]은 시인문 밖에, 석월단[夕月壇, 제단의 명칭은 야명(夜明)이다.]은 창의문 밖에 설치하였다. 대정 7년(1167) 다시 사직단을 지었다.

금나라 중도 외곽성은 서남쪽과 서북쪽 두 모퉁이에 42방(坊)이 있었고 동남쪽과 동북쪽 두 모퉁이에 20방이 있었다.[55] 『원일통지』에는 불과 62방의 방명이 남아 있을 뿐이어서[56] 방위와 경계는 대부분 고찰할 수 없다. 사원이 있던 방(坊)과 현존하는 사원을 미루어 고찰해 보면, 대만안사(大萬安寺)는 원래 당 천왕사(天王寺)였고 곧 지금의 천녕사(天寧寺)로 광안문 밖에 있었는데 연경방(延慶坊)이었을 것이다. 도토지묘(都土地廟)는 지금의 토지묘 사가(斜街)에 있었는데 봉선방(奉先坊)이었을 것이다. 귀의폐사(歸義廢寺)는 지금의 창의문 큰길 북쪽에 있었는데 시화방(時和坊)이었을 것이다.[57](『일하구문고』 권37). 대만안사는 바로 황성 정북쪽에 있었다. 고고 조사에 근거하면 금 중도 가운데 원래 요 남경성 범위에 속하는 도로는 당대 가방(街坊) 형식을 여전히 보존하고 있었다. 금대 새로 확장한 부분은 이미 큰길을 따라 양측에 평행하게 배열하는

53_ [역자 주] 본문의 '명중통(明中統)'은 '명정통(明正統)'을 잘못 쓴 것이다.

54_ 『日下舊聞考』卷60, p.991. 「聖安寺金元舊碑無一存者.…寺向有金世宗·章宗·李宸妃像, 今皆無之.…蓋此寺圮而復修, 於正統十一年易名普濟寺.」

55_ 『日下舊聞考』卷156 存疑, p.2520. 「元一統志, 元初設大都警巡院及左右二院, 右院領舊城之西南·西北二隅, 四十二坊; 左院領舊城之東南·東北二隅, 二十坊.」

56_ 『日下舊聞考』卷37 京城總紀, pp.592~593.

57_ 『日下舊聞考』卷37 京城總紀, p.589. 「又金天王寺即今天寧寺, 在廣寧門外稍北, 而元一統志謂在舊城延慶坊内.…都土地廟今在宣武門外西南土地廟斜街.」

방항(坊巷) 형식으로 바뀌었다.

송나라 사신 허항종의 「사금행정록(使金行程錄)」에 따르면 "성 북쪽에 시장이 있는데 육지와 바다의 온갖 재화가 그곳으로 모였다."[58](『일하구문고』 권146 인용)고 하였다. 『석진지(析津志)』에 의거하면 대비각(大悲閣)은 곧 성은사(聖恩寺, 요 성종이 성은사로 개명하였다.)이며 '남성(南城) 옛 시장 안에 있었다.'[59][북경도서관선본조집(北京圖書館善本組輯), 『석진지집일(析津志輯佚)』 사관(寺觀)]고 하였는데 이때 남성은 즉 금 중도를 가리킨다. 대비각 일대는 원래 번창한 가시(街市)였으며 지금의 선무문 밖 하사가(下斜街) 남쪽 입구이다. 원대(元代)에 이르기까지 이 일대는 여전히 남성시(南城市)·증병시(蒸餠市) 등이 있었다[60][『석진지집일』 성지가시(城池街市)]. 이것은 금 중도 중앙부에서 동남쪽으로 치우친 곳에도 가시가 있었다는 것을 전해 준다. 뿐만 아니라 당시 대비각 부근에는 이미 거주지가 밀집되어 있었다. 『금사』 오행지(五行志) 기록에 따르면 대안 3년(1211) "3월 무오(戊午)일 대비각에 화재가 발생해 만여 가구를 잇달아 불태웠고 불은 5일 동안 꺼지지 않았다."[61]고 하였다.

금 중도에도 북송 변경처럼 커다란 항시(行市)가 있었다. 예컨대 마시(馬市) 같은 것이다. 『석진지』에서는 마시가 있는 삼령후묘(三靈侯廟)가 '남성 천보궁(天寶宮) 근처 서쪽'이자 '남쪽 구시(舊市)의 남쪽'에 있다고 기록하였다. 그 가운데 금 대정 27년(1187) 유문중(劉文中)이 찬술한 비문에

⋯지금 마시(馬市)는 평준(平準)하며 사람들이 모두 말을 잘 볼 줄 알고

58_ 『日下舊聞考』 卷146 風俗, p.2332. 「宋著作郎許亢宗使金行程暑曰⋯城北有市, 陸海百貨萃於其中.」

59_ 北京圖書館善本組輯 『析津志輯佚』([元]熊夢祥, 北京: 北京古籍出版社, 1983) 寺觀, p.68. 「在南城舊市中.」

60_ 『析津志輯佚』城池街市, p.6. 「南城市·窮漢市: 在大悲閣東南巷內. 蒸餠市: 大悲閣後.」

61_ 『金史』卷23 五行志, p.541. 「三月戊午, 大悲閣災, 延燒萬餘家, 火五日不絶.」

말을 잘 다룰 줄 아니 어찌 그 솜씨가 왕량(王良)이나 백락(伯樂)에 못지 않겠는가! 대개 사람들 사이에 교역을 이루려 할 때 평준을 염두에 두지 않음이 없다. 비록 팔 때는 비싸게 팔려고 하고 살 때는 싸게 사고자 하는 사람이 있으나 모두 한두 마디의 말로 매매의 결론을 얻는다. 이와 같지 않다면 220여 명이 가족을 계산하면 그 수가 적지 않은데 모두가 농사를 짓지도, 양잠을 하지도 않으면서도 여기에서 의식(衣食)을 공급받으니 신께서 묵묵히 도와주지 않으면 어찌 능히 말재간으로 선동하고 유혹하여 각자 공급받을 수 있겠는가? 혹자가 이르기를 "우리들은 진실로 신의 도움에 의지하고 있다. 옛 시장의 남쪽에 신우(神宇)가 있었는데 그것이 바로 삼령후(三靈侯)의 별묘(別廟)로 실제로 우리들이 종래 제사를 지내던 곳이다. 그러나 어찌하겠는가? 세월이 흘러 비바람을 맞아 무너졌고 흙과 나무가 무너지고 갈라졌으니 신(神)께서 장차 거주할 수 없게 되었다.…"고 하였다. 대중이 이를 듣고 뛸듯이 기뻐하며 마음과 힘을 함께하여 경비를 추렴하고 방법을 합쳐서 그것을 새롭게 하고자 하였다. 격식은 옛날의 법도를 따르니 얼마 되지 않아 완공을 알렸다.…그러므로 220여 명이 결속하여 향지의 읍[香紙之邑], 향과 지전(紙錢)을 모아 제사를 올리는 읍을 이루었으며 그 사실을 돌에 새겨 후세에 전하고자 하였다. 무공장군(武功將軍) 방흥(房興)을 읍의 노제점(老提點)으로 삼았다. 그가 어느 날 나를 찾아와 간절히 글을 구하며 그 사실을 기록해 달라고 청하였다. 나는 그 마음 씀씀이를 가상히 여겨 마침내 그 사실을 수집하여 붓을 휘둘러 글을 쓰고 돌에 새겼다. …[62]

62_『析津志輯佚』祠廟·儀祭, pp.57~58.「…而今之馬市之平, 皆人人善相善馭, 豈非如良·樂者耶! 總成人之交易, 莫不以平爲心. 而雖有賣欲貴買欲賤者, 皆取於一二言之定矣. 不如是, 以二百廿餘人, 家計口算不爲少矣. 皆不耕不蠶, 而取給乎衣食於是, 非神默祐, 焉能得搖脣鼓舌各取給歟! 或者曰: "我曹實賴神祐, 舊市之南有神宇焉, 乃三靈侯之別廟, 實我曹從來祭祀□所也. 奈何歲月綿邈, 風雨侵頹, 土木壞裂, 神將不堪居之. …"衆聞而忻躍, 同一心力, 度費出, 合謀而新之. 規革仍舊之制, 不日告成…故以二百廿餘人, 結爲香紙之邑, 欲以附之於石, 傳聞於後. 以武功將軍房興, 爲邑老提點. 一日來予, 儦懷求文, 願記其事. 予嘉其用心, 遂撫其實, 以奮其筆而勒諸石.」

라고 쓰여 있다.

북송 변경과 남송 임안의 각종 항시는 모두 그들의 종교 신앙을 가지고 있어서 각종 영신 집회에 참여하고 제물을 바치는 제사 활동을 거행하였다. 금 중도의 몇몇 항시에는 그들이 특정하여 봉헌하는 신묘가 있었다. 이곳 삼령후묘가 바로 마시에서 봉양하는 특정한 신묘였다. 이른바 '결속하여 향지지읍을 이루었다.'는 것은 곧 결속해서 신사(神社)를 구성하였다는 것이다. 장소는 옛 시장의 남쪽이었고 아마 대비각 부근에 있었을 것이다. 이로부터 이곳 마시의 규모가 변경보다 한층 더 컸고 종사자가 220여 명에 달하였으며 이들 220여 가구의 생활은 모두 이곳으로부터 영위되었다는 것을 알 수 있다. 그들의 일은 특별한 것은 아니었고 단지 마시에서 '팔 때는 비싸게 팔려고 하고 살 때는 싸게 사려는' 교역 담판을 하는 동안 '말재간으로 선동하여 유혹하여' 합의를 이끌어 내고 쌍방이 '모두 한두 마디의 말로 결론을 얻도록' 하였다. 그들은 자신들이 이 점을 잘 해낼 수 있고 '마시의 평준'을 얻을 수 있었던 것은 '신의 도움' 때문이라고 여겼다. 북송 변경의 마시에는 주루가 마련돼 있어 항두(行頭)의 거처로 기능하였을 뿐 아니라, 상품검사, 교역 담판, 계약체결 등을 수행하는 장소로 이용되었다. 짐작컨대 금 중도의 마시는 삼령후묘가 설치되어 있는 것 외에도 대건축물이 있어 220여 명이 매매자 쌍방을 접대하고 계약을 담판 짓는 곳으로 기능하였다. 비문에서 '무공장군 방홍을 읍의 노제점으로 삼았다.'고 제시한 것에서 이 '읍의 노제점'을 담당한 방홍은 아마도 항로(行老)이자 항두였다. 그들이 이렇게 무공장군에게 요청하여 항두로 삼은 까닭은 아마 이곳 마시의 교역이 대단히 흥성하여 권위 있는 인사가 아니면 제어할 수 없었기 때문일 것이다. 그 당시 금 중도의 시장에는 주루가 적지 않았다. 『석진지』에서는 "숭의루(崇義樓)·현각루(縣角樓)·남무루(攬霧樓)·우선루(遇仙樓) 등 이상은 모두 남성(南城)에 있었고 주루였다. 지금은 대부분 폐쇄되었다."[63]고 하였다.

금 중도의 수원(水源)은 주로 성 서북쪽의 작은 호수에서 흘러나온 작은 하천에 의존하였다. 이것이 곧 『수경주(水經注)』에서 말한 서호(西湖)와 세마구(洗馬溝)이며 지금은 연화지(蓮花池)라고 부른다. 작은 하천은 서북쪽에서 성으로 들어가 황성의 서쪽 가를 흐르면서 동남쪽을 향해 성을 빠져 나갔다. 성 안의 서북쪽과 동남쪽에 번영한 가시가 형성된 까닭은 이 작은 하천이 해당 지역을 흘러 지나가기 때문이었다. 금의 조량(漕糧)은 주로 화북평원에서 오는 것으로 먼저 직고[直沽: 지금의 천진(天津)] 일대로 모였다가 노수[潞水: 지금의 백하(白河)]를 경유해 거슬러 올라가 통주(通州)까지 운반된 후 다시 통주에서 중계 운송으로 중도에 도달하였다. 당시에는 일찍이 동북 교외의 고량하 중류로부터 동쪽으로 물을 끌어와 통주에 다다랐는데, 거(渠)를 따라 갑문을 축조하여 물을 저장해 조운을 운행하였으므로 이를 갑하(閘河)라 불렀다. 다만 수량이 부족하였기 때문에 항상 육상 운송에 의존하였고 소모 비용이 대단히 많았다.

금 세종은 대정 19년(1179)에 동북 교외 고량하 수계의 호수 지대에 있었는데 경화도(瓊華島)를 중심으로 하여 이궁(離宮)을 지었다. 대녕궁(大寧宮)이라 칭하였다가 나중에 수안궁(壽安宮)·만녕궁(萬寧宮)으로 개칭하였다. 금 장종(章宗: 재위 1189~1208)이 일찍이 증축한 바 있다. 금이 이렇게 고량하 수계를 이용한 것은 원대에 심대한 영향을 끼쳤다. 후에 원나라는 대도(大都)를 설계하고 건축할 때 이곳을 선정하여 궁성의 중심으로 삼았고 그에 따라 전체 대도의 설계 계획이 작성되었다.

63_ 『析津志輯佚』古蹟, p.107. 「崇義樓·縣角樓·攬霧樓·遇仙樓: 以上俱在南城, 酒樓也. 今多廢.」

6. 원 대도(大都)와 명·청대 북경(北京)의 평면구조 변화

1) 원 상도(上都)의 특수 구조

원 상도(上都)는 원대에 첫 번째로 계획에 따라 건설된 도성으로서 이후 원의 대도의 설계에도 일정한 영향을 끼쳤다. 원 상도 유적은 지금의 내몽골자치구 다룬(多倫) 이북 80리, 난하(灤河) 상류인 섬전하(閃電河)의 북안에 위치하며 오늘날에 이르기까지 유적이 비교적 온전하게 잘 보전되어 있다. 현지 주민들은 이곳을 몽골어로 '조온나이만 솜(Zuunnaiman Sum 兆乃曼蘇黙)'이라 부르는데 그 뜻은 곧 '108묘(廟)'이다. 이곳은 원대초 몽골 잘라이르부 울룩군왕(兀魯郡王)의 영막지(營幕地)이었다. 원 헌종(憲宗, 뭉케 칸) 5년(1255)에 칸이 쿠빌라이[忽必烈: 헌종의 동생]에게 명령해 이곳에 거주하도록 하면서 거대한 주둔지가 되었다. 이듬해 쿠빌라이가 한인(漢人) 유병충(劉秉忠)에게 명령해 성을 설계하고 건설토록 하였다. 헌종 9년(1259)에 헌종이 죽자 이듬해 쿠빌라이는 이곳에서 대칸(大汗)의 자리에 오르고 연호를 중통(中統)이라 하였다. 그가 곧 원 세조(世祖)이며 이곳은 개평부(開平府)라 불렸다. 후에 대도를 건설하면서 중통 4년(1264)에 개평부를 상도(上都)로 개칭하였으며 상경(上京) 혹은 난경(灤京)이라고도 하였다. 원 세조는 대도로 천도한 후 매년 4, 5월에서 8, 9월 사이에 이곳에 와서 머물렀는데 이후 원대 황제들이 이를 그대로 따라 제도화되었다. 따라서 상도는 피서를 위한 이궁(離宮)의 성격을 갖게 되었다. 유병충은 본래 승려 출신으로 이름은 자총(子聰)이었고 세조의 커다란 중용을 받아 상도와 대도의 건설을 주관하는 외에 일체의 복장(服章)·조의(朝儀)·봉록(俸祿)·관제(官制)의 경우 "모두 유병충으로부터 나온 것이고 일대(一代)의 성헌(成憲)이 되었다."[1]고 하였다.

(1) 원 상도의 외성

원 상도는 도성 구조가 독특하다. 외성·내성·궁성의 세 부분으로 나뉘었고 전체 구조에서 궁성을 포함하고 있는 내성이 중심이었다. 내성은 전체 도성의 동남 대부분을 차지하며 건축면에서 외성보다 견고하다. 외성은 겨우 내성의 서쪽과 북쪽 양쪽에 덧붙여 있었고 게다가 외성의 북부는 어원(御園)이 위치한 곳이며 또한 내성의 부속 부분이었다(그림 75 참조).

외성의 사면 성벽은 전부 황토를 이용해 판축 방식으로 완성하였다. 서쪽·북쪽 양쪽 성벽은 각각 길이 2,200m이고, 동·남 양쪽은 단지 800m이지만 각 길이가 1,400m인 동쪽·남쪽 양쪽 성벽과 붙어 있다. 둘을 합치니 사면이 각각 2,200m의 정방형을 이루었다. 성벽은 현재 높이가 약 5m이고, 아래 폭은 10m이며, 위 폭은 2m이다. 남쪽 성벽과 서쪽 성벽은 각각 1개의 문을 두었으며 문 앞에는 말발굽 모양의 옹성을 축조해 놓았다. 북쪽 성벽에는 2개의 문이 있고 문 앞에 방형의 옹성이 있다. 원래 모두 성 문루가 있었으나 현재 일부 성 문루에 석주(石柱)의 주춧돌만 남아 있다. 사면으로 원래 성호(城壕)를 축조했는데 현재 외성 서북쪽 모퉁이와 내성 남쪽 및 동남쪽 모퉁이에 여전히 호성하(護城河)가 남아 있으며 폭은 약 25m이다. 외성은 서문 북쪽 성벽에서

1_『元史』卷157 劉秉忠傳, p.3694.「他如頒章服, 擧朝儀, 給俸祿, 定官制, 皆自秉忠發之, 爲一代成憲.」

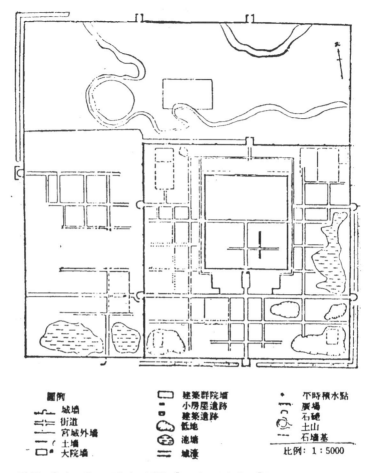

圖例
城墻
街道
宮城外墻
土墻
大院墻

建築群院墻
小房屋遺跡
建築遺跡
低地
池塘
城濠

不時積水點
廣場
石砲
土山
石墻基

比例: 1：5000

그림 75 원 상도 구조도(출전: 賈洲傑, 「元上都調查報告」, 『文物』 1977-5)

시작하여 동서 방향으로 격장(隔牆)이 건축되어 있으며 그 폭은 약 2m
이고 곧장 내성 북쪽 성벽 중간에 있는 북문 옹성까지 이르렀다. 이로
써 외성을 서로 오갈 수 없는 남·북의 두 부분으로 격절시켰다. 외성
북부에서 주요한 것은 동서 방향의 작은 언덕인데, 길이 없고 겨우 동
남쪽 모퉁이의 완만한 비탈 위에 동쪽을 바라보는 정원 유지가 있다.
북문 안과 동북쪽 모퉁이 부근의 북쪽 성벽 가까이에는 소형 건축 유적

이 몇 군데 남아 있다. 언덕 중앙부 남변에는 장방형으로 돌을 층층이 쌓아 빙 둘러싼 대형 담이 있는데 동서 폭이 350m이고, 남북 길이가 200m이며 남쪽 벽 정중앙에 원문(院門)이 있다. 이 일대가 곧 문헌에서 말하는 어원(御園)이 위치한 곳이었을 것이다. 마르코 폴로와 원대 문인들이 말하는 종모전[棕毛殿, 즉 죽궁(竹宮)]도 이 일대에 만들어졌을 것이다. 종모전의 높이는 100척(尺)에 이르고 넓이는 수천 명을 수용할 만한 정도였다. 용이 휘감긴 모양에 금칠을 한 대나무 기둥이 있었고 아울러 대나무를 쪼개서 도금한 대나무 기와로 지붕을 덮었다. 분명한 것은 이곳이 특별히 설계되고 배치된 황실의 피서지였다는 점이다.

외성의 남부에는 가도와 주민의 유지가 남아 있다. 서문 안에는 동서 방향의 대가(大街)가 세 갈래 나 있으며 중간의 한 갈래 길은 내성 서쪽 성벽의 북문으로 통한다. 남문에서 동쪽으로 약 20m 지점에 남북 방향의 대가가 있으며 동서 방향의 세 갈래 길과 서로 교차한다. 이곳은 곧 가시가 있었던 곳이다. 외성 남문 양측에는 두 개의 큰 연못이 있는데 그 용도는 명확하지 않다.

(2) 원 상도의 내성과 궁성

내성은 성 전체의 동남쪽에 위치하며 정방형으로, 각 변은 1,400m이다. 남북의 두 성벽 중간에 1개의 문을 두고 문 앞에 방형의 옹성이 있다. 동쪽과 서쪽의 성벽에는 각각 2개의 성문이 있고 문 앞에 말발굽 모양의 옹성이 있다. 성벽은 황토를 이용해 판축하였고 외면은 돌덩이를 계단식으로 한 겹 쌓아 감쌌는데 그 두께는 약 70cm이다. 성벽의 하단 폭은 12m이고, 상단 폭은 2.5m이며, 현존 높이는 6m이다. 성벽 밖에 약 150m 간격으로 마면(馬面)이 만들어져 있고 성벽의 네 귀퉁이에 높고 큰 각루(角樓)가 있었으며 현재는 그 기단만 남아 있다. 궁성은 내성의 북부 중간에 위치한다. 내성 안에는 궁성을 중심으로 동·서·남 세 방면에는 대칭하는 길이 종횡으로 놓여 있다. 궁성 남문에서 내성 남문까지 남북 방향의 길은 폭이 25m이며 내성의 중축선이다. 궁성 남문의 남쪽에는 비교적 넓은 광장이 있다. 광장 남쪽에는 폭이 15m에 동서 방향의 큰길이 있으며 내성의 동서 성벽의 남문으로 통한다. 궁성의 동서 양측에도 큰길이 있고 내성의 동서 양쪽 성벽의 북문으로 통한다. 내성에는 많은 관청과 사원이 있었고 내성의 큰 사묘(寺廟)가 성의 네 모퉁이에 설립되어 있었다. 동남쪽 모퉁이에는 공자묘가 있었는데 현재 전전(前殿)과 후전(後殿)의 유지가 남아 있고 그 밖으로 담장이 싸고 있었고 서북쪽으로도 작은 정원과 연결되어 있었다. 서남쪽 모퉁이에는 화엄사(華嚴寺)가 있었다. 서북쪽 모퉁이에는 또한 건원사(乾元寺)가 있었는데, 그 유지는 전원(前院)과 후원(後院)으로 나뉘었고 남북 길이가 240m이고 동서 폭이 120m였다. 동북쪽 모퉁이에는 대룡광화엄사(大龍光華嚴寺)가 있었고 유지의 남북 길이는 200m이고, 동서 폭은 400m였다. 중원(中院)이 중핵이었으며 대전(大殿)이 그 중심이었다. 유지는 동원(東院) · 중원(中院) · 서원(西院) 세 원(院)으로 나뉘져 있으며 중원의 폭은 148m이고, 동원의 폭은 60m이며, 서원의 폭은 120m였다.[2] 상도의 사원에서 거의 매번 이미 고인이 된 원대 황제의 유상(遺像)에 봉양할 때 매년 6월 대도에서 한림원(翰林院) 관원 1명을 보내 "상도로 가서 분향하게 하였다."[3]『석진지집일』세기(歲紀)]고 하였다.

궁성은 내성 북쪽 정중앙에 위치하며 동서 폭이 약 570m이고, 남북 길이가 약 620m이다. 성벽은 역시 황토를 이용해 판축하였고 바깥에 벽돌을 한 겹 쌓아 둘렀다. 외층은 지반으로부터 먼저 0.5m 두께로 석조(石條)를 한층 깐 후에 그 위에 푸른색 벽돌을 가로세로로 번갈아 쌓았고 푸른 벽돌 층과 흙벽 사이에 벽돌 파편들을 1.4m 두께로 끼워 놓았다. 성벽의 높이는 대략 5m이고, 하단 폭은 10m이며, 상단 너비는 2.5m이다. 궁성 네 모퉁이에 각루가 있었다. 궁성에는 단지 3개 문이

2_ 內蒙古大學歷史系 賈洲傑,「元上都調査報告」,『文物』1977-5.
3_『析津志輯佚』歲紀, p.220.「遣翰林院官一員, 赴上都注香.」

있는데, 남쪽은 양덕문(陽德門)이고, 동쪽과 서쪽은 동화문(東華門)과 서화문(西華門)이며 북쪽에는 성문이 없다. 궁성 남문은 원래 이중인데 현재 남문 앞에 여전히 건축의 기초가 남아 있다. 궁성 밖으로 24m 지점에 너비 약 1.5m의 석체협성(石砌夾城)⁴이 둘러싸고 있었는데, 현재 벽의 기초가 남아 있다. 협성을 따라 밖으로 성을 두르는 길이 있었다. 궁성 안쪽에는 동·서·남문으로 향하는 '정(丁)'자형의 큰길이 있었으며 이 외에 동남부에는 십자 모양의 교차로가 있었다. 궁성 북쪽 성벽 정중앙의 가까이에 곱자모양의 궁전 터가 있는데 동서 폭이 150m이고, 남북 길이가 45.5m이다. 터의 남쪽 양측에 각각 앞쪽으로 돌출한 네모난 부분이 있는데 아마 궁전 건축군 가운데 중심 건축물이었을 것이다(그림 76 참조). 이 궁전 남쪽으로 많은 건축물이 분포하고 있었고 건축 그룹마다 모두 담으로 둘러싸여 있었다. 그 대다수는 그 가운데에 전(殿) 한 채와 행랑 두 채가 있는 '품(品)'자형 구조로 되어 있다. 다만 서북쪽 모퉁이의 한 조를 보면 전전과 후전 사이에 복도가 있어 '공(工)'자형 구조를 이루었다. 그 가운데 몇몇 건축물은 변경에서 철거해 옮겨온 것이었다. 가장 두드러진 것으로 예컨대 황제가 자주 올라가 정치를 하문하던 대안각(大安閣)은 바로 지원(至元) 3년(1266) 변경의 희춘각(熙春閣)을 해체해 옮겨 와 개축한 것이었다. 우집(虞集)의 「발대안각도(跋大安閣圖)」(『道園學古錄』 수록)에서 일찍이 이 점을 언급하였다. 『석진지』에서 "상도 대안각과 송 변경 희춘각은 우리 원나라에서 난경(灤京, 상도)의 깊은 연못가에 세워 두었다. 지정(至正)연간(1341~1370) 금상[今上, 즉 원 순제(順帝)]께서 목청각(穆淸閣)을 신축하면서 대안각과 서로 마주보게 하였다. 목청각의 서쪽 부근에 전각을 갖추었는데, 높은 하늘로 우뚝 솟은 것이 이전의 어느 것보다 으뜸이로다. 그 아래에도 세 면에 별도로 전각이 있었다. 북쪽에 산자전(山子殿)이 있다. 황상께서 매년 중

4_ 역자 주 석체협성(石砌夾城)이란 양변에 돌을 층층이 높게 쌓은 이중 성벽으로 만든 황제 전용 통로이다.

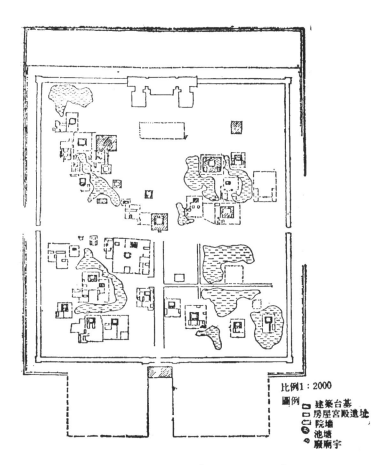

그림 76　원 상도 궁성 · 궁전 평면도(출전:「元上都調査報告」,『文物』1977-5)

추절에 이 전각에서 연회를 열고 상을 주며 음악을 즐기시는데, 패옥이
은은하게 구천 위에 있는 듯하고 주의 깊게 그것을 귀기울여도 은행이
떨어지는 소리조차 얻을 수 없으니 이것이 천하제일 승경(勝景)이로다.
대개 그 지세가 황성을 품고 있어 그 구조가 비범하게 되었을 따름이
다."⁵고 하였다. 이에 의거하면 원 상도의 궁전과 누각의 건축이 주로

5_『析津志輯佚』歲紀, p.221.「上都大安閣及宋汴京熙春閣, 我元易置於灤之湫潭之上.
　　至正年間, 今上新蓋穆清閣與大安相對, 閣之西陲俱有殿, 特出層霄, 冠於前古. 下亦三

황제의 유람용으로 제공되었으며 이곳이 더위를 피하는 이궁(離宮)의 성격을 지녔다는 것이 너무 명백하다는 것을 알 수 있다. 『석진지』에서 또한 "8월 난경의 태사(太史)가 길일을 선정할 때 중추절 전후로 마유주를 뿌린다. 이 절일에 궁정에서 왕성하게 상을 주는 것은 몽골의 국제(國制)에 있었다. 이때 자주색 국화와 금련화(金蓮花)가 절정으로 피면 황실의 행재(行在)는 모두 대도로 돌아갈 뜻을 품는다."[6]고 하였다. 이는 바로 중추절을 지난 이후, 더위를 피하러 상도에 온 황실·귀족들이 대도로 돌아갈 준비를 하였다는 것을 말한다. 원나라 황제는 상도로부터 대도로 돌아갈 때 서북쪽 건덕문(健德門)으로 나아가 중심대(中心臺) 앞을 경유해 치도(馳道, 곧 중축선)를 거쳐 만녕교[萬寧橋, 즉 해자교(海子橋)]를 지나 소장후재홍문(蕭牆厚載紅門)으로 들어간 후 어원(御苑)을 관통해 후재문(厚載門)으로 진입해 궁궐로 들어갔고 그곳에서 어가를 환영하는 의식이 있었다. "이날 도성(즉 대도)에서는 크고 작은 아문(衙門)·관인(官人)·낭자(娘子)에서 종자·여러 색인(色人)에 이르기까지 수십만 무리가 더해졌다."[7](『석진지집일』 세기)고 하였다. 이 또한 원 상도에 피서하는 이궁의 성격이 있었다는 것을 전해 준다.

2) 원 대도의 설계 계획과 '좌남조북(坐南朝北)'의 배치 구조

원의 대도는 바로 명·청 북경성의 전신으로 중국 도성 건축사상 매우 중요한 위상을 지니고 있다. 칭기스칸 10년(1215) 즉 금나라가 변경으로 천도한 지 2년째 되는 해에 몽골군이 금나라의 중도를 공격하여

面別有殿, 北有山子殿, 上位每於中秋於此閣燕賞樂, 如環珮隱隱然在九霄之上, 着意聽之, 杳不可得, 是爲天下第一勝景. 蓋其地勢抱皇城, 締構非凡故耳.」

6_ 『析津志輯佚』 風俗, p.205. 「八月, 灤京太史涓日吉, 於中秋前後灑馬妳子. 此節宮庭勝賞, 有國制. 是時紫菊金蓮盛開, 則內家行在, 俱有思歸之意.」

7_ 『析津志輯佚』 歲紀, p.222. 「是日, 都城添大小衙門·官人·娘子以至於隨從·諸色人等, 數十萬衆.」

점령하였을 때 몽골 통치자는 아직 이곳에 도성을 건설할 뜻이 없었고 금나라 중도의 궁실은 전부 불태워졌다. 원 세조 쿠빌라이는 지원 원년(1264)에 유병충 등의 건의에 따라 연경에 수도를 건립할 것을 결정하고 이곳을 중도대흥부(中都大興府)라 불렀다. 지원 4년(1267)에 이르러서는 더욱더 금 중도의 옛 도성을 포기할 것을 결정하고 그 옛 도성 동북 교외에 원래 금나라에서 이궁(즉 대녕궁)을 세운 호수지대를 중심으로 다시 새로운 도읍을 건설할 계획을 마련하였다. 명령을 받고 설계를 맡은 인물은 바로 상도 건설을 주관한 유병충이었다. 지원 8년(1271)에 이르러 중도를 대도로 개칭하였고 동시에 정식으로 원(元)을 국호로 하였으며 금 중도의 옛 도성을 남성(南城)이라 불렀다(그림 77 참조). 원 대도는 지원 4년(1267) 정월부터 궁성을 짓기 시작하였고 8년(1271)에 비로소 대내를 건설하기 시작하였다. 10년(1273)에 정전과 침전을 완공하였고 11년(1274) 정월에 궁궐이 전부 축성되었으며 27년(1290) 6월에 시위병(侍衛兵) 1만 명을 동원하여 비로소 대도의 성을 완성하였으니 도성 건설에 모두 24년의 세월을 보냈다.

(1) 대내 방위의 선정

원 대도의 설계는 '가지런하고 질서가 있는' 것이었다. 우집의 「대도성황묘비(大都城隍廟碑)」에서는 "지원 4년(1267) 정묘(丁卯)년 정월 정미(丁未)의 길일에 대도를 축성하기 시작하여 조정·종묘·사직·관부·창고를 설립한 후 백성을 거주케 하고 방위를 분별하여 위치를 바로잡아 가지런하고 질서가 있으니 자손만대 제왕의 업적으로 여겼다."(『일하구문고』 권50)에서 인용)[8]고 하였다. 원 대도는 확실히 '방위를 분별하여 위치를 바로잡아' '가지런하고 질서가 있게' 건설을 진행한 것이었다. 그 중점은 조정·종묘·사직·관부·창고의 방위를 확정하는 데 있었

8_『日下舊聞考』 卷50, 「至元元年, 歲在丁卯, 以正月丁未之吉, 始城大都, 立朝廷·宗廟·社稷·官府·庫庚, 以居兆民, 辨方正位, 井井有序, 以爲子孫萬歲帝王之業.」

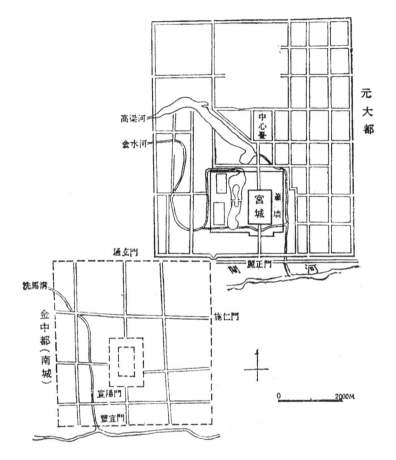

그림 77 원 대도와 금 중도(원대 남성) 위치도

고 그 가운데 특히 조정과 종묘를 가장 중시하였다. 그래서 『원사』 유병충전에서 "황제께서 중도성(곧 대도) 축성을 명령하니, 종묘와 궁실을 먼저 짓기 시작하였다."[9]고 하였다. 『석진지』에서도 "지원 4년(1267) 2월 기축(己丑)일에 비로소 연경 동북 모퉁이에서 방위를 분별하고 나라의 도성을 건설하여 천하의 근본으로 삼았다. 4월 갑자일에 내황성(內

9_『元史』卷157 劉秉忠傳, p.3694.「四年, 又命秉忠築中都城, 始建宗廟宮室.」

皇城)을 축조하면서 자리를 배치하여 공식적으로 사방의 모퉁이를 정한 후 비로소 신도(新都)의 봉지방(鳳池坊) 북쪽에 중서성을 설립하였다. 그 땅은 지대가 높고 공기가 맑았으며 고목(古木)이 켜켜이 울창하여 공부(公府)와 서로 잘 비호해 주고 그 규모가 또한 크고 웅장하고 아름다웠다. 신도의 위치를 안정시키고 도당(都堂)을 자미원(紫薇垣)에 위치시켰다."[10][『석진지집일』조당공우(朝堂公宇)]고 하였다. 또한 "지원 4년 세조 황제는 새로운 성을 건설하려고 하여 태보(太保) 유병충에게 명하여 방위를 분별하여 중서성의 터를 얻었으니 지금의 봉지방 북쪽에 있다. 성을 짓기 위해 땅을 구획하고 자미원(紫微垣) 옆에 터를 분별하였다."[11]고 하였다. 더욱이 "내성과 외성의 제도(制度)는 궁실·공부와 더불어 모두 성상께서 재단한 것과 관계가 있었고 유병충와 함께 지리와 방위를 두루 감안하며 왕기(王氣)를 중심으로 삼았다."[12]고 하였다. 이른바 '내황성' 또는 '내성'은 모두 대내 혹은 궁성을 가리킨다. 이른바 '내황성을 축조하면서 자리를 배치하였다'[13]는 것은 바로 궁성의 위치를 태액지(太液池) 동쪽 지역에 확정하였다는 것이다. 이른바 '중서성을 설립하였다'는 것은 북중서성(北中書省)의 위치를 이후에 봉지방으로 확정된 지역의 북쪽에 획정하였다는 것이다. 『석진지』와 『원일통지』에 따르면 봉지방은 해자[海子, 즉 적수담(積水潭)]에서 가까웠고 해자 동북쪽의 사가

10_ 『析津志輯佚』朝堂公宇, p.8. 「至元四年二月己丑, 始於燕京東北隅, 辨方位, 設邦建都, 以爲天下本. 四月甲子, 築內皇城. 位置公定方隅, 始於新都鳳池坊北立中書省. 其地高爽, 古木層蔭, 與公府相爲樾蔭, 規模宏敞壯麗. 奠安以新都之位, 置居都堂於紫薇垣.」 역자 주 본문에는 "築內皇城位置"라고 표점을 달리하였다. 번역은 북경고적출판사(北京古籍出版社)의 『석진지집일』을 따라 하였다.

11_ 『析津志輯佚』 祖堂公宇, p.32. 「至元四年, 世祖皇帝築新城, 命太保劉秉忠辨方位, 得省基, 在今鳳池坊之北. 以城制地, 分起於紫微垣之次.」

12_ 『析津志輯佚』 祖堂公宇, p.33. 「其內外城制與宮室·公府, 並系聖裁, 與劉秉忠率按地理經緯, 以王氣爲主.」

13_ 역자 주 북경고적출판사의 『석진지집일』에서 "築內皇城. 位置…"라고 표점한 것과 달리, 본문에서는 "築內皇城位置"라고 표점을 달리하였다. 전자에 준해서 번역하였다.

(斜街) 북쪽에 있었다. 즉 지금의 십찰해(什刹海) 북쪽 지역이다. 북중서성은 종루의 동쪽이자 고루의 북쪽에 있었다. 궁성과 북중서성은 유병충이 대도를 설계할 때 가장 먼저 위치가 확정되었다. 이른바 '도당을 자미원에 위치시켰다'라거나 '자미원 옆에 분별하여 터를 잡았다'고 한 것은 곧 중서성을 자미원에 견주었고 중서성을 자미원의 위치에 안치하였다는 것이다. 그가 먼저 중서성과 궁성의 방위를 확정한 것에는 특수한 중요 의도가 있었다는 것을 알 수 있다.

이와 동시에 더욱 중요한 것은 바로 전체 성의 중축선 위치를 확정한 것이었다. 『석진지』에서 또한 "세조가 도성을 건설할 때 태보 유병충에게 대내의 방향을 정하는 것에 관하여 물으니 유병충은 지금 여정문 (麗正門) 밖 세 번째 다리 남쪽에 있는 나무 한 그루를 방향 삼아 마주 보게 할 것을 건의하였다. 황상께서 제(制)를 내려 허락하니 마침내 그 나무를 독수장군(獨樹將軍)으로 봉하고 금패(金牌)를 하사하였다. 매년 원회(元會, 설날 조회)·성절(聖節, 천자의 생일)·원소(元宵, 음력 정월 대보름)의 세 절일 저녁에는 나무 몸통에 형형색색의 꽃등을 걸어 놓고 위아래에서 밝히니 멀리서 바라보면 마치 화룡(火龍)이 내려오는 것 같았다. 나무 옆의 여러 시장의 사람들이 여러 쌀 과자류, 떡류, 대추양갱 등을 팔고 술, 고기, 차, 국 등 정성스럽게 준비되지 않은 것이 없었고 놀러 온 사람들은 여기에 오면 돌아갈 생각을 잊을 정도였다. 이러한 경관은 무종과 인종(仁宗) 때보다 성행한 적은 없었다."14(『석진지집일』세기)고 하였다. 이는 유병충이 여정문 밖 세 번째 다리 남쪽에 있는 나무 한 그루으로 대내의 남문[즉 숭천문(崇天門)]과 마주 보는 방향으로 확정하였고 이 때문에 이 큰 나무는 독수장군으로 봉해지고 매번 성대한 절일을 맞

14_『析津志輯佚』歲紀, p.213.「世皇建都之時, 問於劉太保秉忠定大內方向. 秉忠以今麗正門外第三橋南一樹爲向以對, 上制可, 遂封爲獨樹將軍, 賜以金牌. 每元會聖節及元宵三夕, 於樹身懸掛諸色花燈於上, 高低照耀, 遠望若火龍下降. 樹旁諸市人數, 發賣諸般米甜食·餅飷·棗䴵糕之屬, 酒肉茶湯無不精備, 遊人至此忘返. 此景莫盛於武宗·仁宗之朝.」

이할 때마다 이 나무 위에 형형색색의 꽃등을 걸었던 것을 전해 준다. 이처럼 궁성 남문을 외성 남문 밖의 큰 나무를 향해 정확히 맞춤으로써 성 전체의 중축선을 확정하였다. 또한 궁성의 중심도 성 전체의 중축선 위에 위치시킬 수 있었으므로 궁성을 중심으로 하는 대도의 구조가 더욱 두드러졌다.

(2) 중심대(中心臺)의 위치 선정과 '좌남조북'의 배치 구조 형성

원 대도의 설계 가운데 가장 중요한 것은 바로 중심대(中心臺) 위치의 선정이었다. 『석진지』에서 "중심대는 중심각(中心閣)에서 서쪽으로 15보 떨어진 곳에 있고 그 면적은 1무(畝)이다. 담으로 빙 둘렀으며 정남쪽에 석비(石碑)가 있는데, '중심지대(中心之臺)'라고 새겨져 있으며 실제로 도성 안에서 동서남북 사방의 중심이다. 원묘의 앞에 있다."[15][『석진지집일』 고적(古蹟)]고 하였다. 이곳 원묘는 나중에 원 성종(成宗)이 창건한 대천수만녕사(大天壽萬寧寺)다. 도성의 설계와 건설 계획에서 중심대 건설은 성 전체의 중심점의 기표로 삼은 것이었고 이는 원 대도 건설에서 가장 먼저 시작한 일이었다. 이 중심대에 대해 정남쪽에 건립된 석비 위에 '중심지대'라 새긴 까닭은 이것이 도성 전체에서 남북으로 향하는 중축선의 종점이었기 때문이었다. 이 석비가 위치한 지점은 바로 여정문 밖 세 번째 다리 남쪽에 있는 한 그루 나무를 남쪽 방향으로 정확히 마주하는 남북향의 일직선, 곧 전 도성을 관통하는 중축선이었다. 이 중축선은 외성 남문 여정문으로부터 시작하여 소장(蕭牆) 남문인 영성문(靈星門)과, 궁성 남문인 숭천문을 지나 궁성을 통과한 후 궁성 북문인 후재문(厚載門)과, 소장 북문인 후재홍문(厚載紅門)을 나와 다시 만녕교[萬寧橋, 즉 해자교(海子橋)]를 거쳐 곧장 중심대에 이른다. 이로써 성 전체의 중요 건축물은 모두 이 중축선에 맞추어서 배치되었는데 일부

15_ 『析津志輯佚』 古蹟, p.104. 「中心臺, 在中心閣西十五步. 其臺方幅一畝, 以牆繚繞. 正南有石碑, 刻曰: 中心之臺, 寔都中東・南・西・北四方之中也. 在原廟之前.」

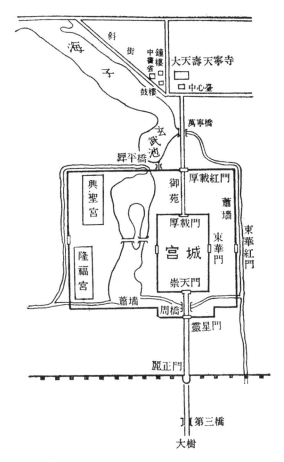

그림 78 원 대도 중축선 표시도

는 중축선 좌우에, 일부는 중축선 위에 배치되었다.[16]

16_ 趙正之,「元大都平面規劃復原的硏究」(『科技史文集』第2輯 수록, 1979年 上海科技
出版社 출판)의 첫머리에 '원 대도의 중축선'이라는 소절(小節)이 있다. 그것은 원
대도 중축선은 명청 북경성 중축선의 서쪽, 즉 지금의 구고루대가(舊鼓樓大街)의
남북선이라는 주장을 바로잡아 원 대도의 중축선이 즉 명청 북경성의 중축선이
라고 단정하였다. 원 대도 중축선의 북단 중심각(中心閣), 즉 지금의 종루 터는
남쪽을 향해서 만녕교[萬寧橋, 지금의 지안문교(地安門橋)]를 지나 후재홍문(厚載
紅門)에 이른다. 원 대도 궁성 앞에는 동서로 대칭되는 태을신대(太乙神臺)와 운
선대(雲仙臺)가 있고 그 두 대(臺) 사이의 중심점은 바로 현재 고궁의 오문(故宮

중심대 위치의 선정으로 도성 전체의 중축선의 방향과 위치를 확정할 수 있었을 뿐만 아니라 동서남북 사면으로 대칭하는 성벽의 방위도 확정할 수 있었다. 또한 동서 양측 성벽 정중앙의 성문[즉 동쪽의 숭인문과 서쪽의 화의문(和義門)]의 위치를 확정하고 중심대에서 동쪽을 향해 숭인문으로 통하는 횡가(橫街)도 확정할 수 있었다. 이로써 중축선의 남북 방향의 대가와 이 횡가가 '정(丁)'자형 교차로를 이루게 되었다.

원 대도가 금나라 때 건립된 이궁(즉 대녕궁)의 호수지대를 성 전체의 중심으로 선정하고 궁성의 위치를 태액지 동쪽 지역으로, 중심대를 태액지 상류, 곧 적수담[積水潭, 지금의 십찰해(什札海)]이라는 큰 호수의 동북 지역으로 선정한 것은 풍부한 수원을 확보하고 조운의 곤란한 점을 해결하려는 목적 때문만이 아니다. 보다 중요한 것은 도시 경제 발전의 새로운 형세에 적응하고 신흥 일상용품을 취급하는 항시 발전에 따른 수요에 대응하며 대다수 도시 주민의 일상용품 수요에 맞추기 위해서였다는 점이다.[17] 북송과 남송의 상황을 한번 되돌아보면, 북송 변경이 상업이 발달하고 경제가 번영하며 인구가 많은 도성이 될 수 있었던 이유는 바로 동남쪽의 변하(汴河)를 개통시켜 남북의 대운하와 연계를 강화함으로써 수상 운송 사업이 크게 확대되고 발전을 이루었기 때문이었다. 이에 따라 변하와 사면의 성문 안팎을 따라 수많은 일용 물품을 거래하는 새로운 항시가 번성하였고 하천가의 다리 근처와 성 중심지에 새로운 가시가 발전하였으며 도성 안에서는 각종 일용 물품을 공급하는 작방(作坊)이 확대되었다. 또한 각종 새로운 항시 사이의 협력이 높아지고 도성 안 각종 상업이 전국 각지와 연계를 강화하였으며 나아

午門) 밖의 대로에 있으며 원대 중축선도 있던 자리이다. 이 또한 원대 중축선이 곧 명청 중축선이라는 것을 증명한다.

17_ 侯仁之, 「元大都城與明淸北京城」(『歷史地理學的理論與實踐』 수록, 1979年 上海科技出版社 출판)은 첫머리에 '대도 성지의 선정'이라는 소절이 있다. 이 소절에서는 새로운 부지는 비교적 풍부한 수원을 확보하기 위해서였고 또한 새로운 도성의 수운에 유리한 조건을 제공하기 위해 선정되었다는 점을 강조한다.

가 전국 규모의 시장이 형성되기에 이르렀다. 남송의 임안이 대단히 번화한 도성이 될 수 있었던 이유도 마찬가지로 성 안의 대하(大河)를 성서북쪽 운하와 개통시켰기 때문이었다. 그래서 수상 운송 사업이 더욱더 발전하였고 각종 새로운 항시와 새로운 가시가 하천가의 다리 근처와 사방 성문 및 성 중심지에서 한층 더 번영하였으며 전국 규모의 시장으로 더욱 확대하였다. 금 중도는 그와 비교하면 차이가 컸다. 그 원인은 바로 일상용품을 위한 새로운 항시와 새로운 가시의 형성과 발전에 유리한 조건을 갖추고 있지 않았던 데 있었다. 원 대도를 설계한 사람들은 이 점을 명확히 간파하였다. 그들은 수원(水源)과 도시의 경제발전이 요구된다는 점에서 출발하여 성 중심을 적수담 동북 지역으로 선정하였고 궁성을 태액지 동쪽 지역에 선정하였으며 그 결과 대도는 좌남향북(坐南向北, 남쪽에 자리 잡고 북쪽을 바라보는 것)의 형세가 되었다. 이는 마치 남송 임안과 똑같은 배치 구조였다. 대도 서북쪽의 건덕문은 북쪽으로 통하는 중요한 문이었다. 건덕문 10리 밖에는 예현정(禮賢亭)이라는 접관정(接官亭)이 있었고 주로 북에서 오는 관리를 마중하거나 송별하는 데 쓰였다[18](『석진지집일』 고분). 황제는 매년 4, 5월 사이에 상도로 행차하였고 8, 9월 사이에 대도로 돌아왔다. 이는 모두 서북의 건덕문을 거쳐 중심대 남쪽을 지나 소장의 북문인 후재홍문의 치도(즉 중축선)를 통해 궁성으로 들어가는 것이었다.

(3) 성 중앙부의 종루·고루 건설

금 중도에는 황성의 동서쪽에 긴 주랑 남단의 동서 양측에 문루와 무루, 즉 종루와 고루가 세워져 있었다. 금나라는 또한 변경의 중앙부 주교(州橋)에서 약간 북쪽에도 문루와 무루를 지었다[양환(楊奐)「변고궁기(汴故宮記)」, 『원문류(元文類)』 권27 참조].[19] 원 대도는 이 제도를 그대로 이

18_『析津志輯佚』古蹟, p.105.「禮賢亭, 在健德門外十里. 即接官亭, 迎送北來官.」

19_『元文類』卷27([元]蘇天爵 編, 『中華傳世文選』(任繼愈 主編, 長春: 吉林人民出版社,

어 성 중앙부에 종루와 고루를 건립하였다. 고루는 혹 고초루(鼓譙樓)라고도 부르는데 정식 명칭은 제정루(齊政樓)이다. 이는『상서(尙書)』요전(堯典)에서 "요임금께서 선기옥형(璇璣玉衡)[20]으로 칠정(七政)[21]의 운행을 바로잡았다."라고 한 것을 활용한 것이다. 대도의 고루는 중심각에서 약간 서쪽에 있었고 누각 위에 호루(壺漏)·고각(鼓角)이 설치되어 있었고 누각 아래에는 문이 세 개 있었다.『석진지』에서 "이 누각(즉 고루)은 도성의 정중앙에 있다."[22]고 하였다. 하지만 실제로는 결코 성의 정중앙 한가운데에 있었던 것이 아니라 중앙부에서 서쪽으로 약간 치우친 곳에 위치하였다. 종루는 북중서성의 동쪽이자 고루의 북쪽에 있었고 지원연간(1264~1294)에 세워졌다. "누각은 사주(四柱) 지붕에 처마가 삼중이고 위에 종을 매달았으며 소리를 멀리서도 들을 수 있다."[23]고 하였다. 마르코 폴로는 여행기에서 특별히 대도의 종루를 언급하였다. "성의 중앙에는 거대한 시계, 곧 종이 있는 매우 커다란 누각(곧 종루)이 있어 밤이 되면 종소리를 낸다. 세 번 소리가 울린 뒤에는 아무도 시내를 돌아다녀서는 안 된다. 종이 그렇게 여러 번 울리고 난 뒤에는 아이를 낳는 여자들이나 병자들을 제외하고 어느 누구도 감히 시내를 다녀서는 안 된다고 명령하였다. 그러한 이유로 가는 사람들은 반드시 등불을 휴대하고 가야 한다."[24]고 하였다.

1998) 汴故宮記, p.561.「丹鳳北曰州橋, 橋少北曰文武樓.」

20_ 역자 주 '선기옥형(璇璣玉衡)'이란 고대에 아름다운 옥(玉)으로 장식한 천문관측용 의기(儀器)이다.

21_ 역자 주 '칠정(七政)'이란 해와 달과 금·목·수·화·토성의 일곱 행성을 말한다.

22_『析津志輯佚』古蹟, p.108.「此樓正居都城之中. 樓下三門.」

23_『析津志輯佚』古蹟, p.108.「鍾樓, 京師北省東, 鼓樓北. 至元中建, 閣四阿, 簷三重, 懸鐘於上, 聲遠愈聞之.」

24_ 馮承鈞 譯『馬可波羅行記』第2卷 第83章. 역자 주『동방견문록』의 번역과 관련하여 김호동 역주의『마르코폴로의 동방견문록』(사계절, 2000) 및 Marco Polo, *The Description of the World*, tr. A.C. Moule & Paul Pelliot (London: George Routledge & Sons Limited, 1938) 등을 참조하였다.

당대 장안에는 원래 가고(街鼓)제도가 있었다. 일몰이 되면 가고를 쳐서 야간 통행금지를 실행하여 방문(坊門)을 굳게 닫고 길에서 통행을 금지하였다. 임신부 혹은 병자 가운데 증명서를 휴대한 자는 제외하였다. 북송 변경에서 야간시장 개방을 허가한 이후 가고제도가 폐지되어 밤에도 길을 다닐 수가 있었다. 매일 새벽 사원의 행자가 철패자(鐵牌子)를 치거나 목어(木魚)를 두드려 집집마다 새벽을 알렸다. 남송의 임안에서도 이와 같아서 사원에서 종을 울리거나 행자가 거리를 따라 다니며 새벽을 알렸다. 금나라는 중도와 변경에 문루와 무루를 설치하였고 원 대도에서도 성 안에 규모가 비교적 큰 종루와 고루를 설치해 아침저녁의 시간을 알리고 야간에 거리에서 통행을 금지하는 신호를 보냈으며 이후 이러한 제도는 많은 성에서 시행되었다.

3) 원 대도의 운송 수로와 궁원(宮苑) 용수로 개통

(1) 통혜하(通惠河) 개통

원 세조는 태보 유병충을 임용하여 대도를 설계하고 건설토록 하니 그는 적수담 동북쪽을 선정하여 성 전체의 중심으로 삼았다. 이는 도성 안에 수상 운송로를 개착하여 조운 및 일용 물품 조달의 요구에 대응하는 데 편의를 도모하기 위해서였고 특히 도시 경제 발전의 새로운 추세와 날마다 번성하는 일상용품 거래 항시의 새로운 수요를 맞추기 위해서였다. 적수담은 원래 고량하에서 비교적 큰 호수였는데 그것을 이용해 대도의 성 안 수상 교통의 중심으로 만들고자 할 경우 먼저 필수적으로 적수담의 물을 동남쪽으로 끌어들여 동남쪽에 금대에 개통된 갑하와 연결시켜 소통시켜야 하였다. 원래 이곳의 조량과 일용 물품은 주로 장강 하류에 의존하였고 남북으로 개통된 대운하를 통해 먼저 통주(通州)에 운반된 후 다시 통주로부터 운송을 바꾸어 이곳에 이르렀다. 금대에 개통된 갑하는 고량하 중류에서 강물을 끌어와 동쪽으로 통주에 이르게 하였는데 금나라는 수로를 따라 수문을 축조하고 물을 조절하여 조운을 가능하게 하였다.

대도를 건설할 때 적수담을 성의 동남쪽의 갑하와 연결하기 위해 중심대에서 소장 북문인 후재홍문 사이에 남북으로 향하는 치도(즉 중축선)에 교량―만녕교[즉 해자교. 지점은 지금의 지안문(地安門) 밖 대가에 있는 석교이다.]―을 지었다. 적수담의 물을 끌어다 다리 아래로부터 동쪽으로 흘려보내고 이어서 남쪽으로 방향을 바꾸어 소장의 동쪽 벽을 따라 직선으로 남하한 후 외성 여정문 동쪽의 남수문(南水門)으로 나왔다. 다시 동남쪽으로 방향을 꺾어 문명문(文明門) 밖 문명교(文明橋) 아래에 이르러 갑하와 연결되었는데 후에 통혜하(通惠河)로 명명된 것의 한 구간이 되었다. 이는 또한 『석진지』에서도 "봉래방(蓬萊坊) 서쪽에서 물이 추밀교(樞密橋)로부터 남훈교(南薰橋)·유화교(流化橋)로 흘러 내려오고 남수문(南水門) 밖으로 나와 합달문(哈達門, 즉 문명문) 남쪽 문명교 아래로 흘러 들어온다."[25][『석진지집일』, 하갑교량(河閘橋梁)]고 하였다. 여기서 말하는 세 다리는 모두 소장의 동쪽 벽 바깥에 새로 개통한 하도(河道) 위를 가로지는 다리이다. 새로 개통된 하도는 비교적 넓어서 큰 배가 성 동남쪽의 갑하에서 성 안의 적수담 안까지 충분히 진입할 수 있었다. 실측에 따르면 소장의 동북쪽 모퉁이에 있는 하도의 폭은 27.5m에 이른다.[26]

그러나 당시 적수담은 고량하를 수원으로 삼았기 때문에 유량이 충분하지 않았다. 수원을 늘리고 나아가 운하를 소통시키기 위해 도수감(都水監) 곽수경(郭守敬)은 지원 28년(1291)에 신갑하(新閘河)를 개착할 계획을 제출하고 이듬해 봄 시공하여 지원 30년(1293) 가을 개착을 완료하였다. 신갑하는 도성에서 서북쪽으로 60리 떨어진 신산[神山, 지금의

25_ 『析津志輯佚』 河閘橋梁, p.95. 「蓬萊坊西水自樞密橋下南薰橋·流化橋, 出南水門外, 入哈達門南文明橋下.」

26_ 본문에서 근거하는 고고 자료는 考古研究所·北京文物管理處 元大都考古隊, 「元大都的勘查和發掘」, 『考古』 1972-1에서 채록한 것이다.

봉황산(鳳凰山)]에서 흘러 내려가 백부천[白浮川, 지금의 창평현(昌平縣) 부촌(浮村)에 있다.]을 끌어들이며 서쪽으로 흐르고 서산(西山) 산기슭을 따라 쌍탑(雙塔), 유하(楡河), 일무천(一畝川), 옥천(玉泉) 등의 하천과 합류하였다. 동시에 도랑을 개착하고 둑을 만들었는데 백부언(白浮堰)이라 하였다. 옹산박[甕山泊, 지금의 곤명호(昆明湖)]을 끌어들이고 화의문(和義門)의 북수관(北水關)을 경유하여 성 안으로 진입하여 적수담으로 흘러 들어가는데 위에서 서술한 것처럼 적수담부터 동남쪽으로 흘러 외성의 여정문 한 켠으로 빠져나가 옛 갑하와 연결되어 흐르다가 통주에 이르러 백하(白河)로 흘러 들어갔다. 전체 길이가 164리 104보이며 통혜하라고 이름 붙였다. 통혜하의 개착 성공과 새로운 수원의 확보로 적수담은 곧 대도의 성 안에서 수상 교통의 중심이 되었다. 지원 30년 가을 통혜하가 완공되었을 때 원 세조는 상도에서 돌아와 적수담을 지나면서 "배가 물을 뒤덮은 것을 보고 매우 기뻐하였다."[27]고 하였다. 당시 조운은 곧장 적수담으로 이르렀을 뿐만 아니라, 일상용품을 대량으로 운송하는 선박들도 적수담으로 모일 수 있었으므로 적수담 동북쪽의 성 중심구, 예컨대 사가·종루가 일대는 곧 상업이 가장 발달한 지역이 되었다.

(2) 금수하(金水河) 개통

금수하(金水河)의 개착은 궁원(宮苑) 용수가 필요했기 때문이다. 그래서 어구수(御溝水)라고도 불렀다. 그것은 궁정 정원과 함께 동시에 건설되었다. 서쪽 교외의 옥천산(玉泉山)으로부터 물을 끌어와 화의문 남쪽 약 120m 지점의 남수관(南水關)을 거쳐 도성으로 들어간 후 동쪽으로 흘러 북구연[北溝沿, 금수하(金水河) 유적]에 이르렀다가 남쪽으로 굽어 내려가 소장 서남쪽 모퉁이 근처에 이르러 동쪽으로 두 줄기로 갈라진다.

27_ 『元史』 卷171 郭守敬傳, p.3852. 「三十年, 帝還自上都, 過積水潭, 見舳艫蔽水, 大悅.」

북면의 한 줄기는 굽어서 북쪽으로 흘러가 소장 서벽을 따라 북상하다가 소장 동북쪽 모퉁이를 돌아 담을 따라 동쪽으로 흐른 후 방향을 꺾어서 남쪽으로 향하다가 소장 중간의 태액지의 북단[지금의 북해(北海)]로 흘러 들어간다. 이렇게 태액지의 수원을 증가시켰을 뿐만 아니라 소장 서쪽 벽과 북쪽 벽의 서쪽 반 지역을 두르는 성호(城壕)를 이루었으며 바야흐로 적수담에서 물을 끌어와 소장의 동쪽 벽을 따라 남하하는 신개하(新開河)와 서로 호응하면서 소장 동서 양쪽에서 모두 호성하(護城河)를 갖출 수 있게 되었다. 남면의 한 줄기는 정동으로 나아가 소장 서남쪽 모퉁이로 진입하고 융복궁(隆福宮) 앞을 지나 태액지[지금의 중해(中海)]의 서남쪽 모퉁이로 흘러 들어간 후 다시 태액지의 동남쪽 모퉁이부터 동으로 흘러나와 궁성 전면을 가로지르면서 숭천문 앞의 주교(周橋) 밑을 통과한다. 이후 곧장 동쪽을 향해 흐르다가 소장 동남쪽 모퉁이를 나와 동쪽 벽 바깥에 벽을 따라 남하하는 신개하(즉 통혜하의 일부분)와 합류한다.

『석진지』에서는 "금수하는 연성(燕城)으로 흘러 들어가며 즉 어구수(御溝水)이다. 남쪽 호로투(葫蘆套)로 들어가 연꽃을 무성하게 꽃피우며 다시 흘러 방향을 바꾼 후 주교로 들어간다."[28]고 하였다. 호로투는 성내 서남 구역에 있는 이름난 원유(苑囿)이다. 이는 금수하가 일찍이 굽이 흘러 성 안 서남부에 도달한 후 다시 동쪽으로 흐름을 바꿨다는 것을 전해 준다. 『석진지』에서는 또한 "마시교(馬市橋)에서는 물이 동쪽에서 함의방(咸宜坊)으로 흘러들어와 서쪽으로 낭팔총관부교(曩八總管府橋)와 순승문(順承門)의 석교에 이른 후 동쪽으로 방향을 틀어 융복궁교(隆福宮橋)를 지나 태액지에 들어간다. 주교의 오른쪽으로 흘러나온다. 물이 서북쪽에서 흘러나와 동쪽으로 방향을 바꾸어 주교에 이르고 동이홍문(東二紅門)을 나와 광록시교(光祿寺橋) 아래로 흐르는 물과 서로 합

28_ 『析津志輯佚』 屬縣, p.243. 「金水河流入燕城, 即御溝水也, 入南葫蘆套, 盛々集蓮花, 復流轉入周橋.」

류하여 성 밖으로 흘러 나간다."[29]고 하였다. 여기서 말하는 것은 금수하 남쪽 한 줄기이다. 이를 통해 이 한 줄기가 일찍이 남쪽을 향해 굽이 흘러 순승문 부근에 이른 후 곧장 순승문 석교까지 흘렀고 함의방도 순 승문 안 도초고(倒鈔庫) 북쪽에 위치하였다는 것을 알 수 있다. 그것이 동쪽으로 방향을 바꿔 융복궁교를 지나 태액지에 흘러 들어간 후 다시 태액지 동쪽으로부터 주교에 이르렀다. '동이홍문을 나왔다'는 말은 소 장 동쪽 벽의 한 성문을 나왔다는 것이다. 이른바 광록시교란 곧 통명 교(通明橋)이다. 그 다리는 광록시 서쪽에 있었고 금수하는 바로 이곳에 서 동쪽 벽을 따라 남하하는 신개하(즉 통혜하의 일부분)와 합류하였던 것 이다.

대도의 금수하 개착은 북송의 변경을 모방한 것이다. 양자는 똑같이 서쪽으로부터 궁원으로 물을 끌어들였던 것이다. 오행에서 서쪽은 금 (金)에 속하므로 금수하라 칭하였다. 물의 이름이 서로 같았을 뿐만 아 니라, 수로를 개착하여 물을 끌어들이는 방법 또한 서로 같았다. 변경 의 금수하는 변하 위에 가설한 수로를 통해 서북 수문에서 성으로 들어 왔고 대도의 금수하가 지나가는, 돌을 운반하는 대하(大河) 및 고량하 (高良河)와 서하(西河)에도 "모두 하천을 건너는 수로가 있었다."[30]고 하 였다[『원사』 권64 하거지(河渠志)에서 지정 29년 2월 중서우승상(中書右丞相) 마 속홀(馬速忽) 등의 말을 인용]. 이 금수하는 단지 궁중에 용수를 공급하였을 뿐만 아니라 풍광을 더욱 돋보이게 하는 데도 이용되어 일찍이 태액지 안의 경화도(瓊華島) 위 산 정상으로 물을 끌어올려 석룡(石龍)의 입을 통해 뿜어내도록 하였다. 동시에 해자(海子, 적수담)의 물은 또한 일찍 이 궁성 북쪽의 어원으로 흘러 들어갔고 어원 동부에 물레방아를 세워

29_ 『析津志輯佚』河閘橋梁 pp.100~101. 「馬市橋, 水自東流入咸宜坊, 西至襄八總管府 橋, 順〈城〉[承]門石橋, 轉東隆福宮橋, 流入於太液池. 流出周橋右. 水自西北來, 而轉 東至周橋, 出東二紅門, 與光祿寺橋下水相合流出城.」

30_ 『元史』卷64 河渠志, p.1591. 「至元二十九年二月, 中書右丞馬速忽等言: "金水河所 經運石大河及高良河·西河俱有跨河跳槽."」

두었다.

4) 원 대도의 삼중 방성(方城) 구조

(1) 외성의 구조 형태

원 대도는 모두 삼중 방형 도성, 즉 외성, 소장(蕭牆)과 궁성을 갖추고 있었다. 외성은 남북이 비교적 긴 장방형을 띠고 있으며 사서에서 "성은 네모 60리이다,"[31][『원사』지리지, 『남촌철경록(南村輟耕錄)』권21 궁궐제도(宮闕制度)]라고 하였다. 실측에 따르면 둘레가 약 28,600m로 대체로 사서의 기록과 일치한다. 동서 폭은 6,700m이고, 남북 길이는 7,600m이다. 북쪽의 성벽과 동서 양쪽 성벽의 북단에는 여전히 유적이 남아 있는데 지금의 북경 북쪽 교외에 있는 이른바 '토성(土城)'이 바로 그것이다. 남쪽 성벽은 지금의 동·서 장안가(長安街)의 남측에 있었으며 그 서단은 해운(海雲)과 가암(可庵)의 쌍탑을 둘러싸는 지점으로 그것들을 둘러싸 성 안으로 포함시키기 위해 약간 바깥으로 굽어 있다. 동쪽 성벽의 남문인 제화문[齊化門, 지금의 주양문(朝陽門)] 밖의 북쪽은 크고 작은 소호(小湖)가 적잖이 있기 때문에 성벽이 다소 안쪽으로 들어가 있다. 제화문의 위치도 약간 남쪽으로 옮겨져 있어 서쪽 성벽에 서로 마주하는 평측문(平則門)과 조금 나란하지 않다. 외성에는 성문이 북면에 2개, 동·서·남 세 방면에 각 3개씩 모두 11개가 있었다. 성 밖에 성호가 빙 둘러 있고 네 귀퉁이에는 모두 거대한 각루가 지어져 있었다. 동쪽 성벽에는 북쪽에 광희문[光熙門, 지금의 화평리(和平里) 동쪽. 속칭 광희문(廣熙門)]이, 중앙에 숭인문[崇仁門, 지금의 동직문(東直門)]이, 남쪽에 제화문[齊化門, 지금의 조양문(朝陽門)]이 있었다. 남쪽 성벽에는 동쪽에 문명문[文明門, 지금의 동단(東單)] 남쪽. 합달문(哈達門)이라고도 한다.]이, 중앙에 여정문[麗正

31_『元史』卷58 地理志, p.1347. 「城方六十里.」; 『南村輟耕錄』卷21(陶宗儀 撰, 北京: 中華書局, 2004) 卷21 宮闕制度, p.250. 「城方六十里.」

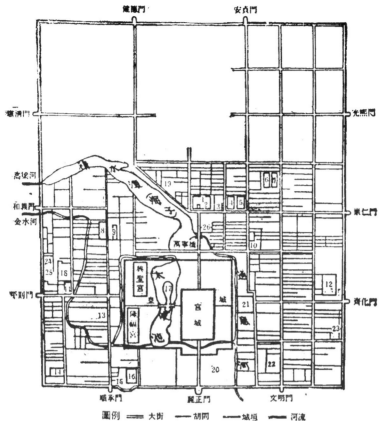

圖例 ━━ 大街 ━━ 胡同 ━━ 城垣 ～～ 河流

1—大天壽萬峯寺; 2—中心閣; 3—倒鈔庫; 4—巡警二院; 5—大都路統管府;
6—國子監; 7—孔廟; 8—大承華普慶寺; 9—崇國寺; 10—大和宮; 11—大聖壽
萬安寺(白塔寺); 12—太廟; 13—萬松老人塔; 14—城隍廟; 15—海雲·可庵雙
塔; 16—大慶壽寺; 17—瓊華島; 18—社稷壇; 19—北中書省; 20—內中書省; 21
—樞密院; 22—御史臺; 23—禮部; 24—大天源延聖寺(黑塔寺); 25—大永福寺
(靑塔寺); 26—也里可溫十字寺

그림 79 원 대도 배치 구조도(「元大都的勘査和發掘」, 『文物』 1972-1에 의거, 약간 보충)

門, 지금의 천안문(天安門) 남쪽]이, 서쪽에 순승문[順承門, 지금의 서단(西單) 남
쪽]이 있었다. 서쪽 성벽에는 북쪽에 숙청문[肅淸門, 지금의 학원남로(學院南
路) 서단. 속칭 소서문(小西門)]]이, 중앙에 화의문[和義門, 지금의 서직문(西直
門)]]이, 남쪽에 평측문[平則門, 지금의 부성문(阜成門)]이 있었다. 북쪽 성벽

에는 동쪽에 안정문[安貞門, 지금의 안정문(安定門) 소관(小關)]이, 서쪽에 건덕문[健德門, 지금의 덕승문(德勝門) 소관]이 있었다. 성벽은 모두 다진 흙을 쌓아 완성하였고 기단의 폭은 24m이다. 성문 밖에는 옹성을 축조하였고 적교(吊橋)[32]를 만들어 놓았다. 옹성은 원대 말기에 부설되었다. 여정문은 "문이 세 개 있었고 정중앙 문은 오로지 황제가 교단(郊壇)으로 행차할 때만 열렸다. 서쪽의 문 하나도 역시 열지 않으며 단지 동쪽의 문 하나만으로 수레와 말이 왕래하였다."[33](『석진지집일』 성지가시)고 하였다(그림 79 참조).

(2) 궁성과 소장의 배치 구조

궁성은 둘레 9리 30보, 동서 480보, 남북 615보, 높이 35척이며 지원 8년(1271) 8월에 시공하여 이듬해 3월에 완성되었다[34][도종의(陶宗儀)『남촌철경록』권21 궁궐제도]. 도종의(陶宗儀)의 '1리는 240보'라는 설명에 따르면 9리 30보는 총 2,190보이다. 이 수치는 동서·남북간 보수(步數)의 두 배와 정확히 일치한다. 명대 홍무 원년(1368)에 대장군 서달(徐達)이 장환(張煥)에게 옛 원나라의 황성(皇城)을 계측시킨 결과, 둘레가 1,026장으로 『철경록』의 기록보다 69장이 작았다.[35] 이는 아마 사용한 척도에 차이가 있었을 것이다. 실측 결과 궁성의 남북 길이는 약 1,000m이

32_ 역자 주 '적교(吊橋)'란 성곽의 호(濠) 등에 설치하여, 방어할 때에는 끌어올리는 다리이다.

33_ 『析津志輯佚』 城池街市 p.2. 「門有三. 正中惟車駕行幸郊壇則開. 西一門, 亦不開. 止東一門, 以涌車馬往來」

34_ 『南村輟耕錄』 卷21 宮闕制度, p.250. 「宮城周回九里三十步, 東西四百八十步, 南北六百十五步. 高三十五尺, 磚甃. 至元八年八月十七日申時動土, 明年三月十五日即工.」

35_ 王璞子의 「元大都平面規劃述略」(『故宮博物院院刊』 第2期, 1960년 출판)은 『명태조실록(明太祖實錄)』에서 1,026장이라 하였고 『춘명몽여록(春明夢餘錄)』도 같다고 지적하면서 『일하구문고』와 『고금도서집성(古今圖書集成)』, 광서(光緒)연간의 『순천부지(順天府志)』 등에 인용된 것은 모두 1,206장으로 오기하여 180장이나 많다고 밝혔다. 朱偰의 「元大都宮殿圖考」[1936년 상해 상무인서관(商務印書館) 출판] 역시 그 잘못을 답습하였다.

고, 동서의 폭은 약 740m로『철경록』에 기록된 보수와 대체로 부합한다. 궁성은 모두 6개의 문이 있었고 정남쪽은 숭천문(崇天門)으로 폭이 11칸이고 5개의 문도가 있었으며 높이는 85척이었다. 숭천문의 왼쪽은 성공문(星拱門)이었고, 오른쪽은 운종문(雲從門)이었는데 각각 폭이 3칸이고 문이 1개였으며 높이는 50척이었다. 동서 양쪽은 동화문(東華門)과 서화문(西華門)이었고 각각 폭이 7칸이고 문이 3개였으며 높이는 80척이었다. 북쪽은 후재문(厚載門)으로 폭이 5칸이고 문이 하나였고 높이가 80척이었다. 네 모퉁이에는 각루가 있었다. 궁성의 남쪽에 있는 숙위(宿衛)의 직려(直廬)는 궁성을 방비하고 군대를 주둔시키는 곳이었다. 궁성의 북쪽은 어원(御苑)이었다.

　궁성의 서쪽은 태액지가 있고 태액지 서쪽으로 북쪽은 홍성궁(興聖宮)이고, 남쪽은 융복궁(隆福宮)이었다. 궁성·어원·태액지와 홍성궁·융복궁의 주위에 동서로 비교적 넓은 장방형의 둘레담이 있었고 당시에는 소장이라 불렀다. 소순(蘇洵)의『고궁유록(古宮遺錄)』에서는 "남쪽 여정문 안에 '천보랑(千步廊)'이라고 하는 것이 있지만 700보라 할 수 있다. 영성문을 세우고 문에 소장을 세우니 주위가 20리에 달하고 속칭으로 홍문란마장(紅門闌馬牆)이라 부른다. 문 안으로 수십여 보(혹은 20여보) 거리에 하천이 있고 하천 위에 백석교(白石橋) 3개를 건설하였는데 주교라고 부른다.…다리를 건너 200보 가면 숭천문에 닿는다."[36]고 하였다.『석진지』에서도 "숭천문 정남쪽으로는 주교로 나간다. 영성문의 3개 문 밖에 길이 세 갈래로 나뉘는데 중앙이 천보랑가(千步廊街)이며 여정문으로 나간다."[37](『석진지집일』성지가시)고 하였다. 외성 정남쪽의 여정문에서부터 천보랑가를 지나 소장 정남쪽의 영성문으로 나아가고

36_『故宮遺錄』([明]蘇洵, 北京: 北京古籍出版社, 1983), p.73. 「南麗正門內, 口千步廊, 可七百步, 建靈星門, 門建蕭牆, 周廻可二十里, 俗呼紅門闌馬牆. 門內數【一作二】十步許有河, 河上建白石橋三座, 名周橋,…度橋可二百步, 爲崇天門.」

37_『析津志輯佚』城池街市 p.2. 「崇天門, 正南出周橋. 靈星三門外分三道, 中千步廊街. 出麗正門.」

주교를 거쳐 궁성 정남쪽의 숭천문으로 들어가는데 이 길이 바로 대도의 중축선이다.

당시 궁성을 '내성'이라 칭하였고 혹자는 '내황성' 혹은 '황성'으로 높여 불렀다. 앞에서 인용한 『석진지』에서 지원 4년(1267) 4월 갑자일에 내황성을 축조하면서 자리를 배치하였다는 것은 바로 이해에 궁성의 방위를 확정하였다는 것이고 '내황성'은 곧 궁성을 가리킨다. 『석진지』에서는 또한 "10월에 황성 동화문 밖에서 조정은 무관들에게 명령하여 활쏘기 대회를 열었는데 이는 매년 열리는 국가 제전이었다."[38](『석진지집일』 풍속(風俗))고 하였다. 황성 동화문 밖이란 곧 궁성의 동문 동화문 밖을 가리킨다. 명대 홍무 초년에 이르러 대장군 서달이 장환에게 명령하여 '옛 원나라의 황성을 계측시켰을' 때도 황성은 여전히 궁성을 가리키는 것이었다.[39] 당시 소장과 궁성은 모두 대내의 일부분으로 여겨졌고 소장은 대내를 두루는 담으로 간주되어 때로 '외주원(外周垣)'이라고 불렀다. 『남촌철경록』의 궁궐제도에서도 "대내는 남쪽으로 여정문을 내려본다."[40](『남촌철경록』 권21)고 하였는데, 이때 대내는 곧 소장의 안쪽을 포괄하였고 소장의 남문인 영성문은 정남쪽으로 외성의 남문인 여정문을 내려보고 있었다. 『석진지』에서는 "중서성은 대내 앞 동쪽의 오운방(五雲坊) 안에 있다."[41](『석진지집일』 조당공우(朝堂公宇))고 하였는데 '대내 앞'이란 곧 소장의 영성문 앞을 가리킨다. 『원일통지』도 "만보방(萬寶坊)은 대내 앞 오른쪽의 천보랑 쪽이며" "오운방은 대내 앞 왼쪽의 천보랑가 쪽이다"[42](『일하구문고』 권38 인용)라고 하였다. 여기서 말하는

38_『析津志輯佚』風俗 p.205. 「十月, 皇城東華門外, 朝廷命武官開射圃, 常年國典.」

39_『석진지집일』 세기(歲紀)에 기록된 2월 15일의 '황성유(皇城遊)'는 바로 '황성망일유궁실(皇城望日遊宮室)'로 대명전(大明殿), 연춘각(延春閣) 등의 궁실을 돌아다닌 것을 강조한 것이다. 황성은 여전히 궁성을 가리키는 말이다.

40_『南村輟耕錄』卷21 宮闕制度, p.250. 「大內南臨麗正門.」

41_『析津志輯佚』朝堂公宇 p.9. 「中書省, 在大內前東五雲坊內.」

42_『日下舊聞考』卷38, pp.601~602. 「萬寶坊, 大內前右千步廊.」「五雲坊, 大內前左千步廊」

대내 앞의 천보랑은 모두 소장의 영성문 앞 천보랑가를 가리키며 영성문 안쪽은 곧 모두 대내에 속한다는 것을 알 수 있다. 『석진지』에서는 "후재문은 곧 금중(禁中)의 원유(苑囿)이다. 그 안에는 물레방아가 있고 현무지(玄武池)에서 물을 끌어들이고 관개를 하여 꽃과 나무를 심는다. 자체로 숙지(熟地)[43] 8경(頃)이 있고 안에 소전(小殿) 5곳이 있다."[44](『석진지집일』 성지가시)고 하였다. 또한 "승평교(昇平橋)는 후재문에 있고 해자(海子)의 물을 통과시켜 대내에 들여보낸다."[45]고 하였다. 후재문이란 곧 소장의 북문인 후재홍문(厚載紅門)을 가리킨다. 현무지는 만녕교(萬寧橋) 서쪽에 있는데, 곧 해자(적수담) 동쪽의 작은 호수이다. 후재홍문 안쪽에 어원이 있고 해자의 물(즉 현무지의 물)을 끌어다 후재홍문 밖의 승평교를 지나 어원으로 흘러 보냈다. 여기서 말하는 대내는 곧 소장의 안쪽을 가리킨다.

당시 소장 안쪽에 대해서 통틀어 대내라고 불렀다. 소장 안쪽에서 중앙부는 태액지이며 이궁의 성격을 가지고 있었다. 동쪽은 전부 궁성이며 '동내(東內)'라고도 불렀다. 서부는 흥성궁·융복궁의 두 궁이며 '서내(西內)'라고도 불렀다. 소장 안에는 결코 중앙의 중요 관서가 없었고 다만 궁정 업무를 담당하는 관청과 기구가 있을 뿐이었다. 궁성의 남문인 숭천문 동쪽의 성공문 남쪽에는 어선정(御膳亭)이 있고 어선정 동쪽에 공신당(拱宸堂)이 있어 백관이 회합 등을 하기 위한 곳이었다. 궁성의 서남쪽 각루 남쪽에 있는 유수사(留守司)는 '궁중의 공역(工役)을 전적으로 관장하여'[46] 궁중의 건축 공사를 주관하는 관청이었다. 궁성의 서문인 서화문 남쪽에 의란국(儀鸞局)이 있었으며 지원 11년(1274)에 설치되어 궁문 열쇠와 게르의 등촉을 전담 관리하였다[47][『원사』 세조기(世祖

43_ 역자 주 '숙지(熟地)'란 여러 해 경작을 거친 땅이다.

44_ 『析津志輯佚』 城池街市, p.2. 「厚載門, 乃禁中之苑囿也. 內有水碾, 引水白玄武池, 灌漑種花木. 自有熟地八頃, 內有小殿五所.」

45_ 『析津志輯佚』 閘橋梁, p.98. 「升平橋, 在厚載門, 通海子水, 入大內.」

46_ 『南村輟耕錄』 卷1 萬歲山, p.16. 「留守司在宮城西南角樓之南, 專掌宮禁工役者.」

紀)]. 서화문 서쪽에는 응방(鷹房)이 있는데, 지대(至大) 원년(1308)에 설치되었고 새나 짐승을 수렵하여 종묘 제사에 공급하는 일을 전담하였다[48][『원사』 무종기(武宗紀)]. 소장 안과 궁성 밖 사이에는 행정을 주관하는 중앙 관청이 한 곳도 없었고 이 때문에 이곳은 이전의 당대 장안이나 금대 중도의 황성과 달랐을 뿐만 아니라, 명·청대 북경의 황성과도 같지 않았다. 소장은 단지 전체 대내의 바깥 둘레의 벽이었으며 당시 결코 황성이라고도 불리지 않았다.

소장의 서벽 안쪽에서 흥성궁의 연화각(延華閣) 서쪽이자 서록정전(西鹿頂殿) 문 바깥의 서쪽에 학사원(學士院)이 치우쳐 있었고 학사원 남쪽에 생료고(生料庫, 식자재 저장고)가 있었으며[49] 또 남쪽은 안비고(鞍轡庫)·군기고(軍器庫)와 포인(庖人)·목인(牧人)·숙위(宿衛)를 위한 건물이 있었다. 궁성 벽 동남쪽 모퉁이에는 주방(酒房)이 있었고 서남쪽 모퉁이에 장진고(藏珍庫, 황실용 보화 등을 보관하는 곳)가 있었다[『철경록』].[50] 소장의 동쪽 성벽 안쪽에서 궁성의 동쪽 구역은 어주(御廚)와 그 관련 기구와 관서가 있는 곳이었다. 궁성의 동남쪽 각루 동쪽에 북쪽으로 치우친 곳에 생료고가 있었고 생료고 동쪽에는 시장(柴場, 땔감 보관소)이 있었으며, 협원(夾垣)의 동북 모퉁이에는 양 우리가 있었다.[51] 동쪽 담장 안쪽을 따라서 시장(柴場), 어주고(御酒庫), 주방(酒房) 등이 있었다. 이들 기구가 밖으로 다니는 것과 필요한 생활물품을 취득하는 것을 편하게 하

47_ 『元史』 卷8 世祖紀, p.153. 「初立儀鸞局, 掌宮門管鑰·供帳燈燭.」

48_ 역자주 본문의 이 내용이 『원사』 권22 무종기에 딱 부합하는 구절은 찾기 힘들다. 다만 응방(鷹房)과 관련하여 「禁圍獵飛放, 毋得搔擾百姓, 招誘流移人戶. 禁投屬怯薛歹·鷹房避役, 濫請錢糧.」(『元史』 卷22 武宗紀, p.493)이라는 구절이 있다.

49_ 역자주 본문에서 '학사원내유생료고(學士院內有生料庫)'라고 하였으나 원문은 '생료고재학사원남(生料庫在學士院南)'이라고 되어 있다.

50_ 『南村輟耕錄』 卷21 宮闕制度, p.255. 「酒房在宮垣東南隅庖室南…學士院在閣後四盞頂殿門外之西偏, 三間. 生料庫在學士院南; 又南, 爲鞍轡庫; 又南, 爲軍器庫; 又南, 爲庖人牧人宿衛之室. 藏珍庫在宮垣西南隅.」

51_ 『南村輟耕錄』 卷21 宮闕制度, p.251. 「東南角樓東差北, 有生料庫. 庫東爲柴場. 夾垣東北隅有羊圈.」

기 위해 소장의 동쪽 담장을 따라서 많은 곳에 홍문(紅門, 궁궐문)을 설치해 두었고 담장 밖으로는 신개하(즉 통혜하의 일부분)를 따라서 여러 곳에 교량을 건설해 두고 외성 동부의 가시와 서로 통하게 하였다. 『석진지』에서는 "소반교(燒飯橋)는 남쪽으로 추밀원교(樞密院橋)와 시장교(柴場橋)로 나가며 내부(內府)의 어주(御廚)는 장작과 갈대를 모두 이곳으로부터 들여온다. 그 아래는 관주무교(官酒務橋)와 광록시류화교(光祿寺流化橋)이다."[52]라고 하였다. 또한 "이는 어하(御河)의 황후주방교(皇后酒坊橋)이다."[53]라고 하였다. 소반교는 즉 "신도교(神道橋)이고 홍문의 동북쪽에 있으며 속칭으로 소반원교(燒飯園橋)라고 한다."[54]고 하였다. 소반원(燒飯園)은 소장의 동벽의 홍문 동북쪽에 있으며 바로 봉래방(蓬萊坊)의 남쪽에 해당한다[55](『석진지집일』 고적). 신도교는 바로 홍문 밖에서 소반원으로 통하는 다리였다. 추밀원교는 즉 "조양교이고 동화문의 밖에 있으며 속칭으로 추밀원교라고 한다."[56]고 하였고 시장교는 즉 "보강교(保康橋)이고 시방(柴房) 동쪽에 있으며 속명은 시타교(柴垜橋)이다."[57]라고 하였다. 광록시교는 즉 "통명교(通明橋)이고 광록시 서쪽에 있으며 속명은 주방교(酒房橋)이다."[58]라고 하였는데 광록시교는 즉 소장 동쪽 담장의 동이홍문(東二紅門) 동쪽의 신개하에 있었다. 『석진지』에서는 일찍이 금수하는 "동쪽으로 방향을 바꾸어 주교에 이르고 동이홍문을 나와 광록시교 아래 물과 서로 합류하여 성 밖으로 흘러 나간다."고[59] 하였다

52_ 『析津志輯佚』 河閘橋梁, p.100. 「燒飯橋, 南出樞密院橋・柴場橋. 內府御廚運柴葦俱於此入. 下則官酒務橋・光祿寺流化橋.」

53_ 『析津志輯佚』 河閘橋梁, p.100. 「此爲御河皇后酒坊橋.」

54_ 『析津志輯佚』 河閘橋梁, p.98. 「神道橋, 在紅門北東, 俗名燒飯園橋.」

55_ 『析津志輯佚』 古蹟 115. 「燒飯園, 在蓬萊坊南.」

56_ 『析津志輯佚』 河閘橋梁, p.97. 「朝陽橋, 在東華門外, 俗名樞密院橋.」

57_ 『析津志輯佚』 河閘橋梁, p.98. 「保康橋, 在柴房東, 俗名柴垜橋.」

58_ 『析津志輯佚』 河閘橋梁, p.97. 「通明橋, 在光祿寺西, 俗名酒坊橋.」

59_ 『析津志輯佚』 河閘橋梁 pp.100~101. 「而轉東至周橋, 出東二紅門, 與光祿寺橋下水相合流出城.」

(이상은 모두 『석진지집일』 하갑교량에 근거하였다.). 이로써 소장의 동쪽 담장을 따라서 신도교(즉 소반원교), 조양교(즉 추밀원교), 보강교(즉 시장교), 관주무교, 통명교(즉 광록시교) 등이 있었고 나아가 홍문이 개설되어 있어 외성의 동부 가시와 통하였다는 것을 알 수 있다.

소장과 궁성의 범위에 대해서는 조사가 명확하게 이루어졌다. 궁성의 남문인 숭천문은 대략 지금의 고궁의 태화전(太和殿) 위치에 있었다. 북문인 후재문은 지금의 경산공원(景山公園) 소년궁(少年宮)의 앞에 있었으며 동서 담장은 대략 지금의 고궁의 동서 담장 부근에 있었다. 소장의 동쪽 담장은 지금 남북하연(南北河沿)의 서측에 있었고 서쪽 담장은 지금의 서황성(西皇城) 터에 있었으며 북쪽 담장은 지금의 지안문(地安門) 남쪽에 있었고 남쪽 담장은 지금 동·서화문대가(東·西華門大街)의 남쪽에 있었다. 담장 터의 폭은 약 3m 정도이다. 정남쪽의 영성문은 지금의 오문(午門) 부근에 있었다. 대도가 처음 건설될 때에는 궁성만 있었고 소장은 나중에 궁성 보위 임무를 강화하기 위해 원 세조 말년에 건설된 것이다. 지원 28년(1291) 2월에 "궁성의 남면에 주려(周廬)[60]를 지어 숙위의 군사를 거주케 하였다."[61](『원사』 세조기)고 하였다. 『원사』 세조기의 기록과 관련하여 바로 『철경록』에서 "궁성의 남면에 붙어서 숙위의 직려(直廬)가 있었다."[62]고 하였다. 원 성종 원정(元貞) 2년(1296) 10월에 "추밀원에서 '옛날 대조회시에 황성 밖에 아무런 담장이 없었으므로 군대를 이용하여 빙 둘러싸서 주위의 시위(侍衛)를 갖추었습니다. 지금 벽이 이미 완성되었는데 남·북·서의 세 방면에 모두 군대를 둘 수 있으나 유독 어주고(御酒庫)의 서쪽은 땅이 좁아서 수용할 수 없습니다. 신 등이 승상 울제이[完澤]와 의논한 결과 각 성문에 몽골군을 배치하여 수비하도록 하고 주교 남쪽에 수루(戍樓)[63]를 설치하여 아침저녁에

60_ 역자주 주려(周廬)는 고대 황궁 주위에 설치된 숙위의 숙소이다.
61_ 『元史』 卷16 世祖紀, p.345. 「丁亥, 營建宮城南面周廬, 以居宿衛之士.」
62_ 『南村輟耕錄』 卷21 宮闕制度, p.251. 「附宮城南面, 有宿衛直廬.」

경계하도록 하십시오.'하고 건의하니 황제께서 이를 따랐다."[64][『원사』 병지(兵志)]고 하였다. 여기에서 '황성 밖에 아무런 담장이 없었다.'는 것은 궁성 이외에 원래 소장이 없었다는 것을 말한다. '지금 벽이 이미 완성되었다.'는 것은 이때 소장이 이미 전부 완공되었다는 것이다. '남·북·서의 세 방면에 모두 군대를 둘 수 있으나 유독 어주고의 서쪽은 땅이 좁아서 수용할 수 없다.'는 것은 소장의 동쪽 담장 안쪽의 어주고 서쪽은 군대를 주둔시킬 만한 충분한 빈 땅이 없었다는 것이다. 이는 소장의 동쪽 담장 안과 궁성의 동쪽 담장 밖 사이의 공간이 원래 비교적 비좁았고 게다가 어주고·시장 등 궁정 수요를 충족하기 위한 시설이 건립되어 있었기 때문에 군대를 주둔시킬 지형적 여건이 더욱 좁아졌다.

소순은 『고궁유록』에서 "영성문에 소장을 세우니 주위가 20리에 달하고 속칭으로 홍문란마장(紅門闌馬牆)이라 부른다."[65]고 하였다. 이는 영성문에서 소장의 주위까지 말한 것이다. 도종의는 『남촌철경록』에서 또 "후재의 북쪽은 어원이다. 바깥 둘레담에 홍문 15개가 있고 내원에 홍문 5개가 있으며, 어원에 홍문 4개가 있고 이는 두 담장 안에 있다."[66]고 하였다. 이는 또한 어원에서 바깥 둘레 담과 내원의 담장까지를 말한 것이고 어원은 '바깥 둘레 담장과 내원의 담장'의 '두 담장 안'에 있었고 바깥 둘레 담장은 곧 소장을 가리키는 것에는 의문의 여지가 없다. 소장을 따라서 15곳에 홍문을 설치하였고 몽골군이 주둔하며 지

63_ <u>역자 주</u> 수루(戍樓)는 사전적으로 변방 주둔군의 망루나 여기서는 궁성 수비용 망루를 의미한다.

64_『元史』卷99 兵志, pp.2532~2533.「成宗元貞二年十月, 樞密院臣言:「昔大朝會時, 皇城外皆無牆垣, 故用軍環繞, 以備圍宿. 今牆垣已成, 南北西三畔皆可置軍, 獨御酒庫西, 地窄不能容. 臣等與丞相完澤議, 各城門以蒙古軍列衛, 及於周橋南置戍樓, 以警昏旦.」從之.」

65_『故宮遺錄』, p.73.「建靈星門, 門建蕭牆, 周廻可二十里, 俗呼紅門闌馬牆.」

66_『南村輟耕錄』卷21 宮闕制度, p.251.「厚載北爲御苑. 外周垣紅門十有五, 內苑紅門五, 御苑紅門四. 此兩垣之內也.」

키고 있었다. 몽골군은 모두 기병이었으므로 소장은 속칭으로 홍문란 마장이라 불렀고 담장이 궁성에 비해 많이 낮게 축조되었다. 홍문을 많 게는 15곳에 설치한 까닭은 밖과 교통하는 것을 편리하게 하기 위한 것 이었다. 예컨대 앞서 서술한 동쪽 담장에도 적어도 5곳의 홍문이 있었 다. 『석진지』에서 조양교가 동화문 밖에 있다고 한 것에서 동화문이 소장 동쪽 담장의 동화홍문(東華紅門)일 것이다. 소장의 홍문 15곳을 살 펴보면 정남쪽을 영성문이라 칭한 것을 제외하고 정동쪽은 궁성의 문 이름을 따라서 동화홍문이라 하였고 정북쪽은 궁성의 문 이름을 따라 후재홍문이라 불렀다. 그 나머지는 방향에 따라 번호를 매긴 것으로 예 컨대 동쪽 벽에 있는 광록시교 서쪽의 것은 동이홍문 등으로 불렀다.

　궁성의 후재문 북쪽과 소장 안쪽 사이 어원에는 소나무 숲과 버들 길 이 있었다. 소나무 숲의 동북과 버들 길의 어도(御道) 남쪽에는 숙지(熟 地) 8경이 있었고, 환관을 이용하여 경작시키고 해자(海子)의 물을 끌어 와 굽이굽이 물을 대 '예컨대 곡식, 조(粟), 삼, 콩, 오이, 과일, 채소 등 을 때에 맞춰 얻었고' '동쪽에는 물레방아가 한 곳에 있고, 매일 15번 그 것을 돌렸으며' '동쪽에 물레방아가 한 곳 있어서 하루 15석을 빻을 수 있었다.'[67](『석진지집일』 고적)고 하였다. 이것들과 어주(御廚) 등의 시설 은 맞춤을 이루었다.

5) 원 대도 궁전의 조합과 관서의 분포

(1) 주요 궁전의 조합

　원의 궁성 안의 주요 궁전은 대명전(大明殿)과 연춘각(延春閣)을 중심 으로 앞뒤 두 개의 큰 조합으로 나뉜다.

　궁성의 정남쪽의 숭천문 안으로 대명문(大明門)이 있고 좌우에 일정

67_ 『析津志輯佚』 古蹟, p.114. 「東有水碾一所, 日可十五石碾之. …苑內種蒔, 若穀・ 粟・麻・豆・瓜・果・蔬菜, 隨時而有. 皆閹人・牌子頭目各司之」

문(日精門)과 월화문(月華門)이 있다. 대명문 안에 주건물인 대명전이 있으며 그 지점은 대략 지금의 고궁의 건청궁(乾淸宮) 부근에 있었다. 이것은 황제 즉위와 원단·황제 생신 등에 대조회를 거행하는 정전으로서 그 구조는 북송 변경의 대경전(大慶殿)과 금 중도의 대안전(大安殿)과 같았다. "대명전의 기단 높이는 10척(혹은 5척)이고 앞에는 전폐(殿陛, 어전 앞의 돌계단)이며 대명전의 안은 3급이며 용과 봉황을 조각한 흰 돌난간을 빙 둘러 설치하였고 난간 아래(혹은 바깥)에 매 난간(혹은 기둥)을 자라머리로 눌러 허약함을 난간 밖으로 내보냈고 전각의 사면을 둘러싸고 있다."[68](『고궁유록』)고 하였다. 이는 현재 태화전(太和殿)의 형태와 매우 비슷하다. 대전은 폭 11칸에 동서 200척이고, 건물의 깊이가 120척이었다. 뒤쪽에 남북 방향의 주랑(柱廊)이 하나 있었고 길이 240척이고, 폭 44척이며, 높이 50척이었다. 곧장 침전으로 통하였다. 침전은 폭 5칸에 동서 협실(夾室)을 6칸 가지고 있었다. 뒤쪽으로 향각(香閣) 3칸과 이어졌는데 동서가 140척이고, 건물의 깊이가 50척이며, 높이가 70척이었다.[69] 대전과 침전은 주랑과 이어져 평면의 '공(工)'자형의 구조를 이루었다. 침전의 동서 양쪽과 뒤쪽에는 모두 소전(小殿)이 있었다. 사방 주위에 낭무(廊廡)를 120칸 지었으며 대략 장방형을 띠었고 모두 문 7개가 있었으며 네 모퉁이에는 각루가 있었다.[70] 동서 낭무 중간은 남쪽으로 치우쳐 서로 마주보는 종루(문루)와 고루(무루)가 있었는데 모두 폭 5칸에 높이 75척이었다(『철경록』).

68_ 『故宮遺錄』, p.73. 「殿基高可十【一作五】尺, 前爲殿陛, 納爲三級, 繞置龍鳳白石闌. 闌下【一作外】每楯【一作柱】壓以鼇頭, 虛出闌外, 四繞於殿.」 역자 주 '납(納)'은 『한서』 왕망전 가운데 안사고가 내(內)라고 주석을 달아 '납(納)'에는 '내(內)'라는 의미가 있다.

69_ 『南村輟耕錄』卷21 宮闕制度, p.251. 「大明殿, 乃登極·正旦·壽節·會朝之正衙也. 十一間, 東西二百尺, 深一百二十尺, 高九十尺, 柱廊七間, 深二百四十尺, 廣四十四尺, 高五十尺. 寢室五間, 東西夾六間, 後連香閣三間, 東西一百四十尺, 深五十尺, 高七十尺.」

70_ 『南村輟耕錄』卷21 宮闕制度, p.252. 「周廡一百二十間, 高三十五尺. 四隅角樓四間.」

뒤쪽 조합의 궁전은 동화문과 서화문을 가로지르는 어도의 뒤편에 있다. 정문은 연춘문(延春門)이라 부르며 좌우에 의범문(懿範門)과 가칙문(嘉則門)이 있었다. 문 안의 연춘문은 폭 9칸에 동서 150척이었다. 깊이는 90척이었고, 높이 100척이었다. 세 겹의 처마가 있는 이층 지붕으로 이루어졌는데 그 지점은 대략 지금의 경산공원 남부에 위치하였다. 이 뒤쪽 조합의 궁전 배치는 앞쪽 조합과 기본적으로 서로 동일하지만 단지 규모가 조금 작고 침전 뒤에도 비교적 큰 전각이 있었다. 연춘각 뒤에는 한 갈래의 주랑이 있었다. 길이는 140척이고, 폭은 45척이며, 높이 50척으로[71] 곧장 침전으로 통하였다. 침전은 7칸으로 동서 협실이 4칸이 있었고 뒤쪽으로 향각이 한 칸 있었다. 침전의 양측에도 소전이 있었고 침전 뒤에 7칸의 옥덕전(玉德殿)의 중앙에는 불상이 놓여 있었다. 옥덕전의 뒤에는 또한 9칸의 신경전(宸慶殿)이 있었고 중앙에 어탑(御榻)이 있었다.[72] 전체 사면 주위의 낭무는 최대 172칸에 이르렀고 네 모퉁이에 각루가 있었으며 동서 낭무에도 서로 마주 보는 종루와 고루가 있었는데 각각 높이가 75척이었다(『철경록』). 옥덕전은 불전(佛殿)이면서도 평상시에 황제가 정무를 보는 곳이었다.

궁성의 후재문은 비록 북문이었으나 다만 전체 대도가 '좌북향남'이었기 때문에 후재문도 대단히 중요하게 되었다. "후재문 위에 높은 전각을 세우고 비교(飛橋, 일종의 구름다리)로 그것을 둘렀으며 무대는 앞에 구불구불한 난간으로 날개를 만들었다. 매번 황제께서 전각 위에 행차하실 때마다 천마가무(天魔歌舞)가 무대에서 공연되는 가운데 성대한 취주악이 그것을 인도하였고 비교로부터 올라가자 시인(市人)들이 그것을 듣고 마치 은하에 있는 듯하였다."[73](『고궁유록』)고 하였다.

71_ 『南村輟耕錄』 卷21 宮闕制度, p.252. 「延春閣之正門也, 五間三門, 東西七十七尺, 重簷. 懿範門在延春左, 嘉則門在延春右, 皆三間一門. 延春閣九間, 東西一百五十尺, 深九十尺, 高一百尺, 三簷重屋, 柱廊七間, 廣四十五尺, 深一百四十尺, 高五十尺.」
72_ 『南村輟耕錄』 卷21 宮闕制度, p.252. 「玉德殿在清灝外, 七間, …中設佛像.…宸慶殿在玉德殿後. 九間, …. 中設御榻」

궁성의 서쪽은 태액지였고 그 중앙에 있는 경화도(瓊華島)는 지금의 북해(北海)와 중해(中海)를 포괄하는데 원래 금 중도 동북 교외의 이궁[離宮, 대녕궁(大寧宮)]이었고 원대에 만세산(萬歲山)으로 개명하였고 만수산(萬壽山)이라고도 불렀다. 건축물 전체가 이궁의 성격을 띠었다. 산 동쪽에는 석거(石渠)가 있었고 길이가 76척이었고, 폭은 40척 반이었다. "금수하를 끌어다 그 만세산 뒤쪽으로 이르게 한 후 그 기세를 모아 밀어 올려 산 정상까지 물을 끌어올리고 석룡(石龍)의 입으로 나오게 하여 네모난 연못으로 쏟아 흘러보내면 물이 복류하여 인지전(仁智殿) 뒤쪽에 이른다. 돌에 아로 새긴, 몸을 서리고 있는 용이 머리를 높이 들고 물을 위로 뿜어낸 후에 동서에서 태액지로 흘러 들어간다."[74]고 하였다. 산 정상에는 광한전(廣寒殿)이 있었고 폭 7칸에 동서 120척이었다. 깊이는 62척이고, 높이가 50척이었다. 광한전의 뒤에 있는 석룡의 입에서 뿜어져 나오는 것은 금수하의 물이었다. 인지전은 산허리에 있었으며 폭 3칸에 높이가 30척이었다. 산 위 여러 곳에는 소전과 소정(小亭)이 세워져 있었다. 산 동쪽의 영포(靈圃)에는 날짐승과 길짐승이 있었다. 산 남쪽에 원지(圓坻)가 있었고 영주(瀛州)라고도 하였다. 그곳에 건립된 의천전(儀天殿)은 기둥이 11개에 높이가 35척이고, 둘레는 70척이었다. 두 겹처마와 둥근 지붕, 둥근 대지를 갖추었고 지금의 단성(團城) 지역에 있었다. 동쪽에 길이 120척의 목교(木橋)가 있었고 '대내의 협원(夾垣)'으로 통하였는데, 곧 어원의 둘레 담과 궁성 북벽 사이의 통로였다. 서쪽에는 길이 470척의 목조교(木弔橋, 나무로 만든 흔들다리)가 있었는데 중간에 끊어져 두 척의 배를 가설한 부교로 연결되어 있었다. 북쪽에 길이 200여 척의 석교는 만수산으로 통하였다[75](『철경록』).

73_ 『故宮遺錄』, p.74. 「又後爲厚載門, 上建高閣, 環以飛橋, 舞臺於前回闌引翼. 每幸閣上, 天魔歌舞於臺, 繁吹導之, 自飛橋而升, 市人聞之, 如在霄漢.」

74_ 『南村輟耕錄』卷21 宮闕制度, p.255. 「引金水河至其後, 轉機運斡, 汲水至山頂, 出石龍口, 注方池, 伏流至仁智殿後. 有石刻蟠龍, 昂首噴水仰出, 然後由東西流入於太液池.」

태액지 서쪽에는 북쪽에 홍성궁이 있었고 남쪽에 융복궁이 있었다. 모두 남북이 긴 장방형이었다. 홍성궁이 자리한 곳은 동쪽에 치우쳐 있었고 융복궁은 서쪽에 치우쳐 있었다. 홍성궁은 비빈(妃嬪)의 거처였을 것이다. 융복궁은 원래 태자부(太子府)였으나 지대(至大)연간(1308~1311)에 태후의 처소로 바뀌었으며 별도로 그 서쪽에 태자궁(太子宮)을 건축하였다.

홍성궁은 홍성전(興聖殿)과 연화각(延華閣)을 중심으로 이루어진 앞뒤 두 조합의 건축이다. 양쪽 측면 벽에는 숙위의 직려(直廬) 40칸이 있었고 남·북·서문 세 문 밖에는 위사(衛士)가 숙직하는 관사가 21곳이 있었다. 홍성전은 폭 7칸 넓이에 동서가 100척이고, 깊이 97척이었다. 주랑과 침전도 있고 사방 주위에 낭하도 있었으나 규모가 비교적 작았다. 연화각은 폭 5칸에 사방이 79척 2촌이었다. 그 오른쪽에는 폭 6칸의 외오아전(畏吾兒殿, 위구르전)이 있었다. 그 서쪽 판벽 밖으로는 또 동록정전(東鹿頂殿)과 서록정전(西鹿頂殿)이 있었고 각각 폭은 5칸이었다.

융복궁에는 광천전(光天殿)을 중심으로 한 건축이 있었다. 광천전은 폭 7칸에 동서는 98척이고, 깊이는 55척이었으며, 높이가 70척이었다. 그 뒤에는 침전도 있었고 사방 주위에는 낭무도 있었다. 융복궁 서쪽에는 어원이 있었고 대부분 후비(后妃)의 거처였으며 그 중앙에 향전(香殿), 하엽전(荷葉殿), 원전(圓殿), 헐산전(歇山殿), 종모전(棕毛殿) 등이 있었다. 종모전은 죽궁(竹宮)으로 가산(假山)[76]의 동쪽에 치우쳐 있었는데 3칸이 있었고 태정(泰定) 2년(1325)에 건설되었다[77][『원사』 태정제기(泰定帝

75_ 『南村輟耕錄』 卷21 宮闕制度, pp.255~256. 「又東, 爲靈圃, 奇獸珍禽在焉. 廣寒殿在山頂, 七間, 東西一百二十尺, 深六十二尺, 高五十尺.⋯仁智殿在山之半, 三間, 高三十尺.⋯東爲木橋, 長一百廿尺, 闊十二尺, 通大內之夾垣. 西爲木弔橋, 長四百七十尺, 闊如東橋. 中闕之, 立柱, 架梁於二舟, 以當其空.⋯是橋通興聖宮前之夾垣. 後有白玉石橋, 乃萬壽山之道也.」

76_ 역자 주 '가산(假山)'이란 정원 안에 조경을 목적으로 흙과 돌 등을 이용하여 쌓아 올린 산이다.

77_ 『元史』 卷29 泰定帝紀, p.654. 「癸酉, 作棕毛殿.」

紀)]. 융복궁은 명초에 연왕(燕王)의 저택이었으나 후에 만수궁(萬壽宮)으로 바뀌었고 가정(嘉靖)연간(1522~1566)에 광명전(光明殿)으로 개축하였고 지금의 광명전호동(光明殿胡同)에 있다.

(2) 주요 중앙 관서의 분포

원 대도의 중앙 관서는 분산 설치되었으며 대부분은 외성의 동남부와 중앙부에 있었다. 지원 4년(1267) 대도를 짓기 시작했을 때 "새로운 도성의 봉지방(鳳池坊) 북쪽에 비로소 중서성을 건립하였다."[78]고 하였다. 지원 24년(1287)에 이르러 상서성을 처음으로 세웠는데 "당시 오운방(五雲坊)의 동쪽이 상서성이었다."[79]고 하였다. 후에 상서성을 중서성으로 병합하고 북중서성과 내중서성으로 분리하였다. 북중서성은 봉지방 동쪽에 설치되었는데 바로 성 중앙부의 종루 서쪽 지역이었다. 『석진지』에서는 "종루는 경사(京師)의 북성(곧 북중서성)의 동쪽, 고루의 북쪽이다."[80](『석진지집일』 고적)라고 하였다. 내중서성은 소장의 정남쪽 영성문의 동남쪽에 있는 오운방 안에 설치되어 있었으며 바로 천보랑 가의 동측이었다. 『석진지』에서는 "중서성은 대내 앞 동쪽의 오운방 안에 있고 외의문(外儀門)[81]은 여정문 동쪽 성 아래에서 가까우며 '도성(都城)'이란 두 글자의 편액이 있다."[82](『석진지집일』 조당공우)고 하였다. 중서성의 대문은 외성 여정문 동쪽 성벽 아래에서 가까운 곳에 마주하고 있었다. 중서성 동쪽에는 시의사(侍儀司) 관서가 있었고 바로 수문(水門)의 서쪽에 있었다. 시의사 관서의 뒤에 남창(南倉), 즉 원의 태창(太

78_ 『析津志輯佚』 朝堂公宇, p.8. 「始於新都鳳池坊北立中書省.」

79_ 『析津志輯佚』 朝堂公宇, p.8. 「時五雲坊東爲尚書省.」

80_ 『析津志輯佚』 古蹟, p.108. 「鍾樓, 京師北省東, 鼓樓北.」

81_ 역자 주 의문(儀門)은 관서나 저택의 두 번째 정문을 지칭한다. 외의문(外儀門) 외에 중의문(中儀門)과 내의문(內儀門)이 있었다(『析津志輯佚』 朝堂公宇, p.9. 「中儀門中通五雲坊·萬寶坊, 東西大街, 兵衛戟仗. 內儀門三門, 中·左·右.」).

82_ 『析津志輯佚』 朝堂公宇, p.9. 「中書省, 在大內前東五雲坊內. 外儀門近麗正門東城下, 有都省二字牌扁.」

倉)이 있었다[83](『일하구문고』 권64 안어(按語)에서 『석진지』를 인용하였다.).

북중서성의 서남쪽에는 상서성도 설치되어 있었다. 염복(閻復)은 「상서성상량문(尙書省上梁文)」에서 새로운 터를 닦는 것에 대해 "왼쪽으로 봉지(鳳池)의 물을 두르고 오른쪽으로 오관(鰲冠)의 봉우리를 바라본다."[84](『원문류』 권47)고 하였다. 오관의 봉우리는 곧 오봉(鰲峯)으로 북중서성 뜰 안에 있었으며 후에 한림국사원(翰林國史院)으로 바뀌었다. 그래서 우집(虞集)은 "오봉은 국사원 가운데의 돌 이름이다."[85]라고 하였다[『일하구문고』 권64에서 『도원학고록(道園學古錄)』을 인용]. 봉지는 즉 해자(적수담)를 가리킨다. 『원일통지』에서는 "봉지방은 땅이 해자에 가깝고 옛 성(省)의 앞에 있으며 봉황지(鳳凰池)의 뜻을 따서 이름 지었다."[86](『일하구문고』 권38)고 하였다. 옛 성(省)은 즉 북중서성이다. 상서성 왼쪽에는 봉지가 있었고, 오른쪽에는 오봉이 있었으며 지금의 십찰해(什刹海)의 동북쪽이자 북중서성의 서남쪽에 위치하였던 것이다.

추밀원은 소장의 동문인 동화홍문 밖 조양교(즉 추밀원교)의 동쪽이자 보대방(保大坊)의 남쪽에 있었다. 『석진지』에서는 "추밀원은 동화문에서 어하를 지난 동쪽이자 보대방 남쪽의 어도 서쪽에 있고 군정(軍政)을 관리한다."[87](『석진지집일』 조당공우)고 하였다. 또한 선휘원(宣徽院)은 추밀원 서남쪽에 설치되어 있었다. 『석진지』에서 "추밀원 남쪽에서 서쪽으로 돌아가면 선휘원이고 선휘원의 남쪽에서 서쪽으로 돌면 광록시와 주방교(酒坊橋)이다."[88]라고 하였다. 이는 선휘원이 광록시교의 동북쪽

83_ 『日下舊聞考』 卷64 官署, p.1054. 「侍儀司署, 在都省之東. 水門之西, 南倉之前. 今按都省即元之中書省, 以尚書省改設, 所謂南省也. 南倉即元之太倉.」

84_ 『元文類』 卷47 尚書省上梁文・閻復, p.79. 「左帶鳳池之水, 右瞻鰲冠之峯.」

85_ 『日下舊聞考』 卷64 官署, p.1053. 「鰲峰者, 國史院庭中石名也.」

86_ 『日下舊聞考』 卷38 京城總紀, p.600. 「鳳池坊, 地近海子, 在舊省前, 取鳳凰池之義以名.」
『日下舊聞考』 제38권에서 인용.

87_ 『析津志輯佚』 朝堂公宇, p.34. 「樞密院, 在東華門過御河之東, 保大坊南之大御西, 涖軍政.」

88_ 『析津志輯佚』 城池街市, p.34. 「樞密院南轉西爲宣徽院, 院南轉西爲光祿寺酒坊橋.」

에 있었고 광록시는 곧 광록시교[즉 통명교(通明橋)]의 서쪽에 있었다는 것을 전해 준다.

어사대는 외성의 동남쪽 문명문 안의 징청방(澄清坊) 동쪽이자 낙선루(樂善樓) 북쪽에 있었다. 『석진지』에서는 "어사대는 징청방 동쪽이자, 합달문(哈達門)의 세 번째 골목에 있다."[89][『석진지집일』 대간서(臺諫敍)]고 하였다. 합달문은 즉 문명문이고 징청방은 "그 지역이 어사대에 가까웠고 천하를 깨끗이 한다는 뜻을 따서 이름 지었다."[90]고 하였다.(『일하구문고』 권38에서 『원일통지』를 인용). 『석진지』에서는 또한 "낙선루는 문명문 안으로 100보 거리에 있고 동쪽을 바라보고 있으며 어사대의 남쪽에 있다."[91](『석진지집일』 고적)고 하였다. 여기에서 어사대가 낙선루의 북쪽에 있고 문명문에서 100보 이상 떨어져 있었다는 것을 알 수 있다.

한림국사원은 여러 차례 자리를 옮겼는데, 지순(至順)연간(1330~1333)에 북중서성의 옛 관서로 옮겼고 이때부터 북중서성이 한림원의 소재지가 되었다.

육부(六部) 공해(公廨)의 위치에 대해 『춘명몽여록(春明夢餘錄)』에서 다만 "공원(貢院)은 성 동쪽 귀퉁이에 있었으며 원 예부(禮部)의 옛 터였다."[92]라고 하였고 "태복시(太僕寺)는 황성의 서쪽에 있었으며 원 병부(兵部)의 옛 관청이었다."[93]라고 하였을 뿐이다. 이에 따르면 예부는 지금의 공원(貢院) 동대가(東大街)와 서대가(西大街)의 사이에 있었고 병부는 지금의 태복시가(太僕寺街) 부근에 있었다. 『일하구문고』 권65는 평어에서 "병부의 협도(夾道)는 지금도 여전히 태복시호동(太僕寺胡同)이라

89_『析津志輯佚』臺諫敍, p.38. 「臺在澄清坊東, 哈達門第三巷.」

90_『日下舊聞考』京城總紀 卷38, p.602. 「澄清坊, 地近御史臺, 取澄清天下之義以名.」

91_『析津志輯佚』古蹟, p.106. 「樂善樓在文明門裏百步, 面東, 御史臺南.」

92_『春明夢餘錄』卷41([淸]孫承澤 著, 王劍英 點校, 北京: 北京古籍出版社, 1992) 禮部 3·貢院, p.791. 「貢院, 在城東南隅, 元禮部舊基也.…」

93_『春明夢餘錄』卷53 太僕寺, p.1091. 「太僕寺, 在皇城西, 乃元兵部舊署.」 역자 주 본문에서 '대복시(大僕寺)'라고 적었으나 원문에는 '태복시(太僕寺)'로 되어 있다.

하며 곧 옛 관서 터이다."[94]라고 하였다.

태사원(太史院)은 성 동남쪽 모퉁이의 동쪽 성벽 아래, 명시방(明時坊)의 서쪽에 있었다. 양원(楊垣)은 「태사원명(太史院銘)」에서 지원 16년 (1279) 도성의 동쪽 담장 아래에 부지를 선정하였다고 하였다.[95] 『석진지』에서는 "명시방은 태사원의 동쪽에 있다."[96](『석진지집일』성지가시)고 하였다. 명시방은 곧 '지역이 태사원에서 가깝기' 때문에 얻은 이름이었다[97](『일하구문고』권38에서 『원일통지』를 인용). 태사원 안에는 영대(靈臺), 즉 사천대(司天臺)가 있었다. 영대 위에 천문의표(天文儀表)가 설치되어 있었다.

대도로총관부(大都路總管府)와 경순이원(警巡二院)[98]은 성 중앙부의 중심각(中心閣)·도초고(倒鈔庫)의 동쪽 지역에 위치하였다. 『석진지』에서는 "제정루(齊政樓)는 도성의 화려한 고루이다. 동쪽이 중심각이고 대가 (大街)에서 동쪽으로 가면 곧 대도부(大都府) 치소이다."[99]라고 하였다. 또한 "소회방(昭回坊) 앞에 십자로가 있고 서쪽으로 돌면 대도부·경순이원이고 서쪽으로는 직진하면 숭인도초고(崇仁倒鈔庫)이다. 서쪽은 중심각이다."[100](『석진지집일』 고적)라고 하였다. 대도로총관부는 명 영락

94_ 『日下舊聞考』 卷65 官署, p.1076. 「[臣等謹按] 兵部夾道今仍稱太僕寺衙衕, 即舊署址也.」

95_ 『元文類』 卷17 太史院銘, p.476. 「十六年春, 擇美地, 得都邑東埔下.」

96_ 『析津志輯佚』 城池街市, p.3. 「明時坊, 在太史院東.」

97_ 『日下舊聞考』 卷38 京城總紀, p.600. 「明時坊, 地近太史院, 取周易革卦君子治歷明時之義以名.」

98_ 역자 주 본문에서는 '순경이원(巡警二院)'이라고 하였으나 이는 '경순이원(警巡二院)'의 오기이다. 대도로총관부(大都路總管府)에는 좌·우 경순원(警巡院)의 두 곳이 설치되어 있었다(『元史』 卷90 百官志, p.2301. 「左·右警巡二院, 秩正六品」).

99_ 『析津志輯佚』 古蹟, p.108. 「齊政樓, 都城之麗譙也. 東, 中心閣. 大街東去即都府治所.」

100_ 『析津志輯佚』 古蹟, p.116. 「[昭回坊]前有大十字街, 轉西大都府巡警二院. 直西, 則崇仁倒鈔庫. 西, 中心閣.」 역자 주 본문에서는 숭인(崇仁)과 도초고(倒鈔庫)라고 하여 두 관서로 보았으나 숭인(崇仁)은 행용고(行用庫) 즉 도초고 여섯 개 중 하나이다(『元史』 卷85 百官志, p.2129. 「行用六庫. …二十六年, 又置三庫: 曰健德, 曰和義, 曰崇仁. 並因城門以為名.」).

(永樂)연간(1402~1424) 이후 순천부(順天府)로 바뀌었다. 『춘명몽여록』에서는 "순천부의 치소는 곧 원 대도로총관부 치소였던 관서이다."[101](『일하구문고』 권65)라고 하였다. 순천부 관서의 정청 왼쪽에는 원래 원대도로비(元大都路碑)가 있었다.

국자감(國子監)은 성 동북쪽의 거현방(居賢坊)의 서쪽에 있었다. 『석진지』에서는 "거현방은 국학(國學)의 동쪽이고 감관(監官)이 많이 거주한다."[102](『석진지집일』 성지가시)고 하였다. 국학은 곧 국자감이고 이른바 감관은 국자감의 관원을 말한다. 『춘명몽여록』에서 "국자감은 성의 동북쪽에 있으며 곧 원의 옛 학교다. 홍무연간(1368~1398)에 북평군학(北平郡學)으로 바뀌었고 영락연간(1402~1424)에 또 국자학이 되었다가 다시 국자감으로 바뀌었다."[103](『일하구문고』 권66)고 하였다. 여기에서 명청의 국자감이 여전히 원대의 옛터였고 지금의 옹화궁대가(雍和宮大街)의 서쪽에 있었다는 것을 알 수 있다.

6) 원 대도의 교단(郊壇)·사직단(社稷壇)·태묘(太廟)·원묘(原廟)의 위치

(1) 교단·사직단과 태묘

원나라는 전통 예제에 따라 대도 남쪽 교외에 교단(郊壇)을 설치하였다. 원 세조 중통(中統)연간(1260~1264) 여정문의 동남쪽 7리 지점에 제단을 건립하였고 원 성종은 즉위 후 교단을 한층 더 개축하여 교단을 만들었다.[104] 그 지점은 지금의 영정문(永定門) 밖에 있었다.

101_ 『日下舊聞考』 卷65 官署, p.1077. 「順天府治即元大都路總治舊署也.」; 『春明夢餘錄』 卷4([淸]孫承澤 著, 王劍英 點校, 北京: 北京古籍出版社, 1992) 畿旬, p.29. 「京師地屬順天府, 其府治即元大都路總治舊署也.」

102_ 『析津志輯佚』 城池街市, p.4. 「居賢坊, 國學東, 監官多居之.」

103_ 『日下舊聞考』 卷66 官署, p.1089. 「國子監在城東北, 即元之舊學. 洪武改爲北平郡學, 永樂仍爲國子學, 又改爲國子監.」; 『春明夢餘錄』 卷54 國子監, p.1102.

104_ 『元史』 卷72 祭祀志, p.1781. 「三十一年, 成宗即位. 夏四月壬寅, 始為壇于都城南七里.」 역자 주 본문에서 성조(成祖)는 성종(成宗)을 잘못 쓴 것이다.

사직대(社稷臺)는 원 세조 지원 29년(1292)에 세우기 시작하였다. 그 위치는 외성 '화의문 안 조금 남쪽'에 있었고 40무의 땅을 차지하였으며 사단(社壇)과 직단(稷壇)으로 나뉘었다. 두 제단은 모두 높이 5장이고, 사각 너비 각 5장이었고 둘 사이의 거리는 약 5장이었다. 단(壇)은 모두 북향이었으며[105] 지금의 서직문(西直門) 안 큰길 남변에 있었다.

태묘(太廟)는 외성 동쪽 제화문 안의 북변에 건립되었다. 『원일통지』에서 "원의 태묘는 도성의 제화문 북쪽에 있다."[106](『일하구문고』권48)고 하였다. 그것은 전묘후침(前廟後寢: 앞쪽에 묘당, 뒤쪽에 침전을 배치하는 것)의 구조로 동·서·남 삼면에 영성문(欞星門)을 개설하였고 방향은 남향이었으며 "문밖의 치도가 제화문의 통구(通衢)[107]에 이르렀다."[108]고 하였다.

태묘와 사직대는 외성의 동서 양쪽 성벽의 가까운 곳에 분리되어 건립되었다. 이는 북송 변경에서 태묘와 교사(郊社)를 이성(裏城) 동서 양측의 성벽 안쪽으로 성벽에 가까운 곳에 나눠 설치한 것과 비슷하다.

(2) 원묘의 증축

원대는 송·요·금의 예속(禮俗)을 따라서 태묘 외에 조상의 유상(遺像)을 봉양하는 원묘를 지었다. 그 규모와 비용은 송·요·금의 원묘에 비해 훨씬 크고 많았다. 원대 황제는 시신을 은밀히 매장하는 몽골족의 묘장 방식에 준하여 대규모의 능침을 건설하지 않았으므로 특별히 원묘의 건설을 중시하였다. 원 세조 이후 모든 황제 혹은 황후는 생전에 사원을 만들거나 확장하여 사후의 원묘로 삼을 준비를 하였다. 이는 마

105_『元史』卷76 祭祀志, p.1879. 「三十年正月, 始用御史中丞崔彧言, 於和義門內少南, 得地四十畝, 為壇垣, 近南為二壇, 增高五丈, 方廣如之. 社東稷西, 相去約五丈.」

106_『日下舊聞考』卷48 城市, p.767. 「元太廟, 在都城齊化門之北.」

107_ 역자 주 통구(通衢)란 사통팔달의 넓고 평탄한 도로이다.

108_『元史』卷74 祭祀志, p.1843. 「東西南開欞星門三, 門外馳道, 抵齊化門之通衢.」

치 한나라의 황제가 모두 생전에 자신을 위해 능침과 원묘를 지었던 것과 같다. 이들 원묘 대부분은 대도 성 안의 도로의 요충지에 건설되었고 어떤 것은 교외의 산속에 세워졌다. 대규모로 사원을 건설하고 화려한 불상을 제작하는 한편, 유상을 모시는 신어전[神御殿, 예전에는 영당(影堂)이라고 하였다.], 즉 이른바 원묘를 건축하였다. 유상은 문기국(紋綺局)에서 비단을 짜서 만들었다. 원묘 안에는 옥책(玉冊)·옥보(玉寶)를 수장하였고 제기는 모두 금은 및 옥·수정·마노(瑪瑙)를 이용해 제작하였다. 세조의 영당에는 진주로 만든 발도 있었고 게다가 산호수(珊瑚樹) 등을 진열하였다. 중요한 원묘는 또한 군대를 주둔시켜 지키도록 하였다.[109] 조정은 또한 종종 이들 사원에 대량의 영업전(永業田)과 영업호(永業戶)를 하사하고[110] 조세를 거두어들여 그 유지와 확장을 위한 경제

109_『元史』卷99 兵志, pp.2536~2537. 「仁宗延祐元年閏三月, 隆禧院官言: "初, 世祖影殿, 有軍士守之. 今武宗御容於大崇恩福元寺安置, 宜依例調軍守衞." 從之.」

110_『元史』卷30 泰定帝紀, p.674. 「泰定三年冬十月]中書省臣言: "… 世祖建大宣文弘教等寺, 賜永業, 當時已號虛費. 而成宗復搆天壽萬寧寺, 較之世祖, 用增倍半. 若武宗之崇恩福元·仁宗之承華普慶, 租權所入, 益又甚焉. 英宗鑿山開寺, 損兵傷農, 而卒無益."」「대호국인왕사항산지비(大護國仁王寺恒産之碑)」에 따르면, 세조 황후가 지은 대호국인왕사[大護國仁王寺: 즉 고량하사(高梁河寺)]는 사여받은 토지·재산과 인호(人戶)가 매우 많아 대도 등지에 있는 것이 수지(水地)가 28,000여 경(頃), 육지(陸地)가 34,000여 경이 있었다. 하간(河間)·양양(襄陽)·강회(江淮)에 있는 것이 수지가 13,000여 경, 육지가 29,000여 경이 있었고 강회 주관(酒館)이 140곳, 내외 인호(人戶)가 37,000여 호였으며 또 산림(山林)·하박(河泊)과 은·철·동·소금·석탄을 생산하는 땅 등이 있었다[『일하구문고』권98 교경(郊坰)]. 『원사』권24 인종기(仁宗紀)에 따르면 지대 4년(1311) 10월 "대보경사(大普慶寺)에 금 1,000량, 은 5,000량, 초(鈔) 10,000정(錠), 서금(西錦)·채단(綵緞)·사라(紗羅)·포백(布帛) 10,000단(端), 전(田) 80,000무, 저사(邸舍) 400칸을 사여하였다."고 한다. 『원사』영종기(英宗紀)와 문종기(文宗紀)에 의하면 영종이 즉위한 해 9월 수안산사(壽安山寺)를 짓고 초(鈔) 1,000만 관(貫)을 주었고, 문종 지순(至順) 2년(1332) 정월 영종이 창건한 절이 완성되지 않자, 다시 초(鈔)를 10만 정(錠) 주었고 진저부(晉邸部)의 백성 유원량(劉元良) 등 24,000여 호(戶)를 수안산(壽安山) 대소효사(大昭孝寺)에 영업호(永業戶)로 예속시켰다. 보건대, 영종이 지은 대소효사의 비용이 막대하여 일찍이 야동(冶銅) 50만 근으로 불상을 만들었으나 끝내 완공하지 못했으므로 태정 3년(1326) 중서성 신하가 "병력을 소모시키고 농사를 손상시키니 마침내 이로운 바가 없습니다."라고도 하였다.

기초로 삼도록 하였다.

원대 황제와 황후의 주요 원묘를 이제 나열하면 다음과 같다.

① 대선문홍교사(大宣文弘敎寺)는 세조가 창건하여 일찍이 영업전을 하사하였다. 이는 태정 3년(1326) 10월에 중서성 신하가 한 언설에서 볼 수 있다[111](『원사』 태정제기). 위치가 상세하지 않으나 서쪽 교외 만안산(萬安山)에 청대(淸代) 법해사(法海寺)·법화사(法華寺)가 건립된 지역에 있었다고 전한다.

② 대성수만안사(大聖壽萬安寺)는 백탑사(白塔寺)라고도 하며 원래 요 도종(道宗) 때에 지어졌다. 원 세조 지원 16년(1279)부터 증축을 시작하여 10년 만에 완공되었고 대성수만안사라 칭해졌다. 그 건축은 궁정의 제도와 완전히 똑같아 항상 백관이 의례를 익히는 장소로 쓰였다. 성종 때에 세조와 그의 황후를 위한 영당이 대전의 서쪽에 세워졌고 유종(裕宗)과 그의 황후를 위한 영당이 대전의 동쪽에 설치되었다. 명대 천순(天順)연간(1457~1464)에 이르러 묘응사(妙應寺)로 개칭되었다. 그 위치는 평측문[지금의 부성문(阜成門)] 안의 큰길 북쪽에 있는 '정(丁)'자형의 교차점에 있었다.

③ 대호국인왕사(大護國仁王寺)는 고량하사(高梁河寺)라고도 불렸으며 세조 지원 7년(1270) 소예순성황후(昭睿順聖皇后)가 창건하여 3년 후 완성하였다. 위치는 성의 서쪽 고량하 가이자 화의문에서 서쪽으로 7리 떨어진 광원갑(廣源閘) 동쪽에 있었다. 후에 소예순성황후와 북안왕(北安王) 노무간(那木罕)의 원묘가 되었다.

④ 대천수만녕사(大天壽萬寧寺)는 성종 대덕(大德) 9년(1305) 불루간 황후가 세우기 시작하였다. 그 지점은 중심대의 뒤쪽에 있었고 동시에 중심각을 건축해 두었으므로 일반적으로 중심각을 사원의 별칭으로 사용하였다. 태정 4년(1327)에 이곳에 성종의 신어전을 건립하였고 후에 성

111_『元史』卷30 泰定帝紀, p.674. [泰定三年冬十月]中書省臣言: "… 世祖建大宣文弘
敎等寺, 賜永業."

종·헌종의 원묘가 되었다. 명대에는 만녕사로 불렀고 청대 강희(康熙)
연간(1662~1722)에는 중수(重修)하고 정인사(淨因寺)로 개칭하였다. 그 지
점은 지금의 고루 동쪽에 있었다.

⑤ 대숭인복원사(大崇恩福元寺)는 무종 지대원년(1308)에 건립하기 시
작하였다. 그 지점은 문명문 밖이었으며 지금의 숭문문(崇文門) 밖의 상
사조호동(上四條胡同)에 있다. 무종 사후에 인종이 여기에 무종 및 2명의
황후를 봉양하는 동서의 두 전(殿)을 완공하였다. 명대에는 숭인관(崇恩
觀)이라 하였다.

⑥ 대승화보경사(大承華普慶寺)는 원래 성종이 태후의 은덕에 보답하
기 위해 지었는데 무종 지대원년(1308)에 태자가 대대적으로 증축하여
여러 방(坊)을 차지하였다. 태자가 즉위하니 그가 바로 인종이었다. 이
사원은 후에 순종(順宗)과 그의 황후 및 인종 황제와 그의 황후를 위한
원묘가 되었다. 명대에는 보선사(寶禪寺)라 하였으며 지금의 보산사골
목(普産寺衚)에 있었는데 바로 숭국사(崇國寺) 길 서쪽에 해당한다.

⑦ 대천원연성사(大天源延聖寺)는 흑탑사(黑塔寺)라고도 하는데 원래
노사사(盧師寺)였다. 태정 3년(1326) 노사사에 현종(顯宗) 신어전(神御殿)
을 건립하였고 편액을 하사하여 대천원연성사가 되었다.[112] 천력(天曆)
원년(1328[113])에 현종 신어전을 철거하였다[114][『원사』 제사지(祭祀志)]. 이듬
해 명종(明宗)의 황후가 명종의 명복을 빌기 위해 이곳에서 불사(佛事)를
거행하도록 명령하였다[115][『원사』 순제기(順帝紀)]. 순제 후지원(後至元) 6
년(1340)[116]에 이곳에 명종신어전비(明宗神御殿碑)를 세웠고[117] 명종 황

112_ 『元史』卷30 泰定帝紀, pp.668, 672~674. 「丙申, 建顯宗神御殿於盧師寺, 賜額曰
　　大天源延〈壽〉[聖]寺. … 大天源延聖寺神御殿成. … 奉安顯宗御容於 大天源延聖寺.」

113_ 역자 주 본문에는 천력원년을 1329년이라고 했으나 1328년을 잘못 쓴 것이다.

114_ 『元史』卷74 祭祀志, p.1841. 「天曆元年冬十月丁亥, 毁顯宗室.」

115_ 『元史』卷114 后妃傳, p.2877. 「[天曆二年]十一月, 后請為 明宗資冥福, 命帝師 率
　　諸僧作佛事七日于大天源延聖寺.」

116_ 역자 주 본문에는 원통육년(元統六年)이라고 하였으나 이 연도는 존재하지 않으
　　며 원문에는 '후지원육년(後至元六年)'으로 되어 있다.

제·황후의 원묘가 되었다. 『석진지』에서는 "흑탑(黑塔), 곧 대천원연성사에 있고 태평방(太平坊)에 있다."[118](『석진지집일』 고적)고 하였다. 명정통연간에 홍경사(弘慶寺)로 재건되었고 이에 흑탑사로 불렸지만 이미탑은 없었다. 백탑사(白塔寺), 청탑사(青塔寺), 흑탑사 등은 서로 멀리 떨어져 있지 않았다. 『춘명몽여록』에서 백탑사를 칭하면서 "부근에 흑탑사와 청탑사가 있는데, 사원은 있으나 탑은 없다."[119]고 하였다. 『일하구문고』 권52에서도 "흑탑사는 남소가(南小街) 수교호동(水窖胡同)에 있고 청탑사는 부성문(阜成門) 사조호동(四條胡同)에 있으며 둘 사이의 거리는 1리 남짓이다. 모두 탑이 없고 또한 모두 사원의 편액이 없으나유독 각기 비석이 있어서 그 내력을 고찰할 수 있다."[120]고 하였다. 기록에 따르면 명대 장익(張益)과 호영(胡濙)의 비석, 두 기가 있었다. 장익은 사원이 조천궁(朝天宮)·백탑의 서쪽에 있다고 하였고 호영은 또한 조천궁의 오른쪽에 있다고 하였다. 백탑사, 흑탑사, 청탑사 등 세사원은 명성을 나란히 하였다.[121] 『석진지』에서는 "이달(4월) 8일 제사(帝師)가 라마당(剌麻堂, 라마는 궁중 불전의 이름일 것이다.)[122] 아래 백탑·청탑·흑탑에 이르렀고 두 불교 사원에서 모두 욕불회(浴佛會, 석가탄신일집회)를 거행하였다."[123](『석진지집일』 세기)고 하였다. 『석진지』 원묘행향(原廟行香)조에 의하면 4월 26일 정유휘성황후(貞裕徽聖皇后, 명종의 황

117_ 『元史』 卷40 順帝紀, p.855. 「庚寅, 詔大天〈元延壽〉[源延聖]寺立明宗神御殿碑.」

118_ 『析津志輯佚』 古蹟, p.117. 「黑塔, 在大天源延聖寺, 太平坊.」

119_ 『春明夢餘錄』 卷66 寺廟, p.1271. 「遼白塔寺,…附近有青塔寺·黑塔寺, 然寺存而無塔.」

120_ 『日下舊聞考』 卷52 城市, p.830. 「黑塔寺在南小街氷窖衚衕, 青塔寺在阜成門四條衚衕, 相距里許, 皆無塔, 亦皆無寺額, 獨各有碑可考耳.」

121_ 『析津志輯佚』 古蹟, p.117. 「黑塔, 在大天源延聖寺, 太平坊.」

122_ 역자 주 저자는 날마(剌麻)를 궁중 불전의 명칭으로 파악하였다. 이는 티벳 불교의 고승을 지칭하고 날마당(剌麻堂)은 티벳불교 사원을 가리키는 것으로 보인다. 또한 본문의 「帝師剌麻堂, 下暨白塔」이라는 표점은 북경고적출판사(北京古籍出版社)의 『석진지집일』의 표점과 다르다. 후자를 참고하여 번역하였다.

123_ 『析津志輯佚』 歲紀, p.217. 「是月八日, 帝師剌麻堂下暨白塔·青塔·黑塔, 兩城僧寺俱爲浴佛會.」

후)의 주년(週年)에 매년 흑탑사에서 분향하였다.[124] 11월 11일 장헌사 성황후(莊獻嗣聖皇后: 명종의 모친)의 기일에 흑탑사에서 분향하였다.

『일하구문고』권104는 대천원연성사의 원래 명칭은 노사사이고 서쪽 교외 30리 밖의 노사산에 있으며 명 정통연간에 다시 청량사로 개명하였다고 하였으나 확실하지 않다. 다만 이곳도 역시 일찍이 현종의 원묘였다. 『석진지』원묘행향조는 12월 모일에 "현종 황제를 노사산에서 분향하였다."[125]고 하였다. 원래 흑탑사에 건립된 현종 신어전은 천력 원년(1328)에 이미 철거되었으므로 이 사원과 흑탑사는 확연하게 서로 다른 곳에 있는 두 개의 사원이다.

⑧ 대영복사(大永福寺)는 청탑사(靑塔寺)라고도 하며 인종 연우(延祐) 3년(1316)에 짓기 시작하여 영종 지치(至治) 원년(1321)에 완공하였고 후에 영종과 그의 황후의 원묘가 되었다. 명대에도 여전히 청탑사라고 불렸으며 위치는 평측문 안 서북쪽 지방[지금의 사조호동(四條胡同)]에 있었고 그 동남쪽의 백탑사와는 1리 남짓 떨어져 있었다. 『일하구문고』권52에서 인용한 『오성사원책(五城寺院冊)』에 수록된 명의 장일계(張一桂)의 「중수청탑사비(重修靑塔寺)」에 그 설명이 있다.

⑨ 대승천호성사(大承天護聖寺)는 천력 2년(1329)에 짓기 시작하였다. 서쪽 교외 청룡교(靑龍橋)의 서쪽에 있었고 명청시대의 역덕사(歷德寺)가 있었던 곳이었다. 순제 때에 문종 및 태황태후의 초상을 이곳에 봉안하였다.

⑩ 연수사(延壽寺)는 원래 요나라에서 지은 것으로 유리창(琉璃廠)의 동북쪽 여가호동(余家胡同)의 동쪽 입구에 있었다. 요 성종은 일찍이 요 경종의 석상을 안치해 두었으며 원대에는 명종의 원묘로 이용되었다.

124_ 『析津志輯佚』祠廟・儀祭, p.64. 「貞裕徽聖皇后周年黑塔寺, 大小官, 二十六日.」

125_ 역자 주 본문 서술 내용이 『석진지집일』원묘행향조에서 확인되지 않는다. 그러나 중국사회과학원 고고연구소 소장본 『영락대전(永樂大典)』권17085에 수록되어 있다(洪金富, 「元《析津志・原廟・行香》篇疏證」, 『中央研究院語言研究所集刊』79-1, 2008, p.3, p.5).

⑪ 에르케운십자사[야리가온십자사(也里可溫十字寺)][126]는 천주교 성프란체스코회에서 건축한 교당으로 대덕 10년(1306)에 완성되었고 위치는 만녕교 동북쪽 정공방(靖恭坊) 안에 있었다. 예종(睿宗)의 부인 소르카타니의 원묘가 설치되어 있었다. 소르카타니는 당비랑랑(唐妃娘娘)으로 불렸다. 『석진지』 원묘행향조에서는 12월 모일에 "당비랑랑 아킬라트[아길랄(阿吉剌)][127]를 에르케운교당[야리가온사(也里可溫寺)]에서 분향하였고 정공방에 있다."고 하였다.[128]

이 외에 세조 지원연간에 일찍이 태조·태종·예종의 초상을 한림원에 안치하고 매년 봄·가을에 제사를 지내야 하였다. 매년 6월에 한림원의 관원을 상도의 각 원묘에 파견하여 '분향'하고 대도로 돌아와 건덕문 밖 예현정(禮賢亭)에서 여름을 나도록[129] 하였다. 재상과 백관이 그가 수도로 들어오는 것을 공손하게 맞이하였으며 각 사원 안에 영당이 있는 곳으로 나누어 파견하여 제사를 지냈다. 7월 상순에 한림원에서 커다란 축하주를 보낸 후 선휘원·광록시와 회동하여 한림원의 세 황제의 초상을 향해 제사를 지냈다[130](『석진지집일』세기). "8월 1일에는 태묘의 제사를 주관하는 관원와 함께 중서성에 들어가 서계(誓戒)를 받고서

126_ 역자 주 '야리가온(也里可溫)'은 네스토리우스파 기독교도를 지칭하는 erke'un (에르케운)을 한자로 옮긴 것이었다. 본래 그리스어 ἄρχων에서 기원하여 페르시아어를 거쳐 몽골인, 특히 옹구트족에게 전해졌다

127_ 역자 주 칭기스칸의 막내아들 톨루이의 부인 소르카타니 베키(Sorqaɣtani Beki)는 한자로 '사노고당비(唆魯古唐妃)'로 번역되었다. '사노고당(唆魯古唐)'은 Sorqaɣtani의 음역이며, '비(妃)'는 Beki의 의역이었다. '사노고당(唆魯古唐)'은 '당[唐(-tan-)]'으로 간략하게 표기되었다. 곧 '당비(唐妃)'는 '사노고당비(唆魯古唐妃, Sorqaɣtani Beki)'의 간칭이었다.

128_ 徐萃芳,「元大都也里可溫十字寺考」『中國考古學研究』, 文物出版社, 1986.

129_ 역자 주 본문에서는 '주하(住下, 머물다)'라고 하였으나 원문은 '주하(住夏, 여름을 나다)'라고 되어 있다. 번역에서는 원문을 따랐다.

130_ 『析津志輯佚』歲紀, p.220. 「是月大都渭日, 遣翰林院官一員, 赴上都注香. 比到, 大臣奏上位, 親囑香授與使者, 函香·御酒·乾羊諸祭物, 乘傳回京. 至健德門外禮賢亭住夏, 宰輔百官恭迎至京. 凡各寺內有影堂者, 分其祭儀, 遣大祝酒, 則宣徽院令光祿寺一如故事. 翰林院三朝御容.」

각 원묘에 가서 제례를 거행하였다."131(『석진지집일』풍속)고 하였다. 원묘에서 거행하는 일상적인 제사는 매월 1일·8일·15일·23일의 평시 제사가 있었고 또 설날·청명·단오·중양·동지 및 기일의 절일 제사가 있었다. 평시 제사는 채소와 과일을 쓰고 기일 제사는 희생 가축을 썼다. 『석진지』원묘행향조는 곧 매년 정월부터 12월까지 각 황제·황후의 기일 제사 일정표이며 '정관(正官)' 혹은 '대소 관원'이 '분향' 제례에 참여할 것을 규정하였다.

『석진지』에서 열거한 기일 제사 일정표에 따르면, 백탑사는 세조와 유종(裕宗)의 기일 제사에 대해 모두 대소 관원들이 함께 참여하였다.132 세조가 대도로 천도한 개국 황제였기 때문에 지위가 특별히 높았다. 이 외에도 흑탑사에서 정유휘성황후(명종의 황후)에 대한 주년(週年) 제사와 쿠툭투 황후의 기일 제사를, 남사(南寺)에서 쿨룩 황후에 대한 기일 제사를, 복원사(福元寺)에서 정유휘성황후에 대한 기일 제사를, 연수사(延壽寺)에서 명종에 대한 민기(愍忌, 죽은 이의 생일) 제사를 지낼 때에도 모두 대소 관원이 함께 참여해야 하였는데 이는 분명 순제가 그의 부친 명종 및 그의 황후 등의 사람들에 대해 특별한 존중을 표현한 데에서 비롯된 것이다. 그러나 원묘 가운데 성종 이하의 황제 및 그 황후의 기일 제사에 대해서는 단지 정관만이 참여하였다. 이는 바로 이들 원묘의 기일 제사에는 전체 대소 관원과 정관이 참여해야 하였기 때문에 반드시 그 건축물들은 성 안팎의 요충지와 교통이 편리한 곳에 위치하였다.

원대는 비록 세조의 원묘를 건설하기 시작하였더라도 "일정한 때마

131_『析津志輯佚』風俗, p.204. 「八月一日, 與祭太廟官, 入中書受誓戒, 詣各原廟行祭禮.」

132_『析津志輯佚』祠廟·儀祭, p.63. 「世祖皇帝白塔寺, 大小官員, 二十二日.」; 洪金富, 「元《析津志·原廟·行香》篇疏證」, 『中央研究院語言研究所集刊』79-1, 2008, pp.4~5. 「世祖皇帝, 白塔寺, 大小官員, [正月]二十二日. …裕宗皇帝, 愍忌, 白塔寺, 大小官, 十二月初十日.」

다 관원을 파견하여 가인(家人)의 의례로써 제사를 올리고 태상예악(太常禮樂)을 쓰지 않았으며"[133][『석진지집일』 태묘(太廟)] 북송 변경과 남송 임안과 같이 황제가 직접 경령궁(景靈宮: 원묘)을 참배하고 제사를 올리는 성대한 의식도 없었다. 다만 원대는 각 황제와 황후에 대한 원묘의 기일 제사는 매우 성대하게 거행하였고 반드시 전체 대소 관원 혹은 정관은 '분향'의 제례에 참여해야 하였다. 이 때문에 이러한 일체의 원묘 사원 건축은 모두 웅장하였고 내부도 화려하게 장식하였으며 제기도 정교하였다. 세조의 원묘가 설치된 백탑사는 요나라에서 건설한 옛 사원을 증축한 것이었고 세조 황후의 원묘도 성 밖 고량하 가에 건립되었다. 성 안의 으뜸 자리에 성종의 원묘로서 마련하면서 새로이 지은 사원은 곧 대천수만녕사(大天壽萬寧寺)로, 대도 전체의 중심, 곧 중심대의 뒤에 건설되었고 아울러 남쪽에 자리 잡고서 북쪽을 바라보는 중축선의 종점이자, 또 궁성과 소장의 정북문인 후재문으로부터 북쪽으로 중심대를 통하는 치도의 종점이었다. 이곳 사원 안에 중심각을 건설했기 때문에 사람들은 자주 중심각을 원묘의 별칭으로 사용하였다. 『석진지』 원묘행향조에서는 울제이투 황제[완역독황제(完澤篤皇帝), 즉 성종)]와 이린지발 황제[역련진반황제(亦憐眞班皇帝), 즉 영종(寧宗)][134]를 중심각에서 기일 제사를 하였다고 하였다. 이렇게 원묘를 중축선으로 기능하는 치도의 정점에 건립한 것에서 송의 영향을 받았다는 것을 알 수 있다. 북송 변경에서 원묘로 기능하는 경령동궁(景靈東宮)과 경령서궁(景靈西宮)은 바로 궁성 정남문인 선덕문에서 남쪽을 향해서 주교로 통하는 어가의 동서 양측에 건립되었으며 그 위상이 대단히 중요하였다. 남송 임안의 경령궁은 바로 궁성의 정북문인 화녕문에서 북쪽을 향하다가 서북 방향

133_ 『析津志輯佚』 太廟, p.53. 「世祖皇帝神御奉安大聖壽萬安寺, 歲時差官以家人禮祭供, 不用太常禮樂.」

134_ 역자 주 본문에서 '역련진반황제(亦憐眞班皇帝, 이린지발 칸)'을 헌종(憲宗)으로 간주하였으나 이는 영종(寧宗)의 착오이다.

으로 틀어 신장교에 도달하는 어가의 정점에 설치되어 있었다. 원 대도에서 원묘가 북향의 중축선 기능을 하는 치도의 정점에 건설된 것은 임안에서 원묘가 북향의 중축선 기능을 하는 어가의 정점에 건설된 것과 매우 흡사하다.

덧붙여 설명하자면 대도의 종교건축은 많은 면에서 송대 변경과 임안의 영향을 받았다. 대도에는 동서 태을궁(太乙宮)이 설치돼 있었고 태을신단(太乙神壇)은 소장 밖의 동남 모퉁이에 설치되어 있었으며 서태을궁(西太乙宮)은 '화의문 안 북쪽 부근'에 설치되어 있었다[135](『석진진집일』사관). 이것들이 송대의 영향을 받고 설치된 것은 매우 명백하다. 태을궁은 북송 변경에 처음으로 건설되기 시작한 것이었으며 변경의 동서 태을궁은 성 밖에, 중태을궁(中太乙宮)은 성 안에 설립되어 있었다. 남송 임안의 동태을궁은 신장교의 남쪽으로 경령궁 가까이에 설치되어 있었고 서태을궁은 서호고산(西湖孤山)에 설치돼 있었다.

또한 주의해야 할 점은 소장 정남쪽의 영성문 앞의 동변에 태을신단이 건립되어 있었다는 것이다. 성종은 "대덕 원년(1296) 정월에 오복(五福) 태을신전을 건축하였다."[136](『원사』제사지)고 하였다. 서변에는 그와 대칭하면서 똑같은 거리에 또한 자미원성(紫微垣星)을 제사 지내는 운선대(雲仙臺)를 건립하였는데 명대에는 영대(靈臺)라 불렀고 청대 강희연간에는 관성대(觀星臺)라 칭하였다. 『원사』 성종기에서는 지원 31년(1294) 5월 "운선대에서 자미성(紫微星)에 제사를 올렸다."[137]고 하였다. 자미성은 즉 자미원이다. 원 이유손(李洧孫)은 「대도부(大都賦)」에서 "오운(五雲)을 봄길(春路)에 걸어 두었고, 만보(萬寶)를 가을 방향(秋方)에 높이 솟구쳐 놓았네. 위로는 미원(微垣)을 본받아 우뚝 솟은 금성(禁城)이

135_ 『析津志輯佚』 寺觀, p.93. 「西太乙宮, 在和義門内近北.」

136_ 『元史』 卷19 成宗紀, p.408. 「大德元年春正月…建五福太乙神壇時.」 역자 주 본문은 원문의 출전을 '『원사』제사지'라고 하였으나 이는 '성종기'의 착오이다.

137_ 『元史』 卷18 成宗紀, p.383. 「至元三十一年五月…祭紫微星於雲仙臺.」

여."¹³⁸라고 하였다(『일하구문고』권6은 『영락대전』에서 채록). 오운과 만보
는 소장 정남쪽의 영성문 앞에 동서로 마주하고 서 있는 두 개의 방(坊)
이다. 동쪽은 오행에서 봄(春)에 속하고 서쪽은 오행에서 가을(秋)에 속
하기 때문에 "오운을 봄길에 걸어 두었고, 만보를 가을 방향에 높이 솟
구쳐 놓았네."라고 한 것이다. 미원은 곧 자미원을 제사지내는 운선대
를 가리키므로 '상법미원(上法微垣)'이란 바로 정치적으로 하늘의 자미
원을 본받아야 한다는 것을 말하는데, 자미성이 북두칠성의 북쪽에 위
치하기 때문이었다. '흘치금성(屹峙禁城)'은 운선대가 그야말로 금성 밖
에서 높게 바로 서 있는 모습을 가리킨 말이다. 이는 원 대도가 태을신
대와 운선대를 좌우 대칭되게 소장 정남의 영성문 동서 양측에 만들었
던 것이 우연이 아니라 그 특별한 의도가 있었다는 것을 전해 준다. 뿐
만 아니라 소장의 이 문에 나 있는 세 문도 가운데 정남문을 바로 영성
(靈星)이라 불렀고 동시에 근처의 방(坊)에 오운(五雲)이란 이름이 붙혀
진 것은 "당시(唐詩)에서 '오운이 많은 곳은 삼대(三臺)'라는 뜻에서 얻은
것"¹³⁹(『원일통지』)라고 했으니 운선대의 이름과 정확히 호응한다. 이는
유병충이 대도를 설계 건축하면서 방위를 결정할 때 '도당을 자미원에
위치시키고'¹⁴⁰ '자미원 옆에 터를 분별하였다.'¹⁴¹고 한 것과 밀접한 관
련이 있다.

원대는 특히 종교건축을 중시하여 원 상도의 황성 안쪽 네 모퉁이에
모두 큰 사묘를 지었다. 원 대도에서는 종교건축을 설치할 때 한층 확
장하고 발전시켜 그것은 소장 이남의 중축선 양축에 대칭적으로 신단

138_ 『日下舊聞考』卷6 形勝, p.89. 「揭五雲於春路, 呀萬寶於秋方. 上法微垣, 屹峙禁
城.」

139_ 『日下舊聞考』卷38 京城總紀, p.602. 「取唐詩五雲多處是三台之義」 역자 주 '오운
다처시삼대(五雲多處是三臺)'는 당(唐) 두보(杜甫)의 시 「송이팔비서부두상공막
(送李八秘書赴杜相公幕)」에 실려 있다(『全唐詩』卷231(北京: 中華書局, 1960) 杜
甫, p.2546).

140_ 『析津志輯佚』祖堂公宇, p.8. 「置居都堂於紫薇垣.」

141_ 『析津志輯佚』祖堂公宇, p.32. 「分紀於紫微垣之次.」

을 건립하였고 아울러 소장 이북 중축선의 정점에 대규모의 원묘를 세웠다.

7) 원 대도의 가항(街巷)과 방(坊)의 배치

(1) 가항의 구획과 '팔무(八畝)' 방지(方地)의 분배 방안

원 대도에서 가항(街巷)의 배치는 통일된 설계 계획의 산물이었다. 각 성문은 모두 성 안으로 통하는 곧게 뻗은 가도가 있었고 두 성문 사이에는 대다수가 길을 하나 더 개착하여 성 전체에는 모두 종횡으로 교차하는 남북과 동서 방향의 도로가 각기 9갈래씩 있었다. 중앙부에 적수담이 있었고 남부 정중앙에 소장과 궁성이 있었기 때문에 길이 굽어지거나 끊어진 곳도 있었으며 적수담 동북쪽에도 비스듬한 길이 있었다. 도로의 정연한 구획은 작은 골목과 백성이 거주하는 방(坊)을 계획적으로 배치하기 위한 것이었다.

『석진지』에서 "도로 제도에서 남에서 북으로 이르는 길을 경(經)이라 하고 동에서 서로 이르는 길을 위(緯)라 한다. 대가(大街)는 폭 24보이고 소가(小街)은 폭 12보이며 384개의 화항(火巷)[142]과 29개의 항통(衖通, 골목)이 있다. '항통'[143] 두 글자는 이 지역의 말이다."[144](『석진지집일』 가지가

142_ 역자 주 화항(火巷)은 방화를 위해 주택 사이에 설치한 좁고 긴 길이다. 화항은 후대에 가항(街巷)의 별칭이 되었다.

143_ 역자 주 항(衖)은 항(巷)과 통하며 '취락 안의 거리'를 뜻한다. '통(通)'은 '도달하다, 소통하다'의 뜻이다. 곧 항통(衖通)은 "취락·거주지 안의 길", 곧 골목을 말한다. 한편 중국어 'hutong(胡同)'은 '우물'을 뜻하는 몽골어[현대 몽골어 hudag (худаг)], 혹은 '도시'를 뜻하는 몽골어[현대 몽골어 hot(хот)], 혹은 '주택가의 작은 통로'를 뜻하는 몽골어[현대 몽골어 hothon(хотхон)]를 번역한 'huodan(火疃)'에서 유래한 것으로 알려져 왔다. 한편 몽골어의 '우물'이 북경의 호동(胡同)과 무관하며 우물(井)을 표준으로 가항(街巷)의 명칭을 삼는 것은 중국의 오랜 전통이라는 주장도 있다.

144_ 『析津志輯佚』城池街市 p.4. 「街制, 自南以至於北, 謂之經; 自東至西, 謂之緯. 大街二十四步闊, 小街十二步闊. 三百八十四火巷, 二十九衖通. 衖通二字本方言.」

시(街池街市)라고 하였다. 지금의 실측에 근거하면 대가의 폭은 대략 25m 정도이고 호동(胡同, 골목)의 폭은 대략 6~7m이다.[145] 원대 1척은 대략 0.3m이고 5척이 1보이므로 1보는 대략 1.5m이다. 대가의 폭은 25m로서 17보 정도이다. 위에서 기술한 대가의 폭 24보에 비해서 많이 좁고 작은 길 12보보다는 많이 넓다. 이는 딱 대가와 소가의 평균값이다. 당시에 마르코 폴로는 여행기에서 일찍이 대도의 도로에 대해서 구체적으로 묘사해 놓았다.

> 시내의 도로들은 매우 곧고 매우 넓어 한쪽 끝에서 다른 쪽 끝을 볼 수 있을 정도이며 각 성문은 다른 성문들에 보이도록 잘 설계되어 있다. 아름다운 궁전과 아름다운 여인숙과 가옥들이 많다. 각 대가의 양변을 따라 어디든 각종 상점들이 있다. 시내 전역에 가옥들이 세워져 있는 택지들은 모두 방형이며 선으로 구획되어 있으며 각 구역에는 넓고 커다란 전각들과 거기에 부수된 안뜰과 정원들이 있다. 이와 같은 택지들은 각 가문의 가장들에게 주어진다. 예를 들어 어떤 씨족의 모씨에게는 이 택지를, 또 다른 어떤 씨족의 모씨에게는 다른 택지를 주는 식으로 직접 전달해 준다. 그러한 방형의 택지 주위에는 행인이 다니는 근사한 도로가 있다. 이런 방식으로 전체 도시의 내부는 마치 바둑판처럼 방형으로 구획되어 있고 매우 아름답고 정교하게 설계되어 뭐라고 설명할 길이 없다.[146]

마르코 폴로가 여기에서 "전체 도시의 내부는 마치 바둑판처럼 방형으로 구획되어 있다."고 한 것은 한 호(戶)의 귀족관리에게 준 거주용

145_ 이는 元大都考古隊의 「元大都的勘査和發掘」(『考古』 1972-1)을 근거로 한 것이다. 동제대학(同濟大學) 성시규획교연조(城市規劃敎硏組)의 『중국성시건설사(中國城市建設史)』는 "중축선의 대가에서 가장 넓은 곳이 28m이고, 기타 간선도로가 25m이며, 호동(胡同)의 넓이가 5m~6m이다."라고 하였다.

146_ 馮承鈞 譯 『馬可波羅行記』 제2권 83장. 역자 주 김호동 역주, 『마르코폴로의 동방견문록』, p.242; Marco Polo, *The Description of the World*, pp.212~213 참조.

'방형의 택지[방지(方地)]' 구획이 '바둑판 같다'고 가리키는 것이지, 결코 수많은 주민이 사는 '방(坊)'을 바둑판처럼 구획한 당대 장안처럼 배치하였다는 것은 아니다.[147] 마르코 폴로가 말한 '방형의 택지' 분배는 근거가 있는 것이었다. "지원 1●년 비로소 경사에 대성(大城)을 지었고… 귀척(貴戚)과 공신(功臣)은 모두 분지(分地)를 받았다."[148]고 하였고 "지원 22년(1285) 2월 임술(壬戌)일에 조서를 내려 옛 성(城)의 주민으로 경성(京城)으로 이사한 사람들 가운데 자산이 많고 관직에 있는 자를 우선으로 8무의 땅을 한 뙈기 나누어 주는 것을 규정으로 삼도록 하였다. 그 가운데 혹시 땅이 8무를 초과하거나 집 지을 능력이 없는 자는 모두 무단으로 점거하여 백성이 집을 짓는 것을 허락해서는 안 되었다."[149](『원사』세조기)고 하였다. 이른바 자산이 많고 관직에 있는 자는 단지 귀족 관리와 재부가 있는 사람뿐이었으며 마르코 폴로가 "이와 같은 택지들은 각 가문의 가장들에게 주어진다."고 한 것은 다소 편향된 면이 있다. 8무 정방형의 '네모난 토지'는 1호의 주택을 지을 집터로서 원래 대도 건설 계획 단계에서 기본 단위면적이었다. 지원 22년에 대도는 이미 전부 완공되었기 때문에 이렇게 호마다 집터를 분배 하는 방안을 제출하였고 이미 정해진 계획을 고려하여 분배를 진행하였다.

대도는 이 '8무'의 정방형 토지 분배 방안에 의거해서 도로 구분 계획

147_ 오스발드 시렌(Osvald Siren)은 『북경의 성벽과 성문(*The Walls and Gates of Peking*)』에서 일찍이 마르코 폴로의 이 말을 인용하였는데 이에 대한 오해가 있다. 그는 마르코 폴로가 말한 '방형의 택지(square plot, 方地)'를 당대 장안의 '방(坊)'과 똑같은 것으로 보았다. 이에 '원 대도에서 하나의 방(坊)은 이른바 8무의 땅을 점유하고 1호(戶)의 가족이 점유한다.'고 인식하였다(許永全 譯本, p.22, 北京 燕山出版社 1985년 출판).

148_ 『道園學古錄』 卷42(虞集, 四部備要・集部, 上海中華書局據明刻本校刊) 「襄敏楊公神道碑」, p.294下, 「至元●年, 始大城京師,…而貴戚功臣悉受分地。 역자 주 원문의 '수분지(受分地)'와 달리, 본문에서는 '수지(受地)'라고 하여 한 글자를 누락하였다.

149_ 『元史』 卷13 世祖紀, p.274. 「至元二十二年二月壬戌]詔舊城居民之遷京城者, 以貲高及居職者為先, 仍定制以地八畝為一分; 其或地過八畝及力不能作室者, 皆不得冒據, 聽民作室。」

을 제정하였던 것이다. 종횡으로 교차하는 대도의 도로 사이에 일반적으로 평행하게 동서를 향하는 호동을 배열하였다. 지금의 북경시 내성(內城)의 동서장안가(東西長安街) 북쪽의 도로와 호동도 또한 여전히 원대도의 도로의 구조를 계승하고 있고 동서 방향으로 평행한 호동의 배열도 매우 규칙적이다. 원 대도의 성 안 동북과 서북 지역에도 평행한 호동의 흔적이 있다. 원 대도의 성 남쪽에서 명대 이후 새롭게 개척된 도로에는 이러한 유적을 찾아볼 수 없었다. 평행한 호동 사이의 거리는 대략 50보이고 호동 자체가 차지한 6보를 제외하면 실제 간격은 44보로 대략 68m이다. 이는 지금 북경에 남아 있는 평행한 호동의 간격과 비슷하다.[150] 이런 평행한 동서 방향의 호동은 바로 주민의 '방(坊)'의 통로였고 당시의 '방'의 방문(坊門)은 모두 동서 방향이었던 것이다. 한 뙈기 '8무'의 '네모난 토지'는 동서 방향으로 평행한 호동의 남북 양측에 정연하게 배열되어 있었다. 이렇게 각 주택을 모두 '좌북조남(坐北朝南)'으로 건축하고 주요 청당(廳堂)과 와실(臥室)을 남향으로 건축한 것은 일조(日照)와 난방·통풍·채광에 편리하였다. 이는 화북 기후의 특징을 고려한 설계였다. 이러한 설계는 결코 원 대도에서 새로이 창출한 것이 아니었고 과거 북방에서 오랫동안 도성을 건설한 경험을 따른 것이었다. 송의 사절 노진의『승초록』에는 요 중경의 남문인 주하문(朱夏門) 안에 "도로의 동서에 각기 세 방이 있고 방문이 서로 마주하고 있다."고 기술하였다. 이러한 남북 방향의 대가에서 동서 양측의 세 방의 방문이 서로 마주 보는 것은 세 개의 방문 안에 바로 평행한 동서 방향의 세 갈래의 작은 골목이 있고 그 구조는 당연히 대도의 구조와 유사하였다는 것을 전해 준다. 대도 소장의 영성문 남쪽의 동서 두 개의 방인 오운방과 만보방은 바로 방문이 동서로 마주하고 있었던 것이다.

150_ 趙正之,『元大都平面規劃復原的硏究』第10節 "元大都平面規劃諸問題"(『科技史文集』第2輯 수록)를 참조.

(2) 두 적현(赤縣) 소속의 방(坊)

대도성의 안이자 소장 바깥의 주민 구역은 맨 처음에는 50방(坊)으로 구획되었다가 후에 60여 방으로 증가하였고 좌우 경순원이 직접 예속하여 관리하였다. 방에는 각기 문이 있었으며 모두 방명(坊名)이 있었다. 방문 안은 바로 동서 방향의 호동이었다. 방은 도로를 경계로 배열되어 있었다. 성 전체는 '좌남향북(坐南向北)'의 배치였기 때문에 방은 남북 방향의 중축선을 경계로 소장의 동서 양측으로 나눠 배열되었다. 남쪽은 소장의 정남쪽 영성문 밖의 천보랑을 경계로 삼았고 북쪽은 소장의 정북쪽 후재홍문에서 북쪽으로 중심대에 이르는 치도(즉 중축선)를 경계로 삼았다. 동쪽은 대흥현(大興縣)에 속하였고 서쪽은 완평현(宛平縣)에 속하였다. 이렇게 중축선을 경계로 두 개의 적현(赤縣)의 관할에 속해 있었으며 또한 당송 이래 도성의 전통제도를 답습하였던 것이다.

명초 홍무연간에 아직 도성을 건설하기 이전에 북평부(北平府)의 관할에는 모두 33방이 있었다. 오운방(五雲坊)·보대방(保大坊)·남훈방(南薰坊)·징청방(澄淸坊)·황화방(皇華坊)·현량방(賢良坊)·명시방(明時坊)·인수방(仁壽坊)·은성방(恩誠坊)·명조방(明照坊)·봉래방(蓬萊坊)·담로방(湛露坊)·소회방(昭回坊)·정공방(靖恭坊)·금대방(金臺坊)·영춘방(靈椿坊)·교충방(敎忠坊)·거현방(居賢坊)·인보방(寅賓坊)·숭교방(崇敎坊) 등 20방은 대흥현에 속하였다. 만보방(萬寶坊)·시옹방(時雍坊)·부재방(阜財坊)·금성방(金城坊)·함의방(咸宜坊)·안부방(安富坊)·명옥방(鳴玉坊)·태평방(太平坊)·풍저방(豊儲坊)·발상방(發祥坊)·일중방(日中坊)·서성방[西城(成)坊] 등 13방은 완평현에 속하였다[151](『일하구문고』 권38에서는 완평현 소속 13방 가운데 1개 방의 이름을 누락하였다.). 이 33방은 대부분 원 대도의 중앙부와 남부의 방이었고 명초에 이르러서도 여전히 원대의 옛 제도를 따랐다(그 가운데 다만 교충방·숭교방의 두 방명은 원대

151_『日下舊聞考』卷38 京城總紀, p.605. 완평현 소속 13방 가운데 1개 방의 이름을 누락하였다.

에 보이지 않는데, 아마 명초에 개명하였을 것이다.). 열거한 이 방명은 모두 남쪽에서 북쪽으로 순서에 따라 배열한 것이다. 『청류천문분야지서(淸類天文分野之書)』에서 대흥현과 완평현은 똑같이 적현이며 원 대도로(大都路)에 속하였으며 홍무연간에는 북평부에 부속된 현에 속하였다[152](『일하구문고』 권65)고 하였는데 이는 정확한 것이다. 『석진지』에서는 "입춘에 태사원에서 모 일에 봄이 찾아온다고 주를 올리면 문서를 적현으로 이송하여 올해 입춘일 간지라고 하고 완평현이나 대흥현은 지난해 고사에 따라 흙으로 춘우(春牛)와 구망신(勾芒神, 수목의 신)을 빚는다."[153]고 하였다. 이는 북송 변경에서 입춘 하루 전날 '개봉현(開封縣)과 상부현(祥符縣) 두 현은 부(府) 앞에 춘우를 설치한'[154](『동경몽화록』 권6 입춘) 것과 서로 같다. 이는 대도의 성 안이 확실히 대흥현과 완평현, 두 적현으로 나눠 관할되었고 이는 변경의 성 안이 개봉현과 상부현, 두 적현으로 나눠 관할된 것과 같다는 것을 전해 준다.

대흥현에 속한 중축선 동쪽의 방 가운데 고찰할 수 있는 것은 다음과 같다(이하 그림 80 참조).

① 오운방(五雲坊)은 소장 영성문 남쪽의 좌천보랑 동쪽에 있고 방문은 동쪽에 있으며 우천보랑 서쪽의 만보방과 서로 마주하고 있다. 『원일통지』에서는 "오운방은 대내 앞 왼쪽 천보랑에 있고 방문은 동쪽에 있으며 만보방과 마주한다."[155]고 하였다. 오운방과 만보방은 서로 마주 보았고 방문 또한 마주 서 있었던 것은 방문 안에 있는 동서 방향의

152_ 『日下舊聞考』 卷65 官署, p.1084. 「大興, …元與宛平同爲赤縣. 洪武中, 屬北平府倚郭縣.」

153_ 『析津志輯佚』 風俗 p.202. 「立春, 太史院奏某日得春, 移文赤縣, 以是年立春日支干. 宛平縣或大興縣, 依上年故事塑春牛・勾芒神.」

154_ 『東京夢華錄注』 卷6 立春, p.163. 「立春前一日, 開封府進春牛, 入禁中鞭春, 開封・祥符兩縣, 置春牛於府前.」

155_ 『日下舊聞考』 卷38 京城總紀, p.602. 「五雲坊, 大內前左千步廊, 坊門在東, 與萬寶對立.」 『일하구문고』 권38에서 인용하고 있다. 이하에서 인용된 『원일통지』는 출처가 동일하므로 다시 주를 달지 않는다.

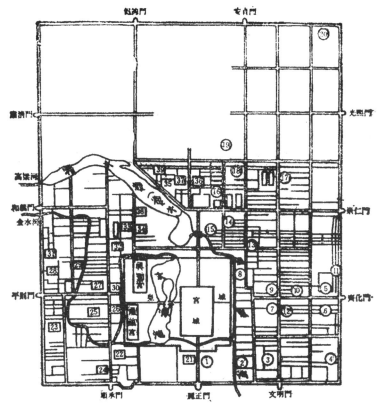

圖例 ○ 大興縣所屬坊巷 □ 宛平縣所屬坊巷

①五雲坊 ②南薫坊 ③澄淸坊 ④明時坊 ⑤恩誠坊 ⑥皇華坊 ⑦明照坊 ⑧保大坊
⑨仁壽坊 ⑩寅賓坊 ⑪穆淸坊 ⑫居仁坊 ⑬蓬萊坊 ⑭昭回坊 ⑮靖恭坊 ⑯金臺坊
⑰居賢坊 ⑱靈椿坊 ⑲丹桂坊 ⑳泰亨坊 ㉑萬寶坊 ㉒時雍坊 ㉓金城坊 ㉔阜財坊
㉕咸宜坊 ㉖安富坊 ㉗鳴玉坊 ㉘福田坊 ㉙西成坊 ㉚由義坊 ㉛太平坊 ㉜和寧坊
㉝發祥坊 ㉞永錫坊 ㉟日中坊 ㊱里仁坊 ㊲鳳池坊 ㊳析津坊 ㊴招賢坊

그림 80 원 대도에 설치된 대흥현·완평현 소속 방항(坊巷) 분포도

작은 골목이 통로로서 기능하였다는 것을 전해 준다.[156]

② 남훈방(南勳坊)은 『석진지』에서 "남훈방은 광록시 동쪽에 있다."[157]

156_ 王璞子의 「元大都平面規劃述略」 제7절 '성시분포상황(坊市分布狀況)'은 각 방
(坊)의 위치에 대해 고증하고 있으며 이 글은 그것을 참고하여 증보하였고 『고궁
박물원원간(故宮博物院院刊)』 제2기에 실려 있다.

고 하였다. 광록시는 소장의 동남쪽 모퉁이에 있는 동인홍문(금수하와 통혜하가 서로 만나는 곳) 밖에 있었으므로 남훈방은 소장의 동남쪽 모퉁이의 동쪽 지역에 있었을 것이다. 『석진지』에서 "봉래방 서쪽에서 물이 추밀교로부터 남훈교·유화교로 흘러내려와 남쪽 수문 밖으로 나온다."[158](『석진지집일』 하갑교량)고 하였다. 추밀원교는 즉 소장 동화홍문 밖의 조양교이고 조양교 남쪽으로 통명교가 광록시 서쪽에 있어 광록시교라고도 불렀다. 남훈교는 또한 광록시교 남쪽에 있으면서 남훈방에 가까워 그 이름을 얻었을 것이다. 이에 근거하면 남훈방이 광록시의 동쪽으로 남쪽에 치우쳐 있었다는 것을 알 수 있다.

③ 징청방(澄淸坊)은 『원일통지』에서 "지역이 어사대와 가까웠다."[159]고 하였다. 『석진지』에서 "어사대는 징청방 동쪽에 있었다. 합달문(즉 문명문)의 세 번째 골목에 있다."[160]고 하였다. 징청방은 문명문 안쪽으로 100보 이상 떨어진 어사대 서쪽에 있었다.

④ 명시방(明時坊)은 『원일통지』에서 "땅이 태사원과 가깝다."[161]고 하였다. 『석진지』에서 "명시방은 태사원의 동쪽에 있다."[162]고 하였다. 명시방은 문명문 안 태사원 동쪽, 외곽성의 동남 모퉁이에 있었다.

⑤ 사성방(思誠坊)·황화방(皇華坊)과 명조방(明照坊). 『석진지』에서 "정진원(定眞院)은 제화문 안 사성방 남쪽에 있다."[163](『석진지집일』 사관)고 하였다. 사성방이 성 동쪽 제화문 안에 있었다는 것을 알 수 있다. 『석진지』에서 "사성방의 동쪽으로 황화방·명조방은 앞서의 방(사성방)와

157_ 『析津志輯佚』 城池街市, p.4. 「南薰坊, 光祿寺東.」 이하 인용된 『석진지』는 모두 『석진지집일』 성지가시에 있으므로 다시 주를 달지 않는다.

158_ 『析津志輯佚』 河閘橋梁, p.95. 「蓬萊坊西水自樞密橋下南薰橋·流化橋, 出南水門外.」

159_ 『日下舊聞考』 卷38 京城總紀, p.602. 「澄淸坊, 地近御史臺.」

160_ 『析津志輯佚』 臺諫敍, p.38. 「臺在澄淸坊東, 哈達門第三巷.」

161_ 『日下舊聞考』 卷38 京城總紀, p.602. 「明時坊在太史院東.」

162_ 『析津志輯佚』 城池街市, p.3. 「明時坊, 在太史院東.」

163_ 『析津志輯佚』 寺觀, p.87. 「定眞院在齊化門裏, 思誠坊南.」

서로 마주보고 있다."[164]고 하였다. 황화방・명조방이 사성방의 서쪽에 있었다는 것을 알 수 있다. 『오성방항호동집(五城坊巷胡同集)』에서 사성방은 동서패루(東西牌樓)의 동북쪽에 있었고 황화방은 동서패루의 동남쪽이자 명시방의 북쪽에 있었으며 명조방은 동서패루 서남쪽이자 징청방의 북쪽에 있었다고 하였는데 모두 원대의 옛터였을 것이다.

⑥ 보대방(保大坊)은 『원일통지』에서 "추밀원과 가까웠다."[165]고 하였다. 『석진지』에서는 "추부(樞府, 추밀원)의 북쪽에 있었다."[166]고 하였다. 추밀원은 소장 동문 밖 조양교(즉 추밀원교) 동쪽에 있었으므로 보대방은 조양방(朝陽坊)의 동북쪽에 있었을 것이다.

⑦ 인수방(仁壽坊)은 『원일통지』에서 "지역이 어약원(御藥院)에 가까웠다."[167]고 하였다. 『오성방항호동집』에서는 동서패루의 서북쪽에 있었다고 하였다.

⑧ 인빈방(寅賓坊)은 『원일통지』에서 "정동쪽에 있었다."[168]고 하였다. 이는 제화문 내 태묘 서쪽에 해당된다. 『일하구문고』 권48은 『설학집(說學集)』을 인용하여 경사 인빈리(寅賓里)에 무량수암(無量壽庵)이 있었고 이것이 지원 21년(1284) 거사 도군(屠君)이 700관(貫)을 내어 태묘의 서쪽에 토지 10무를 사서 지은 것이라고 하였다.[169] 인빈방이 태묘의 서쪽에 있었고 지금의 동서패루의 동북이자 사성방의 서쪽에 있었다는 것을 알 수 있다.

⑨ 목청방(穆淸坊)은 『원일통지』에서 "지역이 태묘와 가깝다."[170]고 하였다. 그 이름이 붙여졌다. 태묘의 서쪽은 인빈방이므로 목청방은

164_ 『析津志輯佚』 城池街市, p.4. 「思誠坊東, 皇華坊・明照坊與上相對.」
165_ 『日下舊聞考』 卷38 京城總紀, p.600. 「保大坊,…以坊近樞密院.」
166_ 『析津志輯佚』 城池街市, p.3. 「保大坊, 在樞府北.」
167_ 『日下舊聞考』 卷38 京城總紀, p.601. 「仁壽坊, 地近御藥院.」
168_ 『日下舊聞考』 卷38 京城總紀, p.601. 「寅賓坊在正東.」
169_ 『日下舊聞考』 卷48 城市, p.601. 「京師寅賓里有無量壽庵者, 居士屠君所建也.…二十一年, 出已資七百貫買地十畝於太廟之西, 作無量壽庵.」
170_ 『日下舊聞考』 卷38 京城總紀, p.600. 「穆淸坊, 地近太廟.」

아마 태묘의 동쪽 혹은 동북쪽에 있었을 것이다.

⑩ 거인방(居仁坊)은 『원일통지』에서 "지역이 동시(東市)와 가까웠다."[171]고 하였다. 동시의 위치는 고찰할 수 없지만 만일 서시와 서로 대칭하였다면 지금의 동서패루 부근에 있었을 것이다.

⑪ 봉래방(蓬萊坊)은 『석진지』에서 "천사궁(天師宮)의 앞에 있고"[172] "추밀원 서쪽은 옥산관(玉山館)이었으며 옥산관 서북쪽은 봉래방과 천사궁이었다."[173]고 하였다. 『석진지』에서는 또한 "봉래방 서쪽에서 물이 추밀교로부터 남훈교로 흘러 내려온다."[174]고 하였다. 『오성방항호동집』에서는 또한 천사암(天師庵)은 보대방에 속하였다고 하였다. 봉래방은 소장의 동북쪽 모퉁이와, 추밀원·보대방 북쪽에 있으면서 통혜하의 동쪽에 가까웠을 것이다.

⑫ 소회방(昭回坊)은 『석진지』에서 "도부(都府)의 남쪽에 있다."[175]고 하여 대도로총관부 이남에 있었다. 『오성방항호동집』에서 소회정공방(昭回靖恭坊)은 고루 동쪽 대가 남쪽에서 황성 북쪽 벽까지 이른다고 했는데 이는 소회·정공 두 방을 합한 것일 것이다. 소회방은 당연히 정공방 북쪽 지역에 있었다.

⑬ 정공방(靖恭坊)은 『석진지』에서 "해자교 북쪽에 있다."[176]고 하여 [현존본 '정공(靖恭)'을 '청차(請茶)'로 잘못 적었다.] 만녕교(즉 해자교)의 동북 지역에 있었을 것이다.

⑭ 금대방(金臺坊)은 「홍무북평도경지서(洪武北平圖經志書)」에서 "고루가 금대방에 있고" "종루는 금대방의 동쪽, 즉 만녕사의 중심각에 있다."[177](『일하구문고』 권54)고 하였다. 이는 명대에 동쪽으로 이전한 종루

171_ 『日下舊聞考』 卷38 京城總紀, p.601. 「居仁坊, 地在東市.」
172_ 『析津志輯佚』 城池街市, p.4. 「蓬萊坊, 天師宮前. 南薰坊.」
173_ 『析津志輯佚』 城池街市, p.7. 「樞密院西爲玉山館, 玉山館西北爲蓬萊坊·天師宮.」
174_ 『析津志輯佚』 河閘橋梁, p.95. 「蓬萊坊西水自樞密橋下南薰橋.」
175_ 『析津志輯佚』 城池街市, p.4. 「昭回坊, 〈□〉[在]都府南.」
176_ 『析津志輯佚』 城池街市, p.4. 「請茶坊, 海子橋北.」

와 고루가 금대방에 있었다는 것을 전해 준다. 『오성방항호동집』은 명대 금대방이 종루·고루 동쪽에서 정토사호동(淨土寺胡同) 동쪽 입구에 이르는 곳에 있었으며 원대에도 대체로 이와 같아 중심각 동쪽과, 대도로총관부의 서쪽에 있었을 것이다.

⑮ 거현방(居賢坊)은 『석진지』에서 "국학(國學)의 동쪽에 있다."[178]고 하여 국자감의 동쪽에 있었다. 원대 국자감은 명청대까지 계속 사용되었다.

⑯ 영춘방(靈椿坊)은 『석진지』에서 "도부의 북쪽에 있다."[179]고 하여 대도로총관부 북쪽에 있었다.

⑰ 단계방(丹桂坊)은 『석진지』에서 "영춘방의 북쪽에 있다."[180]고 하였다. 단계방은 또 영춘방 북쪽에 있었으므로 대도 북부에 있었을 것이다. 명초에 북성을 감축한 후 방이 곧 폐기되었다.

⑱ 태형방(泰亨坊)은 『원일통지』에서 "지역이 동북 인방(寅方)에 있다."[181]고 하였으니 성 안 동북 모퉁이에 있었을 것이다. 명초 북성을 감축한 후 폐기되어 그 위치가 상세하지 않다.

완평현에 속한 중축선 서쪽의 방으로 고찰할 수 있는 것은 다음과 같다.

① 만보방(萬寶坊)은 『원일통지』에서 "대내 앞에 우천보랑에 있었고 방문은 서쪽에 있었다."고 하였다. 소장 영성문의 서남쪽이자 우천보랑의 서측에 있었고 오운방의 방문과 서로 마주보았다.

② 시옹방(時雍坊)은 『오성방항호동집』에 의거하면 명대에 대시옹방

177_『日下舊聞考』卷54 城市, pp.868~870. 「鍾樓在金臺坊東, 即萬寧寺之中心閣. …鼓樓在金台坊.」

178_『析津志輯佚』城池街市, p.4. 「居賢坊, 國學東」

179_『析津志輯佚』城池街市, p.3. 「靈椿坊, 在都府北.」

180_『析津志輯佚』城池街市, p.3. 「丹桂坊, 在靈椿北.」

181_『日下舊聞考』卷38 京城總紀, p.601. 「泰亨坊, 地在東北寅方.」

(大時雍坊)과 소시옹방(小時雍坊)이 있었다. 대시옹방은 남쪽에 치우쳐 있었고 원대에는 대도 남쪽 성벽 남쪽에 있었으나 명대에 남쪽으로 확장할 때 증설되었다. 소시옹방은 서단패루(西單牌樓)의 동쪽에서 황성의 서쪽 벽까지 있었으니 바로 순승문 안, 소장의 서남 모퉁이의 서남 지역에 해당한다. 이곳이 원대 시옹방이 있었던 곳이었을 것이다.

③ 금성방(金城坊)은 『석진지』에서 "평측문 안에 있다."[182]고 하였다. 『오성방항호동집』은 명대에 이 방이 부성문(阜成門) 대가의 남쪽에서 도성황묘(都城隍廟)까지라고 기록하였고 아마 원대 옛터였을 것이다. 『석진지』에서는 "묘(성황묘) 앞 골목 입구에서 북쪽으로 방향을 틀면 금성방이다."[183](『석진지집일』 사관)고 하였다. 도성황묘는 성 안 서남쪽 모퉁이에 있었고 순승문에서 가까웠으며 금성방은 그 북쪽에 있었고 또한 평측문(즉 지금의 부성문)에 가까웠다.

④ 부재방(阜財坊)은 『원일통지』에서 "고장(庫藏)에 가까웠다."[184]고 하였다. 『석진지』에서는 "순승문 내 금옥국항(金玉局巷) 입구에 있다."[185]고 하였다. 고장과 금옥국항의 위치는 고찰할 수 없다. 『석진지』에서 "방(금성방)의 동쪽, 금옥부(金玉府) 내의 유리와 푸른 기와로 덮은 8동의 장(藏)이 있고 그 안에 경판(經板)을 보관하며 대단히 정교하게 만들어졌다.…방 안에 군철고(軍鐵庫)가 있었다."[186]고 하였다. 금옥부는 금옥국(金玉局) 소속의 부고(府庫)이다. 금성방 안에 군철고가 있었고 방의 동쪽에 또 금옥부가 있었으니 고장 역시 마땅히 금성방 부근에 설치되어야 하였다. "금성은 견고하고 유구한 안녕이라는 뜻으로 이름 지었다."[187](『원일통지』) 고 하였다. 부재방은 금성방의 동남쪽에 있었다.

182_『析津志輯佚』城池街市, p.3. 「金城坊, 在平則門內」
183_『析津志輯佚』寺觀, p.67. 「自廟前巷口轉北, 金城坊是.」
184_『日下舊聞考』卷38 京城總紀, p.600. 「阜財坊, 坊近庫藏.」
185_『析津志輯佚』城池街市, p.2. 「阜財坊, 在順承門內金玉局巷口.」
186_『析津志輯佚』寺觀, p.67. 「坊之東, 金玉府內有琉璃碧瓦所蓋八座藏, 藏經板在內, 甚爲精制.…坊內有軍鐵庫.」

⑤ 훈례방(訓禮坊)·함의방(咸宜坊)에 대해 『석진지』에서는 이 두 방이 순승문 도초고 북쪽에 있다고 하였다. 『오성방항호동집』에 의하면 명대 함의방은 서사패루(西四牌樓)의 서남쪽에 있었다. 「홍무북평도경지서」에서 "양각시(羊角市)는 명옥방과 함의방에 있다."[188]고 하였다. 명옥방은 서사패루 서북쪽에 있었다. 함의방은 명옥방의 남쪽에 있었다는 것을 알 수 있다.

⑥ 안부방(安富坊)은 『석진지』에서 "순승문의 양각시에 있다."[189]고 하였다. 양각시는 명옥방과 함의방에 있어 안부방은 명옥방·함의방의 두 방 부근에 있었을 것이다. 『오성방항호동집』은 명대에 이 방이 서사패루 동남쪽에 있다고 기록하였는데, 원대의 옛터였을 것이다.

⑦ 명옥방(鳴玉坊)은 『석진지』에서 "양시(羊市)의 북쪽에 있다."[190]고 하였다. 양시는 즉 양각시이다. 『오성방항호동집』에 서사패루 서북쪽에 있다고 기록되어 있는데, 원대의 옛터였을 것이다.

⑧ 복전방(福田坊)은 『석진지』에서 "서쪽의 백탑사에 있다."[191]고 하였다. 백탑사는 지금의 부성문대가(阜成門大街) 길 북쪽에 있었으며 명대는 하조서방(河漕西坊)에 속하였다.

⑨ 서성방(西成坊)은 『석진지』에서 "서성방은 정서쪽에 있다."고 하였으며 "인빈방이 정동쪽에 있는" 것과 서로 대칭된다. 인빈방은 동서패루의 동북쪽에 있었으므로 서성방은 서서패루 서쪽에 있었을 것이다. 『광서순천부지(光緒順天府志)』에서 인용한 『구방고(舊坊考)』에 따르면, 명대 하조서방, 즉 서성방은 조천궁을 건립한 뒤로 또 다시 조천방으로 분리되었다. 하조서방과 조천방은 모두 부성문대가 북쪽에 있었다.

⑩ 유의방(由義坊)은 『석진지』에서 "서시(西市)에 있다."고 하였다. 지

187_ 『日下舊聞考』 卷38 京城總紀, p.600. 「金城有堅固久安之義以名.」
188_ 『日下舊聞考』 卷38 京城總紀, p.603. 「羊角市在鳴玉坊·咸宜坊·舊樞密院.」
189_ 『析津志輯佚』 城池街市, p.3. 「安富坊, 在順承門羊角市.」
190_ 『析津志輯佚』 城池街市, p.4. 「鳴玉坊, 在羊市之北.」
191_ 『析津志輯佚』 城池街市, p.2. 「福田坊, 在西白塔寺.」

금의 서서패루 북대가(北大街) 길 서쪽의 쌍관제묘(雙關帝廟)는 원대 용
무안왕묘(勇武安王廟)의 옛터였다. 묘 안에 세운, 태정 3년(1326)에 오율
(吳律)이 지은 비문에 따르면, "도성 서시에 예부터 묘(廟)가 있었는데
훼손된 지 오래되었고 수리하지 않았다가" 태정 을축년(1325) 10월에
중수하였다[192](『일하구문고』 권52). 여기에서 서시는 이 일대에 있었고 유
의방은 곧 이곳에 있었다는 것을 알 수 있다.

⑪ 태평방(太平坊)은 『석진지』에서 흑탑(黑塔)이 태평방에 있다[193]고
하였다. 흑탑사는 백탑사와 명대 조천궁의 서쪽에 있었으므로 태평방
은 복전방의 서쪽에 있었을 것이다.

⑫ 화녕방(和寧坊)은 우집의 「양민양공신도비」에서 "그리고 귀척(貴
戚)과 공신은 모두 분지(分地)를 받았으며 시라 공[式臘公]은 땅을 받고 화
녕리(和寧里)에 주택을 지었는데 내조(內朝)의 서북쪽에 있었다."[194]고 하
였다. 이에 따르면 화녕방은 소장 서북 모퉁이 밖에 있었을 것이다.

⑬ 발상방(發祥坊)·영석방(永錫坊)은 『오성방항호동집』에 근거하면
발상방에는 숭국사(崇國寺) 등이 있었다.[195] 숭국사는 지원연간에 건립
되었는데 지금의 서사패루대가의 동쪽에 있었다. 소장 서북 모퉁이 밖
의 서북 지역에 해당한다. 발상방은 화녕방의 북쪽에 있었다. 『석진지』
는 "발상방이 영석방 서쪽에 있다."[196]고 하였다. 영석방은 발상방의 동
쪽에 있었다.

⑭ 일중방(日中坊)에 대해 『원일통지』에서 "일중방은 지역이 바로 시
중심에 상당하며 일중(日中, 정오)에 시장을 연다는 뜻에서 이름을 얻었

192_ 『日下舊聞考』 卷52 城市, p.831. 「吳律關廟碑署: 都城西市舊有廟, 毁久弗修. 泰定
乙丑十月朔, 宣政院使臣瑪勒圖采輿論以上聞, 遂出內帑錢一萬貫, 命即故基作興之.」

193_ 『析津志輯佚』 古蹟, p.117. 「黑塔, 在大天源延聖寺, 太平坊.」

194_ 『道園學古錄』 卷42([元]虞集, 四部備要·集部, 上海中華書局據明刻本校刊)「襄敏
楊公神道碑」, p.294下. 「而貴戚功臣悉受分地,···式臘公得建地和寧里, 在內朝之西北.」

195_ 『日下舊聞考』 卷53 城市, p.842. 「發祥坊七舖, 有大興左衛·崇國寺·正覺寺·弘
善寺·白米寺.」

196_ 『析津志輯佚』 城池街市, p.3. 「發祥坊, 在永錫坊西.」

다."[197]고 하였다. 「홍무북평도경지서」에서는 "사가시(斜街市)는 일중방에 있다."[198]고 하였다. 명대의 일충방(日忠坊)이다. 종루·고루의 서쪽에 있었으며 적수담의 동북쪽을 포함하는 사가(斜街)의 안쪽에 있었다.

⑮ 이인방(里仁坊)은 『석진지』에서 "종루의 서북쪽에 있다."[199]고 하였다. 종루는 중심대 서쪽의 고루 북쪽에 있었다.

⑯ 봉지방(鳳池坊)은 『원일통지』에서 "그 지역이 해자에 가깝고 옛 성(省) 앞에 있으며 봉황지(鳳凰池)의 뜻에서 이름 지었다."[200]고 하였다. 『석진지』에서는 "사가(斜街)의 북쪽에 있다."[201]고 하였다. 이에 의거하면 봉지방은 일중방의 북쪽에 있었을 것이다.

⑰ 석진방(析津坊)은 『원일통지』에서 "그 지역이 해자에 가까웠다."[202]고 하였다.

⑱ 초현방(招賢坊)은 『석진지』에서 "한림원의 서북쪽에 있다."[203]고 하였다. 여기서 언급된 한림원이 어느 때의 한림원을 가리키는지 알 수 없지만 만일 지순연간(1330~1333)에 북중서성으로 옮겼을 때를 가리키면 이 방은 북중서성의 서북쪽에 있었다.

⑲ 풍저방(豊儲坊)은 『석진지』에서 "서창(西倉)의 서쪽에 있다."[204]고 하였다. 회통하가 화의문 북수관(北水關)을 경유하여 성 안으로 들어갔는데 여기서 말하는 서창은 화의문 안에 회통하를 따라 설치되어 있던 창고를 가리키므로 아마 곧 화의고(和義庫)였을 것이다. 풍저방은 곧 서창의 근처에 있었기 때문에 그 명칭이 붙여졌다.

197_ 『日下舊聞考』 卷38 京城總紀, p.600. 「日中坊, 地當市中, 取日中爲市之義以名.」
198_ 『日下舊聞考』 卷38 京城總紀, p.603. 「斜街市, 在日中坊.」
199_ 『析津志輯佚』 城池街市, p.3. 「里仁坊, 在鍾樓西北.」
200_ 『日下舊聞考』 卷38 京城總紀, p.600. 「鳳池坊, 地近海子, 在舊省前, 取鳳凰池之義以名.」
201_ 『析津志輯佚』 城池街市, p.3. 「鳳池坊, 在斜街北.」
202_ 『日下舊聞考』 卷38 京城總紀, p.601. 「析津坊, …地近海子.」
203_ 『析津志輯佚』 城池街市, p.4. 「招賢坊, 在翰林院西北.」
204_ 『析津志輯佚』 城池街市, p.4. 「豐儲坊, 在西倉西.」

⑳ 선속방(善俗坊)·감당방(甘棠坊)·천선방(遷善坊)·가봉방(可封坊)의 네 방에 대해 『석진지』에서 "건덕문에 있다"[205]고 하였다.

㉑ 건녕방(乾寧坊)은 『원일통지』에서 "지역이 서북쪽 건(乾)의 자리에 있다."[206]고 하였다. 청원방(淸遠坊)은 『원일통지』에서 "지역이 서북 모퉁이에 있었다."[207]고 하였다. 회원방(懷遠坊)은 『석진지』에서 "지역이 서북 모퉁이에 있다."[208]고 하였는데, 정확한 지점은 분명하지 않다. 평재방(平在坊)은 『원일통지』에서 "방(坊)은 북방에 있다."[209]고 하였으나 지점은 상세하게 알 수 없다.

8) 원 대도의 시장과 가시(街市)

(1) 성 중심부의 시장과 가시

원 대도에 지원 30년(1293)부터 통혜하를 건설하고 완공한 결과, 조운이 원활하였을 뿐만 아니라 남방의 상선(商船)도 직접 성 안으로 들어와 적수담에 정박할 수 있었다. 적수담이 성 중심에 가까웠기 때문에 각종 상점이 흥기하였고 가시 또한 번영하였다. 원의 이유손은 「대도부(大都賦)」에서

> 회통하(會通河)를 개착하자, 천섬(川陝, 사천과 섬서)의 호상(豪商)과 오초(吳楚)의 대고(大賈)가 한 줄기 갈대처럼 돛을 날리며 황제의 수레 아래로 곧장 밀어닥친다.…그곤 기내(畿內)] 시장에 가면 관(關)에서 세금을 관대하게 징세하니 길에서 여정이 즐겁다. 신성한 종을 두드리니 포뢰(蒲

205_ 『析津志輯佚』 城池街市, p.4. 「善俗坊, 在健德門.…甘棠坊·遷善坊·可封坊, 在健德門.」
206_ 『日下舊聞考』 卷38 京城總紀, p.601. 「乾寧坊, 地在西北乾位.」
207_ 『日下舊聞考』 卷38 京城總紀, p.601. 「淸遠坊, 地在西北隅.」
208_ 『析津志輯佚』 城池街市, p.3. 「懷遠坊, 地在西北隅.」
209_ 『日下舊聞考』 卷38 京城總紀, p.601. 「平在坊, 坊在北方.」

牢)[210]가 울부짖는 듯하고 북을 쥐고 울리니 원타(元鼉)[211]가 부르짖는 듯
하다. 부상(榑桑: 전설의 신목)이 볕을 향해 오르자 고문(皐門: 왕궁의 바
깥문)의 지도리가 열린다. 온갖 가게가 깃발을 내걸고 수만 가지 물화가
각기 구역을 달리하며 팔린다. 대나무상자가 다만 가까운 곳에서 올 뿐
만 아니라, 또한 멀리서도 운반되어 온다. 따뜻한 거친 모직물과 담비·
원숭이 털가죽, 기이한 진주·서옥·향·무소뿔, 아름다운 채색비단·
흰비단·비단모직포, 가득 쌓인 산초·계피·진사·백지[지(芷)]가 대도
시장에 들어와 있었다. 진기한 자수가 우방(優坊, 배우의 공연장)에서 빛
나고 금벽(金璧)이 술집을 장식하고 있다(『일하구문고』 권6 인용. 『영락
대전』에서 채록).[212]

라고 하였다.

　이는 통혜하가 개통된 이후 동남의 오초(吳楚)의 대상들, 서남과 서북
의 천섬(川陝, 사천·섬서)의 호상들이 모두 수상 교통 노선을 통하여 대
도로 들어왔다는 것을 전해 준다. 이른바 '관(關)에서 [세금을] 관대하게
징세하니 길에서 여정이 즐겁다.'는 것은 분명 사실이다. 당시 원 대도
에 있는 대량의 상품은 세금을 징수하지 않는 것들이었다. "원은 대도
와 복리(腹裏)[213]에 73곳의 세무(稅務)를 설치하였고 그 가운데 경성에

210_ 역자 주 '포뢰(蒲牢)'는 고대 전설에서 용의 아홉 아들 가운데 넷째아들이었다.
　평생 울부짖기를 좋아하여 고대인들은 종 위에 포뢰의 형상을 주조하여 넣었다.
　포뢰는 본래 해변에 살면서 용의 아들이었지만 고래 같은 큰 동물을 무서워하였
　다. 고래가 한 번 공격하면 그는 놀라서 큰 소리로 울부짖었다.
211_ 역자 주 '원타(元鼉)'는 고대 전설에서 용의 아홉 아들 가운데 여섯째 아들이었
　다. 모습은 거북이와 비슷하며 무거운 것을 짊어지는 것을 좋아한다고 한다.
212_ 『日下舊聞考』卷6 形勝, p.90. 「鑿會通之河, 而川陝豪商, 吳楚大賈, 飛帆一葦, 逕
　抵輦下.…往適其市, 則微寬於關, 旅悅於途. 靈鍾叩而蒲牢吼, 操鼓動而元鼉呼. 榑桑
　騰景, 皐門啟樞. 百廛懸旌, 萬貨別區. 匪但邇至, 亦自遠輸. 氈罽貂豽之溫, 珠琲香犀
　之奇, 錦紈羅縠之美, 椒桂砂芷之儲. 瑰繡耀於優坊, 金璧飭於酒墟.」
213_ 역자 주 '복리(腹裏)'는 몽골어 "qol-un ulus"를 음역한 것으로, '중심지 혹은 내지
　(內地)'를 뜻한다. 이는 중서성 직할지로 내몽골과 화북[하북(河北)·산서(山
　西)·산동(山東)]을 포함한다.

있는 것은 저양시(豬羊市, 돼지·양시장)·우려시(牛驢市, 소·나귀시장)·마시(馬市, 말시장)·과목시(果木市, 과수시장)·매목소(煤木所, 석탄시장)였고 선과제거사(宣課提擧司)에서 그것들을 관할하였다. 이익의 망이 빽빽하였지만 술과 식초 이외에 예컨대 수산물·약·과일 및 서화·돗자리·짚신·대빗자루·벽돌·숯·각종 색등·구리·철·실·삼실·모시·면사·새끼줄·누룩류 등은 모두 세금을 거두어서는 안 되는 물품이었고 명 숭문문(崇文門)의 과세와 비교하면 조목이 성글었다."[214]고 하였다(『일하구문고』권63에서 『가당잡초(稼堂雜抄)』를 인용하였다.). 이를 통해 원 대도에서 상세를 징수하는 것은 저양시·우려시·마시·과목시 등 많은 대형 항시에 집중되었고 일상 생활용품은 술과 식초를 제외하고 대부분 세금을 징수하지 않았다는 것을 알 수 있다.

이유손의「대도부」에서 묘사된 '시장'의 정황을 보면, 시장 구역에는 또한 시문(市門)이 설치되어 있었고 매일 해 뜰 때[단상등경(槫桑騰景)] 종과 북을 울린 후[영종고이포뢰후(靈鍾叩而蒲牢吼), 조고동이원타호(操鼓動而元鼉呼)]. 포뢰는 전설 속에 능히 큰 소리로 울 수 있는 신수(神獸)였고 원타는 신화 속에서 북을 두드리는 신물(神物)이었다. 비로소 시장 문을 열었다[고문계추(皐門啟樞)]. 시장 안에 각종 상점은 모두 깃발을 걸어 두었고 그것은 상품의 종류에 따라 분류하여 배열되었던 것이다.

『석진지』에서는 "종루의 양식은 웅장하고 뛰어나며 고루와 서로 마주 보고 있다. 본조(本朝, 곧 원나라)의 풍요와 부가 이보다 번성한 적이 없다. 종루에는 팔우사정(八隅四井)의 명호가 있으며 무릇 동·서·남·북의 가도(街道)가 가장 넓다."[215]고 하였다. 대도의 성 중심에 종루와

214_『日下舊聞考』卷63 官署, p.1031. 「元於大都腹裏設稅務七十三處, 其在京城者, 豬羊市·牛驢市·馬市·果木市·煤木所, 有宣課提擧司領之. 利網雖密, 然自酒醋而外, 若魚蝦藥果之屬, 以及書畫·藁蓆·草鞵·筱帚·甂瓦·柴炭·諸色燈·銅·鐵·線·麻綾·苧綿·草索·麴貨, 皆爲不合稅之物, 比於明崇文門稅課, 條目疎矣.」

215_『析津志輯佚』古蹟, p.108. 「鍾樓之制, 雄敞高明, 與鼓樓相望. 本朝富庶殷實莫盛於此. 樓有八隅四井之號. 蓋東·西·南·北街道最爲寬廣.」

고루를 설치한 종루가(鐘樓街)는 그야말로 시 중심의 도로로서 가장 넓은 곳이었고 또한 가장 '풍요롭고 부유한' 상업 중심 지역이었다. "고루의 동남쪽에서 모퉁이를 돌면 나오는 가시는 모두 침포(針鋪)이다. 서쪽의 사가(斜街)는 해자(海子)와 맞닿아 있다. 수많은 가대(歌臺)와 술집이 있고 망호정(望湖亭)이 있으며 모두 옛날에 귀관(貴官)들이 놀고 즐기던 곳이다. 누각의 좌우에 과수, 떡, 면, 숯, 각종 기물 등이 다 갖추어져 있다."[216]고 하였다.

고루의 동남쪽에서 모퉁이를 돌아서 나오는 가시는 모두 침포였고 아마 바늘을 거래하는 항시가 있는 곳이었다. 이렇게 많은 침포는 북송 변경과 남송 임안에는 없던 것이었기 때문에 대도에서 바느질 수공업이 매우 크게 발전하고 있었다는 것을 전해 준다. 고루의 서쪽으로 적수담(해자) 동북쪽에는 사가가 있었는데 상업이 가장 번화한 구역이었고 사가시(斜街市)라는 호칭이 있었다. 부근의 일중방(日中坊)의 이름은 곧 '일중(日中, 정오)에 시장을 연다[일중위시(日中爲市)]'는 뜻에서 취하였다. 적수담은 남쪽에서 오는 상선이 성 안으로 들어와 집중 정박하는 곳이었기 때문에 번화한 사교시(斜橋市)는 당연히 이 때문에 흥기하였다. 사가 서남쪽에 해자를 끼고 있는 지역은 또한 풍경이 아름다운 유람 구역이었다. 『석진지』에서는 "초삼정[草三亭. 삼(三)자는 잘못인 것 같다.]은 남성에 있는 것이 가장 많고 모두 귀인(貴人)들이 노는 곳이다.…북성에서 오직 사가 남쪽에 몇 곳이 있으며 예컨대 망호정이 이것이다."라고 하였고 "망호정은 사가의 서쪽에 있으며 으뜸가는 유람승지이다."[217](『석진지집일』 고적)라고 하였다. 이곳은 마치 임안 서호의 호숫가

216_ 『析津志輯佚』 古蹟, p.108. 「樓之東南轉角街市, 俱是針鋪. 西斜街臨海子, 率多歌臺酒館. 有望湖亭, 昔日皆貴官遊賞之地. 樓之左右, 俱有果木·餠麪·柴炭·器用之屬.」

217_ 『析津志輯佚』 古蹟, pp.104~105. 「草三亭, 在南城者最多, 率皆貴遊之地. 金朝故老, 多有題咏, 我朝增製不少. 北城惟斜街南有數處, 如望湖是也.…望湖亭, 在斜街之西, 最爲遊賞勝處.」

일대와 비슷하며 항주 풍예문(豐豫門) 밖에 망호정이 세 곳 있었고 전당문(錢塘門) 밖에도 망호루가 있었다.[218] 원 대도 망호정의 명칭은 곧 여기에서 유래하였다. 매년 중춘(仲春) 2월에 '북성(北城)의 관원·사서(士庶)·부인·여자들'은 남성(南城)으로 가서 '답청(踏靑)·투초(鬪草: 단오절에 약초를 캐 문 위에 꽂는 풍속)'를 하는 한편, 항상 해자 일대에 가서 유람하였다. "예컨대 해자에는 수레와 말이 어지러이 뒤섞이는데 화려하게 꾸민 수레와 금 안장에 주옥이 찬란하였다.…이때[219] 이후로 유락이 하루라도 끊어진 날이 없었다. 위로는 내원(內苑)으로부터 중간에 재상에 이르고 아래로는 사서(士庶)에 이르기까지 모두 그네의 발판을 딛고 섰고 매일 즐기고 노는 것을 즐거움으로 삼았다."[220]고 하였다. 따라서 사가는 상업의 중심이었을 뿐만 아니라, 유람의 중심이었으므로 '수많은 가대(歌臺)와 술집이 있었다.'고 한다. 가대는 곧 임안에서 말하는 가관(歌館)이었고 기원(妓院)의 성격을 띠었다. 『석진지』에서 "명의루(明義樓)는 연시(燕市) 동쪽에 있고 대안루(大安樓)는 서쪽에 있으며 인풍루(仁風樓)는 남쪽에 있다. 이상의 세 누각은 연시의 서쪽에 있었고 와루(瓦樓) 세 채란 이곳이다."[221](『석진지집일』고적)라고 한 곳은 아마도 이 일대에 있었을 것이다.

『석진지』에 의하면 종루 주위에는 다음과 같은 여러 항시가 있었다 (그림 81 참조).

미시(米市)·면시(麵市): 종루 앞 십자로의 서남쪽 모퉁이에 있다.

218_ 『夢梁錄』卷12 西湖, p.230. 「曰豐豫門, 外有酒樓, 名豐樂, 舊名聳翠樓, 據西湖之會.…往往會於樓下, 爲遊覽最.… 更有錢塘門外望湖樓.」

219_ 역자 주 이때란 무종·성종·인종의 치세를 말한다.

220_ 『析津志輯佚』歲紀 p.216. 「北城官員·士庶婦人女子, 多遊南城, 愛其風日清美而往之, 名曰踏靑鬪草. 若海子上, 車馬雜沓, 繡轂金鞍, 珠玉璀璨,…自此後遊訖無虛日. 上自內苑, 中至宰執, 下至士庶, 俱立鞦韆架, 日以嬉遊爲樂.」

221_ 『析津志輯佚』古蹟, p.107. 「明義樓, 在燕市東. 大安樓在西; 仁風樓在南. 以上三樓在燕市西, 瓦樓三是也.」

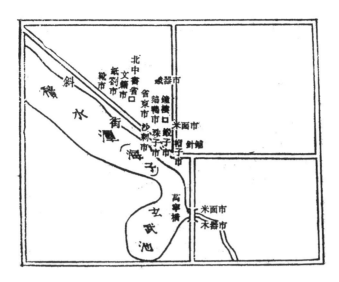

그림 81 원 대도시 중심의 '항시' 분포도

아압시(鵝鴨市): 종루의 서쪽에 있다.

시탄시(柴炭市)·집시(集市): 한 곳이 종루에 있다.

단자시(段子市): 종루가의 서남쪽에 있다.

피모시(皮帽市): 종루가의 서남쪽에 있다.

모자시(帽子市): 종루에 있다.

주자시(珠子市): 종루 앞길의 서쪽 첫 번째 골목에 있다.

사라시(沙剌市): 한 골목에서 모두 금·은·진주·보석패물을 팔며 종루 앞에 있다.

철기시(鐵器市): 종루 뒤에 있다.

궁한시(窮漢市): 하나가 종루 뒤에 있으며 궁한시 가운데 으뜸이다.[222]

222_ 『析津志輯佚』城池街市 pp.5~7. 「米市·麵市, 鍾樓前十字街西南角. …段子市, 在 鍾樓街西南. 皮帽市, 同上. …帽子市, 鍾樓. 窮漢市, 一在鍾樓後, 爲最. …珠子市, 鍾 樓前街西第一巷. …鵝鴨市, 在鍾樓西. …沙剌市, 一巷皆賣金·銀·珍珠寶貝, 在鍾樓 前. 柴炭市集市, 一順承門外, 一鍾樓, 一千斯倉, 一樞密院. …鐵器市, 鍾樓後.」

이는 종루의 주위 지역이 모두 중요한 항시가 있었던 곳이라는 것을 전해 준다. 즉 쌀·면류·숯·철기 등 일용필수품을 판매하는 시장, 모자·비단 등 의복·장신구를 거래하는 시장, 금·은·진주·보석 시장이 모두 이곳에 설치되어 있었다. 다수의 시장은 길을 따라 설치되어 있었고 또한 중요한 시장이 골목 안에도 설치되어 있었다. 사라(沙刺)는 몽골어로 '산호(珊瑚)'의 뜻이며 종루 앞에 사라시가 있었다. 골목 하나가 전부 금·은·진주·보석을 파는 가게였고 이곳이 대도의 금융업과 보석업의 중심이었다. 이곳은 북송 변경의 반루가(潘樓街) 남쪽의 계신항(界身巷) 전체가 금·은·비단의 교역 장소였던 것과 같고 남송 임안의 어가 중단에 '두 항(行) 대부분이 금·은·염초인(鹽鈔引)을 거래하는 곳'이었던 것과 비슷하다.

미시와 면시는 모두 방앗간을 부설하고 소·말·나귀·노새를 이용하여 돌렸고 "각 연자방아는 반드시 2, 3필의 말이 돌려 빻았으며 하루 20여 석을 빻을 수 있었다."고 하였고 당시 '연자방아는 동남쪽을 바라보며' 조작하는 풍속이 있었는데, 이는 '공부(貢賦)와 양미(糧米)가 모두 강남에 있었기' 때문이었다. 또한 절구공이와 절구통도 사용하였다. '도성 안에 자기 스스로 손으로 공이를 찧는 이가 대단히 많았고' 나아가 '산구(蒜臼)'라고 부르는 것도 있었는데 이는 절구공이의 모양이 마늘을 닮아서 붙인 이름이었다. 그것은 "종루와 고루 앞과 해자교 위에 많이 있었다."[223][『석진지집일』물산(物產)]고 하였다. 이를 통해 해자교(즉 만녕교) 일대에서도 여전히 미시와 면시가 있었다는 것을 알 수 있다.

해자교 일대도 역시 상업이 발달한 지역으로 미시와 면시 이외에 목기와 가구를 취급하는 항시도 있었다. "철망·양관(量罐, 액체·분말 계량 항아리)·화분받침·말구유·크고 작은 나무함·촛대·소반(고려 비자나

223_ 『析津志輯佚』物產, p.231. 「碾·碾房【以牛·馬·驢·騾拽之, 每碾必二三疋馬旋磨, 日可二十餘石. …俱望東南…貢賦糧米俱在江南, 遂以碾望東南.…杵臼【…然都中自以手杵者.】蒜臼【鍾鼓前及海子橋上多有之】」

무를 속을 도려내거나 빙빙 돌려 깎아서 만드는데 크기가 일정하지 않으며 극히 질 박하다. 보통 사발·접시·우(盂, 주둥이가리가 큰 주발)·잔(盞)·탁(托, 받침)을 대략 갖추고 있다)·궤짝·낮은 탁자·낮은 침대·문틀·창틀·몽골관 (蒙古棺, 큰 나무를 이용해 겉껍질을 벗겨내고 통나무를 깎아서 덮개를 맞들며 중간 을 깎아 내서 사람의 형태를 만든 후 관복은 평시와 같이 하였다. 그것을 합할 때는 쇠못을 박는다) 등이 있었다. 이러한 목기는 해자교 남쪽에 무척 많았다. 합달문 밖에도 있었으나 모두 조잡하게 생활 용품을 만들었다."[224](『석 진지집일』물산)고 하였다.

종루의 서쪽, 북중서성 주위 지역에도 항시가 있었다. 『석진지』에는

> 성동시(省東市): 검교사(檢校司) 문 앞 담장 아래에 있다.
> 문적시(文籍市): 성(省) 앞의 동쪽 거리에 있다.
> 지차시(紙劄市): 성(省) 앞에 있다.
> 화시(靴市): 한림원의 동쪽에 있다.[225]

라고 실려 있다.

이른바 '성(省) 동쪽', '성 앞'은 북중서성의 동쪽 혹은 앞을 지칭한다. 문적시와 지차시는 관리와 서생의 수요에 대응하기 위한 것이었을 것 으로 생각된다. 화시는 한림원 동쪽, 즉 북중서성 동쪽에 있었는데, 원 대 말기 한림원은 곧 북중서성 안으로 옮겨졌다. 『석진지』는 원대 말 기의 저작이므로 이와 같이 기록한 것이다.

『석진지』에서는 "관대가(官大街) 위에 남향이면서 절반을 덮은 가옥

224_ 『析津志輯佚』物産, p.230. 「鐵絡·量罐·椵架·馬槽·大小木櫃·鎧槃·盤【高 麗椵子木剒成或旋成, 大小不等, 極爲朴質. 凡碗碟·盂·盞·托·大概俱有.】櫉· 矮桌·矮牀·門匡·窗隔·蒙古棺【用大木去外皮, 削成圓木, 以金戒開作蓋, 中剒作 人形, 冠服, 一如平時. 合之以鐵條釘合之.】右此等木器多在海子橋南甚多. 哈達門外 亦有, 然皆蚤作生活.」

225_ 『析津志輯佚』城池街市 pp.5~6. 「省東市, 在檢校司門前牆下. 文籍市, 在省前東 街. 紙劄市, 省前. 靴市, 在翰林院東.」

은 혹은 비스듬하거나 혹은 똑바르며 그 아래에 사철 생과일·채소를 팔고 이발·점술·방아가 모두 이 아래에 있었다. 이발하는 자는 채색하여 치아를 그려 기록하였다. 방아는 동남쪽을 바라보며 방아를 찧었다."[226](『석진지집일』 풍속)고 하였다. 이러한 '남향이면서 절반을 덮은 가옥'을 지어 놓은 '관대가'는 당연히 동서 방향의 큰길이었고 아마도 종루·고루 앞 혹은 북중서성 앞의 큰 길일 것이다. 길 위에 긴 주랑식의 '남향이면서 절반을 덮은 가옥'은 아마 관부에서 지은 것으로 북송 변경과 남송 임안의 관부에서 건설한 '방랑(房廊)'과 같이 상인에게 임대로 주고 상업을 경영하도록 하였다.

종루·고루의 동쪽으로 중심각·도초고·순경이원의 동쪽에는 대도로총관부가 있었고 그 동남쪽에는 시시(柴市, 땔나무시장)가 있었다. 『춘명몽여록』은 "명대 순천부의 치소 동남쪽의 교충방에 순천부학(順天府學)이 있다."고 하였고 "그 땅은 원의 시시(柴市)이었으며 문문산(文文山, 즉 문천상(文天祥))이 쿠빌라이 칸에게 사형 명령을 받은 곳이었다."[227]고 하였다. 명의 순천부 치소는 곧 원 대도로총관부의 옛 터였다.

(2) 성 서쪽의 양각시(羊角市)와 서시(西市)

성 서쪽에서는 양각시(羊角市)가 가장 번영하였다. 기록에 따르면 양각시는 안부방·명옥방·함의방 일대에 있었으며 바로 지금의 서사패루의 서북쪽과 동남쪽에 위치하였다. 『석진지』에서는 "양시·마시·우시·낙타시·여라시(驢騾市, 나귀·노새시) 등 이상 일곱 곳의 시장은 모두 양각시 일대에 있었다."고 하였다. 또한 그것은 "인시(人市: 인신매매시장)는 양각시에 있었으며 오늘날까지도 그 건물이 여전히 존재하는데 이는

226_『析津志輯佚』風俗, p.206. 「官大街上作朝南半披屋, 或斜或正. 於下賣四時生菓·蔬菜, 剃頭·卜筭·碓房磨, 俱在此下. 剃頭者以綵色畫牙齒爲記. 碓則望東南偏爲之.」
역자 주 본문의 반파옥(半坡屋)은 원문의 반피옥(半披屋)을 잘못 쓴 것이다.
227_『日下舊聞考』卷65 官署, p.1061. 「順天府學 …其地元之柴市也, 文文山授命焉. 東有祠, 西有館曰教忠, 再西有坊曰育賢.」

지원연간의 일이었다. 후에는 유사(有司)에서 금지하였으나 잠시 이것을 존치시켜 경계로 삼았다."228(『석진지집일』 성지가시)고 하였다. 이곳이 주로 가축을 거래하는 항시이었다는 것을 알 수 있다. 이른바 인시는 아마 노예를 매매하였을 것이다. 지원연간에 일찍이 한차례 이곳에 항시를 설립하여 노예를 가축처럼 매매하였다가 정부의 금지로 철폐되었으나 인시의 건물은 여전히 남아 있었다. 당시 가축을 거래하는 항시는 여전히 당송의 제도를 따라 주루(酒樓)를 세웠는데 주루는 가축을 검사하고 계약을 논의·체결하는 곳으로 기능하였다. 인시도 이와 같았다.

성 서쪽에는 서시(西市)도 있었다. 문헌의 기록에 따르면 유의방(由義坊)은 서시에 있었고 원 용무안왕묘(勇武安王廟), 즉 명 쌍관제묘(雙關帝廟)도 역시 서시에 있었다. 서시가 지금의 서사패루 북쪽 대가 일대에 있었다는 것을 알 수 있다. 서시의 상황은 상세하지는 않은데 바로 서부 주민의 일상생활 수요에 맞추기 위한 가시였을 것이다.

대도에서 크고 이름난 사묘는 모두 성 서쪽에 건립되어 있었다. 이러한 사묘 안에는 묘시(廟市)가 존재하였다. 예컨대 요수(姚燧)는 「보경사비(普慶寺碑)」에서 "중앙에 누각 두 채를 세웠고 동무(東廡)는 부엌·우물과 통하였으며 서무(西廡)는 불교 집회[해회(海會)]와 통하였다. 시장에서는 늘어선 가게가 있었고 매월 임대료를 거두었는데 보경사에게는 모름지기 자금이었다."고229 하였다. 대승화보경사는 특히 '중앙에 누각 두 채를 세워' 묘시를 설치하였고 '늘어선 가게'로 된 방을 상인에게 임대하고 매월 임대료를 징수하여 사원의 비용으로 공급하였다.

(3) 성 동쪽의 옛 추밀원 각시(角市)와 동시(東市)

228_ 『析津志輯佚』 城池街市 pp.5~6. 「羊市·馬市·牛市·駱駝市·驢騾市, 以上七處市, 俱在羊角市一帶. …人市, 在羊角市, 至今樓子尚存, 此是至元間. 後有司禁約, 姑存此以爲鑒戒.」

229_ 『日下舊聞考』 卷52 城市, p.835. 「中建二樓, 東廡通庖井, 西廡通海會, 市爲列肆, 月收傭直, 寺須是資.」

성 동쪽에는 "옛 추밀원 각시(角市)가 남훈방·명조방의 2방에 있었다."[230]고 하였다(『일하구문고』 권38에서 「홍무북평도경지서」를 인용하였다.). 남훈방은 소장 동남쪽 모퉁이 동쪽 지역에 있었고 추밀원의 남쪽과 광록시의 동쪽으로 남쪽에 치우친 곳에 남훈교가 있었고 소장의 안으로 통할 수 있었다. 명조방은 동서패루(東西牌樓)의 서남쪽, 곧 추밀원의 동쪽 지역에 있었다. 소장의 동쪽 담장은 동화홍문 밖 조양교(추밀원교)에서 시작해 통혜하를 따라 남쪽으로 내려가면 통명교(광록시교)와 남훈교 등이 있으며 소장의 안과 통할 수 있었고 소장 동쪽 담을 따라 안쪽으로 내부 어주(內府御廚) 및 그 관련 기구로 예컨대 시장(柴場)·어주고(御酒庫)·주방(酒坊)과 같은 것들이 있었다. 소장을 따라 동쪽 담장의 동남부에 여러 홍문(紅門)을 세우고 동시에 교량을 지은 까닭은 바로 성 동쪽의 시가와 교통하기 위한 것이었고 궁성의 일상에 필요한 생활 물품을 구하는 데 편하도록 한 것이었다. 옛 추밀원 각시를 추밀원 동남쪽 모퉁이의 남훈방·명조방의 2개 방에 설립한 것은 바로 이러한 수요에 대응한 것이었다. 이는 북송 변경의 궁성 동문인 동화문 밖의 가시와, 남송 임안 궁성 북문 화녕문 밖의 가시와 똑같았다. 짐작컨대 이곳 시가에서 공급한 것은 주로 각종 고급 음료·식품과 사치스러운 생활용품, 그리고 진귀한 장식품과 감상용품이었지만 일상생활 필수품도 있었다. 『석진지』에서 "시탄시(柴炭市)·집시(集市) 가운데 한 곳이 추밀원에 있다."[231]고 하였는데, 이것이 그 증거가 될 수 있다.

성 동쪽에는 또 동시가 거인방에 있었는데 이는 마치 성 서쪽의 서시가 유의방에 있는 것과 같았고 바로 지금의 동서패루 부근에 있었다. 일상용품의 가시가 있었던 한편, 또한 각종 수공업 제품과 공예품의 가시가 있었다. 『석진지』에서는 "담로방(湛露坊)은 남쪽에서 북쪽으로 돌아가면 대부분 조각(雕刻)·압자(押字)와 상아로 만든 수저, 그리고 궁중

230_ 『日下舊聞考』 卷38 京城總紀, p.603. 「舊樞密院角市, 在南薫·明照二坊.」
231_ 『析津志輯佚』 城池街市 p.6. 「柴炭市集市…一樞密院.」

말의 진홍색 고삐, 걸개, 금·은 패면(牌面), 붉은 끈과 구육치의 네 종류 끈, 사대부의 푸르고 납작한 끈, 여러 선향(線香)²³² 등이 있다. 만세등(萬歲藤)²³³과 여러 꽃 모양을 만든 것이 있는데 이곳에 가장 많다."²³⁴고 하였다. 담로방은 정치한 수공업 제품과 공예품 작방이 밀집해 있는 곳이었다. 『원일통지』에 따르면, 담로방은 '관청의 주고(酒庫)에 가까워' 붙여진 이름이지만²³⁵ 그 위치는 상세하지 않다. 다만 그것이 대흥현에서 관할하는 성 동쪽 방에 속하였다는 데에는 의심할 여지도 없고 명초에 이르기까지도 또한 이러하였다. 기존의 이러한 작방에는 반드시 판매하는 시장과 상점이 있었다.

원 대도의 가시는 자체로 그 특징이 있었고 가시에는 여러 번 쪄서 만든 밀가루 떡이 있다. "무릇 떡을 찔 경우 오경(五更, 새벽 3시~5시)에 일찍 일어나는데 징을 치는 때를 맞추어 그것을 하였다. 기장쌀로 조고(棗糕)를 만들 경우 많게는 2, 3승(升)의 기장쌀로 1단(團)을 만들어 천천히 잘라서 무게를 달아 그것을 팔았다. 예컨대 떡을 쪄서 만든다면 나무 가장귀로 긴 나무장대를 받쳐 해당 거리에 꽃만두를 걸어 깃발로 삼았다."²³⁶고 하였다 이런 종류의 떡과 만두를 파는 가게는 거리에 만두를 걸어 기표로 삼았고 또는 징을 두드려 군중을 끌어들였다. 시장의 의사도 각종 다른 전문분야에 따라 기표를 내걸었다. "시 안에서 소아

232_ 역자 주 '선향(線香)'은 향료 가루를 실처럼 가늘고 길게 만든 향이다.

233_ 역자 주 '만세등(萬歲藤)'은 천문동(天門冬)이라고도 한다. 백합과에 속하는 다년생 덩굴 식물로 뿌리는 폐를 보호하고 기침을 멎게 하며 체액을 분비하는 효과가 있다고 한다.

234_ 『析津志輯佚』風俗 208. 「湛露坊自南而轉北, 多是雕刻·押字與造象牙匙筯者, 及戌造宮馬大紅鞦轡·懸帶·金銀牌面·紅條與貴赤四緒條·士夫青區條並諸般線香. 有作萬歲藤及諸花樣者, 此處最多.」

235_ 『日下舊聞考』卷38 京城總紀, p.602. 「湛露坊, 按毛詩湛露, 爲錫宴羣臣靄恩如湛露, 坊近官酒庫, 取此義以名.」

236_ 『析津志輯佚』風俗 207. 「街市蒸作麪糕, 諸蒸餅者, 五更早起, 以銅鑼敲擊, 時而爲之. 及有以黃米作棗糕者, 多至二·三升米作一團, 徐而切破, 秤斤兩而賣之. 若蒸造者, 以長木竿用大木杈撐住, 於當街懸掛花饅頭爲子.」 '자(子)' 앞에 마땅히 '황(幌)'자가 빠져 있다.

를 치료하는 자는 문 앞에 목각판으로 어린아이를 만들었는데 아이가 마치 방상(方相) 모습으로 비단 포대기 안에 있는 것을 기표로 삼았다. 또한 산파가 생명을 받아내는 집(즉 산과 의사)이 있고 문 앞에 진홍색 종이에 대광주리와 큰 신발 한 켤레를 붙인 것을 기표로 삼았다. 전문적으로 부인을 치료하며 잉태 전과 출산 후에 병 증세에 대응하였고('증(症)'은 원서에 '증(證)'으로 잘못 적혀 있다.) 아울러 피를 원활히 통하게 하는 약이 있었으며(즉 부인과 의사) 아기를 낳은 집은 문에 풀로 만든 고리를 걸어 두고 그 위에 붉은 비단을 묶어 놓으면 사람들이 서로 왕래하지 않았다."[237]고 하였고 "짐승을 치료하는 집에서는 문 앞의 자리에 큰 나무로 호리병 모양을 새겼는데 길이가 1장이 됨 직하고 대자석(代赭石)[238]으로 그것을 붉게 물들였다.…약을 따라 주는 곳은 문 앞에 큰 말을 그려 기표로 삼았다."[239]고 하였다. 이와 같이 형상화된 기표는 표지판 혹은 깃발을 대체하였고 이는 대도의 가시에서 사람들의 주목을 끄는 특징이었다. 가장 특별한 것은 "주조방(酒槽坊)은 문 앞에 대부분 4공자(四公子), 즉 춘신군(春申君)·맹상군(孟嘗君)·평원군(平原君)·신릉군(信陵君)을 그려 놓았다."[240](『석진지집일』 풍속)는 것이다. 이는 '사공자는 좋은 손님[사공자호객(四公子好客)]'이란 표현에서 음주하는 고객이 모두 4공자처럼 '좋은 손님[호객(好客)]'이 되길 바랐기 때문이었다. 주조방은 "또한 사이사이에 한(漢)의 종리(鍾離)[241]와 당(唐)의 여동빈(呂洞賓)[242]을 그려 문액(門

237_ 『析津志輯佚』風俗 208. 「市中醫小兒者, 門首以木刻板作小兒, 兒在錦褓中若方相模樣爲標榜. 又有穩婆收生之家, 門首以大紅紙糊篾筐大鞋一雙爲記, 專治婦人胎前産後以應病證, 並有通血之藥. 而生産之家, 門懸草圈, 上繫以紅帛, 則諸人不相往來.」

238_ 역자 주 대자석(代赭石)은 적철광(赤鐵鑛)의 일종으로 잘 부스러져서 흙과 같으며 붉은색이다. 산서성(山西省)의 대현(代縣)에서 많이 생산되기 때문에 붙여진 이름이다. 물감이나 연마제 등에 쓰인다.

239_ 『析津志輯佚』風俗 209. 「醫獸之家, 門首地位上以大木刻作壺瓶狀, 長可一丈, 以代赭石紅之.… 灌藥之所, 門之前畫大馬爲記.」

240_ 『析津志輯佚』風俗 202. 「酒槽坊, 門首多畫四公子: 春申君·孟嘗君·平原君·信陵君.」

241_ 역자 주 '종리권(鍾離權)'은 동한·위진 시기 인물로, 종리(鍾離)가 성이다. 민간

額)으로 삼았다. 정문 앞에 금자패(金字牌)를 세워 놓았는데 산자(山子)[243]
처럼 3층이었으며 황공로(黃公鑪)라고 불렀다."[244]고 하였다.

(4) 성문 입구 안팎의 항시

원 대도도 북송 변경·남송 임안과 같이 사면의 성문 입구 안팎에 항
시를 설치해 두었다. 성문 입구 안팎은 바로 교통의 중요한 길이었기
때문에 외래 객상이 모이는 곳이었다. 황문중(黃文仲)은 「대도부(大都
賦)」에서 "만일 성에서 밖으로 문을 열면 문명문은 선박의 나루가 되고
여정문은 의관(衣冠)의 바다가 된다. 순승문은 남상(南商)의 늪이 되고
평측문은 서고(西賈)의 여관이 된다."[245]고 하였다. 그 가운데 여정문은
백관이 조회를 하러 가기 위해 모이는 곳이었기 때문에 '의관의 바다가
되었던' 것이다. 문명문 밖은 바로 통혜하와 갑하가 만나는 지점으로
남방에서 온 선박들이 모두 반드시 여기를 거쳐야만 대도에 진입하였
으므로 '선박의 나루터'가 되었던 것이다. 순승문은 또한 남쪽에서 온
객상이 모이는 곳이었고 평측문은 또 서쪽에서 온 객상이 모이는 곳이
었다.

『석진지』에 따르면 대도 사면의 성문 입구 안팎의 시장은 다음와 같
이 여러 종이 있었다(그림 82 참조).

채시(菜市): 여정문 3교(橋)와 합달문(즉 문명문) 정자가(丁字街), 화의문

과 도교 전설 속의 신선이었다.

242_ 역자 주 '여동빈(呂洞賓)'은 도교 전진교의 창시자 가운데 한 명. 64세에 종리권
이 전하는 단법(丹法)을 접한 후 도(道)를 완성하고 중생을 구제하였다.

243_ 역자 주 '산자(山子)'란 관상용으로 정원에 돌을 쌓아서 만든 산이다.

244_ 『析津志輯佚』風俗 202. 「又間畫漢鍾離·唐呂洞賓爲門額. 正門前起立金字牌, 如
山子樣, 三層, 云黃公鑪.」

245_ 『全元文』卷1421(李修生 主編, 南京: 鳳凰出版社, 2004) 黃文仲·大都賦(淸文淵
閣四庫全書本『歷代賦彙』卷35), p.134.「若乃城闉之外, 則文明爲舳艫之津, 麗正爲
衣冠之海. 順〈城〉[承]爲南商之藪, 平則爲西賈之派.」

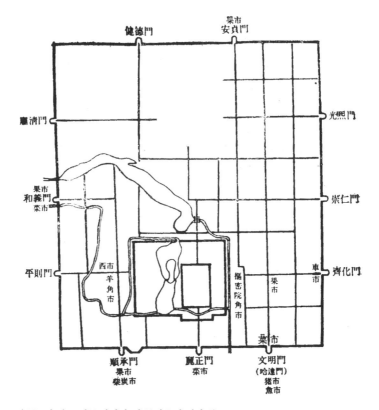

그림 82 원 대도 성문 안팎과 성 동서쪽의 시장 분포도

밖 등에 있다.

저시(豬市): 문명문 밖 1리에 있다.

어시(魚市): 문명문 밖 다리 남쪽 1리에 있다.

과시(果市): 화의문 밖, 순승문 밖, 안정문 밖 등에 있다.

시탄시(柴炭市)・집시(集市): 하나가 순승문 밖에 있다.

거시(車市): 제화문 십자로 동쪽에 있다.

공목시(拱木市): 성 서쪽에 있다.

초시(草市): 문마다 있다.

궁한시(窮漢市): 하나는 문명문 밖 시장다리에, 하나는 순승문 성 남쪽 도로변에, 하나는 여정문 서쪽에, 하나는 순승문 안의 초답아(草塔兒)에 있다.[246]

이에 근거하여 문명문 밖에는 채시·저시·어시 등이 있었다는 것을 알 수 있는데, 이는 문명문 밖의 수로가 남쪽에서 오는 상선이 성으로 진입할 때 반드시 지나는 곳이었기 때문이었다. 여기에는 교시(橋市)도 있었는데 『청명상하도』에 그려진 북송 변경 동수문(東水門) 밖의 홍교(虹橋) 위 교시와 똑같았다. 『석진지』에서는 "문명문 남쪽 다리 두 곳 위에서 과일·채소·잡화 등의 물건을 판매한다."[247]고 하였다.

제화문 십자로 동쪽에는 거시(車市)가 있었는데, 이곳이 동쪽으로 향하는 수륙 양로의 중요 도로가 위치한 곳이었기 때문에 남쪽에서 오는 객상이 모이는 장소였고 또 조운 물자가 집적되는 곳이었다. 동시에 광희문도 '조운으로 연간 비축물을 운반하는' 곳이었다. 『석진지』에 따르면 "광희문은 조운 제방과 서로 접하였다. 조운으로 연간 비축물을 운반할 때 그 인부가 조를 이루어 대량 운송[망운(網運)][248]을 할 경우 제방 안으로 곡물을 들이면 용왕당(龍王堂) 앞에서 큰 목소리로 비축물 숫자를 외쳤다."[249](『석진지집일』 성지가시)고 하였다. 당시 대도 각 성문 안에는 모두 물품을 보관하는 공용 창고가 설립되어 있었다.

246_ 『析津志輯佚』城池街市, pp.5~7. 「菜市, 麗正門三橋·哈達門丁字街. 菜市, 和義門外.…窮漢市,…一在文明門外市橋; 一在順承門城南街邊; 一在麗正門西; 一在順承門裏草塔兒. 車市, 齊化門十字街東. 拱木市, 城西. 豬市, 文明門外一里. 魚市, 文明門外橋南一里. 草市, 門門有之.… 柴炭市集市, 一順承門外…果市, 和義門外·順承門外·安貞門外.」

247_ 『析津志輯佚』河閘橋梁 101. 「文明門南橋二所, 於上發賣菓菜雜物等貨.」

248_ 역자 주 '망운(網運)'은 묶음 단위로 대량 화물을 운송하는 것을 일컫는다. 각 묶음은 약간의 수레 혹은 선박으로 한 조를 이루었고 1조를 1망(綱)이라 칭하였으므로 망운(網運)이라 하였다.

249_ 『析津志輯佚』城池街市, p.2. 「光熙門, 與漕壩相接. 當運漕歲儲之時, 其人夫綱運者, 人糧於壩內, 龍王堂前唱籌.」

성 서쪽에 공목시(拱木市), 곧 나무시장이 있었다. 공목(拱木)은 원래 두 손으로 꺼안을 만큼의 덜 다듬어진 목재를 가리킨다. 나무시장에서는 크고 작은 목재를 판매할 뿐만 아니라, 동시에 건축용의 목재와 반제품 및 기타 건축 재료를 판매하였다. 『석진지』에서는 "나무시장 길에는 큰 가로막대, 위로 갈라진 나무기둥, 크고 작은 박달나무 서까래와 오래되고 터진, 삼으로 엮은 신을 쌓아 놓았다. 무릇 벽돌·석회·푸른 점토·마도(麻刀)[250]가 있었다. 그 삼으로 엮은 터진 신을 일꾼이 물에 깨끗이 씻어서 햇볕에 말린 후 칼로 자르고 해체한 뒤 모아서 수선하면 삼·모시와 같았다. 만일 배(船)를 검사하거나 부엌의 진흙아궁이를 만들면 또한 그것을 사용하였다."[251](『석진지집일』풍속)고 하였다.

매시(煤市, 석탄시장)는 수문방(修文坊) 앞에 있었다. 수문방의 지점은 상세하지 않다. 『원일통지』와 『석진지』에서 열거한 대도의 성 안에 있는 방 가운데에서 모두 수문방이 보이지 않는다. 도성주민은 땔나무와 숯을 연료로 사용하는 한편, 석탄을 원 대도에서 연료로 사용하기 시작하여 대도에 매시가 있게 되었다. 대도 주민이 사용한 석탄은 서산(西山)에서 나왔고 북산(北山)에도 석탄이 있었지만 품질과 수량이 좋지 않아 도성 안의 사람들이 취하지 않았다. "성 안팎의 중간상인은 매년 9월이 되면 소를 사 수레를 매단 후 서산의 매요(煤窯)로 가서 매탄을 실어 이곳을 오갔다. 그들은 신안(新安)과 성 아래에서 석탄을 판매하는데, 모두 나귀와 말에 광주리를 싣고 시장에 와서 시세를 보고 판매하였다.…예년에 관(官)에서 추세(抽稅, 일종의 거래세)를 부과하였으며 매일 석탄을 내보내는 것이 수백에 달하였고 왕래하는 것이 베를 짜는 것 같았다."[252](『석진지집일』풍속)고 하였다. '성 아래'의 매시는 성 서쪽 성문

250_ 역자 주 '마도(麻刀)'는 '마도(麻擣)'라고도 한다. 삼 껍질을 다듬을 때 나오는 부스러기로 석회나 찰흙에 섞어서 벽을 바르거나 소조(塑造)를 만들 때 사용한다.

251_ 『析津志輯佚』風俗, p.208, 「木市街停塌大杈·叉木柱·大小檀橡栖並舊破麻鞋, 凡甋瓦·石灰·青泥·麻刀. 其破麻鞋, 役人於水中淨洗曬乾, 用刀斫爛, 攝開葺葺, 如麻苧. 若驗船做竈泥炕, 並用之.」

밖에 있었을 것으로 추측된다. 유성 밖의 몇몇 대사찰에서는 명절에 성대한 묘시(廟市)를 열기도 하였다. 예컨대 매년 2월 8일 "평측문 밖 3리 남짓 거리에 곧 서진국사(西鎮國寺)가 있고 사찰의 두 주랑에서 거래가 대단히 큰데["심대(甚大)" 두 글자는 원문에 "부심태평(富甚太平)"으로 잘못 써 있다.] 모두 남북 사천·양광의 정교한 물품과 조잡한 물품이었고 가장 번성할 때는 그 안에 상인들이 비단을 펼쳐 놓은 듯 늘어서 있었다. 모두 이날 남성과 북성 두 성(南北二城)에는 항원(行院)·사직(社直)[253]·각종 놀이가 모두 모여 제좌금패(帝坐金牌)를 공손히 맞아들여 사원의 대불(大佛)과 함께 성 밖에서 이리저리 다니는데 지극히 화려하였다. 대부분 강남 부상(富商)이었으며 천하의 진귀한 물품들이 모이지 않는 것이 없었다. 이 또한 연례고사였으며 술집과 음식점을 여는 것이 강남과 다르지 않았다."[254](『석진지집일』 세기)고 하였다. 이러한 묘시에서 남북 사천·양광의 정교한 물품과 조잡한 물품이 있었을 뿐만 아니라, 또한 천하의 진기한 상품이 모여들었다. 이미 개설된 주점과 음식점은 강남과 다르지 않았고 또한 많은 강남 부상들이 참여하였을 뿐만 아니라, 공연장을 마련하자 '각종 놀이(雜戲)가 모두 모여 있었던" 것이다.

마르코 폴로의 『동방견문록』에 따르면 대도의 각 성문 밖에는 모두 '성에 속하는 현'이 있었고 주민은 성 안보다 훨씬 많았다. "각지에서 온 외국인들은 물건들을 선물로서 군주에게 가져오거나 궁중에 팔기 위해서 가져왔다."고 하였고 "보다 더 가치 있고 보다 기이하며 더 값

252_ 『析津志輯佚』 風俗, p.209. 「城中内外經紀之人, 每至九月間買牛裝車, 往西山窰頭載取煤炭, 往來於此. 新安及城下貨賣, 咸以驢馬負荊筐入市, 蓋趁其時.…往年官設抽稅, 日發煤數百, 往來如織.」

253_ 역자 주 '사직(社直)은 원대 촌사(村社)에서 신맞이 행사를 할 때 다양한 기예를 펼치는 배우이다.

254_ 『析津志輯佚』 歲紀, pp.214~215. 「八日, 平則門外三里許, 即西鎮國寺, 寺之兩廊買賣富甚太平, 皆南北川廣精盈之貨, 寂爲饒盛. 於内商賈開張如錦, 咸於是日. 南北二城, 行院·社直·雜戲畢集, 恭迎帝坐金牌與寺之大佛遊於城外, 極甚華麗. 多是江南富商, 海内珍奇無不湊集, 此亦年例故事. 開酒食肆與江南無異」

비싼 물건들과 보다 더 많은 양의 만물이 이 세상 어느 도시보다도 이 캄발룩(Cambaluc) 시로 들어온다는 사실을 알아야 할 것이다.…이는 모든 사람들이 그것들을 각지에서 그곳으로 가져와 그곳에 사는 군주와 그의 궁전에 바치거나 혹은 대단히 큰 도시에 공급하고 혹은 후비들과 수많은 신하들과 기사들, 군주의 엄청난 수의 대군들, 대군주가 거기에서 주재하는 조회에 참석하러 온 다른 사람들에게 제공하였기 때문이었다. 내가 설명한 이러한 이유로 보다 진귀한 것, 보다 값진 것들이 이 도시로 들어오는데 이 세상 어느 도시보다도 더 많은 양이 유입되며 더 많은 상품이 매매된다. 여러분은 비단 한 가지만을 실은 수레가 거의 매일같이 1,000량 이상 이 도시로 들어온다는 사실을 알아야 할 것이다. 왜냐하면 금실과 비단과 기타 여러 종류의 물품으로 만든 많은 옷들이 거기서 제작되기 때문이다. 그곳 주변의 지방들에는 아마 섬유가 없으므로 모든 것을 비단으로 만드는 것이 편리하다. 하지만 일부 지역에는 면과 삼이 있지만 그들을 만족시킬 만큼 충분하지 않았다. 하지만 그들은 많은 양의 비단을 가지고 있어 값이 싸고 아마와 면보다 더 좋기 때문에 그것을 중시하지 않는다."[255]고 하였다. 이는 당시 대도의 성 밖에도 규모가 지극히 큰 견사시장이 있었고 또 견사를 이용해 금실로 짠 비단과 기타 직물제품의 작방이 대단히 많았다는 것을 전해 준다. 마르코 폴로의 여행기에서는 대도 주위에는 대략 200개의 '시(市)'가 있었고 그 위치와 거리가 일정하지 않았으며 각 '시'에는 모두 물품을 매매하러 오는 상인들이 있었다고 하였다. 이 외에도 "죄를 지은 여자는 성 안에 감히 살지 못하는데, 이들은 돈을 위해 남성에게 봉사하는 세계의 여인들이다. 하지만 그들은 모두 교외에 산다. 외국인들을 위해 봉사하는 이들 여인들이 어느 누구도 믿지 못할 만큼 많이 있다는 것을

---

[255] 馮承鈞 譯『馬可波羅行記(마르코 폴로 여행기)』中冊, pp.379~380. 역자 주 김호동 역주, 『마르코폴로의 동방견문록』, pp.268~269; Marco Polo, *The Description of the World*, pp.235~237 참조.

여러분은 알게 될 것이다. 내가 여러분에게 말하건대 그녀들은 족히 2만 명은 되었다."[256]고 하였다. 이른바 성 밖 주위의 200개 '시'는 크고 작은 각종 항시과 집시를 포괄하는 것일 것이다. 이는 대도 각 성문 밖에 왕래하고 체류하는 외국 상인과 객상이 대단히 많았고 크고 작은 각종 항시와 집시가 번영하였고 번영의 정도가 성 안의 항시와 집시를 뛰어넘었다는 것을 전해 준다.

(5) 남성의 시장과 가시

원 대도 서남쪽에는 금 중도의 옛 성이 있었고 원대에도 의연히 남아 있으면서 남성(南城)으로 칭해졌으므로 대도는 때로 북성(北城)으로 칭해졌다. 앞 절에서 인용한 『석진지』에 언급한 '남성과 북성 두 성[남북이성(南北二城)]'이란 곧 대도와 남성을 가리킨다. 남성에 거주한 이들은 대다수가 원래 살고 있던 빈궁한 사람들이었다. 대도가 새로 완성되었을 때 일찍이 칸은 조(詔)를 내려 옛 성의 주민은 신성(新城)으로 이주하도록 규정하였다. '자산이 많고 관직에 있는 자를 우선'으로 하였고 분배받은 한 떼기 8무의 '네모난 토지'에 '집을 지을 능력이 없는 자'가 무단으로 점거할 수 없었으므로 수많은 가난한 사람들은 여전히 옛 성에 남아 거주하였다. 옛 성 안에는 원래 수많은 사원과 도관(道觀)이 건립되어 있었고 그 대다수가 여전히 남아 있었다. 『석진지집일』 사관조의 기록에 따르면, 대다수가 남성에 있었고 그 수도 비교적 많았다.

『석진지』에 기록된 당시 남성의 시장은 다음과 같다.

남성시(南城市)·궁한시(窮漢市): 대비각(大悲閣) 동남쪽 골목 안에 있다.

증병시(蒸餠市): 대비각 뒤에 있다.

256_ 馮承鈞 譯 『馬可波羅行記(마르코 폴로 여행기)』 中冊, pp.379~380. [역자 주] 김호동 역주, 『마르코폴로의 동방견문록』, p.268; Marco Polo, *The Description of the World*, p.236 참조.

연분시(臙粉市): 피운루(披雲樓) 남쪽에 있다.

발합시(鵓鴿市): 희운루(喜雲樓) 아래에 있다.[257]

대비각, 즉 성은사(聖恩寺)는 원래 당대에 지어진 것으로 요·금에서 모두 일찍이 중수하였고 원대 지원연간에 또다시 중수한 후 누각에 대비관음보살(大悲觀音菩薩)을 모셨는데, "남성의 옛 시장 안에 있었다."[258] (『석진지집일』사관)고 하였다. 이는 이 지역이 원래 금 중도의 동남부에 있던 옛 시장이었으며 지금의 선무문 밖 하사가(下斜街) 남쪽 입구였다는 것을 전해 준다. 피운루는 대비각 동남쪽에 있었으며 희운루는 누각 앞에 있었다[259](『석진지집일』고적). 이러한 시장들이 모두 대비각 주위에 있었다는 것을 알 수 있다. 이곳은 원래 금 중도의 가시였고 원대에 이르러서도 옛 모습 그대로 유지되어 있었다.

주의할 점은 몽골군이 금 중도를 공격하여 점령하였을 때 무너져 방치되었던 금 중도의 황성이 원대에 이르러서는 일부 지역에 이미 새로운 도관·술집(酒樓)과 양조장이 건립되었다는 것이다. 『석진지』에서는

소명관(昭明觀): 옛 황성 내에 있으며 바로 금조 소명궁의 옛터이다.[260]

세장대(洗粧臺): 남성(南城) 금 고궁(故宮)의 서쪽으로 수안주루(壽安酒樓)의 북쪽에 있다. 이 대(臺)는 금나라의 이비(李妃)를 모시며 치장하는 곳이며 오늘날의 소명도관이 이것이다. 전각 뒤에는 옛터가 여전히 남아 있다. 그 수안주루는 즉 남쪽의 중화조방(中和槽坊)이다.

257_ 『析津志輯佚』城池街市, pp.5~6. 「鵓鴿市, 在喜雲樓下.…南城市·窮漢市, 在大悲閣東南巷內. 蒸餠市, 大悲閣後. 臙粉市, 披雲樓南.」

258_ 『析津志輯佚』寺觀, p.68. 「聖恩寺, 即大悲閣, 後有方石甃八角塔. 在南城舊市之中. 建自唐, 至遼開泰重修.…金皇統九載, 即其地而新之. 元至元壬午春重修.…閣祠大悲觀音菩薩.」

259_ 『析津志輯佚』古蹟, pp.107~108. 「披雲樓, 在故京燕之大悲閣東南.…喜雲樓, 在閣前.」

260_ 『析津志輯佚』寺觀, p.90. 「昭明觀, 在舊皇城內, 乃金朝昭明宮之故址也.」

수안루(壽安樓): 연경의 폐망한 금나라의 황성 안으로 동화문의 서쪽에 있으며 도로 남쪽의 중화조방이다.[261]

라고 하였다.

소명관은 바로 금의 소명궁 옛터에 건축되었으며 이비의 세장대를 그 안에 포괄하였다. 소명관 남쪽에 있는 수안주루 및 도로 남쪽의 중화조방이 또한 모두 금 황성의 무너진 터에 건립된 것은 원래 황성이었던 황폐한 옛 땅이 이미 점차 발전하여 가시가 되었다는 것을 전해 준다.

남성에도 몇몇 수공업 작방과 수공예에 종사하며 거주하는 호(戶)들이 있었다. 관부는 이곳에 직염작방(織染作坊)을 설치하였고 동시에 직염국총관부(織染局總管府)도 설립하였다. 단오절에는 예(禮)에 따라 중서성예부(中書省禮部) · 자정원(資正院) · 중정원(中正院) 등에서 어선(御扇)을 진상해야 하였다. "자정원 · 중정원에서 진상하는 것은 남성의 직염국총관부에서 관할하여 만들며 금 부채살 · 비단끈 · 금진주 · 취화(翠花)[262] · 면엽(面靨)[263] · 꽃비녀 · 기석(奇石) · 계지(戒止)[264] · 향분(香粉) · 연지 · 세약(洗藥)은 각기 정교하게 제작된 것이 먼지떨이와 같았고 모

261_ 『析津志輯佚』 古蹟, pp.104~107. 「洗粧臺, 在南城. 金故宮之西, 壽安酒樓之北. 此臺貯李妃, 以爲梳粧之所. 今昭明道觀是也. 殿後故基尚存. 其壽安酒樓者, 即南中和槽坊也. …壽安樓, 在燕京亡金皇城內, 東華門之西, 街南中和槽坊也.」

262_ 역자 주 '취화(翠花)'는 천자의 의장(儀仗) 가운데 물총새의 깃으로 꾸민 기나 수레 덮개이다.

263_ 역자 주 '면엽(面靨)'은 부녀자의 볼에 붙이는 장식으로 '엽식(靨飾)'이라고도 한다.

264_ 역자 주 '계지(戒止)'는 본래 '계지(戒指)'로 썼으며 손가락에 끼는 반지였다. '계(戒)'는 본래 방비, 경계, 금지 등을 뜻한다. 계지(戒指)는 본래 중국 궁정에서 황제의 비빈이 많았기 때문에 그들이 계지를 끼면 모종의 '금지 · 경계'의 뜻을 나타내었다. 예컨대 황제와 동침하는 후궁에게 궁중 여관(女官)이 은가락지를 주었다. 그것을 왼손에 끼면 황제와 장차 동침할 것이라는 표시였고 오른손에 끼면 황제와 이미 동침하였다는 것을 뜻하였다. 황제의 총애를 받은 후 잉태한 후궁에게는 궁중 여관(女官)이 금가락지를 주었고 이때는 잠시 황제와 동침할 수 없었으며 '계지(戒指)'가 '계지(戒止)'의 기능을 지녔다. '계지(戒指)'의 어휘가 출현한 것은 원대 희곡에서였다.

두 칸의 의식(儀式)과 같았다."265(『석진지집일』세기)고 하였다. 남성 서북쪽 창의문(彰義門) 밖에는 옥을 세공하는 장인의 인호(人戶)들이 있었다. 『석진지』에서는 "남성 창의문(彰儀門) 밖으로 2리 남짓 떨어진 곳에서 남쪽을 바라보면 인가 100여 호가 있는데 모두 옥을 세공하는 장인이고 이곳을 마옥국(磨玉局)이라 이름 붙였다."266(『석진지집일』고적)고 하였다. 부근에 옥돌 산지가 있었고 옥 세공은 이곳 가호(家戶)의 전통 수공예였으며 관부에서도 또한 마옥국을 세워 관리하였다.

남성에는 몇몇 사원과 도관이 있으며 절일에는 여전히 많은 주민이 가서 향을 피우거나 유람하였다. 정월 19일에는 "도성 사람들은 그것을 연구절(燕九節)이라 하며 온 성의 사인들과 여인들이 대나무 지팡이를 끌고 모두 남성의 장춘궁(長春宮)·백운관(白雲觀)으로 간다. 궁관(宮觀)은 법사(法事)를 일으키고 향을 피웠고 마음껏 연회와 놀이를 즐기면서 성대한 절일로 삼았다."267고 하였다. 일부 사묘에서 절일에 거행하는 성대한 활동은 모두 남성과 북성 두 성의 사람들이 함께 참여하는 것이었다. 예컨대 2월 2일 노사산(盧師山)에서 "남성과 북성 두 성의 사람들이 유람하고 감상하는 것이 연구절과 같았고"268 2월 초팔일 서진국사(西鎮國寺)의 묘시 등이 그러하였다. 하지만 남성의 수많은 지역은 결국 상대적으로 황량해져 매년 2월 북성 주민이 '답청투초(踏青鬪草)'269하는 곳이 되었다. "이달이라면 북성의 관원과 사인·서인, 부인·여자들이 많이 남성으로 놀러가 그 바람과 태양의 맑고 아름다움을 즐기러

265_ 『析津志輯佚』 歲紀, p.218. 「資正院·中正院進上, 係南城織染局總管府管辦, 金條·綵索·金珠·翠花·面靨·花鈿·奇石·戒止·香粉·胭脂·洗藥, 各各精制如扇拂. 一如上位儀式.」

266_ 『析津志輯佚』 古蹟, p.115. 「南城彰儀門外, 去二里許, 望南有人家百餘戶, 俱碾玉工, 是名磨玉局.」

267_ 『析津志輯佚』 歲紀, p.213. 「都城人謂之燕九節, 傾城士女曳竹杖, 俱往南城長春宮·白雲觀, 宮觀蔵揚法事燒香, 縱情宴戱以爲盛節.」

268_ 『析津志輯佚』 歲紀, p.216. 「盧師山, 【二月二日, 南北二城遊賞如燕九節.】」

269_ 역자 주 '답청투초(踏青鬪草)'란 봄에 새롭게 자라난 싱싱한 풀을 보러 교외로 나가 유람하는 것을 말한다.

갔고 이를 답청투초(踏靑鬪草)라 하였다."[270](『석진지집일』 세기)고 하였다.

(6) 절일의 집시

『석진지집일』 세기에 따르면 대도에서는 절일을 맞이할 때마다 주
민에게 절일 풍속에 필요한 것을 공급하는 특별한 집시(集市)가 열렸다.

정월 초하루, …수레와 말이 거리와 차방(茶坊)과 술집에 어지러이 있는
가운데 번잡한 교역이 13일까지 이어졌다.…교역 이익을 내려는 중간상
인은 매번 각 시장 모퉁이의 후미진 곳에서 갈대로 엮어 비좁은 집을 만
들고 산수화, 영모화(翎毛畫) 등 그림을 펼쳐 놓거나 걸어 두었고 당고(糖
糕)와 기장쌀로 만든 조고 같은 것, 매운탕, 작은 쌀경단을 팔았다. 또 초
옥(草屋) 밖에 유리로 만든 포도 모양의 등, 종이로 기교를 부려 만든 등,
우스꽝스러운 모양의 등과 불꽃 · 연기를 내는 폭죽류를 내다 걸었다. 아
침에 북을 두드린 후로부터 바야흐로 조용해졌고 이 같은 것이 15, 16일
에 이르러서야 비로소 그쳤다.[271]

[3월] 28일은 바로 악제왕(嶽帝王)의 생신이다. 2월부터 시작하여 온 성의
사인 · 서인 · 관원과 각양각색의 부인들이 왕래하면서 걸어가 경배하고
함께 향을 사르는 자가 끊이지 않았는데 특히 이 3일 동안 극성을 이루었
다. 길거리에서 매매하느라 여러 꽃 · 과일, 떡류, 술과 음식, 향지(香紙)
가 거리를 메웠으니 역시 성대한 모임이었다.[272]

270_『析津志輯佚』歲紀, p.216. 「是月也, 北城官員 · 士庶婦人女子, 多遊南城, 愛其風
日清美而往之, 名曰踏靑鬪草.」

271_『析津志輯佚』歲紀, pp.212~213. 「正月一日,…車馬紛紜於街衢 · 茶坊 · 酒肆, 雜
沓交易至十三日.…市利經紀之人, 每於諸市角頭, 以蘆葦編夾成屋, 鋪掛山水 · 翎毛等
畫, 發賣糖糕 · 黃米棗糕之類及辣湯 · 小米糰. 又於草屋外懸掛琉璃蒲萄鐙 · 奇巧紙
鐙 · 諸謔鐙與烟火爆杖之屬. 自朝起鼓方靜, 如是者至十五 · 十六日方止.」

272_『析津志輯佚』歲紀, p.217. 「[三月]二十八日, 乃嶽帝王生辰, 自二月起, 傾城士庶官
員 · 諸色婦人, 酬還步拜與燒香者不絶, 尤莫盛於是三日. 道塗買賣, 諸般花菓 · 餠
食 · 酒飯 · 香紙填塞街道, 亦盛會也.」

[단오절] 도성 안에서 단오절 2, 3일 전에 소규모 중간상인이 이곳 시장 안 궁벽한 곳과 거리에서 갈대로 만든 시렁 위에 그림을 내걸고 여러 양고(涼糕) 등의 물건을 팔았다. 시장 안에 애호(艾虎),[273] 진흙으로 만든 대사, 비단과 면으로 만든 부신주머니나 패자(牌子) 등을 팔았는데 대략 강남과 같았다.[274]

[6월] 이달에는 경사(京師) 안에 참깨 기름·올챙이가루·볶은 가지·볶은 부추·전병(煎餅)을 많이 거래하였다.[275]

[칠교절(七巧節)] 시장 안에 소규모 중간상인은 또한 갈대로 만든 좁은 선반에 마호라가신의 토우를 팔았는데 인물의 크기는 같지 않았고 구매하려는 자는 어지러웠다.[276]

[8월] 시장 안에 과일·향수려(香水梨)·은사조(銀絲棗)·크고 작은 대추·밤·어황자(御黃子)·비파·능금·홍과자(紅果子)·잣·개암 등 여러 제철 과일을 판매하였다.[277]

도성 안에서 밀가루로 떡를 만들어 사람들을 먹이면서 중양절을 보냈으며 또한 거리에서 테두리·콩꼬투리와 돗자리, 선반을 칭하면서 길을 따라 소리치며 팔았는데, 칠석·단오절과 같았다. 시장 사람들이 또 많아서 어깨에 작은 수레를 밀며 길을 따라 소리치며 팔았다.[278]

이달 동지일에 태사원(太史院)에서 달력을 헌상하였고 무슬림 태사[회회

273_ **역자 주** 애호(艾虎)는 쑥으로 만든 호랑이 모양의 장식물로서 단오절 때 차고 다니며 액을 막는다고 한다.

274_ 『析津志輯佚』 歲紀, p.219. 「[端午節]都中於節前二三日, 小經紀者於是中角頭闤闠處, 蘆葦架棚掛畫, 發賣諸般涼糕等項. 市中賣艾虎·泥大師·彩線符袋牌等, 大概江南畧同.」

275_ 『析津志輯佚』 歲紀, p.219. 「[六月]是月也, 京師中多市廐泥·科斗粉·煎茄·炒韭·煎餅.」

276_ 『析津志輯佚』 歲紀, p.220. 「[七巧節]市中小經紀者, 仍以蘆葦夾棚, 賣摩訶羅巧神泥塑, 人物大小不等, 買者紛然.」

277_ 『析津志輯佚』 歲紀, p.221. 「市中設瓜菓·香水梨·銀絲棗·大小棗·栗·御黃子·頻婆·奈子·紅果子·松子·榛子諸般時菓發賣.」

278_ 『析津志輯佚』 歲紀, p.223. 「都中以麭爲糕饋遺, 作重陽節, 亦於闤闠中笁荚蘆蓆棚叫賣. 如七夕, 午節. 市人又多以小扛車上街沿叫賣.」

태사(回回太史)가 달력을 바쳤으며 또 그림 달력을 진헌하였다. 후시(後市)에서도 현재 새 달력을 파는 자가 있었다.[279]

대도 절일 집시를 북송 변경 및 남송 임안과 비교하면 대도 절일 풍속이 확실히 '대략 강남과 같았다'는 것을 알 수 있다. 단오절은 '시장 안에 애호, 진흙으로 만든 대사를 팔았는데', '대사(大師)'는 아마 '천사(天師)'의 오류일 것이므로 곧 변경 단오절에 '진흙을 합쳐 만든 장천사(張天師)'였다[진원정(陳元靚)『세시광기(歲時廣記)』권21]. 애호는 임안에도 이미 이런 품목이 있었다. 칠교절시에서 판매한 '마호라가(Mahoraga)신의 토우'에 대해서 변경과 임안에서는 모두 '마갈악(磨喝樂, mahoraga)' 혹은 '마후라(摩睺羅)'라고 썼다. 대도 주민은 3월 28일 악제의 생신을 성대한 절일로 여기고 온 성의 관원과 사인과 서인이 모두 향을 피우러 갔다. 임안의 주민들도 일찍이 이러한 풍속이 있었으며 3월 28일 동악성제(東嶽聖帝)의 탄신일을 주요 절일로 삼고 "그 신이 천하 인민의 생사를 주관한다."고 여겼다. 항주에는 다섯 곳의 동악행궁(東嶽行宮)이 설치되어 있었고 향과 등촉이 대단히 성행하였으며 그 가운데 오산행궁(吳山行宮)이 가장 번성하였다. 2월 하순부터 시작하여 향을 사르는 자가 끊이질 않고 왔고 절일에는 한층 더 성대한 봉헌(奉獻)이 거행되었다[280]
[『몽량록』권2 이십팔일동악성제탄신(二十八日東嶽聖帝誕辰)]. 대도 남성과 북성 두 성에는 네 곳의 악묘(嶽廟)가 있었고 성 동쪽 제화문(지금의 조양문) 밖으로 2리 떨어진 곳에 있는 동악행궁의 규모가 가장 컸기 때문에 소상(塑像)은 명인 유원(劉元)의 손에서 나온 것으로 '진실로 일대(一代)의

279_ 『析津志輯佚』 歲紀, p.223. 「是月冬至日, 太史院進曆, 回回太史進曆, 又進畫曆. 後市中即有賣新曆者.」

280_ 『夢粱錄』 卷2 二十八日東嶽聖帝誕辰, p.150. 「三月二十八日, 乃東嶽天齊仁聖帝聖誕之日, 其神掌天下人民之生死, 諸郡邑皆有行宮奉香火. 杭州有行宮者五, 如吳山·臨平·湯鎮·西溪·皋山, 奉其香火. …又有丐者於吳山行宮獻彩畫錢幡, 張掛殿前, 其社尤盛.」

절정의 예술'이었다. 이곳은 3월 초부터 향을 피우는 자가 끊이질 않았고 21일 이후에는 도로가 막혀 절일에 '관원을 보내 향을 함에 담아 악묘의 뜰로 맞아들여야' 했고 길을 따라 남장을 한 각양각색의 부인들이 신전에 경배하였다[281][『석진지집일』 사묘의제(祠廟儀祭)]. 대규모의 동악행궁의 위치가 제화문 밖에 만들어진 까닭은 이곳이 남쪽에서 오는 객상이 모이는 곳이었기 때문이었다. 『석진지』에 따르면 "제화문 밖에 동악행궁이 있었고 이곳은 옛날에 향·초·술·종이로 가장 이익이 났다. 대개 강남과 직고(直沽)를 잇는 바닷길과 통주(通州)로부터 오는 자는 대부분 성 밖에 머물렀고 그곳, 즉 동악행궁으로 빨리 달려가 마치 집으로 돌아가는 듯하였다. 또한 조운으로 연간 비축물을 운반하였는데 대부분 교역되어 주민들이 부유하였다."[282]고 하였다. 바닷길로 강남에서 직고(지금의 천진)를 거쳐 통주에 도착한 남방의 거상들은 모두 제화문 밖에 모여 체류하였고 모든 남방 대상인은 모두 동악제(東嶽帝)를 신앙하는 풍속을 가졌기 때문에 동악행궁을 향해 '빨리 달려가 마치 집으로 돌아가는 듯하였다'고 하였다. 남방 대상인은 대도의 경제·무역에서 중요한 지위를 차지하였기 때문에 이런 풍속도 점차 대도 주민에게 받아들여졌다. 대도 절일에 시장의 풍속이 강남과 대체로 서로 같았던 까닭은 남방 상인의 영향을 받았던 때문일 것이다.

당시 남방의 각종 시장의 상인들은 동악행궁에 별도로 특정 신전을

281_『析津志輯佚』祠廟·儀祭, pp.54~55.「嶽廟, 南北二京有四處: …一在北城齊化門外二里許. 天師宮張上卿創起, 後俱是吳宗師閒閒一力完成.…其廟宇神像, 翠飛偉冠, 實爲都城之具瞻. 致其巧思, 特出意表, 真一代絕藝也. 每歲自三月起, 燒香者不絕. 至三月燒香酬福者, 日盛一日. 比及廿日以後, 道塗男人ㅁㅁ賽願者填塞. 廿八日, 齊化門內外居民, 咸以水流道以迎御香. 香自東華門降, 遣官函香迎入廟庭, 道衆鄉老甚盛. 是日, 沿道有諸色婦人, 服男子衣, 酬步拜, 多是年少艷婦.」 역자 주 본문의 '견관함향영입조정(遣官函香迎入朝庭)'은 원문의 '견관함향영입묘정(遣官函香迎入廟庭)'을 잘못 쓴 것이다.

282_『析津志輯佚』古蹟, p.116.「齊化門外有東嶽行宮, 此處昔日香燭酒紙最爲利. 蓋江南直沽海道, 來自通州者, 多於城外居止, 趨之者如歸. 又漕運歲儲, 多所交易, 居民殷實.」

짓고 제사를 지내는 풍속을 성대하게 거행하였다. 원 연우 원년(1314) 장흥주(長興州, 지금의 절강 장흥현)의 「수건동악행궁비(修建東嶽行宮碑)」[283] 뒷면에는 오숙항(五熟行), 향촉항(香燭行), 은항(銀行), 옥진항(玉塵行), 도생항(度生行), 요촉항(澆燭行), 인지항(印紙行), 마항(馬行), 고사항(篙師行), 정발항(淨髮行), 재봉항(裁縫行), 금린항(錦鱗行), 당병항(糖餅行), 과항(果行), 채백항(綵帛行), 주항(廚行)·음식항(飲食行), 주항(酒行) 등에 소속된, 각종 신전을 건립한 시주자 성명을 적어 놓았다. 원 대도의 동악행궁에도 또한 각종 시장이 있었고 이곳에 특정 제사를 올리는 신전을 별도로 건립하였으므로 각 항(行)의 상인들이 '그곳으로 무척 빨리 달려가 마치 집에 돌아가는 듯하였던' 것이다.

9) 명대 남경 구조의 새로운 발전

(1) 명대 남경 응천부성(應天府城)의 건설

남경은 강남에서 오랫동안 도성을 건립하였던 곳이었다. 삼국 시기에 오나라는 이곳에 도성을 건립하고 건업(建業)이라 하였다. 동진과 남조의 송(宋)·제(齊)·양(梁)·진(陳)도 모두 여기에 도성을 두고 건강(建康)이라 하였다. 수나라가 남조의 진을 공격하여 멸망시킨 뒤 궁전과 성지(城池)를 없애고 평지로 만들었으며 별도로 석두성(石頭城)에 장주(蔣州)를 설치하고 이 지역을 통치하였다. 당대에 여러 차례 지명을 바꾸었다. 오대 때에 남당은 또한 이곳에 도성을 세우기로 하고 금릉(金陵)이라 하였고 확장 공사를 거쳐 성 주위가 25리 45보에 이르렀으며 석두성 및 진회하(秦淮河)를 모두 성 안으로 포함시키기 시작하였다. 그 범위는 서쪽으로는 지금의 수서문(水西門)과 한중문(漢中門)에서 시작하여 동쪽으로 지금의 대중교(大中橋)에 이르렀고 북쪽으로 지금의 축교

283_ 『兩浙金石志』 卷15 修建東嶽行宮碑.

(竺橋)와 북문교(北門橋)에서 시작하여 남쪽으로 지금의 중화문(中華門)에 이르렀다. 성 중앙에서 북쪽으로 치우쳐 원래 자성(子城)이 있었는데 남당(南唐)은 궁성으로 바꾸었고 둘레는 4리였다. 남당이 멸망한 후에 북송은 이곳에 강녕부(江寧府)를 세웠고 남송은 건강부(建康府)로 개칭하였다. 원대에는 먼저 건강로(建康路)라고 하였다가 후에 집경로(集慶路)라 부르며 동남지역의 정치·경제 중심으로 삼았다.

주원장(朱元璋)은 원 지정(至正) 16년(1356)에 집경로를 함락한 후 응천부(應天府)로 개명하고 전국 통일을 위한 기지로 삼았으며 아울러 이곳에 도성을 세울 준비를 하였다. 10년 후 "건강의 옛 성 서북쪽이 대강(大江: 곧 장강)을 제어하고 동쪽으로 백하문(白下門) 밖으로 나아가면 종산(鍾山)까지 광활하고 멀지만 구내[舊內, 옛 대내(大內)]가 성 안에 있고 원의 남대[南臺, 강남제도행어사대(江南諸道行御史臺)]를 궁전으로 만들었기 때문에 다소 비루하였다. 황상께서 이에 유기(劉基) 등에게 명령하여 점을 쳐 땅을 정하도록 하였다. 새로운 궁을 종산의 남쪽에 지었고 옛 성의 동쪽 백하문 밖으로 2리 남짓 떨어진 곳에 새로운 성을 증축하니 동북은 종산 밑까지 닿아 총연장 둘레가 50여 리였다."[284][『명태조실록(明太祖實錄)』권21 병오년팔월경술삭(丙午年八月庚戌朔)]고 하였다. 이듬해에 이르러서는 원구(圜丘)·사직·궁전이 완공되었고 이른바 새로운 성을 증축했다는 것은 단지 옛 성의 백화문 동쪽으로 2리 떨어진 곳에 성벽 일부분을 확장한 것일 뿐이었고 종산의 남쪽에 건설한 새로운 궁을 그 안으로 포함하였다는 것이다. 명 홍무원년(1368) 주원장이 이곳에서 황제에 즉위하니 곧 명 태조였다. 이듬해 전체 응천부의 새로운 성을 세우기 시작하여 4년이 지나서 완성하였다. 홍무 8년(1375) 궁전을 개

284_『明太祖實錄』卷21 丙午年八月庚戌朔.「丙午年八月庚戌朔, 拓建康城. 初建康舊城西北控大江, 東進白下門外, 距鍾山既闊遠, 而舊內在城中, 因元南臺爲宮, 稍庳隘. 上乃命劉基等卜地定, 作新宮於鍾山之陽, 在舊城東白下門之外二里許, 故增築新城. 東北盡鍾山之趾, 延亘周回凡五十餘里.」

축하고 홍무 10년(1377)에 완성하였는데 그 틀은 예전과 같았다. 홍무 11년(1378) 정월 '남경을 경사로 바꾸고' 정식으로 남경을 국도(國都)로 삼았다.

응천부성은 곧 현재의 남경성(南京城)으로 성 둘레는 66리 남짓이다. 작은 언덕, 호수, 하천 등 지리형세를 고려하고 방어 수요에 따라 개축하여 완공하였으므로 그 평면은 서북쪽 모퉁이가 뻗어 나오고 남부가 돌출한 불규칙적 형상이 되었다. 남북 길이는 대략 20리였고 동서 길이는 약 11리 남짓이었다. 동북쪽으로 종산 서남쪽 기슭에 가까웠고 서북쪽으로 현무호(玄武湖)에 바싹 붙어 있었으며 계롱산(鷄籠山)·복주산(覆舟山)을 성 안에 포함하고 있었다. 서북쪽 모퉁이는 곧장 장강 가의 사자산(獅子山)까지 뻗어 있었으며 동남쪽으로는 진회하를 포함하였고 남당 금릉과 육조(六朝)의 건강 및 동부성(東府城)을 모두 그 안에 포함하였다. 그리하여 남경 역사상 규모가 가장 크고 가장 견고하게 건축된 성이 되었다. 성벽의 평균 높이는 12m 이상이며 폭은 7m 이상이다. 성벽 바깥층은 특수 제작된 성 벽돌을 이용하여 계단식으로 완성하였고 성 벽돌은 장강 중하류에 있는 백 수십 개의 부(府)·현(縣)에서 통일된 규격에 맞춰 제작되었다. 대형 성 벽돌 위에는 모두 벽돌 제조를 감독한 부·현 및 벽돌 제조 장인의 성명을 새겨 놓았다. 각 성 벽돌의 평균 길이는 40cm이고, 폭은 20cm이었으며, 두께는 10cm이고, 무게는 약 20kg이었다. 성벽은 화강석으로 기초를 하고 벽돌 사이에 오동나무 기름과 찹쌀 풀과 석회액을 주입하여 만들어서 대단히 견고하였다. 이는 중국 역사상 최초로 벽돌을 사용한 도성이었다. 모두 13개의 성문을 설치하였다. 정양문[正陽門, 지금의 광화문(光華門)]·통제문(通濟門)·취보문[聚寶門, 지금의 중화문(中華門)]·삼산문[三山門, 지금의 수서문(水西門)]·석성문[石城門, 지금의 한서문(漢西門)]·청량문(淸凉門)·정회문(定淮門)·의봉문[儀鳳門, 지금의 홍중문(興中門)]·종부문(鍾阜門)·금천문(金川門)·신책문[神策門, 지금의 화평문(和平門)]·태평문(太平門)·조양문[朝陽門, 지금의 중산문

(中山門)]이다. 그 가운데 통제문·취보문·삼산문 세 문은 남부의 돌출부분의 성문으로 더욱 견고하게 건축되었고 각각 삼중에서 사중에 이르는 긴 회랑형 출입구가 있었다(그림 83 참조).

응천부성의 주위에 홍무 23년(1390)에 다시 외곽성을 세웠고 그 둘레는 약 120리였다. 외곽성은 더욱 방어를 위한 필요에서 출발한 것이었으며 천연의 산비탈 형세를 이용하고 흙으로 쌓았다. 그 동북쪽은 종산을 포괄하고 동남쪽은 신기영(神機營)과 대교장(大敎場)을 포용하였다. 남면은 취보산[聚寶山], 우화대(雨花臺)]을 넘어서고 북면은 석회산과 현무호를 포용하였으며 서면은 장강 가에 가까이 닿아 있었다. 성 동쪽에는 선학문(仙鶴門)·기린문(麒麟門)·창파문(滄波門)·고교문(高橋門) 네 문이

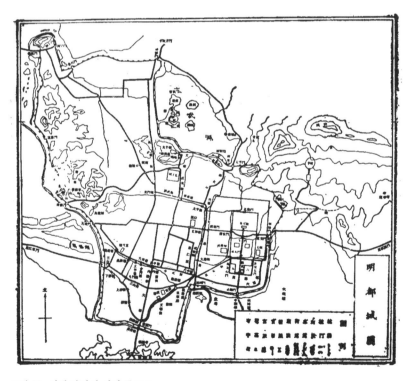

그림 83 명대 남경성 평면 구조도

있었고, 남쪽에는 상방문(上方門)·협강문(夾崗門)·봉대문(鳳臺門)·안덕문(安德門)·소안덕문(小安德門) 다섯 문이 있었다. 서쪽에는 순상문(馴象門)·소순상문(小馴象門)·책란문(柵欄門)·강동문(江東門) 네 문이 있었고 북쪽에는 외금천문(外金川門)·상원문(上元門)·불녕문(佛寧門)·관음문(觀音門)·요방문(姚坊門) 다섯 문이 있었다. 모두 18문이었다. 현재 외곽성의 유적은 이미 남아 있지 않지만 현재에도 이런 성문 이름을 따서 계속 지명으로 삼고 있다.

고루와 종루는 성 안의 서북부에 있는 북문교의 서북쪽에 세워졌다. 성 안의 서북부에는 군영이 설치되어 있었다. 응천부서(應天府署)는 성 안 남부의 중심인 내교(內橋) 서남쪽에 세워져 있었고 강녕현서(江寧縣署)는 취보문 안 진회교(鎭淮橋) 서북쪽에 설치되어 있었으며 상원현서(上元縣署)는 성 중앙의 중정가(中正街) 서쪽에 세워져 있었다. 부학(府學)과 공원(貢院)은 무정교(武定橋) 북쪽 진회하 연변에 설치되어 있었고 무학(武學)은 성 중앙의 유민방(裕民坊) 동쪽에 세워져 있었다. 성 안의 주요 시가는 남쪽 진회하 주위 지역에 있었으며 성 중앙의 내교, 성 동쪽의 대중교, 성 북쪽의 북문교에 모두 집시(集市)가 있었다. 사면의 성문 밖, 특히 장강에 근접한 성문 밖에는 각종 일용품 항시가 있었고 강동문(江東門) 밖에는 양식과 가축을 거래하는 시장이 있었으며 의봉문 밖에는 죽목시(竹木市)가 있었고 청량문 밖에는 포필(布匹)·주단(綢緞)·차·소금 등을 중계하는 항잔(行棧)이 있었다.

(2) 명대 남경 황성과 궁성의 배치

남경의 황성은 응천부 성의 동부에 치우쳐 있었으며 곧 지금의 일선교(逸仙橋) 동쪽이자 광화문의 북쪽 지역이었다. 궁성은 황성 중앙부에 있지만 약간 동쪽에 치우쳐 위치하였다. 이는 연작호(燕雀湖)를 메워서 건축한 것이었으므로 지세가 남쪽은 높고 북쪽은 낮았다. 황성과 궁성의 배치는 역대 도성 규획을 계승하는 한편 일부 발전시킨 것으로 그것만의 특징이 있다. 이런 특징은 후에 북경을 개축하는 근거가 되었다.

첫째, 궁성의 정남문은 오문(午門)으로 불렀는데, 오문은 좌액문·우액문과 연결되어 평면이 '요(凹)자를 거꾸로 세운 모양'으로 완성되었다. 오문 앞에는 단문(端門)을 덧세웠다. 단문의 동서 양측에는 태묘와 사직대가 건립되어 있었다. 단문 남쪽에는 또 승천문(承天門)이 있었다. 승천문에서 단문을 거쳐 오문에 이르는 어도(御道)의 동서 양측에는 궁담장이 세워져 있어 태묘와 사직대를 바깥쪽에 분리시켜 이 어도의 위상를 돋보이도록 하였고 궁성을 향하는 유일한 교통 노선이 되었다. 그래서 승천문이 황성의 정남에 세워졌지만 실제로는 궁성으로 진입하는 정남쪽의 제1문이 되었다(그림 84 참조).

둘째, 그야말로 승천문이 사실상 궁성에 진입하는 제1문이 되었으므로 승천문 밖으로 정중앙의 어도 동서 양측에 천보랑을 건립하였다. 천보랑에 건립된, 연속된 낭옥(廊屋)은 남에서 북으로 승천문 앞의 횡가(橫街)까지 이른 뒤 나눠져 동서 양측으로 방향을 틀면서 곱자형을 이루었다. 이는 금 중도 궁성의 응천문 밖에 곱자형으로 대칭하는 긴 주랑과 기본적으로 똑같은 것이다. 그에 따라 황성 앞의 궁정 광장은 '정(丁)'자형 구조를 이루었다. 이러한 '정(丁)'자형의 긴 주랑 남단에는 홍무문(洪武門)이 세워졌고 '정(丁)'자형의 횡가 동서 양단에는 장안좌문(長安左門)과 장안우문(長安右門)이 설치되었다. 이 홍무문은 남쪽을 향해 있어 대성(大城)의 정양문과 마주하고 있었다. 홍무문을 지나서 북쪽으로 황성의 승천문을 거쳐 단문으로 들어가 궁성 오문까지 이르는데, 이 곧은 한 갈래 어도가 바로 중축신이다. 중축선에는 승천문 밖과 오문 안에 금수교(金水橋)가 설치되어 있었고 이것은 금 중도 황성의 선양문 밖에 설치된 다리 및 원 대도 궁성의 승천문 밖에 설치된 주교와 유사한 점이 있다. 이를 통해 명초 남경 황성과 궁성의 건설은 바로 전대의 규획을 계승하여 발전시킨 것이라는 점을 알 수 있다.

셋째, 홍무문 안으로 '정(丁)'자형 긴 주랑의 좌우 양측에는 주요 중앙

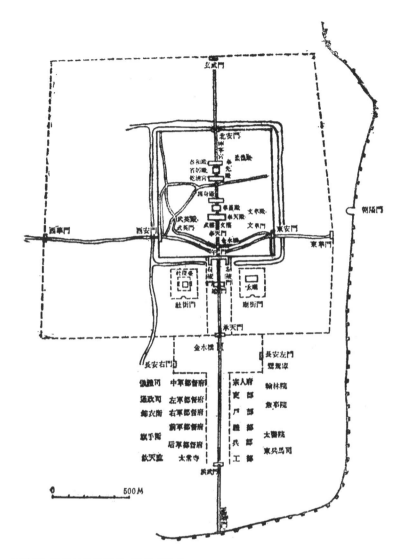

그림 84 명대 남경의 황성·궁성 배치도

관서가 건립되어 가지런히 배열되어 있었다. 「홍무경성도지서(洪武京城圖志序)」에서 "육경(六卿)이 왼쪽에 자리하고 문(文)으로써 다스린다. 5부(五府)는 서쪽에 자리하며 무(武)로써 진정시킨다."고 하였다. 좌측의 앞줄은 종인부(宗人府)·이부·호부·예부·병부·공부였으며 뒷줄은 난가고(鸞駕庫, 군주의 수레 보관고)·한림원·첨사부(詹事府)·태의원·동병마사(東兵馬司)였다. 우측의 앞줄은 중군도독부·좌군도독부·우군도독부·전군도독부·후군도독부·태상시(太常寺)였고 뒷줄은 의례사(儀禮司)·통정사(通政司)·금의위(錦衣衛)·기수위(旗手衛)·흠천감(欽天監)이었다. 이 때문에 실제로는 홍무문의 북쪽은 양측의 중앙관서를 포괄하였고 모두 황성 범위에 속하였다. 홍무문은 실제로 황성으로 들어가는 대문이 되었다. 6부 가운데 다만 형부만이 홍무문 안에 설치되지 않았다. 형부와 도찰원(都察院)·대리시(大理寺)는 모두 삼법사(三法司)로 분류되었다. 삼법사는 경기도(京畿道)도 담당하기 때문에 황성 서북쪽 부성(府城) 밖의 현무문 동쪽에 설치되어 있었다.

홍무문 안에 집중적으로 배열된 중앙관서는 명대 군권(君權)이 고도로 집중하는 구체적 시설이었다. 홍무 13년(1380) 이른바 '호유용안(胡維庸案)' 때문에 승상 호유용과 수많은 관료를 죽인 후 중서성을 폐지하고 승상을 세우지 않은 채 정사(政事)는 군주가 몸소 재결하였고 6부 상서가 직접 황제에 대해 책임을 지었으며 형부·도찰원·대리시 삼법사도 역시 황제가 직접 관할하였다. 이와 동시에 대도독부를 폐지하고 좌·우·중·전·후 5부로 나누니 즉, 이른바 오군도독부(五軍都督府)가 군적(軍籍)과 군정을 나눠 맡았고 경성의 위소(衛所)와 경사 이외의 각 도사(都司)·위소(衛所)를 관할하였지만 직접 군대를 통솔하지는 않았다. 전시에 황제는 장수를 임명하여 위소의 군대를 통솔하여 출정하도록 하였고 전쟁이 끝난 후 최고지휘관은 인(印)을 반환하였고 군대는 위소로 귀환하였다. 군대의 징병과 파견은 비록 병부에 속하였으나 다만 임명통수권과 지휘권은 황제에게 귀속하였다. 홍무 15년(1382)에 또 의란사(儀鸞司)를 금의위로 개편하였다. 의란사는 본래 다만 황제 출행의 의장과 경호만을 담당하였으나 금의위로 바뀐 후에 황제 친군 12위(衛) 가운데 하나가 되었을 뿐만 아니라, 도독부에 속하지 않고 황제에게 직속되었다. 금의위는 원래 기타 여러 위와 마찬가지로 진무사를 설치하고 형옥(刑獄)을 담당하였으나 오래지 않아 더욱 북진무사(北鎭撫司)를 증설하여 '조옥(詔獄)'[285]을 전담하였고 원래의 진무사는 남진무사가 되어 군장(軍匠)의 여러 직무를 관장하였다. 이른바 '조옥'이란 황제가 친히 처결하는 중대한 형옥이다. 동시에 금의위는 또한 '경성 안팎의 범법자'를 조사하고 체포하는 일을 주관하여 금의위의 권세는 삼법사를 능가하였다. 당시 금의위와 오군도독부를 모두 홍무문 안 오른쪽에 설치하고 삼법사를 황성 서북쪽에 설치한 것은 바로 이러한 까닭에서 비롯된 것이다.

넷째, 홍무문의 남쪽에서 대성 정양문의 북쪽까지 일단의 빈 공간을 남겨 두어 주민이 이곳에 시가를 설치하는 데 편하도록 하였고 아울러 교통의 중요한 도로로 삼았다. 이것은 후에 북경성을 개축할 때도 본받은 방법이었다.

다섯째, 황성 동서 양측에 동화문과 서화문을 건립하였고 궁성 동서 양측의 동안문(東安門)·서안문(西安門)과 서로 통하였다. 황성 정북쪽의 현무문은 궁성 정북쪽의 북안문(北安門)과 서로 통하였다.

여섯째, 궁성 안의 전체 건축은 전조(前朝)와 내정(內廷) 두 부분으로 나뉘었다. 궁성 오문 안쪽으로 금수교를 거쳐 봉천문(奉天門)이 있었고 동서 양측에는 문화문(文華門)과 무영문(武英門)이 있었다. 봉천문 안에는 봉천전(奉天殿)이 있었고 동서 양측에는 문루와 무루가 있었다. 문화문과 무영문 안에는 문화전(文華殿)과 무영전(武英殿)이 있었다. 봉천전은 대조회를 거행하는 정전이었다. 봉천전 뒤에는 화개전(華蓋殿)이 있었고 화개전 뒤에 또 근신전(謹身殿)이 있었다. 봉천전, 화개전, 근신전 세 대전이 바로 전조가 있는 곳이었다. 이 뒤에 있는 건청궁(乾淸宮), 성

285_ 역자 주 '조옥(詔獄)'에서 '옥(獄)'은 반드시 감옥과 관계된 것만이 아니라, 법률 안건을 지칭한다. 따라서 '조옥'은 황제가 명령을 내린 법률 안건, 이른바 '칙명형옥(勅命刑獄)'이다.

궁전(省躬殿), 곤녕궁(坤寧宮)이 바로 내정이 위치한 곳이었다. 이러한 전조와 내정의 대전은 모두 오문에서 북안문에 이르는 남북향의 중축선 위에 건립되어 있었고 내정 중축선의 동서 양측에도 봉선전(奉先殿), 유의전(柔儀殿), 춘화전(春和殿) 등이 세워져 있었다. 동쪽의 봉선전은 내정에서 선조에 대한 제사를 거행하는 곳이었다.

남경의 궁전은 단계적으로 건립하여 완공한 것이었다. 원 지정 25년(1365) 12월에 공사를 시작하여 1년 정도 거쳐 봉천전 등 세 대전과 건청궁 · 곤녕궁 등의 궁전을 완공하였다. 홍무 10년(1377)에 이르러 남경을 도성으로 정할 준비를 하고 이에 또한 대내를 확장하였으며 오문에 좌액문과 우액문을 건립하고 봉천문 좌우에는 동서 각문(角門)을 세웠으며 양무(兩廡) 사이의 좌우에는 문루와 무루를 설치하고 아울러 문화전과 무영전 두 전을 세웠다. 홍무 25년(1392)에 또한 대내의 금수교를 개축하고 단문, 승천문루와 장안 동서 두 문을 건립하였다. 전하는 바에 따르면 "점을 쳐 땅을 선정하고 대내를 건축할 때 연미호(燕尾湖)를 메워 그것을 시행하는데 비록 유기(劉基)에 의해 결정되었으나 실은 황상께서 직접 결단하였고 유기는 감히 다 말하지 못하였다. 25년 후 황상께서 그 과오를 알고 이에 글을 지어 광록시(光祿寺)의 조신(竈神)에게 '짐이 천하를 경영하는 수십 년 동안 사안마다 옛것을 고찰하니 실마리가 있었다. 오직 궁성 앞은 높고 중앙에 웅덩이가 있어 형세가 상찬할 만하지 못하였다. 본디 천도하고자 하였으나 지금 짐은 나이가 늙고 힘이 이미 부치지 못하며 또 천하를 새로이 안정시켜 백성을 수고롭게 하고 싶지 않다. 더욱이 철폐와 홍건이 여러 차례 있었으니, 다만 하늘[의 뜻]을 따르도록 하고 오직 바라건대 짐의 이 마음을 거울삼고 그 자손에게 복이 되기를 바란다' 등을 말씀하셨다."[왕당(王棠), 『지신록(知新錄)』 권12]고 하였다. 전체 황성 · 궁성의 설계는 유기가 명을 받아 주관하였고 최종적으로 주원장이 직접 결정하였으며 이로써 이러한 배치 구조는 명나라의 확립된 제도가 되었다. 뿐만 아니라 중도(中都) 임호[臨濠, 지금의 안휘성 봉양현(鳳陽縣)]의 설계 기획도 대체로 이런 체제를 따랐고 후에 명 성조(成祖)가 북경으로 천도하고 전체 북경을 새로이 건설할 때에도 또한 '규격과 형식이 모두 남경과 같았던' 것이다. 예컨대 효릉을 명 태조가 축조하였으므로 나중에 북경성 북쪽 천수산(天壽山) 기슭에 명 13릉의 건설도 모두 효릉의 제도를 따랐다.

(3) 중도 임호(臨濠)와 남경 제도 모방

명 홍무 원년(1368) 3월에 변량을 공격하여 점령한 후 8월에 조서를 내려 금릉(金陵)을 남경으로 삼고 대량(大梁)을 북경으로 삼았다. 이듬해 9월에 다시 고향 임호를 중도로 삼고 유사(有司)에게 명령해 남경의 제도를 모방해 건설하도록 하였다. 건설 작업이 6년을 경과한 후 유기가 "봉양(鳳陽)이 비록 황제의 고향이지만 도성을 세울 만한 땅이 아닙니다."라고 상주하자 이에 홍무 8년(1375) 4월에 '소모되는 인력과 비용' 때문에 건축을 중단하였다. 이후 계속 건축한 것을 헐어서 그 자재를 옮겼고 겨우 황실 범죄자를 감금하는 곳으로 사용하였다.

명 중도는 비록 최종적으로 완성되어 사용되지 못하였지만 남경 건설의 규획과 구조를 모방한 것은 후에 명 성조가 중건한 북경에 직접적인 영향을 끼쳤다. 봉양은 남경과 달리 지리 형세의 제한을 받지 않았고 또 옛 건축의 영향이 없었으므로 건설 계획이 더욱 정연하였고 규모도 더욱 장대하였다. 전체 성에는 3중의 방성(方城)이 있었고 가장 안쪽을 대내(자금성)로 삼았으며 둘레는 6리이고, 높이 4장 5척 4촌이었다. 오문·현무문과 동화문·서화문을 설립하였고 네 모퉁이에 각루가 있었다. 황성은 대내를 포용하였는데 둘레는 13리 반이고, 높이는 2장이었으며 승천문·북안문과 동안문·서안문이 설치되어 있었다. 바깥은 중도성이며 둘레가 50리 443보이며 찌그러진 방형이었다. 흙으로 쌓아 올린 벽의 높이는 3장이고 서남쪽 한 귀퉁이로 봉황취산(鳳凰嘴山)이 돌출되어 있었다. 문은 모두 9개가 개설되었다. 중도성 정남쪽 홍무문 안에는 남북 방향의 홍무가가 마련되어 있고 양측에 천보랑이 설치되어 있었다. 남경의 제도를 모방하여 황성 승천문 앞에 '정(丁)'자형 광장을 두었으며 남단에 대명문(大明門)을 설치하였고 승천문과 오문 사이에 단문을 세웠다. 홍무문에서 대명문·승천문·단문을 거쳐 오문에 이르는 어도는 길이가 300여 리이며 어교가 설치되어 있고 좌우 양측에 문무관서 및 태묘와 사직이 마련되어 있었다. 동시에 고루·종루와 중도 성황묘·공신묘 또한 황성 앞쪽의 횡가[운제가(雲濟街)]에 설치되어 있었으며 좌우대칭이었다. 홍무문 밖 남교에는 좌우 대칭의 원구와 산천단(山川壇)이 마련되어 있었는데 남경 정양문 바깥의 남교에 대사단(大祀壇)과 산천단을 설치한 것과 같았다. 황성 승천문 밖에 '정(丁)'자형

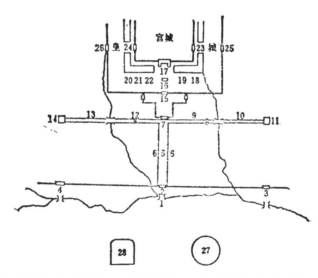

1—鳳陽桥; 2—洪武门; 3—前左甲第门; 4—前右甲第门; 5—洪武街;
6—千步廊; 7—大明门; 8—云済街; 9—中都城隍庙; 10—国子监; 11—
鼓楼; 12—功臣庙; 13—历代帝王庙; 14—钟楼; 15—承天门; 16—端门;
17—午门; 18—太庙; 19—中书省; 20—太社; 21—御史台; 22—大都督
府; 23—东华门; 24—西华门; 25—永安门; 26—西安门; 27—圜丘;
28—山川坛

그림 85 명대 중도 임호(臨濠) 홍무문 안 배치도

광장의 남문인 대명문의 명칭은 영락연간에 북경 황성을 개축할 때 이어 사용되었다(그림 85 참조).

10) 명대 북경성의 개축

(1) 홍무연간 북성 담장 축소와 연왕부(燕王府) 건설

홍무 원년(1368) 3월 명나라 군대가 변량을 공격하여 함락한 후 얼마 지나지 않아 주원장은 변량을 순시하고 아울러 원 대도로 진군하는 전략 방침을 마련하고 반드시 '시(市)는 안이하게 급습하지 말고 백성이 자신의 생업을 안정'시키도록 하였다. 이해 윤 7월에 우승상 서달(徐達)은 군대를 이끌고 대도를 포위 공격하고 대도 동쪽의 통주를 점령하자 원 순제(順帝)가 다급하게 상도로 달아났다. 8월 2일 명나라 군대는 제화문을 통해 성으로 들어간 후 신속히 대도를 정복하였다. 이에 명나라는 대도로를 북평부로 고치고 여러 해에 걸쳐 몽골을 향해 군사를 운용하는 기지로 삼으니 북평부는 북방 변경 방어의 중요 진지가 되었다.

서달은 성 방어를 공고히 하기 위해 지휘(指揮) 화운룡(華雲龍)에게 명하여 성의 권역을 축소하도록 하였고 북부의 비교적 광활한 빈 공간을 축소하고 북성 담장을 새롭게 건축하였다. 「홍무북평도경지서」(『일하구문고』 권38)는 다음과 같이 적었다.

옛 토성 하나는 둘레가 60리였다. 점령한 후에 성 둘레가 너무 넓어서 이에 그 동서를 줄여 북쪽의 절반에 이어지도록 하고 새로이 벽돌로 감싸니 둘레가 40리였다. 동·서·남 세 면은 각 높이가 3장 남짓이었고 상단 폭은 2장이었다. 북면은 높이가 4장 남짓에 폭 5장이었다. 해자는 각기 깊이와 폭이 일정하지 않는데 깊이가 1장 남짓에 이르렀고 폭이 18장 남짓에 이르렀다. 성은 문이 9개였다. 남쪽 세 문은 정남쪽을 여정(麗正), 왼쪽을 문명(文明), 오른쪽을 순승(順承)이라 하였다. 북쪽 두 문은 왼쪽을 안정(安定), 오른쪽을 덕승(德勝)이라 하였다. 동쪽 두 문은 동남쪽을 제화(齊化), 동북쪽을 숭인(崇仁)이라 하였다. 서쪽 두 문은 서남쪽을 평측(平則), 서북쪽을 화의(和義)라 하였다. 각 문에는 또한 월성(月城) 밖의 문 10개를 세웠다.[286]

이에 의거하면, 성 권역은 3분의 1이 축소되어 둘레 60리에서 40리로 바뀌었고 성문은 11개에서 9개로 줄었고 동쪽 담장 북단의 광희문과 서쪽 담장 북단의 숙청문을 없앴다는 것을 알 수 있다. 새로 축조한 북성의 담장은 높이가 동·서·남 3면보다 1장 남짓 높았을 뿐만 아니라, 폭도 1배 이상 늘었는데, 그 목적이 북방에서 몽골군이 침범해 오는 것을 방어하는 데 있었다는 것은 매우 분명하다. 게다가 북성의 담장에 새로이 지은 성문의 이름을 지을 때 왼쪽을 안정, 오른쪽을 덕승이라 한 것에서도 성 방어를 공고히 하려는 의도가 아주 뚜렷하다. 원래 대도성의 성벽은 다만 흙을 다져 만든 것으로 이 당시 '새로이 벽돌로 감쌌다'는 것은 바로 그 바깥을 벽돌로 감싸며 층층이 쌓은 것이었으며 이 또한 방어를 강화하기 위해서였다. 후에 북경의 북성 벽은 여타 3면의 성벽보다 더욱 웅장하고 두껍고 장대하기 그지없었으며 남쪽 성벽에 비해 3m~4m 정도 두꺼웠다. 이는 후에 여러 차례 증축되며 형성된 것이었지만 그 장대한 기초는 바로 홍무 초년에 몽골병의 침범을 방어하기 위해 건축한 것이었다.

『명태조실록』에서는 홍무 원년 8월 정축(丁丑)일에 "대장군 서달이 지휘 화운룡에게 명해 옛 원의 도성을 관리하도록 하고 성벽을 신축하

286_ 『日下舊聞考』 卷38 京城總紀, pp.604~605. 「舊土城一座, 周圍六十里, 克復後以城圍太廣, 乃減其東西迤北之半, 創包甎甓, 周圍四十里. 其東南西三面各高三丈有餘, 上闊二丈; 北面高四丈有奇, 闊五丈. 濠池各深闊不等, 深至一丈有奇, 闊至十八丈有奇. 城爲門九: 南三門, 正南曰麗正, 左曰文明, 右曰順承; 北二門, 左曰安定, 右曰德勝; 東二門, 東南曰齊化, 東北曰崇仁; 西二門, 西南曰平則, 西北曰和義. 各門仍建月城外門十座.」

면서 남북으로 일직선을 취하고 동서 길이가 1,890장이었다."라고 기록하였다. 이른바 '성벽을 신축한 것'은 곧 북성의 담장을 새로 쌓고 '벽돌로 새로 감싼 것'을 일컫는다. 이른바 '남북으로 일직선을 취한 것'은 아마 남북 방향의 동서 양쪽 성벽을 곧게 수축(修築)한 것일 것이다. 이른바 '동서 길이 1,890장'은 아마 신축한 북성 담장의 길이를 가리키나, 명대 「호부지(戶部志)」에 영락연간의 북쪽 성벽의 길이가 2,200여 장이라고 기록한 것과 맞지 않는다. 명대 『환우통지(寰宇通志)』에 따르면 "홍무 초에 대도로를 북평부로 바꾸고 그 성의 북쪽을 5리 축소하였다."고 하였다. 지금의 북교(北郊) 밖 토성은 동서로 두 곳의 커다란 틈이 있고 속칭으로 동서소관(東西小關)이라 하는데, 즉 원대 안정문(安貞門)·건덕문(健德門) 두 문의 유지이며 남쪽으로 안정문(安定門)·덕승문(德勝門) 두 문과 딱 5리 떨어져 있었다(그림 86 참조).

성 면적의 3분의 1이 축소되고 단지 대도의 중부와 남부만 남게 되어 주민의 '방(坊)'은 원래의 50여 개에서 33개로 줄어들었다. 행정구획은 대체로 대도의 제도를 그대로 따라 북평부 예하에 대흥현·완평현의 2현을 두어 성 동부의 20개 방은 대흥현에 속하였고 성 서부의 13개 방은 완평현에 속하게 하였다.

대흥현 소속의 20방은 오운방, 남훈방, 보대방, 소회방, 정공방, 운춘방, 금대방, 징청방, 명조방, 인수방, 교충방(敎忠坊), 숭교방(崇敎坊), 봉래방, 담로방, 명시방, 황화방, 사성방, 거현방, 현량방, 인보방 등이다.

완평현 소속의 13방은 만보방, 시옹방, 안부방, 풍저방, 발상방, 부재방, 함의방, 명옥방, 태평방, 금성방, 일중방, 서성방 등이다(『일하구문고』권38. 원문에 방명 하나가 누락되어 있다.).

33방 대부분은 대도의 중부·남부에 있던 방의 옛 이름을 따랐으나 다만 숭교방(崇敎坊)만이 국자감·문묘를 추숭하여 새롭게 방명을 정하였다. 교충방(敎忠坊) 역시 남송 대신 문천상(文天祥)이 이곳에 구금되고 피살된 것을 기념하기 위해 새롭게 방명을 정하였다. 문천상은 일찍이

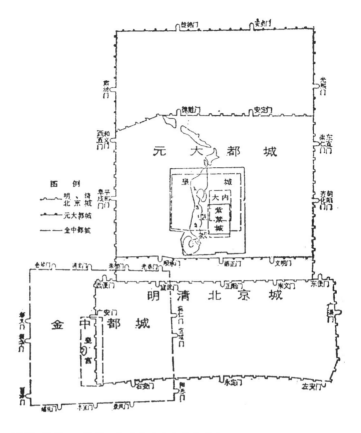

그림 86 금 중도 · 원 대도와 명청 북경성 위치 시의도

이 지역의 병마사(兵馬司)에 4년간 구금되었다가 최후에 이곳 땔나무시장에서 살해되었다. 홍무 9년 북평안찰사(北平按察司) 부사 유숭(劉崧)은 여기에 문승상사(文丞相祠)를 세웠다[순천부학(順天府學)의 동남쪽에 있다].

당시 북평부 관서는 원래 원 대도로총관부 옛터에 세워져 모든 지방 관서는 일률적으로 북평부 소속으로 개편되었으며 심지어 원래의 도성 황묘(都城隍廟)도 북평부 성황묘로 개칭되었고 1장 6척의 석비(石碑)를 세워 그 위에 '북평부성황묘(北平府城隍廟)'라고 여섯 글자를 새겼으며 후에 북경에 도성을 세울 때 이 석비는 또한 땅 속에 묻히게 되었지만 '북평부(北平府)' 세 글자만이 여전히 노출되었다[287][주국정(朱國楨) 『용당소품(湧幢小品)』 권19].

홍무 초에는 원 대도로를 북평부로 고치는 동시에 원래 원의 고궁을 전부 철거하였다. 『고궁유록』의 저자 소순은 당시 공부낭중(工部郎中)에 재임하면서 대신들을 따라 고궁을 철거하는 행동에 참여하였기 때문에 소장 안쪽의 궁전 건축 전체를 볼 기회를 얻어 그것을 손이 가는 대로 기록하였다.

원 고궁을 철거한 후 연왕이 여기에 분봉되었으므로 또 연왕부(燕王府)가 건설되었다. 연왕부는 원대 '서내(西內)' 지역 즉 융복궁·흥성궁 등 여러 궁의 유적지이자 태액지 서쪽에 건축되었다. 홍무 3년(1370)에 주원장은 자신의 넷째아들 주체(朱棣)를 연왕으로 봉하고 홍무 12년(1379) 11월에 연왕부를 완공하였다. 왕성(王城)에 문 4개를 설치하였는데, 남쪽은 단례문(端禮門)이었고 안에는 승운문(承運門)이 있었으며 중앙에 폭 11칸의 승운전(承運殿)이 있었고 뒤쪽에는 원전(圓殿) 및 존심전(存心殿)이 있었다. 승운전 좌우 양무(兩廡)에는 두 개의 대전이 세워져 있었고 주위에 낭무가 있었다. 이 뒤에 전·중·후 세 궁은 모두 폭이 9칸이었다. 왕성 밖에는 둘레담이 있었고 둘레담에도 또 문 4개가 세워졌는데 남쪽은 영성문(靈星門)이었고 나머지 문 3개는 왕성의 문과 같은 이름이었다. 남문 밖 우측에는 사직단·산천단 두 단(壇)이 있었다. 왕부는 남경 궁전의 규모와 형태를 답습하여 앞에 세 전(殿)이 있었고 뒤에 세 궁(宮)을 세웠다. 왕성 바깥에 설치된 둘레담은 원의 소장을 모방하였으므로 남문은 또한 영성문이라 하였다. 연왕은 홍무 13년(1380)에 비로소 북평(北京)에 주둔하였다. 당시 여러 왕들이 봉지(封地)에 주둔한 것은 모두 홍무 11년(1378) 도성을 남경으로 정한 뒤였다. 연왕이

287_『湧幢小品』卷19([明]朱國楨, 北京: 中華書局, 1959) 城隍, p.432. 「北京都城隍廟中有石刻北平府三大字. 此國初舊物, 一老卒云, 其石長可丈六尺, 下有城隍廟三字. 既建北京, 埋而露其頂, 埋矣又露, 不知何意.」

북평에 주둔한 것은 더욱이 연왕부가 완성된 뒤였다.

(2) 영락연간 북경 천도, 궁전 중건과 남성 담장 확대

연왕 주체는 북평에 주둔한 후 몽골로 출정하는 군사 행동을 지휘하는 동안 권력이 끊임없이 확대하였다. 홍무 23년(1390)에는 옛 원의 태위(太尉) 나이르 부카를 사로잡은 후 주원장의 찬동을 얻어 내었다. 3년후 북평 도사(都司)에 소속된 장교들이 모두 황제의 명을 받고 연왕의 지휘와 관할을 따랐다. 홍무 31년(1398) 주원장의 병세가 위중해지자, 다시 연왕에게 명령하여 제왕(諸王) 및 변경 방어 군대를 거느리고 "함께 변경의 우환을 막고 백성을 안정시키도록" 하였다. 연왕은 북방 제왕(諸王) 가운데 최강자가 되었다. 이해에 주원장이 세상을 하직하고 장손인 혜제(惠帝)가 황제 자리를 계승하였다. 이듬해[건문(建文) 원년(1399)] 7월 연왕이 곧 병사를 일으켜 스스로 '정난(靖難, 변란을 안정시킨다)'라고 칭하며 건문 4년(1402) 6월에 남경을 공격하여 함락시킨 후 황제 자리에 오르니 곧 명 성조였고 그 다음 해를 영락 원년(1403)으로 삼았다.

영락 원년에 북평을 북경이라 고치고 '행재(行在)'라 칭하였고 아울러 순천부로 개칭하는 동시에, 백성을 이주시켜 북경을 충실하게 하는 것을 시작하였고 더욱이 조운을 위한 대운하의 개통에 착수하였다. 영락 5년(1407) 북경에 궁전을 건립하기 시작하면서 제일 먼저 연왕부를 행궁으로 개축하고 북경에서 순시하며 조하(朝賀)를 받을 준비를 하였다. 『춘명몽여록』에서는 "처음에 연저(燕邸, 연왕부)는 원의 옛 궁이었고 즉 지금의 서원(西苑)이며 앞에서 조문(朝門)[288]을 열었다."고 하였다. 또한 "태종(명 성조) 등극 후에 곧 고궁에 봉천전(奉天殿) 등 세 전을 건립하여 순행 시 조하에 대비하였다."[289]고 하였다. 봉천전은 대조회를 거행하

288_ 역자 주 '조문(朝門)'은 천자의 궁전 안의 응문(應門), 즉 천자가 다니는 정문을 뜻한다.

289_ 『春明夢餘錄』 卷6 宮闕, p.45. 「初, 燕邸因元故宮, 即今之西苑, 開朝門於前. … 太

던 정전(正殿)으로 원래 연왕부 안에 봉천전 등 세 전을 건립하였는데 이는 원래의 왕부를 황제의 행궁으로 개축하려고 한 것이었다. 영락 8년(1410) 행궁인 봉천전이 이미 완공되었다. 영락 8년 7월과 영락 12년 (1414) 8월 명 성조는 두 차례 북경에 왔고 모두 봉천전에서 군신들의 조하를 받았다. 영락 15년(1417) 4월 서궁(西宮)이 완성되었을 때 승천문·오문·봉천문 등 세 문이 건립돼 있었다. 봉천문 좌우는 동서 각문(角門)이었고 봉천문 안에 봉천전이 있었으며 대전의 양측에는 좌우로 전(殿)이 있었다. 봉천전의 뒤에 후전(後殿)·양전(涼殿)·난전(暖殿)과 인수(仁壽)·경복(景福)·인화(仁和)·만춘(萬春)·영수(永壽)·장춘(長春) 등의 궁이 있었다[290](『일하구문고』 권32는 『명전휘(明典彙)』 및 손승택(孫承澤) 『천부광기(天府廣記)』 권21을 인용). 이 서궁의 시설은 남경의 궁성을 모방한 것으로 단지 규모가 비교적 작아졌을 뿐이며 이미 황제 행궁의 성격을 띠었고 이전의 연왕부와는 달랐다.[291]

宗登極後, 即故宮建奉天三殿, 以備巡幸受朝.」

290 ─ 『日下舊聞考』 卷33 宮室, p.495. 「永樂十四年八月, 作西宮. 初, 上至北京, 仍御舊宮. 及是將撤而新之, 乃命作西宮, 爲視朝之所. 中爲奉天殿, 殿之側爲左右二殿. 奉天殿之南爲奉天門, 左右爲東西角門. 奉天門之南爲午門, 午門之南爲承天門. 奉天殿之北有後殿, 有涼殿·暖殿及仁壽·景福·仁和·萬春·永壽·長春等宮.」

291 ─ 『일하구문고』 권34는 『명전휘』를 인용하여 "봉천전은 영락 15년 11월에 지어졌다."고 하였다. 편찬자는 다음과 같이 논평하였다: "『명사』에 따르면 영락 14년에 조(詔)를 내려 이듬해 북경 궁전을 건립하였다. 8년 7월 북경에 이르러 봉천전에 행차하셔서 조하를 받았다. 12년 8월 북경에 이르러 봉천전에 행차하셔서 조하를 받았다. 즉 15년 이전에 [영락제는] 이미 두 차례 북경의 봉천전에 행차하였다. 무릇 명조(明祖)는 대조회 정전을 정하고 봉천이라 하였다. 영락 시기에 도성을 건설하고 마침내 그 이름을 따랐으나 이때에 이르러 그것을 철폐하고 일신하였으니 전제(殿制)는 모두 이해부터 다시 정해졌다고 말할 수 있다."(『日下舊聞考』 卷34 宮室, pp.515~516. 「[原]奉天殿, 永樂十五年十一月建. 【明典彙】[臣等謹按]明史, 永樂四年, 詔以明年建北京宮殿. 八月七月, 至北京, 御奉天殿受朝賀. 十二年八月, 至北京, 御奉天殿受朝賀. 則十五年之前已兩御北京之奉天殿矣. 蓋明祖定大朝會正殿曰奉天. 永樂時建都, 遂仍其名, 至是撤而新之, 殿制皆自是年更定云.」) 이 논평에는 오류가 있다. 영락 7년과 영락 12년 명 성조(成祖)가 행차한 봉천전은 서궁(즉 연왕부를 개축한 것)의 봉천전이었다. 영락 15년 11월에 완성된 것은 자금성 안의 봉천전이며 세 대전 중에 가장 먼저 완공된 것이다. 양자를 섞어 동

이와 동시에 영락제는 천도를 준비하고 있었고 황성·궁성과 주요 궁전 또한 적극적으로 기공을 준비하며 규획을 이미 정하였을 뿐만 아니라, 인력과 물력 또한 이미 대량 징발하였다. 영락 14년(1416) 11월에는 조서를 내려 신하들에게 북경 궁전을 건립하는 사안을 논의하도록 하였고 이에 6부 상서 등이 상소하여 대규모 흥건을 청하였다. 이에 건축 공정이 전면적으로 개시되었고 영락 15년(1417)에 공사를 시작하여 18년(1418) 11월에 완성하였다. "무릇 묘사(廟社)·교사(郊祀)·단장(壇場)·궁전·문궐(門闕)의 규모와 형식은 모두 남경과 같았고 높고 웅장하며 화려한 것은 그것을 뛰어넘었다."[『명성조실록』 권232 영락 18년 11월 무진(戊辰)]고 하였다. 규모와 형식을 모두 남경과 같도록 하기 위해 황성 남쪽의 천보랑 양측에 중앙의 중요관서를 배치하였기 때문에 북경 남성(南城)의 담장을 남쪽으로 옮겼다. 영락 17년(1419) 11월 "북경 남성을 확장하니 합계 2,700여 장(丈)이었다."[『명성조실록』 권218 영락 17년 11월 갑자(甲子)]고 하였다. 영락 19년(1421) 설날에 명 성조는 봉천전에 이르러 대조하(大朝賀)를 받았고 아울러 북경을 경사로 승격시키고 '행재(行在)'라는 호칭을 취소하는 동시에, 남경을 배도로 변경하고 응천부 각 아문에 모두 '남경'이란 두 글자를 덧붙였다. 이 해에 명 성조가 조하를 받은 봉천전은 이미 서궁의 봉천전이 아니라 자금성 안에 신축한 봉천전이었으며 원래 서궁은 궁전 이름을 바꾸어 인수궁(仁壽宮)이라 칭하였다.[292]

<hr>

일한 것으로 논할 수 없다.

292_ 명 성조가 건설한 서궁은 인수궁으로 칭해졌다. 후에 영수궁(永壽宮)·만수궁(萬壽宮)으로 개칭되었는데 그 사이에 궁전은 여러 차례 개축·증축되었다. 엄숭(嚴嵩)의 「만수궁송(萬壽宮頌)」은 다음과 같이 묘사하였다. "성조께서 하늘의 뜻을 이어받으시고 화합하여 정벌하여 크게 안정시키셨네. 온 연(燕)에 출행하여 머무시니, 솥에 제사를 지내 천명을 모으신 것일세. 주나라는 호경(鎬京)에 터를 잡았고, 은나라는 박읍(亳邑)에 정착하였네. 발걸음을 무겁게 하고 말몰이를 가벼이 하시니[병권을 장악하여 정권을 제어하니], 사방의 끝까지일세. 궁전이 있으니 하늘처럼 높고 크며, 금원(禁苑)의 서쪽이어라. 이름하여 인수(仁壽)라 하는데, 높고 경쾌하구나, 추녀 무리들이여. 실로 오직 이 궁궐만이, 제왕의 공적

명대 「공부지(工部志)」(『일하구문고』 권38)는 다음과 같이 기록하였다.

영락연간에 북경을 도읍으로 정하고 경성(京城)을 건축하니 둘레가 40리
였다. 문 9개를 만드니 남쪽은 여정·문명·순승이라 하고 동쪽은 제
화·동직(東直)이라 하며 서쪽은 평측·서직(西直)이라 하고 북쪽은 안
정·덕승이라 하였다. 정통(正統) 초에 이름을 바꾸어 여정을 정양(正陽)
으로, 문명을 숭문(崇文)으로, 순승을 선무(宣武)로, 제화를 조양(朝陽)으
로, 평측을 부성(阜成)으로 하였다. 나머지 네 개의 문은 옛것을 따랐다.
성 남쪽 한 면은 길이가 1,295장 9척 3촌이고 북쪽은 2,232장 4척 5촌이
며 동쪽은 1,786장 9척 3촌이고 서쪽은 1,564장 5척 2촌이었고 높이는 3
장 5척 5촌이고 성가퀴는 5척 8촌이며 기단의 두께는 6장 2척이고 상단
덮개 부분은 5장이다.[293]

의 기초를 닦았네. 위대한 기초를 창시하시고, [무왕은]자손에 훌륭한 계책을 남
겨 평안을 도모하였네. 그리하여 200년이 될 걸세, 우리의 성스러운 용의 비상이
여." (『日下舊聞考』 卷42에서 『鈐山堂集』 인용. 『日下舊聞考』 卷42 皇城, p.663.
「成祖繼天, 爰伐大定. 駐蹕全燕, 奠鼎凝命. 周宅鎬京, 殷居亳邑. 履重馭輕, 四方之
極. 有宮穹穹, 禁苑之西. 名曰仁壽, 高朗軒夷. 實惟斯宮, 肇基帝跡. 創始鴻圖, 貽謀燕
翼. 爰二百年, 我聖龍翔.」) 금오(金鰲)의 『퇴식필기(退食筆記)』는 다음과 같이 기
록하였다. "만수궁(萬壽宮)은 서안문(西安門) 안에 남쪽, 대광명전(大光明殿)의
동쪽에 있으며 성조의 잠저(潛邸)였다. 대광명전의 동서에 영춘(永春)·만춘(萬
春) 등 여러 궁이 있는데 측면과 전면에 있었다. 문을 만든 것은 세 개였다. 혹자
는 곧 옛 인수궁이라고 말한다. 명 세종(世宗)은 만년에 고요함을 좋아하여 항상
서내(西內)에 머물렀다." (『日下舊聞考』 卷42 皇城, pp.664~665. 「萬壽宮在西安
門內迤南, 大光明殿之東, 成祖潛邸也. 殿東西有永春·萬春諸宮, 翼而前, 爲門者三.
或曰即舊仁壽宮. 明世宗晚年愛靜, 常居西內.」) 첨언하면 대광명전은 가정(嘉靖)
36년(1557)에 완성된 것으로 도관(道觀)의 성격을 띠고 있었다. 그 안에 옥황(玉
皇)을 모셨다. 뒤에는 태극전이 있는데 안에 삼청(三淸)·사어(四御, [역자 주]도
교에서 하늘의 존신 가운데 삼청을 보좌하는 네 명의 존신)를 모셨다. 더욱이 뒤
에는 제사당(帝師堂)이 있었으며 청대 방장(方丈: 역자 주 사찰에 있는 주지의
거처)으로 개축되었다. 서궁(西宮)은 가정 40년(1561)의 대화재로 궁전이 불타
없어졌으며 이후에 부단히 중건하고, 확장하였다. 앞의 전각은 만수궁이라 칭
하였고 뒤의 침실은 수원궁(壽源宮)이라 칭하였는데, 당시 서내(西內)라고 하
였다.

293_ 『日下舊聞考』 卷38 京城總紀, p.606. 「永樂中定都北京, 建築京城, 周圍四十里. 爲

이를 통해 홍무연간에 원대의 문의 이름을 그대로 따라서 동북을 숭북(崇北), 서북을 의화(義和)라고 하였는데, 영락연간에 이르러 숭북은 동직으로, 의화는 서직으로 이미 고쳤다는 것을 알 수 있다. 정통연간에 또한 문 5개의 이름이 바뀌었다. 「공부지」에서 표명한 성벽의 사면 길이는 공정(工程) 기록에 의거하였을 것이므로 비교적 믿을 만하다. 그러나 그 가운데 성 남쪽의 한 면의 길이에 오류가 있다. 근대 측량 결과에 따르면, 북경 내성의 남쪽 담장은 북쪽 담장의 길이와 비슷하지만 대체로 약간 짧다. 이 때문에 여기에서 말한 1,295장은 당연히 2,195장의 잘못이다. 여기에 열거된 장수(丈數)에 근거하여 리수(里數)로 환산하면, 남쪽 담장은 2,195장으로 12.11리에 상당하고 북쪽 담장은 2,232장으로 12.4리에 해당한다. 동쪽 담장은 1,786장으로 9.92리에 해당하고 서쪽 담장은 1,564장으로 8.68리에 상당하며 합계 총 길이는 43.11리이다. 「공부지」에서 말한 '둘레 40리'와, 『명사』 지리지에서 말한 '성 주위 50리'는 모두 대략적 수치임을 알 수 있다.[294] 『명성조실록』에서 영락 17년(1419) "북경 남성을 확장하니 합계 2,700여 장이었다."고 하였다. 2,700장을 리수(里數)로 환산하면 딱 15리이고 그 가운데 남쪽 담장의 본래 길이인 12.11리를 빼면 겨우 2.89리가 남는데 다시 동쪽 담

九門: 南曰麗正・文明・順承, 東曰齊化・東直, 西曰平則・西直, 北曰安定・德勝. 正統初, 更名麗正爲正陽, 文明爲崇文, 順承爲宣武, 齊化爲朝陽, 平則爲阜成, 餘四門仍舊. 城南一面長一千二百九十五丈九尺三寸, 北二千二百三十二丈四尺五寸, 東一千七百八十六丈九尺三寸, 西一千五百六十四丈五尺二寸, 高三丈五尺五寸, 堞口五尺八寸, 基厚六丈二尺, 頂收五丈.」

294_ 스웨덴인 오스발드 시렌(Osvald Sirén)은 『북경의 성벽과 성문(The Walls and Gates of Peking)』에서 현대 측량의 결과를 근거로 성벽의 실제 총 길이가 마땅히 41.26리일 것이라고 보았다. 그는 "이미 발표된 현대 측량 결과에 의거하면 각 성벽의 길이는 다음과 같다. 남벽은 6,690m로 11.64리에 해당한다. 북벽은 6,790m로 11.81리이다. 동벽은 5,330m로 9.27리이다. 서벽은 4.910m로 8.54리이다."고 하였다(許永全 번역 p.35). 첨언하면 이는 저자가 당시의 중국 이제(里制)를 국제 척도로 환산한 결과였고 당시 1척=32cm=0.32미터, 1리=1,800척=576m였다. 명대 영락연간의 공부(工部)에서 척(尺)을 만들 때 약간 짧게 해야 했고 대략 1척의 길이는 30cm 남짓이었으므로 총 길이는 43.11리에 이르렀다.

장과 서쪽 담장에 균등분할하면, 각 길이가 1.45리이다. 당시 남성을 확장하면서 다만 남쪽 성벽을 남쪽으로 1리 반 정도를 이동시켰다는 것을 알 수 있다. 원 대도 남쪽 성벽은 지금의 동서 장안가의 동서 연장선에 있다. 전하는 바에 따르면, 인민대회당(人民大會堂) 공사 기간에 부전가(府前街) 부근에서 성의 해자 유적을 발견하였다. 기록에 의거하면, 경수사(慶壽寺) 쌍탑의 위치는 바로 원대 축조하고자 했던 남성 담장의 요충지에 해당하였고 성을 축조할 때 황제의 명령을 받들어 30보를 떨어뜨려 '그것을 둥글게 쌓아' 성 안으로 포함시켰다. 사원 터는 지금의 서장안가(西長安街) 길 북쪽에 있으며 남쪽으로 지금 남쪽 성벽과 약 1리 반 떨어져 있다. 쌍탑이 '그야말로 요충지에 성을 쌓았던' 만큼 쌍탑의 위치는 바로 원 남성 담장의 노선 위에 해당하였다는 것을 알 수 있고 영락연간 남성의 담장이 남쪽으로 확장한 것이 확실히 단지 1리 반 가량이었다는 것을 충분히 알 수 있다.

영락연간에는 북경에 궁전을 중건하는 동시에, 일찍이 종루와 고루를 중건하였다. 『명일통지(明一統志)』는 종루가 영락 18년(1420)에 건립되었다고 하였는데, 이해는 바로 명 성조가 궁전을 중건하여 완성하고 정식 천도를 준비한 시기였다. 원대 종루와 고루는 중심각 서쪽의 종고루가(鐘鼓樓街)에 건립되었는데 홍무연간에 이미 종루와 고루를 동쪽으로 중심각이 있는 곳으로 옮겼다. 「홍무북평도경지서」에서는 "종루는 금대방 동쪽, 즉 만녕사의 중심각에 있다."고 하였다. 또한 "고루는 금대방에 있으며 옛 이름은 제정(齊政)이다."[295]고 하였다. 영락 18년에 그곳을 새롭게 확장하고 건축해야 했던 것은 천도 후 도성으로 기능할 수요를 맞춘 것이었다. 종루와 고루가 이렇게 중심각 소재지에 건립된 후 방향은 황성과 궁성의 정북문과 정확히 맞추어 전체 성의 중축선의 종점으로 삼는 것이었다. 청나라는 이러한 배치 구조를 그대로 따랐으므

295_ 『日下舊聞考』 卷54 城市, p.868, 870. 「鍾樓在金臺坊東, 卽萬寧寺之中心閣.…鼓樓在金台坊, 舊名齊政.」

로 '자금성(紫禁城)의 후방 수호자'가 되었다[296](건륭(乾隆) 「어제중건종루비기(御製重建鍾樓碑記)」).

명 성조가 제위에 오른 후 일찍부터 북경으로 천도하려는 의도가 있었다. 영락 7년(1409) 이후부터 그가 '행재'에 머무는 시간이 늘어났고 영락 15년(1417) 북순(北巡) 이후에는 다시는 남쪽으로 돌아가지 않았다. 영락 15년에 황성 동안문의 동남쪽에 있는 징청방 안에 십왕부[十王府. 지금의 동안(東安)시장] 건립을 시작하여 전체 기둥 8,350개의 대옥으로 만들고 영락 18년(1420)에 완공하였다. 수많은 왕저(王邸)를 황성 주변에 건설한 것은 중앙집권을 강화하는 조치였다. 주원장이 세상을 떠난 후 혜제(惠帝)는 일찍이 '번을 없애는[삭번(削藩)]' 조치를 채택하였고 잇따라 5명의 번왕을 없앴다. 명 성조는 번왕으로서 제위(帝位)를 획득하였기 때문에 즉위 이후 한층 더 '번을 없애는' 조치를 강화하고 제왕(諸王)의 병권을 해제하였다. 이때 경성에 제왕부(諸王府)를 건립한 것은 바로 가까운 곳에서 그것을 감시하고 관리하는 데 편의를 도모하기 위한 것이었다. 그 지역은 이후에 왕부대가(王府大街)라 하였다.

천도에 따른 또 다른 준비 조치는 바로 영락 13년에 원래 원의 예부(禮部) 구옥(舊屋)을 공원(貢院)으로 고친 것으로 지금 내성의 동남쪽 모퉁이에 있었다. 장거정(張居正)은 「경사중건공원기(京師重建貢院記)」에서 "생각건대 경사공원(京師貢院)은 영락 을미년(곧 영락 13년)에 시작하였는데 이때 길흉을 점쳤으나 부지를 정하지 못하였다. 문황제(文皇帝, 명 성조를 지칭)가 순수(巡狩)하며 행악(行幄, 행궁)에 행차하였는데, 온갖 사무가 막 시작되어 선발된 사인은 추시(秋試)에 불과 수십 명이었고 춘시에 대략 100여 명이었다."고 하였다. 이해에 북경에서 과거를 실시하고 사인을 선발하기 시작하면서 북직예의 부·주·현에 명령하여 순천부에서 향시를 시행하도록 하였고 아울러 홍무연간에 확립된 제도에 따라

296_『日下舊聞考』卷54 城市, p.869. 「且二樓相望, 爲紫禁後護.」

이후 향시(鄕試)는 자(子)·오(午)·묘(卯)·유년(酉年)에, 회시(會試)는 진(辰)·술(戌)·축(丑)·미년(未年)에 실시하도록 하였다. 그 목적은 바로 그 가운데서 '천자문생(天子門生)'과 중요 관리를 선발해서 중앙집권 통치의 기초를 확대하려는 데 있었다.

(3) 정통연간 성의 문루와 월성루(月城樓) 등 건립

원래 원 대도에는 성문이 다만 한 겹이었는데 원말에 방어를 강화하기 위해 비로소 각 성문 밖에 옹성을 증축하였고 동시에 성의 해자 위에 적교(吊橋)를 개축하였다. 『원사』 순제기에서 지정 19년(1359) 겨울 10월에 "조서를 내려 경사의 문 11개에 모두 옹성을 축조하고 적교를 만들도록 하였다."[297]고 하였다. 1년여 시간을 거쳐 완성되었다. 실제로는 지정 18년 4월에 옹성과 적교가 건설된 상태였다. 1969년 여름에 서직문(西直門) 전루(箭樓)를 철거할 때 일찍이 원 대도 화의문 옹성의 성문 유적이 발견되었으며 긴 회랑형 출입구 안에서 청회색 가죽 위에 새겨진 제기(題記)가 있었고 시간이 지정 18년 4월 27일이었다. 원 대도 성문의 구조는 고고 연구자가 광희문 터를 시추 발굴한 후 추측한 바에 의거하면 당·송 이래의 '과량식(過梁式)'의 목조 구조를 따랐다. 원말에 쌓은 성문 밖 옹성의 성문은 이미 '네 개 층의 아치형'의 벽돌 아치형 문동(門洞)을 채용하여 목조 구조의 '과량식' 문동을 대체하였고 이는 당송의 '과량식' 목조 구조의 성문이 명청 시대에 '벽돌 아치형 성문'으로 발전하는 과도기 형식이었다. 이러한 종류의 성문 구조는 명대에 60여 년 동안 답습되었고 명 영종(英宗) 정통연간에야 비로소 전부 개축되었다.

『명영종실록』에 따르면 "경성은 원나라의 옛 모습을 따랐으며 영락연간에 비록 대략 증축하고 개조하였으나 월성(月城)·루(樓)·보(鋪)에 대한 제도는 많이 미비하였다."고 하였다. 정통원년(1436) 10월 "태감

297_ 『元史』 卷45 順帝紀, p.949. 「冬十月庚申朔, 詔京師十一門皆築甕城, 造吊橋.」

완안(阮安), 도독동지(都督同知) 심청(沈淸), 소보공부상서(少保工部尙書) 오중(吳中)에게 명하여 군부(軍夫) 수만 명을 거느리고 경사의 문 9개와 성루를 수리·건축하도록 하였다."고 하였다. 정통 2년 정월부터 시공하여 정통 4년 4월에 전체를 수리하고 완성하니 모두 문 9개의 정루(正樓)와 월성루(月城樓), 각 문 밖 패루(牌樓), 성 네 모퉁이의 각루(角樓)가 있었다. 그 가운데 정양문(正陽門)의 월성은 좌우에 누각을 하나씩 설치하였고 그 나머지 문 8개의 월성은 단지 누각 하나를 설립하였다. 동시에 해자를 더욱 깊이 파고 아울러 양안에 벽돌을 겹쳐 쌓았다. 문 9개에는 원래 목교가 있었는데 일률적으로 석교로 개조하고 아울러 두 다리 사이에 수갑(水閘)을 설치하여 "해자의 물이 성 서북쪽 모퉁이에서 성을 돌아 동쪽으로 흘러 9교(橋)·9갑(閘)을 거쳐 성 동남쪽 귀퉁이에서 대통교(大通橋)로 흘러 나갔다."고 하였다. 원래 성벽은 흙으로 쌓은 것이었으나 홍무 초년 '새로이 벽돌로 감싸' 외층은 벽돌로 감싸며 쌓은 것이었다. 이는 '단지 안쪽이 오직 흙으로만 쌓아 비를 만나면 항상 무너졌기' 때문이었다. 정통 10년(1445) 6월에 '공장(工匠)을 독려하여 그것을 벽돌로 하도록' 명령하였고 이에 내층도 벽돌을 포함하였다. 서직문 전루를 철거할 때 발견한 원대 옹성 성문 유적을 살펴보면, 이 시기 각 성문 밖의 월성은 원래 옹성을 폐기한 뒤 메우고 월성 안으로 포함시킨 것이었다. 월성은 바로 성문 밖의 활 모양의 옹성이었다. 이때 성 문루·월성루 등의 수축과 완성은 방어를 공고히 하기 위한 것이었을 뿐만 아니라, 경사의 외관을 증대시키기 위한 것이었다.

(4) 상업 중심지의 남쪽 이동과 가정연간 남쪽 외성 건설

원 대도의 상업 중심지는 성 안 북부의 적수담 동북 사가(斜街)와 종루·고루가 일대에 집중해 있었다. 명초(明初)에 도성을 남경에 세웠기 때문에 이곳까지 조운할 필요가 없었고 곡식을 운반하는 하도가 유지되거나 보수되지 못해 적수담이 나날이 막히고 호수면은 점차 줄어들었다. 영락연간에 대성에서 남쪽 성벽을 넓혔기 때문에 원래 문명문 바깥에 있던 통혜하의 옛 물길을 성 안으로 포함시켰다. 선덕 7년(1432)에 황성 동쪽을 넓히면서 동화문을 하천 동쪽으로 옮겼고 또 원래 동벽 바깥에 있던 통혜하의 물길을 황성 안으로 포함시켰다. 이렇게 성 안의 하도와 대운하의 연계를 끊어서 남쪽에서 오는 상선이 원대와 같이 통혜하를 지나 성 안으로 들어와 적수담 위에 정박할 수 없었으므로 성 전체의 상업 중심 또한 교통의 변화에 따라 북쪽에서 남쪽으로 옮겨갔다.

동성(東城)의 동사패루(東四牌樓)와 서성(西城)의 서사패루(西四牌樓)는 여전히 상업이 비교적 발전한 지역으로 동시(東市)와 서시(西市)라는 명칭이 있었다. 서시는 항상 형(刑)을 집행하는 장소로 이용되었다. 동성이 왕부가(王府街)와 숭문가(崇文街) 사이에 있었고 바로 남쪽 징청방과 북쪽 명조방의 교계였으므로 유명한 등시(燈市)가 있어 매년 정월 초8일에서 18일까지 성대한 집시(集市)가 열렸다. 집시는 길이가 2리 남짓이었고 "거리는 3항이었고 시(市)가 4열이었으며 시루(市樓)가 남북으로 서로 향하였다."고 하였고 "밤이면 위에 등불을 밝히니 바라보면 별들의 거리 같았다."고 하였다. 이때에 맞춰 외지 상인이 이곳으로 와 물품을 팔았다. 일용상품도 있고 골동품과 진기한 물품도 있었다. 또 고취악과 곡예·잡기도 있고 불꽃놀이도 시연되는 등 대단히 번화하였다[298](『제경경물략(帝京景物略)』과 『연도유람지(燕都游覽志)』에서 모두 이에 대해 묘사하고 있다.). 서성 금성방 남단의 성황묘에는 이름난 묘시(廟市)가 있었다. 매월 초하루·15일·25일에 동쪽으로 필교방(弼敎坊)에서 서쪽으로 묘무(廟廡)에 이르기까지 3리 길이의 집시가 있었고 도서, 골동품, 서화, 보석, 자기, 선덕로(宣德爐)[299]가 모두 판매되었다[300](『제경경물략』과

298_ 『帝京景物略』 卷2([明]劉侗·于奕正撰, 北京古籍出版社) 燈市, p.58. 「衢三行, 市四列,…市樓南北相向,…向夕而燈張…樂作【樂則鼓吹·雜耍·弦索, 鼓吹則橘律陽·撼東山·海青·十番, 雜耍則隊舞·細舞·筒子·觔斗·蹬罈·蹬梯, 弦索則套數·小曲·數落·打碟子, 其器則胡撥四·土兒密失·又兒機等』, 煙火施放.」

299_ 역자 주 '선덕로(宣德爐)'는 명 선종이 선덕 3년(1428)에 설계와 감독에 참여해

『야획편(野獲編)』에서 이에 대해 모두 묘사하고 있다.). 묘시에서 식품점 또한 매우 번성하였다. "형부가(刑部街)의 전가(田家) 온면(溫麵)은 이름을 떨친 지 가장 오래되어 묘시가 열리는 날에는 그것을 먹는 자가 천 명 아래로 내려가지 않았다."고 하였다. 묘시에는 음식을 먹을 수 있는 곳이 아주 많았는데, "궁중 내관(內官)과 가인(家人)이 '고양이밥'이라 부른 것은 실은 남방의 사탕으로 대체로 최묘식점(崔貓食店)에서 나왔고 그 판매 이익이 전가(田家) 등과 같았다."[301][사현(史玄) 『구경유사(舊京遺事)』]고 하였다. 당시 경사 안 서점은 대부분 황성 남쪽의 대명문 오른쪽, 예부문(禮部門) 밖과 공진문(拱辰門) 서쪽 및 성 남쪽에서 서쪽으로 치우쳐 있는 유리창(琉璃廠)에 설치되어 있었다. 회시(會試)를 거행할 때마다 서점이 바로 시험장 앞에 들어섰다. 등시(燈市)의 절일(節日)이 찾아올 때마다 곧 등시로 옮겨 갔다. 성황묘 묘시의 절일을 맞이할 때마다 이내 묘시로 옮겨 갔다. 기타 상품들도 또한 이와 같았고 등시와 묘시는 성 안 남부에 있는 동·서 두 개의 성대한 집시가 되었다.

대성 정양문·숭문문과 선무문 남쪽은 한층 상업이 발달한 지역이었다. 정양문 밖의 대가 동쪽에 선어항[鮮魚巷, 지금의 선어구가(鮮魚口街)]이 있었고 큰길 중심에는 저시구[猪市口, 지금의 주시구(珠市口)]가 있었다. 대가의 서쪽 정서방(正西坊) 중앙부에는 또한 대가와 나란히 뻗은 매시구[煤市口, 지금의 매시가(煤市街)]가 있었다. 숭문문 밖 동측 숭북방(崇北坊) 중앙부에는 소시구(小市口)가 있었고 숭남방(崇南坊) 북부에는 미시구[米

만든 구리 향로이다.

300_ 『萬曆野獲編』 卷24(沈德符 撰, 北京: 中華書局, 1997) 畿輔, p.613.「城隍廟開市在貫城以西, 每月亦三日, 陳設甚夥, 人生日用所需, 精粗畢備, 羈旅之客, 但持阿堵入市, 頃刻富有完美. 以至書畫骨董眞僞錯陳, 北人不能鑒別, 往往爲吳儂以賤値收之. 其他剔紅塡漆舊物, 自內廷闌出者, 尤爲精好, 往時所索甚微, 今其價十倍矣. 至於窯器最貴成化, 次則宣德, 杯盞之屬, 初不過數金, 余見時尚不知珍重, 頃來京師, 則成窯酒杯, 每對至博銀百金, 予爲吐舌不能下, 宣銅香爐所酬亦略如之.」

301_ 『舊京遺事』(史玄 撰, 『舊京遺事·舊京瑣記·燕京雜記』, 北京: 北京古籍出版社, 1986), p.26.「刑部街田家溫麵出名最久, 廟市之日, 合食者不下千人. …內官家人呼爲貓食, 實南方糖果, 諸出崔貓食店, 市利與田家等.」

市口, 지금의 세미항(細米巷)]와 시시구[柴市口, 지금의 행복대가(幸福大街)]가 있었다. 선무문 밖 선북방(宣北坊)과 선남방(宣南坊) 사이, 광녕문대가(廣寧門大街)의 서쪽에 동서 방향의 채시대가[菜市大街, 지금의 광안문대가(廣安門大街) 서쪽 일대]와 나마시가[騾馬市街, 지금의 나마시대가(騾馬市大街)]가 있었고 나마시가의 남쪽에 또한 남북 방향의 미시구[米市口, 지금의 미시호동(米市胡同)] 과자항(果子巷, 지금의 과자항)이 있었다. 이런 지명에는 모두 중요한 항시와 집시가 있는 곳이었다. 서북쪽의 덕승문의 다리 어귀와 숭문문 바깥, 그리고 정양문 바깥에는 모두 '궁한시(窮漢市)'가 있었는데 소상인과 빈궁한 시장 주민이 모이는 곳이었다. 전하는 바에 따르면 "경사의 빈민들은 집을 빌릴 자금이 없어 좁은 자리 하나를 마련해 몸을 뉘었고 무역을 빙자하여 입에 풀칠하였다."고 하였고 "북경 정양문 앞에 천막을 치고 그곳에 살면서 가게로 삼은 것은 그 내원이 오래되었다."[302]고 하였다(『일하구문고』 권55에서는 『홍일정필기(鴻一亭筆記)』를 인용하였다.).

가정연간(1521~1567) 이후 항회(行會)제도가 확대되고 각 성(省)의 사인들이 경사에 와서 시험을 치러야 하였기 때문에 정양문 밖과 선화문 밖에는 끊이지 않고 항회회관과 각지 회관이 건설되었고 대성 남쪽 지역은 더욱더 번영하였다. 이와 동시에 수많은 소상인과 빈궁한 사람은 성 안에 거주할 만한 재물이 없어 종종 성 밖에 거주하였고 남교(南郊)에 집중 거주하면서 생계를 도모하는 이들이 훨씬 많았다. 원 대도가 처음 완성되었을 때 성 안의 주택 토지에 대한 분배는 몽골 귀족 및 관리와 부자에게만 제한되었으므로 원래 금 중도[당시 남성(南城)으로 불렀다.]에 살고 있던 빈민들은 대도 성 안으로 옮겨가지 못한 채 점차 대도 남교 가까이로 이주해 살 수 있었을 뿐이었다. 영락연간에 남성의 담장을 넓히면서 이미 남교의 일부 주민 지역을 성 안으로 포함시켰지만 대부분 남교 주민은 여전히 남성 담장 바깥에 격리되어 있었다. 남교 상

302_ 『日下舊聞考』 卷55 城市, pp.886~887. 「北京正陽門前搭蓋棚房, 居之爲肆, 其來久矣. …京師窮民僦舍無資, 藉片席以棲身, 假貿易以餬口.」

업이 발전함에 따라 주민이 나날이 늘어나자 성 남쪽에 대규모 시장과 주민 집중 지역이 형성되었다.

명나라는 명 영종 정통연간부터 부패하고 노쇠한 시기로 치달았으며 조정 내부가 환관에 의해 독점되고 정치부패가 감당할 수 없게 되었을 뿐만 아니라, 변경 방어의 역량도 날로 쇠약해져 마침내 '토목(土木)의 변(變)'이 발생하였다. 정통 14년(1449) 영종은 토목보[土木堡, 지금의 하북 회래현(懷來縣) 동쪽]에서 오이라트군에 포로로 잡혔고 오이라트군은 자형관(紫荊關)을 공략한 후 곧장 경사를 압박하였다. 신임 병부상서 우겸(于謙)이 군대와 백성을 이끌고 항전하여 오이라트군을 가까스로 격퇴시켰고 이로부터 북경성 방어 또한 사람들은 중시하게 되었다. 성 밖에 상업이 발달하고 주민이 많은데다 몽골 기병은 여러 차례 남하하여 경사로 진격하여 압박하였기 때문에 넓은 식견을 지닌 일부 관리가 이내 여러 차례 북경성 바깥 주위에 한 겹의 외곽성을 더 건설할 것을 건의하였다. 『명헌종실록(明憲宗實錄)』에 따르면 성화(成化) 12년(1476) 8월에 정서후(定西侯) 장완(蔣琬)이 '정통기사지변(正統己巳之變, 즉 토목지변)'의 교훈을 거울삼고 더욱이 "태평의 나날이 오래되고 모여든 무리가 날로 많아지고 있습니다."라고 상주하면서 태조가 '남경에 기틀을 마련하고 경성 밖에 토성(주위 120리의 외곽성을 지칭)을 다시 지은' 사례에 의거하여 외성을 증축할 것을 요청하면서 "더욱이 서북 일대에 전대(前代)의 옛터가 여전히 남아 있습니다."라고 하였다. 요컨대 북면은 폐기된 원대 북성 성벽을 이용하여 외곽성으로 만들고 별도로 기타 삼면에 외곽성을 증축하는 것이었다. 가정 21년(1542) 도찰원(都察院)을 관장하는 모백온(毛伯溫) 등이 다시 외성의 수축을 건의하였다. 가정 29년(1550)에 "정양문·숭문문·선무문의 세 성문 일대에 외성을 건축할 것을 명령하였으나 얼마 안 있어 중지하였다."고 하였다. 이는 남성 담장의 세 문 바깥 일대에 외성을 건축하더라도 단지 남면의 외성을 증축하여 이 일대의 수많은 주민 구역을 성 안으로 편입시키는 것에 불과하였다. 하지만 건설 공사는 오래지 않아 다시 중지되어 버렸다. 가정 32년(1553) 급사중(給事中) 주백진(朱伯辰)이 다시 상주하고 여러 차례 원래의 토성의 옛터를 이용해 외성을 건축할 것을 건의하니 이에 명령을 내려 '측량하고 착공하도록' 하였다. 윤월(閏月) 병진(丙辰)일에 병부상서 섭표(聶豹) 등은 '경성 밖 사면을 측량한' 결과를 보고하고 이미 폐기된 원대 북성의 벽을 이용해서 사면에 외성 70여 리를 쌓을 구체적 설계 계획을 제출하였는데, 모두 계산하면 남면 18리, 동면 17리, 북면 18리, 서면 17리였다. 그 가운데 토성 옛터를 이용할 수 있던 것이 약 22리, 신축해야 했던 것은 약 48리였고 명 세종의 비준을 거쳐 공사를 시작하였다. 4월에 이르러 명 세종은 공사 비용이 대단히 많고 성공이 쉽지 않다는 점을 염려해 다시 엄숭(嚴嵩: 1480~1567) 등에게 물었다. 엄숭 등은 공사 현장에 가서 시찰하고 마땅히 먼저 남면을 지어야 한다고 여기고 "다만 십이삼리쯤으로 적당히 마무리 지었고" "동쪽에서 북쪽으로 돌아 성 동남쪽 모퉁이로 연결하였고 서쪽에서 북쪽으로 돌아 성 서남쪽 모퉁이로 연결하였다."[303]고 하였다(『일하구문고』 권38에서 인용한 『명전휘(明典彙)』 및 『명세종실록』 등에 의거하였다.).

이때 엄숭이 국정을 주도하고 있었고 정치는 이미 극도로 부패해 있었다. 외성 건축은 일찍이 이미 여러 차례 건의가 있었으나 이때에 이르러 비로소 착공을 결정한 것은 이 시기에 타타르(韃靼, 몽골 동부)의 알탄 칸이 바로 끊임없이 북경으로 진격하고 압박하였기 때문이었다. 가정 29년(1550) 8월 이른바 '경술지변(庚戌之變)'이 있었다. 당시 알탄 칸이 대대적으로 침범하여 북경을 포위 공격하자, 한때 경사에 계엄이 내려

303_『日下舊聞考』 卷38 京城總紀, p.609. 「閏月丙辰, 兵部尚書聶豹等言: 相度京城外四面宜築外城, 約七十餘里. 得旨允行. 乙丑, 建京師外城興工, 勅諭陳圭・陸炳・許論提督工程. 四月, 上又慮工費重大, 成功不易, 以問嚴嵩等. 嵩等乃自詣工所視之, 還言宜先築南面, 俟財力裕時再因地計度以成四面之制. 於是嵩・會・圭等議覆: 前此度地畫圖原爲四周之制, 所以南面橫闊凡二十里, 今旣止築一面, 第用十二三里便當收結, 庶不虛費財力. 今擬將見築正南一面城基東折轉北, 接城東南角, 西折轉北, 接城西南角」

졌고 각 곳에서 구원병을 징집하여 경사를 보위하였다. 이는 알탄 칸의 침범 가운데 가장 엄중했던 것이었으며 엄숭 등은 몽골 병사들이 근교에서 살상과 약탈을 자행한 후 유유히 돌아가도록 내버려 두었다. 이해에 정양문·숭문문·선무문의 세 성문 일대에 외성을 짓기로 결정해야 했던 것은 바로 이러한 형세 속에서 일어난 것이었다. 그러나 내려진 결심은 확고하지 않아 오래지 않아 또 공사는 중단되고 말았다. 가정 32년(1553)에 이르러 형세가 급박해지자 재차 외성을 건축할 것을 결정하고 신하들에게 조사를 거쳐 설계 계획을 마련하도록 하였다. 계획의 비준을 기다리고 또 엄숭 등의 주장을 좇은 후에도 여전히 단지 정양·숭문·선무의 세 성문 일대의 외성만을 건축하였다.

명대「공부지(工部志)」에 따르면

가정 32년(1553) 중성(重城)을 쌓아 경성 남쪽 한 면을 둘러쌌는데, 동서 각루를 감싸는 정도에서 그쳤으며 길이는 28리였다. 문 7개를 만들었는데, 남쪽은 영정(永定)·좌안(左安)·우안(右安), 동쪽은 광거(廣渠)·동편(東便), 서쪽은 광녕(廣寧)·서편(西便)이라 하였다. 성 남쪽 한 면의 길이는 2,454장(丈) 4척 7촌, 동쪽이 1,085장 1척, 서쪽이 1,093장 2척이었고 각 높이는 2장이었다. 성가퀴는 4척이고 기단의 두께는 1장이며 상단 덮개 부분은 1장 4척이었다. 42년(1563)에 각 문의 옹성(甕城)을 증축하였다.[304]

라는 것이 실려 있다.

이렇게 성 남쪽 한 면을 바깥으로 둘러싼 외성은 가정 32년부터 건축

304_『日下舊聞考』卷38 京城總紀, p.606.「嘉靖〈二十三〉[三十二]年, 築重城包京城南一面, 轉抱東西角樓止, 長二十八里. 爲七門, 南曰永定·左安·右安, 東曰廣渠·東便, 西曰廣寧·西便. 城南一面長二千四百五十四丈四尺七寸, 東一千八十五丈一尺, 西一千九十三丈二尺, 各高二丈, 垛口四尺, 基厚一丈, 頂收一丈四尺. 四十二年, 增修各門甕城.」[역자 주] 본문의 '嘉靖二十三年'은 '嘉靖三十二年'의 오기이다(『明史』卷40 地理志, p.884).

하기 시작하여 대략 4, 5년을 거쳐 비로소 전부 완성하였다. 스웨덴인 오스발드 시렌(Osvald Sirén)이 『북경의 성벽과 성문(The Walls and Gates of Peking)』 제6장 '북경 외성의 성벽'에서 서술한 바에 따르면, 외성의 외측 벽 위의 벽돌무늬에 연도가 적혀 있는데 가정 32년 이전의 것이 많고 가정 34년(1555) 및 가정 36년(1557)의 것도 있었다. 길이가 28리라고 하나 실제로는 27리에 미치지 못한다. 남쪽 벽의 길이는 2,454장으로 13.65리이고 동쪽 벽의 길이는 1,085장으로 6.02리이며 서쪽 벽의 길이가 1,093장으로 6.07리이다. 따라서 전체 길이는 26.74리이다. 엄숭 등의 사람들이 시찰 후 규정을 마련하면서 '다만 십이삼리쯤으로 적당히 마무리 지었다.'고 한 것은 사실상 이 외성이 확실히 13여 리를 만든 후에 적당히 매듭지어 버린 것이었다.

이 외성은 원래 원대에 계획하고 완성한 내성의 구조와 달리, 자연적으로 점차적으로 발전한 형태의 상업 지역과 주민 지역이었고 수많은 곳이 소상인과 빈민이 천막을 치면서 점차 발전하며 형성된 것이었다. 내성에는 모든 남북 방향으로 병렬된 큰 길과 동서 방향으로 병렬된 호동(胡同)이 있었고 가항(街行)이 평행하게 가지런히 배열되어 있었다. 외성의 가항은 대부분 평행하게 가지런히 배열되어 있지 않았고 대다수가 구불구불하고 비좁거나 기울어진 거리와 골목으로 구성되어 있었다. 대가로는 단지 정양문에서 영정문으로 통하는 한 갈래 기다란 남북 방향의 큰길만이 아주 곧게 뻗어 있었으며 숭문문에서 등시구로 이르는 길과, 선무문에서 채시대가(菜市大街) 및 나마시가(驟馬市街)로 이어지는 교차점에서 두 갈래로 뻗은 남북 방향의 큰길이 곧았고, 광녕문에서 서쪽으로 뻗은 동서 방향의 큰길인 광녕문 대가(廣寧門大街) 및 그와 연결된 채시대가·나마대가가 곧았다. 호동은 단지 숭문문 밖 숭북방의 북반부에 있는 제1, 제2, 제3, 제4의 동서 방향의 호동만이 평행하고 배열이 가지런하였으며 그 나머지 대다수의 가항은 모두 비스듬하거나 구불구불하였다.

가정 36, 37년 외성이 완공된 이후 경사의 지방행정은 중성·동성·남성·서성·북성의 5성으로 구획되었고 각 성에 소속된 방은 모두 36방이 있었다. 장작(張爵)의 『경사오성방항호동집(京師五城坊巷胡同集)』에 따르면 가정 39년(1560) 5성에 속한 방은 다음과 같았다(그림 87 참조).

① 중성은 황성의 동서 양측에 있었으며 동측은 남쪽에서 북쪽으로 남훈방, 징청방, 보대방, 명조방, 인수방 등 있었고, 서쪽은 남쪽에서 북쪽으로 대시옹방(大時雍坊), 소시옹방(小時雍坊), 안부방, 적경방(積慶坊)이 있었으며 모두 9방이었다.

② 동성은 내성의 동쪽 성벽에 가까우며 남쪽에서 북쪽으로 명시방, 황화방, 사성방, 남거현방(南居賢坊), 북거현방(北居賢坊)이 있었고 모두 5방이었다.

③ 남성은 즉 새로 건립한 외성의 안쪽이었고 정양문 밖 동측에 정동방(正東坊)이 있었고 서측에 정서방(正西坊)과 정남방(正南坊)이 있었다. 숭문문 밖에는 숭북방, 숭남방이 있었고 선무문 밖에는 선북방(宣北坊), 선남방, 백지방(白紙坊)이 있었다. 모두 8방이었다.

④ 서성은 내성의 서쪽 성벽에 가까우며 중성의 서쪽에 있었고 남쪽에서 북쪽으로 부재방, 금성방, 함의방, 조천궁서방(朝天宮西坊), 하조서방, 명옥방 등 있었으며 모두 6방이었다.

⑤ 북성은 황성의 북쪽 및 서성의 위쪽이었고 남쪽에서 북쪽으로 발상방, 일충방, 소회정공방, 교충방, 일중방, 금대방, 영교방(靈橋坊), 숭교방 등이 있었으며 모두 8방이었다.

그 가운데 중·동·서·북의 네 성은 내성에 속하며 모두 28방이었는데, 앞에서 서술한 홍무연간의 33방과 비교하면 방의 구획에 이미 변동이 있고 방의 수가 5방 감소하였을 뿐만 아니라, 방의 이름 또한 바뀐 것이 있다는 것을 알 수 있다. 원대 소장 영성문 남쪽의 오운방과 만보방 두 방은 홍무연간에 여전히 존재하였으나 영락 이후 황성이 남쪽으로 확장되면서 사라졌다. 또한 시옹방은 남성의 벽이 확장되면서 면

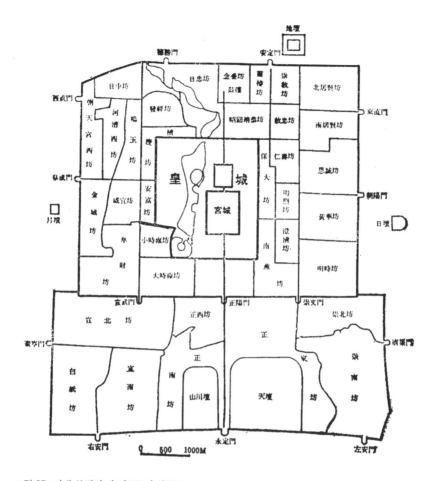

그림 87 명대 북경성 안 방(坊)의 분포도

적이 확대되고 대·소 두 개의 시용방으로 분리되었다. 소회방과 정공방은 또한 면적이 비교적 작았기 때문에 합쳐서 한 개의 방으로 만들었다. 서평방(徐苹芳) 편저의 「명북경성복원도(明北京城復原圖)」[『명청북경성도(明淸北京城圖)』지도출판사(地圖出版社) 1986년 출판 수록]에 그려진 각 방의 배열과 방의 사방 둘레 및 가항의 분포 등은 『경사오성방항호동집』에 의거한 것이다. 손승택의 『춘명몽여록』에 실린 5성에 소속된 방으로 동성에 또한 조양방(朝陽坊)이 있으며 서성과 북성에는 모두 관외방(關外坊)이 있는데, 관외방은 성문 밖에 세워진 방일 것이며 조양방은 조양문 밖에 세워진 방일 것이다. 이러한 동성·서성·북성에 신설된 성문 밖의 방은 명말(明末)에 성 밖의 동·서·북 삼면에 거주하는 주민의 인구가 늘어났기 때문에 처음으로 설치된 것이다.

당시 5성에는 어사(御史)를 따로 설치하여 순시하였고 그 휘하의 병마지휘사(兵馬指揮使)가 있고 지휘·부지휘 등이 설치되어 있었다. 동시에 순성찰원(巡城察院)을 두어 방시(坊市)의 민사를 따로 관할하였는데, 원의 좌우순경원(左右巡警院)과 같았다.

당시 가방(街坊)은 비록 귀족·관리가 일반 주민과 서로 섞여 있던 곳이었지만 귀족과 관리는 또한 일정한 지역에 모여 거주하였으므로 경호와 출행(出行)에 편하였다. 사현(史玄)의 『구경유사(舊京遺事)』에 따르면, "공훈이 있는 황족의 저택은 동안문 바깥에 있고 환관은 서안문 바깥에 있으며 그 나머지 경(卿)·시(寺)·대(臺)·성(省)의 모든 낭관은 선무문에 있어 관모와 차양으로 서로를 알리고 부르는 것이 성대하였다."[305]고 하였다. 이는 당시의 훈척, 환관과 관리가 모두 별도로 일정한 지구에 나뉘어 집중 거주하였다는 것을 전해 준다.

11) 명대 북경 황성과 자금성의 중건 및 그 관서 분포

(1) 남경 규제(規制)에 따라 중건한 황성과 자금성

명 성조는 북평(北平)의 번왕(北平)으로 머물다가 황제 자리를 획득하고 즉위한 뒤 즉시 북평을 북경으로 바꾸고 천도를 준비하였다. 그는 우선 북경에 연왕부를 북경 행궁으로 개축한 후에 다시 대대적으로 황성과 궁성을 중건하고 대성을 개축하였다. 정난(靖難)의 변(變)은 '군주의 측

305_『舊京遺事』, p.5. 「勳戚邸第在東安門外, 中官在西安門外, 其餘卿·寺·臺·省諸郎曹在宣武門, 冠蓋傳呼爲盛也.」

근을 정화한다'는 구실로 이른바 '건문제를 유혹하고 성법(成法, 정해진 법률)을 어지럽히는' 간신을 토벌하였으므로 북경으로 천도한 후에 북경에 대한 건설은 모두 반드시 태조의 '성법'에 따라 '규제(規制)를 모두 남경과 똑같이 하였던' 것이다.[306]

명 성조와 북경 설계자는 원대 소장과 궁성의 옛터를 '규제를 모두 남경과 똑같이 하여' 개축하기 위해 새로 지은 황성과 궁성을 남쪽으로 반리(半里) 남짓(약 400~500m) 옮겼고 대성의 남성 담장을 남쪽으로 1리 반 확장하여 황성 앞의 천보랑 양측에 충분한 공간을 두어 수많은 중앙의 중요관서를 세울 수 있도록 하였고, 아울러 대명문(남경 황성 앞의 천보랑 남쪽에 있는 홍무문에 해당한다.)과 대성 정남쪽의 여정문(후에 정양문으로 개칭하였다.) 사이에 가시(街市)를 만들 땅을 남겨 두도록 하였다. 이와 동시에 궁성 정북쪽의 현무문 밖에 높이 14장, 둘레 약 2리의 토산(土山)을 만들었는데, 추측컨대 헐어 버린 원 고궁에서 나온 잔해를 쌓아 만든 것으로 만세산이라 칭하였고 속칭으로 매산[煤山, 청대에 경산(景山)으로 개칭하였다.)이라 하였다. 이는 '대내(大內)의 진산(鎭山)[307]'이 되었고 중축선 배치의 최고봉이자, 성 전체에서 돌출한 최고의 전망 지점이었으므로 조정의 좌북조남(坐北朝南)의 위세를 강화하고 과거 원 고궁의 좌남향북(坐南向北)의 형세와 중축선이 남쪽에서 북쪽으로 향하는 배치구조를 바꾸었다.

명대 황성과 자금성은 원대 소장과 궁성에 비해 남쪽으로 반리(半里) 이상 옮겨 왔으며 명 자금성 정남의 오문은 대략 원 소장 영성문 옛터 부근에 있었다. 오문 안쪽의 금수교 또한 곧 원 소장 안쪽의 주교 옛터에 있었다. 그것은 남경 궁성과 같이 오문 앞쪽에 단문(端門)을 세워 놓

306_ 『日下舊聞考』 卷4 世紀, p.66. 「北京營建, 凡廟社郊祀壇場·宮殿門闕規制, 悉如 南京.」
307_ 역자 주 '진산(鎭山)'이란 도성이나 각 고을의 가장 크고 중요한 산으로 그곳을 보호하여 주는 주산(主山)을 뜻한다.

고 단문의 동서 양측에도 태묘와 사직대를 두었다. 단문의 앞은 승천문이었고 승천문 앞에는 '정(丁)'자형의 긴 주랑이 있었고 '정(丁)'자형의 횡가 동서 양 끝에는 장안좌문(長安左門)과 장안우문(長安右門)이 있었다. 긴 주랑의 남단에 대명문이 세워져 있었고 긴 주랑의 좌우 양측에 중앙 관서가 가지런히 배열되어 있었다. 궁성의 오문 안쪽에는 금수교를 지나 봉천문[가정연간 이후에 황극문(皇極門)으로 개칭하였다.]이 있었고 봉천문 안은 곧 외조(外朝)의 주요 궁전이 있는 곳이었다. 봉천문 안의 좌우 양측에는 문루와 무루[가정연간 이후에 문소각(文昭閣)과 무성각(武成閣)으로 불렀다.]가 세워져 있었고 정중앙의 중축선에 외조의 3대전, 즉 봉천전·화개전·근신전[가정연간 이후에 황극전·중극전(中極殿)·건극전(建極殿)으로 불렀다.]이 건립되어 있었다. 봉천전은 대조회의 정전이었고 화개전은 뭇 신하들을 대면하고 연회를 베푸는 데 이용되었으며 근신전 앞에 평평한 돈대는 항상 대신을 불러 접견하는 데 쓰였다. 봉천전 동측에는 또한 문화전이 있었는데, 유신(儒臣)이 경서를 강론하는 곳이었다. 서측에는 또한 무영전이 있어 대신을 불러 접견하는 데 쓰였고 아울러 '황제의 조(詔)를 기다리는 모습'을 그린 그림을 설치해 놓았다. 3대전의 뒤는 내정이 있는 곳이었다. 중축선 위에는 건청궁·곤녕궁이 건립돼 있었고 이 뒤는 곧 후원이었고 흠안전(欽安殿)이 건립돼 있었다. 건청궁의 동남쪽에 선조에게 제사를 올리는 봉선전(奉先殿)이 세워져 있었고 서남쪽에는 또한 양심전(養心殿)이 있다. 건청궁·곤녕궁 두 궁의 동서 양측은 동육궁(東六宮)과 서육궁(西六宮)이 있는 곳이었다. 그 밖에 교태전은 황후가 거처하는 곳이었다. 대내 서북쪽에는 융덕전[숭정(崇禎)연간 (1627~1644) 중정전(中正殿)으로 개칭하였다.]·영화전(英華殿) 등이 있었고 항상 신불(神佛)에 제사 지내는 데 쓰였다.

『춘명몽여록』 권6에는 황성과 자금성의 규모가 실려 있다.

　　　황성 바깥 둘레담은 3,225장 9척 4촌이다. 그 문은 모두 6개인데 대명

문·장안좌문·장안우문·동안문·서안문·북안문이라 한다. 북안문은
속칭으로 후재문이라 부르며 원의 옛것을 따랐다. 담장 밖 홍포(紅鋪)는
72개 있다. 등문고원(登聞鼓院)은 장안우문 밖에 있다. 자금성 안쪽 담장
은 남북으로 각기 236장 2척이며 동서로 각기 302장 9척 5촌이다. 그 문
은 모두 8개이며 승천문·단문·오문이라 한다. 오문은 속칭으로 오봉
루(五鳳樓)라 한다. 동쪽은 좌액문, 서쪽은 우액문이며 다시 동쪽을 동화
문이라 하고 다시 서쪽을 서화문이라 하며 북쪽을 향한 것을 현무문이라
한다. 담장 밖 홍포는 36개 있다.[308]

특히 주의할 만한 것은 황성 승천문 남면의 '정(丁)'자형 긴 주랑이 황
성의 일부분으로 여겨졌기 때문에 긴 주랑의 남문인 대명문은 황성으
로 나아가는 대문이 되었고 황성에 설치된 여섯 문 가운데 하나로 기능
하였다는 점이다. 승천문은 비록 건축 구조상으로는 황성 정남쪽 문이
었지만 승천문에서 단문을 경유해 오문에 이르는 어도 양측에 궁장(宮
牆)이 세워져 있었고 태묘와 사직대를 바깥에 격리시켰기 때문에 어도
가 궁성의 오문으로 통하는 유일한 큰길이 되었고 실제로 궁성으로 들
어가는 일련의 세 길의 문 가운데 제1의 문이 되었다. 그래서 승천문이
자금성으로 들어가는 대문으로 기능하였고 자금성의 여덟 문 가운데
하나가 되었다.

『춘명몽여록』에서 언급한 황성의 '담장 밖 홍포 72개'와 '담장 밖 홍
포 36개'는 황성을 방어하는 주둔군을 가리키며 포(鋪)마다 관군 10인
을 두고 성을 돌면서 순찰하고 경계하였다. 기술된 황성과 자금성 길이

308_ 『春明夢餘錄』卷6 宮闕, p.46. 「皇城外圍牆三千二百二十五丈九尺四寸. 其門凡六:
日大明門, 日長安左門, 日長安右門, 日東安門, 日西安門, 日北安門, 俗呼曰厚載門, 仍
元舊也. 牆外紅鋪七十二. 登聞鼓院在長安右門外. 紫禁內城牆南北各二百三十六丈二
尺, 東西各三百二丈九尺五寸. 其門凡八: 日承天門, 日端門, 日午門, 即俗所謂五鳳樓
也, 東日左掖門, 西日右掖門, 再東日東華門, 再西日西華門, 向北日玄武門. 牆外紅鋪
三十六.」

의 척도는 「공부지」에 의거했을 것이다. 이는 비교적 믿을 만하다. 『춘명몽여록』에서 말하는 황성 둘레 길이는 3,225.94장으로 17.92리이다. 『대청회전(大淸會典)』에서 기술한 황성의 길이는 3,656.5장이고 『대청일통지(大淸一統志)』에서 말하는 황성 길이는 3,304장으로 18리 남짓이다. 약간의 오차가 있다. 『춘명몽여록』에서 말한 자금성 남북 성벽의 길이가 236.2장이고 동서 성벽의 길이가 302.95장으로, 당시의 척도인 1척=0.32m로 환산하면 현재 실측한 남북 성벽 길이 760m 및 동서 성벽 길이 960m와 서로 꼭 들어맞는다.

영락연간에 북경을 조영하는 데 중점을 둔 곳은 '묘사(廟社) · 교사(郊祀) · 단장(壇場) · 궁전 · 문궐(門闕)'이었으며 '규제를 모두 남경과 똑같이 하도록' 하였다. 궁전의 중심인 봉천전은 영락 15년(1417) 11월에 완성되었고 3대전은 영락 18년(1420)에 완공되었다. 태묘, 사직단, 천지단 등은 모두 영락 18년에 지어졌다. 앞에서 이미 언급한 것처럼 종루도 영락 18년에 개축하였다. 추측컨대 만세산을 쌓아 만든 것 또한 이와 같은 시기였을 것이다. 천지단과 산천단은 여정문(즉 정양문) 남쪽으로 곧게 뻗은 대가의 동서 양측에 따로 나눠 건립되었다. 태묘와 사직단도 또한 승천문에서 단문을 지나 오문에 이르는 어도의 동서 양측에 각각 건립되었다. 두 경우 모두 성 전체 중축선의 양측에 설치되어 있었다. 봉천전 등 3대전, 만세산의 봉우리 및 종루와 고루도 이 중축선 위에 바로 자리 잡고 있었다. 이 중축선은 천지단과 산천단 사이를 계산해서 여정문을 통과하고 황성과 자금성의 정중앙을 뚫고 지나 만세산을 거쳐 곧장 종루 · 고루에 도달하였는데 전체 길이는 16리(8km)에 이르렀다. 모든 중요한 건축물은 전부 남경의 규제를 따라 이 중축선 위와 그 양측에 세워졌다.

명 성조는 북경의 천도와 건설 작업에 매우 신중하여 스스로 "바야흐로 도읍을 옮길 때 대신과 긴밀히 논의하였고 오랜 시간이 지난 이후에 결정하며 가벼이 거행하지 않았다."[309]고 하였다. 바로 '가벼이 거행하지 않았기' 때문에 큰일이라며 널리 알리지 않았고 도성의 조영에 관한 구체적 경과도 매우 간략히 기록하였다. 실제로는 북경의 조영은 앞뒤로 "거의 20년이었고 공사가 거대하고 경비가 막대하였으며 징세도 매우 광대하였다. 공사 인부로는 100만 명이 동원되었다."[310]고 할 정도였다[『명사』추집전(鄒緝傳)에 실린 추집의 상소이다]. 게다가 명 성조는 경성을 조영하고 천도를 준비하는 동시에, 또한 북경 근교에 자신을 위해 '수릉(壽陵)', 곧 장릉(長陵)을 조성하였는데 '수릉'의 착공과 완공을 앞에 두었고 조정의 궁전의 착공과 완성은 뒤에 두었다. 장릉은 북경 동북쪽에 있는 창평현 동쪽의 황토산(黃土山) 남쪽에 조성되었는데 영락 7년(1409) 5월 건설하기 시작하였고 아울러 '그 산을 천수산(天壽山)으로 책봉하였다.'[311]고 하였다. 영락 13년(1415) 9월에 완성되었다. 장릉은 태조의 남경 효릉(孝陵)의 규제에 따라 조성된 것이다. 효릉의 규제는 당시 궁전의 구조를 따른 것이고 그 가운데 가장 중요한 향전(享殿)[312]은 바로 대조회의 정전인 봉천전의 규모에 따라 건축한 것이었다. 장릉은 천수산의 가운데 봉우리 아래에 있었으며 모두 삼진원락(三進院落)[313]이 있었다. 중심 건축물인 향전은 능은전(祾恩殿, 가정연간에 이름 붙였다.)이라 하였고 제2진(第二進)의 능은문(祾恩門) 안에 만들어졌는데, 정면 9칸이고 겹처마였으며 측면 5칸이었다. 총 면적이 1,956평방미터에 이르렀다. 전부 녹나무를 사용하였고 32개의 거대한 기둥은 꼭대기에서 밑둥까지 나무 하나로 이루어졌다. 중간의 4개는 특별히 커서 직경이 1.17m나 되었고 기둥에는 금련(金蓮)이 장식되어 있었으며 그 나머지

309_ 『明史』卷149 夏原吉傳, p.4152. 「曰: 方遷都時, 與大臣密議, 久而後定, 非輕擧也.」

310_ 『明史』卷164 鄒緝傳, p.4435. 「陛下肇建北京, …幾二十年. 工大費繁, 調度甚廣, …工作之夫, 動以百萬.」

311_ 『明史』卷6 成祖紀, p.86. 「五月己卯, 營山陵於昌平, 封其山曰天壽.」

312_ 역자 주 '향전(享殿)'이란 신위를 모시고 혼령에 제사를 올리는 대전이다.

313_ 역자 주 '삼진원락(三進院落)'이란 제1진 문옥(門屋), 제2진 청당(廳堂), 제3진 사실(私室) 혹은 규방(閨房)으로 구성된 목(目)자형의 중국 전통 사합원(四合院)이다.

기둥은 모두 옻칠을 하였다. 계단은 세 길이 나 있고 중간의 한 길이 '신로(神路)'이며 평평한 곳에 용 모양을 새겼다. 동서 두 길에는 계단이 있고 흰 돌 난간을 갖춘 세 층으로 되어 있었다. 두 무(廡)에는 각각 15칸의 배전(配殿)이 있었다(지금은 이미 존재하지 않는다).

장릉에 보존된 능은전의 규모를 통해 당시 북경 궁중에 새롭게 축조된 봉천전의 상황을 상상할 수 있다. 본래 이전 왕조에서 대조회를 거행하는 정전은 모두 정면 11칸이었다. 금·원 두 왕조의 정전도 모두 이와 같았으며 최초 연왕부의 주전인 승련전(承連殿) 또한 11칸이었다. 그러나 명 태조가 스스로 '검소함과 소박함을 존숭하겠다.'고 하여 남경에 건립된 궁정은 '모두 질박하고 검소하여 조각과 장식을 하지 않았고' 정전인 봉천전도 정면 9칸 넓이로 줄였다. 그래서 명 성조가 북경을 조영하면서 '성법(成法)'을 좇아 건립한 궁중의 봉천전과 수릉의 향전도 모두 정면 9칸일 뿐이었다. 하지만 높고 넓었으며 사용된 재료와 장식은 매우 신경을 써서 남경의 규모와 격식을 대폭 뛰어넘어서, 이른바 '높고 넓으며 웅장하고 화려함이 그것을 넘어섰다.'고 한다. 당시 남경의 궁전은 정난의 변 도중에 모두 파괴되고 오직 궁문과 궁전 자리만이 여러 개 남아 있었다. 인종·선종 이후 일찍이 조금씩 수복하였으나 명 초의 옛 풍모를 회복할 수는 없었다.

명대 영락연간 이후 태감(太監)이 권력을 장악하고 궁중 관리가 좋지 않아 종종 불이 나 대화재가 되곤 하였다. 일찍이 경사의 궁전을 완공한 이듬해인 영락 19년(1421) 4월 초8일 정오 궁중에 화재가 발생해 봉천전, 화개전, 근신전 3대전이 모두 불타 버렸다. 이 대화재로 명 성조는 조서를 내려 직언을 구하자, 다수의 대신들이 주(奏)를 올려 "북경에 도성을 세우는 것이 이로운 것이 아니다."[314]라고 하였고 또 '조영의 부당함을 말하거나' '국가 재정의 소모'와 '관리 마음대로의 징세' 및 '이

314_『明史』卷149 夏原吉傳, p.4152. 「初以殿災詔求直言, 羣臣多言都北京非便.」

전 촉구' 등도 있었는데 어떤 이는 이 때문에 피살되었다. 그 이듬해 건청궁 등에 다시 화재가 발생하자, 이에 봉천문을 정조(正朝)로 삼았는데, 봉천문의 구조가 실제로 정면 9칸에 겹처마를 갖춘 봉천전과 동일하였기 때문이었다. 다만 청대의 태화문(太和門)처럼 앞뒤로 판문(板門)을 설치하였다. 이후 인종, 선종, 영종 등이 즉위하였으나 여전히 대전(大典)을 거행할 정전이 없었다. 영락제 사후 인종이 즉위하자, 대신 하원길(夏原吉)이 주를 올려 "조운하기에 곤란하니 남경으로 환도할 것을 청하였다."고 하였다. 홍희(洪熙) 원년(1425)에 인종이 다시 명령을 내려 "무릇 관사 가운데 북경에 있는 것은 또 행재(行在) 두 글자를 첨가하라."[315]고 하였고 아울러 남경 황성의 중수를 명하고 이듬해 남경으로 환도할 준비를 하였으나 이후 인종이 세상을 떠나면서 중단되고 말았다. 선종 때에 북경은 여전히 '행재(行在)'라고 칭해졌다. 정통 6년(1441) 9월에 이르기까지 봉천전 등 3대전과 건청궁 등 2궁이 중건되었고 11월 초하루에 조서를 내려 천하에 그 사실을 알리고 동시에 북경 각 아문의 관서에서 '행재' 두 글자를 없애고 남경 각 아문의 관서에 '행재' 두 글자를 보태도록 하였다. 이때부터 비로소 북경을 경사로 확정하고 남경을 배도(陪都)로 삼았다. 명대 북경 도성의 건설은 바로 정통연간에 이르러 비로소 완성되었다.

정통연간은 북경을 한층 더 조성한 시기였다. 정통 2년(1437) 정월에서 정통 4년(1439) 4월에 이르기까지 먼저 아홉 문의 성루·월성루(月城樓)·패루(牌樓)와 성 네 귀퉁이의 각루(角樓)를 완성하고 아울러 성호를 깊게 파고 벽돌로 층계를 쌓았으며 목교를 석교로 개축하여 성 방어를 공고히 하고 경사의 경관을 더 드러내었다. 이에 대해서 앞 절에서 이미 서술하였다. 정통 5년(1440) 3월에서 정통 6년(1441) 9월까지 또한 3대전과 2궁을 중건하였다. 이것은 대규모 공사였으며 현역 공장(工匠)

315_『日下舊聞考』卷4 世紀, p.66. 「洪熙元年三月, 命諸司在北京者仍加行在二字.」

과 조련 받은 관군 7만 명이 참여하여 건축한 것이었다(『명영종실록』에 보인다.). 실제로 건축에 참여한 사람은 이 수치에만 그치지 않았고 전하는 바에 따르면 "당시 궁전을 기공하는 데 취사병 왕장아(王長兒) 등 10만 수천 명에 달하였고 공장(工匠)을 보좌하는 자가 어찌 100만 명에 그쳤겠는가?"라고 하였다[진계유(陳繼儒)의 『견문록(見聞錄)』에 실린 가정연간 해염(海鹽) 정효(鄭曉)가 한 말이다.]. 착공 전에 준비할 재료의 수량도 대단히 많았다. "정통연간 초 목재가 이미 30만여 개 쌓였고 다른 물건도 이것에 상당하였다."[왕당(王棠), 『지신록(知新錄)』 권12]고 하였다. 당시 조양문 밖과 숭문문 밖에는 대목창(大木廠) 두 곳이 설치되어 있었고 각 성(省)에서 채벌해 온 목재는 모두 두 창(廠)에 쌓아 두었다. 아울러 흑요창(黑窰廠)과 유리창(琉璃廠)을 세워 벽돌과 기와를 구워 사용에 대비하였다.

이후 가정연간과 만력연간(1572~1620)에 궁중에 또 두 차례의 대화재가 발생하였다. 가정 36년(1557) 4월 13일 신시(申時)에 번개가 치고 큰 비가 내리는 가운데 화재가 발생하여 정전에서 오문에 이르기까지 불타다가 다음날 진시(辰時)에 이르러서야 비로소 꺼졌다. 또 봉천전 등 3대전 및 문루·무루와 봉천문·오문 등 문 15개가 불타 버렸다. 이듬해 봉천문을 중건하고 대조문(大朝門)으로 개명하였다. 가정 41년(1562) 9월 다시 3대전을 중건하고 황극전, 중극전, 건극전 등으로 개칭하였다. 또한 대조문을 황극문(皇極門)으로 바꾸었다. 또한 문루와 무루를 중건하고 문소각과 무성각으로 개칭하였다. 만력 25년(1597) 6월 황극문에 불이 나 황극전 등을 잇달아 불태웠고 천계(天啓) 5년(1625)과 천계 7년(1627) 사이에 다시 중건하였다. 건청궁, 곤녕궁 두 궁은 정덕 9년(1514)[316]과 만력 24년(1596) 두 차례 화재로 훼손되었다가 후에 또 중건되었다.

316_ 역자 주 본문에서 정덕(正德) 9년을 '1145년'이라고 적은 것은 1514년을 잘못 쓴 것이다.

특별히 지적할 점은 황성의 동남쪽 모퉁이, 이른바 남내(南內) 또는 남성 혹은 소남성(小南城)이라 칭하는 곳에 숭질전(崇質殿)과 중화궁(重華宮)이 건립되었다는 것이다. 가정 13년(1534) 7월 중화궁의 서쪽에 '금궤석실(金匱石室)'을 건립하도록 하여 황사성(皇史宬)이라 칭하였으며 그곳에 '보훈(寶訓)'과 '실록'을 보관하였다. 그 건축물은 궁전 형식이었고 "사면과 상·하에 모두 돌 벽돌을 사용하고 중앙에는 20개의 돈대를 갖추었다."고 하였다. 단 하나의 목재도 사용하지 않았으며 면적이 2,000여 평방미터로 그 안에 용을 새긴 순금과 구리판으로 만든 녹나무 궤(櫃)를 설치해 당안(檔案)을 보존하였다. 이후 한 황제의 '실록'이 찬수되어 완성될 때마다 정본은 즉시 이곳에 보관하였다. 가정연간 (1521~1566)과 융경(隆慶)연간(1567~1572)에『영락대전』 정본에 근거해 별도로 모사한 부본 한 질도 여기에 보관되었다. 이것은 이른바 '금궤석실'의 전형적인 건축물이자 설비로서 국가당안고(國家檔案庫)로 쓰였고 화재 방지, 습기 방지, 좀 방지와 통풍을 고려하여 설계 과정에서 특히 장인정신을 발휘하여 새로운 품격을 창조하였다. 현재도 여전히 완벽하게 보존되어 있고 지금의 내성 남지자(南池子) 남쪽 입구의 동쪽에 있다.

(2) 명대 북경의 묘(廟)·사(社)·교단(郊壇) 건립

명대 종교 건축 방면에서 가장 진보된 것은 송·요·금·원이 중시한 원묘(原廟)의 예속(禮俗)을 폐지하고 태묘(太廟)를 조상에 제사하는 주된 장소로 회복한 것이었다. 북경 태묘도 또한 단문의 동쪽 지역에 건립되어 비로소 영락 18년(1420)에 완성되었다. 앞에는 정전이, 양측에는 무(廡)가, 뒤에는 침전(寢殿)이 있었다. 대전은 모두 폭 9칸이었으며 칸마다 1실(室)로 모두 9실로 나뉘어 있었다. 정전 9실은 각 황제와 황후의 의관을 나누어 보관하였고 제사를 올릴 때면 진설하였다. 후전(後殿) 9칸은 각 황제와 황후의 신주를 나누어 배열하였다. 가정 11년

(1532) 고례를 쫓아서 '조종(祖宗)에 대해 각각의 묘(廟)를 건설하고' 가정 15년(1536)에 9묘를 완성하였다.[317] 가정 20년(1541)에 벼락으로 화재가 발생해 그 가운데 8묘가 재해를 입었으므로 태묘를 중건하고 원래의 '같은 건물에 묘실을 달리하는 제도[동당이실지제(同堂異室之制)]'를 회복하였다. 가정 24년(1545) 다시 신묘(즉 지금의 노동인민문화궁이 있는 곳)를 완성하였다.[318]

영락연간에 태묘를 짓는 한편, 또한 남경의 규제에 따라 내정의 건청문 안의 동측에 봉선전(奉先殿)을 세웠다. 봉선전은 9실로 나누었고 태묘의 침전처럼 실(室)마다 황제 한 명과 황후 한 명의 신주를 모시고 매월 매일 규정된 시각에 일상식품 및 떡류를 봉헌해야 해서 남방의 일정 장소에서 거둬들여 보내왔으므로, 남경에는 특별히 전적으로 봉선전을 위해 진헌하는 '진선선(進鮮船)'[319]을 마련하였고 밧줄을 끌어당기는 사람이 많게는 1,000명에 이르렀으므로 그 비용이 대단히 컸다.[320] 그러나 명대는 동시에 송대 이래 비용 소모가 지극히 컸던 원묘를 없애고 능원(陵園) 내 하궁(下宮, 즉 침궁)의 건축물을 없앴으며 능원에 궁녀를 유숙시키면서 침궁에 일상적으로 공양하는 방식을 폐지한 것은 일종의 진보라고 말하지 않을 수 없다.

북경의 사직단은 단문의 서쪽 지역에 있었고 태묘와 서로 대칭하고 있었다. 영락 19년(1421)에 완성되었고 대사(大社)·대직(大稷)을 하나의 제단에서 함께 제사지냈다. 이것은 금·원에서 사직(社稷) 2단으로 따로 건립해 병렬하는 예제와 달랐다. 제단은 방형으로 사면에 돌계단이

317_『日下舊聞考』卷33 宮室, p.498. 「嘉靖十一年, 中允廖道南請建九廟, 上從其議, 撤故廟, 祖宗各建專廟, 合爲都宮, 因舊廟新之.…十五年十二月, 九廟成.」

318_『日下舊聞考』卷33 宮室, p.498. 「嘉靖二十年四月, 雷火, 八廟災, 惟睿廟存. 因重建太廟, 復同堂異室之制. 二十四年七月, 新廟成.」

319_ 역자 주 '진선선(進鮮船)'이란 지방 관부에서 진헌하는 신선 식품을 운송하는 배이다.

320_『日下舊聞考』卷33 宮室, p.502. 「明史禮樂志, 弘治十七年, 吏部尚書馬文升言南京進鮮船本爲奉先殿設, 挽夫至千人, 沿途悉索.」

3층 있었고 원대의 예제를 그대로 따랐으며 제단 상층은 오색토(五色土)를 사용해 오행의 방위에 맞춰 분별하여 축조하였다. 사방 둘레에는 낮은 담장이 있었고 중간에 문을 두었으며 북문 밖에 있는 배전(拜殿)은 정면 5칸이었고 또한 북쪽에 있는 향전(享殿)은 정면 5칸과 측면 4칸에 홑처마였다. 사직단은 신해혁명 이후에 공원(지금의 중산공원)으로 바뀌어 외부에 개방되었으며 향전은 현재 중산당(中山堂)이라 부른다.

천단(天壇)은 여정문(후에 정양문으로 개칭하였다.)의 남쪽으로 곧게 뻗은 대도의 동측에 건립되었고 가정연간에 외성을 넓힐 때 외성 안으로 포함되었고 바로 정안문 안 대가(大街)의 동측에 있었다. 영락 18년 대사전(大祀殿)을 완공하고 이곳에 천지(天地)를 합사(合祀)하였는데, "그 양식은 열두 기둥이었으며 중앙의 네 기둥은 금으로 장식하고 나머지는 삼채(三彩)로 꾸몄다."고 하였다. 그 후 푸른 유리 기와로 바꾸고 천지단이라 칭하였다. 가정 9년(1530) 천지를 나눠 제사하여 대사전의 남쪽에 환구(圜丘)를 짓고 이곳을 천단(즉 지금의 천단공원)이라 개칭하였다. 동시에 안정문 밖에 또 방택(方澤), 곧 지단(地壇)을 세웠다. 환구는 3층의 제단이며 평면은 원형이다. 상층은 지름이 5장 9척이고 높이 9척이며 중층은 지름이 10장 5척이고 하층은 지름이 22척이며 전체 높이는 8척 1촌이었다. 대사전(大祀殿)은 가정 19년(1540)에 대향전(大享殿)으로 개축되어 가정 24년(1545)에 완공되었다.

산천단은 여정문의 남쪽으로 곧게 뻗은 큰길의 서쪽에 건립되어 있으면서 천단과 대칭을 이루었다. 이것도 영락 18년에 완성되었으며 남경 산천단의 제도를 모방하였다. 남경 산천단은 정중앙에 7단을 설치하였고 태세(太歲), 풍운뢰우(風雲雷雨), 오악(五嶽), 사진(四鎭), 사해(四海), 사독(四瀆) 및 종산(鍾山)의 신 등에게 따로 제사하였다. 북경에 건립한 것은 완전히 남경의 제도와 같았으나 다만 천수산의 신을 종산의 신 아래에 두고 제사지냈다. 가정 11년(1532) 개건된 천신단(天神壇), 지지단(地祇壇) 두 단으로 개축하고 중추절에 제사를 올렸다. 별도로 태세단(太歲壇)을 짓고 오로지 태세(太歲)만 제사지냈다. 또한 태세단의 서남쪽에 선농단(先農壇)을 건립하고 오로지 선농(先農, 농업의 신)만 제사지내는 한편, 제단 남쪽에 적전(籍田)을 마련해 황제가 친히 선농을 제사지내고 아울러 경적례(耕籍禮)를 거행하기 편하도록 하였다. 이것들 모두 청대에도 그대로 이어졌다.

금은 천덕(天德: 1149~1152) 이후부터 남교(南郊)·북교(北郊)와 조일단(朝日壇)·석월단(夕月壇)의 두 제단을 나눠 설치하였다. 시인문 밖의 동교(東郊)에는 조일단을 설치하고 춘분에 대명(大明)의 신에게 제사를 올렸다. 창의문 밖의 서교에는 석월단을 설치하고 추분에 야명(夜明)의 신에게 제사를 올렸다. 명대에도 그 제도는 이어져 가정 9년(1530)에 조양문 밖 동교에 조일단을 설치하고 춘분에 대명의 신에게 제사를 지냈다. 제단의 네모 폭은 5장이고 높이는 5척 9촌으로 서향이었으며 제단 면에 붉은 유리를 깔았고 계단은 9층에 흰 돌을 사용하였다. 동시에 부성문 밖의 서교에 석월단을 세워 추분에 야명의 신에게 제사를 드렸으며 아울러 28수(宿)·주천성진(周天星辰) 및 목·화·토·금·수의 5성(星)에게도 제사를 지냈다. 제단의 네모 폭은 4장이고 높이는 4척 6촌으로 동향이었다. 제단 면에는 흰 유리를 깔았고 6단의 계단은 흰 돌을 사용하였다. 두 제단은 모두 구복전(具腹殿)·신고(神庫)·재생정(宰牲亭)·종루·견관방(遣官房) 등이 부설되었다. 이것들 모두 청대에 그대로 이어졌다.

(3) 명대 북경 관서의 설치

영락연간에 중앙의 중요 관서는 공원(貢院)이 원래 원의 예부였고 태복시(太僕寺)가 원래 원의 병부[지금의 태복시가(太僕寺街) 동단]였던 것을 제외하면, 대부분 원대의 옛 관사를 그대로 사용하면서 각 처에 분산되어 아직 남경의 제도에 의거하여 승천문 남쪽에 '정(丁)'자형 긴 주랑의 동서 양측으로 나눠서 세워지지는 않았다.

'정(丁)'자형 긴 주랑의 양측에 관서를 건립하기 시작한 것은 선종(宣宗)의 선덕(宣德)연간(1425~1435)으로 대조회와 제사를 거행하고 조근(朝覲)·회동을 접대하기 위해서였다. 선덕원년(1426) 4월에 먼저 긴 주랑 동측의 뒤 열 중앙부에 홍려시(鴻臚寺)를 건립하고 나중에 완공된 공부(工部)와 흠천감(欽天監) 사이에 배치하였는데, 이는 홍려시에서 조의를 관장하여 대신의 황제 알현과 대조회를 그에 맞게 수행하기 위해서였다. 선덕 5년(1430) 2월에 또 긴 주랑 동측의 앞 열 앞쪽 끝(대명문 동측에 가깝다)에 예부를 건립하기 시작하여 다음해 5월에 완공한 것은[321] 천지·종묘·사직에 제사지내고 '사방 여러 나라의 조근(朝覲)·회동'을 접대해야 하는 수요 때문이었을 것이다.

영종의 정통연간은 대규모로 관서를 건설한 시기였다. 정통 3년(1438) 먼저 총독창장(總督倉場)의 관서를 동성의 명시방 표배호동(表背胡同)에 건립하여 창고·창장(廠場)의 관리를 강화하는 데 편의를 도모하였다. 정통 7년(1442) 3대전과 2궁의 중건 공사를 끝마친 이후에 곧바로 남경의 제도에 따라 긴 주랑 양측에 차례로 관서를 세우도록 명령하고 "그 땅에 사는 백성 가운데 방해하는 자는 모두 옮겨 버렸다."고 하였다. 원래 오운방, 만보방 두 방의 주민은 대개 이 시기에 이주되었다. 같은 해 4월 "종인부(宗人府)·이부·호부·병부·공부·홍려시·흠천감·태의원(太醫院)을 대명문의 동쪽에, 한림원은 장안좌문의 동쪽에 건립하였다."[322](『천부광기』 권12)고 하였다. 이는 곧 '정(丁)'자형 긴 주랑 동측의 중앙관서를 전부 남경의 제도에 따라 건립하여 남에서 북으로

321_ 『日下舊聞考』卷63 官署, p.1032. 「宣德五年, 北京五府六部皆未建. 上以禮部所典者天地宗廟社稷之重, 及四方萬國朝覲會同, 皆有事於此, 遂首建之.」; 『天府廣記』卷21 工部([淸]孫承澤 纂, 北京: 北京古籍出版社, 1982), p.277. 「禮部先於宣德五年二月, 建於大明門之東, 視南京加弘壯.」

322_ 『天府廣記』卷21 工部, pp.276~277. 「七年四月, 建宗人府·吏部·戶部·兵部·工部·鴻臚寺·欽天監·太醫院於大明門之東, 翰林院於長安左門之東. 初, 各衙門自永樂間皆因舊官舍為之, 散處無序. 至是上以官殿成, 命卽其餘工以序營建, 悉如南京之制. 其地有民居妨礙者, 悉徙之.」

보아 앞 열에는 예부, 호부, 이부, 종인부 등을 두었고, 뒤 열에는 태의원, 흠천감, 홍려시, 공부, 병부 등을 배치하였다. 그리고 한림원은 긴 주랑의 동쪽 끝 열에 옥하(玉河) 서쪽 제방 가까이에 세워졌다. 그 가운데 예부와 홍려시는 선덕연간에 이미 완성되어 이때는 거듭 정비되었을 것이다(그림 88 참조).

명대 남경 황성의 전면에 배열된 관서는 비교적 특수한 곳으로 긴 주랑 동측에는 단지 5부만 있었고 형부는 도찰원·대리시(大理寺)과 함께 '삼법사(三法司)'라고 불렀는데 별도로 황성 바깥의 서북쪽 모퉁이에 세워졌다. 이 시기 '모두 남경의 제도와 똑같이' 하기 위하여 정통 7년 11월 형부·도찰원·대리시를 선무가(宣武街)의 서쪽에 설치하였다(『명영종실록』). 즉 '삼법사'를 세운 선무문 안의 서쪽에 있는 부재방의 장안가 서쪽을 이후에 형부가[刑部街, 지금의 서장안가(西長安街) 민족문화궁이 있는 곳]라 불렀다. 동시에 첨사부(詹事府)를 긴 주랑 동측에 건립된 관서 바깥의 옥하 동쪽 제방, 곧 지금의 어하교(御河橋) 동쪽에 설치하였다.

영락 6년(1408) 외지에서 오는 사절을 접대하기 위해 순천부 연대역(燕臺驛)을 회동관(會同館)으로 고쳤는데, 황성 동남쪽의 징청방에 있는 십왕부(十王府) 남쪽[지금의 왕부정 대가(王府井大街) 동삼조호동(東三條胡同) 서쪽 입구]에 있었다. 정통 6년(1441)에 또 남북으로 두 개의 회동관을 나눠 설치하였는데, 북회동관은 곧 회동관을 이용하여 개축하였고 남회동관은 장랑(長廊) 관서의 동남쪽 모퉁이, 한림원의 남쪽[지금의 동교민항(東交民巷) 북쪽이자 정의로(正義路) 남쪽 입구]에 설치하였다.

정통 8년(1443) 다시 5부, 통정사(通政司), 금의위(錦衣衛) 등을 대명문 서쪽에 건립하였는데, 그 지역은 원래 기수위(旗手衛)의 관서였다가 후에 통정사의 뒤로 옮겨갔다(『천부광기』권21). 남경의 제도에 따라 남쪽에서 북쪽으로 앞 열은 전·우·좌·중의 4군도독부였고 뒤 열은 금의위, 통정사, 태상시, 후군도독부(後軍都督府) 등이었으며 아울러 원래 기

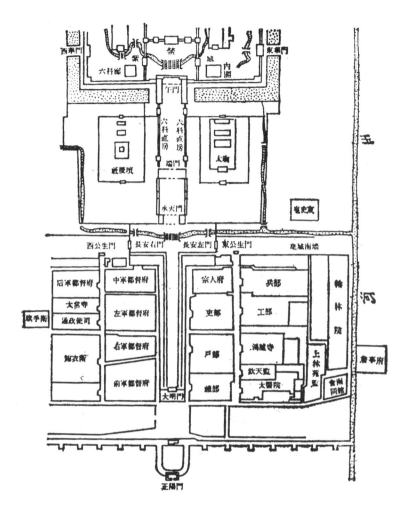

그림 88　명대 북경성 대명문 안 배치도

수위를 통정사의 서쪽으로 이전하였다. 이처럼 긴 주랑의 동서 양측의 중앙 중요관서는 '모두 남경의 제도와 똑같이' 세워졌다.

대학사직사(大學士直舍), 즉 내각(內閣)은 오문 안 동남쪽 모퉁이에 있는 문화전 서남쪽에 설치되었으며 전각대학사(殿閣大學士)가 사무를 보던 곳이었다. 이것은 가정 16년(1537) 제칙방(制敕房)·고칙방(誥敕房)과 함께 동시에 완성된 것이었다. 육과(六科, 이·호·형·공·병·예) 직방(直房)은 오문 밖의 동랑(東廊)과 서랑(西廊)에 설치되었고 오문 안의 서측에는 원래 육과랑(六科廊)이 있었는데 영락연간에 육과직방으로 합병되었다.

공부 소속으로 돈을 주조하는 보원국(寶源局)은 동성 황화방의 석대인호동(石大人胡同) [원래는 석형(石亨, ?~1460)의 옛 가택]에 있었고 가정연간에 설치되었다. 공부 소속으로 제작을 담당하는 문사원(文思院)은 동성 명시방의 문루호동(門樓胡同) 동측에 있었고 정덕 6년(1510)에 개축되고 완성되었다. 동전 주조는 원래 공부의 보원국이 담당하는 것이었는데 천계 2년(1622) 호부에서 보천국(寶泉局)을 동·서패루가(東·西牌樓街) 북쪽에 세우면서 창고를 개축하여 완성하였다. 예부 소속으로 번역을 담당하는 사이관(四夷館)은 원래 옥하교(玉河橋) 서쪽에 있었는데, 영락 5년(1407) 설치된 후 경태(景泰) 3년(1452) 사역관(四譯館)으로 개칭되었고 동안문의 동쪽에 있는 남훈방 안에 설치되었다. 국자감은 원의 옛터를 그대로 이어 이용하였고 북성 숭교방의 방가호동(方家胡同) 북쪽[지금의 국자감호동(國子監胡同)의 수도도서관이 있는 곳]에 있었다.

이상이 명대 주요 중앙관서였다. 정통 10년(1445)에는 내각에게 육부, 도찰원, 통정사, 대리시당상관, 육과장인관(六科掌印官) 등과 함께 회의하라고 하였다. 만일 회의에 유신(儒臣)의 상의가 필요하면 한림원, 첨사부, 좌춘방(左春坊), 우춘방(右春坊), 사경국(司經局), 국자감 등이 참여하였다.

지방관서에서는 순천부서(順天府署)가 가장 높은 데 북성의 영춘방[지금의 교도구(交道口) 서북], 즉 원 대도로총관부 옛터에 설치하였다. 대흥현서(大興縣署)는 북성 교충방의 순천부학(順天府學) 동북쪽(지금의 대흥현호동 북쪽)에 있었다. 완평현서(宛平縣署)는 중성 적경방의 황장북대가(皇牆北大街) 중앙부[지금의 지안문 서대가(西大街)]에 있었다. 중성병마사(中城兵馬司)는 인수방의 홍묘가(紅廟街) 서쪽[지금의 남병마사호동(南兵馬司胡同)]

북쪽)에 있었고 동성병마사(東城兵馬司)는 사성방의 삼조호동(三條胡同) 북쪽[지금의 동사삼조호동(東四三條胡同) 북쪽]에 있었으며 남성병마사(南城兵馬司)는 선남방의 염왕묘(閻王廟) 서쪽(지금의 병마사 앞)에 있었다. 서성병마사는 함의방[지금의 병마호동(兵馬胡同) 북쪽]에 있었으며 북성병마사(北城兵馬司)는 소회정공방[지금의 북병마사호동(北兵馬司胡同) 북쪽]에 있었다. 내동순포청(內東巡捕廳)이 징청방의 제왕관(諸王館) 동쪽[지금의 동단삼조호동(東單三條胡同) 북쪽]에 있었고 내서순포청(內西巡捕廳)은 금성방[지금의 순포청호동(巡捕廳胡同)]에 있었으며 순안찰원(巡按察院) 또한 금성방[지금의 안원호동(按院胡同) 북쪽]에 있었다.

12) 청대 북경의 건립

(1) 청대 북경 궁전의 증축과 개축

여진 귀족이 건국한 청나라는 명나라를 대신해 농민군을 일소한다는 구실로 순치(順治)원년(1643) 산해관(山海關)을 진입하여 북경으로 들어가 점거하고 도성으로 정하였다. 청대는 거의 완전히 명대 북경의 구조를 그대로 이용하여 성문 명칭마저도 변동이 없었다. 모든 것이 명대 황성과 자금성의 배치 구조를 계속 사용하였으나 다만 몇 가지 중요한 문 이름과 대전 이름만은 바꾸었다. 하지만 궁성 안은 지속적으로 중요 궁전을 개축하였고 아울러 증축한 것도 있었다. 특별한 것은 중요한 전각의 크기의 등급 제도를 향상시켰고 새롭게 일부 궁전의 용도를 조정한 점이었다. 황성 안쪽 건축은 대규모의 조정과 개축이 있었다.

원래 명대 황성의 정남쪽 승천문 앞의 '정(丁)'자형 긴 주랑(즉 궁정 광장) 남단에 대명문(大明門)이 있었는데, 청대에 대청문[大淸門, 신해혁명(辛亥革命) 이후 중화문(中和門)으로 개칭]으로 개칭되었다. 이것은 벽돌을 아치형으로 쌓아 올린 문으로 아치형 세 길이 있었고 위에는 유리두공(琉璃斗拱)과 팔작지붕이 있었고 하단은 흰 돌로 만든 수미좌를 층층이 쌓아 올렸다. 청궁(淸宮)의 바깥 둘레의 문은 대다수가 이와 같은 양식이다.
승천문은 순치 8년(1651)에 중수하고 천안문(天安門)으로 개명하였다.
이에 상응하여 황성 정북의 북안문은 지안문(地安門)으로 개명하였다.
천안문은 하나의 높고 큰 벽돌 건축으로 다섯 개의 아치형 문이 있으며
전대(磚臺)는 전부 붉은 칠을 했으며 아래는 흰 돌로 만든 수미좌이다.
전대 위에는 폭 9칸에 겹처마를 한 대전이 세워져 있었다. 문 앞뒤로는
각각 석화표(石華表, 궁전·능묘 등 앞에 장식용으로 설치한 거대한 석주) 한 쌍
이 대칭적으로 세워져 있다. 단문·동화문·서화문·신무문(神武門: 자
금성 북문)은 모두 이러한 양식에 속하면서도 다소 작고 다만 아치형의
세 길이 있고 바깥쪽으로 방문(方門)을 만들었다. 오문은 순치 4년(1647)
에 중건되었는데, 명대의 형식과 구조를 그대로 이어서 높은 대(臺)의 평
면은 '요(凹)자를 거꾸로 세운 모양'으로 만들어졌고 중앙부에 방문(方門)
을 지나가는 세 길을 뚫어 놓았다. 대 위의 건축은 중앙부에 정루(正樓)가
9칸, 양측에 무(廡)가 각 3칸, 네 귀퉁이에 방정(方亭)이 각각 5칸 및 동무
(東廡)와 서무(西廡)가 각 13칸이 결합해 일체를 이루었으므로 기상이 웅
장하고 위용이 있었다.

오문과 금수교의 북쪽은 곧 외조(外朝)의 3대전이다. 명대에는 봉천
전(후에 황극전으로 개칭)·화개전(후에 중극전으로 개칭)·근신전(후에 건극전
으로 개칭)이라고 하였다. 청대 순치 2년(1645)에 개축하여 태화전(太和
殿)·중화전(中和殿)·보화전(保和殿)으로 하였다. 태화전 앞에는 태화문
(太和門)이 있었다. 태화문의 구조는 사실 9칸에 이중 처마를 한 대전과
동일하였지만, 다만 앞뒤에 장벽(牆壁)과 격자문을 만들지 않고 판문(板
門) 세 길을 설치하였다(그림 89 참조).

명대에는 대전에 대해 정면 9칸을 가장 존귀한 것으로 여겼다. 청대
는 11칸을 존숭하는 금·원의 체제를 회복하고 그 다음의 순서를 9칸,
7칸, 5칸, 3칸으로 하였다. 대전의 지붕은 겹처마 우진각지붕식을 가장
존귀한 것으로 여겼고 그 다음의 순서는 겹처마 팔작지붕식, 홑처마 우

진각지붕식, 홑처마 팔작지붕식, 맞배지붕식이다. 이러한 체제는 강희(康熙) 연간(1661~1722)에 구축된 것이다.

태화전은 원래 명대 황극전이며 정면 9칸으로 순치 3년(1646)에 일찍이 중건되었다. 강희 8년(1669)에 정면 11칸으로 개축되었다. 강희 18년(1679) 대전에 화재가 일어나 지금의 대전은 강희 34년(1695)에 재건한 것이다. 원래의 명대 황극전은 대체로 장릉의 능은전과 서로 똑같았다. 능은전은 정면 9칸이고 측면 5칸 깊이며 면적은 1,956평방미터였다. 지금의 태화전은 정면 11칸이고 측면 5칸 깊이이며 면적은 2,377평방미터로 정확히 9:11의 비율에 상당한다. 원대 정전인 대명전은 정면 11칸에 동서 200척, 측면 120척, 높이 90척이었다[323](『남촌

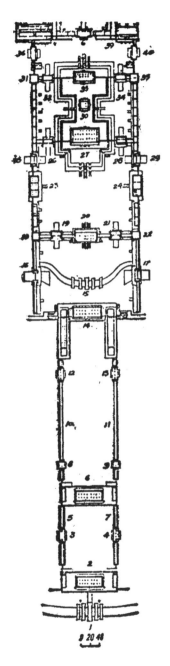

1—外金水橋
2—天安門
3—社稷街門
4—太廟街門
5—西廡
6—端門
7—東廡
8—社左門
9—社右門
10—西廡(朝房)
11—東廡(朝房)
12—闕左門
13—闕右門
14—午門
15—金水橋
16—熙和門
17—協和門
18—崇樓
19—貞度門
20—太和門
21—昭德門
22—崇樓
23—弘義閣
24—体仁閣
25—右翼門
26—中右門
27—太和門
28—中左門
29—左翼門
30—中和殿
31—崇樓
32—后右門
33—保和殿
34—后左門
35—崇樓
36—隆宗門
37—內右門
38—乾淸門
39—內左門
40—景運門

그림 89 청대 북경 궁성 3대전 평면도

철경록』권21 궁궐제도). 지금의 태화전은 정면 63.96m, 측면 37.17m, 높이 26.92m로 그야말로 태화전의 척도와 비슷하다. 원대 궁전의 규격에서는 마찬가지로 11칸·9칸·7칸·5칸·3칸을 등급 순서로 하였다. 청대 강희연간에 중건한 대전은 기본적으로 원대의 규격을 회복한 것이라고 할 수 있다. 태화전 밖에는 낭주(廊柱)가 일렬로 서 있고 모두 12개다. 궁전 안에 동서로 12개의 기둥이 나뉘어 배열되어 있고 남북으로 모두 6행이므로 총 72개이다. 대전 계단의 기단부는 흰 돌로 만든 수미좌이고 전면의 답도(踏道)는 세 갈래로 나 있고 돌계단은 모두 3층으로 나뉘었으며 층마다 흰 돌난간으로 둘러쳐 있고 난간과 디딤돌은 모두 정교하고 세밀한 부조가 새겨져 있다.

중화전은 원래 명대 중극전으로 또한 일찍이 화개전으로 불렸으며 순치 3년에 중수되었다. 평면은 방형에 가로와 세로 모두 3칸이며 원형의 꼭대기에 사면에 벽이 없고 고르게 격자문과 격자무늬 창을 안장하여 실로 방형의 대정(大亭)이었다. 대전 앞뒤 양면에는 답도(踏道) 셋이 각각 나있고 좌우에 답도가 각각 하나가 있다. 태화전은 3대 절일(원단·동지·만수절)에 대조회를 거행하는 예당(禮堂)이었고 중화전은 소례당(小禮堂) 성격을 갖추고 있었다. 대조회가 열릴 때마다 황제가 먼저 이곳에서 옥좌에 올랐고 내각, 내대신, 예부 등의 인원이 예를 모두 마치면 그런 뒤에 태화전으로 나아갔다. 혹은 대례를 거행하기 전에 준비하는 장소이기도 하였다.

보화전은 정면 9칸에 겹처마였다. 이것은 대체로 명대 만력연간에 중건된 건극전의 원래 구조였다. 강희 29년(1690)에 3대전을 중수하여 강희 36년(1697)에 완공되었다. 건륭 30년(1765) 다시 3대전을 중수하였다. 지금의 3대전은 건륭 시기에 중수된 이후의 면목을 보존하고 있다. 보화전은 연회를 열고 외번(外藩)을 접대하는 데 항상 사용되었고 혹은

323_『南村輟耕錄』卷21 宮闕制度, p.251. 「大明殿, 乃登極·正旦·壽節·會朝之正衙也, 十一間, 東西二百尺, 深一百二十尺, 高九十尺.」

새로운 진사에 대해 조고(朝考[324])을 치루는 데 이용되었다.

　오문의 안쪽, 동서 양측의 협화문(協和門)과 희화문(熙和門) 바깥에는 문화전(文華殿)과 무영전(武英殿)이 있었는데 모두 정면 5칸이었다. 문화전은 대신이 경서를 진강(進講)하는 데 항상 사용되었고 무영전은 서적을 보존하는 데 사용되었다. 문화전 뒤에는 문연각(文淵閣)이 있는데 건륭 41년(1776) 영파(寧波)의 천일각(天一閣) 장서루를 모방하여 세운 것으로 사고전서를 보관하는 데 쓰였다. 전각은 2개 층이 있었지만 두 층 사이에 별도로 암층(暗層)을 추가하여 실제로는 세 층이었다. 평면은 5칸이었고 서쪽 끝에 1칸을 추가하여 난간 딸린 계단을 부설하였으므로 6칸이 되었다. 무영전의 남쪽에는 남훈전(南薰殿)이 있고 건륭 14년(1749)에 내부(內府)에서 소장한 역대 황제·황후의 도상을 이곳에 보관하였다. 외조의 동서 양측에 있는 문화전·무영전의 두 지역은 실제로 황제를 위해 경전을 강독하고 서책을 보관하며 문화 활동을 진행하던 곳이었다.

　외조의 3대전은 하나의 높고 광대한 '공(工)'자형 돌계단 위에 공동으로 건립되었다. 태화전과 보화전은 앞뒤 양 끝에 지어졌고 정방형의 작은 중화전은 '공(工)'자형 돌계단 중간에 세워졌다. 후정(後廷)의 3궁도 동일한 배치 구조였다. 건청궁은 정면 9칸이고 측면 5칸이었다. 순치 12년(1655)에 중건되었다가 강희 8년(1669)에 재건되었다. 교태전의 형태와 제도는 중화전과 똑같았다. 곤녕궁도 정면 9칸이었으며 순치 12년에 중건되었다. 3궁은 '공(工)'자형 돌계단 위에 공동으로 건립되었다. 건청궁은 황제가 신하를 접견하고 정사를 논하는 데 사용되었다. 교태전은 명대에 황후의 거처로 사용되었고 청대에 황제의 보좌(寶座)를 설치하고 동호각루(銅壺刻漏)·자명종 및 어용보새(御用寶璽)를 안치하는 데 사용하였다.

324_ 역자 주 　조고(朝考)는 예부에서 새로 합격한 진사의 명단을 작성하여 황제에게 보고한 후 보화전(保和殿)에서 다시 별도의 시험을 시행하는 것을 일컫는다.

건청궁의 동무와 서무에는 단응전(端凝殿)과 무근전(懋勤殿)이 있었다. 무근전의 남쪽에 비본처(批本處)가 있었는데 무릇 내각에서 묵필로 부표(浮票)에 미리 비답을 입안하여 황제에게 올리는 상주문은 모두 이곳을 거쳐 올려야 하였다. 비본처의 남쪽에서 서쪽으로 나가면 월화문(月華門)이고 문 남쪽은 내주사방(內奏事房)이었으며, 매일 내외 백관들이 올린 주장(奏章)에 대해 바깥에서 상주한 사안은 여러 신하가 접수하고 이 방에서 모아서 올렸고 성지를 받은 후 다시 이곳에서 모아서 내보냈다. 내주사방에서 남쪽으로 돌면 남서방(南書房)이 있었는데 내정사신(內廷詞臣)이 숙직하는 곳이었다. 남서방의 동쪽은 궁전감(宮殿監) 등이 사무를 보는 곳이었다.

내정 3궁의 양측 동서쪽에는 각각 6궁이 있었는데 명대에는 합쳐 12궁이라고 불렀다. 청대에 다소 증축과 개축이 있어 서로 대칭되지 않게 되었다. 자금성 동북부, 동육궁(東六宮)의 동쪽에는 영수궁(寧壽宮)과 그 뒤의 화원이 있었는데 규모가 비교적 거대하였으며 고종(건륭제)이 제위를 넘겨준 후의 거처였고 나중에 자희태후(慈禧太后)도 이곳에 머물렀다. 서육궁(西六宮)의 서쪽에는 자녕궁(慈寧宮), 수강궁(壽康宮), 수안궁(壽安宮) 등이 있으며 항상 태후가 머무는 곳이었다.

자금성 정북쪽의 신무문에서 다리를 지나면 곧 경산(景山)이며 산 위 다섯 봉우리에 정자가 있는데 건륭 16년(1751)에 건립된 것이다. 경산 동북쪽에 수황전(壽皇殿)이 있으며 건륭 14년(1749)에 중건되었다. 대전은 9실로 나뉘었으며 규모와 제도는 태묘를 모방하여 황제의 선조 초상을 진열하고 제례를 거행하였다.

(2) 청대 북경 묘(廟)·사(社)·교단(郊壇)의 개축 및 계승

청대에 궁전은 11칸이 가장 존귀한 것이었으므로 태묘전전(太廟前殿)도 11칸으로 개축하였다. 명대 태묘, 정전과 침전은 모두 정면 9칸이었는데 청대에 전전(前殿)을 11칸으로 고쳤고 중전(中殿)과 후전(後殿)은 모두 9칸이었다. 이것은 건륭 4년(1739)에 수리하여 완성한 것이다.

청대 사직단도 명대의 시설을 그대로 이용하여 세운 것으로 제단의 건축은 여전히 옛것 같았을 뿐만 아니라, 향전으로 사용한 5칸도 명나라 때 만든 것이었다. 이 향전은 오늘날 중산당(中山堂)이라고 부르는 곳이다.

청대 천단도 명대 시설을 그대로 이어받은 것이다. 환구(圜丘)는 건륭 14년(1749)에 개축하였는데, 면적이 확장되었고 높이는 약간 낮췄다. 또한 3층으로 나뉘어 윗층은 지름 9장에 높이 5척 7촌이었고, 중간층은 지름 15장에 높이 5척 2촌이었으며 아래층은 지름 21장에 높이는 5척이었다. 전부 흰 돌을 쌓아 완성하였고 층마다 주위에는 가로 · 세로 난간이 있었으며 사면에는 고르게 답도(踏道)가 뻗어 나왔는데, 모두 명대의 구조를 따랐다. 제단 사면에 왜소한 담장을 쌓고 중간에 문을 설치하였다. 북문의 북쪽에는 황궁우(皇穹宇)가 있었고 이는 홑처마의 원형 소전(小殿) 한 채로, 흰 돌로 만든 높은 기단 위(기단 높이 9척)에 세워졌다. 동 · 서 · 남 삼면으로 계단이 나오고 각각 계단의 수는 14개이다. 주위에 붉은 기둥 8개를 세우고 남색 유리기와를 덮었으며 위에 금정(金頂, 금으로 만든 꼭대기 장식)을 안치하였다. 남쪽으로 문을 열어 두었고 대전 앞에 있는 좌무(左廡)와 우무(右廡)는 각각 5칸이었다.

황궁우에서 북쪽으로 성정문(成貞門)을 지나 월폐교(月陛橋)를 건넌 뒤 다시 기년문(祈年門)을 지나면 곧 기년전(祈年殿)이다. 기년전은 즉 명대 대사전(大祀殿) 혹은 대향전(大享殿)으로 건륭 16년(1751)에 지금의 이름으로 고쳤다. 이것은 원형 평면에 삼중 처마를 한 하나의 대전으로 지름이 30m이고 높이는 38m이며 3층의 원단(圓壇) 위에 지어졌다. 단의 제도는 대략 환구와 같고 지름이 비교적 길며 윗층의 지름은 21장 5척, 중간층의 지름은 23장 2척, 아래층의 지름은 25장이고 남북 양면에서는 계단이 세 곳에 나 있으며 동서 양면에서는 계단이 한 곳 나 있다. 윗층과 중간층에 나 있는 계단의 수는 각각 9개이고 아래층은 10개이다. 기단 위의 기년전은 원형이며 안팎 주위로 각각 붉은 기둥이 12개 있고 중간에는 '용정주(龍井柱)' 네 개가 있다. 처마는 삼중이다. 주위 12칸은 균일하게 격자무늬 문을 설치하였고 벽돌 벽이 없으며 위로 3층의 남색 유리기와를 덮었으며 그 위에 금정(金頂)을 안치하였다. 기년전은 광서 15년(1889)에 번개를 맞아 불타 무너져 이듬해 원래 모양대로 중건되었다. 기년전의 뒤에는 황극전(皇極殿)이 있는데, 그것과 기년문은 모두 가정 24년(1545)에 완공된 것이었다.

청대 선농단(先農壇)은 외성의 영정문 안의 큰길 서쪽에 있었고 천단과 대칭을 이루었다. 원래 명대 산천단이었다. 그 중앙에 있는 선농단·천신단·지기단·태세단은 모두 명 가정연간 이후의 옛터를 그대로 활용하였고 아울러 계속해서 명대의 예제를 답습하였다.

일단(日壇)은 조양문 밖 동교(東郊)에 있었으며 월단(月壇)은 부성문 밖 서교(西郊)에 있었다. 명대 조일단과 석월단 옛터였으며 다만 그 건축물을 약간 개조하였다. 예컨대 명대 일단의 표면은 붉은 유리를 깔고 월단의 표면은 하얀 유리를 깔았으나 청대에는 모두 금벽돌로 바꾸었다.

(3) 청대 북경 관서의 계승, 조정 그리고 증설

청대 북경 중앙관서는 대부분 명대의 건물 배치를 그대로 이용하여 중요 관서는 그대로 천안문 앞 천보랑의 동서 양측에 설치되었다. 동측 관서는 전부 변동이 없었으나 서측은 매우 크게 조정하였다.

천보랑 동측의 관서는 여전히 명대 설치를 답습하여 앞 열에는 종인부, 이부, 호부, 예부 등이 있었고, 뒤 열은 병부, 공부, 홍려시, 흠천감, 태의원 등이 있었다. 한림원은 여전히 장안좌문 동남쪽에 있었고 회동관은 회동사역관(會同四譯館)으로 바뀐 채 여전히 옥하교 서가(西街) 북쪽에 있었으며 첨사부는 여전히 옥하 동쪽 제방에 있었다.

이부, 호부, 예부, 병부, 공부 등 5부는 당시 조정의 주요 관서였다.

이부에는 문선사(文選司)·계훈사(稽勳司)·고공사(考功司)·험봉사(驗封司)의 4사(司)가 설치되어 있었다. 호부는 성(省)에 따라 14사(司)로 나뉘었고 아울러 봉향처(俸餉處)·군수국(軍需局) 등이 있었다. 또한 대고(大庫)가 관서 동북쪽에 설치되어 있었고 단필고(緞匹庫)는 동안문 안에 있었으며 안료고(顔料庫)가 서안문 안에는 있었다. 이를 합쳐 삼고(三庫)라고 불렀다. 호부에 소속된 보천국(寶泉局)은 동서패루가(東西牌樓街) 북쪽에 설치되어 명대 옛터를 계속 이용하였고 명대에는 이곳에서 전폐(錢幣)를 주조하였으나 청대에는 보천국의 관서로 바꾸었고 별도로 4창(四廠)을 설립하여 주조하였다. 호부에 소속된 양창(糧倉)은 모두 성 동쪽의 조양문 안팎, 동직문(東直門) 안, 동편문(東便門) 밖 및 덕승문(德勝門) 밖에 설치되었고 총독창장(總督倉場)의 관서 역시 성 동쪽에 설립되었다. 예부에는 의제사(儀制司)·사제사(祠祭司)·주객사(主客司)·정선청리사(精膳淸吏司)의 4사(司)가 설치되어 있었고 주인국(鑄印局)·회동사역관 및 악부(樂部) 관서 등이 부설되어 있었다. 악부 관서는 경산 서문 밖에 있었다. 병부에는 무선사(武選司)·직방사(職方司)·거가사(車駕司)·무고청리사(武庫淸吏司)의 4사(司)가 설치되어 있었고 공부에는 영선사(營繕司)·우형사(虞衡司)·도수사(都水司)·둔전사(屯田司)의 4사(司)가 설치되어 있었다. 관서의 동쪽에 절신고(節愼庫)가 있었는데 명대 옛터 그대로였다. 별도로 제조고(製造庫)를 장안우문 밖에 지었고 병(丙)·정(丁)·무(戊) 3고(庫)는 서안문(西安門) 안에, 포자고(砲子庫)는 좌안문(左安門) 안에, 연자고(鉛子庫)와 화약국(火藥局)은 우안문(右安門) 안에 있었다.

천보랑 서측의 관서는 청대에 대대적으로 조정되었다. 앞 열은 원래 명대의 도독부였으나 청대는 병제가 달랐기 때문에 폐기하고 사용하지 않다가 점차 주민이 거주하는 호동(胡同)이 되었다. 뒤 열의 관서에서는 태상시(太常寺)만이 명의 옛터를 이어서 사용하였는데 원래 후군도독부(後軍都督府) 남쪽에 세워졌으며 전면에는 관제묘(關帝廟) 및 토지신사(土地神祠)가 있었다. 태상시 남쪽은 원래 통정사(通政司)였으며 통정사 남쪽은 원래 금의위(錦衣衛)였다. 청대에 모두 크게 조정하였다.

가장 중요한 조정은 바로 금의위를 없애버린 것이었다. 금의위는 명 홍무 15년(1382) 의란사(儀鸞司)에서 개편한 것이다. 금의위는 황제 친군(親軍) 가운데 가장 중요한 자리를 차지하였고 황제에게 직속되어 있었다. 병설되어 있던 북진무사(北鎭撫司)는 황제가 친히 결정한 중대한 형옥(刑獄), 즉 이른바 '조옥(詔獄)'을 전적으로 관리하였고 항상 형신핍공(刑訊逼供)[325] · 주련만인(誅連蔓引)[326]을 이용하여 수만 명을 끌어들이는 중대 안건을 조성하였다. 홍무 26년(1393)에 금의위에서 '조옥'을 심리하는 것을 폐지하고 그 2년 후에 다시 영(令)을 내려 '법외가형(法外加刑)'을 금지하였다. 그러나 영락제가 즉위한 후 곧 금의위에서 '조옥'을 심리하는 것을 되살리니 동창(東廠)과 똑같이 황제가 환관을 중용해 잔학한 통치를 일삼는 기구가 되었다. 영종 이후에 이르러 동창과 금의위는 한층 더 정찰과 수색, 체포, 구타 · 신문, 모함 등을 행사하는 폭력기구가 되었다. 원래 형옥을 주관하던 삼법사(형부 · 도찰원 · 대리시)는 점차 권력을 잃고 최종적으로 그의 통제 아래 놓이게 되었다. 청대는 이러한 폐정을 타파하기 위해 순치 2년(1645) 금의위를 없애고 난의사(鑾儀司)를 회복하여 난여(鑾輿)와 의장(儀仗)을 전적으로 관리하도록 하였다. 난의사는 곧 원래 금의위의 일부 옛터에 있었다. 동시에 청대는 명대 선무문 안의 장안가 서쪽에 건립되어 있던 삼법사를 천보랑 서측으로 이전하고 삼법사의 권력을 회복하였다(그림 90 참조).

원래 명대 금의위 관서가 점유한 땅은 비교적 커서 경력사(經歷司) · 남북진무사(南北鎭撫司) 등은 모두 이곳에 설치되어 있었다. 청대에 세운 난의사는 그 옛터의 일부만을 사용하였을 뿐이었고 청대에 형부를

325_ 역자 주 '형신핍공(刑訊逼供)'은 사법기관에서 육형(肉刑) 혹은 유사 육형 내지는 정신형 등 잔혹한 방식을 가하여 피고의 육체와 정신을 학대하여 그의 진술을 얻어 내는 심문 방식을 가리킨다.

326_ 역자 주 '주련만인(誅連蔓引)'은 광범위한 연좌를 지칭한다.

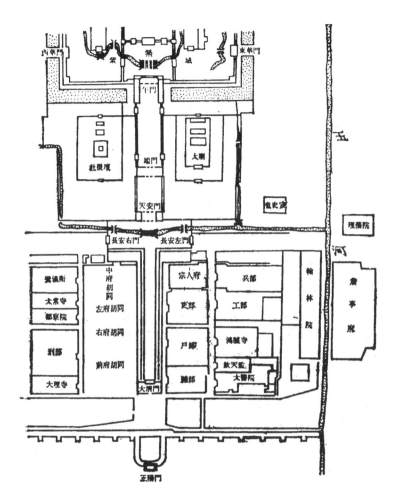

그림 90 청대 북경성 대청문 안 배치도

옮길 때 또한 그 옛터를 이용하였다. 청대 「형부책(刑部冊)」에서는 "형
부의 관서는 우리 왕조에서는 즉 명의 금의위 옛터로 이전하였으며 대
당(大堂) 벽 사이에 옛 금의위제명비(錦衣衛題名碑)가 있었으나 나중에 불
에 타버렸다."327(『일하구문고』 권63)고 하였다. 대리시(大理寺)는 형부의

327_ 『日下舊聞考』 卷63 官署, p.1037. 「刑部公署, 國朝即明錦衣衛故址移建. 大堂壁間

남쪽에 설치되었으며 "전하는 바에 따르면 명의 남진무사(南鎭撫司) 옛터였다."[328](『일하구문고』 권63 안어(按語))고 한다. 남진무사도 금의위의 일부분이었다. 삼법사 가운데 다만 도찰원의 규모가 비교적 컸고 원래 금의위 옛터에서 수용할 만한 것이 아니었으므로 원래 명대 통정사 관서의 옛터에 설립되었고 통정사 관서를 서북쪽으로 옮겨 장안우문(長安右門)의 서남쪽, 즉 서장안가 남쪽에 설치하였으며 장안좌문 동쪽에 세워진 한림원과 멀리 서로 대칭적으로 마주보고 있었다. 청의 도찰원 관서 안에는 원래 명 가정 을미년(1535)[329]에 세워진 통정사제명비(通政司題名碑)가 대당(大堂)의 좌측에 있었다.

도찰원 안에 10여 개의 도(道) 관서가 나눠 설치되어 있었다. 원래 경기도(京畿道)는 형부의 남쪽에 특별히 설치되어 있었는데 건륭 24년(1759) 하남도 관서를 경기도 관서와 맞바꾸었다. 경기도를 대당의 오른쪽에 설치하고 가장 중요한 도의 관서로 삼았다. 도찰원 소속의 순시오성어사(巡視五城御史)가 해마다 번갈아 파견되었고 관서는 정양문 안에 있었다. 별도로 법률을 찬수하는 율례관(律例館)이 원래 장안우문 밖에 세워져 있었으나 건륭 37년(1771)에 태상시 뒤로 이전하였고 바로 도찰원의 서북쪽에 해당한다.

명대 내각은 오문 안 동남쪽 모퉁이에 건립되어 있었는데 이른바 동각(東閣) 5칸이었다. 청대에 내각을 칭한 관서는 태화문의 좌측에 개축하였고 소덕문(昭德門) 안의 동남쪽 모퉁이에는 본당(本堂)을 제외하고 표첨방(票籤房), 몽골당(蒙古堂), 전적청(典籍廳), 계찰방(稽察房) 등이 설치되어 있었다. 내각 후문의 동쪽은 홍본고(紅本庫)였고 또 그 동쪽은 실록고(實錄庫)·서적표장고(書籍表章庫)였다. 육과직방(六科直房)은 여전히 명의 옛터에 있었고 오문 밖 동랑(東廊)과 서랑(西廊)에 있었다. 오문 안

舊有錦衣衛題名碑, 後燬於火.」
328_『日下舊聞考』卷63 官署·按語, p.1050.「傳爲明南鎭撫司故址.」
329_ 역자 주 가정 을미년은 가정 14년, 즉 1535년이다.

의 동랑과 서랑에서 동쪽이 계찰상유처(稽察上諭處) 및 내각고칙방(內閣誥勅房)이었고 서쪽이 번서방(繙書房) 및 기거주관(起居注館)이었다. 동화문 안에 국사관(國史館)이 있었고 서화문 안에는 속삼통관(續三通館)이 있었으며 무영전 뒤에 방략관(方略館)이 있었고 동화문 밖 북지가(北池街) 서쪽에는 아라사문관(俄羅斯文館)이 있었다.

앞에서 언급하였던 무영전은 서책을 수장하는 데 항상 이용되었고 문화전 뒤의 문연각은 사고전서를 보관하는 데 사용되었다. 강희 19년(1680)부터 무영전의 좌랑방(左廊房)·우랑방(右廊房)은 수서처(修書處)가 되어 서적을 간행하고 장식하는 일을 담당하였다. 건륭 38년(1773)에 송·원의 활자판 인쇄를 모방하였는데 그 일을 담당하는 관서를 서화문 밖 북장가(北長街) 길 동쪽에 설치하였고 사고전서 가운데 선본(善本)을 조판하고 인쇄하였으며 그것을 '무영전취진판(武英殿聚珍版)'이라고 칭하였다.

청대 관상대(觀象臺)는 명대 옛터를 계속 이용하여 조양문의 성벽 위에 설치되었다. 역서(曆書)를 편집하고 인쇄하는 시헌서국(時憲書局)은 선무문 안의 천주당(天主堂) 서쪽에 세워졌다. 이곳은 원래 명 천계(天啓)연간(1620~1627)에 어사 추원표(鄒元標)·풍종오(馮從吾)가 건립하고 강학한 수선서원(首善書院)이었으나 후에 서광계(徐光啓)와 요한 아담 샬폰 벨(Johann Adam Schall von Bell)이 이곳에서 역법(曆法)을 수정하여 역국(曆局)이라고 불렀다. 청대는 계속해서 이곳에서 시헌서(時憲書)를 수정하였다. 시헌서국을 천주당 서쪽에 세운 것은 서양 선교사가 역법 수정에 참여하기 편하도록 하기 위한 것이었다. 천주당은 선무문 동쪽에 있었으며 명 만력 28년(1545)에 처음으로 건립되었다. 청대 순치연간(1634~1661)과 강희연간에 두 차례 중수되고 건륭 40년(1775)에 불로 소실되어 이듬해 다시 중건하였다. 당시 선교사는 역법을 수정하는 데 참여하였기 때문에 조정으로부터 중시를 받았다.

청대는 몽골·티베트·신강 및 기타 소수민족 사무를 담당하기 위해 이번원(理藩院)을 특별히 설치하였는데 동장안가(東長安街) 옥하교에 있었다.

옹정 7년(1729) 서북 지역에 군사를 동원하였기 때문에 황궁의 융종문(隆宗門) 안에 군기방(軍器房)을 설치하고 3년 후에 판리군기처(辦理軍機處)로 개칭하였으며 군기처(軍機處)로 간략히 불렀다. 군기처는 매일 황제를 알현하고 군정의 중요한 안건을 논의하고 처리하며 황제를 받들어 조정을 장악하는 중추가 되었다.

청대 순치부 관서는 여전히 원·명의 옛 관서였으며 지안문 밖 고루의 동쪽에 있었고 당(堂)의 왼쪽에 원래 원 대도로비(大都路碑)가 있었다. 순천부유학의 관서는 부학호동(府學胡同) 육현방(六賢房) 안에 있었고 명의 옛터를 그대로 이용하였다. 대흥현 관서는 여전히 안정문 동남쪽의 교충방에 있었고 완평현 관서는 여전히 북안문 서쪽의 적경방에 있었는데, 모두 명의 옛터를 계속 이용하였다.

국자감은 성 동북쪽의 숭교방에 있었고 여전히 원·명의 옛터였다. 공원(貢院)도 명대의 옛터였다.

(4) 청대 북경의 지방행정 시설

청대 북경은 명대의 지방행정 시설을 계속 사용하였으나 발전된 점도 있었다. 지방의 가장 중요한 관서는 여전히 순천부 관서였다. 그 관서는 원·명대 부(府)의 관서 옛터를 그대로 이용하였다. 그 휘하에 대흥현·완평현의 두 현서가 있었다. 치안을 담당하는 것에는 도찰원에 예속된 순시오성어사(巡視五城御史)가 있었고 간략히 오성어사(五城御史)라고 불렀다. 경성은 또한 동·남·서·북·중의 5성으로 나뉘었으며 성마다 만한어사(滿漢御史)를 각각 1인씩 임명하고 그 아래 오성병마사(五城兵馬司) 지휘·부지휘 등을 두었는데 대체로 역시 명대의 제도를 연용하였다. 명대에 원래 설치된 순성찰원(巡城察院)은 원대의 순경원(巡警院)과 같았다. 청대는 즉 '제독구문순포오영보군통령(提督九門巡捕五

營步軍統領)'330으로 개편하고 성 전체의 경계와 보위(保衛)를 담당하였으며 속칭으로 구문제독(九門提督)이라 하였다. 9문을 경비하는 한편, 내·외성 및 성벽 위에는 모두 1,100개의 퇴발방[堆撥房, 즉 순찰병강(巡察兵崗)]을 설치하였는데, 성 밖과 연동하여 총 1,461개의 퇴발방이 있었다. 성안의 거리와 호동(胡同)에 또한 1,746곳의 책란(柵欄)을 설치하였고 각 곳의 책란에는 모두 출입하는 문이 있었다. 성 전체에는 야간 통행 금지를 시행하여 성문은 해가 저물면 자물쇠를 잠가야 하였을 뿐만 아니라, 책란의 문도 기경(起更)331 후에 닫아야 하였다. 성지를 받들어 파견되는 경우와 긴요한 군무에 대해서 때에 맞춰 문을 열어 주는 것을 제외하고, 왕(王) 이하로부터 관인와 백성까지 모두 통행을 금지하였다. 보군교(步軍校) 등이 거리를 나누고 반(班)별로 번갈아 숙직하였고 보군협위(步軍協尉)가 순라를 진행하였다. 하지만 내성의 전면 3문은 매일 저녁 6·7시에 자물쇠를 걸어 잠갔으나 자정에 다시 열어 조정에 가는 관리의 통행에 편하도록 하였다. 이 때문에 내성의 주민은 야간에 만일 외성으로 가서 연회에 참여하면 반드시 자정 등에 성문이 다시 열릴 때까지 기다렸다가 들어와야 하였으므로 '성문을 기다린다[후성문(候城門)]' 혹은 '성으로 달려간다[도간성(倒趕城)]'고 일컬었다. 청말에 이르러 3문 가운데 숭문문과 선무문은 모두 이미 야간에 닫지 않게 되었고 다만 전문(前門, 곧 정양문)만 밤에는 걸어 잠갔다332[하인호(夏仁虎)『구경쇄기(舊京瑣記)』권8 성상(城廂)].

경계를 강화하기 위해 또한 백탑산[白塔山, 즉 북해(北海) 경화도(瓊華島)]

330_ 『日下舊聞考』卷73 官署, p.1217. 「提督九門巡捕三營步軍統領一人, 掌管門禁鎖鑰, 統率八旗步軍三營將備, 以肅清輦轂.」 역자 주 본문의 '提督九門巡捕五營步軍統領'은 원문의 '提督九門巡捕三營步軍統領'과 차이가 있다.

331_ 역자 주 '기경(起更)'은 1경, 곧 오후 7시~오후 9시를 가리킨다.

332_ 『舊京瑣記』卷8(夏仁虎, 『舊京遺事·舊京瑣記·燕京雜記』, 北京: 北京古籍出版社, 1986) 城廂, p.89. 「前清, 前三門晚六·七時卽下鑰, 至夜半復開, 以通朝官. 故居內城者, 如有城外飮宴, 必流連至於夜午, 曰候城門, 亦曰倒趕城. 至淸末, 則崇·宣兩門皆不閉, 而前門獨下鍵, 似宵小入城, 必須由中門入, 可怪也.」

위와 내성의 아홉 문에 각각 '신포(信炮)' 5문을 안치하고 깃대 5개를 설치하였다. 후에 다시 내성의 아홉 문의 '신포'를 10문으로 늘리도록 하고 외성 7문에 각각 '신포' 5문을 설치하도록 하여 긴급 상황 시에 대포를 발사해 경고하는 데 편하도록 하였다.

강희연간 이후에 또한 경사 5성에 '사방관(司坊官)' 열다섯을 나눠 설치하였는데 관할 구역 내 주민의 정황에 대한 검사를 담당하였고 호구문패·호책(戶冊)에 대해 수시로 검사하고 교정하였으며 외래인에 대해 상세히 내력을 밝혀 내 불법의 무리가 섞여 들어오지 못하도록 하였다.

청대의 귀족고관은 모두 내성에 거주하여 내성 치안에 대해 특별히 중시하였다. 청초에 내성은 "영구히 희관(戱舘)의 개설을 금지하라"고 규정하였으므로 극원(劇園) 대부분은 정양문 밖 대책란(大柵欄)과 육시(肉市) 일대에 모여 있었다. 이리하여 외성이 더욱 번잡하고 번화한 지역이 되었다.

(5) 청대 북경의 주요 상업지구의 발전

청대 북경의 주요 상업 지역은 대체로 명대의 구조를 답습하면서도 또한 더욱 발전하기도 하였다. 내성에서는 동사패루와 서사패루 일대, 외성에서는 정양문 밖 대책란 일대가 가장 번영하였고 가게들이 모두 화려한 장식을 갖춘 상점 앞 모습을 중시하였다. 『연경잡기(燕京雜記)』에 이르기를 "경사의 시장 점포에서 본디 문 앞을 중시하여 붉게 푸르게 조각하고 창과 문을 화려한 비단으로 꾸몄으며 간판이 높이 3장에 이르는 것도 있다. 밤이면 등불을 수십 개 밝히며 비단으로 만든 등롱과 각등(角燈)이 밝게 빛나는 것이 대낮과 같고 그 가운데 동사패루·서사패루와 정양문 대책란(大柵欄)에 있는 것이 더욱 탁월하다. 중앙에 있는 차가게는 높은 용마루에 커다란 서까래가 있고 세밀한 격자무늬에 넓은 창에 인물을 새기고 황금으로 덮었으며 화려한 구름과 빛나는 태양이 진실로 위용을 갖춘 모습이었다. 총괄해 말하면 밑천이 백만이거나 천만이더라도 모두 장식 용도로 쓰였다. 찻잎은 차상인에게 대여하는데, 또한 가게의 모습을 보면 화려한 곳은 곧 밑천 없이 찻잎을 쌓아놓기만 해도 역시 믿고 의심하지 않았다. 혹시 모습이 어둡고 담백하면 비록 천만금을 궤에 넣어 두더라도 역시 감히 빌려주지 않았다."[333]고 하였다. 북경의 번화한 시장 지역 안에 있는 대점포의 장식은 여타 도시에서 중시하려고 한 것에 비해 훨씬 화려하였다는 것을 전해 준다.

당시 북경에는 오가며 거주하는 대관료와 대상인이 많았으므로 금융업이 특히 발달하였다. 그 가운데 가장 중요한 것은 은호(銀號)[334]로 특별구역의 전장(錢莊)에 상당하는 것으로 즉 은표(銀票)를 발행하고 태환하였다. 은표의 액면가는 종종 1장에 100금(百金)이었다. 그리고 예금과 대출을 함께 취급하였다. 청말에 신식 은행이 등장하기 전에 은호혹은 전장은 금융업 가운데 중요한 신용기구였다. 북경은 명말청초에 이미 개설한 항흥(恒興)·항리(恒利)·항화(恒和)·항원(恒源) 등 네 곳의 은호가 가장 유명하여 '사대항(四大恒)'이라 불렸고 정양문 밖 대채란 동쪽의 주보시(珠寶市)에 설치되어 있었다. 당시 관장(官場)[335] 안에서는 은표를 집행하는 것을 표준으로 삼았으므로 은호로 크게 그 이익을 얻었다. 그 다음으로 전포(錢鋪)라는 것이 있다. 외성의 전포 가운데 주요한 것은 한족 관원과 내왕하면서 거기에서 이익을 취하였다. 당시 북경의 한족 관원 대다수는 외성에 거주하였다. 그 다음으로 이른바 연랍포(烟蠟鋪)가 있었으며 역시 태환업을 겸업하고 심지어 전첩(錢帖)[336]을 발행

333_ 『燕京雜記』(闕名, 『舊京遺事·舊京瑣記·燕京雜記』, 北京: 北京古籍出版社, 1986), p.121. 「京師市店, 素講局面, 雕紅刻翠, 錦窗綉戶, 招牌至有高三丈者. 夜則燃燈數十, 紗籠角燈, 照輝如同白晝, 其在東·西四牌樓及正陽門大柵欄者尤爲卓越. 中有茶葉店, 高甍巨桷, 細槅宏窗, 刻以人物, 鋪以黃金, 絢雲映日, 洵是偉觀, 總之母錢或百萬或千萬, 俱用爲修飾之具. 茶葉則貸於茶客, 亦視其店之局面, 華麗者卽無母錢存貯亦信而不疑. 倘局面暗淡, 雖櫃積千萬亦不敢貸矣.」

334_ 역자 주 '은호(銀號)'란 명대 중엽 이후 출현한 일종의 신용기관이다.

335_ 역자 주 '관장(官場)'이란 관에서 설치한 시장이다.

336_ 역자 주 '전첩(錢帖)'이란 민간에서 발행하는 대용 화폐이다.

하여 이익을 도모하였다. 청대 중기 이후 산서상인들이 개설한 표호(票號) 역시 표장(票莊) 혹은 회태장(匯兌莊)이라고 하였으며 장표(莊票)를 발행하고 태환하는 것 외에 점차 예금과 대출을 겸업하였고 관리들과 교유가 무척 호사스러워서 종종 외지로 파견 나가는 관리 및 경관(京官) 가운데 외지로 파견 나갈 자격을 가진 자에게 자금을 대출하고 항상 관부를 도와 관결(官缺)[337]을 판매하는 일을 처리하며 그 중간에서 이익을 취하였다. 더욱이 수백 년이나 되는 오래된 가게는 신용과 명성이 좋았기 때문에 예금·대출을 겸업하는 경우도 있었다. 예컨대 유천거(柳泉居)는 몇백 년 된 주관(酒館)이었으므로 예금과 대출을 겸영하여 부유하고 믿을 만한 것으로 알려졌다. 나아가 금점(金店)은 원래 금·은·주보(珠寶)를 주로 거래하였는데, 관부에서 대대적으로 관직을 연납하는 통로를 개설하였기 때문에 금점은 일변하여 연관(捐官)을 보조하여 처리하는 하나의 업종이 되었고 그 가운데 점포를 담당하는 자는 관장(官場)과 관계를 맺고 인맥을 동원하여 3배의 이익을 얻었다. 또한 질포(質鋪)는 전당(典當)이라고도 불렸는데 고리대 성질의 물품 저당을 경영하여 더욱이 빈민을 착취하는 업종이었다. 성 전체에 전당이 100여 가(家) 있었다가 300여 가(家)로 확대되었고 이자율이 20% 이상이었고, 심지어 30%에 이르기도 하였으며 매년 정월에 만기가 되었는데도 청산하지 못한 재화를 철저히 조사해서 '호화(號貨)'라 칭하고 값에 따라 의항(衣行) 등에 가서 골라서 구입하였다.

경사 안의 대점포에는 항상 유명한 상품이 있었다. 예컨대 외성의 경우 검거(儉居)의 삶은 고기, 육필거(六必居)의 간장, 도일처(都一處)의 술, 동인당(同仁堂)의 약, 이자실(李自實)의 붓 등이 있었고, 내성의 경우 장

337_ 역자 주 '관결(官缺)'은 만주 귀족의 통치 지위를 보증하기 위해 청조에서 특별히 마련한 제도였다. 모든 관직과 부서는 만관결(滿官缺)·몽고관결(蒙古官缺)·한군관결(漢軍官缺)·한관결(漢官缺) 등 네 가지로 나뉘었고 서로 다른 관결에는 다만 해당 종족 출신만이 임용될 수 있었다.

안재(長安齋)의 가죽신, 계성(啓盛)의 금정(金頂) 등이 있었다. 또한 예컨대 왕마자(王麻子)의 칼과 가위, 마응룡(馬應龍)의 안약은 번갈아 가며 서로 모방하였고 각각 수십 여 가(家)가 있었고 모두 스스로 오래된 가게라 부르며 다툼이 끊이지 않았다. 수많은 대점포는 종종 수공업 작방을 겸업하며 상품을 제작하였는데, 예컨대 철기 제작, 동기(銅器) 주조, 제약, 향랍(香蠟) 제조, 방직, 주조, 과자 식품 제조 등이었다.

약방에는 한 가지 약품을 비밀스럽게 제조하여 전문적으로 팔았다. 전하는 바로 몇백 년에 걸쳐 거상(巨商)이 된 경우도 있었다. 예컨대 장방호동(醬坊胡同)의 장씨(莊氏) 독각련(獨脚蓮), 토아호동(土兒胡同) 동덕당(同德堂)의 만응고(萬應膏), 관음사 아관재(雅觀齋)의 회춘단(回春丹), 녹의각호동(鹿犄角胡同) 뇌만춘(雷萬春)의 녹각교(鹿角膠)는 모두 부를 가져다 준 약품이었다. 이름난 숙약포(熟藥鋪), 예컨대 채시구(菜市口)의 서학년당(西鶴年堂)과 대책란의 동인당은 매년 제조한 고단(膏丹)을 각 성(省)에 팔아 막대한 수입을 올렸다.

서화고완포(書畫古玩鋪), 남지포(南紙鋪), 각자포(刻字鋪), 안경포(眼鏡鋪) 등은 모두 전문(前門) 밖에 서쪽으로 치우친 유리창에 집중되어 문화가가 되었다. 이것은 명대부터 시작된 것이었다. 건륭연간(1735~1796)에 사고전서를 편수하느라 서적 상인이 경사에 모였기 때문에 유리창의 서점이 발전하여 수십 곳에 이르렀다. 이는 이문조(李文藻)의 「유리창서사기(琉璃廠書肆記)」와 무전손(繆荃孫)의 「유리창서사후기(琉璃廠書肆後記)」에서 볼 수 있다. 경사 안 풍속으로 매년 초사흘에서 17일까지 유리창 일대를 노닐곤 하여 이때 점포와 노점에서는 서화와 완상용 옛 기물 등의 상품을 가득 벌여 놓았다.

대형 음식점은 반장(飯莊)이라 하였고 대부분은 '당(堂)'이라 하였고 또 '원(園)'·'관(館)'·'루(樓)'·'거(居)'라고도 하였다. 수많은 이름난 음식점에는 모두 뛰어난 음식이 있었다. 예컨대 타마창(打磨廠) 입구 안의 삼승관(三勝館)은 '오채(吳菜)'로 유명하였고 남방 사람들의 구미에 맞았다. 반절호동(半截胡同)의 광화거(廣和居)는 증산약(蒸山藥)・번어(潘魚)・증어(曾魚)・오어편(吳魚片) 등으로 이름났으며 항상 사대부가 모이는 장소였다. 육시(肉市)의 정양루(正陽樓)는 양고기구이로 유명하여 8월과 9월 사이에 사람들이 가장 즐겨 먹었으며 양고기 절편은 종이처럼 얇았고 초장에 담근 후 불에 구웠는데, 한쪽에 술병을 놓고 한편 고기를 굽고 한편 담소를 즐기면서 한편 술을 마시는 것이 경사 안의 풍조가 되었다. 정양루의 게 또한 유명하였는데 게는 승방(勝芳)에서 운송해 와 먼저 정양루에서 고른 이후에 시장으로 팔려 나갔으므로 게가 특히 맛있었고 가격 역시 배나 비쌌다. 호부가(戶部街)의 월승재(月勝齋)는 절인 양고기를 파는 곳으로 이름났고 갑(匣)에 포장해서 먼 곳까지 보낼 수 있었다. 또한 '이훈관(二葷館)'이라고 분류되는 곳이 있었는데, 평민이 그곳을 즐겨 찾아 먹는 곳이었고 식품은 돼지고기와 닭고기를 벗어나지 않았다. 그 가운데 뛰어난 곳은 예컨대 매시가(煤市街)의 백경루(百景樓)는 가격이 저렴하면서도 음식이 맛있었지만 식당 안은 소란스러웠다.

당시 각지의 부유한 상인은 모두 경사로 와서 영업을 발전시켰다. 북경에서 태환 은호(銀號), 가죽제품, 건과(乾果) 등을 취급하는 여러 점포는 모두 산서인(山西人)이 경영하는 것이었다. 곡식, 주단(綢緞), 반장(飯莊) 등은 모두 산동인이 경영하였다. 주단 상점 중에는 '상(祥)'을 칭하는 자호(字號)가 매우 유명하였고 대부분 산동 맹씨(孟氏)가 개설한 것이었다. 단지 전문(前門)에 있는 태창(泰昌)은 북경 현지인이 설립한 것이었으며 동시에 내정(內廷)에 바치는 물품을 취급하였다. 남경인들은 신발과 모자 재료를 판매하는 '단장(緞莊)'과 부채를 파는 '선장(扇莊)' 및 양각등점(羊角燈店), 각자포(刻字鋪), 안경포 등을 설립하였다. 각자포와 안경포는 또한 유리창에 집중적으로 설립되어 있었다. 광서연간 말에 천진(天津) 출신의 염씨(閻氏)는 대책란에 복수전(福壽全)을 개설하였는데, 공동 출자하여 창설한 것이었고 규모가 아주 커서 주단・외국산물부터 중국 안팎의 가죽, 대나무로 만든 목기(木器) 등에 이르기까지 모든 것을 구비하였다. 이것은 북경 제일의 백화점이었으나 안타깝게도 관리 방법의 결여, 사용자의 외상 그리고 점원의 절도로 인해서 마침내 파산과 자살에 이르렀다.

당시 건축을 도급하는 상인도 이미 출현하였다. 탐자뢰[探子雷, '탐자(探子)'는 북경어로 '타양(打樣)'으로 설계라는 뜻이다.]라고 불리는 이들이 청초부터 경영을 시작해 청말에 이르기까지 자손들이 여전히 영업을 계속하였다. 또한 산자장(山子張)이라 칭해진 이들은 가산석(假山石)을 층층히 쌓는 것으로 이름났다. 그들은 종종 먼저 최저가로 도급하는 우선권을 취득한 후에 점차 도급한 것에 대해 끝없이 값을 덧붙여 그 과정에서 이익을 취득하였으므로 이른바 "열에 아홉을 감춰 끝이 없었다."고 하였다.

청대 북경은 명대의 기풍을 답습하여 '묘시(廟市)'가 매우 성행하여 '묘로 달려간다[간묘(趕廟)]'고 불렸다. 매월 초사흘에 외성 서남쪽 토지묘[土地廟, 선무문 밖 서시목창(西柴木廠)의 서쪽]에 묘시가 있었고 초나흘·초닷새에 내성 서쪽의 백탑사[즉 묘응사(廟應寺), 부성문 안의 마시교(馬市橋) 서북쪽에 위치]에 묘시가 열렸다. 초이레·초여드레에 내성의 서사패루와 호국사(護國寺, 황성 서북쪽 위치)에 묘시가 있었고, 초아흐레·초열흘에 내성의 동사패루와 융복사(隆福寺, 동사패루 서북쪽에 위치)에 묘시가 있었다. 이들을 합쳐 '4대 묘시'라고 불렀다. 매월 상순 10일 이내에 이와 같이 번갈아 가며 네 곳에서 '묘시'를 거행한 것은 집시에 매우 큰 유동성을 부여하였고 부근 주민이 가서 필요한 일용상품을 골라서 구매하는 데 편하도록 하였다. 네 곳의 '묘시'는 또한 일부 자신만의 특색이 있었다. 예컨대 토지묘의 묘시에서 많은 가정용 기물 가운데 닭털 빗자루는 또한 여러 종이 있었고 짧은 것은 1척 남짓이었고 긴 것은 1장 남짓이었다. 동사패루와 융복사의 '묘시'는 주옥·진기한 놀잇감, 금수(錦繡)·화의(華衣)가 많았다.

내성에는 유동적인 묘시가 있었으나 외성에는 평상적인 집시가 있었는데, 동대시(東大市)와 서소시(西小市)라고 불렀다. 동대시는 전문(정양문) 바깥에 주시(珠市) 입구에서 타마창(打磨廠) 일대까지 가죽제품(가죽옷 포함)·중고의류·목기(탁자와 의자 포함)·완구 등을 진열하고 있었고 동일한 업자끼리 가격을 논의하였다. 이른 아침에 모였고 정오에 해산하였다. 가죽옷에는 정교하고 아름다운 것이 있었고 또 조잡하고 낡았으면서 종이나 베로 붙여 만든 것, 곧 속칭으로 '첩고약(貼膏藥)'라는 것이 있었다. 나무제품은 전부 구식으로 모두 구 상가에서 팔았고 대부분 박달나무·배나무 등 단단한 나무를 사용해 제작하였으며 품질은 동사패루와 서사패루의 가장포(嫁裝鋪)[338]에서 판매하는 가구보다 더욱 좋았다. 가장포에서 판매하는 상자, 궤짝, 혼수품 등도 비록 단단한 나무로 만든 것이었지만 품질이 좋지 않았고 종종 색을 들인 가짜였다. 서소시는 전문 밖의 서쪽 지역에 있었으며 가죽옷, 의자·탁자, 완구도 팔았으나 규모가 비교적 작았다. 동대시와 서대시 부근에 또한 궁한시(窮漢市)가 있었으며 찢어진 옷과 낡은 모자, 찢어진 신발 등의 물건을 팔았다.

도성 주민이 화초를 좋아하는 수요에 대응하여 외성의 숭문문 바깥, 선무문 바깥의 토지묘, 내성 동쪽의 융복사와 서쪽의 호국사에 모두 화시(花市)가 있었다. 정월 15일 원소절 전후로 전문 안의 6부 부근에 등시(燈市)가 있었고 '육부등(六部燈)'이라 불렀으며 그 가운데 공부(工部)의 등(燈)이 가장 뛰어났다. 전문 밖의 화시·채시(菜市)·저시구(猪市口)와 유리창 등지에도 모두 등시가 있었다. 내성의 동사패루와 서사패루에도 등시가 있었는데 후에 낭방두조(廊房頭條)로 옮겨가게 되었다. 등시에서는 각종 등을 팔았을 뿐만 아니라, 주옥·복식 등을 포함한 여러 물품도 판매하였다. 정월 19일은 연구절(燕九節)로 불렀고 광안문 바깥

338_ 역자 주 '가장포(嫁裝鋪)'는 시집갈 때 가지고 가는 물품을 차는 가게이다.

의 백운관(白雲觀)에서 성대한 묘회(廟會)가 있었으며 묘회에 참여한 자가 만 명이라고 할 정도였고 또한 광대한 집시를 열려 매매가 이루어졌다.

특히 주의할 만한 점은 상업이 번영함에 따라 민간오락이 나날이 발전하여 강남의 희곡이 북경으로 전해졌다는 것이다. 명대 만력연간에는 곤곡(崑曲)이 이미 북경에서 유행하였고 민간의 공연단과 공연장이 명말에 이미 설립되었다. 청조 전기에 북경에서 유행한 극의 종류는 우선 곤곡이었고 뒤이어 방자강(梆子腔)[339]과 익양강(弋陽腔)[340]이었으며 이후에 크게 발전한 것이 피황조(皮簧調)[341]였다. 건륭 55년(1790)부터 삼경(三慶)·사희(四喜)·춘태(春台)·화춘(和春) 등 4대 휘반(四大徽班)이 연이어 북경으로 들어와 장기간 공연하였다. 가경(嘉慶)연간(1796~1820)과 도광(道光)연간(1820~1850)에 휘반은 또한 호북에서 온 한조(漢調)[342] 예인(藝人)과 합작하고 아울러 곤곡·진강(秦腔)[343]의 일부 상연목록·곡조와 공연 방법을 받아들여 서피(西皮)·이황(二簧)을 주요 곡조로 하고 경호(京胡)[344]를 주요 반주 악기로 삼는 새로운 극의 종류를 형성하였다. 이에 북경 지방극으로서 경극이 크게 유행하게 되었다. 동시에 북경에서 희곡을 상연하는 희원(戱院)도 나날이 발전하였다. 초기에 이름난 것으로는

339_ 역자 주 '방자강(梆子腔)'은 한족 전통 희곡에서 4대 곡조 가운데 하나로, 단단한 나무로 만든 딱따기로 박자를 맞추었기 때문에 '방자강'이라 칭하였다.

340_ 역자 주 '弋陽腔(익양강)'은 강서성(江西省) 익양현(弋陽縣)의 옛 희곡 곡조를 말하며 익강(弋腔)이라고도 하였다.

341_ 역자 주 '피황조(皮簧調)'는 한대 연극 피황강(皮簧腔) 계통의 주요 연극의 일종이다. 호북성(湖北省) 지방의 희곡 가운데 하나다.

342_ 역자 주 '한조(漢調)'는 장강(長江)과 한수(漢水) 사이에서 유행한 희극의 곡조이다. 명말에 유행한 곤곡(崑曲)의 노랫말은 고아하여 일반인이 이해할 수 없었다고 한다.

343_ 역자 주 '진강(秦腔)'은 섬서성(陝西省) 일대에서 유행했던 희곡의 한 종류이다. 속칭으로 방자(梆子)라고 한다. 음조가 격양되고 박자가 선명하여 비장하고 슬픈 감정을 잘 표현한다.

344_ 역자 주 '경호(京胡)'는 경극에서 사용되는 현악기이다. 호금(胡琴)을 변형한 것으로 높은 음을 낸다.

사루(査樓), 월명루(月明樓) 등이 있었고 후기에 유명한 것으로는 삼경원 (三慶園), 경악원(慶樂園), 광덕루(廣德樓), 광화루(廣和樓: 즉 사루) 등이 있 었으며 정양문 밖 대책란이 집중적으로 회원이 모인 지역이 되었다.

(6) 청대 북경 유리창 '문화가(文化街)'의 형성과 발전

정양문 밖 서쪽으로 치우친 곳에 있는 유리창 지역은 원래 해왕촌(海 王村)이었다. 명 성조가 영락연간에 대규모로 궁전을 조영하기 시작하 였을 때 문두구(門頭溝)의 유리요(琉璃窰)가 성에서 비교적 멀리 떨어져 있었기 때문에 운송이 불편하여 마침내 별도로 해왕촌에 유리요를 건 설하고 내창(內廠)이라 이름을 붙였다. 청대 강희 33년(1694)에 궁전의 기본적인 건축이 완성되었기 때문에 해왕촌의 내창을 철거하였고 이에 이 지역의 상황에 변화가 생겨 유리창이라고 이름 지었으나 실제로는 이미 폐허가 되어 교외 유람과 집시(集市)의 장소로 변하였다. 반영승 (潘榮陞)의 『제경세시기승(帝京歲時紀勝)』(건륭 23년 저술된 『북평사적총서(北 平史蹟叢書)』수록)에서는 일찍이 "유리창은…땅의 터가 넓고 높으며 나 무숲이 무성하고 빽빽하였다. 짙은 그늘이 다양한 모양을 지었고 안개 자욱한 수면이 깊고 넓었다. 돌다리를 건너 서쪽으로 가면 흙 언덕이 있는데 높이가 수십 길이었고 올라가 멀리 조망할 수 있다. 문 밖의 빈 땅에 도박 놀이가 모여 들었다. 매년 신정(新正) 원단(元旦)에서 16일까 지 온갖 물품이 구름처럼 모였고 등불이 유리창의 병풍을 이루었으며 만 개의 등잔이 시렁에 걸렸고 수레의 서적이 1천 개의 문으로 연결되 었으며 도서가 용마루에 닿을 정도였고 보물과 노리개가 거리를 메웠 다. 더욱이 진루[秦樓, 기관(妓館)]·초관(楚舘, 곧 여관)이 있어 두루 노래를 연주하고 보마(寶馬)와 향거(香車)를 타고 사대부와 여인들이 유람하였 다."[345]고 묘사하였다. 이는 당시 유리창이 이미 매우 번영한 춘절(春節)

345_『帝京歲時紀勝』(潘榮陞, 北京: 北京出版社, 1961) 琉璃廠店, p.9. 「琉璃廠…地基 宏敞, 樹林茂密, 濃陰萬態, 烟水一泓, 度石梁而西, 有土阜高數十仞, 可以登臨眺遠. 門

집시를 형성하였다는 것을 전해 준다. 이 집시에서는 물론 불건전한 면도 있어 '도박 놀이가 모였을' 뿐만 아니라, '진루(秦樓)·초관(楚館)'이 많았지만 또한 그 특색도 있어 '온갖 물자가 운집하였을' 뿐만 아니라, 등시(燈市)도 있어 '만 개의 등잔이 시렁에 걸렸으며' 더욱이 '도서가 지붕에 닿을 정도였고 보물과 노리개가 거리를 메웠다.'고 하였다. 북송 동경(東京) 이래로 대부분 도서·문물이 집시에서 거래된 것은 도성 집시의 우수한 전통의 하나였다. 청대 북경 또한 이와 같아 유리창 문화가 도 곧 이로부터 점차 형성된 것이었다.

동한 낙양 이래로 도성 안의 서점은 곧 문화를 전파하는 역할을 하였다. 동한 초 대학자 왕충(王充)은 원래 '집이 가난하여 책이 없어서' 곧 '항상 낙양의 시장에서 노닐면서 판매하는 책을 열람하였고' 그리하여 '여러 부류의 백가(百家)에 두루 정통하였던' 것이다. 도성 안에 도서관이 설립되기 이전에는 서점이 도서관의 기능을 부분적으로 하였고 학자들은 항상 서점에 가서 도서를 골라 구입하였고, 동시에 서점에 필요한 도서를 대신 찾아주기를 부탁하였으므로 서점의 주인 및 점원과 서로 사귀게 되었다. 어느 새 주인과 점원은 곧 학자들의 조수가 되었고 그들은 실제 작업을 통하여 나날이 이 방면의 지식과 경험을 쌓아 그 가운데 적지 않은 사람이 목록학과 판본학을 통달한 전문가가 되었다. 학자들도 또한 항상 서점을 노닐면서 좋아하는 도서를 고르고 구매하는 것을 즐거움으로 삼았고 일종의 취미가 되었을 뿐만 아니라, 서로 전하면서 풍조가 되었다. 유리창이 충분히 서점이 집중적으로 모인 곳이 될 수 있었던 까닭은 이러한 우수한 전통적 기풍과 관련이 있었다. 장서가(藏書家) 이문조(李文藻)가 건륭 34년(1769)에 지은 『유리창서사기』 [『남간문집(南澗文集)』 수록, 또 『경진풍토총서(京津風土叢書)』 재수록]에 따르면 당시 이곳에는 서점이 이미 31곳 남짓 있었으며, 동시에 또한 수많은

外隙地, 博戲聚焉. 每於新正元旦至十六日, 百貨雲集, 燈屛琉璃, 萬盞棚懸, 玉軸牙籤, 千門聯絡, 圖書充棟, 寶玩塡街. 更有秦樓楚舘徧笙歌, 寶馬香車遊士女.」

서화고완포(書畫古玩鋪), 남지포(南紙鋪), 각자포(刻字鋪). 안경포(眼鏡鋪) 등이 있어 문화가는 이미 규모가 상당하였다.

건륭 37년(1772) 청나라는 전국의 학자와 문사들을 북경으로 끌어모아 사고관(四庫館)을 개설하고 사고전서를 편집하여 10년 만에 비로소 완성하였다. 사고전서를 편집하는 과정 중에 학자들은 각 부(部)의 서책의 원류, 판본, 진위, 사료 가치 등에 대해 종종 상세한 고증을 해야 하였고 필요한 참고도서에 대해서는 항상 서적 목록을 상세히 나열하여 유리창의 서점으로 보내 탐문하여 찾아보도록 하였다. 그에 따라 강소·절강 등지의 서적상들이 북경으로 운집하였고 북경 서적상들도 항상 각지로 달려가서 서적을 탐색하고 구매하여 북경 유리창은 일시에 전국 각지의 서적이 집합하고 교역하는 시장이 되었다. 이는 서적의 유통과 문화 전파에 대단히 커다란 역할을 발휘하였다. 유명한 장서가 무전손이 지은 『유리창서사후기』(『경진풍토총서』에 수록)는 이에 대해 좀더 자세한 기록이 있다. 당시 가장 유명한 서점으로 오류거(五柳居), 문수당(文粹堂), 연경당(延慶堂) 등이 있었다. 신해혁명 이후에 유리창 서점이 한때 지속적으로 발전하는 시기가 있었다. 통학재(通學齋)의 사장 손전기(孫殿起)는 원래 서점학을 배운 학생 출신으로 그는 서적을 판매하는 과정에서 사고전서를 편집한 이후에 간행·인쇄된 서적과 사고전서 안에 수록되지 않은 서적을 기록하여 『판서우기(販書偶記)』 20권[1936년 출판, 1959년 북경(北京) 중화서국(中華書局) 재인쇄[346]을 편집하고 완성하여 목록학에 공헌하였다.

당시 유리창의 서점은 장서가 및 학자·문사들과 관계가 긴밀하였다. 마찬가지로 유리창의 서화고완포는 수장가·문물감상가 및 금석가·서화가와의 관계 또한 매우 긴밀하였다. 이는 문화가가 문화를 전파하는 역할을 하였다는 것을 전해 준다.

346_ 1936년에 출판되었다가 1959년 북경(北京) 중화서국(中華書局)에서 다시 인쇄되었다.

청대에 유리창은 바로 문화가였으며 동시에 줄곧 집시를 통해 매매가 벌어지는 특색을 가지고 있었다. 매년 정월 초사흘·초나흘에서 16일·17일까지 경사 안의 사인(士人)과 여인이 '유리창으로 놀러 가는' 좋은 절일에는 등시(燈市)가 있었을 뿐만 아니라, 또한 잡기 공연도 있었고 또 다양한 종류의 전통 식품과 아동 완구도 판매하였다.

찾아보기

저자 약력

양관(楊寬, 1914~2005)

1914년 중국 상해 출생으로 1936년 상해 광화대학[光華大學, 현재 화동사범대학(華東師範大學)] 중문학과를 졸업 후, 1946년 상해시박물관 관장 겸 광화대학 역사과 교수, 1953년 복단대학(復旦大學) 역사과 교수, 1960년 상해사회과학원(上海社會科學院) 역사연구소 부소장, 1970년 복단대학 역사과 교수를 거쳐, 1986년 미국으로 이주하였다. 대표적 저서로는『중국고대도성제도사』외에『전국사(戰國史)』,『고사신탐(古史新探)』,『중국고대야철기술발전사(中國古代冶鐵技術發展史)』,『중국고대능침제도사연구(中國古代陵寢制度史研究)』등이 있다.

역자 약력

최재영(崔宰榮)

서울대학교 동양사학과에서 학문 수련을 하였고, 서울대학교 역사연구소 선임연구원을 거쳐 현재 한림대학교 인문학부 사학전공 교수로 재직중이다.

저서로는『넓고 깊게 보는 중국 미술 唐』(공저, 민속원, 2020),『한국과 동아시아의 동궁 연구』(공저, 역사산책, 2018),『도시 속의 역사』(공저, 라움, 2012)가 있으며, 역서로는『또 하나의 돈황』(이담북스, 2005),『장안은 어떻게 세계의 수도가 되었나』(황금가지, 2006)가 있다. 그 외 논문으로「당대 문서행정 법령의 체계와 그 의미」(『중국학보』91, 2020),「수당장안성과 시장의 기능」(『역사와 담론』86, 2018) 등이 있다.